高等职业教育土建类新编技能型规划教材

# 建筑施工技术

## （第2版）

主　编　李念国　蒋　红　张建隽
副主编　刘　帅　赵占军　周建华
　　　　黄小涛　蔡静静　付国永
　　　　魏宝兰



黄河水利出版社
·郑州·

## 内 容 提 要

本书内容包括土方工程、地基处理与基础工程、砌筑工程、混凝土结构工程、预应力混凝土工程、结构安装工程、高层建筑施工、钢结构工程、防水工程、墙体保温工程、装饰工程等。本书在编写过程中采用了我国最新的设计规范、施工规范和行业标准,汲取了建筑施工新理论、新技术、新工艺、新方法。

本书可作为高等职业技术学院、高等专科学校及成人教育学院建筑工程技术专业、工程监理专业、工程造价专业、建筑施工与管理专业等土建类专业的教学用书,也可作为土建工程技术人员的参考用书。

**图书在版编目(CIP)数据**

建筑施工技术/李念国,蒋红,张建隽主编.—2 版.—郑州:黄河水利出版社,2014.5

高等职业教育土建类新编技能型规划教材

ISBN 978-7-5509-0796-6

Ⅰ.①建… Ⅱ.①李… ②蒋… ③张… Ⅲ.①建筑工程-工程施工-高等职业教育-教材 Ⅳ.①TU74

中国版本图书馆 CIP 数据核字(2014)第 092200 号

出 版 社:黄河水利出版社

地址:河南省郑州市顺河路黄委会综合楼 14 层 邮政编码:450003

发行单位:黄河水利出版社

发行部电话:0371-66026940、66020550、66028024、66022620(传真)

E-mail:hhslcbs@126.com

承印单位:河南承创印务有限公司

开本:787 mm×1 092 mm 1/16

印张:30.5

字数:742 千字 印数:8 101—12 000

版次:2009 年 8 月第 1 版 印次:2009 年 8 月第 1 次印刷

2014 年 5 月第 2 版 2014 年 5 月第 3 次印刷

定价:49.00 元

# 再版前言

《建筑施工技术》自 2009 年出版以来，因其具有通俗易懂、应用性知识突出、可操作性强的特点，受到高职高专土建类专业师生及广大建筑从业人员的喜爱。由于新材料、新技术、新工艺、新方法的不断应用与发展，施工工艺的不断提高与改进，为满足教学需要，现对《建筑施工技术》第一版内容进行修订补充。

本次修订补充，根据本课程的培养目标和当前建筑技术的发展状况，力求拓宽专业面，扩大知识面，反映先进的技术水平以适应发展的需要；力求综合运用基本理论和知识，解决工程实际问题；力求理论联系实际，以应用为主，内容上尽量符合实际需要。

修订补充后，本教材具有以下特点：

(1)语言表述规范、清晰，通俗易懂，知识内容易于理解。

(2)遵循“理论满足必需、够用”的原则，在此基础上介绍了近年来发展的新技术，如地基处理与基础工程、混凝土工程、钢结构工程、墙体保温工程和防水工程等。

(3)紧密结合新颁布实施的国家系列规范、行业规范，淘汰部分陈旧知识，增加补充了住房和城乡建设部重点推广的新的施工技术、施工工艺与方法，加强针对性、技能性和实用性。

(4)重点突出，内容更新，充分体现本书的科学性、先进性、实用性，突出理论与实践有机结合。

本书修订补充后共分 11 个项目，主要内容有土方工程、地基处理与基础工程、砌筑工程、混凝土结构工程、预应力混凝土工程、结构安装工程、高层建筑施工、钢结构工程、防水工程、墙体保温工程、装饰工程等。

本书由李念国、蒋红、张建隽担任主编，刘帅、赵占军、周建华、黄小涛、蔡静静、付国永、魏宝兰担任副主编。绪论、项目一由山东水利职业学院李念国编写，项目二、项目六由濮阳职业技术学院周建华编写，项目三由安徽水利水电职业技术学院蒋红编写，项目四由甘肃工业职业技术学院黄小涛编写，项目五由太原城市职业学院张建隽编写，项目七由石家庄职业技术学院赵占军编写，项目八由石家庄职业技术学院付国永编写，项目九由山东水利职业学院刘帅编写，项目十由太原城市职业学院魏宝兰编写，项目十一由合肥经济技术职业学院蔡静静编写。全书由李念国整理并统稿。

本书在修订过程中,引用了大量的规范、专业文献和工程案例,在书中未一一注明出处,在此向有关专业人士深表谢意,同时向支持和帮助本书修订的其他高职高专院校土建类专业老师表示感谢。

由于编者的理论水平和实践经验所限,这次修订补充仍难免有不妥、不周、不够准确之处,书中疏漏之处在所难免,热情期待大家批评和指正。希望读者在使用本书的过程中,进一步提出宝贵意见和建议,并将意见和建议及时反馈给我们(意见和建议请发往:sdqfling@163.com),以便再次修订时使本书更臻完善。

**编　者**
2014 年 2 月

# 前言

建筑施工技术是建筑工程类专业理论与实践紧密结合的一门主要职业技术课程,它主要研究建筑工程各工种的施工工艺和施工方法。

本书是根据教育部《关于加强高职高专人才培养工作意见》和《面向21世纪教育振兴行动计划》等文件精神,依据高职高专建筑工程类专业指导教学计划和教学大纲要求编写的,编写主要依据《建筑工程施工质量验收统一标准》(GB 50300—2001)、《建筑地基基础工程施工质量验收规范》(GB 50202—2002)、《砌体工程施工质量验收规范》(GB 50203—2002)、《混凝土结构工程施工质量验收规范》(GB 50204—2002)、《钢结构工程施工质量验收规范》(GB 50205—2002)、《屋面工程质量验收规范》(GB 50207—2002)、《地下防水工程质量验收规范》(GB 50208—2002)、《建筑地面工程施工质量验收规范》(GB 50209—2002)、《建筑装饰装修工程质量验收规范》(GB 50210—2002)等。在编写过程中,编者结合长期教学实践经验,努力体现高等职业教育教学特点,力求理论联系实际,注重实践能力的培养,理论以实用、够用为度,以培养技能为重点构成课程体系。本书内容全面、重点突出、体系完整、知识新颖,力求反映建筑施工的新技术、新工艺、新方法。

本书共分10章,主要有土方工程、地基处理与基础工程、砌筑工程、混凝土结构工程、预应力混凝土工程、结构安装工程、高层建筑施工、钢结构工程、防水工程、装饰工程等内容。由于本书涉及面广、实践性强、综合性强、技术发展快,学习时必须结合工程实际,综合运用理论知识和近代科学技术成果,对于操作性较强的内容,则主要通过生产实践、现场教学、教学参观等教学环节进行。

本书编写分工如下:绪论、第一章由山东水利职业学院李念国、青岛青房建安集团有限公司栾文涛编写,第二章、第六章由濮阳职业技术学院周建华、青岛一建集团有限公司朱俊华编写,第三章由山东水利职业学院侯正路、济南建设监理有限公司李昕编写,第四章、第五章由甘肃工业职业技术学院黄小涛、山东水利工程总公司牟晓燕、山东水利职业学院韩汝钊编写,第七章由石家庄职业技术学院赵占军、山东建设监理有限公司邵菲菲编写,第八章由石家庄职业技术学院付国永、临沂天顺钢结构工程有限公司季英文编写,第九章、第十章由濮阳职业技术学院肖新华、青岛新艺建筑装饰工程有限公司江艳丽、山东水利职业学院王延恩编写。本书由李念国、肖新华任主编,赵占军、周建华、黄小涛、侯正路、付国永任副主编。全书由李念国统稿并定稿。由天津保利集团一级建造师、教授级高级工程师魏军和日照市建筑设计研究院有限公司结构工程师、教授级高级工程师成之密担任主审。

本书在编写过程中，引用了大量的规范、专业文献和工程实践资料，在书中未一一注明出处，在此向有关专业人士深表谢意，同时也向支持和帮助本书编写的其他人员表示谢意。

限于编者的理论水平和实践经验，书中不妥之处在所难免，恳请广大读者和同行专家批评指正。

**编　者**

2009 年 5 月

# 目　录

# 绪　论

## 一、建筑施工技术课程的研究对象和任务

建筑物的施工从基础工程、主体工程到装饰工程等是一个复杂的过程，为了便于组织施工和验收，通常将建筑物化分为若干个分部和分项工程。一般的民用建筑按工程部位和施工的先后次序将一栋建筑的土建工程划分为地基与基础工程、主体结构工程、屋面工程和装饰装修工程等分部工程。按施工工种不同可将一栋建筑物分为土石方工程、砌筑工程、钢筋混凝土结构工程、结构吊装工程、屋面防水工程、墙体保温工程和装饰工程等分项工程。一个分部工程由若干个不同的分项工程组成，如地基与基础工程由土石方工程、砌筑工程和钢筋混凝土结构工程等分项工程组成。

每一个工种工程的施工，根据不同的施工环境和工程特点，可以采用不同的施工方案、不同的施工技术和机械设备、不同的劳动组织和施工组织方法来完成。建筑施工技术就是以建筑施工中各分部、分项工程为对象，研究其在不同施工条件下的施工工艺原理和施工方法等施工规律，运用先进的施工技术，选择经济合理的施工方案和施工方法，保证工程质量和施工安全，做到技术和经济统一。

建筑施工技术是建筑工程技术专业一门主干专业课。其任务是培养学生掌握建筑施工的基本知识、基本原理和基本方法，了解我国的建设方针和政策，以及各项具体的技术经济规范，了解建筑施工领域国内外的新技术和发展动态，掌握分部、分项工程和单个建筑物施工方案的选择，具有独立分析和解决建筑施工技术问题的初步能力。

## 二、建筑施工技术课程的特点和学习要求

建筑施工技术是一门综合性、实践性很强的职业技术课程。它综合运用建筑材料、建筑构造、建筑测量、建筑力学、地基与基础、建筑机械和工程经济、管理等学科知识，以及应用有关施工规范与施工规程来解决建筑施工中的技术问题。建筑施工与工程实践联系密切，生产实践是建筑施工发展的源泉，而生产的发展日新月异，它给建筑施工提供了日益丰富的研究内容，在实践中得到创新。

由于本学科涉及的知识面广、实践性强，技术发展迅速，而每章内容相互联系不太紧密，系统性、逻辑性也较差，叙述性内容比较多，学习时看懂容易，但真正理解、掌握与正确运用比较困难。在学习时，必须坚持理论联系实际的学习方法，认真学习教材内容，深刻领会其概念实质、基本原理和基本方法，重视习题和课程基本训练，选择一些典型的、正在施工的建筑工地现场参观学习，了解施工全过程，加深对理性知识的理解和掌握，做到学以致用，达到培养职业能力的目的。

## 三、我国建筑施工技术的发展概况

我国是一个历史悠久和文化发达的国家，在古代，我们的祖先在建筑技术上有着辉煌的

成就。早在公元前2 000年,我国劳动人民即已掌握营建宫殿等建筑技术,如商代用木结构建造的宫殿,秦代修筑的万里长城、建造的咸阳宫殿,唐代的山西五台山佛光寺大殿,辽代修建的山西应县66 m高的木塔及清代北京故宫建筑等,这都说明了当时我国的建筑技术已达到了相当高的水平。北宋的《营造法则》、清代的《工部工程做法则例》,显示了古代中国建筑的理论水平。

新中国成立后,随着社会主义建设事业的发展,我国的建筑业得到了不断的发展和提高。新中国成立初期为恢复生产力,我国建设了鞍山钢铁公司、长春第一汽车制造厂、洛阳拖拉机制造厂等1 000多个规模宏大的工矿企业。1958～1959年在北京建造了人民大会堂、北京火车站、民族文化宫、中国历史博物馆和北京工人体育场等结构复杂、功能完备、装修标准高的十大建筑,其建筑面积达70多万 $m^2$,集中体现了我国的建筑业当时在设计、施工技术和施工组织方面已达到了相当高的水平。改革开放以后,我国工程建设再次呈现一派繁荣景象,建设了南京金陵饭店、广州白天鹅宾馆、上海新锦江宾馆、北京昆仑饭店等一批高度超过100 m的高层建筑。20世纪90年代建成的上海金茂大厦,又称金茂大楼,钢筋混凝土结构,地上88层,若再加上尖塔的楼层共有93层,地下3层,高421 m,目前是上海第三高的摩天大楼、中国大陆第五高楼(截至2013年)。在工程构筑物方面,20世纪90年代建成的上海东方明珠电视塔,高468 m,位居亚洲第四位、世界第六位。这些工程的建设,对我国建筑业的技术进步起了很大的推动作用,大大加快了我国建筑工业化、现代化的步伐,同时表明了我国建筑施工已发展到一个新的水平。

经过新中国成立以来大规模的经济建设,在建筑施工技术方面,我们不但掌握了大型工业建筑、多高层民用建筑与公共建筑施工的成套技术,而且在地基处理和基础工程施工中推广了钻孔灌注桩、旋喷桩、挖孔桩、振冲法、深层搅拌法、强夯法、地下连续墙、土层锚杆、“逆作法”施工等新技术。在现浇钢筋混凝土模板工程中推广应用了爬模、滑模、台模、筒子模、隧道模、组合钢模板、大模板、早拆模板体系。粗钢筋连接应用了电渣压力焊、钢筋气压焊、钢筋冷挤压连接、钢筋锥螺纹连接、各种钢筋直螺纹连接等先进连接技术。混凝土工程采用了泵送混凝土、喷射混凝土、高强高效混凝土以及混凝土制备和运输的机械化、自动化设备。在预制构件方面,不断完善了挤压成型、热拌热模、立窑和折线形隧道窑养护等技术。在预应力混凝土方面,采用了无黏结工艺和整体预应力结构,推广了高效预应力混凝土技术,使我国预应力混凝土的发展从构件生产阶段进入了预应力结构生产阶段。在钢结构方面,采用了高层钢结构技术、空间钢结构技术、轻钢结构技术、钢－混凝土组合结构技术、高强度螺栓连接与焊接技术和钢结构防护技术。在大型结构吊装方面,随着大跨度结构与高耸结构的发展,创造了一系列具有中国特色的整体吊装技术,如集群千斤顶的同步整体提升技术,能把数百吨甚至数千吨的重物按预定要求平稳地整体提升、安装就位。在墙体改革方面,利用各种工业废料制成了粉煤灰矿渣混凝土大板、膨胀珍珠岩混凝土大板、煤渣混凝土大板、粉煤灰陶粒混凝土大板等各种大型墙板,同时发展了混凝土小型空心砌块建筑体系、框架轻墙建筑体系、外墙保温隔热技术等,使墙体改革有了新的突破。近年来,激光技术在建筑施工导向、对中和测量以及液压滑升模板操作平台自动调平装置上得到应用,使工程施工精度得到了提高,同时保证了工程质量。另外,电子计算机、工艺理论、装饰材料等方面,也开发和掌握了许多新的施工技术,有力地推动了我国建筑施工技术的发展。

## 四、施工规范与施工规程

建筑工程施工规范一般以“施工质量验收规范”或“施工及验收规范”表示，是为了提高建筑施工技术水平，保证工程质量和安全，降低工程成本，对施工技术质量要求所作的一系列规定，是由国务院有关部委根据科学的建筑工程技术和实践经验综合的成果，经有关方面综合分析、研究、协商一致后制定的国家标准。这些规范是国家的技术标准，是我国建筑科学技术和实践经验的结晶，也是建筑界所有人员共同遵守的准则。

建筑工程施工质量验收规范通常按照分部工程分别制定。对建筑材料、成品与半成品的质量标准和技术条件，以及施工准备工作、施工工艺要求、施工技术要点、质量检查方法和质量检验标准等作了具体、明确的规定。凡是新建、改建、修复的工程，在设计、施工和竣工验收时，均应严格遵守相应的施工质量验收规范。

建筑施工规程比施工规范低一个等级，一般由各部委或重要的科研单位编制，报送规范的管理单位批准或备案后发布试行。它主要是为了及时推广一些新结构、新材料、新工艺、新技术而制定的标准，有时将设计与施工合并为一册，如网架结构设计与施工规程、中型砌块建筑设计与施工规程等。

施工规程的内容不能与施工规范相抵触，如有不同，应以规范为准。规范与规程中有关条目由其发布通知中指定的单位负责解释。随着设计和施工水平的提高，每隔一定时间，须对施工质量验收规范或规程进行相应的修订。

目前，我国建筑工程施工质量验收规范正在执行的标准主要有《建筑工程施工质量验收统一标准》（GB 50300—2001）、《建筑地基基础工程施工质量验收规范》（GB 50202—2002）、《砌体结构工程施工质量验收规范》（GB 50203—2011）、《混凝土结构工程施工质量验收规范》（GB 50204—2002）（2011 版）、《钢结构工程施工质量验收规范》（GB 50205—2001）、《木结构工程施工质量验收规范》（GB 50206—2002）、《屋面工程质量验收规范》（GB 50207—2012）、《地下防水工程质量验收规范》（GB 50208—2011）、《建筑地面工程施工质量验收规范》（GB 50209—2010）、《建筑装饰装修工程质量验收规范》（GB 50210—2011）等。

# 项目一　土方工程

## 知识点

土的分类与工程性质，土方工程量的计算，土方工程机械化施工，土方的填筑与压实，基坑排水与降水措施，土壁支撑，土方工程冬、雨期施工，土方工程质量标准与安全技术。

## 学习目标

掌握土壁支撑的原理、方法和使用范围，轻型井点降水法施工工艺，土方填土压实方法和压实质量的检查，土方工程施工质量验收标准与安全技术要求，土方工程量的计算方法；熟悉土的分类和鉴别方法，土的工程性质及其对施工的影响，土方工程机械性能、特点和机械选择，土方工程冬、雨期施工措施；了解土方工程施工特点，流砂发生的条件及防止措施。

### 引例

某大厦为钢筋混凝土框架－剪力墙结构，平面布置呈矩形，建筑物总高度 120 m，占地面积约为 11 230 $m^2$，总建筑面积 64 863 $m^2$。地上 32 层，地下 3 层，基底标高－14.28 m，基坑开挖深度为 14.3 m，基坑设计开挖尺寸为 148.6 m×103.5 m。基坑北面场地宽阔，西面距离二层热力站 3.5 m，南段距离银监会楼房 2.3 m，东面距离幼儿园约为 3.5 m。

根据岩土工程勘察分析，土层可分为两层：人工堆积层和第四纪沉积层，土层计算参数如表 1-1 所示。拟建场区内地表以下地下水按含水层埋藏深度分为：上层滞水（埋深4.30～5.40 m）、层间潜水（埋深 15.32 m）和潜水（埋深 21.70～23.40 m）三层。

**表 1-1　土层计算参数**

| 土层 | 层底标高（m） | 层厚（m） | 天然密度（$kg/m^3$） | 摩擦角（°） | 黏结力 $c$（kPa） |
|---|---|---|---|---|---|
| 房渣土 | －3.4 | 3.4 | 1 900 | 12 | 12 |
| 黏土 | －6.2 | 2.8 | 1 900 | 30 | 12 |
| 细砂 | －8.7 | 2.5 | 1 980 | 32 | 0 |
| 卵石 | －12.8 | 4.1 | 2 000 | 45 | 0 |
| 细砂 | －14.9 | 2.1 | 2 000 | 34 | 0 |
| 粉砂土 | －16.6 | 1.7 | 2 000 | 37 | 11 |
| 细砂 | －17.2 | 0.6 | 2 000 | 36 | 0 |
| 卵石 | －23.3 | 6.1 | 2 000 | 42 | 0 |

**思考：**

（1）基坑开挖土方量如何计算？

（2）为防止基坑开挖边坡坍塌，基坑开挖时边坡如何支护？

（3）为保证基坑施工时干燥，基坑开挖应如何降低地下水位？

土方工程是建筑工程施工中的主要工种之一。常见的土方工程有场地平整、基坑（基槽)与管沟开挖、地坪填土、路基填筑及基坑回填等。土方工程施工包括挖掘、运输、填筑、平整和压实等过程,以及排水、降水和土壁支撑等准备工作与辅助工作。

# 任务一　土的分类与工程性质

## 一、土方工程的施工特点

**(一)工程量大,劳动强度高**

大型建筑场地的平整,土方工程量可达数百万立方米以上,施工面积达数平方千米。大型基坑的开挖,开挖深度达30余m,土方工程量达50多万$m^3$。土方工程施工工期长,任务重,劳动强度高。在组织施工时,为了减轻繁重的体力劳动,提高生产效率,加快施工进度,降低工程成本,应尽可能采用机械化施工。

**(二)施工条件复杂**

土方工程施工多为露天作业,受气候、水文、地质条件影响较大,施工中不可确定的因素较多。因此,施工前必须进行充分调查研究,做好各项施工准备工作,制订合理的施工方案,确保施工顺利进行,保证工程质量。

**(三)受施工场地影响较大**

建筑物基础具有一定的埋置深度,基坑(槽)的开挖、土方的留置和存放都受到施工场地的影响。城市内施工场地狭窄,若施工方案不妥,则容易导致周围建筑设施出现安全稳定问题。因此,施工前必须充分熟悉施工场地情况,了解周围建筑结构形式和地质技术资料,科学规划,制订切实可行的施工方案,确保周围建筑物安全。

## 二、土的工程分类与鉴别方法

土的种类繁多,分类方法也很多。根据土的颗粒级配或塑性指数,可将土分为碎石类土(漂石土、块石土、卵石土、碎石土、圆砾土、角砾土)、砂土(砾砂、粗砂、中砂、细砂、粉砂)和黏性土(黏土、亚黏土、轻亚黏土)等;根据土的沉积年代,黏性土可分为老黏性土、一般黏性土、新近沉积黏性土等;根据土的工程特性,可将土分为软土、人工填土、黄土、膨胀土、红黏土、盐渍土、冻土等。不同的土体,物理力学性质不同,只有充分掌握各类土的特性,才能正确选择土方工程施工方法。

在土方工程施工中,根据土体开挖的难易程度,可将土分为松软土、普通土、坚土、砂砾坚土、软石、次坚石、坚石、特坚石八类。松软土、普通土、坚土、砂砾坚土属于一般土;软石、次坚石、坚石、特坚石属于岩石。土的分类和鉴别方法如表1-2所示。

土的开挖难易程度直接影响土方工程的施工方案、劳动量消耗和工程费用。土体越硬,劳动消耗量越大,工程成本越高。正确区分和鉴别土的种类,可以合理的选择施工方法和准确套用定额,计算土方工程费用。

## 三、土的工程性质

土一般由固体颗粒(固相)、水(液相)和空气(气相)三部分组成。随着周围条件的变化,三者(固体颗粒、水和空气)比例关系不同,反映出土的物理状态也不同,如干燥、湿润、密实、松散等。土的工程性质指标对土方工程施工有着直接影响,对评价土的工程性质,以及进行土方施工方案编制,都具有重要意义。

**表 1-2　土的工程分类与现场鉴别方法**

| 土的分类 | 土的名称 | 可松性系数 | | 现场鉴别方法 |
|---|---|---|---|---|
| | | $K_s$ | $K'_s$ | |
| 一类土(松软土) | 砂土,粉土,冲积砂土层,种植土,泥炭(淤泥) | 1.08~1.17 | 1.01~1.03 | 能用锹、锄头挖掘 |
| 二类土(普通土) | 粉质黏土,潮湿的黄土,夹有碎石、卵石的砂,种植土,填筑土及粉土混卵(碎)石 | 1.14~1.28 | 1.02~1.05 | 用锹、锄头挖掘,少许用镐翻松 |
| 三类土(坚土) | 中等密实黏土,重粉质黏土,粗砾石,干黄土及含碎石、卵石的黄土、粉质黏土,压实的填筑土 | 1.24~1.30 | 1.04~1.07 | 主要用镐,少许用锹、锄头挖掘,部分用撬棍 |
| 四类土(砂砾坚土) | 坚硬密实的黏土及含碎石、卵石的黏土,粗卵石,密实的黄土,天然级配砂石,软泥灰岩及蛋白石 | 1.26~1.32 | 1.06~1.09 | 整个先用镐、撬棍,然后用锹挖掘,部分用楔子及大锤 |
| 五类土(软石) | 硬质黏土,中等密实的页岩、泥灰岩、白垩土,胶结不紧的砾岩,软的石灰岩 | 1.30~1.45 | 1.10~1.20 | 用镐或撬棍、大锤挖掘,部分使用爆破方法 |
| 六类土(次坚石) | 泥岩,砂岩,砾岩,坚实的页岩,泥灰岩,密实的石灰岩,风化花岗岩,片麻岩 | 1.30~1.45 | 1.10~1.20 | 用爆破方法开挖,部分用风镐 |
| 七类土(坚石) | 大理岩,辉绿岩,玢岩,粗、中粒花岗岩,坚实的白云岩、砂岩、砾岩、片麻岩、石灰岩、微风化的安山岩、玄武岩 | 1.30~1.45 | 1.10~1.20 | 用爆破方法开挖 |
| 八类土(特坚石) | 安山岩,玄武岩,花岗片麻岩、坚实的细粒花岗岩、闪长岩、石英岩、辉长岩、辉绿岩、玢岩 | 1.45~1.50 | 1.20~1.30 | 用爆破方法开挖 |

注:$K_s$ 为最初可松性系数,$K'_s$为最终可松性系数。

土的工程性质指标有土的含水量、土的质量密度、土的可松性、土的压缩性和土的渗透性等。

### (一)土的含水量

土的含水量是指土中水的质量占土的固体颗粒质量的百分比。

$$\omega = \frac{m_1 - m_2}{m_2} \times 100\% = \frac{m_w}{m_s} \times 100\% \tag{1-1}$$

式中　$\omega$——土的含水量(%);

$m_1$——含水状态土的质量,kg;

$m_2$——烘干后土的质量,kg;

$m_w$——土中水的质量,kg;

$m_s$——固体颗粒的质量，是指土经温度 105 ℃烘干的质量，kg。

土的含水量是反映土体干湿程度的重要指标，一般采用烘干法或酒精燃烧法测定。含水量在 5% 以下的土，称为干土；含水量为 5% ~30% 的土，称为潮湿土；含水量大于 30% 的土，称为湿土。

土的含水量随气候条件、雨雪和地下水的影响而变化。土的含水量大小，对土方开挖、土方边坡的稳定性，以及填方压实程度等有着直接的影响。当土的含水量超过 25% ~30% 时，采用机械施工很困难。一般土的含水量超过 20% 时，就会使运土汽车打滑或陷车。回填土夯实时，含水量过大，则会产生“橡皮土”现象，使土无法夯实。回填土时，应使土的含水量处于最佳含水量范围之内。

**（二）土的质量密度**

土的质量密度分为天然密度和干密度。土的质量密度反映土体密实程度。

1. 土的天然密度

土的天然密度是指土在天然状态下单位体积的质量。土的天然密度与土的密实程度和含水量有关。土的天然密度按下式计算：

$$\rho = \frac{m}{V} \tag{1-2}$$

式中 $\rho$——土的天然密度，$kg/m^3$；

$m$——土的总质量，kg；

$V$——土的体积，$m^3$。

土的天然密度随着土颗粒的组成、孔隙的多少和含水量的变化而变化。一般黏土的天然密度为 1 800 ~2 200 $kg/m^3$，砂土的天然密度为 1 600 ~2 000 $kg/m^3$。密度越大，土体越硬，挖掘越困难。

2. 土的干密度

土的干密度是指土的固体颗粒质量与土的总体积的比值，计算公式为

$$\rho_d = \frac{m_s}{V} \tag{1-3}$$

式中 $\rho_d$——土的干密度，$kg/m^3$；

$m_s$——土的固体颗粒质量，kg；

$V$——土的总体积，$m^3$。

在一定程度上，土的干密度反映了土体颗粒排列的紧密程度。土的干密度愈大，表示土体愈密实。在土方填筑时，常以土的干密度来控制土的夯实标准。

**（三）土的可松性**

天然土经开挖后，土体体积因松散而增加，虽经振动夯实，仍然不能恢复到原状土的体积，土的这种现象称为土的可松性。土的可松性程度用可松性系数表示，即

$$K_s = \frac{V_2}{V_1} \tag{1-4}$$

$$K'_s = \frac{V_3}{V_1} \tag{1-5}$$

式中 $K_s$、$K'_s$——土的最初、最终可松性系数；

$V_1$——土在天然状态下的体积，$m^3$；

$V_2$——土开挖后在松散状态下的体积，$m^3$；

$V_3$——土经压（夯）实后的体积，$m^3$。

土的最初可松性系数 $K_s$ 是计算车辆装运土方体积及挖土机械生产率的主要参数，土的最终可松性系数 $K_s'$ 是计算填方所需挖土工程量的主要参数。各类土的可松性系数如表 1-2 所示。

### （四）土的压缩性

土的压缩性是指土经挖运、填压以后体积变小的性能。土的压缩性大小通常用压缩率表示。土的压缩率按下式计算：

$$\delta = \frac{\rho_{d压} - \rho_{d原}}{\rho_{d原}} \times 100\% \tag{1-6}$$

式中 $\delta$——土的压缩率（%）；

$\rho_{d压}$——压实后的干土质量密度，$kg/m^3$；

$\rho_{d原}$——原状土的干土质量密度，$kg/m^3$。

在松土回填时，应考虑土的压缩率，一般可按填方断面增加 10% ~20% 计算土方数。土的压缩率见表 1-3。

**表 1-3 土的压缩率**

| 土的类别 | 土的名称 | 土的压缩率（%） | 1 $m^3$ 松土压实后体积（$m^3$） |
|---|---|---|---|
| Ⅰ、Ⅱ类土 | 种植土 | 20 | 0.80 |
| | 一般土 | 10 | 0.90 |
| | 砂土 | 5 | 0.95 |
| Ⅲ类土 | 天然湿度黄土 | 12 ~17 | 0.85 |
| | 一般土 | 5 | 0.95 |
| | 干燥坚实黄土 | 5 ~7 | 0.94 |

注：1. 深层埋藏的潮湿胶土，开挖暴露后水分散失，碎裂成 2 ~5 cm 的小块，不易压碎，填筑压实后，有 5% 的涨余。

2. 胶结密实砂砾土及含石量接近 20% 的坚实粉质黏土或粉质砂土有 3% ~5% 涨余。

### （五）土的渗透性

土的渗透性是指土体被水透过的性能。土的渗透性大小用渗透系数 $K$ 表示。渗透系数是指单位时间内水穿透土层的能力，一般由试验确定，单位为 m/d。渗透系数与土的颗粒级配、密实程度等有关，是人工降低地下水位及选择各类井点的主要参数。土的渗透系数如表 1-4 所示。

**表 1-4 土的渗透系数**

| 土的名称 | 渗透系数 $K$（m/d） | 土的名称 | 渗透系数 $K$（m/d） |
|---|---|---|---|
| 黏土 | <0.005 | 中砂 | 5.00 ~20.00 |
| 粉质黏土 | 0.005 ~0.10 | 均质中砂 | 35 ~50 |
| 粉土 | 0.10 ~0.50 | 粗砂 | 20 ~50 |
| 黄土 | 0.25 ~0.50 | 圆砾石 | 50 ~100 |
| 粉砂 | 0.50 ~1.00 | 卵石 | 100 ~500 |
| 细砂 | 1.00 ~5.00 | | |

**特别提示**

土的工程性质对土方工程施工有着直接的影响。土的可松性是进行土方工程量计算、确定运输机具数量的重要参数。土质、土的密度和土的渗透性影响基坑(基槽)开挖方案和降水方案的选择。土的天然密度、干密度及含水量是决定土方边坡稳定的内因,也是确定土体压实程度的重要物理量。

# 任务二　土方工程量的计算

在土方工程施工前,必须计算土方工程量,根据土方工程量的大小,拟订土方工程施工方案,组织土方工程施工。土方工程外形往往很复杂,不规则,要准确计算土方工程量难度很大。一般情况下,将其划分成一定的几何形状,采用具有一定精度又与实际情况近似的方法进行计算。

## 一、基坑与基槽土方量的计算

### (一)基坑土方量

基坑是指长宽比小于或等于 3 的矩形土体。基坑土方量可按立体几何中拟柱体(由两个平行的平面作底的一种多面体)体积公式计算,如图 1-1 所示,即

$$V = \frac{H}{6}(A_1 + 4A_0 + A_2) \tag{1-7}$$

式中　$V$——基坑土方量,$m^3$;

$H$——基坑深度,m;

$A_1$、$A_2$——基坑上、下底的面积,$m^2$;

$A_0$——基坑中截面的面积,$m^2$。

### (二)基槽土方量

基槽土方量可沿长度方向分段后,按照上述同样的方法计算,如图 1-2 所示,即

$$V_1 = \frac{L_1}{6}(A_1 + 4A_0 + A_2) \tag{1-8}$$

式中　$V_1$——第一段的土方量,$m^3$;

$L_1$——第一段的长度,m;

其他符号含义同前。

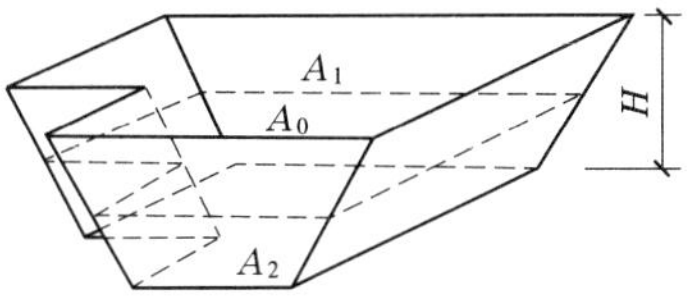


图 1-1　基坑土方量的计算

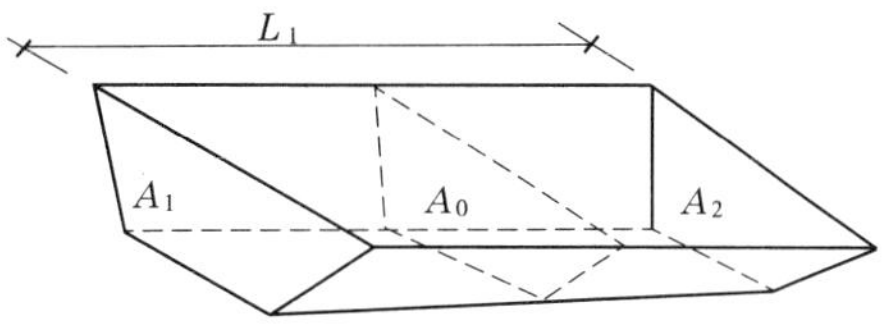


图 1-2　基槽土方量的计算

将各段土方量相加,即得总土方量

$$V = V_1 + V_2 + \cdots + V_n \tag{1-9}$$

式中　$V_1, V_2, \cdots, V_n$——各段土方量,$m^3$。

**特别提示**

引例中，基坑土方工程量可按照基坑开挖几何柱体体积计算。

## 二、场地平整土方量的计算

场地平整是将天然地面平整成施工要求的设计平面。场地平整前，要确定场地的设计标高。场地设计标高是进行场地平整和土方量计算的依据，合理选择场地设计标高，对减少土方量、提高施工速度具有重要意义。

场地设计标高的确定应考虑以下因素：

(1)满足生产工艺和运输要求。

(2)充分利用地形，尽量做到挖填平衡，以减少土方量。

(3)要有一定排水坡度(≥2‰)，满足排水要求。

(4)要考虑最高洪水位的影响。

场地设计标高属于全局规划问题，应由设计单位、甲乙双方以及有关部门协商解决。在工程实践中，设计标高由总图设计规定，在设计图纸上规定出各单体建筑、道路、区内广场等设计标高，施工单位按图纸施工即可。

场地平整土方量的计算方法有方格网法和断面法两种。当场地地形较平坦，并且地形连续变化均匀时，一般采用方格网法。断面法是将计算场地划分成若干横截面后逐段计算，最后将逐段计算结果汇总。断面法计算精度较低，可用于地形起伏变化较大、断面不规则的场地。

**特别提示**

当场地设计标高无设计文件特定要求时，可按场区内"挖填土方量平衡法"自行设计。设计时，按照场地内挖填平衡原则，先计算理论设计标高，然后根据土的可松性、借弃土(挖方就近弃土，填方就近借土)，以及施工场地对泄水坡度的要求，对理论计算设计标高进行调整。调整后，场地设计标高应使场地挖填土方量少、费用低，造价合理。

### (一)方格网法

方格网法，计算场地平整土方量步骤如下。

1. 绘制方格网图

由设计单位根据地形图(一般在1/500的地形图上)将建筑场地划分为若干个方格网。方格边长大小主要取决于地形变化复杂程度，一般取 $a=10$ m、20 m、30 m、40 m 等，通常采用20 m。方格网与测量的纵横坐标网相对应，在各方格角点规定的位置上，标注角点的自然地面标高($H$)和设计标高($H_n$)，如图1-3所示。

2. 计算场地各方格角点的施工高度

各方格角点的施工高度等于角点的设计地面标高与自然地面标高之差。角点的施工高度是以角点设计标高为基准的挖方或填方的施工高度。各方格角点的施工高度按下式计算：

$$h_n = H_n - H \tag{1-10}$$

式中 $h_n$——角点的施工高度，即填挖高度(以"+"为填，"-"为挖)，m；

$H_n$——角点的设计标高，m；

$H$——角点的自然地面标高，m；

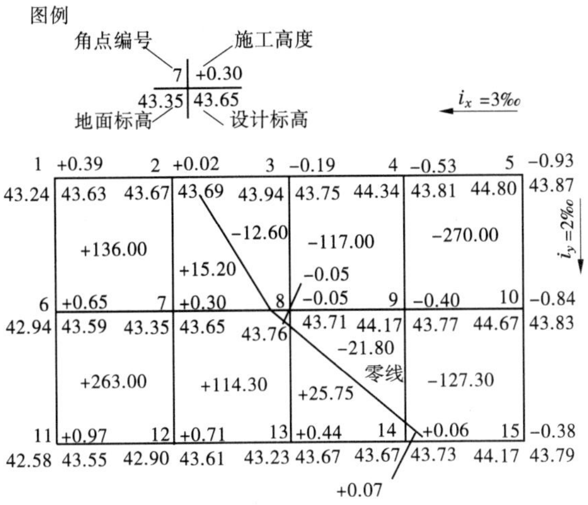


**图 1-3　方格网法计算土方工程量**

$n$ ——方格的角点编号(自然数列 1,2,3,…,$n$)。

3. 计算"零点"位置,确定零线

当同一方格的四个角点的施工高度同号时,该方格内的土方则全部为挖方或填方。如果同一方格中一部分角点的施工高度为" + ",而另一部分为" − ",则此方格中的土方一部分为填方,另一部分为挖方,沿其边线必然有一不挖不填的点,即"零点",如图 1-4 所示。

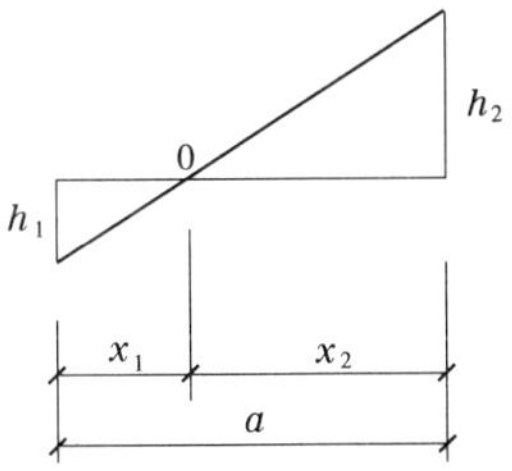


**图 1-4　零点位置计算示意图**

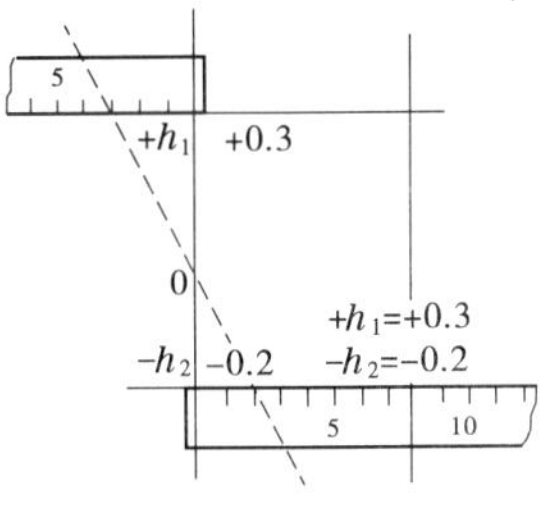


**图 1-5　零点位置图解法**

零点位置按下式计算:

$$x_1 = \frac{ah_1}{h_1 + h_2};\quad x_2 = \frac{ah_2}{h_1 + h_2} \qquad (1\text{-}11)$$

式中　$x_1$、$x_2$——角点至零点的距离,m;

$h_1$、$h_2$——相邻两角点的施工高度,均用绝对值表示,m;

$a$——方格网的边长,m。

在实际工作中,为省略计算,常采用图解法直接求出零点,如图 1-5 所示。方法是:用尺在各角点上标出挖填施工高度相应比例,用尺相连,与方格相交点即为零点位置。图解法求零点比计算法简便,同时可避免计算或查表出错。

方格网边的零点位置确定后,将零点标注于方格网上,相邻的零点连接起来,即为零线。零线是确定方格中挖方与填方的分界线。

4. 计算方格土方工程量

按方格底面积图形和表 1-5 所列计算公式,计算每个方格内的挖方量或填方量。

表 1-5　常用方格网点计算公式

| 项　目 | 图　　式 | 计算公式 |
|---|---|---|
| 一点填方或挖方（三角形） | 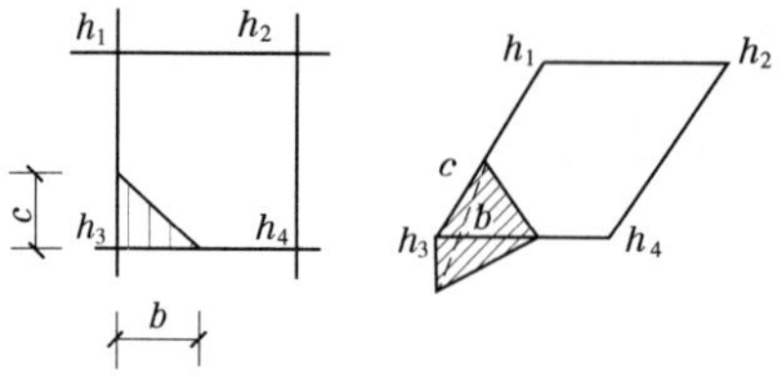 | $V=\frac{1}{2}bc\frac{\sum h}{3}=\frac{bch_3}{6}$ 当 $b=a=c$ 时，$V=\frac{a^2h_3}{6}$ |
| 二点填方或挖方（梯形） | 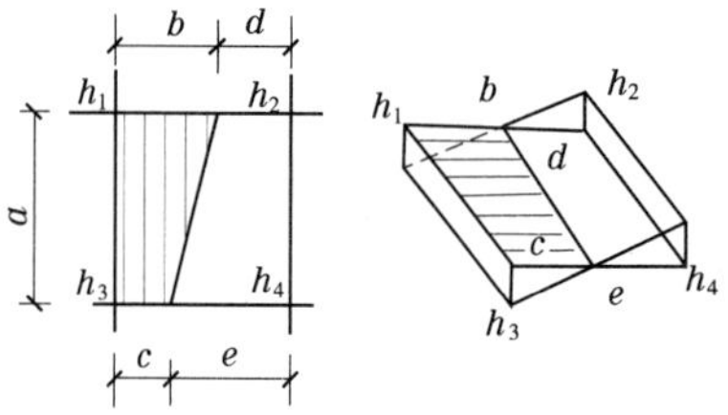 | $V_{+}=\frac{b+c}{2}a\frac{\sum h}{4}=\frac{a}{8}(b+c)(h_1+h_3)$ $V_{-}=\frac{d+e}{2}a\frac{\sum h}{4}=\frac{a}{8}(d+e)(h_2+h_4)$ |
| 三点填方或挖方（五角形） | 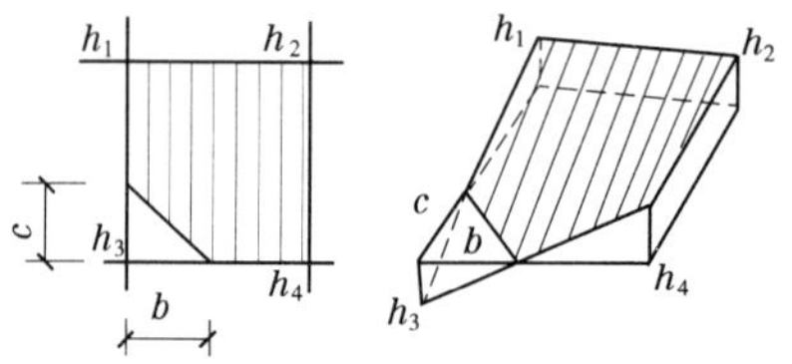 | $V=(a^2-\frac{bc}{2})\frac{\sum h}{5}$ $=(a^2-\frac{bc}{2})\frac{h_1+h_2+h_4}{5}$ |
| 四点填方或挖方（正方形） | 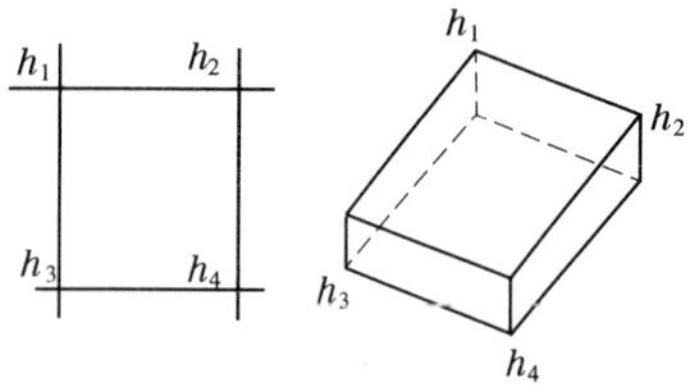 | $V=\frac{a^2}{4}\sum h=\frac{a^2}{4}(h_1+h_2+h_3+h_4)$ |

注：1. $a$ 为方格网的边长，m；$b$、$c$、$d$、$e$ 为零点到一角的边长，m；$h_1$、$h_2$、$h_3$、$h_4$ 为方格网四角点的施工高度，用绝对值代入，m；$\sum h$为填方或挖方施工高度总和，用绝对值代入，m；$V$ 为填方或挖方的体积，$m^3$。

2. 本表计算公式是按各计算图形底面面积乘以平均施工高度而得出的。

5. 边坡土方量的计算

场地的挖方区和填方区的边沿需要做成边坡，以保证挖方土壁和填方区的稳定。边坡的土方量可以划分成两种近似的几何形体进行计算，一种为三角棱锥体，另一种为三角棱柱体。

**特别提示**

土方边坡用边坡坡度 $i$ 和边坡系数 $m$ 表示。边坡坡度 $i$ 是挖土深度（或填方深度）$h$ 与边坡底宽 $b$ 之比，即边坡坡度 $i=h/b=1/(b/h)=1:m$，$m=b/h$，$m$ 称为边坡系数，如图 1-12 所示。

1）三角棱锥体边坡体积

三角棱锥体边坡体积，如图 1-6 中（①～③、⑤～⑪）所示，计算公式如下：

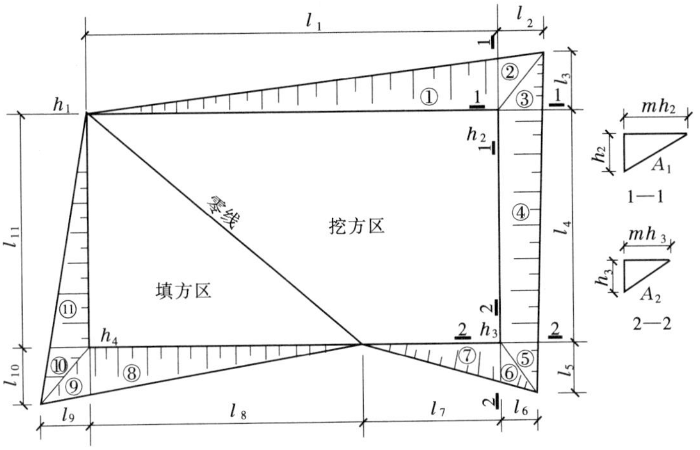


**图 1-6　场地边坡平面图**

$$V_1 = \frac{1}{3}A_1 l_1 \tag{1-12}$$

式中　$l_1$——三角棱锥体边坡的长度,m;

$A_1$——三角棱锥体边坡的端面积,$m^2$,$A_1 = \frac{h_2(mh_2)}{2} = \frac{mh_2^2}{2}$;

$h_2$——角点的挖土高度,m;

$m$——边坡的坡度系数,$m$ = 宽/高。

2)三角棱柱体边坡体积

三角棱柱体边坡体积如图 1-6 中④所示,计算公式如下:

$$V_4 = \frac{A_1 + A_2}{2} l_4 \tag{1-13}$$

在两端横断面面积相差很大的情况下,边坡体积按下式计算:

$$V_4 = \frac{l_4}{6}(A_1 + 4A_0 + A_2) \tag{1-14}$$

式中　$l_4$——三角棱柱体边坡的长度,m;

$A_1$、$A_2$、$A_0$——三角棱柱体边坡两端及中部横断面面积,$m^2$。

6. 计算土方总量

将挖方区(或填方区)所有方格计算的土方量和边坡土方量汇总,即得该场地挖方和填方的总土方量。

**(二)断面法**

沿场地取若干个相互平行的断面,可利用地形图或实际测量定出,将所取的每个断面(包括边坡断面)划分为若干个三角形和梯形,如图 1-7 所示,则断面面积为

$$A'_1 = \frac{h_1 d_1}{2}, A'_2 = \frac{(h_1 + h_2)d_2}{2}, \cdots$$

某一断面面积为

$$A_i = A'_1 + A'_2 + \cdots + A'_n$$

若 $d_1 = d_2 = \cdots = d_n = d$,则

$$A_i = d(h_1 + h_2 + \cdots + h_{n-1})$$

设各断面面积分别为$A_1, A_2, \cdots, A_m$，相邻两断面间的距离依次为$L_1, L_2, \cdots, L_m$，则所求的土方体积为

$$V = \frac{A_1 + A_2}{2}L_1 + \frac{A_2 + A_3}{2}L_2 + \cdots + \frac{A_{m-1} + A_m}{2}L_{m-1} \quad (1\text{-}15)$$

断面法计算土方量，边坡土方量已包括在内。

断面法求面积常采用的方法是“累高法”，如图1-8所示。“累高法”简便易行，不需用公式计算，只要将所取的断面绘于普通坐标方格纸上（$d$取等值），用透明纸尺从$h_1$开始，依次量出（用大头针向上拨动透明纸尺）各点标高（$h_1, h_2, \cdots$），累计得出各点标高之和，然后将此值与$d$相乘，即可得出所求断面面积。

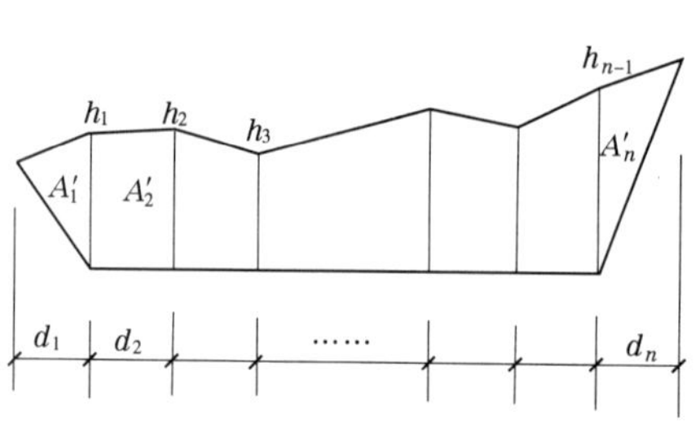

图1-7 断面法示意图

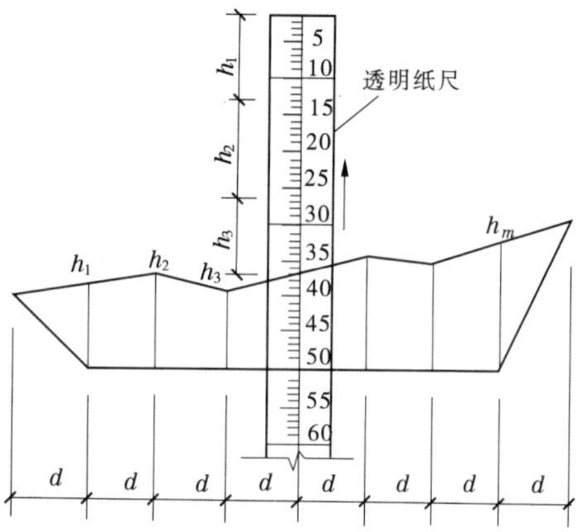

图1-8 累高法求断面面积

**【例1-1】** 某建筑施工场地，地形图和方格网布置如图1-9所示。方格网的边长$a=20$ m，方格网各角点上的标高分别为地面的设计标高和自然标高。该场地为粉质黏土，试用方格网法计算挖方和填方的总土方量（不考虑边坡土方量）。

**解** （1）计算各角点的施工高度。根据方格网各角点的地面设计标高和自然标高，按照式（1-10）计算得：

$h_1 = 251.50 - 251.40 = 0.10$（m）；$h_2 = 251.44 - 251.25 = 0.19$（m）；

$h_3 = 251.38 - 250.85 = 0.53$（m）；$h_4 = 251.32 - 250.60 = 0.72$（m）；

$h_5 = 251.56 - 251.90 = -0.34$（m）；$h_6 = 251.50 - 251.60 = -0.10$（m）；

$h_7 = 251.44 - 251.28 = 0.16$（m）；$h_8 = 251.38 - 250.95 = 0.43$（m）；

$h_9 = 251.62 - 252.45 = -0.83$（m）；$h_{10} = 251.56 - 252.00 = -0.44$（m）；

$h_{11} = 251.50 - 251.70 = -0.20$（m）；$h_{12} = 251.46 - 251.40 = 0.06$（m）。

各角点施工高度计算结果标注在图1-10中。

（2）计算零点位置。由图1-10可知，方格网边1—5、2—6、6—7、7—11、11—12两端的施工高度符号不同，这说明在这些方格边上有零点存在，由式（1-11）求得：

1—5线：$x_1 = 4.55$（m）；2—6线：$x_1 = 13.10$（m）；6—7线：$x_1 = 7.69$（m）；7—11线：$x_1 = 8.89$（m）；11—12线：$x_1 = 15.38$（m）。

将各零点标注于图上，并将相邻的零点连接起来，即得零线位置，如图1-10所示。

（3）计算各方格的土方量。

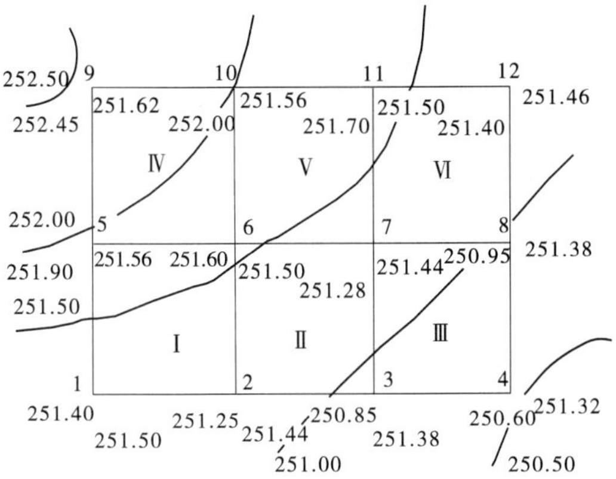


**图 1-9　某建筑场地方格网布置**

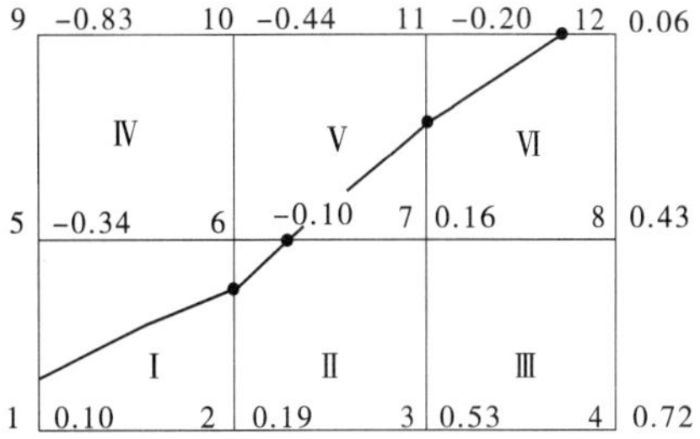


**图 1-10　施工高度及零线位置**

方格Ⅲ、Ⅳ底面为正方形，土方量为

$V_{Ⅲ(+)} = 20^2/4 \times (0.53 + 0.72 + 0.16 + 0.43) = 184(\mathrm{m}^3)$

$V_{Ⅳ(-)} = 20^2/4 \times (0.34 + 0.10 + 0.83 + 0.44) = 171(\mathrm{m}^3)$

方格Ⅰ底面为两个梯形，土方量为

$V_{Ⅰ(+)} = 20/8 \times (4.55 + 13.10) \times (0.10 + 0.19) = 12.80(\mathrm{m}^3)$

$V_{Ⅰ(-)} = 20/8 \times (15.45 + 6.90) \times (0.34 + 0.10) = 24.59(\mathrm{m}^3)$

方格Ⅱ、Ⅴ、Ⅵ底面为三边形和五边形，土方量为

$V_{Ⅱ(+)} = 65.73\ (\mathrm{m}^3)$；$V_{Ⅱ(-)} = 0.88\ (\mathrm{m}^3)$；$V_{Ⅴ(+)} = 2.92\ (\mathrm{m}^3)$；

$V_{Ⅴ(-)} = 51.10\ (\mathrm{m}^3)$；$V_{Ⅵ(+)} = 40.89\ (\mathrm{m}^3)$；$V_{Ⅵ(-)} = 5.70\ (\mathrm{m}^3)$

方格网总填方量：

$\sum V_{(+)} = 184 + 12.80 + 65.73 + 2.92 + 40.89 = 306.34\ (\mathrm{m}^3)$

方格网总挖方量：

$\sum V_{(-)} = 171 + 24.59 + 0.88 + 51.10 + 5.70 = 253.27(\mathrm{m}^3)$

## 三、土方调配

土方调配是土方工程施工组织设计（土方规划）中的重要内容。在场地十方工程量计算完成后，即可着手土方的调配工作。土方调配是对挖土的利用、堆弃和填土三者之间的关系进行综合协调的处理。好的土方调配方案应该使土方的运输量或费用最少，而且便于施工。

### （一）土方调配原则

（1）力求达到挖方与填方基本平衡和运距最短，使挖方量与运距的乘积之和最小，即土方运输量或费用最小，降低工程成本。

（2）近期施工与后期利用相结合。当工程分期分批施工时，先期工程有土方余额，应结合后期工程的需求，考虑其利用量与堆放位置，以便就近调配，以避免重复挖运和场地混乱。

（3）分区与全场相结合。分区土方的余额或欠额的调配，必须考虑全场土方的调配，不可只顾局部平衡而妨碍全局。

（4）尽可能与大型建筑物的施工相结合。大型建筑物位于填土区时，应将开挖的部分土体予以保留,待基础施工后再进行填土,以避免土方重复挖、填和运输。

(5)选择适当的调配方向、运输路线,使土方机械和运输车辆的功效得到充分发挥。

总之,进行土方调配,必须依据现场具体情况、有关技术资料、工期要求、土方施工方法与运输方法等,综合考虑上述原则,经计算比较,选择经济合理的调配方案。

**(二)土方调配方案的编制**

土方平衡与调配是土方工程施工的一项重要工作。一般先由设计单位提出基本平衡数据,然后由施工单位根据实际情况进行平衡计算。土方工程量大,在施工过程中,应进行多次平衡调整。在平衡计算中,应综合考虑土的松散性、压缩性和沉陷量等影响土方量变化的因素。

土方调配方案的编制应根据施工场地地形及地理条件,把挖方区和填方区划分成若干个调配区,计算各调配区的土方量,并计算每对挖、填方区之间的平均运距(即挖方区重心至填方区重心的距离),然后确定挖方各调配区的土方调配方案。土方调配的最优方案,应使土方总运输量最小或土方运输费用最少,工期短、成本低,而且便于施工。

**特别提示**

土方最优调配方案的确定,是以线性规划为理论基础,常用"表上作业法"求得。具体计算方法可参考建筑施工手册第三版(建筑施工手册编写组编写. 北京:中国建筑工业出版社,2003)。

调配方案确定后,绘制土方调配图,如图1-11所示。在土方调配图上,要注明挖填调配区、调配方向、土方数量和每对挖填之间的平均运距。图中的土方调配仅考虑场内挖方和填方的平衡,$W$ 表示挖方,$T$ 表示填方。

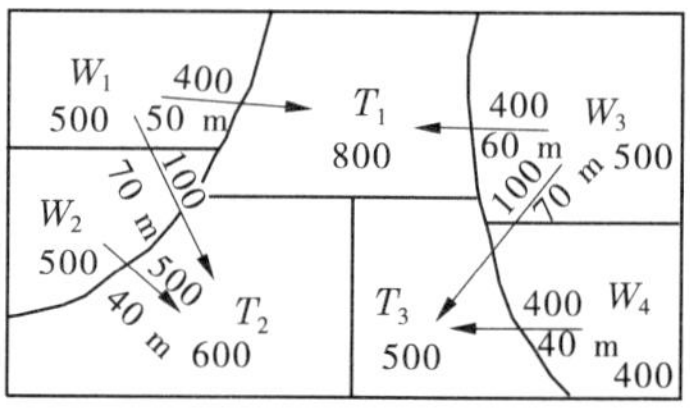


图1-11 土方调配图

# 任务三 土方边坡与土壁支撑

## 一、土壁稳定

土壁稳定主要是由土体内摩阻力和黏结力保持平衡。土体一旦失去平衡,土壁就会塌方,这不仅会造成人身安全事故,还会影响基坑、基槽的开挖和基础的施工,有时还会危及附近的建筑物安全。

**(一)土方边坡**

土方边坡的坡度 $i$ 以挖方深度(或填方深度) $h$ 与底宽 $b$ 之比表示,如图1-12所示,即

$$i = h/b = 1/(b/h) = 1:m \qquad (1\text{-}16)$$

式中 $m$ ——边坡系数,$m = b/h$。

土方边坡的大小主要与土质、开挖深度、开挖方法、边坡留置时间长短、边坡附近各种荷载状况及排水情况有关。当土质条件良好、土质均匀且地下水位低于基坑(槽)或管沟底面标高时,挖方边坡可做成直立土壁而不加支撑,但深度不宜超过下列规定:

(1)密实、中密的砂土和碎石类土(充填物为砂土):1.0 m。

(2)硬塑、可塑的粉土及粉质黏土:1.25 m。

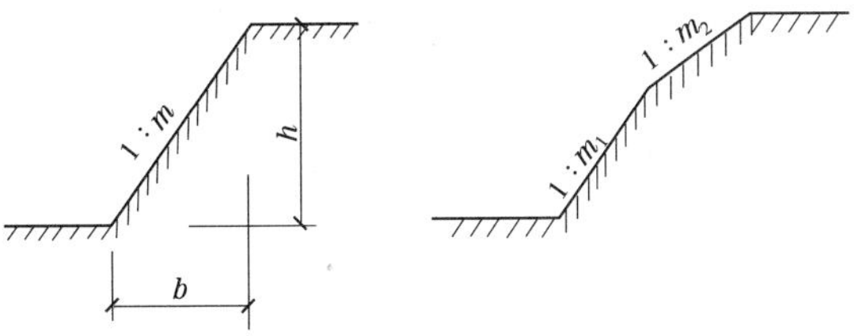


(a)直线形边坡　　(b)折线形边坡

**图 1-12　土体边坡**

(3)硬塑、可塑的黏土和碎石类土(充填物为黏性土):1.5 m。

(4)坚硬的黏土: 2 m。

挖土深度超过上述规定时,应考虑放坡,或者做成直立土壁并加设支撑。

基坑(槽)或管沟开挖后,应及时进行基础工程或地下结构工程施工。在施工过程中,应经常检查坑壁的稳定情况。当开挖基坑较深或晾槽时间较长时,应根据实际情况采取护面措施,如帆布覆盖法、塑料薄膜覆盖法、坡面拉网法或挂网法等。

当地质条件良好,土质均匀,地下水位低于基坑(槽)或管沟底面标高时,挖方深度在 5 m 以内且不加设支撑的边坡的最陡坡度,应符合表 1-6 的规定。

**表 1-6　深度在 5 m 内的基坑(槽)、管沟边坡的最陡坡度**

| 土的类别 | 边坡坡度(高: 宽) | | |
|---|---|---|---|
| | 坡顶无荷载 | 坡顶有静载 | 坡顶有动载 |
| 中密的砂土 | 1: 1.00 | 1: 1.25 | 1: 1.50 |
| 中密的碎石类土(充填物为砂土) | 1: 0.75 | 1: 1.00 | 1: 1.25 |
| 硬塑的粉土 | 1: 0.67 | 1: 0.75 | 1: 1.00 |
| 中密的碎石类土(充填物为黏性土) | 1: 0.50 | 1: 0.67 | 1: 0.75 |
| 硬塑的粉质黏土、黏土 | 1: 0.33 | 1: 0.50 | 1: 0.67 |
| 老黄土 | 1: 0.10 | 1: 0.25 | 1: 0.33 |
| 软土(经井点降水后) | 1: 1.00 | — | — |

注:1. 静载指堆土或材料等,动载指机械挖土或汽车运输作业等。静载或动载距挖方边沿的距离应保证边坡或直立壁的稳定,堆土或材料应距挖方边沿 0.8 m 以外,高度不超过 1.5 m。

2. 当有成熟施工经验时,可不受本表限制。

永久性挖方边坡坡度应按设计要求放坡。临时性挖方的边坡值应符合表 1-7 的规定。

**(二)土壁塌方的原因**

根据工程实践调查分析,土壁塌方的原因主要有以下几点:

(1)土质差,边坡过陡,土体自身稳定性不够,引起土壁塌方。

(2)地面雨水及地下水渗入基坑,使土体质量增大、抗剪能力降低,造成土体坍塌。

(3)基坑(槽)边缘附近大量堆土,或停放机具、堆积材料,或由于动荷载的作用,使土体产生的剪应力超过土体的抗剪强度,从而引起塌方。

**表 1-7　临时性挖方边坡值**

| 土的类别 | | 边坡值(高:宽) |
|---|---|---|
| 砂土(不包括细砂、粉砂) | | 1:1.25～1:1.50 |
| 一般性黏土 | 坚硬 | 1:0.75～1:1.00 |
| | 硬塑 | 1:1.00～1:1.25 |
| | 软塑 | 1:1.50 或更缓 |
| 碎石类土 | 充填坚硬、硬塑黏性土 | 1:0.50～1:1.00 |
| | 充填砂土 | 1:1.00～1:1.50 |

**注**:1. 设计有要求时,应符合设计标准。

2. 如采取降水或其他加固措施,可不受本表限制,但应计算复核。

3. 开挖深度,对软土不应超过 4 m,对硬土不应超过 8 m。

因此,为防止边坡塌方,保证施工安全,土方边坡大小与边坡上边缘荷载应符合规范规定要求。在施工中,必须做好排除地面水工作,防止地表水、施工用水和生活用水等浸入开挖场地或冲刷土方边坡。在雨季施工时,更应注意检查边坡的稳定性,必要时,可适当放缓边坡或设置支撑,以防塌方。

## 二、土壁支撑

基坑(槽)或管沟开挖时,如果土质或周围场地条件允许,采用放坡开挖,比较经济。但是,在建筑物稠密的地区施工,有时不允许按规定的坡度进行放坡,或深基坑(槽)开挖时,放坡所增加的土方量过大,就需要用设置土壁支撑的施工方法,以保证土方开挖顺利进行和安全,并减少对相邻已有建筑物和市政设施的不利影响。

土壁支撑结构主要承受基坑(槽)土方开挖卸荷时所产生的土压力、水压力和附加荷载产生的侧压力,起到挡土和止水作用,是稳定基坑(槽)的一种施工临时挡墙结构。土壁支撑方法有钢(木)支撑、钢(木)板桩支撑、钢筋混凝土护坡桩和钢筋混凝土地下连续墙等。土壁支撑方法的选择,应根据工程特点、土质条件、开挖深度和宽度、地下水位、施工方法及相邻建筑物等情况,经技术经济比较后确定。

### (一)钢(木)支撑

开挖基坑(槽)或管沟常用的钢(木)支撑有横撑式支撑和锚碇式支撑等。

#### 1. 横撑式支撑

在开挖较窄的基坑(槽)或管沟时,可采用横撑式支撑。横撑式支撑由挡土板、楞木和工具式横撑组成,如图 1-13 所示。横撑式支撑根据挡土板放置方式的不同,可以分为水平挡土板式和垂直挡土板式。水平挡土板式可分为断续式和连续式两种。断续式水平挡土板支撑适用于湿度小的黏性土及挖土深度小于 3 m 的基抗(槽)。连续式水平挡土板支撑适用于较潮湿的或散粒的土体,挖土深度可达 5 m。垂直挡土板支撑适用于松散、湿度大的土体,挖土深度不限。

采用横撑式支撑时,应随挖随撑,支撑要牢固。施工中应经常检查,如有松动、变形等现象,应及时加固或更换。支撑的拆除应按回填土的顺序,依次进行,多层支撑应自下而上逐层拆除,随拆随填。

2. 锚碇式支撑

当基坑宽度较大时,横撑自由长度过大而稳定性不足,或采用机械挖土基坑内不允许有水平支撑时,则可设置锚碇式支撑,即用拉锚来代替横撑,如图 1-14 所示。

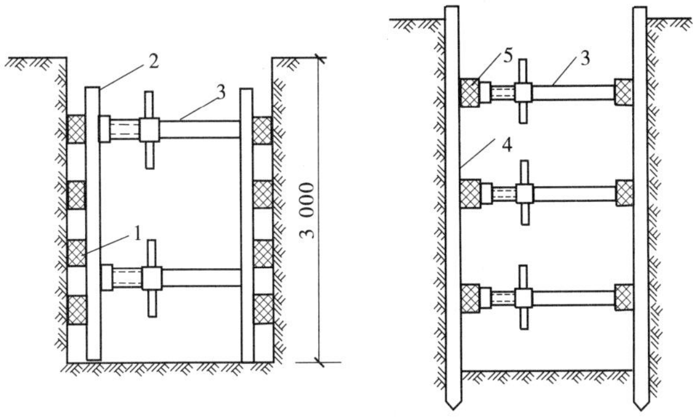


(a)断续式水平挡土板支撑　(b)垂直挡土板支撑

1—水平挡土板;2—竖楞木;3—工具式横撑;
4—竖直挡土板;5—横楞木

**图 1-13　横撑式支撑**

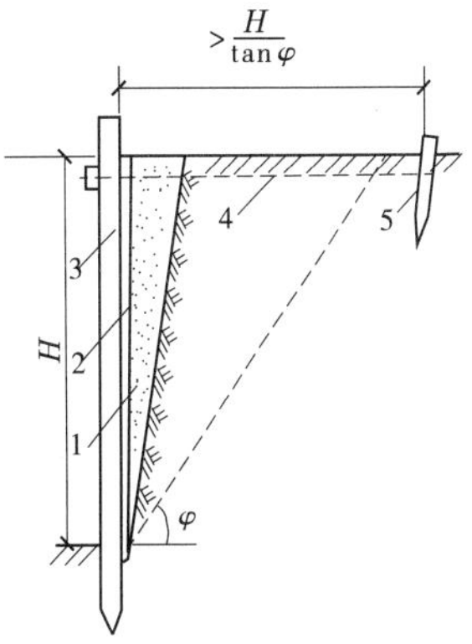


1—回填土;2—挡土板;3—柱桩;
4—拉杆;5—锚桩;φ—土的内摩擦角

**图 1-14　锚碇式支撑**

拉锚是通过钢筋或钢丝绳一端固定在支护板上的腰梁上,另一端固定在锚碇上,中间设置花篮螺丝以调整拉杆长度。当土质较好时,可埋设混凝土梁或横木做锚碇;当土质不好时,则用短桩做锚碇。拉锚的间距及拉杆直径经过计算确定。拉锚式支撑在坑壁上只能设置一层,锚碇应设置在坑壁上主动滑移面之外,以防止坑壁土体整体滑动时,引起支护结构整体失稳。

锚碇式支撑施工简便,经济可行,适用于土质条件较好,开挖深度不大,基坑周边有较开阔施工场地时的基坑支护。

**(二)板桩支撑**

板桩是一种支护结构,主要用于抵抗土和水产生的水平压力,即挡土、挡水。板桩的种类很多,有木板桩、钢板桩和钢筋混凝土板桩等。在临时工程中,钢板桩可多次重复使用,打设方便,强度高,应用最广泛。板桩式支撑特别适用于地下水位较高且土质为细颗粒、松散饱和土的支护,可防治流砂现象的发生。

钢板桩由带锁扣或钳口的热轧型钢制成,钢板桩互相连接形成钢板桩墙。常用的钢板桩有平板桩和波浪式板桩(通常称为“拉森”板桩)两类。平板桩防水和承受轴向压力性能良好,易打入地下,但长轴方向抗弯强度较小,如图 1-15(a)所示。波浪式板桩防水和抗弯性能较好,施工中多采用,如图 1-15(b)所示。

板桩支撑根据有无设置锚碇结构,可分为无锚碇板桩和有锚碇板桩两类。无锚碇板桩即悬臂式板桩,对于土的性质、荷载大小等非常敏感,仅依靠入土部分的土压力维持板桩的稳定。无锚碇板桩高度一般不大于 4 m,否则就不经济。无锚碇板桩仅适用于较浅基坑土壁支护。有锚碇板桩是在板桩上部用拉锚装置加以固定,以提高板桩的支护能力。单锚板桩是常用的有锚碇板桩的一种支护方式。

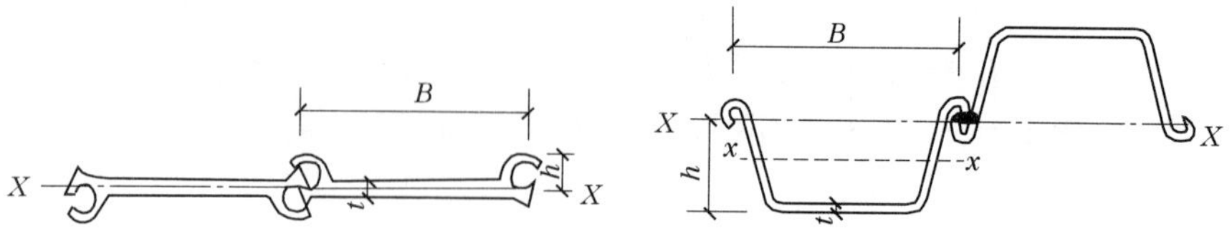

(a)平板桩　　(b)波浪式板桩(“拉森”板桩)

图 1-15　钢板桩示意图

**(三)钢筋混凝土桩排桩挡墙**

在开挖基坑周围,用钻机成孔,现场浇灌钢筋混凝土,待混凝土达到设计要求后,开挖基坑。在挖出的护壁桩上,设置一道或几道要梁,并与支撑或拉杆连接,各桩顶之间用钢筋混凝土圈梁连接。圈梁施工前,应将桩顶的浮浆凿除,清理干净,并将外露的钢筋伸入圈梁内,与圈梁混凝土浇筑成一个整体,以增加排桩挡墙的整体性。圈梁宽度不得小于桩径,高度不小于 400 mm,圈梁可按构造配筋,混凝土强度等级不宜小于 C20。桩之间净距一般为 100 ~ 150 mm,如图 1-16 所示。

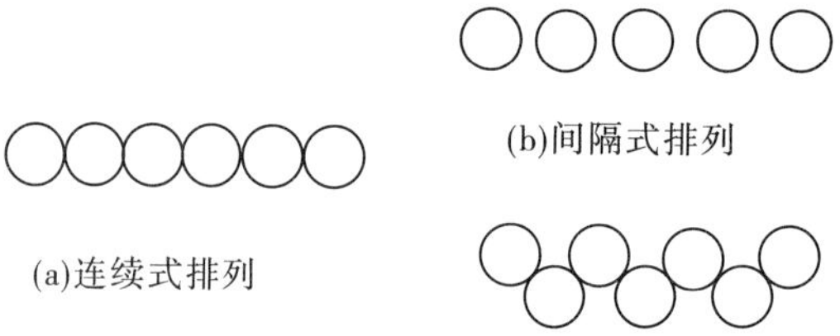
(a)连续式排列　　(b)间隔式排列　　(c)交错式排列

图 1-16　混凝土灌注桩挡墙平面布置形式

当有挡水要求,又没有采取降水措施时,可采用交错式排桩挡墙,或者在连续式、间隔式排桩外面加深层搅拌水泥土桩组成止水帷幕,也可在排桩间加压密注浆止水等组合支护结构,既挡土又止水,如图 1-17 所示。

钢筋混凝土钻孔灌注桩常用的桩径为 600 ~ 1 100 mm,基坑深度为 7 ~ 13 m;沉管灌注桩常用的桩径为 500 ~ 800 mm,基坑深度不宜大于 10 m。钻孔桩、沉管桩多用于两层及其以下的深基坑支护。单层地下室基坑,常使用桩径 800 ~ 1 200 mm 的人工挖孔桩的支护结构。

**(四)深层搅拌水泥土桩挡墙**

深层搅拌水泥土桩挡墙,是利用深层搅拌机在边坡土体需要加固的范围内,将软土与固化剂强制拌和,经过土和固化剂之间所产生的一系列物理化学反应后,使软土硬结成具有整体性、水稳定性和足够强度的水泥土桩,如图 1-18 所示。

水泥土墙是一种重力式支护结构。深层搅拌法利用的固化剂为水泥浆或水泥砂浆,水泥的掺量为加固土重的 7% ~ 15%,水泥砂浆的配合比为 1∶1 或 1∶2。水泥土加固体渗透系数小于 $10^{-7}$ cm/s,具有挡土、防渗双重功效,属于重力式支护结构。深层搅拌水泥土桩挡墙一般适用于软土地区深度不大于 7 m 的基坑工程。

**(五)H 型钢支柱挡板支护挡墙**

H 型钢支柱挡板支护挡墙是将 H 型钢支柱按一定间距打入土中,支柱之间设木挡板或

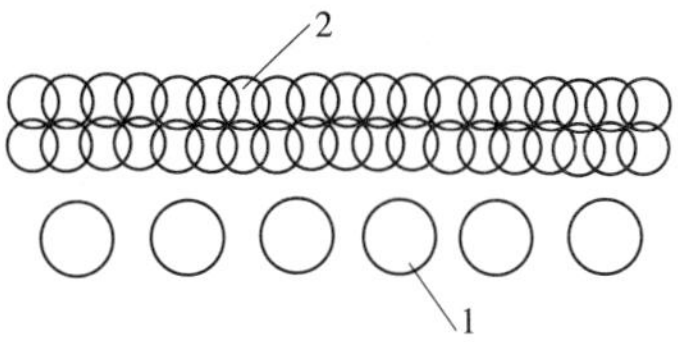


(a)灌注桩加搅拌水泥土桩

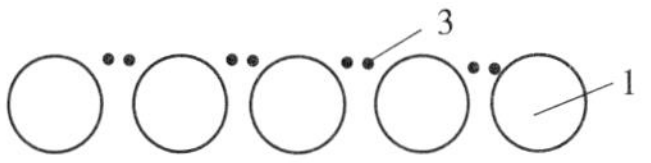


(b)灌注桩加压密注浆

1—灌注桩;2—水泥土桩;3—压密注浆

**图 1-17　挡土兼止水挡墙形式**

(a)壁式

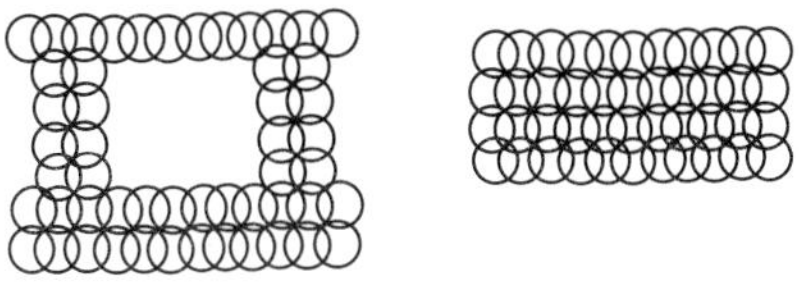

(b)隔栅式　　(c)实体式

**图 1-18　深层搅拌水泥土桩挡墙平面布置**

其他挡土设施,挡板随开挖逐步加设,挖方完毕挡墙形成,如图 1-19 所示。支护和挡板可回收使用,较为经济。这种支撑适用于土质较好且地下水位较低的地区,国外应用较多,国内亦有应用。如北京京城大厦,深 23.5 m 的深基坑支护结构,将长 27 m 的 488 mm × 300 mm 的 H 型钢,按 1.1 m 间距打入土中,用三层土锚拉结,取得了较好效果。

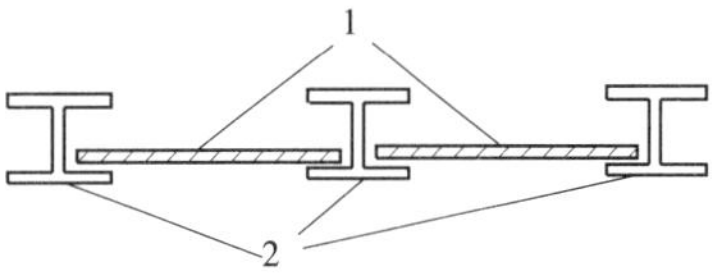


1—挡土板;2—H 型钢支柱

**图 1-19　H 型钢桩截面图**

**(六)地下连续墙**

地下连续墙是深基坑支护的主要支护结构。在工程开挖土方之前,用特制的挖槽机械在泥浆护壁的情况下,每次开挖一定长度(一个单元槽段)的沟槽。待开挖至设计深度并清除沉淀下来的泥渣后,用起重机械将在地面上加工好的钢筋骨架(一般称为钢筋笼)起吊,放入充满泥浆的沟槽内,然后用导管向沟槽内浇筑混凝土。混凝土浇筑由沟槽底部开始逐渐向上浇筑,随着混凝土的浇筑,泥浆将被置换出来,待混凝土浇至设计标高后,一个单元槽即施工完毕。各个单元槽之间由特制的接头连接,形成连续的地下钢筋混凝土墙,如图 1-20 所示。

地下连续墙整体性好,刚度大,变形小,施工时噪声低,振动性小,无挤土,对周围环境影响小,比其他类型挡墙具有更多优点。但是,成槽需要专用设备,施工难度较大,工程造价高。地下连续墙墙体厚度一般为 600 mm、800 mm、1 000 mm。地下连续墙适用于地下水位高的软土地基,或与邻近的建筑物、道路等市政设施相距较近,深度为 12 m 以下的深基坑支护。

**(七)土钉墙**

土钉墙由被加固土壁、锚固在原位土体中的金属土钉及坡面上的混凝土板面组成,如图 1-21所示。土钉墙与重力式挡土墙支护结构相似,用来抵抗墙后土压力和其他作用力。近年来,土钉墙广泛用于土体开挖和边坡稳定挡土,是一种新型挡土支护结构。

土钉墙分为钻孔注浆土钉和打入式土钉两类。钻孔注浆土钉是先在土中钻孔,打入 $\phi$16 ~ 32的较粗钢筋,然后沿全长注浆。沿注浆土钉长每隔 2 ~ 3 m 设有中支架,以使土钉处于孔位中心,并有足够保护层。土钉外露端部宜做成螺纹,并通过螺母、钢垫板与配筋喷射混凝土面层相连接。在注浆体硬结后,用扳手拧紧螺母,使土钉产生设计拉力 10% 的预应

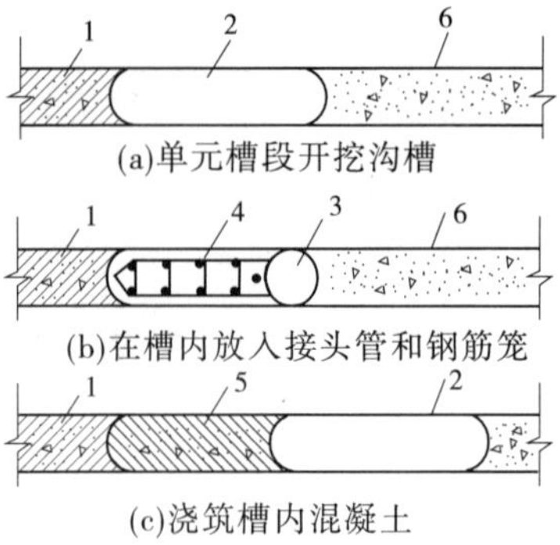


1—已浇筑混凝土的单元槽段;2—开挖的槽段;3—接头管;
4—钢筋笼;5—新浇筑的混凝土单元槽段;6—待开挖的槽段

**图 1-20　地下连续墙施工过程示意图**

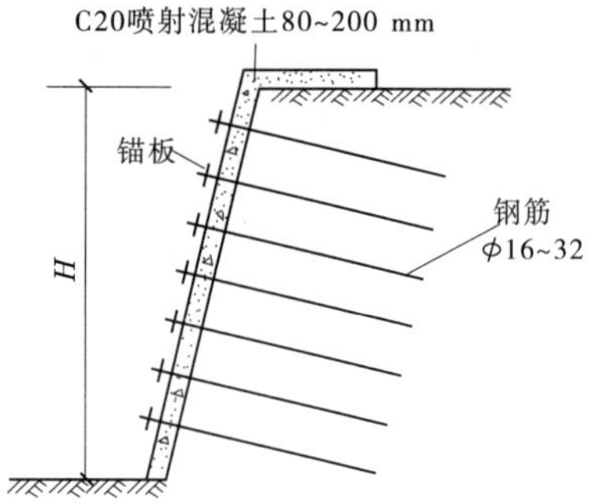


**图 1-21　土钉墙支护**

力。打入式土钉是在土体中直接打入角钢、圆钢或钢筋,不再注入浆液。土钉与土体之间黏结摩阻强度较低,布置较密集,但施工简便。打入式土钉不适用于砾石土和密实胶结土中。

土钉沿全长与周围土体或水泥砂浆黏结,依靠接触界面上的黏结摩阻力承受土体变形产生的被动拉力,达到加固支护的作用。土钉之间的变形则通过配筋喷射混凝土面板予以约束。面板的荷载通过土钉端的连接件传递给土钉。

土钉墙适用于地下水位以上基坑支护,或经人工降水后的人工填土、黏性土和弱胶结砂土的基坑支护或边坡加固。基坑深度不宜大于 12 m,当与有限放坡、预应力锚杆联合使用时,深度可增加。土钉墙不宜用于含水丰富的粉细砂层、砂砾石、卵石层和淤泥质土,更不得用于无自稳能力的淤泥和饱和软弱土层。

**(八)土层锚杆**

开挖深基坑,若受周围场地条件的限制,采用钢板桩、钢筋混凝土桩支撑,挡土桩既不能作拉锚,又不能作悬壁桩,在这种情况下,可采用土层锚杆支护。

土层锚杆由锚头、拉杆和锚固体组成,如图 1-22 所示。锚杆根据主滑动面可分为锚固段(有效锚固长度)和非锚固段(自由长度)两部分。施工时,先在基坑侧壁钻斜孔(沿水平线向下倾斜 10°~45°),然后在孔中插入拉杆(螺纹钢筋、高强度钢丝束或钢绞线等),再灌注水泥砂浆,必要时可进行预应力张拉锚固。

土层锚杆一端插入土层中,另一端与挡土桩拉结,借助锚杆与土层的摩擦力产生的水平抗力来抵抗土的侧压力,维护挡土桩的稳定。

土层锚杆主要有以下几种类型:

(1)普通锚杆。水泥砂浆(或水泥浆)灌入锚孔内,将拉杆锚固于地层内部,拉杆所承受的拉力通过锚固段传递到周围地层中。

(2)承压锚杆。在一定压力下,将水泥砂浆(或水泥浆)灌入锚孔内,水泥砂浆(或水泥浆)在压力下渗入锚孔四周,并在压力下固结,从而使锚

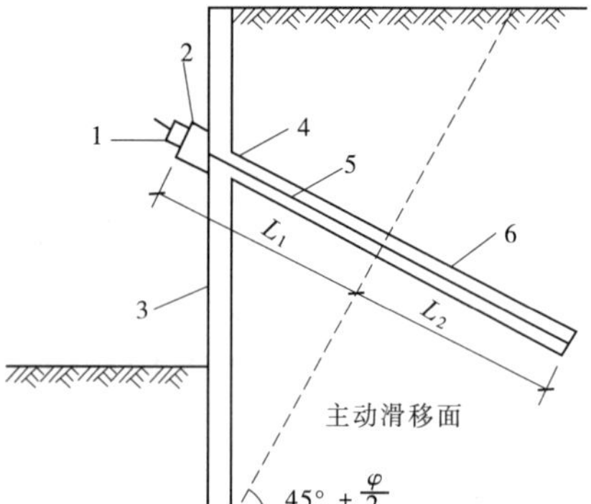


1—锚具;2—定位板;3—挡土板;4—钻孔;
5—拉杆;6—锚固体;$L_1$—非锚固段;$L_2$—锚固段

**图 1-22　土层锚杆结构**

杆具有较大的抗拔力。

(3)预应力锚杆。在锚固段,用快凝水泥砂浆进行一次压力灌浆,然后将锚杆与挡墙连接,并施加预应力锚固;在非锚固段,进行不加压力二次灌浆。预应力锚杆用于穿过松软地层而锚固在稳定土层中,使穿过的地层和砂浆都受有预加压力,在土压力作用下,可减少挡土桩的位移。

(4)扩孔锚杆。一般土层锚杆钻孔直径为90 ~130 mm。特制的扩孔钻头扩大锚固段的钻孔直径,可将直径加大3 ~5 倍,或用炸药爆扩法扩大钻孔段头,均可提高锚杆的抗拔力。扩孔锚杆主要用于松软土层中。

**特别提示**

引例中,基坑土壁支护方案应根据工程特点、开挖深度、土质条件、地下水位、施工方法、周围建筑物等情况,以及各类支护方案的特点综合确定。根据现场实际情况,基坑北侧、南侧和东侧分别采用土钉墙支护,基坑西侧采用土层锚杆支护。

# 任务四　基坑排水与降水

在基坑施工过程中,当开挖的基坑底面低于地下水位时,地下水会不断渗入坑内,如果没有采取降水措施,会恶化施工条件。为了保持基坑干燥,创造良好的施工条件,防止由于水的浸泡发生边坡塌方和地基承载力下降,必须做好基坑的排水、降水工作。降低地下水位的方法有集水井降水法和井点降水法。

## 一、集水井降水法

集水井降水法是一种设备简单、排水简易、应用普遍的人工降低地下水位的方法。在基坑或沟槽开挖时,采用截、疏、抽的方法进行排水。在开挖基坑或沟槽的过程中,当基底挖至地下水位以下时,沿坑底周围开挖一定坡度的排水沟,设置集水井,使地下水经排水沟流入井内,然后用水泵抽出坑外,如图1-23 所示。

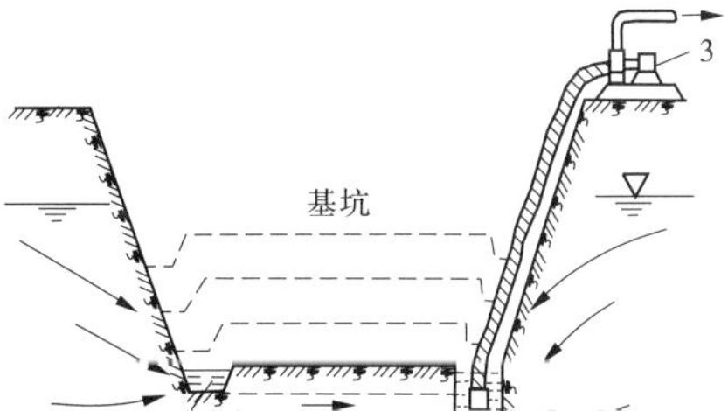

1—排水沟;2—集水井;3—水泵

**图1-23　集水井降水法**

基坑四周的排水沟及集水井应设置在基础范围以外,地下水流的上游。排水沟纵坡宜控制在1‰ ~2‰。根据地下水量的大小、基坑平面形状及水泵能力,集水井每隔20 ~40 m 设置一个。集水井的直径或宽度一般为0. 6 ~0. 8 m。集水井的深度随着挖土深度的加深而加深,井底要经常保持低于挖土面0. 7 ~1. 0 m。井壁可用竹、木等简易加固。当基坑挖至设计标高后,集水井底应低于基坑底1 ~2 m,并铺设0. 3 m碎石滤层,以免抽水时将泥浆抽走,并防止井底土被扰动。

集水井降水法适用于水流较大的粗粒土层的排水、降水,也可用于渗水量较小的黏性土层降水。但是,不适宜于细砂土和粉砂土层,因为地下水渗出会带走细粒而发生流砂现象。

当基坑开挖深度大、地下水位较高,而土质为细砂或粉砂时,采用集水井法降水开挖,当挖至地下水位以下时,坑底下面的土会形成流动状态,随地下水一起流动涌入基坑,这种现象称为流砂。发生流砂现象时，土完全丧失承载能力，引起基坑边坡塌方。附近有建筑物就会引起地基被掏空，而使建筑物下沉、倾斜，甚至倒塌。

土层中产生局部流砂现象，应采取减小动水压力的处理措施，使坑底土颗粒稳定，不受水压干扰。如果条件许可，尽量安排枯水期施工，使最高地下水位不高于坑底0.5 m。水中挖土时，不抽水或减少抽水，保持坑内水压与地下水压基本平衡。施工时，采用井点降水法、打板桩法、地下连续墙法等，防止流砂产生。

## 二、井点降水法

井点降水法是在基坑开挖前，在基坑四周预先埋设一定数量的滤水管（井），在基坑开挖前和开挖过程中，利用抽水设备不断抽出地下水，使地下水位降到坑底以下，直至土方和基础工程施工结束。井点降水可使基坑挖土始终保持干燥状态，改善了施工条件，从根本上消除了流砂现象。同时，由于土层水分排出，增加了土中有效应力，提高了土的强度和密实度，增加了地基承载力。采用人工降低地下水位，土方边坡也可开挖陡些，从而也减少了挖方量。但是在降水过程中，基坑附近土体会有一定的沉降，施工时应加以注意。

井点降水的方法有轻型井点、电渗井点、喷射井点、管井井点及深井井点等。不同类型的井点降水可参考表1-8选用。

**表1-8　降水类型及适用条件**

| 降水类型 | 土层渗透系数（m/d） | 降低水位深度（m） |
|---|---|---|
| 单层轻型井点 | 0.1～50 | 3～6 |
| 多层轻型井点 | 0.1～50 | 6～12 |
| 喷射井点 | 0.1～2 | 8～20 |
| 电渗井点 | <0.1 | 根据选用井点确定 |
| 管井井点 | 20～200 | 3～5 |
| 深井井点 | 10～250 | >15 |

### （一）轻型井点

轻型井点降水法是沿基坑四周或一侧以一定间距将井点管（下端为滤管）埋入蓄水层内，井点管上端通过弯联管与总管连接，利用抽水设备将地下水经滤管进入井管，经总管不断抽出，使原有地下水位降至坑底以下，如图1-24所示。

1. 轻型井点降水设备

轻型井点降水设备由管路系统和抽水设备组成。管路系统包括滤管、井点管、弯联管及总管等。

滤管是井点管的进水设备，如图1-25所示。通常采用长度为1.0～1.5 m、直径为38～55 mm的无缝钢管，管壁钻有直径12～18 mm的梅花形滤孔。管壁外包两层滤网，内层为细滤网，采用3～5孔/$mm^2$黄铜丝布或生丝布，外层为粗滤网，采用0.8～1孔/$mm^2$铁丝丝布或尼龙布。为使水流通畅，在管壁与滤网间用铁丝或塑料管隔开，滤网外面再绑一层粗铁丝保护网，滤管下面为一铸铁塞头，滤管上端与井点管用螺丝套头连接。

井点管常用直径为38～51 mm无缝钢管，长为5～7 m，可整根或分节组成。集水总管

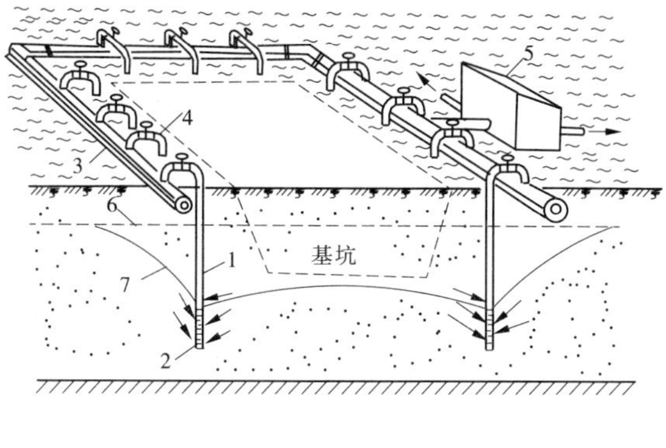


1—井点管;2—滤管;3—总管;4—弯联管;
5—水泵房;6—原有地下水位线;
7—降低后地下水位线

**图 1-24　轻型井点降水法示意图**

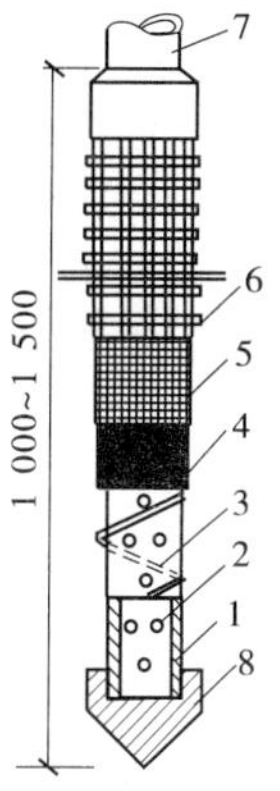


1—钢管;2—管壁上小孔;3—塑料管;
4—细滤网;5—粗滤网;6—粗铁丝保护网;
7—井点管;8—铸铁头

**图 1-25　滤管构造**

采用直径为 100 ~ 127 mm 的无缝钢管,每段长 4 m,其上装有与井点管连接的端接头,间距 0.8 m 或 1.2 m。总管与井点管用 90°弯头连接,或用塑料管连接。

抽水设备由真空泵、离心泵和集水箱等组成。

2. 轻型井点布置

轻型井点布置根据基坑平面形状及尺寸、基坑的深度、土质、地下水位高低、地下水流流向、降水深度要求等因素确定。轻型井点布置包括平面布置和高程布置。

1)平面布置

当基坑或沟槽宽度小于 6 m,且水位降低深度不超过 5 m 时,可采用单排线状井点。单排线状井点布置在地下水流的上游一侧,两端延伸长度一般以不小于基坑(槽)宽度为宜,如图 1-26 所示。如基坑宽度大于 6 m 或土质不良,土的渗透系数较大,宜采用双排线状井点。双排线状井点宜布置在基坑两侧。基坑面积较大时,宜采用环状井点布置,如图 1-27 所示。为便于挖土机械和运输车辆出入基坑,可不封闭,布置为 U 形环状井点。井点管距离基坑壁,一般不宜小于 0.7 ~ 1.0 m,以防局部发生漏气。井点管间距应根据土质、降水深度、工程性质等决定,一般采用 0.8 m、1.2 m、1.6 m,由计算或经验确定。井点管在环状井点总管四角部位应适当加密。

一套抽水设备能够带动的总管长度,一般为 100 ~ 120 m。采用多套抽水设备时,井点系统应分段,各段长度应大致相等。分段地点宜选择在基坑转弯处,以减少总管弯头数量,提高水泵抽吸能力。水泵宜设置在各段总管中部,使泵两边水流平衡。分段处应设阀门或将总管断开,以免管内水流紊乱,影响抽水效果。

2)高程布置

在考虑到抽水设备的水头损失以后,轻型井点降水深度一般不超过 6 m。井点管的埋设深度 $H$(不包括滤管)按下式计算,如图 1-27(b)所示。

$$H = H_1 + h + iL \tag{1-17}$$

式中　$H_1$——井点管埋设面至基坑底的距离,m;

$h$——基坑中心处坑底面(单排井点时,为远离井点一侧坑底边缘)至降低后地下水

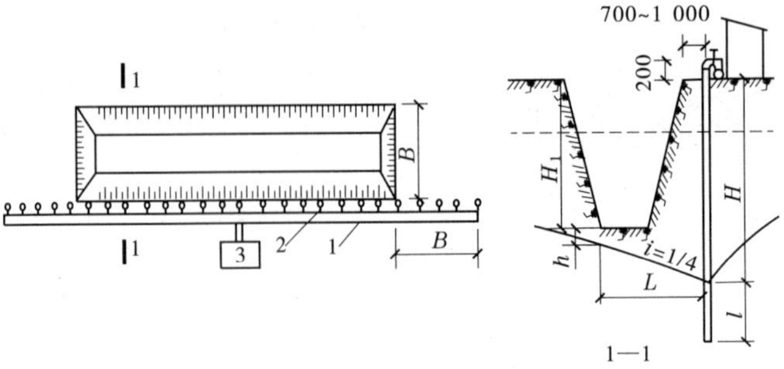


(a)平面布置　　(b)高程布置

1—总管;2—井点管;3—抽水设备

**图 1-26　单排线状井点布置**

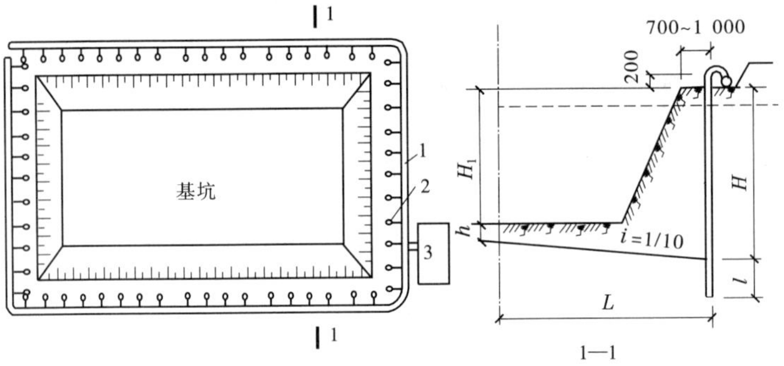


(a)平面布置　　(b)高程布置

1—总管;2—井点管;3—抽水设备

**图 1-27　环状井点布置**

位的距离,一般为 0.5～1.0 m;

$i$——地下水降落坡度,环状井点为 1/10,单排线状井点为 1/4;

$L$——井点管至基坑中心的水平距离(单排井点,为井点管至基坑另一侧的水平距离),m。

此外,确定井点埋深时,井点管一般露出地面 0.2 m 左右。

如果计算出的 $H$ 值大于井点管长度,则应降低井点管的埋置面(但以不低于地下水位为准),以适应降水深度的要求。在任何情况下,滤管必须埋在透水层内。为了充分利用抽吸能力,总管的布置标高宜接近地下水位线(可事先挖槽),水泵轴心标高宜与总管平行或略低于总管。总管应具有 0.25%～0.5%的坡度(坡向泵房)。各段总管与滤管最好分别设在同一水平面上,不宜高低悬殊。

当一级井点系统达不到降水深度要求时,可根据具体情况采用其他降水方法。上层土质较好时,先用集水井降水法挖去一层土,再布置井点系统。也可采用二级井点,即先挖去第一级井点所疏干的土,然后在基坑底部装设第二级井点,使降水深度增加,如图 1-28 所示。

3. 轻型井点施工工艺

根据降水方案,轻型井点的安装程序是:先布设总管,再埋设井点管,然后用弯联管连接井点管与总管,最后安装抽水设备。井点管的埋设是轻型井点施工的关键工作。

井点管的埋设一般用水冲法施工，分为冲孔和埋管两个过程，如图1-29所示。冲孔时，利用起重设备将冲管吊起，并插在井点位置上，然后开动高压水泵，将土冲松，冲管则边冲边沉。冲孔要垂直，直径一般为300 mm，冲孔深度要比滤管底深0.5 m左右，以防冲管拔出时部分土颗粒沉于底部而触及滤管。井孔冲成后，随即拔出冲管，插入井点管。井点管与井壁之间应立即用干净粗砂灌实，以防孔壁塌土。砂滤层的填灌质量是保证轻型井点顺利抽水的关键，一般选用干净粗砂填灌均匀，并填至滤管顶上1.0～1.5 m，以保证水流畅通。井点填砂后，在地面以下0.5～1.0 m内须用黏土填塞密实，防止漏气。

井点管埋设完毕后，应接通总管与抽水设备进行试抽，以检查有无漏水、漏气，出水是否正常，有无淤塞等现象。如有异常情况，应检修好后方可投入使用。

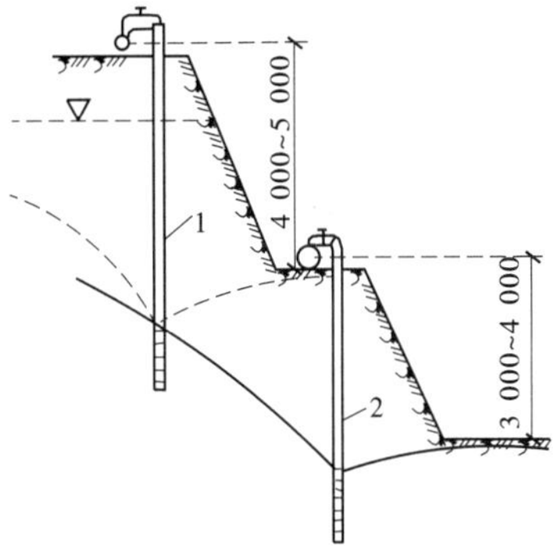


1—一级井点降水；2—二级井点降水

**图1-28　二级轻型井点**

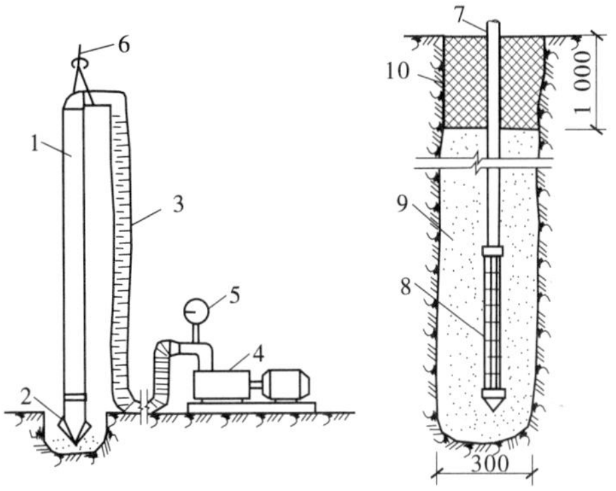


(a)冲孔　(b)埋管

1—冲管；2—冲嘴；3—胶管；4—高压水泵；5—压力表；6—起重机吊钩；7—井点管；8—滤管；9—粗砂；10—黏土封口

**图1-29　井点管的埋设**

4.轻型井点使用

轻型井点运行后，应保证连续不断地抽水（特别是开始阶段）。中途停抽易造成滤网堵塞，地下水回升，引起边坡坍塌等事故。井点管淤塞（也称为“死井”）一般可以通过听管内水流声响、手摸管壁感到有振动、手触摸管壁无冬暖夏凉之感觉等简便方法检查，发现问题及时排除隐患，确保施工正常进行。

轻型井点工作结束后，基坑周围所使用的井孔必须用砂砾或黏土填实。

轻型井点降水法适用于渗透系数为0.1～50 m/d的土层降水。一级轻型井点水位降低深度可达3～6 m，二级井点可达6～9 m。

**特别提示**

轻型井点的计算包括涌水量计算、井点管数量与井距确定，抽水设备的选型。

（1）井点系统涌水量按照水井理论计算，根据井底是否达到不透水层，水井可分为完整井和不完整井。

（2）确定井点管数量需先确定单根井点管的抽水能力，单根井点管的最大抽水量取决于滤管的构造、尺寸和土层渗透系数。

（3）井距的确定除根据排水总管长度计算外，井距也不能太小，否则各井点管彼此干扰，出水量显著减少，一般可取滤管周长的5～10倍。

（4）抽水设备的选型。真空泵按照总管长度选用，水泵按照涌水量大小选用，要求水泵抽水能力应大于井点系统涌水量。

### (二)管井井点

当土层地下涌水量大,渗透系数大于 20 ~ 200 m/d,轻型井点不易解决降水问题时,可采用管井井点进行降水。管井井点降水是沿基坑每隔一定距离设置一个管井,每个管井单独用一台水泵不断地抽水,以降低地下水位。

管井井点的设备主要由管井、吸水管及水泵组成,如图 1-30 所示。管井可用钢管管井和混凝土管管井等。钢管管井的管身采用直径为 150 ~ 250 mm 的钢管,过滤部分采用钢筋焊接骨架、外缠镀锌铁丝并包滤网(孔眼为 1 ~ 2 mm),长度为 2 ~ 3 m。混凝土管管井内径为 400 mm,分实管与过滤管两种。过滤管的孔隙率为 20% ~ 25%,吸水管可采用直径为 50 ~ 100 mm 的钢管或胶管,下端应沉入管井抽吸时的最低水位以下。为了启动水泵,防止在水泵运转中突然停泵,发生水流倒灌,宜在吸水管底安装逆止阀。管井井点的水泵可采用潜水泵或单级离心泵。

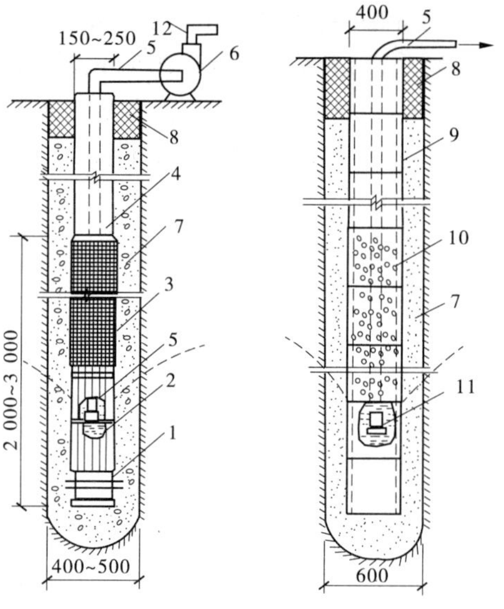


(a)钢管管井　(b)混凝土管管井

1—沉砂管;2—钢筋焊接骨架;3—滤网;4—管身;5—吸水管;6—离心泵;7—小砾石过滤层;8—黏土封口;9—沉砂管(混凝土实管);10—混凝土过滤管;11—潜水泵;12—出水管

**图 1-30　管井井点降水示意图**

滤水井管的埋设可采用泥浆护壁钻孔法成孔。成孔孔径应比井管直径大 200 mm 以上。井管下沉前应进行清孔,并保持滤网畅通。井管与土壁之间填充粗砂或小砾石,作为过滤层。

管井井点设备简单,排水量大,降水较深,与轻型井点相比,降水效果更好,可代替多组轻型井点降水。管井井点适用于渗透系数较大、地下水丰富的土层、砂层,或用集水井排水法易造成土粒大量流失,引起边坡塌方及用轻型井点难以满足要求的情况下使用。但是,管井属于重力排水范畴,吸程高度受到一定限制。

### (三)深井井点

深基坑开挖,当降水较深,土的渗透系数较大,在管井井点内采用一般的离心泵和潜水泵已不能满足要求时,可改用深井泵,即深井井点降水。深井井点降水是利用抽水设备(深井泵、油浸式潜水泵),将深井中地下水抽到地面上来,以达到降低地下水位的目的。深井井点适用于抽水量大,土的渗透系数为 10 ~ 80 m/d,降水深度大于 15 m 的情况。

### (四)喷射井点

当基坑开挖深度大于 6 m,土层渗透系数小于 0.1 ~ 2 m/d 时,采用多级轻型井点降水会增大基坑的挖土量、延长工期,并增加设备数量,不够经济。在这种情况下,可采用喷射井点法进行降水,降水深度可达到 8 ~ 20 m。

喷射井点降水设备主要由喷射井管、高压水泵和管路系统组成。当基坑宽度小于 10 m 时,喷射井点可采用单排平面布置;当基坑宽度大于 10 m 时,可采用双排或环形布置。井点管间距一般为 2 ~3 m,每一套喷射井点设备可带动 30 根左右喷射井管。

**(五)电渗井点**

在渗透系数小于 0.1 m/d,含水量大,压缩性、稳定性差的黏性土层中,特别是淤泥或淤泥质土中,采用轻型井点或喷射井点降水效果很差。在此情况下,宜用电渗井点法降水。

电渗井点是将井点管作为阴极,在井点管内侧相应地插入钢筋或钢管作阳极,通入直流电流后,在电场作用下使土中的水加速向阴极渗透,流向井点管。利用电渗现象与井点相结合的方法,称为电渗井点法。该法耗电量大,只有在特殊情况下才使用。

# 任务五　土方工程机械化施工

土方工程施工包括土方开挖、运输、填筑和压实等。土方工程面广量大,劳动繁重,施工工期长,生产效率低,成本高。施工时,除一些小型基坑(槽)、管沟和少量零星土方工程采用人工方法施工外,应尽量采用机械化施工,以减轻繁重的体力劳动,加快施工进度。

## 一、常用土方施工机械的性能

土方工程施工机械种类繁多,主要有推土机、铲运机、平土机、松土机、单斗挖土机及多斗挖土机和各种碾压、夯实机械等。在房屋建筑施工中,尤以推土机、铲运机和单斗挖土机应用最广,以下将就这几种类型机械的性能、适用范围及施工方法做重点介绍。

**(一)推土机施工**

推土机由拖拉机和推土铲刀组成。推土机行走方式有履带式和轮胎式两种。按铲刀的操纵机构不同,推土机可分为钢索式和液压式两种。目前,工程上使用的推土机主要是液压式,如图 1-31 所示。

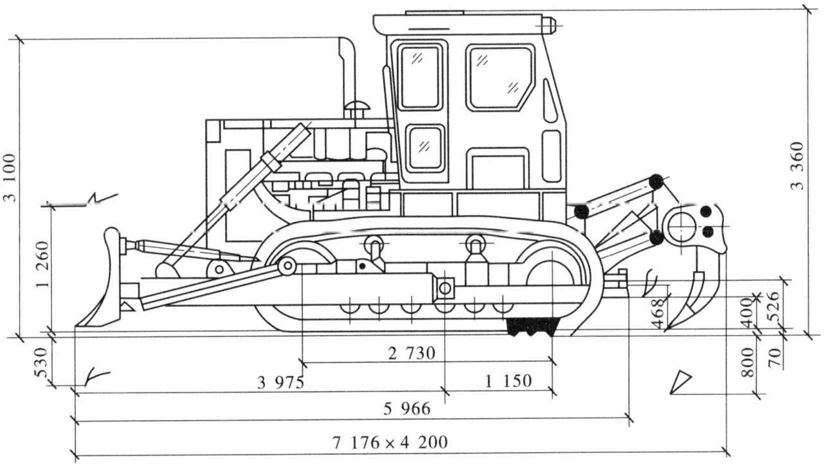


**图 1-31　T－L180 型推土机外形**

推土机能够单独完成挖土、运土和卸土工作。推土机操作灵活,运转方便,所需工作面小,行驶速度快,易于转移,能爬 30°左右缓坡,适用于场地清理、土方平整、开挖深度不大的基坑以及回填作业等,主要适用于开挖一、二、三类土。

推土机经济运距在 100 m 之内,效率最高的运距为 30 ~60 m。为提高生产效率,可采用槽形推土、下坡推土及并列推土等方法。

(1)槽形推土。推土机在一条作业线上重复多次切土和推土,使地面逐渐形成一条浅槽,以减少土从铲刀两侧散失。槽形推土可以增加10% ~30%的推土量。

(2)下坡推土。推土机借助机械自重,顺地面坡度朝下坡方向切土与推土,可增加推土能力和缩短推土时间。一般可提高生产效率30% ~40%。但是坡度不宜超过15°,以免后退时爬坡困难。下坡推土可与其他推土法结合使用。

(3)并列推土。平整场地面积较大时,可用2 ~3 台推土机并列推土,以增大推土量,提高推土生产效率。并列推土,铲刀相距宜为150 ~300 mm,两台推土机并列推土可增大推土量15% ~30%,而三台推土机并列推土可增大推土量30% ~40%。但是,平均运距不宜超过50 ~70 m,亦不宜小于20 m。

(4)多铲集运。在硬质土中,切土深度不大,可以采用多次铲土、分批集中、一次推送的方法,以便有效地利用推土机的功率,缩短运土时间。但是,堆积距离不宜大于30 m,堆土高度不宜大于2 m。

(5)铲刀上附加侧板。在铲刀两侧装上侧板,防止土体从铲刀两侧散失,以增加铲刀推土量。

**(二)铲运机施工**

铲运机是一种能独立完成铲土、运土、卸土、填筑、场地平整的土方施工机械。铲运机由牵引机械和土斗组成。按行走方式可分为牵引式铲运机和自行式铲运机;按铲斗操纵系统可分为有液压操纵铲运机和机械操纵铲运机两种,如图1-32所示。

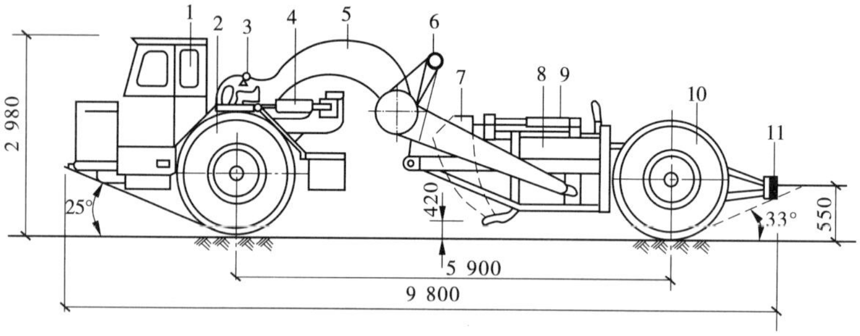


1—驾驶室;2—前轮;3—中央框架;4—转角油缸;5—辕架;
6—提斗油缸;7—斗门;8—铲斗;9—斗门油缸;10—后轮;11—尾架

**图1-32 $CL_7$型自行式铲运机**

铲运机对道路要求较低,操纵灵活、运转方便,生产率高。在土方工程中,铲运机常用于坡度在20°以内的大面积场地平整,大型基坑、沟槽开挖,以及填筑路基、堤坝等工程。铲运机适宜于铲运含水量不大于27%的松土、普通土,不适于在砾石层和冻土地带及沼泽地区工作。当铲运三、四类较坚硬土时,宜用推土机助铲或用松土机配合,将土翻松0.2 ~0.4 m,以减少机械磨损,提高生产效率。

在工业与民用建筑施工中,常用铲运机斗容量为1.5 ~7 $m^3$。自行式铲运机经济运距为800 ~1 500 m;牵引式铲运机经济运距以600 m内为宜,当运距为250 ~350 m时效率最高。在规划铲运机的开行路线时,应力求符合经济运距的要求。

1. 铲运机施工方法

为了提高铲运机的生产效率，可以采取下坡铲土、跨铲及助铲等方法，缩短装土时间，提高铲斗装土容量。

(1)下坡铲土。铲运机铲土，应尽量利用有利地形进行下坡铲土。借助铲运机的重力，加大铲土能力，增大牵引力，使铲斗切土加深，提高生产率。一般地面坡度以5°～7°为宜。平坦地形可将取土地段一端先铲低，然后保持一定坡度向后延伸，人为创造下坡铲土条件。

(2)跨铲法。在较坚硬的土场挖土时，可采用预留土埂、间隔铲土的方法。铲运机可在挖土槽时减少向外撒土量，挖土埂时增加了两个自由面，阻力减小。土埂高度不应大于300 mm，宽度以不大于铲运机两履带间净距为宜。

(3)助铲法。在地势平坦、土质坚硬时，可用推土机助铲，以缩短铲土时间。一般一台推土机可配合3～4台铲运机助铲。

2. 铲运机的开行路线

铲运机在运行时应根据填方、挖方区分布情况，并结合当地具体条件，合理选择运行路线，提高生产率。铲运机开行路线一般有环形路线和"8"字形路线两种形式。

(1)环形路线。对于地形起伏不大，施工地段较短(50～100 m)、填方高度不大(小于1.5 m)，路堤、基坑及场地平整等工程，宜采用环形路线，如图1-33(a)、(b)所示。环形路线每一次循环只完成一次铲土和卸土、挖土和填土交替。当挖填交替、挖填之间的距离较短时，则可采用大环形路线，如图1-33(b)所示。大环形路线每一次循环行驶可以进行多次铲土和卸土，减少转弯次数，提高工作效率。

采用环形路线时，为了防止机件单侧磨损，应每隔一定时间按顺、反时针方向交换行驶，避免仅向一侧转弯。

(2)"8"字形路线。施工地段较长、地形起伏大时，多采用"8"字形运行路线，如图1-33(c)所示。"8"字形开行路线，铲运机铲土和卸土轮流在两个工作面上进行。铲运机在上、下坡时斜向行驶，坡度平缓，机械磨损均匀，能减少转弯次数及空车行驶距离，提高生产效率。

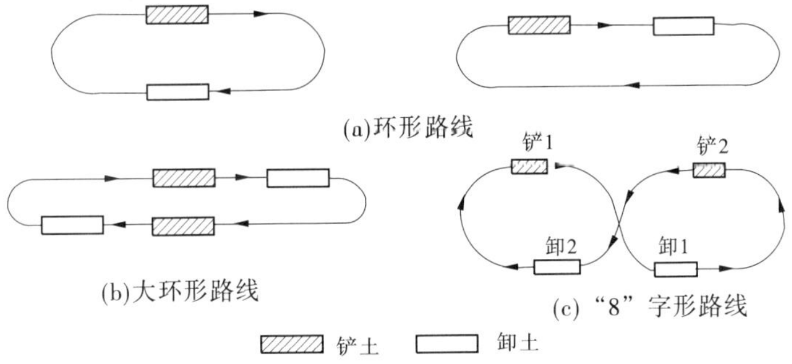


图1-33　铲运机开行路线

## (三)单斗挖土机施工

单斗挖土机是土方开挖常用的一种机械，如图1-34所示。按工作装置不同，可分为正铲、反铲、抓铲和拉铲四种；按行走装置不同，分为履带式和轮胎式两类；按操纵机构不同，可分为机械式和液压式两类。液压式单斗挖土机调速范围大，作业时惯性小，转动平稳，结构简单，一机多用，操纵省力，易实现自动化。

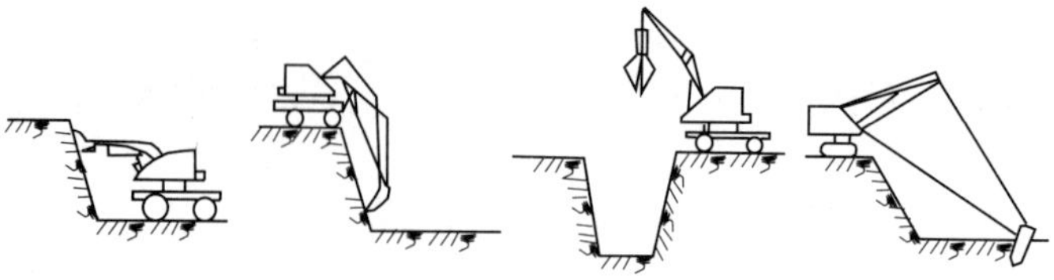


**图 1-34　单斗挖土机工作装置类型**

1. 正铲挖土机

正铲挖土机的工作特点是“向前向上，强制切土”。挖掘能力大，生产效率高，装车灵活，前进行驶。铲斗由下向上强制切土，与自卸汽车配合完成整个挖掘运输作业。正铲挖土机可用于挖掘大型、低地下水位且排水通畅的基坑及土丘等，适用于开挖停机面以上一、二、三类土。

根据开挖路线与运输车辆的相对位置不同，正铲挖土机的开挖方式有正向挖土、后方卸土和正向挖土、侧向卸土两种。

(1)正向挖土、后方卸土。挖土机沿前进方向挖土，运输车辆停在挖土机后方装土。开挖工作面较大，但是挖土机卸土时，动臂回转角度大，生产效率低，运输车辆要倒车开入。一般只适用于开挖工作面较小且较深的基坑，如图 1-35(a)所示。

(2)正向挖土、侧向卸土。挖土机沿前进方向挖土，运输车辆停在侧面装土。挖土机卸土时，动臂回转角度小，运输工具行驶方便，生产效率高，如图 1-35(b)所示。

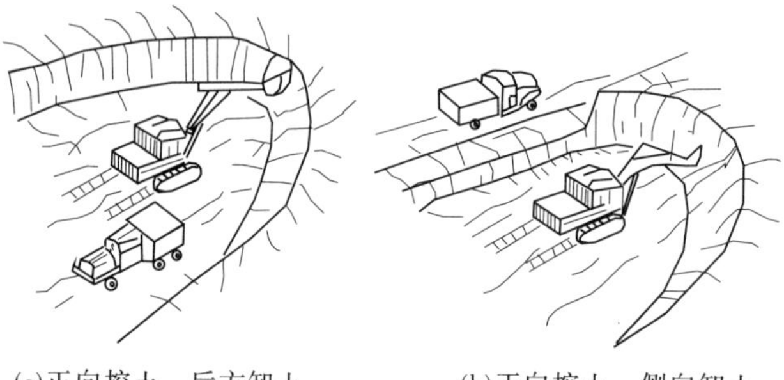


**图 1-35　正铲挖土机作业方式**

2. 反铲挖土机

反铲挖土机的工作特点是“后退向下，强制切土”。反铲挖土机机械后退行驶，铲斗由上而下强制切土，挖掘能力比正铲小。可用于开挖停机面以下的一至三类土，适用于挖掘深度不大于 4 m 的基坑、基槽、管沟开挖，也可用于湿土、含水量较大及地下水位以下的土壤开挖。

反铲挖土机的开挖方式有沟端开挖和沟侧开挖两种方式。

(1)沟端开挖。挖土机停在沟端，向后倒退挖土，汽车停在两旁装土，开挖工作面宽，如图 1-36(a)所示。

(2)沟侧开挖。挖土机沿沟槽一侧直线移动挖土，边走边挖，挖土机移动方向与挖土方向垂直，如图 1-36(b)所示。沟侧开挖，能将土弃于距沟较远处，但挖土宽度受到限制，机身停在沟边稳定性较差。因此，只在无法采用沟端开挖或挖土不需要运走时采用。

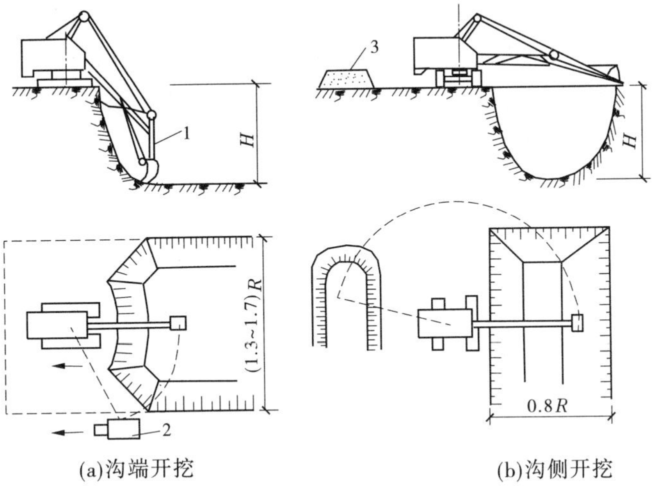


1—反铲挖土机;2—自卸汽车;3—弃土堆

**图 1-36　反铲挖土机开挖方式**

3. 抓铲挖土机

抓铲挖土机的工作特点是“直上直下，自重切土”，挖掘力较小，只能开挖停机面以下一、二类土，主要用于开挖土质比较松软，施工面比较狭窄的基坑、沟槽、沉井等工程。抓铲挖土机特别适于水下挖土，土质坚硬时不能用抓铲施工。

4. 拉铲挖土机

拉铲挖土机的工作特点是“后退向下，自重切土”。拉铲挖土机将铲斗甩出后靠收紧和放松钢丝绳进行挖土或卸土，铲斗由上而下靠自重切土。挖土半径和挖土深度较大，但是不如反铲灵活，开挖精确性差。拉铲挖土机可以开挖一、二类土壤的基坑、基槽和管沟，特别适用于含水量较大的水下松软土和普通土的挖掘。拉铲挖土机开挖方式与反铲挖土机相似，有沟端开挖、沟侧开挖两种。

**（四）装载机**

装载机按行走方式可分为履带式和轮胎式两种；按工作方式可分为单斗装载机、链式装载机和轮斗式装载机。土方工程主要使用单斗式装载机。单斗式装载机操作轻便，使用灵活，转运方便，装载快速，适用于装卸土方和散料，也可用于松软土的表层剥离、地面平整和场地清理等工作。

**（五）压实机械**

根据土体压实机理，土体压实机械可分为冲击式压实机械、碾压式压实机械和振动压实机械三类。

1. 冲击式压实机械

冲击式压实机械主要有蛙式打夯机和内燃式打夯机两类。蛙式打夯机一般以电为动力。这两种打夯机适用于狭小的场地和沟槽作业，也可用于室内地面的夯实，以及大型机械无法到达的边角的夯实。

2. 碾压式压实机械

按行走方式不同，碾压式压实机械可分为自行式压路机和牵引式压路机两类。自行式压路机常用的主要有光轮压路机、轮胎压路机。自行式压路机主要用于土方、砾石、碎石的回填压实，以及沥青混凝土路面的压实。牵引式压路机一般采用推土机（或拖拉机）牵引。牵引式压路机常用的主要有光面碾、羊足碾。光面碾可用于土方的回填压实；羊足碾适用于黏性土的回填压实，不能用于砂土和面层土的压实。

3. 振动压实机械

振动压实机械是利用机械的高频振动把能量传给被压土，降低土颗粒间的摩擦力，在压实能量的作用下达到较大的密实度。

按行走方式不同，振动压实机械可分为手扶平板式振动压实机和振动压路机两类。手扶平板式振动压实机主要用于小面积的地基夯实。振动压路机按行走方式可分为自行式和牵引式两种。振动压路机生产效率高，压实效果好，能够压实多种性质的土体。振动压实机械适用于工程量大的大型土石方工程压实。

## 二、土方施工机械的选择

在土方工程施工中，根据工程特点和技术条件拟订几种可行方案，然后进行技术经济比较，选择效率高、费用低的机械进行施工。合理选择土方机械，充分发挥机械性能，并使各种机械相互配合使用，以加快施工进度、提高施工质量、降低工程成本，具有十分重要的意义。

### （一）土方施工机械的选择要点

（1）场地平整。场地平整有开挖、运输、填筑和压实等工序。当地形起伏不大（坡度小于15°），土的含水量适中（不大于27%），平均运距小于1 500 m，填挖平整土方面积较大时，选用铲运机较适宜。地形起伏较大，挖方高度在3 m以上，土方工程量较大且集中，运输距离超过1 000 m时，可选择正铲挖土机配合自卸车进行挖土、运土，在填方区配备推土机平整及压路机碾压施工。挖填方高度不大，运距在100 m以内时，可采用推土机施工。

（2）基坑开挖。单个基坑和中小型基础基坑多采用抓铲挖土机和反铲挖土机开挖。抓铲挖土机适用于一、二类土质和较深的基坑；反铲挖土机适用于四类以下土质，深度在4 m以内的基坑。

（3）基槽、管沟开挖。在地面上开挖具有一定截面、长度的基槽或沟槽，挖大型厂房的柱列基础和管沟，宜采用反铲挖土机挖土。如果水中取土或开挖土质为淤泥，且坑底较深，则可选择抓铲挖土机挖土。如果土质干燥，槽底开挖不深，基槽长30m以上，可采用推土机或铲运机施工。

（4）成片开挖。基坑较浅，开挖面积大，且基坑土干燥，可采用正铲挖土机开挖。基坑较深，土体潮湿，含水量较大，则采用拉铲或反铲挖土机作业。

（5）柱基础基坑、条形基础基槽开挖。对于独立柱基础的基坑，以及小截面条形基础基槽，可采用小型液压轮胎式反铲挖土机配以翻斗车进行挖掘和运土。

### （二）挖、运机械配套合作

土方工程采用单斗挖土机施工时，一般需与运土车辆配合，共同作业，将挖出的土随时运走。因此，挖土机的生产效率不仅取决于挖土机本身的技术性能，而且与所选用的运土车辆是否匹配有关。为使挖土机充分发挥生产能力，运土车辆的载重量应与挖土机的每斗土重保持一定倍率关系。一般情况下，运土车辆载重量宜为每斗土重的3～5倍，并应有足够数量的运土车辆，以保证挖土机连续工作。

**特别提示**

引例中，基坑土方开挖方式与机械选择应考虑基坑开挖深度、基坑土质、基坑周边情况、地下降水措施、基坑支护方案、运输设备情况、开挖工期、挖土机的特点和综合经济效益等。

# 任务六　土方的填筑与压实

土方填筑前，应清除基底上的垃圾、草皮、树根等杂物，排除坑穴中的积水、淤泥等。填方基底为耕植土或松土时，应将基底压实后进行填土。在建筑工程中，回填土主要有地基、基坑(槽)、室内地坪、室外场地、管沟和散水等填土。回填土一定要密实，填土应满足强度、变形和稳定性等要求。

## 一、土料填筑的要求

为了保证填方工程强度和稳定性等方面的要求，必须正确选择填土的种类和填筑方法。填方土料的选择应符合设计要求，若设计无要求，应符合下列规定：

(1)碎石类土、砂土和爆破石渣，可用作表层以下的填料。当填方土料为黏性土时，填筑前应检查其含水量是否在控制范围内。含水量大的黏性土，不宜作为填土用。含有大量有机质的土，吸水后容易变形，承载能力降低。含水溶性硫酸盐大于5%的土，在地下水的作用下，硫酸盐会逐渐溶解消失，形成孔洞，影响土的密实性。含有大量有机质和水溶性硫酸盐的土，以及淤泥、冻土、膨胀土等，均不应作为填土使用。

(2)填土应分层进行，并尽量采用同类土填筑。如采用不同类型的土填筑，应将透水性较大的土层置于透水性较小的土层之下，不能将各种土混杂在一起使用，以免填方内形成水囊。

(3)碎石类土或爆破石渣作填料时，最大粒径不得超过每层铺土厚度的2/3。使用振动碾时，不得超过每层铺土厚度的3/4。铺填时，大块料不应集中，且不得填在分段接头或填方与边坡连接处。

## 二、填土压实方法

填土压实方法一般有碾压法、夯实法和振动压实法等，如图1-37所示。

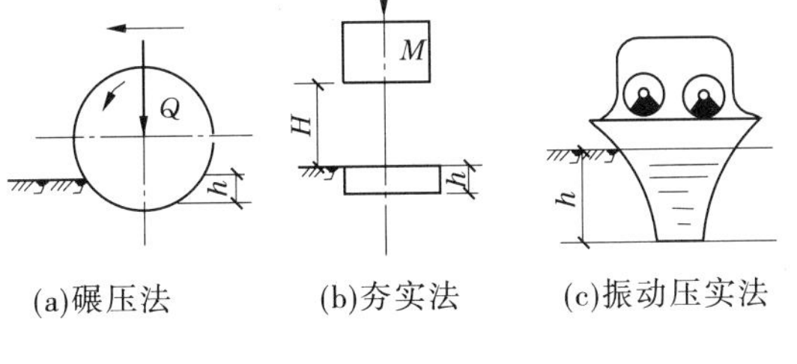

(a)碾压法　(b)夯实法　(c)振动压实法

**图1-37　填土压实方法**

### (一)碾压法

碾压法是利用机械滚轮的压力压实土壤，使之达到所需的密实度。碾压法主要用于大面积填土工程，如场地平整、路基、堤坝等。碾压压实机械有光面碾(压路机)、羊足碾和气胎碾等。光面碾适用于砂土、黏性土压实。羊足碾需要较大的牵引力，且只宜压实黏性土，如图 1-38 所示。气胎碾采用弹性压体，压力均匀，填土压实质量较好。此外，可利用运土机械进行碾压，经济合理。施工时，运土机械行驶路线能大体均匀地分布在填土面积上，并达到一定重复行驶遍数，满足填土压实质量要求。

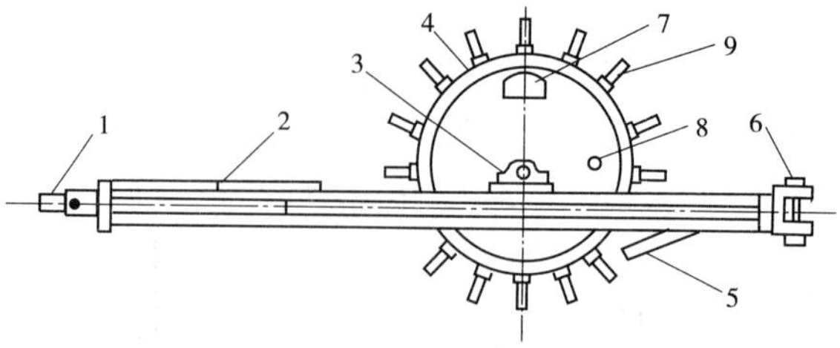


1—前拉头；2—机架；3—轴承座；4—碾筒；
5—铲刀；6—后拉头；7—装砂口；8—水口；9—羊碾头

**图 1-38　羊足碾构造示意图**

碾压法压实填土时，铺土应均匀一致，碾压遍数相同。碾压方向应从填土区的两端边逐渐压向中心，每次碾压应有 15 ~ 20 cm 的重叠。碾压机械行驶速度不宜过快，一般平碾控制在 2 km/h，羊足碾控制在 3 km/h，否则会影响压实效果。

**（二）夯实法**

夯实法是利用夯锤自由下落的冲击力来夯实土壤，主要用于小面积回填土夯实。夯实法分人工夯实和机械夯实两种。

人工夯实机具有木夯、石夯、飞硪等。夯实机械有夯锤、内燃夯土机和蛙式打夯机等。夯锤是借助起重机悬挂一重锤进行夯土的压实机械。夯锤适用于夯实砂性土、湿陷性黄土、杂填土以及含有石块的填土。蛙式打夯机轻巧灵活，构造简单，在小型土方工程中应用最广，如图 1-39 所示。

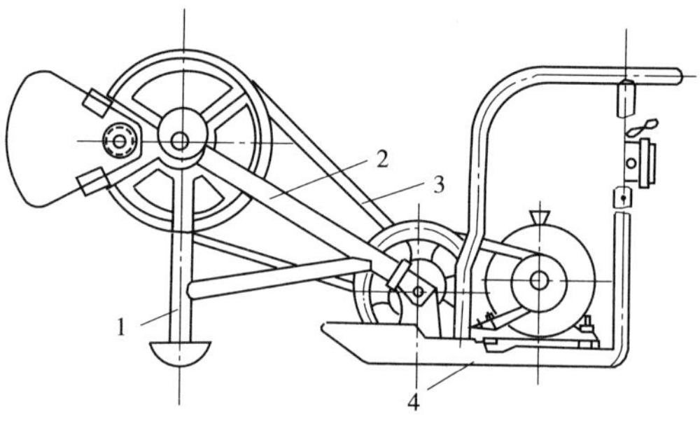


1—夯头；2—夯架；3—三角带；4—底盘

**图 1-39　蛙式打夯机示意图**

夯实法可以夯实较厚的土层，如重锤夯的夯实厚度可达 1.0 ~ 1.5 m，强力夯可对深层土壤进行夯实。木夯、石夯、飞硪、蛙式打夯机等机具夯实厚度较小，一般在 20 cm 以内。

**（三）振动压实法**

振动压实法是将振动压实机械放在土层表面，在振动力的作用下，土颗粒发生相对位移而达到紧密状态。振动压实法主要用于振实非黏性土。

振动碾碾压土体，可使土体受振动和碾压两种作用，碾压效率高，适用于大面积填方工程。当压实爆破石渣或碎石类土时，可选用 8 ~ 15 t 振动平碾，铺土厚度为 0.6 ~ 1.5 m，先静压、后碾压，碾压遍数由现场试验确定，一般为 6 ~ 8 遍。

## 三、填土压实质量的影响因素

填土压实质量与许多因素有关，主要影响因素有压实功、土的含水量以及每层铺土厚度。

### （一）压实功的影响

压实机械在填土压实中所做的功称为压实功。填土压实后的密实度与压实机械施加的功有一定的关系。土的密度与压实功的关系如图1-40所示。当土的含水量一定，在开始压实时，土的密度急剧增加，待到接近土的最大密实度时，虽然压实功增加许多，但土的密度则变化甚小。实际施工时，应根据土的种类、压实密度的要求和压实机械等条件，确定土的压实遍数。在实际施工中，砂土需碾压或夯击2～3遍，粉土需碾压或夯击3～4遍，粉质黏土或黏土需碾压或夯击5～6遍。此外，压实松土时，不宜用重型碾压机械直接滚压，否则土层有强烈起伏现象，压实效率降低。松土压实宜先用轻碾（压实功小）压实，再用重碾碾压，压实效果较好。

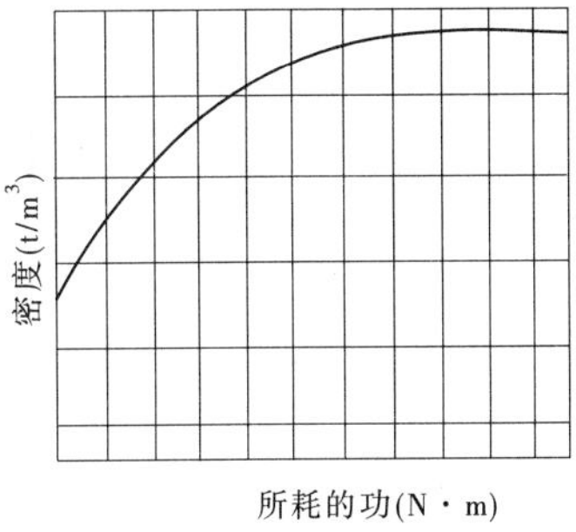

图1-40　土的密度与压实功的关系

### （二）土的含水量的影响

在同一压实功条件下，填土的含水量对压实质量有显著的影响。较为干燥的土体，由于土颗粒之间的摩阻力较大，因而不易压实。当含水量超过一定限度时，土颗料之间孔隙由水填充而呈饱和状态，土体也不易压实。当土的含水量适当时，水起润滑作用，土颗粒之间的摩阻力减少，压实效果较好。在压实功一定的条件下，土的密度最大时的含水量称为最佳含水量。土体种类不同，最佳含水量亦不同。在最佳含水量的条件下，用相同的压实功进行压实，土的密度最大，如图1-41所示。土的最佳含水量和最大干密度应由击实试验确定。一般砂土的最佳含水量为8%～12%，黏土为19%～23%，粉质黏土为12%～15%，粉土为15%～22%。施工中，土料的含水量与其最佳含水量之差，应控制在2%～4%（使用振动碾时，应控制在2%～6%）。工地上，检验黏性土含水量的方法一般是以手握成团、落地开花为适宜。

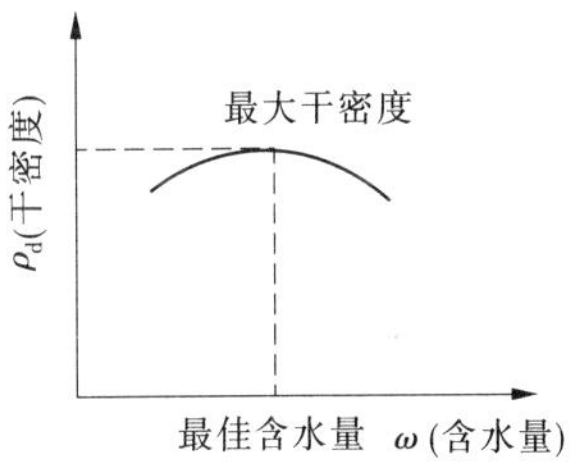

图1-41　土的干密度与含水量的关系

在压实过程中，为了保证填土处于最佳含水量状态，当含水量过大时，应予翻松、晾干、风干，或换土等，也可掺入同类干土或其他吸水性土料；当土过干时，则应预先洒水润湿，补充水量。

### （三）铺土厚度的影响

土在压实功的作用下，随土层深度增大，土中应力逐渐减小，如图1-42所示。土体压实影响深度与压实机械、土的性质和含水量等有关。在压实过程中，土的压实密度表层大，随深度加大而逐渐减小。铺土厚度应小于压实机械

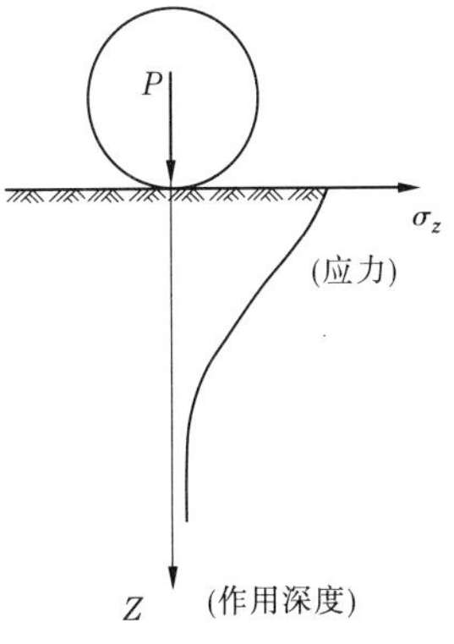

图1-42　压实作用沿深度变化曲线

压土时的作用深度,但是需要考虑最优土层厚度的问题。土层铺得过厚,要压很多遍才能达到规定的密实度;土层铺得过薄,则需要增加机械的总压实遍数。最优铺土厚度应能使土方压实而机械的功耗费用最少。每层铺土厚度可按照表1-9选用。

**表1-9 每层铺土厚度与压实遍数**

| 压实机具 | 每层铺土厚度(mm) | 每层压实遍数(遍) |
|---|---|---|
| 平碾 | 250~300 | 6~8 |
| 振动压实机 | 250~350 | 3~4 |
| 柴油打夯机 | 200~250 | 3~4 |
| 人工打夯 | <200 | 3~4 |

**注**:1. 人工打夯时,土块粒径不应大于50 mm。

2. 轻型压实机械取大值,重型压实机械取小值。

压实功、含水量以及铺土厚度相互影响,必须统筹考虑。为了保证压实质量,提高压实机械生产效率,应根据土质和压实机械等条件进行压实试验。压实试验应在施工现场进行,在达到规定密实度条件下,分析确定压实遍数、铺土厚度及最佳含水量。

**特别提示**

填土压实影响因素较多,主要有压实功、土的含水量和每层铺土厚度。首先,三者相互影响,必须正确分析,提高土体压实质量。其次,需要考虑土体种类、使用要求、机械设备等,全面分析,综合确定,防止以偏概全。

### 四、填土压实的质量检查

填土压实后,必须达到一定的密实度,以免建筑物产生不均匀沉陷。填土密实度以设计规定的控制干密度 $\rho_d$ 作为检验标准。土的控制干密度 $\rho_d$ 与最大干密度 $\rho_{dmax}$ 的比值称为压实系数 $\lambda_c$。不同的填方工程,设计要求的压实系数不同。一般场地平整,压实系数为0.9左右,地基填土压实系数为0.91~0.97,具体取值视结构类型和填土部位而定。

土的最大干密度一般在实验室由击实试验确定。土的最大干密度乘以规范规定的压实系数,即可求得土的控制干密度 $\rho_d$,$\rho_d$ 作为检查施工质量的依据。在填土施工时,压实后土的实际干密度 $\rho_0$ 应大于或等于土的控制干密度 $\rho_d$。

在施工现场,填方压实后的密实度可采用"环刀法"或"灌砂(水)法"测定。基槽(坑)、管沟回填,每层按长度20~50 m取样一组;室内填土,每层按100~150 $m^2$ 取样一组;场地平整填土,每层按400~900 $m^2$ 取样一组。取样部位应在每层压实后的下半部,灌砂法则应取每层压实后的全部深度。

## 任务七 基坑(槽)施工

基坑(槽)开挖前,应在平整好的拟建场地进行房屋定位和标高引测。根据基础底面尺寸、埋置深度、土质好坏、地下水位的高低及季节性变化等情况,拟订开挖方案。考虑施工需要,确定是否需要留工作面、放坡、增加排水设施和设置支撑等,定出挖土边线,并放灰线。

## 一、定位与放线

### (一)定位

将建筑设计总平面图中建筑物轴线的交点测定到地面上,称为定位。定位木桩桩顶钉上铁钉标志,称为轴线桩。根据轴线桩进行细部测定,将内部开间所有轴线全部测出。为了进一步控制各轴线位置,应将主要轴线延长引测到安全地点,并在桩顶标记,称为控制桩。施工中,控制桩应加以保护,不得破坏。

### (二)放线

在拟建建筑场地,根据定位确定的轴线位置,用石灰撒出基坑(槽)开挖的边线,称为放线。

1. 基坑(槽)放线

基坑(槽)上口尺寸应根据基础的设计尺寸、埋置深度、土壤类别、地下水情况、留置工作面、放坡坡度等条件进行计算确定。工作面的留置要求为:砖基础不小于 150 mm,混凝土及钢筋混凝土基础不小于 300 mm。根据计算的开挖宽度,在基坑(槽)中心轴线两侧用石灰在地面上撒出基坑(槽)开挖边线。同时,在房屋四周设置龙门板,以便于基础施工时复核轴线位置。

大基坑开挖时,应根据房屋控制点用经纬仪放出基坑四周的挖土边线。

2. 柱基放线

在基坑开挖前,根据柱子的纵横轴线和基础施工详图,在矩形控制网上用经纬仪测定基础中心线的端点。同时,在每个柱基中心线上测定基础 4 个定位桩,桩位离基础开挖线的距离宜为 0.5 ~ 1.0 m。桩基之间距离不大,可每隔 1 ~ 2 个或几个柱基打一定位桩,但是两个定位桩间距以不超过 20 cm 为宜,以便拉线恢复中间柱基的中线。桩顶上钉一钉子,标明中心线位置。根据施工图柱基尺寸,按边坡系数确定挖土边线,放出灰线,标出挖土范围。

## 二、基坑(槽)开挖

土方开挖应遵循"开槽支撑,先撑后挖,分层开挖,严禁超挖"的原则。

基坑(槽)开挖应按规定的尺寸合理确定开挖顺序和分层开挖深度。施工时,应连续进行,尽早完成。挖出的土体,除预留一部分用作回填外,不得在场地内任意堆放,多余的土运到弃土地区,以免妨碍施工。为防止坑壁滑坡,根据土质情况及基坑(槽)深度,在坑顶两边一定距离(一般为 1.0 m)范围内,不得堆放弃土。超过基坑规定距离(堆土与基坑边沿距离大于 1.0 m)外,堆土高度不得超过 1.5 m,否则应验算边坡的稳定性。在桩基周围、墙基或围墙一侧,不得堆土过高。在坑边放置有动载机械设备时,也应根据验算结果离开坑边较远距离,如地质条件不好,还应采取加固措施。为了防止基底土(特别是软土)受到浸水或其他原因的扰动,基坑(槽)挖好后,应立即做垫层或浇筑混凝土基础。否则挖土时,应在基底标高以上保留 150 ~ 300 mm 土层,待基础施工时,预留土层再进行挖除。机械挖土时为防止基底土被扰动,结构被破坏,不应直接挖到坑(槽)底,应根据机械种类,在基底标高以上留出 200 ~ 300 mm 土层,待基础施工前,人工铲平修整。挖土时,不得挖至基坑(槽)设计标高以下,如个别处超挖,应用与基土相同的土料填补,并夯实到要求的密实度。当用原土填补,达不到要求的密实度时,应用碎石类土填补,并认真夯实。基坑重要部位超挖时,可采用低强度等级的混凝土填补。

在软土地区开挖基坑(槽)时,尚应符合下列规定:

(1)施工前,必须做好地面排水和降低地下水位工作,地下水位应降低至基坑底以下0.5～1.0 m后,方可开挖。降水工作,应持续到回填土完毕。

(2)施工机械行驶道路应填筑适当厚度的碎石或砾石,必要时应铺设工具式路基箱(板)或梢排等。

(3)相邻基坑(槽)开挖时,应遵循先深后浅或同时进行的施工顺序,并应及时做好基础。

(4)在密集群桩上开挖基坑时,应在打桩完成后间隔一段时间再进行对称挖土。在密集群桩附近开挖基坑(槽)时,应采取措施防止桩基位移。

(5)挖出的土体不得堆放在坡顶上或建筑物(构筑物)附近。

基坑(槽)开挖有人工开挖和机械开挖。大型基坑开挖应优先选用机械化施工,以加快施工进度。

深基坑开挖应遵循“分层开挖,先撑后挖”的原则。深基坑开挖过程中,随着土的挖除,下层土因逐渐卸载而有可能发生回弹,尤其是在基坑挖至设计标高后。基坑开挖搁置时间越久,回弹越明显。在基坑开挖和基础工程初期,弹性隆起发展迅速,将加大建筑物的后期沉降。深基坑开挖土体回弹应特别注意,应采取一定措施,如在基底设置桩基、深层土质加固及加快主体结构施工等。

# 任务八　土方工程冬期与雨期施工

## 一、土方工程的冬期施工

冬期施工,是指室外日平均气温连续5 d稳定低于5 ℃,或者最低气温降低到0 ℃或0 ℃以下。在我国,冬期施工主要在东北、华北和西北地区,每年有3～6个月时间。冬期施工采用一般的施工方法难以达到预期目的,必须采取特殊的措施进行施工。土方工程冬期施工造价高,工效降低,一般应在入冬前完成。如果必须在冬期施工,冬期施工方法的选择应根据本地区气候、土质和冻结情况,并结合施工条件,进行技术经济比较后确定。

### (一)地基土的保温防冻

冬期土体由于受冻变得坚硬,挖掘困难。当温度低于0 ℃时,含有水分而冻结的各类土体称为冻土。冬季土层的冻结厚度称为冻结深度。土的冻结有其自然规律,在整个冬期施工期间,土层的冻结深度可参见《建筑施工手册》。其中,未列出的地区在地面无雪和草皮覆盖的条件下,全年标准冻结深度$Z_0$可按下式计算:

$$Z_0 = 0.28\sqrt{\sum T_m + 7} - 0.5 \qquad (1\text{-}18)$$

式中　$\sum T_m$——低于0 ℃的月平均气温的累计值(取连续10年以上的平均值),以正号代入。

土层冻结后,冻土体积比冻前体积增大的现象称为冻胀。冻胀的大小通常用冻胀量和冻胀率表示。土的冻胀量反映了土体冻结后平均体积的增量。

土方工程冬期施工应采取保温防冻措施,防止地基土体冻胀。土体保温防冻是在冬季来临时，土层未冻结之前采取的一系列防冻措施，使基础土层免遭冻结或减少冻结。土体保温防冻常用的方法有松土防冻法、覆盖雪防冻法和隔热材料防冻等。

（1）松土防冻法。进入冬期，在挖土地表层，翻松 25～40 cm 厚表层土并耙平，翻松宽度应不小于土冻结深度的 2 倍与基底宽之和。在翻松的土中，有许多充满空气的孔隙，利用土中孔隙降低土层的导热性，以达到防冻的目的。

（2）覆盖雪防冻法。降雪量较大的地区，可利用较厚的雪层覆盖作保温层，防止地基土冻结。大面积的土方工程，可在地面上与风主导方向垂直处设置篱笆、栅栏或雪堤（高度为 0.5～1.0 m，间距 10～15 m），人工积雪防冻。面积较小的基槽（坑）土方工程，在土冻结前，可以在地面上挖积雪沟（深 30～50 cm），并随即用雪将沟填满，以防止未挖土层冻结。

（3）隔热材料防冻法。面积较小的基槽（坑），可在土层表面直接覆盖炉渣、锯末、草垫、树叶等保温材料，防止地基土冻胀。覆盖保温材料宽度不应小于土层冻结深度的 2 倍与基槽宽度之和。

**（二）冻土的融化**

冻结土的开挖比较困难，可用外加热能融化后挖掘。冻土融化适用于面积不大的工程，费用较高。

（1）烘烤法。适用于面积较小，冻土不深、燃料充足的地区。常用燃料有锯末、谷壳和刨花等。在冻土上铺上杂草、木柴等引火材料，然后撒上锯末，上面压数厘米的土，无火苗燃烧。一般 250 mm 厚锯末经一昼夜燃烧，可熔化 300 mm 左右厚冻土。土层开挖时，应分层、分段进行。

（2）蒸汽融化法。当热源充足，工程量较小时，可采用蒸汽融化法。将带有喷气孔的钢管插入预先钻好的冻土孔中，进行蒸汽融化。

**（三）冻土的开挖**

冻土的开挖方法有人工法开挖、机械法开挖、爆破法开挖三种。

（1）人工法开挖。适用于开挖面积较小和场地狭窄，不具备用其他方法进行土方破碎、开挖的情况。开挖时，一般用镐、大铁锤、铁楔子等挖掘冻土。

（2）机械法开挖。适用于大面积的冻土开挖。挖土机械的选择，应根据冻土层的厚度和工程量大小确定。当冻土层厚度小于 0.25 m 时，可用铲运机、推土机、挖土机挖掘开挖；当冻土层厚度不超过 0.4 m 时，可用大马力的挖掘机挖掘；当冻土层厚度为 0.6～1.0 m 时，用打桩机将楔形劈块按一定顺序打入冻土层，劈裂破碎冻土，或用起重设备将质量为 3～4 t 的尖底锤吊至 5～6 m 高时，脱钩自由落下，击碎冻土层（击碎厚度可达 1～2 m），然后用大斗容量的挖土机进行挖掘。

（3）爆破法开挖。适用于面积较大、冻土层较厚的土方工程。爆破法是将炸药放入直立爆破孔或水平爆破孔中进行爆破，冻土破碎后，再用机械挖掘。

**（四）冬期回填土施工**

由于冻结土块坚硬且不易破碎，回填土不易压实，待温度回升、土层解冻后，会造成较大的沉降。为保证冬期回填土的工程质量，冬期回填土施工必须按照施工及验收规范的规定组织施工。

冬期填方前，应清除基底的冰雪和保温材料，排除积水，挖除冻块或淤泥。对于基础和地面工程范围内的回填土，冻土块的含量不得超过回填土总体积的 15%，而且冻土块的粒径应小于 15 cm。填方宜连续进行，且应采取有效的保温防冻措施，以免地基土或已填土受冻。填方时，每层虚铺厚度应比常温施工时减少 20% ~25% 。填方土层应采用未冻胀或透水性良好土料进行填筑。

## 二、土方工程的雨期施工

### （一）雨期施工准备

在雨期到来之际，施工现场、道路及设施必须做好有组织的排水。现场临时设施、库房应做好防雨、排水准备。现场临时道路应加固、加高，或在雨期加铺炉渣、砂砾或其他防滑材料。施工现场需要准备足够的防水、防汛材料（如草袋、油毡雨布等）和器材工具等，以留备用。

### （二）土方工程的雨期施工

雨期施工开挖基槽（坑）或管沟时，开挖施工面不宜过大，应从上至下分层、分段，依次施工。基坑底部随时做成一定坡度，应经常检查边坡稳定性，适当放缓边坡或设置支撑。雨期不要在滑坡地段进行施工。大型基坑开挖为防止被雨水冲塌，可在边坡上加钉钢丝网片，再浇筑 50 mm 厚细石混凝土。地下的池、罐构筑物或地下室结构，施工完成后，应抓紧进行基坑四周回填土施工和上部结构施工，否则会造成地下室和池子上浮事故。

# 任务九　土方工程质量标准与安全技术

## 一、质量标准

土方工程质量标准应符合下列规定：

(1) 柱基、基坑、基槽和管沟基底的土质，必须符合设计要求，并严禁扰动。

(2) 填方的基底处理必须符合设计要求或施工规范的规定。

(3) 柱基、基坑、基槽和管沟回填土料必须符合设计要求或施工规范的要求。

(4)填方施工时，必须按规定分层夯压密实。取样测定压实后的干密度，90% 以上符合设计要求，其余 10% 的最低值与设计值的差不应大于 $0.08\ g/cm^3$，且不应集中。

(5) 土方工程的允许偏差和质量检验标准应符合表 1-10、表 1-11 的规定。

**表 1-10　土方开挖工程质量检验标准**

<table>
<tr><th rowspan="3">项目</th><th rowspan="3">序号</th><th rowspan="3">检查项目</th><th colspan="5">允许偏差或允许值(mm)</th><th rowspan="3">检验方法</th></tr>
<tr><th rowspan="2">柱基、基坑、基槽</th><th colspan="2">挖方场地平整</th><th rowspan="2">管沟</th><th rowspan="2">地(路)面基层</th></tr>
<tr><th>人工</th><th>机械</th></tr>
<tr><td rowspan="3">主控项目</td><td>1</td><td>标高</td><td>-50</td><td>±30</td><td>±50</td><td>-50</td><td>-50</td><td>用水准仪检查</td></tr>
<tr><td>2</td><td>长度、宽度(由设计中心线向两边量)</td><td>+200<br>-50</td><td>+300<br>-100</td><td>+500<br>-150</td><td>+100</td><td>—</td><td>用经纬仪、钢尺检查</td></tr>
<tr><td>3</td><td>边坡坡度</td><td colspan="5">按设计要求</td><td>观察或用坡度尺检查</td></tr>
<tr><td rowspan="2">一般项目</td><td>1</td><td>表面平整度</td><td>20</td><td>20</td><td>50</td><td>20</td><td>20</td><td>用 2 m 靠尺和楔形塞尺检查</td></tr>
<tr><td>2</td><td>基本土性</td><td colspan="5">按设计要求</td><td>观察或土样分析</td></tr>
</table>

注：地(路)面基层的偏差只适用于直接在挖方、填方上做地(路)面的基层。

## 二、安全技术

(1) 土方工程施工前,必须对场地内的地上和地下管道、电缆及高压水管等情况了解清楚。在特殊危险地区,工程技术观测点必须设专人负责,挖土采用人工方法进行。

**表 1-11　填土工程质量检验标准**

<table>
<tr><th rowspan="3">项目</th><th rowspan="3">序号</th><th rowspan="3">检查项目</th><th colspan="5">允许偏差或允许值(mm)</th><th rowspan="3">检验方法</th></tr>
<tr><th rowspan="2">柱基、基坑、基槽</th><th colspan="2">挖方场地平整</th><th rowspan="2">管沟</th><th rowspan="2">地(路)面基层</th></tr>
<tr><th>人工</th><th>机械</th></tr>
<tr><td rowspan="2">主控项目</td><td>1</td><td>标高</td><td>-50</td><td>±30</td><td>±50</td><td>-50</td><td>-50</td><td>用水准仪检查</td></tr>
<tr><td>2</td><td>分层压实系数</td><td colspan="5">按设计要求</td><td>按规定方法检查</td></tr>
<tr><td rowspan="3">一般项目</td><td>1</td><td>表面平整度</td><td>20</td><td>20</td><td>50</td><td>20</td><td>20</td><td>用 2 m 靠尺和楔形塞尺检查</td></tr>
<tr><td>2</td><td>回填土料</td><td colspan="5">按设计要求</td><td>取样检查或直观鉴别</td></tr>
<tr><td>3</td><td>分层厚度及含水量</td><td colspan="5">按设计要求</td><td>用水准仪及抽样检查</td></tr>
</table>

(2) 基坑开挖时,两人开挖操作间距应大于 2.5 m;多台机械开挖挖土机间距应大于 10 m。挖土应由上而下,逐层进行,严禁采用挖空底脚的施工方法。

(3) 基坑(槽)开挖应合理放坡。操作时,应随时注意土壁变动情况,如发现有裂纹和部分坍塌现象,应及时进行支撑或放坡,并注意支撑的稳固性和土壁的变化。

(4) 基坑(槽)开挖深度超过 3 m 时,使用吊装设备吊土。起吊后,坑内操作人员应离开吊点的垂直下方。起吊设备距坑边一般不得小于 1.5 m,坑内人员应戴安全帽。

(5) 用手推车推土,应铺设好道路。卸土回填时,不得放手让车自动翻转。用翻斗汽车运土时,运输道路的坡度、转弯半径应符合有关安全规定。

(6) 深基坑上下应先挖好阶梯或设置靠梯,或开斜坡道,采取防滑措施,禁止踩踏支撑上下。基坑四周应设置安全栏杆或悬挂危险标志。

(7) 基坑设置的支撑应经常检查。特别是雨后,更应该经常检查,如有松动、变形现象,应及时排除隐患。

(8) 基坑(槽)、沟边 1 m 内不得堆土、堆料和停放机具。1 m 以外堆土,高度不宜超过 1.5 m。基坑(槽)、沟与附近建筑物的距离不得小于 1.5 m,危险时必须加固。

**综合应用案列**

1. 工程概况

该工程基底埋深为 5 m,局部电梯井 6 m。

(1)工程地质。某场地地形平坦,拟建场地地下 15 m 内,地表为人工填土,以下为第四纪冲击层,自上而下依次为杂填土(厚度 0.50~2.70 m,层底标高 34.84~37.57 m)、素填土(厚度 0.40~1.80 m,层底标高 33.94~36.83 m)和粉质黏土(厚度 9.60~10.80 m,层底标高 26.12~27.53 m)。

(2)水文地质。1999 年 12 月上旬勘探时,遇到两层地下水:第一层为上层滞水,静止水位埋深 0.80 ~ 3.20 m(相应于标高 34.90 ~ 36.06 m);第二层为潜水,静止水位埋深 14.00 m(相应于标高 24.22 m)。近几年,最高地下水位标高为 36.00 m 左右(上层滞水)。

2. 基坑降水方案

根据场地含水层的分布、组织结构和水力性质,结合基坑降水要求,本工程降水为上层滞水。由于土体颗粒细、埋深浅、渗透性小且降水深度不大,采用轻型井点降水。轻型井点降水方法简单,实用性强,效果好。

(1)井点布置。为拦截地下水涌入基坑,保证基坑无水施工,沿基坑外缘 1.5 m 布置降水管井。降水井点管井点间距 1.5 m,在场地内布置 1 个地下水位观测孔。

(2)井点结构。轻型井点孔深 12 m,钻孔直径 300 mm。井点管为直径 38 ~ 50 mm 的钢管,下部 1 ~ 2 m 长为滤管。井点管四周填入直径 2 ~ 4 mm 的砾石滤料,在砂层部位填入混合滤料。观测孔深 8 m,观测孔直径 300 mm,观测孔的井点管为直径 38 ~ 50 mm 的塑料管。

该工程施工,降水的质量是影响整个工期的关键。在降水施工中,切不可盲目抢工期。在洗井工序上,必须达到水清砂净。降水井施工及排水干管的敷设工期为 10 d。施工期间,尽量与护坡桩、土方施工配合,减少单独占用工期的天数。

3. 地面防渗措施

(1)在基坑侧壁四周 5 m 范围内,不得设置用水点。在场地内所有用水点均应设置排水沟,将水引入地下水管道。

(2)在基坑四周边沿设置排水沟(或排水管道)。基坑四周 3 m 范围内用水泥抹地面,防止降雨和人工用水的入渗。

(3)基坑边坡坡面采用水泥砂浆抹面,以防雨季降雨入渗,引起边坡坍塌。

(4)堵塞并排出基坑周边附近的人防通道、上下水管道和暖气沟等的积水,防止涌入基坑。

4. 基坑支护方案

施工期间,为确保边坡安全并降低工程成本,东、南坡采取 1:0.1 的土钉墙支护,西、北坡采取 1:0.4 的自然放坡。

土钉墙与土方施工密切配合,根据地质情况采取分层、分段开挖,并进行土钉墙支护施工。进场后,首先开挖土钉墙 10 m 宽的工作面,第一步挖至 −1.5 m(第一层土钉在 −1.0 m),第二步挖至 −3.0 m,第三步挖至 −4.5 m,依此类推至槽底。

土钉墙支护施工:

(1)边坡开挖。反铲挖土机施工,开挖深度在土钉孔位下 50 cm,开挖宽度 10 m 以上,以确保土钉成孔机械钻机的工作面。在未完成上层作业面的土钉及喷射混凝土施工以前,不得进行下一层土方的开挖。

(2)边坡修整。为确保喷射混凝土面层的平整,人工清理必须挂线定位。对于土层含水量较大的边坡,可在支护面层背部插入长度为 400 ~ 600 mm、直径不小于 40 mm 的水平排水管(包滤网)。排水管外端伸出支护面层,间距为 2 m,以便将喷射混凝土面层后的积水排走。

(3)定位放线。按设计图纸要求,将直径 8 mm、长 30 cm 的钢筋置入每一个土钉位置。

(4)成孔。机械螺旋钻机成孔,局部可采用人工洛阳铲成孔。钻孔后,进行清孔检查。孔中出现局部渗水塌孔或掉落松土,应立即进行压浆处理,并及时安设土钉钢筋,并进行注浆。

(5)土钉主筋制作及安放。土钉主筋按设计长度加 20 cm 下料，外端做成 90°角、长 20 cm的弯钩，主筋每隔 2 m 焊对中支架，防止主筋偏离土钉中心。安放主筋时，注浆管与主筋捆绑在一起，注浆管离孔底 0.5 m 左右。

(6)造浆及注浆。搅拌机造浆，水灰比 $W/C=0.5$。注浆泵注浆时，将导管缓慢均匀拔出，但出浆口应始终处于孔中浆体表面之下，保证孔中气体全部排出。

(7)挂网及锚头安装。钢筋网片用插入土中的钢筋固定，与坡面间隙 3 ~4 cm，不应小于 3 cm。搭接时，上下左右一根对一根搭接绑扎，搭接长度应大于 30 cm，并不少于两点点焊。钢筋网片借助于井字架与土钉外端的弯勾焊接成一个整体。

(8)喷射混凝土。喷射混凝土可根据地层土质情况确定施工方法。土质条件良好时，采取“先锚后喷”作业；土质条件不好时，采取“先喷后锚”作业。喷射作业时，空压机风量不宜小于 9 $m^3$/min，气压为 0.2 ~0.5 MPa，喷头水压不应小于 0.15 MPa，喷射距离控制在 0.6 ~1.0 m。为了加速水泥的水化硬化，使混凝土在短期内形成足够的强度，以保证特殊施工的要求，可采用外加速凝剂控制混凝土凝结时间。施工中，混凝土凝结时间：初凝 1 ~5 min，终凝 5 ~10 min，速凝剂掺量宜为胶凝材料用量的 3% ~5%。喷射混凝土厚度应大于或等于 100 mm。

(9)养护。洒水养护。

5. 基坑开挖方案

基坑开挖采用反铲挖土机施工。严格按设计规定的分层开挖深度和作业顺序进行，施工中预留 20 ~30 cm 厚土层，以便于人工修坡。基坑开挖采用信息化管理，加强对开挖的基坑进行监测，发现问题及时采取措施处理，确保基坑开挖过程安全。

(1)观测点布置。在坡顶上每隔 10 m 布置一个点。

(2)观测精度要求。满足国家三级水准测量精度要求，水平误差控制在 6.00 mm 范围内，垂直误差控制在 0.5 mm 范围内。

(3)观测时间的确定。基坑开挖每一步都应进行基坑变形观测。每天观测一次，必要时连续观测，基坑开挖完 7 d 后，可由每天一次改为 3 d 一次，15 d 后每周观测一次。

(4)注意事项。每次观测应用相同的观测方法和观测线路。观测期间使用同一种仪器，一个人操作，不能更换，以保证精度要求。加强对基坑各侧沉降、变形观测，特别对有地下管线的各边坡，可进行重点观测。

(5)质量问题处理。如发生质量问题，应立即口头上报监理，并在 4 h 内递交有关质量问题的书面详细报告，包括时间、部位、细节描述、产生原因、处理措施等。土方开挖过程中，若基坑变形突然加大，应立即停止开挖，并及时回填，也可以在其背后进行挖土卸荷，以保证基坑的稳定。开挖过程中，若局部积水，采用集水井降水法排水，用潜水泵抽到地面排水系统。

(6)技术资料。在施工过程中，基础施工项目经理部负责收集、整理各种原始资料和记录，并及时上报监理。按照国家有关标准和要求完成技术资料的分类、归档工作。在每项分项工程完成后，在监理规定时间内提交符合要求的竣工资料(包括竣工图)。

6. 雨期施工措施

(1)场地排水。基坑坡顶做 1.5 m 宽的散水、挡水墙，四周做混凝土路面。基坑四周挖砌排水沟,设置集水井,用抽水泵抽至市政排水系统。排水沟应布置在基础轮廓线以外,排水沟边缘离坡脚0.3 m,沟底比基坑底低0.4 m,坡度0.1%。集水井设置在基坑脚上,安置四个集水井,井径0.8 m。集水井井壁用普通砖、砂浆砌筑抹光,井底比排水沟低0.8 m(根据抽水设备进水阀的高度可进行调整)。排水设备用大扬程的潜水泵,抽出的积水应排至基坑以外地面排水系统,防止乱排产生回渗。排水过程中应保证施工现场水流畅通、不集水,四邻地区不发生倒灌。

(2)做好生活区的下水管道和雨水井排水。用水应有固定排放途径,保证雨后不陷、不滑、不泥泞、不存水,避免浸泡边坡。

(3)土方施工中,基坑内临时道路上铺渣土或级配砂石,保证雨后通行不陷。

(4)已暴露还未开挖的土体工作面,要防止雨水直接冲刷,遇雨时可覆盖塑料布。

(5)基槽清理验收合格后,应立即浇筑混凝土垫层,防止雨水泡槽。

(6)现场存储的钢材做好防雨水锈蚀的准备。

(7)机械棚搭设应严密,防止漏雨。机电设备经常检查接零、接地保护,随时检查漏电装置功能是否灵敏有效。

(8)浇筑混凝土前,要随时掌握天气预报,尽量避开大雨。运输混凝土罐车和施工地点要准备大量苫布,以备浇筑时遇雨进行苫盖。

(9)施工现场准备10台左右的备用潜水泵,遇雨时及时抽水。

7. 安全文明施工

实行规范化管理,保证工程在管理、质量、文明、作风上创一流水平。

(1)组织机构。成立基础施工项目部,在建设单位及总包方的授权、委托及领导下,对基坑支护、土方挖运等进行全面管理,并对基础施工阶段的安全、质量、工期、环保及文明施工等负责。

(2)施工现场准备工作。基坑开挖前,要进行地上、地下各种管线及障碍物的勘测定位。拆除影响施工的地上、地下障碍物,平整施工现场,修筑临时道路和供水设施。敷设供电管线,搭设临时设施,安装现场照明设备。

(3)劳动组织准备。建立各施工部的管理组织,集结施工力量,组织劳动力进场,做好施工人员入场教育等工作。

(4)材料、机械准备。根据设计图纸和施工预算,编制详细的材料、机械设备需要量计划。签订材料供应合同,确定材料运输方案和计划,组织材料按计划进场和保管。

(5)施工场外协调。由基础施工项目经理部与土方施工部对外协调交通、环卫、市容的关系,以及扰民、民扰处理的各项工作。

8. 质量保证体系

质量方针是"用我们的承诺和智慧,雕塑时代的艺术品"。基础施工阶段将在该质量保证体系下,按ISO9002标准要求进行。

(1)组织保证体系。基础施工阶段建立由基础施工项目经理领导,主任工程师中间控制,责任工程师负责的三级管理系统。

(2)质量管理程序。施工过程中形成以建设单位监理、项目经理、质量总监、土方责任工程师、基坑支护责任工程师、土方施工部、基坑支护施工部、生产副总经理、主任工程师、降水责任工程师和降水施工部组成的管理体系。

# 小　结

土方工程有场地平整、基坑(基槽)与管沟开挖、地坪填土、路基填筑及基坑回填等。土方工程施工包括土(石)的挖掘、运输、填筑、平整和压实等施工过程,以及排水、降水和土壁支撑等准备工作与辅助工作。土方工程量大,施工条件复杂,施工中受气候条件、工程地质条件和水文地质条件影响很大。土方工程施工必须制订合理的施工方案。

土体分类有多种方法。根据土体开挖的难易程度,将土分为松软土、普通土、坚土、砂砾坚土、软石、次坚石、坚石、特坚石八类。土的工程性质有土的含水量、土的质量密度、土的可松性和土的渗透性。土的工程性质对土方工程施工有着直接影响,也是进行土方施工方案确定的基本资料。

场地平整土方量的计算有方格网法和断面法两种。当场地地形较平坦时,一般采用方格网法。断面法是将计算场地划分成若干横截面后逐段计算,最后将逐段计算结果汇总。断面法计算精度较低,可用于地形起伏变化较大、断面不规则的场地。

土壁的稳定主要由土体内摩阻力和黏结力维持平衡。土体开挖一旦失去平衡,土壁就会引起塌方。土方边坡通常用边坡坡度和边坡系数表示。基坑(槽)或管沟开挖时,如果土质或周围场地条件允许,放坡开挖,施工方便、经济。在建筑物稠密的地区施工,有时不允许按规定的坡度进行放坡,或深基坑(槽)开挖时,放坡增加的土方量过大,就需要用设置土壁支撑的施工方法。土壁支撑方法有钢(木)支撑、钢(木)板桩支撑、钢筋混凝土护坡桩、地下连续墙、深层搅拌水泥土桩挡墙、H 型钢支柱挡板、支护挡墙、土钉墙和土层锚杆等。基坑开挖土壁支撑方法选择应根据工程特点、土质条件、开挖深度和宽度、地下水位、施工方法及相邻建筑物等情况,经技术经济比较后确定。

基坑开挖过程中,当开挖的基坑底面低于地下水位时,地下水会不断渗入坑内,为了创造良好施工条件,必须做好基坑的排水、降水工作。降低地下水位的方法有集水井降水法和井点降水法。集水井降水法是在开挖基坑或沟槽过程中,当基底挖至地下水位以下时,沿坑底周围开挖一定坡度的排水沟,设置集水井,使地下水经排水沟流入井内,然后用水泵抽出坑外。井点降水是在基坑开挖前,在基坑四周预先埋设一定数量的滤水管(井),在基坑开挖前和开挖过程中,利用抽水设备不断抽出地下水,使地下水位降到坑底以下,直至土方和基础工程施工结束。轻型井点设备由管路系统和抽水设备组成。管路系统包括滤管、井点管、弯联管及总管等。

填土的压实方法有碾压法、夯实法和振动压实法。填土压实质量与许多因素有关,其中主要影响因素有压实功、土的含水量以及每层铺土厚度。

# 习　题

1. 填空题

(1)按照土的开挖难易程度,将土分为 ＿＿＿＿＿＿类。

(2)井点降水法适用于降水深度较大,土层为＿＿＿＿＿＿、粉砂或软土地区。

(3)土层锚杆由锚头、套管、钢拉杆和＿＿＿＿＿＿等组成。

(4)基坑边坡坡度是以其________与________之比来表示的，即1∶$m$，$m$ = ________，称为边坡系数。

(5)基坑开挖时，常用的土方机械有________、________、________和抓铲挖土机。

2. 单选题

(1)土方工程施工，不具有的特点是(　　)。

A. 土方量大　B. 劳动繁重　C. 工期短　D. 施工条件复杂

(2)开挖高度大于2 m的干燥基坑，宜选用(　　)。

A. 抓铲挖土机　B. 拉铲挖土机　C. 反铲挖土机　D. 正铲挖土机

(3)当基坑或沟槽宽度小于6 m，且降水深度不超过5 m，可采用(　　)布置。

A. 单排井点　B. 双排井点　C. 环形井点　D. U形井点

(4)集水坑深度应随挖土深度的加深而加深，要经常保持低于挖土面(　　)。

A. 0.5～0.7 m　B. 0.7～1.0 m　C. 1.0～1.5 m　D. 1.5～2.0 m

(5)在基坑开挖过程中，保持基坑土体稳定主要是靠(　　)。

A. 土体自重　B. 内摩擦力　C. 黏聚力　D. B和C

3. 多选题

(1)影响基坑边坡大小的因素有(　　)。

A. 开挖深度　B. 土质条件　C. 地下水位　D. 施工方法

E. 坡顶荷载

(2)下列各种情况中，受土的可松性影响的是(　　)。

A. 填方所需挖土体积计算　B. 确定运土机具数量

C. 计算土方机械生产率　D. 土方平衡调配

E. 场地平整

(3)在轻型井点系统中，平面布置的方式有(　　)。

A. 单排井点　B. 双排井点　C. 环状井点

D. 四排布置　E. 二级井点

(4)影响填土压实质量的因素是(　　)。

A. 土料的种类和颗粒级配　B. 压实功

C. 土的含水量　D. 每层铺土厚度

E. 压实遍数

(5)正铲挖土机的作业特点有(　　)。

A. 能开挖停机面以上一至四类土　B. 挖掘力大

C. 挖土时，直上直下，自重切土　D. 生产效率高

E. 宜开挖高度大于2 m的干燥基坑

4. 简述题

(1)土方工程施工中，根据土体开挖的难易程度，土体如何分类？

(2)土的可松性对土方施工有何影响？

(3)基坑及基槽土方量如何计算？

(4)试述方格网法计算场地平整土方量的步骤和方法。

(5)试述断面法计算场地平整土方量的步骤和方法。

(6)土方调配应遵循哪些原则？调配区如何划分？

(7)什么是边坡系数？影响边坡稳定的因素有哪些？

(8)人工降低地下水位的方法有哪些？适用范围如何？

(9)轻型井点系统的布置方案有哪些？

(10)单斗挖土机有哪几种类型？其工作特点和适用范围如何？

(11)正铲、反铲挖土机开挖方式有哪几种？如何选择？

(12)填土压实有哪几种方法？各有什么特点？

(13)影响填土压实的主要因素有哪些？

(14)什么是土的最佳含水量？土的含水量和控制干密度对填土压实质量有何影响？

(15)土方工程冬期施工有哪些防冻措施？雨期施工应注意哪些问题？

(16)土方工程施工安全技术措施有哪些？

5. 计算题

(1)某基坑底长 85 m，宽 60 m，深 8 m，工作宽度 0.5 m，四边放坡，边坡系数为 0.5。试计算土方开挖工程量。

(2)在计算题(1)中，已知土的最初可松性系数 $K_s=1.14$，最终可松性系数 $K_s'=1.05$，若混凝土基础及地下室占有体积为 24 100 $m^3$，则应预留多少回填土(以自然状态土体积计)？若多余土外运，外运土体体积为多少(以自然状态土体积计)？如果用斗容量为 3.5 $m^3$ 的汽车外运，需运多少车？

(3)某建筑场地如图 1-43 所示，方格网边长为 40 m，试用方格网法计算场地总挖方量和填方量。

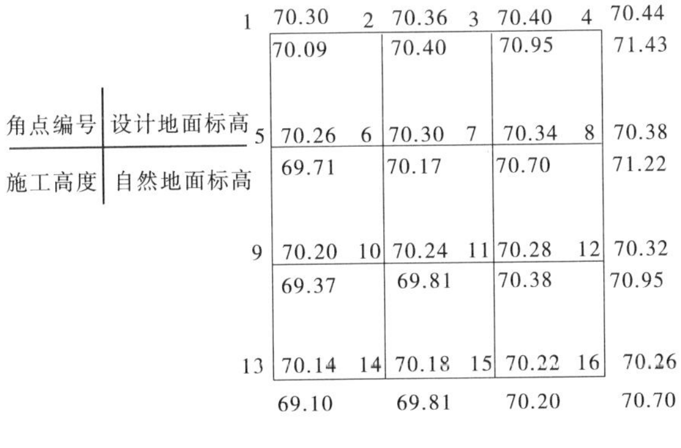


**图 1-43　建筑场地方格网示意图**

# 项目二　地基处理与基础工程

**知识点**

地基处理与加固方法，浅基础施工要点，钢筋混凝土预制桩和灌注桩施工工艺及质量要求，预制桩和灌注桩施工中常见的质量问题和预防处理措施，桩基检测方法与验收要求。

**学习目标**

掌握钢筋混凝土预制桩的制作、运输、起吊、堆放、沉桩、打桩等施工工艺要求，钻孔灌注桩、套管成孔灌注桩施工工艺以及施工过程中常见的质量问题预防和处理方法；熟悉地基处理加固方法、浅基础施工要点；了解地基加固原理、桩基质量检测方法与验收要求。

**引例**

某大厦为剪力墙结构体系，地上30层，地下2层。经地基勘探，地基分为两大层，上层为砂质壤土，厚度3 m；下层为淤泥及淤泥质土，厚度7 m，地基强度和变形不满足结构要求。

**思考：**

(1)地基处理方法有哪些？如何选择？

(2)桩基有哪些类型？其作用是什么？

(3)预制桩施工程序有哪些？施工过程中应注意哪些问题？

(4)灌注桩有哪些类型？灌注桩与预制桩相比有哪些相同点和不同点？

## 任务一　地基处理与加固

地基是指建筑物基础以下的土体，主要作用是承受建筑物上部结构传来的荷载。在建筑工程中，遇到工程结构荷载大、地基土质软弱、不能作为天然地基时，可针对不同情况采取各种人工加固处理的方法，以改善地基性质，提高地基承载力，增加稳定性，减少地基变形和减小基础埋置深度。

地基加固处理的原理是将土质由松变实，将土的含水量由高变低，从而改善地基的性质，提高地基的承载力，达到满足建筑物对地基稳定性和变形的要求。当工程结构荷载较大，地基土质又较软弱(强度不足或压缩性大)，利用天然地基不能满足设计要求时，需要对地基进行人工处理，以满足结构对地基的要求。常用的人工地基处理方法有换土垫层法、夯实地基法、深层搅拌法、挤密桩法、化学加固法等。

### 一、换土垫层法

当建筑物基础下的持力层比较软弱，不能满足上部荷载对地基的要求时，常采用换土垫层法。换土垫层法是将基础底面以下一定范围内的软土层挖去，然后回填强度较高、压缩性较低，并且没有侵蚀性的材料，如中粗砂、碎石或卵石、灰土、素土、石屑、矿渣等，再分层夯实后作为地基的持力层。其作用在于能提高地基的承载力，并通过垫层的应力扩散作用，减小垫层下天然土层所承受的附加应力，减少基础的沉降量。换土垫层按其回填的材料可分为砂垫层、碎（砂）石垫层、灰土垫层等。

**（一）砂垫层和碎（砂）石垫层**

砂垫层和碎（砂）石垫层是将基础下面一定厚度的软弱土层挖除，然后用强度较大的砂或碎石等回填，并分层夯实至密实，作为地基的持力层。该垫层具有施工工艺简单、工期短、造价低等优点，适用于处理透水性较强的软弱黏性土地基，但不宜用于湿陷性黄土地基和不透水的黏性土地基的加固，以免聚水而引起地基大量下沉，降低其承载力。

1. 构造要求

砂垫层和碎（砂）石垫层的厚度一般根据垫层底面处的自重应力与附加应力之和不大于同一标高处软弱土层的容许承载力确定。垫层厚度一般为0.5～2.5 m，不宜大于3.0 m，否则施工比较困难，也不经济，小于0.5 m则作用不明显。垫层宽度除应满足应力扩散的要求外，还应根据垫层侧面土的容许承载力来确定，以防止垫层的两侧挤出。砂垫层和碎（砂）石垫层宽度的计算，目前还缺乏可靠的理论方法，在实践中常常按照当地某些经验数据（考虑地基两侧土的性质）或按照经验方法确定。一般情况下，垫层的宽度应沿基础两边各放坡不小于300 mm，或从垫层底面两侧向上按当地经验要求放坡。如果侧面地基土的土质较差，还要适当增加。整片垫层的宽度可根据施工要求适当加宽。

垫层的承载力与换填材料种类有关，一般情况下承载力为130～300 kPa，具体情况必须由现场承载力试验确定，并应验算软弱下卧层的承载力。

2. 材料要求

砂垫层和碎（砂）石垫层宜用颗粒级配良好，质地坚硬的中砂、粗砂、砾砂、碎（卵）石、石屑或其他工业废料。在缺少中、粗砂和砾石的地区，也可采用细砂、粉砂，但宜同时掺入一定数量的碎（卵）石，其掺入量应符合地基材料含石量不大于50%。所用垫层材料不得含有植物残体、垃圾等有机杂物，含泥量不应超过5%；兼起排水固结作用的垫层材料，含泥量不应超过3%。砂石最大粒径不宜大于50 mm，且应分布均匀。

3. 施工要点

（1）施工前应验槽，基底浮土、淤泥、杂物必须清除干净，基槽（坑）的边坡应稳定，防止塌方。槽底或两侧如有孔洞、沟、井或墓穴等，应在未做垫层前加以处理。

（2）人工级配的砂、石材料，应按级配拌和均匀，再铺填夯实。

（3）砂垫层和砂石垫层的底面宜铺设在同一标高上，当深度不同时，施工应按先深后浅的程序进行。土面应挖成台阶或斜坡搭接，搭接处应夯压密实。分层、分段铺设时，接头应做成斜坡或阶梯形搭接，每层错开0.5～1.0 m，并注意充分夯实。

（4）采用砂石垫层时，为防止基坑底面的表层软土发生局部破坏，应在基坑底部及四侧先铺一层砂，然后铺一层碎石垫层。

（5）垫层应分层铺设、分层夯（压）实，分层铺设厚度可用基坑内预先安设的5 m×5 m网格标桩控制。垫层的每层铺设厚度、捣实方法可视具体施工条件参照有关施工手册选用。夯实砂垫层应注意不要扰动基坑底部和四侧的土，以免影响和降低地基强度。每铺好一层垫层，经密实度检验合格后方可进行上一层施工。

（6）地下水位高于基坑（槽）底面标高施工时，应采取排水或降低地下水位的措施，使基坑（槽）保持无积水状态。如用水撼法或插入振动法施工时，应有控制地注水和排水。

(7)冬期施工时，不得采用夹有冰块的砂石做垫层，并应采取措施防止砂石内水分冻结。

4. 质量检验

(1)砂、石等原材料的质量、配合比应符合设计要求，砂、石应拌和均匀。

(2)施工过程中，必须检查分层厚度、加水量、压实遍数和压实系数等参数，以便于控制压实质量。

(3)施工结束后，应检查砂石地基的承载力。

(4)质量验收应符合《建筑地基基础工程施工质量验收规范》(GB 50202—2002)标准。

**(二)灰土垫层**

灰土垫层是将基础底面下一定范围内的软弱土层挖去，用一定体积配合比的石灰和黏性土拌和均匀，在最佳含水量情况下分层回填夯实或压实而成。灰土垫层适用于地下水位较低，基槽经常处于较干燥状态下的一般黏性土地基的加固。该垫层具有一定的强度、水稳定性和抗渗性，施工工艺简单，取材容易，费用较低，适用于处理1 ~4 m厚的软土层、湿陷性黄土、杂填土等，还可用作结构的辅助防渗层。

1. 构造要求

灰土垫层可分为局部垫层和整片垫层。局部垫层一般设置在矩形(方形)基础或条形基础底面下，每边超出基础底边的宽度应根据侧面土的承载力设计值确定，一般不应小于其厚度的40%，并不得小于0.3 m。整片垫层一般设置在整个建筑物(跨度大的工业厂房除外)的平面范围内，每边超出建筑物外墙基础边缘的宽度不应小于垫层的厚度，并不得小于2 m。灰土垫层厚度确定原则同砂垫层。垫层宽度一般为灰土顶面基础砌体宽度加2.5倍灰土厚度之和。

2. 材料要求

灰土中的土料可采用基础中就地挖出的黏性土及塑性指数大于4的粉土，或用有机质含量不大的黏性土，表面耕植土不宜采用。使用前土粒应先过筛，粒径不宜大于15 mm。

灰土中的生石灰必须在使用前1 ~2 d用清水充分熟化并过筛，其粒径不得大于5 mm，不得夹有未熟化的生石灰，也不得含有过多的水分。

灰土的配合比宜为(石灰:土)2:8或3:7。

3. 施工要点

(1)施工前应验槽，将积水、淤泥清净，夯实两遍，待其干燥后，方可铺灰土。

(2)灰土施工时，多用人工翻拌，不少于三遍，应拌和均匀，颜色一致，并应适当控制其含水量。灰土含水量现场检验，是用手将灰土紧握成团，两指轻捏能碎为宜。当土料水分过多或不足时，可以晾干或洒水润湿。灰土拌好后及时铺好夯实，随拌随用。

(3)铺土应分层进行，每层铺土厚度可参照有关规范执行，由槽(坑)壁上预设标志控制。每层灰土的夯打遍数应根据设计要求的干密度在现场试验确定，一般夯打(或碾压)不少于4遍。

(4)灰土分段施工时，不得在墙角、柱墩及承重窗间墙下接缝，上下相邻两层灰土的接缝间距不得小于0.5 m，接缝处的灰土应充分夯实。当灰土垫层地基高度不同时，应做成阶梯形，每阶宽度不小于0.5 m。

(5)在地下水位以下的基槽(坑)内施工时，应采取排水措施，必须在无水状态下施工。

入槽的灰土不得隔日夯打，夯实后的灰土 3 d 内不得受水浸泡。

(6)灰土地基打完后，应及时进行基础施工或回填土，否则应做临时遮盖，防止日晒雨淋。刚打完毕或尚未夯实的灰土，如遭受雨淋浸泡，则应将积水及松软灰土除去并补填夯实，稍受浸湿的灰土，应在晾干后再夯实。

(7)冬期施工，必须在基层不冻的情况下进行，不得采用冻土或夹有冻土的土料，并应采取有效的防冻措施。

4. 质量检验

(1)施工前应检查原材料(如灰土的土料、石灰)以及配合比、灰土拌匀程度。

(2)施工过程中应检查灰土铺土厚度、分段施工时上下两层的搭接长度、夯实时加水量、夯压遍数等。

(3)每层施工结束后检查灰土地基的压实系数 $\lambda_c$ 一般为 0.95。

(4)灰土应逐层用贯入仪检验，以达到控制压实系数所对应的贯入度合格。

(5)质量验收应符合《建筑地基基础工程施工质量验收规范》(GB 50202—2002)标准。

## 二、夯实地基法

### (一)重锤夯实法

重锤夯实是用起重机械将夯锤提升到一定高度后，利用自由下落时的冲击能重复夯打、击实基土表面，使其形成一层比较密实的硬壳层，从而使地基得到加固。该法施工简单，费用低，但布点较密，夯击次数多，施工期相对较长，同时夯击能量小，孔隙水难以消散，加固深度有限。当黏性土的含水量较高时，易夯成“橡皮土”，地基处理较困难。该法适用于处理地下水位 0.8 m 以上稍湿的黏性土、砂土、湿陷性黄土、杂填土和分层填土地基的加固。但当夯实振动对邻近建筑物、设备以及施工中的砌筑工程或浇筑混凝土等产生有害影响时，或地下水位高于有效夯实深度以及在夯实影响范围内存在软黏土层时，不宜采用。

1. 机具设备

(1)起重机械。起重机械可采用配置有摩擦式卷扬机的履带式起重机、龙门式起重机或悬臂式桅杆起重机等。其起重能力：当采用自动脱钩时，应大于夯锤重量的 1.5 倍；当直接用钢丝绳悬吊夯锤时，应大于夯锤重量的 3 倍。

(2)夯锤。夯锤形状宜采用截头圆锥体，可用 C20 钢筋混凝土制作，其底部可采用废铁并设置钢底板以使重心降低。锤重宜为 15 ~ 30 kN，锤底直径 1.0 ~ 1.5 m，落距一般为 2.5 ~ 4.5 m，锤底面单位静压力宜为 15 ~ 20 kPa。吊钩宜采用自制半自动脱钩器，以减少吊索的磨损和机械振动。

2. 施工要点

(1)重锤夯实的效果与锤重、锤底直径、落距、夯击遍数和土的含水量有关。施工前应在现场进行试夯，选定夯锤重量、底面直径和落距，以便确定最后下沉量及相应的夯击遍数和总下沉量。最后下沉量是指最后两击平均每击土面的夯沉量，对黏性土和湿陷性黄土取 10 ~ 20 mm，对砂土取 5 ~ 10 mm。通过试夯可确定夯击遍数，一般试夯 6 ~ 10 遍，施工时可适当增加 1 ~ 2 遍。

(2)试夯及夯实时，地基土的含水量应控制在最佳含水量范围内。如土的表层含水量过大，可采取铺撒吸水材料(如干土、碎砖、生石灰等)或换土等措施；如含水量过低，应适当洒水，待水全部渗入土中一昼夜后方可夯打。

(3)重锤夯实应分层进行，每层铺土厚度以相当于锤底直径为宜，夯击遍数由试夯确定，夯击层数不宜少于两层。

(4)基坑(槽)底面标高不同时，应按先深后浅的顺序逐层夯实。夯实前基坑(槽)底面应高出设计标高，预留土层的厚度可为试夯时的总下沉量再加 50～100 mm。基坑(槽)的夯实范围应大于基础底面，每边应比设计宽度加宽 0.3 m 以上，以便于底面边角夯打密实。基坑(槽)边坡应适当放缓。

(5)在大面积基坑或条形基坑内夯打时，应按照一夯挨一夯顺序进行，如图 2-1(a)所示。在一次循环中同一夯位应连夯两遍，下一循环的夯位应与前一循环错开 1/2 锤底直径。落锤应平稳，夯位应准确。在独立柱基基坑内夯击时，可采用先周边后中间的夯打顺序，如图 2-1(b)所示，或先外后内的跳打法，如图 2-1(c)所示。

(6)夯实后，应将基坑(槽)表面修整至设计标高。冬期施工时，必须保证地基在不冻的状态下进行夯击，否则应将冻土层挖去或将土层融化。若基坑挖好后不能立即夯实，应采取防冻措施。

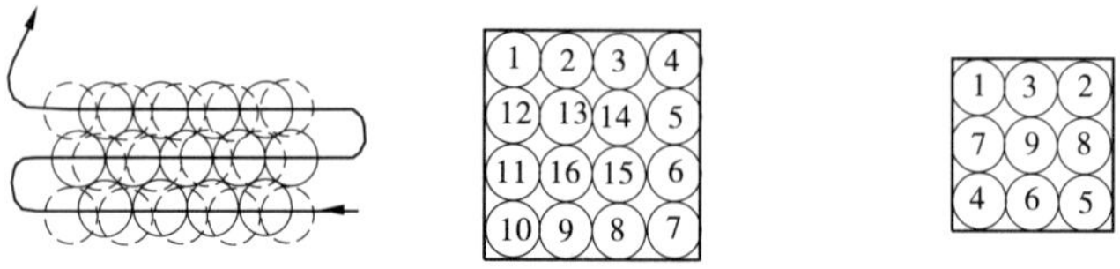

(a)夯位搭接　(b)先周边后中间夯打法　(c)先外后内跳打法

**图 2-1　夯打顺序**

3. 质量检验

重锤夯实后应检查施工记录，除应符合试夯最后下沉量的规定外，还应检查基坑(槽)表面的总下沉量，以不小于试夯总下沉量的 90% 为合格；也可采用在地基上选点夯击检查最后下沉量。夯击检查点数：独立基础每个不少于 1 处，基槽每 20 m 不少于 1 处，整片地基每 50 $m^2$ 不少于 1 处。检查后如质量不合格，应进行夯补，直至合格。

**(二)强夯法**

强夯法是用起重机械将重锤(一般为 80～300 kN)吊起从高处(一般为 6～30 m)自由下落，对地基反复进行强力夯实的地基处理方法。强夯法属于高能量夯击，是用巨大的冲击能使土中出现冲击波和很大的冲击应力，从地面夯击点发出的纵波和横波可以传至土层深处，迫使土体中空隙压实，土体局部液化，夯击点周围产生裂隙，形成良好的排水通道，孔隙水和气体迅速排出，土体得以固结，从而使地基浅层和深层得到不同程度的加固，提高地基的承载力并降低其压缩性。强夯法适用于处理碎石土、砂土、低饱和度的黏性土、粉土、湿陷性黄土及填土地基的深层加固。地基经强夯加固后，承载力提高 2～5 倍，压缩性可降低 200%～1 000%，其影响深度在 10 m 以上。这种施工方法具有施工简单、速度快、节省材料、效果好等特点，是我国目前最常用和最为经济的深层地基处理方法之一。但由于振动和噪声很大，对周围建筑物和其他设施有影响，在城市中心不宜采用，必要时应采取挖防振沟等防振、隔振措施。

1. 机具设备

强夯法主要设备包括夯锤、起重设备、脱钩装置等。

(1)夯锤。夯锤重一般为 80 ~ 300 kN,用铸钢或铸铁制作,也可采用钢板外壳内浇筑 C30 钢筋混凝土制作。夯锤底面有方形和圆形两种,圆形夯锤不易旋转,定位方便,稳定性和复合性好,应用较广。夯锤的底面面积大小取决于表层土质,砂土和碎石类土一般为 3 ~ 4 $m^2$,黏性土或淤泥质土不宜小于 6 $m^2$。夯锤中宜设置 1 ~4 个直径为 250 ~300 mm 上下贯通的排气孔,以利空气排除和减小夯击时的空气阻力与坑底吸力。

(2)起重设备。起重设备一般采用起重量为 150 ~300 kN 的履带式起重机,也可采用三角起重架、龙门架或起重机加辅助桅杆做起重设备。起重机械的起重能力为:当直接用钢丝绳悬吊夯锤时,应大于夯锤的 3 ~4 倍;当采用自动脱钩装置时,起重能力应大于 1.5 倍锤重,并设安全装置,防止夯击时臂杆后仰。

(3)脱钩装置。脱钩装置应具有足够的强度,施工灵活,脱钩快速、安全。常用的脱钩装置由吊环、耳板、销环、吊钩等组成,由钢板焊接而成。

2. 技术参数

强夯法技术参数有锤重、落距、单位夯击能、夯击遍数、夯击点布置、两遍间隔时间、加固范围和影响深度等。施工前,一般应在施工现场有代表性的场地上选取一个或几个试验区,进行试夯或试验性施工,以取得合适的技术参数。

锤重与落距是影响夯击能和加固深度的重要因素。锤重一般不宜小于 80 kN,落距一般不小于 6 m。强夯的单位夯击能应根据地基土的类别、结构类型、荷载大小和要求处理的深度等综合考虑,一般不超过 3 000 kN · m 较经济。

3. 施工要点

(1)强夯前应进行地基勘察,对不均匀土层,适当增加钻孔和原位测试工作,掌握土质情况,以便制订强夯方案和对比夯前、夯后的加固效果。对大面积、复杂地质及重要工程,还应进行现场试验性强夯,试验区平面尺寸不小于 20 m ×20 m,选择合适的一组或多组强夯试验参数进行试验,同时进行原位测试(包括野外标准贯入试验、静力触探试验、旁压试验以及现场载荷试验),取原状土样进行室内土样分析试验,测定有关数据,通过试验分析对比,确定强夯施工的各项参数,用以指导施工。

(2)强夯前,应进行场地平整。对于地下水位高的饱和性土与易液化流动的饱和砂质土,宜铺填一层 0.5 ~2.0 m 厚的中(粗)砂、砂砾或片石等材料,以免设备下陷和便于消散强夯产生的孔隙水压力。

(3)强夯开始前,应检验夯锤是否处于中心,若有偏心,应采取在锤边焊钢板或增减混凝土等办法使其平衡,防止夯坑倾斜。

(4)夯击时,落锤应保持平稳,夯位正确。如错位或坑底倾斜过大,应及时用砂土将坑底整平,才能进行下一次夯击。

(5)强夯施工必须严格按照试验确定的技术参数进行控制,一般以各个夯击点的夯击数作为施工控制数值,也可采用试夯后确定的最后两击的沉降量或最后两击沉降量之差小于一个数值控制。夯击深度应用水准仪测量控制。

(6)强夯施工最好在干旱季节进行,在雨季应采取措施,防止强夯场地积水,否则土质含水量增加,土质变软,会产生挤出土体现象,降低强夯效果。冬期施工,应将冻土击碎,要清除大的冻土块,夯击次数宜适当增加。

(7)每遍强夯后,应按规定间歇一定时间,才能进行第 2 遍夯击。为缩短工期,应尽可能减少夯击遍数，一般应根据地基土的性质适当加大每遍的夯击能，即增加每击点的夯击次数或适当缩小夯点间距，以便在减少夯击遍数的情况下，能获得相同的夯击效果。

(8)强夯后的土体强度随夯击后间歇时间的增加而增加，一般检验强夯效果宜在强夯之后1～4周进行，不宜在强夯结束后立即进行测试，否则测得的强度偏低，不能反映实际效果。

(9)强夯会对地基及周围产生一定的振动，一般夯击地基的振动频率为2～12 Hz。夯击点宜距建筑物15 m以上(允许振动速度为50 mm/s)，或距桥台5～6 m、油罐10 m、钢筋混凝土结构物15 m。当受场地限制不能避开时，可在夯点与建筑物之间开挖隔振沟隔振，其深度应超过建筑物基础埋深，其位置宜设在靠强夯场地的一侧。

4. 质量检查

强夯地基应检查施工记录及各项技术参数，并应在夯击过的场地选点做检验。一般可采用标准贯入、静力触探或轻便触探等方法测定强度，符合试验确定的强度要求即为合格。检查点数，每个建筑物的地基不少于3处，检测深度和位置按设计要求确定。

## 三、深层搅拌法

### (一)深层搅拌法的基本原理

深层搅拌法是用于加固饱和软黏土地基的一种新方法。它是利用水泥、石灰等材料作为固化剂，采用特制的深层搅拌机械，在地基深处就地将软土和固化剂(浆液)强制搅拌，软土和水泥拌和后，使软土硬结成具有整体性、水稳定性和一定强度的地基。

深层搅拌法具有加固工艺合理，技术可靠，施工中无振动、无噪声，对环境无污染的特点。加之它是就地搅拌加固地基，使软土不向侧向挤压，因此对邻近已有建筑物影响很小，加固效果良好，成本低。此法适用于加固较厚的软黏土地基，对超软土地基效果尤为显著。

### (二)施工工艺

深层搅拌法的施工工艺流程如图2-2所示，包括定位→预拌下沉→制备水泥浆→喷浆、搅拌和提升→重复上下搅拌→清洗→移位等施工过程。

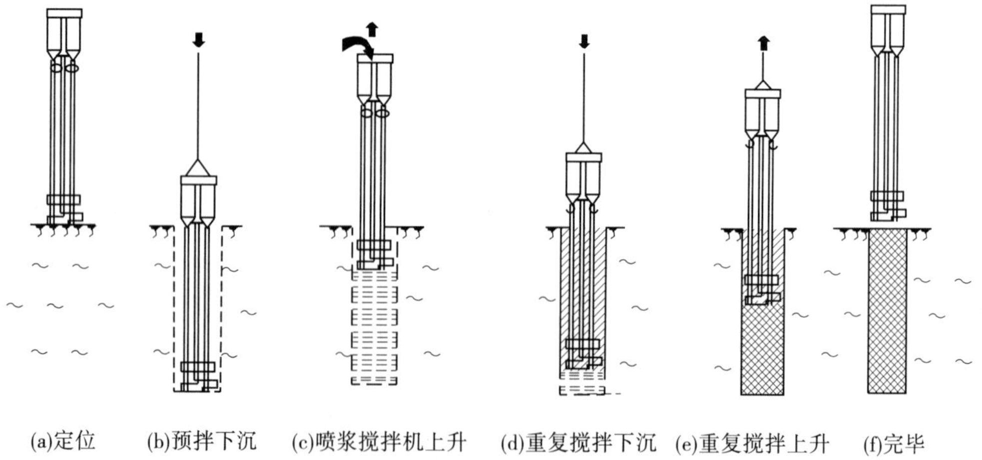


**图2-2 深层搅拌法的施工工艺流程**

（1）定位。用起重机将深层搅拌机吊到设计指定桩位并对中。

（2）预拌下沉。待深层搅拌机的冷却水循环正常后，启动搅拌机电机，放松起重机钢丝绳，使搅拌机沿导向架搅拌切土下沉，下沉速度可由电机的电流监测表控制。工作电流不应大于 70 A。如果下沉速度太慢，可从输浆系统补给清水以利钻进。

（3）制备水泥浆。待深层搅拌机下沉到一定深度时，即开始按设计确定的配合比拌制水泥浆，在压浆前将水泥浆倒入集料斗中。

（4）喷浆、搅拌和提升。深层搅拌机下沉到设计深度后，开启灰浆泵将水泥浆压入地基中，并且边喷浆、边旋转，按照设计确定的提升速度提升深层搅拌机。

（5）重复上下搅拌。深层搅拌机提升至设计加固深度的顶面标高时，集料斗中的水泥浆应正好排空。为使软土和水泥浆搅拌均匀，可再次将搅拌机边旋转边沉入土中，至设计加固深度后再将搅拌机提升出地面。

（6）清洗。向集料斗中注入适量清水，开启灰浆泵，清洗全部管路中残存的水泥浆，直至清洗基本干净。同时，将黏附在搅拌头上的软土清洗干净。

（7）移位。重复上述步骤，进行下一根桩的施工。由于搅拌桩顶部与上部结构的基础或承台接触部分受力较大，通常应对桩顶 1.0 ~ 1.5 m 的桩体增加一次输浆，以提高其强度。

**（三）施工要点**

（1）施工中，应控制深层搅拌机的提升速度、注浆量，以保证加固效果。

（2）水泥掺量取决于要求的加固体强度，一般为加固土重的 7% ~15%。当水泥掺量为 8%时，加固体强度为 0.24 MPa；当水泥掺量为 10%时，加固体强度为 0.6 ~0.7 MPa（天然土强度仅为 0.06 MPa）。如用水泥砂浆作固化剂时，则水泥砂浆的配合比应为 1∶1 ~1∶2（水泥与砂的质量比）。为增加水泥砂浆的和易性，有利于泵送，宜加入木质素磺酸钙减水剂，掺入量为水泥质量的 0.2% ~0.25%。由于木质素磺酸钙有缓凝性，为促进凝结，宜加入硫酸钠（掺量为水泥质量的 1%）和石膏（掺量为水泥质量的 2%）。水泥浆稠度为 1 ~ 14 cm。

（3）每个台班加固完毕，必须立即用水清洗储料罐、砂浆泵、深层搅拌机及相应的管道，以免水泥浆凝固而影响继续使用。

**（四）质量检查**

（1）深层搅拌法加固地基，桩身所用的水泥品种和水泥掺量应按设计要求确定，并按设计要求检查每根桩的水泥用量。

（2）施工中，压浆阶段不允许发生断浆现象，输浆管道不能发生堵塞；严格控制搅拌头上提喷浆的速度，一般以不超过 0.5 m/min 为宜。

（3）控制重复搅拌时的下沉和提升速度，以保证加固范围内每一深度处均得到充分搅拌，确保加固强度和均匀性。

（4）施工过程中，应检查桩位、桩顶、桩底高程和桩身垂直度等。通常，定位偏差不应超出 50 mm；桩底、桩顶高程均不应低于设计值，一般桩底应超深 100 ~200 mm，桩顶应超高 0.5 m；施工时应严格检查搅拌轴的垂直度，控制好桩身垂直度，一般垂直度误差不应超过 1%。

（5）根据工程设计要求，选取一定数量的桩体进行开挖，检查加固桩体的外观质量、搭接质量、整体性等。用标准贯入试验或轻便触探等动力触探方法检查桩体的均匀性和现场强度。在外露桩体上凿取试块或采用岩芯钻孔取样制成试块进行强度试验，其结果应满足设计要求。对承受垂直荷载的水泥土搅拌桩，应采用静载荷试验的方法检验其质量，载荷试验应在 28 d 龄期后进行。

(6)建筑物竣工后，尚应定期进行沉降、侧向位移等观测。

## 四、振冲挤密法

振冲挤密法是利用振冲器的高压水流冲成孔，孔内填以砂、石骨料，借振冲器的水平及垂直振动，振密填料，形成碎石桩体与原地基构成复合地基，提高地基承载力，改善土体的降压通道，并对可能发生液化的砂、石产生预振效应，防止液化。该法具有技术可靠、机具设备简单、操作技术易于掌握、施工简便、节省三材、加固速度快、地基承载力高等特点，适用于加固松散砂土地基、粗砂土地基。

振冲挤密法施工过程包括定位、成孔、清孔和振密等。

### (一)机具设备

机具设备主要有振冲器、起重机械、水泵及供水管道、加料设备和控制设备等。振冲器为立式潜水电机带动一组偏心块，产生一定频率和振幅的水平向振力的专用机械。压力水通过振冲器空心竖轴从下端喷口喷出。加料可采用起重机吊自制吊斗或用翻斗车，其能力应符合施工要求。

### (二)施工要点

(1)振冲试验。施工前应先在现场进行振冲试验，以确定其施工参数，如振冲孔间距、达到土体密实时的密实电流值、成孔速度、留振时间及填料量等。

(2)定桩位。振冲前，应按设计图定出冲孔中心位置并编号(即定孔位)，如图 2-3(a)所示。

(3)成孔。用履带式起重机将振冲器吊至桩位处，打开下喷水口，启动振动器，振动速度以 1 ~2 m/min 为宜。振冲器每沉入 0.5 ~1.0 m，宜留振 5 ~10 s 进行扩孔，待孔内泥浆溢出时再继续沉入，形成直径 0.8 ~1.2 m 的孔洞，如图 2-3(b)所示。

(4)清孔。当下沉达到设计深度时，振冲器应在孔底适当留振并关闭下喷水口，打开上喷水口减小射水压力，以便排除泥浆进行清孔。

(5)振密。将振冲器提出孔口，向孔内倒入一批填料，约 1 m 桩深，如图 2-3(c)所示，随即将振冲器下降至填料中进行振密，如图 2-3(d)所示，待密实电流达到规定的数值时，将振动器提出孔口。如此自下而上成桩直至孔口，如图 2-3(e)所示。

(6)桩的施工顺序宜采用“由里向外”或“一边推向另一边”的方式，以利于挤走部分软土。对抗剪强度很低的软黏土地基，为减少桩体对原土的扰动，宜采用间隔跳打的方式进行施工。

(7)在振密过程中，采用小喷水补给水量，以降低孔内泥浆密度，有利于填料下沉，使填料在饱水状态下振捣密实。

(8)填料一般采用砾石、碎石、卵石、粗砂、矿渣及破碎的废混凝土块等坚硬粒料。填料粒径以 5 ~50 mm 为宜。填料含泥量不宜大于 10%，且不得含有土块粒。

(9)地表有硬层(如旧基础、旧路基或冻结层等)时，应先挖孔再振冲，以减少振冲器的碰撞和磨损。

振冲造孔方法可按表 2-1 选用。

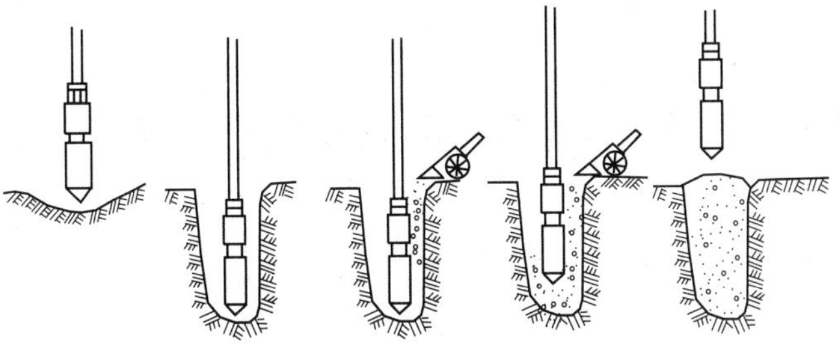


**图 2-3　振冲挤密法施工程序**

**表 2-1　振冲造孔方法的选择**

| 造孔方法 | 施工步骤 | 优、缺点 |
|---|---|---|
| 排孔法 | 由一端开始,依次逐步造孔到另一端结束 | 易于施工,且不易漏掉孔位。但当孔位较密时,后打的桩容易发生倾斜和位移 |
| 跳打法 | 同一排孔,采取隔一孔造一孔 | 先后造孔影响小,易保证桩的垂直度,但应防止漏掉孔位,并应注意桩位准确 |
| 帷幕法 | 先造外围 2 圈或 3 圈(排)孔,然后造内圈(排)。采用隔圈(排)造一圈(排)或依次向中心区造孔 | 能减少振冲能量的扩散,振密效果好,可节约桩数 10% ~15%。但大面积采用此法施工时,易漏掉孔位,其位置准确性较差 |

### (三)质量检查

(1)振冲成孔中心与设计定位中心偏差不得大于 100 mm,完成后的桩位偏差不得大于 $0.2d$($d$ 为桩孔直径)。

(2)0.8 m 以上桩每米所需的碎石量为 0.6 ~0.7 $m^3$,土质差时其填料则应加大。

(3)待桩完成 $15d$(砂土)或 $30d$(黏性土)后方可进行载荷试验,用标准贯入试验、静力触探试验及土工试验等方法来检验桩的承载能力,以不小于设计要求的数值为合格。对地震区抗液化加固的地基,尚应进行现场孔隙水压力试验。

## 五、其他地基加固方法简介

### (一)预压法

1. 堆载预压法

堆载预压法是在建筑物基础施工前,在地基表面分级堆土或其他荷重,使地基土压密、沉降、固结,从而提高地基强度和减少建筑物建成后的沉降量。待达到预定标准后再卸载,建造建筑物。本法具有使用材料、机具方法简单直接,施工操作方便等优点。但是,堆载预压需要一定的时间,对深厚的饱和软土,排水固结所需要的时间很长,同时需要大量堆载材料。此法适用于各类软弱地基,包括天然沉积土层或人工冲填土层,较广泛用于冷藏库、油罐、机场跑道、集装箱码头、桥台等沉降要求较低的地基。实践证明,利用堆载预压法能取得一定的效果,但能否满足工程要求的实际效果,则取决于地基土层的固结特性、土层的厚度、预压荷载的大小和预压时间的长短等因素，因此在使用上受到一定的限制。

2. 真空预压法

真空预压法是在需要加固的软土地基表面先铺设砂垫层，然后埋设垂直排水管道，再用不透气的封闭薄膜使其与大气隔绝，薄膜四周埋入土中，通过砂垫层内埋设的吸水管道，用真空装置进行抽气，使其形成真空，增加地基的有效应力。当抽真空时，先后在地表砂垫层及竖向排水通道内逐步形成负压，使土体内部与排水通道、垫层之间形成压差。在此压差作用下，土体中的孔隙水不断由排水通道排出，从而使土体固结。加固深度一般超过 20 m。

### （二）挤密法

1. 灰土挤密桩

利用锤击将钢管打入土中，侧向挤密土体形成桩孔，将管拔出后，在桩孔中分层回填2∶8或3∶7灰土并夯实，与桩间土共同组成复合地基以承受上部荷载。此法适用于处理地下水位以上、天然含水量12% ~25%、厚度5 ~15 m的素填土、杂填土、湿陷性黄土以及含水量较大的软弱地基等。

2. 砂石桩

砂石桩是用振动、冲击或水冲等方式在软弱地基中成孔后，再将砂或砂卵石（或砾石、碎石）挤压入土孔中，形成大直径的由砂或砂卵（碎）石所构成的密实桩体。该法经济、简单，并且效果显著。通过振动或冲击对周围土层的挤密作用，使地基土达到密实，从而增加地基承载力，降低孔隙比，减少建筑物沉降。此法适用于挤密松散砂土、素填土和杂填土等地基。

3. 水泥粉煤灰碎石桩

水泥粉煤灰碎石桩简称CFG桩，是近年发展起来的处理软弱地基的一种新方法。它是在碎石桩的基础上掺入适量石屑、粉煤灰和少量水泥，加水拌和后制成的具有一定强度的桩体。

### （三）高压喷射注浆法

高压喷射注浆法是利用钻机把带有特制喷嘴的注浆管钻进至土层的预定位置后，用高压泵以20 ~40 MPa的压力将水泥浆液通过钻杆下端的喷射装置，以高速喷出，冲击切削土层，使喷流射程内土体破坏，同时钻杆一边旋转，一边徐徐提升，使水泥浆与土体充分搅拌混合，胶结硬化后即在地基中形成具有一定强度的固结体，从而使地基得到加固。

高压喷射注浆法适用于处理淤泥、淤泥质土、黏性土、粉土、湿陷性黄土、砂土、碎石土及人工填土等地基。当土中含有较多的大粒径块石、大量植物根茎或含有过多有机质时，以及对地下水流速过大和已涌水的工程，应根据现场试验结果确定其适用性。高压喷射注浆法可用于既有建筑和新建建筑的地基处理、深基坑侧壁挡土或挡水、基坑底部加固、防止管涌与隆起、坝堤加固与防水帷幕等工程。

### （四）化学加固法

化学加固法是指利用化学溶液或胶结剂，通过压力灌注或搅拌混合等措施，而将土粒胶结起来的地基处理方法。本法具有设备工艺简单、加固效果好、可提高地基强度、消除土的湿陷性、降低压缩性等特点，适用于局部加固新建或已建的建（构）筑物基础、稳定边坡以及防渗帷幕等，也适用于湿陷性黄土地基。

**特别提示**

地基加固处理的目的是增大土质密实度，降低土的含水量，改善地基土质的性质，提高地基的承载力。改善后的地基要满足建筑物对地基稳定性和变形的要求。换土垫层法、夯实地基法、深层搅拌法、振冲挤密法等,是地基处理常用的方法,在地基处理中,必须结合工程结构特点、地基条件、现场状况、施工条件、经济条件等,综合考虑,合理选用。

# 任务二　浅基础工程施工

## 一、砖基础

砖基础用普通烧结砖与水泥砂浆砌成。砖基础砌成大放脚台阶形状,有等高式和不等高式两种,如图 2-4 所示。等高式大放脚是两皮一收,两边各收进 1/4 砖长;不等高式大放脚是两皮一收与一皮一收相间隔,两边各收进 1/4 砖长。

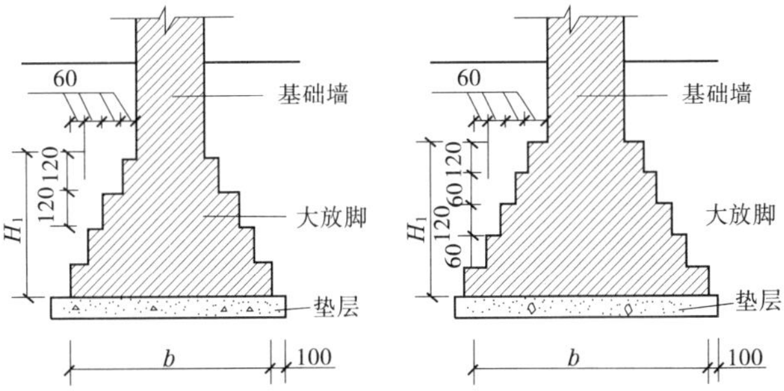


**图 2-4　砖基础大放脚形式**

大放脚的底宽应根据计算确定,各层大放脚的宽度应为半砖宽的整数倍。在大放脚的下面一般做垫层。垫层材料可用 3∶7或 2∶8的灰土,也可用 1∶2∶4或 1∶3∶6的碎砖三合土。为了防止土中水分沿砖块中毛细管上升而侵蚀墙身,应在室内地坪以下一皮砖处设置防潮层,防潮层一般用 1∶2水泥防水砂浆做成,厚约 20 mm。

砖基础施工要点:

(1)基槽(坑)开挖时应设置好龙门桩及龙门板,标明基础、墙身和轴线的位置。

(2)当地基承载力大于 150 kPa 时,采用等高式大放脚,即两皮一收,否则应采用不等高式大放脚,即两皮一收与一皮一收相间隔。基础底宽应根据计算而定。

(3)砖基础若不在同一深度,则应先由低处往上砌筑。在高低台阶接头处,下面台阶要砌一定长度(一般不小于基础扩大部分的高度)的实砌体,砌到上面后与上面的砖一起退台。

(4)砖基础接槎应留成斜槎。如因条件限制留成直槎,应按规范要求设置拉结筋。

## 二、毛石基础

毛石基础用毛石与砂浆砌筑而成。其断面形式有阶梯形和梯形。基础的顶面宽度比墙厚宽 200 mm,即每边宽出 100 mm,每阶高度一般为 300 ~400 mm,并至少砌二皮毛石。

毛石基础的施工要点是：

（1）毛石基础可用毛石或毛条石以铺浆法砌筑，灰缝厚度宜为 20 ~ 30 mm，砂浆应饱满。

（2）毛石基础宜分皮卧砌，并应上下错缝，内外搭接，上阶石块应至少压砌下阶石块的 1/2，不得采用外面侧立石块、中间填心的砌筑方法。每日砌筑高度不宜超过 1.2 m。

（3）毛石基础在转角处及交接处应同时砌筑，如不能同时砌筑则应留成斜槎。

（4）毛石基础的第一层石块砌筑时，基底要坐浆，石块大面向下，毛石基础的最上一层石块宜选用较大的毛石砌筑。

## 三、钢筋混凝土基础

钢筋混凝土基础适用于上部结构荷载大、地基较软弱、需要较大底面尺寸的情况。一般工业与民用建筑在基础设计中多采用天然地基浅基础，它造价低、施工简便。常用的浅基础类型有条式基础、杯形基础、筏式基础和箱形基础等。

### （一）条式基础

条式基础包括柱下钢筋混凝土独立基础（如图 2-5 所示）和墙下钢筋混凝土条形基础（如图 2-6 所示）。这种基础的抗弯和抗剪性能良好，可在竖向荷载较大、地基承载力不高以及承受水平力和力矩等荷载情况下使用。因高度不受台阶宽高比的限制，故适宜于需要“宽基浅埋”的场合下采用。

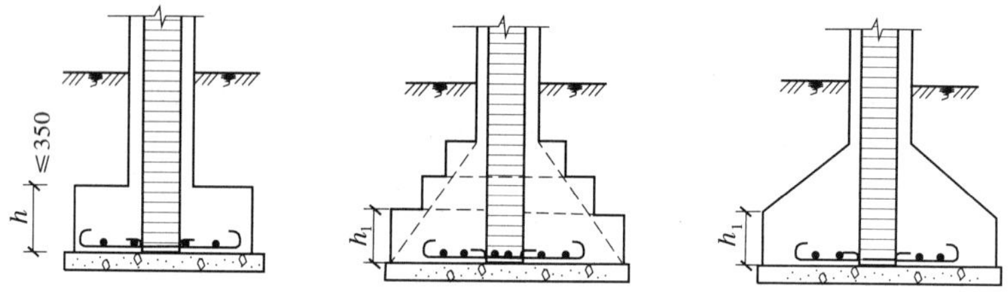


(a)阶梯形　　(b)锥形

**图 2-5　柱下钢筋混凝土独立基础**

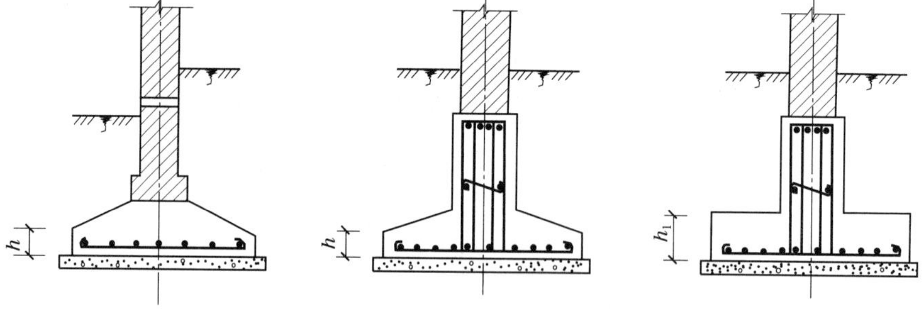


(a)板式　　(b)梁、板结合式

**图 2-6　墙下钢筋混凝土条形基础**

1. 构造要求

（1）锥形基础（条形基础）边缘高度 $h$ 不宜小于 200 mm；阶梯形基础的每阶高度 $h_1$ 宜

为 300 ~ 500 mm。

(2)垫层厚度一般为 100 mm,混凝土强度等级为 C10,基础混凝土强度等级不宜低于 C15。

(3)底板受力钢筋的最小直径不宜小于 8 mm,间距不宜大于 200 mm。当有垫层时钢筋保护层的厚度不宜小于 35 mm,无垫层时不宜小于 70 mm。

(4)插筋的数目与直径应与柱内纵向受力钢筋相同。插筋的锚固及柱的纵向受力钢筋的搭接长度按国家现行《混凝土结构设计规范》(GB 50010—2010)的规定执行。

2. 施工要点

(1)基坑(槽)应进行验槽,局部软弱土层应挖去,用灰土或砂砾分层回填夯实至与基底相平。基坑(槽)内浮土、积水、淤泥、垃圾、杂物应清除干净。验槽后地基混凝土应立即浇筑,以免地基土被扰动。

(2)垫层达到一定强度后,在其上弹线、支模。铺放钢筋网片时底部用与混凝土保护层同厚度的水泥砂浆垫塞,以保证位置正确。

(3)在浇筑混凝土前,应清除模板上的垃圾、泥土和钢筋上的油污等杂物,模板应浇水加以湿润。

(4)基础混凝土宜分层连续浇筑完成。阶梯形基础的每一台阶高度内应分层浇捣,每浇筑完一台阶应稍停 0.5 ~ 1.0 h,待其初步获得沉实后,再浇筑上层,以防止下台阶混凝土溢出,在上台阶根部出现烂脖子。台阶表面应基本抹平。

(5)锥形基础的斜面部分模板应随混凝土浇捣分段支设并顶压紧,以防模板上浮变形,边角处的混凝土应注意捣实。严禁斜面部分不支模,用铁锹拍实。

(6)基础上有插筋时,要加以固定,保证插筋位置的正确,防止浇捣混凝土时发生移位。混凝土浇筑完毕,外露表面应覆盖和洒水养护。

### (二)杯形基础

杯形基础常用作钢筋混凝土预制柱基础。一般做法是基础中预留凹槽(即杯口),然后插入预制柱,临时固定后,即在四周空隙中灌细石混凝土。其形式有一般杯口基础、双杯口基础和高杯口基础等,如图 2-7 所示。

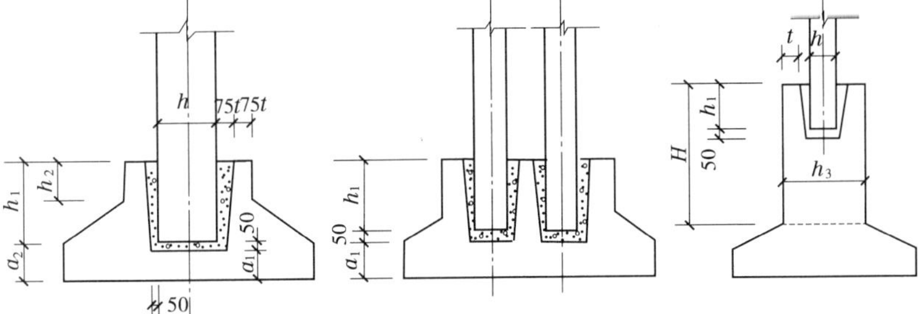


(a)一般杯口基础　(b)双杯口基础　(c)高杯口基础

**图 2-7　杯形基础**

1. 构造要求

(1)柱的插入深度 $h_1$ 可按表 2-2 选用,并应满足锚固长度的要求(一般为 20 倍纵向受力钢筋直径）和吊装时柱的稳定性（不小于吊装时柱长的1/20）的要求。

**表 2-2　柱的插入深度 $h_1$**　　（单位:mm）

| 矩形或工字形柱 | | | | 单肢柱 | 双肢柱 |
|---|---|---|---|---|---|
| $h<500$ | $500\leqslant h<800$ | $800\leqslant h<1\ 000$ | $h\geqslant 1\ 000$ | | |
| $(1\sim1.2)h$ | $h$ | $0.9h$，且$\geqslant 800$ | $0.8h$，且$\geqslant 1\ 000$ | $1.5d$，且$\geqslant 500$ | $(1/3\sim2/3)h_a$<br>或$(1.5\sim1.8)h_b$ |

注:1. $h$ 为柱截面长边尺寸;$d$ 为管柱的外直径;$h_a$ 为双肢柱整个截面长边尺寸;$h_b$ 为双肢柱整个截面短边尺寸。

2. 柱轴心受压或小偏心受压时，$h_1$ 可以适当减小;偏心距 $e_0>2h$（或 $e_0>2d$）时，$h_1$ 可以适当加大。

（2）基础的杯底厚度和杯壁厚度可按表 2-3 采用。

**表 2-3　基础的杯底厚度和杯壁厚度**　　（单位:mm）

| 柱截面长边尺寸 $h$ | 杯底厚度 $a_1$ | 杯壁厚度 $t$ |
|---|---|---|
| $h<500$ | $\geqslant 150$ | $150\sim200$ |
| $500\leqslant h<800$ | $\geqslant 200$ | $\geqslant 200$ |
| $800\leqslant h<1\ 000$ | $\geqslant 200$ | $\geqslant 300$ |
| $1\ 000\leqslant h<1\ 500$ | $\geqslant 250$ | $\geqslant 350$ |
| $1\ 500\leqslant h<2\ 000$ | $\geqslant 300$ | $\geqslant 400$ |

注:1. 双肢柱的 $a_1$ 值可适当加大。

2. 当有基础梁时，基础梁下的杯壁厚度应满足其支承宽度的要求。

3. 柱子插入杯口部分的表面应尽量凿毛。柱子与杯口之间的空隙应用细石混凝土（比基础混凝土强度等级高一级）密实充填，其强度达到基础设计强度等级的 70% 以上（或采取其他相应措施）时，方能进行上部吊装。

（3）当柱为轴心受压或小偏心受压且 $t/h_2\geqslant 0.65$ 时，或大偏心受压且 $t/h_2\geqslant 0.75$ 时，杯壁可不配筋;当柱为轴心受压或小偏心受压且 $0.5\leqslant t/h_2<0.65$ 时，杯壁可按表 2-4 和图 2-8 构造配筋;当柱为轴心受压或小偏心受压且 $t/h_2<0.5$ 时，或大偏心受压且 $t/h_2<0.75$ 时，按计算配筋。

**表 2-4　杯壁构造配筋**

| 柱截面长边尺寸（mm） | $<1\ 000$ | $1\ 000\leqslant h<1\ 500$ | $1\ 500\leqslant h<2\ 000$ |
|---|---|---|---|
| 钢筋直径（mm） | $8\sim10$ | $10\sim12$ | $12\sim16$ |

注:表中钢筋置于杯口顶部，每边 2 根。

（4）预制钢筋混凝土柱（包括双肢柱）和高杯口基础的连接与一般杯口基础构造相同。

2. 施工要点

杯形基础除参照板式基础的施工要点外，还应注意以下几点:

（1）混凝土应按台阶分层浇筑，对高杯口基础的高台阶部分按整段分层浇筑。

（2）杯口模板可做成二半式的定型模板，中间各加一块楔形板。拆模时，先取出楔形板，然后分别将两半杯口模板取出。为便于周转，宜做成工具式的，支模时杯口模板要固定牢固并压浆。

（3）浇筑杯口混凝土时，应注意四侧要对称均匀进行，避免将杯口模板挤向一侧。

（4）施工时应先浇筑杯底混凝土并振实，注意在杯底一般有 50 mm 厚的细石混凝土找平层，应仔细留出。待杯底混凝土沉实后，再浇筑杯口四周混凝土。基础浇捣完毕，在混凝土初凝后、终凝前将杯口模板取出，并将杯口内侧表面混凝土凿毛。

（5）施工高杯口基础时，可采用后安装杯口模板的方法施工，即当混凝土浇捣接近杯口底时，再安装固定杯口模板，继续浇筑杯口四周混凝土。

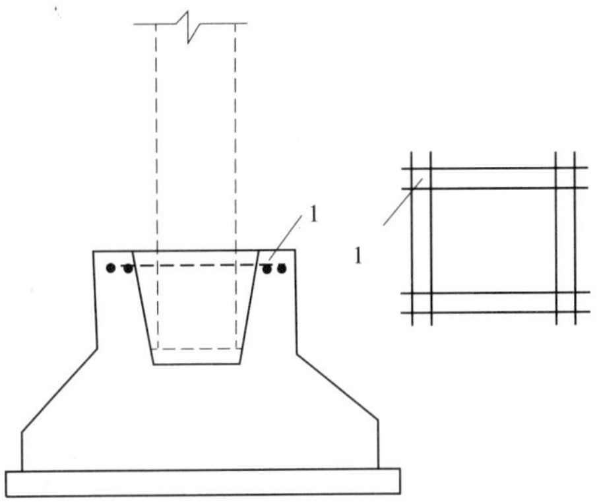


1—钢筋焊网或钢筋箍

**图 2-8　杯壁构造配筋示意图**

### （三）筏式基础

筏式基础由钢筋混凝土底板、梁等组成，适用于地基承载力较低而上部结构荷载很大的场合。其外形和构造上像倒置的钢筋混凝土楼盖，整体刚度较大，能有效地将各柱子的沉降调整得较为均匀。筏式基础一般可分为梁板式和平板式两类，如图 2-9 所示。

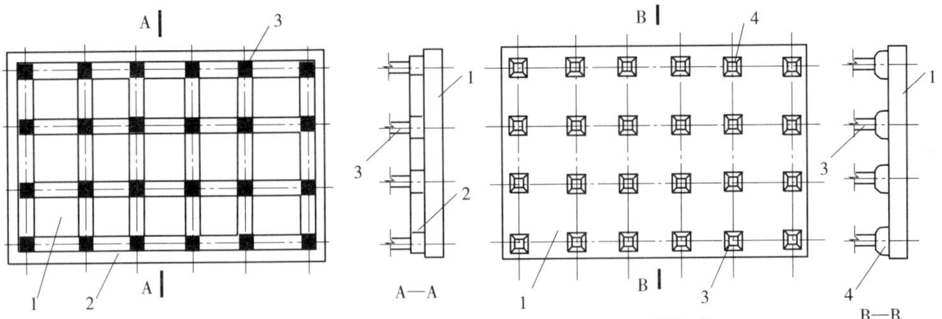


(a)梁板式　　(b)平板式

1—底板；2—梁；3—柱；4—支墩

**图 2-9　筏式基础**

1. 构造要求

（1）混凝土强度等级不宜低于 C20，钢筋无特殊要求，钢筋保护层厚度不小于 35 mm。

（2）基础平面布置应尽量对称，以减小基础荷载的偏心距。底板厚度不宜小于 200 mm，梁截面和板厚按计算确定，梁顶高出底板顶面不小于 300 mm，梁宽不小于 250 mm。

（3）底板下一般宜设厚度为 100 mm 的 C10 混凝土垫层，每边伸出基础底板不小于 100 mm。

2. 施工要点

（1）施工前，如地下水位较高，可采用人工降低地下水位至基坑底不小于 500 mm，以保证在无水情况下进行基坑开挖和基础施工。

（2）施工时，可采用先在垫层上绑扎底板、梁的钢筋和柱子锚固插筋，浇筑底板混凝土，待达到 25% 设计强度后，再在底板上支梁模板，继续浇筑完成梁部分混凝土；也可采用底板和梁模板一次同时支好，混凝土一次连续浇筑完成，梁侧模板采用支架支承并固定牢固。

（3）混凝土浇筑时一般不留施工缝，必须留设时，应按施工缝要求处理，并应设置止水带。

（4）基础浇筑完毕，表面应覆盖和洒水养护，并防止地基被水浸泡。

（四）箱形基础

箱形基础是由钢筋混凝土底板、顶板、外墙以及一定数量的内隔墙构成封闭的箱体（如图2-10所示），基础中部可在内隔墙开门洞做地下室。该基础具有整体性好、刚度大、调整不均匀沉降能力及抗震能力强、可消除因地基变形使建筑物开裂的可能性、减小基底处原有地基自重应力、降低总沉降量等特点，适用作软弱地基上的面积较小、平面形状简单、上部结构荷载大且分布不均匀的高层建筑物的基础和对沉降有严格要求的设备基础或特种构筑物基础。

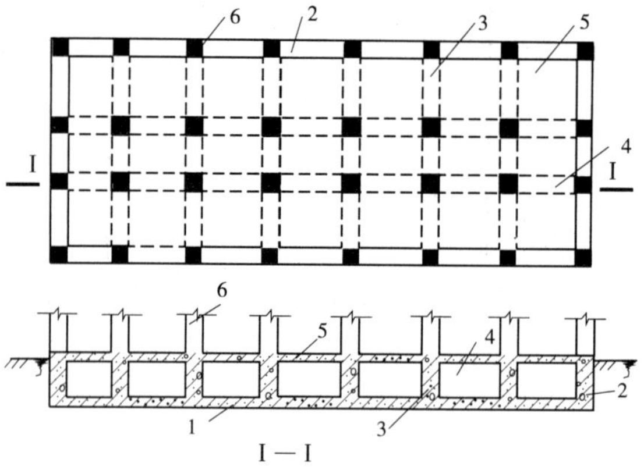


1—底板；2—外墙；3—内墙隔墙；4—内纵隔墙；5—顶板；6—柱

**图2-10　箱形基础**

1. 构造要求

（1）箱形基础在平面布置上尽可能对称，以减少荷载的偏心距，防止基础过度倾斜。

（2）混凝土强度等级不应低于C20，基础高度一般取建筑物高度的1/12～1/8，不宜小于箱形基础长度的1/18～1/16，且不小于3 m。

（3）底、顶板的厚度应满足柱或墙冲切验算要求，并根据实际受力情况通过计算确定。底板厚度一般取隔墙间距的1/10～1/8，为300～1 000 mm，顶板厚度为200～400 mm，内墙厚度不宜小于200 mm，外墙厚度不应小于250 mm。

（4）为保证箱形基础的整体刚度，平均每平方米基础面积上墙体长度应不小于400 mm，或墙体水平截面面积不得小于基础面积的1/10，其中纵墙配置量不得小于墙体总配置量的3/5。

2. 施工要点

（1）基坑开挖，如地下水位较高，应采取措施降低地下水位至基坑底以下500 mm处，并尽量减少对基坑底土的扰动。当采用机械开挖基坑时，在基坑底面以上200～400 mm厚的土层，应用人工挖除并清理。基坑验槽后，应立即进行基础施工。

（2）施工时，基础底板、内外墙和顶板的支模、钢筋绑扎和混凝土浇筑可分块进行，其施工缝的留设位置和处理应符合钢筋混凝土工程施工及验收规范有关要求，外墙接缝应设止水带。

（3）基础的底板、内外墙和顶板宜连续浇筑完毕。为防止出现温度收缩裂缝，一般应设置贯通后浇带，带宽不宜小于800 mm，在后浇带处钢筋应贯通，顶板浇筑后，相隔2～4周，用比设计强度高一级的细石混凝土将后浇带填灌密实，并加强养护。

(4)基础施工完毕，应立即进行回填土。停止降水时，应验算基础的抗浮稳定性，抗浮稳定系数不宜小于1.2，如不能满足，应采取有效措施，例如继续抽水直至上部结构荷载加上后能满足抗浮稳定系数要求，或在基础内采取灌水或加重物等，防止基础上浮或倾斜。

# 任务三　钢筋混凝土预制桩施工

由于钢筋混凝土预制桩坚固耐用，不受地下水和潮湿变化的影响，可按要求制作成各种需要的断面和长度，而且能承受较大的荷载，所以在建筑工程中应用较广。钢筋混凝土预制桩有实心桩和空心管桩两种。实心桩为便于制作，通常做成方形截面，边长一般为200～450 mm。管桩是在工厂以离心法成型的空心圆桩，其断面直径一般为400 mm、500 mm等。单节桩的最大长度取决于打桩架的高度，一般不超过30 m。如桩长超过30 m，可将桩分节（段）制作，在打桩时采用接桩的方法接长。

钢筋混凝土预制桩混凝土强度等级一般不宜低于C30。主筋配置根据桩断面大小及吊装验算来确定，直径通常采用12～25 mm（一般配置4～8根钢筋），箍筋直径采用6～8 mm（间距不大于200 mm），在桩顶和桩尖处应加强配筋。钢筋混凝土预制桩构造如图2-11所示。

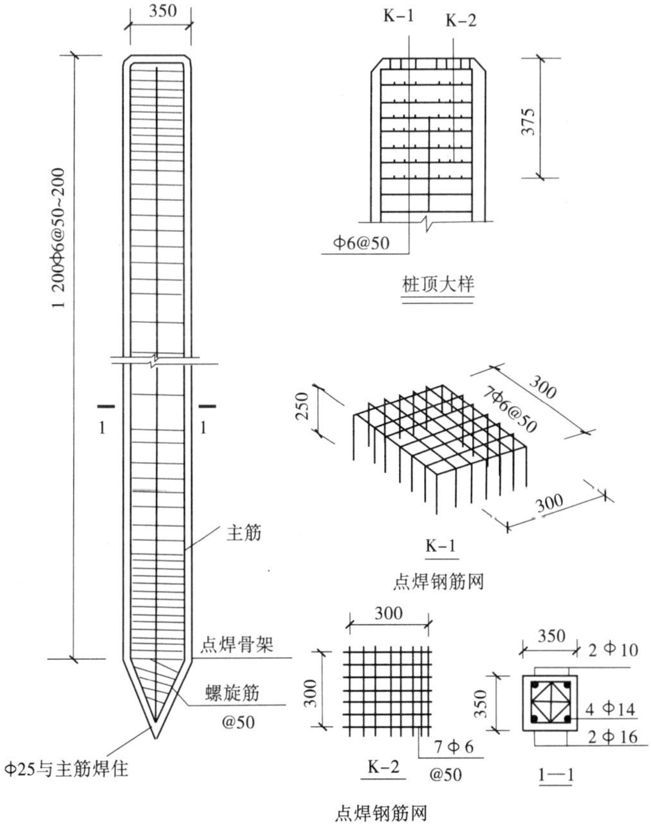


**图2-11　钢筋混凝土预制桩**

钢筋混凝土预制桩施工包括预制、起吊、运输、堆放、沉桩、接桩等过程。

## 一、桩的预制、起吊、运输和堆放

### (一)桩的预制

桩的预制视具体情况而定。较长的桩一般情况下在打桩现场附近设置露天预制厂进行预制。如果条件许可,也可以在打桩现场就地预制。较短的桩(10 m 以下)多在预制厂预制,也可在现场预制。预制场地必须平整夯实,不应产生浸水湿陷和不均匀沉陷。桩的预制方法有叠浇法、并列法、间隔法等。叠浇预制桩的层数一般不宜超过 4 层,上下层之间、邻桩之间、桩与底模和模板之间应做好隔离层。其制作程序为:现场布置→场地地基处理、整平→场地地坪浇筑混凝土→支模→绑扎钢筋、安设吊环→浇筑混凝土→养护至设计强度的 30% 拆模→支间隔端头模板、刷隔离剂、绑钢筋→浇筑间隔桩混凝土→同法间隔重叠制作第二层桩→养护至设计强度的 70% 起吊→达 100% 设计强度后运输、打桩。

钢筋混凝土预制桩的钢筋骨架的主筋连接宜采用对焊,接头位置应按规范要求相互错开。桩钢筋应严格保证位置正确,桩尖应对准纵轴线,纵向钢筋顶部保护层不应过厚。

预制桩的混凝土浇筑应由桩顶向桩尖连续浇筑,严禁中断。上层桩或邻桩的浇筑应在下层桩或邻桩混凝土达到设计强度等级的 30% 以后方可进行。接桩的接头处要平整,使上、下桩能相互贴合对准。浇筑完毕应覆盖洒水养护不少于 7 d,如果用蒸汽养护,在蒸养后,尚应适当自然养护 30 d 后方可使用。

### (二)桩的起吊、运输和堆放

钢筋混凝土预制桩应在桩身混凝土达到设计强度等级的 70% 后方可起吊,达到设计强度等级的 100% 后方能运输和打桩。如提前起吊,必须做强度和抗裂度验算,并采取必要的措施。起吊时,吊点位置应符合设计规定。无吊环且设计又未作规定时,绑扎点的数量和位置根据桩长确定,并应符合起吊弯矩最小的原则。常见的几种吊点的合理位置如图 2-12 所示。起吊前在吊索与桩之间应加衬垫,起吊应平稳提升,防止撞击和受振动。

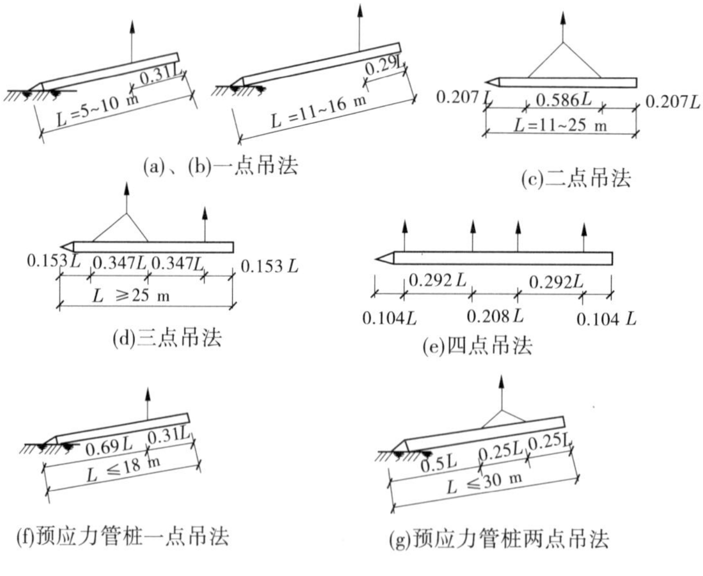


**图 2-12　吊点的合理位置**

桩的运输根据施工需要、打桩进度和打桩顺序确定。通常采用随打随运的方法以减少二次搬运。运桩前应检查桩的质量，桩运到现场后还应进行观测复查，运桩时的支点位置应与吊点位置相同。

桩堆放时，要求地面平整坚实，排水良好，不得产生不均匀沉陷。垫木的位置应与吊点的位置错开，各层垫木应垫在同一垂直线上，堆放的层数不宜超过4层，不同规格的桩应分别堆放以方便施工需要。

**(三)预制桩制作的质量要求**

预制桩制作的质量除应符合有关规范的允许偏差规定外，还应符合下列要求：

(1)桩的表面应平整、密实，掉角的深度不应超过10 mm，且局部蜂窝和掉角的缺损总面积不得超过该桩表面全部面积的0.5%，并不得过分集中。

(2)混凝土收缩产生的裂缝深度不得大于20 mm，宽度不得大于0.25 mm；横向裂缝长度不得超过边长的1/2(圆桩或多角形桩不得超过直径或对角线的1/2)。

(3)桩顶和桩尖处不得有蜂窝、麻面、裂缝和掉角。

## 二、打桩前的准备工作

**(一)清除障碍物、平整场地**

打桩前应清除高空、地上和地下的障碍物(如地下管线、旧房屋的基础、树木等)。在打桩机进场及移动范围内，场地应平整坚实，地面承载力满足施工要求。施工场地及周围应保持排水通畅。

此外，为避免打桩振动对周围建筑物的影响，打桩前还应对现场周围一定范围内的建筑物作全面检查，如有危房或危险的构筑物，必须予以加固，以防产生裂缝甚至倒塌。

**(二)准备材料机具，接通水、电源等**

施工前应布置好水、电线路，准备好足够的填料及运输设备。

**(三)打桩试验**

打桩试验的目的是检验打桩设备及工艺是否符合要求，了解桩的贯入度、持力层强度及桩的承载力，以确定打桩方案。

**(四)确定打桩顺序**

打桩顺序直接影响打桩工程质量和施工进度。确定打桩顺序时，应综合考虑桩的规格、桩的密集程度、桩的入土深度和桩架在场地内移动方便等。

当桩较密集(桩距小于4倍桩的直径)时，打桩应采用自中央向两侧打或自中央向四周打的打桩顺序，如图2-13(a)、(b)所示，避免自外向里，或从周边向中间打，以免中间土体被挤密，桩难打入，或虽勉强打入而使邻桩侧移或上冒。逐排打桩是由一侧向单一方向进行的逐排打法，如图2-13(c)所示，桩架单向移动，打桩效率高，但这种打法易使土壤向一个方向挤压，地基土挤压不均匀，会导致后打的桩打入深度逐渐减小，最终将引起建筑物不均匀沉降。逐排打桩适用于桩距大于4倍桩径时的打桩施工。

打桩顺序确定后，还需要考虑打桩机是往后“退打”还是往前“顶打”。当打桩桩顶标高超出地面时，打桩机只能采取往后退打的方法，此时，桩不能事先都布置在地面上，只能随打随运。当打桩后，桩顶标高在地面以下时(有时采用送桩器将桩送入地面以下)，打桩机则可以采取往前顶打的方法进行施工。这时，只要现场许可，所有的桩都可以事先布置好，避免二次搬运。当桩设计的打入深度不同时，打桩顺序宜先深后浅；当桩的规格尺寸不同时，打桩顺序宜先大后小，先长后短。

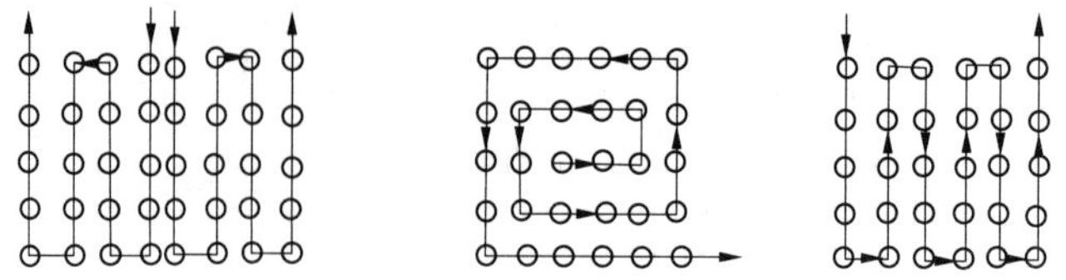

(a)自中央向两侧打桩　　(b)自中央向四周打桩　　(c)逐排打桩

**图 2-13　打桩顺序**

**（五）抄平放线、定桩位**

为了控制桩顶标高，在打桩现场或附近需设置水准点（其位置应不受打桩影响），数量不少于两个。根据建筑物的轴线控制桩确定桩基轴线位置（偏差不得大于 20 mm）及每个桩的桩位，将桩的准确位置测设到地面上。当桩不密时可用小木桩定位，桩较密时可用龙门板（标志板）定位。

## 三、预制桩施工

预制桩施工，按打桩设备和打桩方法可分为锤击法、振动法、水冲法、静力压桩法等。

**（一）锤击法**

打桩也称锤击沉桩，是钢筋混凝土预制桩最常用的沉桩方法。它是靠打桩机的桩锤下落到桩顶产生的冲击能而将桩沉入土中的一种沉桩方法。这种方法施工速度快，机械化程度高，适用范围广，但在施工时极易产生挤土、噪声和振动等现象。

1. 打桩机具

打桩用的机具主要包括桩锤、桩架及动力装置三部分。

（1）桩锤。桩锤是将桩打入土中的主要机具，有落锤、单动汽锤、双动汽锤和柴油锤。

落锤一般由生铁铸成，重 5 ~ 15 kN。其构造简单，使用方便，落锤高度可随意调整，但打桩速度慢（6 ~ 20 次/min），效率低，对桩的损伤较大，适于在黏土和含砾石较多的土中打桩。

汽锤是利用蒸汽或压缩空气为动力的一种打桩机具，包括单动汽锤和双动汽锤。单动汽锤是用高压蒸汽或压缩空气推动升起汽缸达到顶部，然后排出汽体，锤体自由下落，夯击桩顶，将桩沉入土中。单动汽锤重 15 ~ 150 kN，落距较小，不易损坏桩头，打桩速度和冲击力均较落锤大（20 ~ 80 次/min），效率较高，适于打各种类型的桩。双动汽锤重 6 ~ 60 kN，冲击频率高（100 ~ 200 次/min），打桩速度快，冲击能量大，工作效率高，不仅适用于一般打桩工程，还可用于打斜桩、水下打桩和拔桩。

柴油锤分为导杆式、活塞式和管式三种。柴油锤是一种单缸内燃机，它利用燃油爆炸产生的力推动活塞上、下往复运动进行沉桩。柴油锤冲击部分重量为 1 ~ 60 kN，每分钟锤击 40 ~ 70 次。柴油锤多用于打设木桩、钢板桩和钢筋混凝土桩，不适于在软土中打桩。

桩锤的类型根据施工现场情况、机具设备的条件及工作方式和工作效率等因素进行选择。桩锤的重量根据现场工程地质条件、桩的类型、桩的密集程度及施工条件来选择。

（2）桩架。桩架的作用是吊桩就位，悬吊桩锤、打桩时引导桩身方向并保证桩锤能沿着所要求方向冲击。选择桩架时,应考虑桩锤的类型、桩的长度和施工条件等因素。常用桩架基本形式有两种:一种是沿轨道或滚杠行走移动的多功能桩架,另一种是装在履带式底盘上可自由行走的桩架。

多功能桩架由立柱、斜撑、回转工作台、底盘及传动机构等组成。多功能桩架机动性和适应性较好,在水平方向可作360°回转,导架可伸缩和前后倾斜。底盘下装有铁轮,可在轨道上行走。这种桩架适用于各种预制桩和灌注桩施工。

履带式桩架以履带式起重机为底盘,增加了立柱、斜撑、导杆等。其行走、回转、起升的机动性好,使用方便,适用范围广,适用于各种预制桩和灌注桩施工。

(3)动力设备。落锤以电源为动力,再配置电动卷扬机、变压器、电缆等。蒸汽锤以高压饱和蒸汽为驱动力,配置蒸汽锅炉、蒸汽绞盘等。汽锤以压缩空气为动力源,需配置空气压缩机、内燃机等。柴油锤的桩锤本身有燃烧室,不需外部动力设备。

2. 打桩施工

打桩机就位后,将桩锤和桩帽吊起固定在桩架上,使锤底高度高于桩顶,用桩架上的钢丝绳和卷扬机将桩提升就位。当桩提升到垂直状态后,送入桩架导杆内,稳住桩顶后,先使桩尖对准桩位,扶正桩身,然后将桩下放插入土中。桩的垂直度偏差不得超过0.5%。

桩就位后,在桩顶放上弹性衬垫,扣上桩帽,待桩稳定后,即可脱去吊钩,再将桩锤缓慢落放在桩帽上。桩锤底面、桩帽上下面及桩顶应保持水平,桩锤、桩帽(送桩)和桩身中心线应在同一轴线上。在锤重作用下,桩将沉入土中一定深度,待下沉稳定后,再次校正桩位和垂直度,然后开始打桩。

打桩宜重锤低击。开始打入时,采用小落距,使桩能正常沉入土中。当桩入土一定深度,桩尖不易发生偏移时,再适当增大落距,正常施打。重锤低击,桩锤对桩头的冲击小,回弹也小,因而桩身反弹小,桩头不易损坏,锤击能量大部分用以克服桩身摩擦力和桩尖阻力,因此桩能较快地打入土中。由于重锤低击的落距小,因而可提高锤击频率,打桩速度快,效率高,对于较密实的土层,如砂或黏土,较容易穿过。当采用落锤或单动汽锤时,落距不宜大于1 m;采用柴油锤时,应使桩锤跳动正常,落距不超过1.5 m。

打桩时速度应均匀,锤击间歇时间不应过长,并应随时观察桩锤的回弹情况,如桩锤经常回弹较大,桩的入土速度慢,说明桩锤太轻,应更换桩锤;如桩锤发生突发的较大回弹,说明桩尖遇到障碍,应停止锤击,找出原因并处理后继续施打;如贯入度突增,说明桩尖或桩身遭到破坏。打桩时还要随时注意贯入度的变化。打桩是隐蔽工程,施工时应对每根桩的施打做好原始记录,作为分析、处理打桩过程中出现的质量事故和工程验收时鉴定桩的质量的重要依据。

打桩完毕后,应将桩头或无法打入的桩身截去,以使桩顶符合设计标高。

3. 送桩、接桩

1)送桩

桩基础一般采用低承台桩基,承台底标高位于地面以下。为了减短预制桩的长度,可用送桩的办法将桩打入地面以下一定的深度。送桩下端宜设置桩垫,厚薄要均匀,如桩顶不平,可用麻袋或厚纸垫平。送桩的中心线与桩身中心线吻合一致方能进行送桩,送桩深度一般不宜超过2 m。

2）接桩

钢筋混凝土预制桩由于受施工条件、运输条件等因素的影响，单根预制桩一般分成数节制作，分节打入，现场接桩。为避免继续打桩时使桩偏心受压，接桩时，上、下节桩的中心偏差不得大于 10 mm。常用的接桩方法有焊接、硫磺胶泥锚接等。

（1）焊接法接桩如图 2-14 所示。一般桩头在距地面 1 m 左右时进行。制桩时由于在桩的端部预埋角钢和钢板，接桩时将上节桩用桩架吊起，对准下节桩头，用点焊将四角连接角钢与预埋钢板临时焊接，然后检查平面位置及垂直度，合格后即进行焊接。焊缝要连续饱满。施焊时，应两人同时对称地进行，以防止节点温度变形不匀而引起桩身歪斜。预埋钢板表面应清洁，接头间隙不平处用铁片塞密焊牢。接桩处的焊缝应自然冷却 10 ~ 15 min 后才能打入土中。外露铁件应刷防腐漆。焊接法接桩适用于各类土层，但消耗钢材较多，操作较烦琐，工效较低。

（2）硫磺胶泥锚接法又称浆锚法，如图 2-15 所示。制桩时，在上节桩的下端面预埋四根用螺纹钢筋制成的锚筋，下节桩上端面预留四个锚筋孔。接桩时，首先将上节桩的锚筋插入下节桩的锚孔（直径为锚筋直径的 2.5 倍），上、下节桩间隙 200 mm 左右，安设好施工夹箍（由四块木板，内侧用人造革包裹 40 mm 厚的树脂海绵块制作而成），将熔化的硫磺胶泥注满锚筋孔内并使之溢满桩面 10 ~ 20 mm 厚，然后缓慢放下上节桩，使上、下桩胶结。当硫磺胶泥冷却并拆除施工夹箍后，即可继续压桩或打桩。硫磺胶泥锚接法接桩节约钢材，操作简单，施工速度快，适用于软弱土层中打桩。

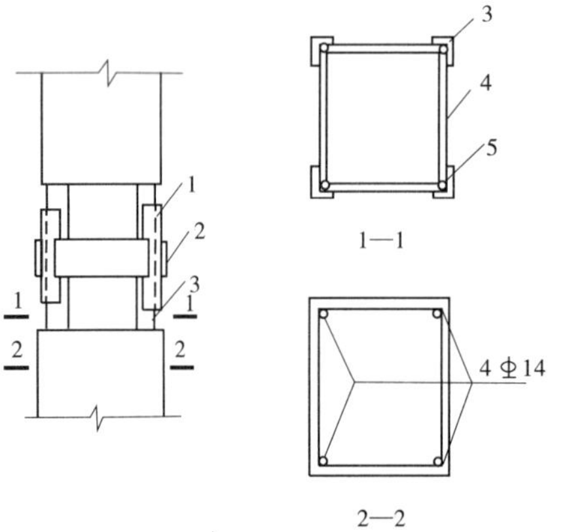


1—连接角钢；2—拼接钢板；3—与主筋焊接的角钢；4—钢筋与角钢；5—主筋

**图 2-14　焊接法接桩节点构造**

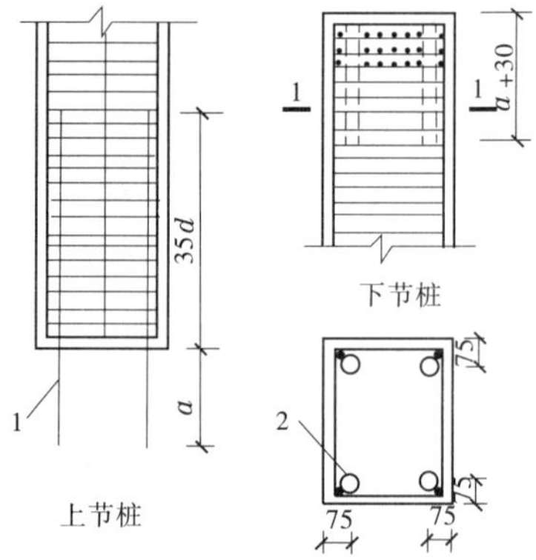


1—锚筋；2—锚筋孔

**图 2-15　浆锚法接桩节点构造**

硫磺胶泥是一种热塑冷硬性胶结材料，它由胶结材料、细骨料、填充料和增韧剂熔融搅拌混合而成。其质量配合比（百分比）为硫磺∶水泥∶粉砂∶聚硫780 胶 = 44∶11∶44∶1，或硫磺∶石英砂∶石墨粉∶聚硫甲胶 = 60∶34.3∶5∶0.7。

**（二）振动法**

振动法沉桩与锤击法沉桩的施工方法基本相同，其不同之处是用振动桩机代替锤打桩机施工。振动桩机主要由桩架、振动锤、卷扬机和加压装置等组成。振动法沉桩是利用振动机将桩与振动机连在一起，振动机产生的动力通过桩身使土体振动，减弱土体对桩的阻力，使桩能较快沉入土中。该法不但能将桩沉入土中，还能利用振动将桩拔出，经验证明此法对

H 形钢桩和钢板桩拔出效果良好。在砂土中沉桩效率较高,在黏土地区效率较差,需用功率大的振动器。

**(三)水冲法**

水冲法沉桩施工,是在待沉桩身两对称旁侧,插入两根用卡具与桩身连接的平行射水管,管下端设喷嘴。沉桩时利用高压水通过射水管喷嘴射水,冲刷桩尖下的土壤,使土松散而流动,减小桩身下沉的阻力。同时射入的水流大部分又沿桩身返回地面,因而减小了土壤与桩身间的摩擦力,使桩在自重或加重的作用下沉入土中。此法适用于坚硬土层和砂砾石层。一般水冲沉桩与锤击沉桩或振动沉桩结合使用,则更能显示其功效。当桩尖水冲沉至离设计标高 1 ~2 m 处时,停止冲水,改用锤击或振动将桩沉到设计标高。水冲沉桩法施工时,对周围原有建筑物的基础和地下设施等易产生沉陷,故不适于在密集的城市建筑物区域内施工。

**(四)静力压桩法**

静力压桩法是在软土地基上利用静力压桩机或液压压桩机用无振动的静压力(自重和配重)将预制桩压入土中的一种沉桩新工艺,在我国沿海软土地基上较为广泛地采用。与锤击沉桩相比,它具有施工无噪声、无振动、节约材料、降低成本、提高施工质量、沉桩速度快等特点,特别适宜于扩建工程和城市内桩基工程施工。

## 四、打桩施工质量控制

打桩质量控制包括两个方面:一是能否满足贯入度或标高的要求,二是桩的位置偏差是否在允许范围之内。

贯入度是指每锤击一次桩的入土深度,在打桩过程中常指最后贯入度,即最后一击桩的入土深度。施工中一般采用最后 3 阵每阵 10 击桩的平均入土深度作为最后贯入度。测量最后贯入度应在下列条件下进行:桩锤的落距应符合规定,桩帽和弹性衬垫正常,锤击没有偏心,桩顶没有破坏或破坏处已凿平。

当桩尖位于坚硬、硬塑的黏土、碎石土、中密以上的砂土或风化岩等土层时,以贯入度控制为主,桩尖进入持力层深度可用桩尖标高作参考。桩尖位于其他软土层时,以桩尖设计标高控制为主,贯入度可作参考。打桩时,如控制指标已符合要求,而其他的指标与要求相差较大,应会同有关单位研究处理。贯入度应通过试桩确定或做打桩试验并与有关单位研究确定。

## 五、打桩中常见的问题与处理

打桩施工中常会发生打坏、打歪、打不下去等问题。发生这些问题的原因是多方面的,有工艺操作上的原因,有桩的制作质量上的原因,也有土层变化复杂等原因,必须具体情况具体分析处理。

**(一)桩顶、桩身被打坏**

一般是桩顶四边和四角打坏,或者顶面被打碎,甚至桩顶钢筋全部外露,桩身断折。出现的原因及处理方法如下:

(1)打桩时,桩顶直接受到冲击而产生很高的局部应力,如桩顶混凝土不密实,主筋过长,桩顶钢筋网片配置不当,则遭锤击后桩顶被打碎引起混凝土剥落。因此,在制作时桩顶混凝土应认真捣实,主筋不能过长并应严格按设计要求设置钢筋网片,一旦桩角打坏,则应凿平再打。

(2)由于制桩时主筋设置不准确，桩身混凝土保护层太厚，锤击时直接受冲击的是素混凝土，因此保护层容易剥落。

(3)由于桩顶不平、桩帽不正，打桩时处于偏心受冲击状态，局部应力增大，使桩损坏。在制作时，桩顶面与桩轴线应严格保持垂直。施打前，桩帽要安放平整，衬垫材料要选择适当。打桩时要避免打歪后仍继续打，一经发现歪斜应及时纠正。

(4)因过打使桩体破坏。在打桩过程中如出现下沉速度慢而施打时间长，锤击次数多或冲击能量过大时，称为过打。过打发生的原因是：桩尖穿过硬层，最后贯入度定得过小，锤的落距过大。混凝土的抗冲击强度只有其抗压强度的50%，如果桩身混凝土反复受到过度的冲击，就容易破坏。此时，应分析地质资料，判断土层情况，改善操作方法，采取有效措施解决。

(5)桩身混凝土强度等级不高。主要是砂、石含泥量较大，养护龄期不够等使混凝土未达到要求的强度等级就进行施打，致使桩顶、桩身打坏。对桩身打坏的处理，可加钢夹箍用螺栓拉紧焊接补强。

**(二)打歪**

由于桩顶不平、桩身混凝土凸肚、桩尖偏心、接桩不正或土中有障碍物，或者打桩时操作不当(如初入土时桩身就歪斜而未纠正即施打)等，均可将桩打歪。为防止把桩打歪，可采取以下措施：

(1)桩机导架必须校正两个方向的垂直度。

(2)桩身垂直，桩尖必须对准桩位，同时桩顶要正确地套入桩锤下的桩帽内，并保证在同一垂直线上，使桩能够承受轴心锤击而沉入土中。

(3)打桩开始时采用小落距，待入土一定深度后，再按要求的落距将桩连续锤击入土中。

(4)注意桩的制作质量和桩的验收检查工作。

(5)设法排除地下障碍物。

**(三)打不下**

如出现初入土1～2 m就打不下、贯入度突然变小、桩锤严重回弹现象，可能遇到旧的灰土或混凝土基础等障碍物，必要时应彻底清除或钻透后再打，或者将桩拔出，适当移位再打。如桩已入土很深，突然打不下去，有以下原因：

(1)桩顶、桩身已被打坏。

(2)土层中夹有较厚的砂层、其他硬土层或孤石等障碍。

(3)打桩过程中，因特殊原因中断打桩，停歇时间过长，由于土的固结作用，使桩难以打入土中。

**(四)桩上浮**

一桩打下，邻桩上升(也称浮桩)，这种现象多发生在软土中。当桩沉入土中时，若桩的布置较密，打桩顺序又欠合理，由于桩身周围的土体受到急剧的挤压和扰动，靠近地面的部分土体将在地表面隆起和水平位移。土体隆起产生的摩擦力将使已打入的桩上浮，或将邻桩拉断，或引起周围土坡开裂、建筑物裂缝。因此，当桩距小于4倍桩径(或边长)时，应合理确定打桩顺序。

**特别提示**

预制桩打桩方法可分为锤击法、振动法、水冲法和静力压桩法等。锤击式沉桩宜采用

"重锤低击、低提重打",可取得良好的效果。施工时,应采取措施,防止出现桩倾斜、断桩、桩位偏移、桩头和桩身破坏等质量问题。

# 任务四　钢筋混凝土灌注桩施工

灌注桩就是直接在桩位上成孔,然后向孔内灌注材料而成的桩。与预制桩相比,可节约钢材、木材和水泥,且施工工艺简单,成本降低,能适应地层的变化制成不同长度的桩,不需进行接桩。其缺点是施工操作要求较严,易发生缩颈、断裂等质量事故,且施工后需要一定的技术间歇,不能立即承受荷载。灌注桩按成孔方法可分为人工挖孔灌注桩、钻孔灌注桩、沉管成孔灌注桩、爆扩成孔灌注桩和冲孔灌注桩等。

## 一、人工挖孔灌注桩施工

人工挖孔灌注桩是指桩孔采用人工挖掘方法成孔,然后安放钢筋笼,灌注混凝土而成的桩基。人工挖孔灌注桩的优点是:成孔机具简单,作业时无振动、无噪声,对施工现场周围的建筑物影响小;施工速度快,可按施工进度要求确定同时开挖桩孔的数量,必要时各桩孔可同时施工;当土质复杂时,可直接观察或检验、分析土质情况;桩底沉渣能清除干净,施工质量可靠;桩径和桩深可随承载力的情况而变化,桩底可人工扩大成为扩底桩。

人工挖孔灌注桩适宜在地下水位以上施工,可在人工填土层、黏土层、粉土层、砂土层、碎石土层和风化岩层施工,也可在黄土、膨胀土和冻土中使用,适应性较强。在覆盖层较深且具有起伏较大基岩面的山区和丘陵地区,采用不同深度的挖孔灌注桩,技术可靠,受力合理。

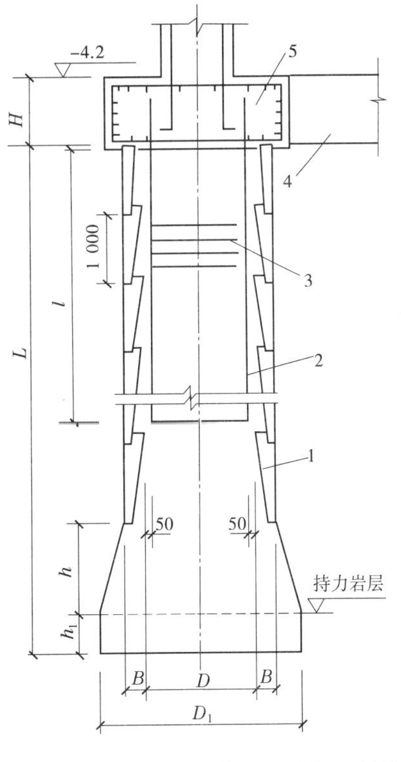


1—护壁;2—主筋;3—箍筋;4—地梁;5—桩帽

**图 2-16　人工挖孔桩的构造**

人工挖孔灌注桩的桩身直径由于施工操作的要求,不宜小于 800 mm,一般为 800 ~ 2 000 mm。桩底可采用扩底或不扩底两种方法,扩底直径一般为桩身直径的 1.3 ~ 2.5 倍。采用现浇混凝土护壁时,人工挖孔桩的构造如图 2-16 所示。护壁厚度一般为 $D/10+5$ cm(其中 $D$ 为桩径),护壁内等距放置 8 根直径 6 ~ 8 mm、长 1 m 的直钢筋,插入下层护壁内,使上、下层护壁有钢筋拉结,以避免护壁出现流砂、淤泥,造成护壁因自重而沉裂。

### (一)施工机具

人工挖孔灌注桩施工机具如下:

(1)电动葫芦(或手摇辘轳)和提土桶:用于材料和弃土的垂直运输以及供施工人员上下工作使用。

(2)护壁钢模板或波纹模板。

(3)潜水泵:用于抽出桩孔内的积水。

(4)鼓风机和送风管:用于向桩孔中强制送入新鲜空气。

(5)挖运土工具:镐、锹、土筐等,若遇到硬土或岩石,尚需准备风镐。

(6)插捣工具:用于插捣护壁混凝土。

(7)其他工具:应急软爬梯、照明灯、对讲机、电铃等。

**(二)施工工艺**

为确保人工挖孔灌注桩施工过程的安全,必须采取防止土体坍滑的支护措施。常用的有现浇混凝土护壁、喷射混凝土护壁、波纹钢模板工具式护壁等。

采用现浇混凝土分段护壁的人工挖孔桩的施工流程为:

(1)放线定位。按设计图纸放线,定桩位。

(2)开挖土方。采取分段开挖,每段高度由土壁保持直立状态的能力决定,一般0.8~1.0 m为一个施工段。开挖面积的范围为设计桩径加护壁的厚度。挖土从上到下逐段进行,同一段内先中间后周边。扩底部分采取先挖桩身圆柱体,再按扩底尺寸从上到下扩底。在地下水位以下施工时应及时采取排水措施。

(3)测量控制。桩位轴线可用地面十字控制网、基准点进行测设。安装提升设备时,应使吊桶的钢丝绳点与桩孔中心一致,并作为挖土时控制中心点。

(4)支设护壁模板。模板高度由开挖土方施工段的高度决定,一般为1 m,由4块或8块活动钢模板组合而成。护壁支模中心线控制的方法是将桩控制轴线、高程引到第一节混凝土护壁上,每节以十字线对中,吊大线锤控制中心点位置,用尺杆找圆周,然后由基准点测量孔深。

(5)设置操作平台。平台可用角钢和钢板制成半圆形,两个合起来即为操作平台,供临时放置混凝土拌和料和灌注护壁混凝土用。

(6)浇筑护壁混凝土。护壁混凝土要注意捣实,因为它起着防止土壁塌陷与防水的双重作用。护壁通常为素混凝土,混凝土强度等级为C25或C30,厚度一般为100~150 mm。当桩径、桩长较大或土质较差,有渗水时,应在护壁中配筋,上、下护壁的主筋应搭接。第一节混凝土护壁宜高出地面200 mm,便于挡水和定位。

(7)拆除模板,继续下段施工。当护壁混凝土达到一定的强度后(在常温情况下约24 h)便可拆除模板,开挖下一段土方,再支模灌注护壁混凝土,如此循环,直到挖至设计要求的深度。

(8)钢筋笼就位。对质量小于1 000 kg的钢筋笼,可用小型吊运机具或汽车式起重机等吊入孔内就位。对直径、长度、质量大的钢筋笼,可用履带式起重机或大型汽车式起重机进行吊放。

(9)排除孔底积水,灌注桩身混凝土。灌注桩身混凝土前,应先吊放钢筋笼,再清理孔底虚土。混凝土宜采用粒径不大于50 mm的石子,水泥用42.5级普通硅酸盐水泥或矿渣水泥。混凝土坍落度一般为8~10 cm。灌注混凝土时应用串筒,以降低混凝土下落的垂直高度。混凝土应连续分层浇筑,每层厚度不得大于1.5 m。对直径较小的挖孔桩,距地面6 m以下利用混凝土的大坍落度和下冲力使之密实,6 m以内的混凝土应分层振捣密实。对于直径较大的挖孔桩应分层捣实,第一次灌注到扩底部位的顶面,随即振捣密实,再分层灌注桩身,分层捣实,直至桩顶。

### (三)施工中应注意的事项

(1)施工安全措施。挖孔作业人员须经安全作业培训,经考核合格后方可上岗操作;对可能出现流砂、管涌、涌水以及有害气体等情况,应制定安全防护措施;施工时,施工人员必须戴安全帽,穿绝缘胶鞋;孔内有人时,孔上必须有人监督、防护;孔口周围要设置安全防护栏;孔内必须设置安全绳及应急软爬梯;孔下照明须用125 V安全电压;使用潜水泵必须有防漏电装置;孔深超过10 m时,须设置鼓风机向孔内输送清洁空气,其风量不得小于25 L/s。

(2)桩孔质量要求。开挖前,应从桩中心位置向桩四周引出4个桩心控制点,施工过程须用桩心点来校正模板位置,设专人校核中心位置及护壁厚度。桩孔中心平面位置偏差不宜超过20 mm,桩的垂直度偏差不超过1%,桩径不得小于设计直径。

护壁混凝土灌注宜一次连续浇筑完毕,不得留施工缝。浇筑前,应认真清除孔底的浮土、石渣。在浇筑过程中,要注意防止地下水的流入,排除流入的积水,保证浇筑层表面不存有积水层。如水的流入量较大,无法抽干,则应采取导管法浇筑水下混凝土。护壁混凝土拌和料中宜掺入早强剂。护壁模板拆除后,若发现护壁有蜂窝、漏水现象,应及时加以堵塞或导流,防止孔外水通过护壁流入桩孔内。

(3)防止坍落及流砂。在开挖过程中,遇到特别松软的土层、流动性淤泥或流砂时,为防止土壁坍落及流砂,可减少每节护壁的高度(可取0.3~0.5 m),或采用钢护筒、预制混凝土沉井等作为护壁,待穿过松软土层或流砂层后,再按一般方法边挖掘边灌注混凝土护壁,继续开挖桩孔。对于流砂现象严重的桩孔,可采用井点降水法降低地下水位,然后按常规方法进行施工。

**特别提示**

人工挖孔灌注桩施工,人在井下作业,开挖效率低,劳动条件差,施工中要特别注意流砂、流泥、有害气体等影响。严格按操作规程做好通风换气、安全保护措施。

## 二、钻孔灌注桩施工

钻孔灌注桩按照施工方法不同,可分为干作业钻孔灌注桩和泥浆护壁钻孔灌注桩两种。

### (一)干作业钻孔灌注桩

干作业钻孔灌注桩是先用钻机在桩位处钻孔,然后在孔内放入钢筋骨架,再灌注混凝土而成的桩。干作业钻孔灌注桩适用于地下水位以上的填土层、黏性土层、粉土层、砂土层和粒径不大的砂砾层的桩基础施工。目前多使用螺旋钻机成孔,螺旋钻机分长螺旋钻机和短螺旋钻机两种。

1. 长螺旋钻机成孔

长螺旋钻机成孔是用长螺旋钻机的螺旋钻头,在桩位处就地切削土层,被切土块钻屑随钻头旋转,沿着带有长螺旋叶片的钻杆上升,输送到出土器后自动排出孔外运走。

长螺旋钻机成孔速度的快慢主要取决于输土是否通畅,而钻具转速的高低对土块钻屑输送的快慢和输土消耗功率的大小都有较大影响,因此合理选择钻进速度是成孔工艺的关键。长螺旋钻机如图2-17所示。

在钻孔时,采用中高转速、低扭矩、少进刀的工艺,可使螺旋叶片之间保持较大的空间,能自动输土、钻进阻力小、钻孔效率高。

2. 短螺旋钻机成孔

短螺旋钻机成孔是用短螺旋钻机的螺旋钻头，在桩位处就地切削土层，被切土块钻屑随钻头旋转，沿着带有数量不多的螺旋叶片的钻杆上升，积聚在短螺旋叶片上，形成“土柱”，此后靠提钻、反转、甩土，将钻屑散落在孔周。一般每钻进 0.5～1.0 m 就要提钻甩土一次。一般为正转钻进，反转甩土，反转转速为正转转速的若干倍。短螺旋钻机成孔的钻进效率不如长螺旋钻机高，但短螺旋钻机成孔省去了长孔段输送土块钻屑的功率消耗，其回转阻力矩小。在大直径或深桩孔的情况下，采用短螺旋钻施工较为合适。

当钻孔达到预定钻深后，必须在原深处进行空转清土，然后停止转动，提起钻杆。在空转清土时不得加深钻进，提钻时不得回转钻杆。

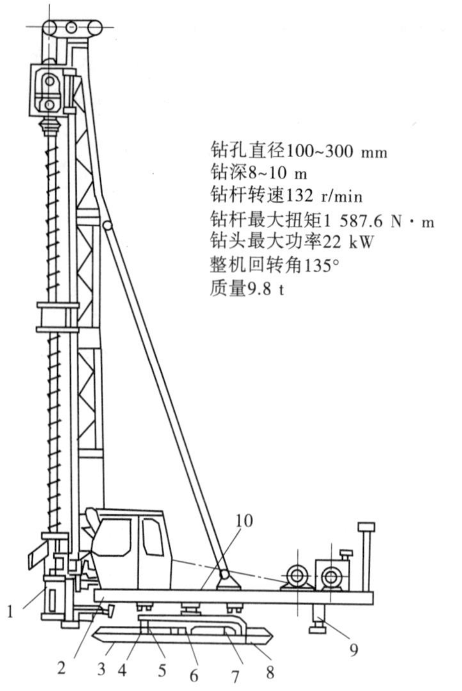


1—出土筒；2—上盘；3—下盘；4—回转滚轮；5—行走滚轮；6—钢丝滑轮；7—行走油缸；8—中盘；9—支腿；10—回转中心轴

**图 2-17　步履式长螺旋钻机**

3. 施工中应注意的问题

干作业钻孔灌注桩成孔后，先吊放钢筋笼，再浇筑混凝土。钢筋笼吊放时，要缓慢并保持竖直，防止钢筋笼偏斜和刮土下落，钢筋笼放到预定深度后，将上端妥善固定。

灌注混凝土宜用机动小车或混凝土泵车，应防止压坏桩孔。混凝土坍落度一般为 8～10 cm，强度等级不小于 C13，应注意调整砂率，掺减水剂和粉煤灰等掺合料，以保证混凝土的和易性及坍落度。混凝土灌至接近桩顶时，应测量桩身混凝土顶面的标高，避免超长灌注，并保证在凿除浮浆层后，桩顶标高和质量能符合设计要求。

**（二）泥浆护壁钻孔灌注桩**

泥浆护壁钻孔灌注桩是指先用钻孔机械进行钻孔，在钻孔过程中为了防止孔壁坍塌，向孔中注入循环泥浆（或注入清水造成泥浆）保护孔壁，钻孔达到要求深度后，进行清孔，然后安放钢筋骨架，进行水下灌注混凝土而成的桩。其工艺流程如图 2-18 所示。

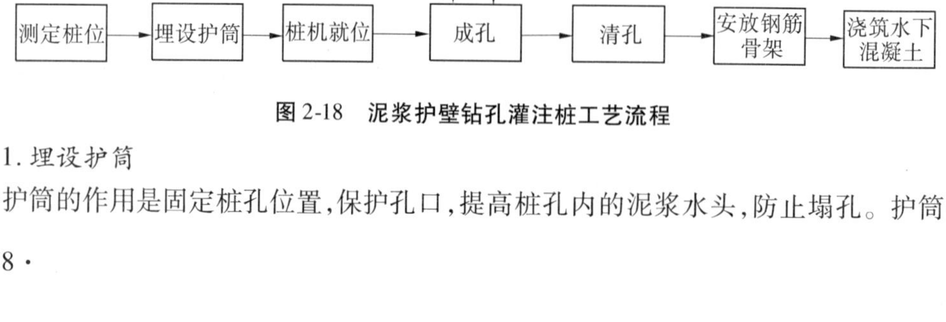


**图 2-18　泥浆护壁钻孔灌注桩工艺流程**

1. 埋设护筒

护筒的作用是固定桩孔位置，保护孔口，提高桩孔内的泥浆水头，防止塌孔。护筒一般用3～5 mm的钢板或预制混凝土圈制成，其内径应比钻头直径大100～200 mm。安设护筒时，其中心线应与桩中心线重合，偏差不大于50 mm。护筒应设置牢固，其顶面宜高出地面0.4～0.6 m，它的入土深度，在砂土中不宜小于1.5 m，在黏土中不小于1 m，并应保持孔内泥浆液面高出地下水位1 m以上。在护筒顶部还应开设1～2个溢浆口，便于泥浆溢出而流回泥浆池，进行回收和循环。护筒与坑壁之间的空隙应用黏土填实，以防漏水。

2.泥浆制备

泥浆是此种施工方法不可缺少的材料，在成孔过程中的作用是护壁、携渣、冷却和润滑，其中以护壁作用最为主要。由于泥浆的密度比水大，泥浆在孔内对孔壁产生一定的静水压力，相当于一种液体支撑，可以稳定土壁，防止塌孔。同时，泥浆中胶质颗粒在泥浆压力下渗入孔壁表面孔隙中，形成一层透水性很低的泥皮，避免孔内壁漏水并保持孔内有一定的水压，有助于维护孔壁的稳定。泥浆还具有较高的黏性，通过循环，泥浆可将切削破碎的土石渣屑悬浮起来，随同泥浆排出孔外，起到携渣、排土的作用。此外，由于泥浆循环作冲洗液，因而对钻头有冷却和润滑作用，减轻钻头的磨损。

制备泥浆的方法应根据土质的实际情况而定。在成孔过程中，要保持孔内泥浆的一定密度。在黏土和粉土层钻孔时，可注入清水以原土造浆护壁，泥浆密度可取1.1～1.3 $t/m^3$；在砂和砂砾等容易塌孔的土层中钻孔时，则应采用制备的泥浆护壁。泥浆制备应选用高塑性黏土或膨润土，泥浆密度保持在1.3～1.5 $t/m^3$。造浆黏土应符合下列技术要求：胶体率不低于90%，含砂率不大于8%。成孔时，由于地下水稀释等使泥浆密度减小时，可添加膨润土来增大密度。

3.成孔方法

泥浆护壁成孔灌注桩成孔方法有冲击钻成孔法、冲抓锥成孔法、潜水电钻成孔法和回转钻机成孔法四种。

(1)冲击钻成孔。冲击钻成孔是利用卷扬机悬吊冲击锤连续上、下冲击，将硬质土层或岩层破碎成孔，部分碎渣泥浆挤入孔壁，大部分用掏渣筒提出，如图2-19所示。冲击钻孔机有钢丝式和钻杆式两种。钢丝式钻头为锻钢或铸钢，式样有“十”字形和“3”翼形，锤重0.5～3.0 t，用钢桩架悬吊，卷扬机作动力，钻孔孔径有800 mm、1 000 mm、1 200 mm等几种。

冲孔时，在孔口设护筒，然后冲孔机就位，冲锤对准护筒中心，开始低锤密击(锤高为0.4～0.6 m)，并及时加入块石与黏土泥浆护壁，使孔壁挤压密实，直至孔深达护筒下3～4 m后，才可加快速度，将锤高提至1.5～2.0 m进行正常冲击，并随时测定和控制泥浆比重。每冲击3～4 m，掏渣一次。

冲击钻成孔设备简单、操作方便，适用于有孤石的砂卵石层、坚实土层、岩层等成孔，对流砂层亦能克服。所成孔壁坚实、稳定、塌孔少，但掏泥渣较费工时，不能连续作业，成孔速度较慢。

(2)冲抓锥成孔。冲抓锥成孔是用卷扬机悬吊冲抓锥头，其内有压重铁块及活动抓片，当下落时抓片张开，钻头冲入土中，然后提升钻头，抓头闭合抓土，提升至地面卸土，循环作业直至形成所需桩孔。冲抓锥斗如图2-20所示。其成孔直径为450～600 mm，成孔深度为5～10 m。该设备简单、操作方便，适于在一般较松散的黏土、粉质黏土、砂卵石层及其他软质土层成孔，所成孔壁完整，能连续作业，生产效率高。

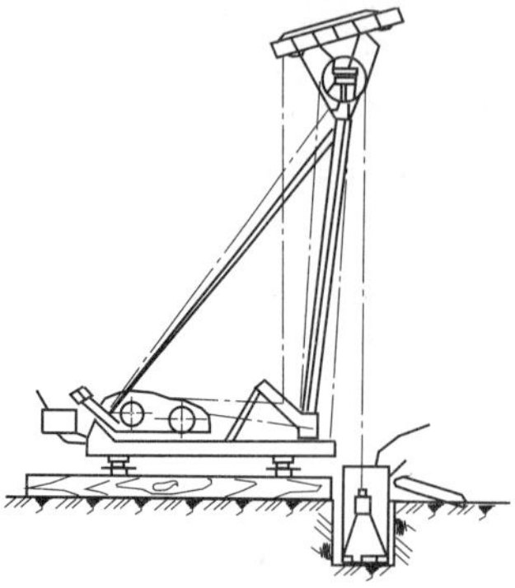

图 2-19　冲击钻孔机示意图

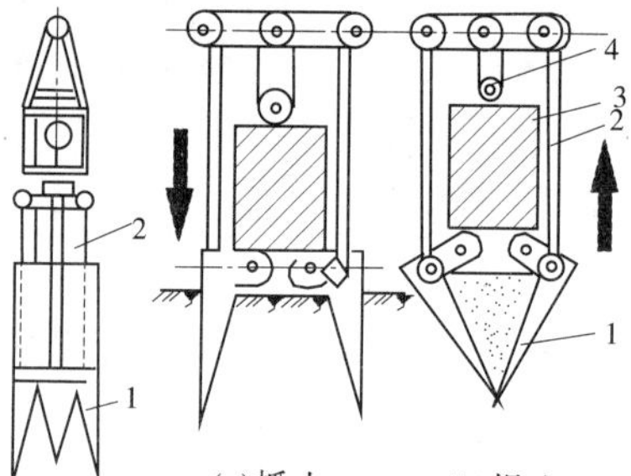


1—抓片;2—连杆;3—压重;4—滑轮组

图 2-20　冲抓锥斗

(3)潜水电钻成孔。潜水电钻成孔是用潜水电钻机构中封密的电动机、变速机构直接带动钻头在泥浆中旋转削土,同时用泥浆泵压送高压泥浆(或用水泵压送清水),使其从钻头底端射出与切碎的土颗粒混合,然后不断由孔底向孔口溢出,或用砂石泵或空气吸泥机采用反循环方式排泥渣,如此连续钻进、排泥渣,直至形成所需深度的桩孔,如图 2-21 所示。

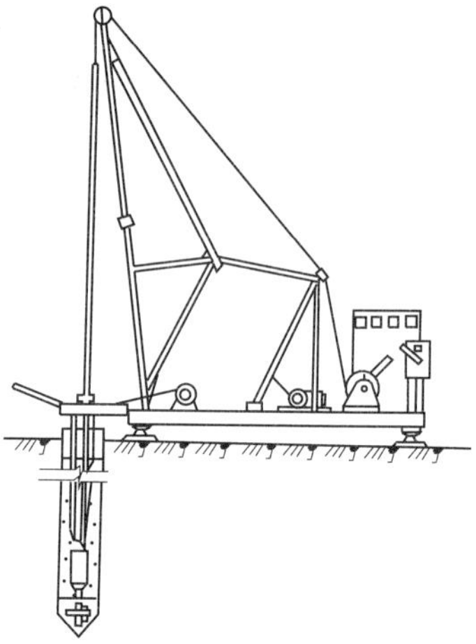

图 2-21　潜水钻机钻孔示意图

潜水钻机成孔直径 500 ~ 1 500 mm,深 20 ~ 30 m,最深可达 50 m,适于在地下水位较高的软土层、淤泥、黏土、粉质黏土、砂土、砂夹卵石及风化页岩层中使用。

潜水电钻成孔前,孔口应埋设直径比孔径大 200 mm 的钢板护筒,一般高出地面 30 cm 左右,埋深 1 ~ 1.5 m,护筒与孔壁间缝隙用黏土填实,以防漏水塌口。钻进速度在黏性土中不大于 1 m/min,较硬土层则以钻机的跳动、电机不超负荷为准,钻孔达到设计深度后应进行清孔、设置钢筋笼。清孔可用循环换浆法,即让钻头继续在原位旋转,继续注水,用清水换浆,使泥浆密度控制在 1.1 $t/m^3$ 左右。当孔壁土质较差时,用泥浆循环清孔,使泥浆密度控制在 1.15 ~ 1.25 $t/m^3$,清孔过程中应及时补给稀泥浆,并保持浆面稳定。该法具有设备定型、体积小、移动灵活、维修方便、无噪声、无振动、钻孔深、成孔精度和效率高、劳动强度低等特点,但需设备较复杂,施工费用较高。

(4)回转钻机成孔。回转钻机是由动力装置带动钻机回转装置,再经回转装置带动装有钻头的钻杆转动,钻头切削土壤而形成桩孔。按泥浆循环方式不同,回转钻机可分为正循环回转钻机(如图 2-22 所示)和反循环回转钻机(如图 2-23 所示)。

正循环回转钻机成孔工艺为:从空心钻杆内部空腔注入的加压泥浆或高压水,由钻杆底部喷出,裹携钻削出的土渣沿孔壁向上流动,由孔口排出后流入泥浆池。

反循环回转钻机成孔工艺为:反循环作业的泥浆或清水是由钻杆与孔壁间的环状间隙流入钻孔,由于吸泥泵的作用,在钻杆内腔形成真空,钻杆内、外的压强差使得钻头下裹携土渣的泥浆,由钻杆内部空腔上升返回地面,再流入泥浆池。反循环工艺的泥浆向上流动的速度较大,能携带较多的土渣。

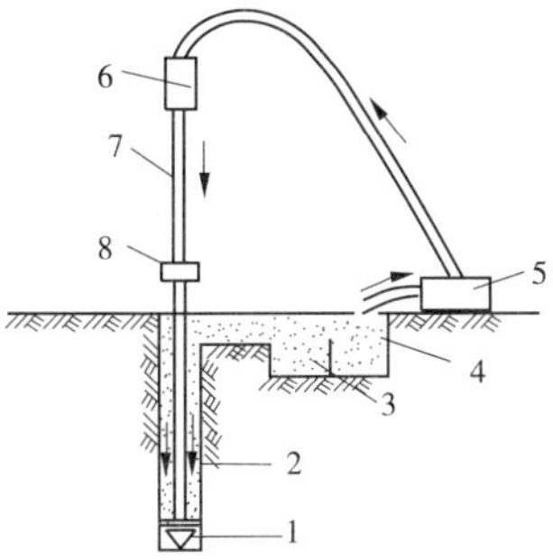


1—钻头;2—泥浆循环方向;3—沉淀池;4—泥浆池;
5—泥浆泵;6—水龙头;7—钻杆;8—钻机回转装置

**图 2-22　正循环回转钻机成孔工艺**

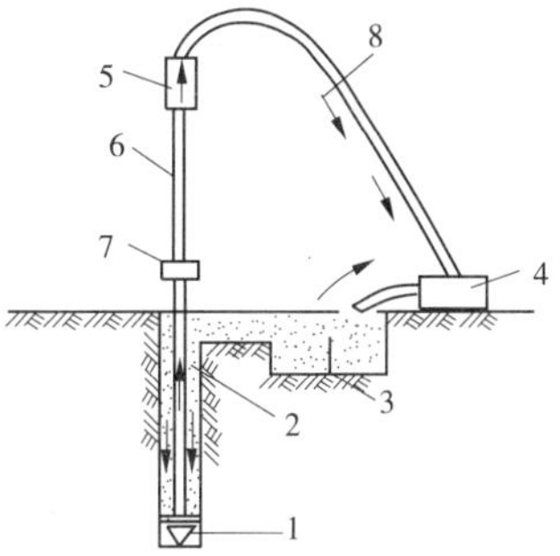


1—钻头;2—新泥浆流向;3—沉淀池;4—砂石泵;
5—水龙头;6—钻杆;7—钻机回转装置;8—混合液流向

**图 2-23　反循环回转钻机成孔工艺**

4. 清孔

成孔后,即进行验孔和清孔。验孔是用探测器检查桩位、直径、深度和孔道情况。清孔即清除孔底沉渣、淤泥浮土,以减少桩基的沉降量,提高承载能力。

泥浆护壁成孔清孔时,对于土质较好不易坍塌的桩孔,可用空气吸泥机清孔,气压为 0.5 MPa,使管内形成强大高压气流向上涌,同时不断地补足清水,被搅动的泥渣随气流上涌,从喷口排出,直至喷出清水。对于稳定性较差的孔壁,应采用泥浆循环法清孔或抽筒排渣,清孔后的泥浆相对密度应控制在 1.15 ~ 1.25。原土造浆的孔,清孔后泥浆相对密度应控制在 1.1 左右。在清孔时,必须及时补充足够的泥浆,并保持浆面稳定。

5. 安放钢筋笼

钢筋笼应预先在施工现场制作。吊放钢筋笼时,要防止扭转、弯曲和碰撞,要吊直扶稳、缓缓下落,避免碰撞孔壁,并防止坍孔或将泥土杂物带入孔内。钢筋笼放入后应校正轴线位置、垂直度。钢筋笼定位后,应在 4 h 内浇筑混凝土,以防坍孔。

6. 水下浇筑混凝土

在灌注桩、地下连续墙等基础工程中,常要直接在水下浇筑混凝土。其方法是利用导管输送混凝土并使之与环境水隔离,依靠管中混凝土的自重,使管口周围的混凝土在已浇筑的混凝土内部流动、扩散,以完成混凝土的浇筑工作,如图 2-24 所示。

在施工时,先将导管放入孔中(其下部距离底面约 100 mm),用麻绳或铅丝将球塞悬吊在导管内水位以上 0.2 m 处(塞顶铺 2 ~ 3 层稍大于导管内径的水泥纸袋,再散铺一些干水泥,以防混凝土中骨料卡住球塞),然后浇筑混凝土。当球塞以上导管和承料漏斗装满混凝土后,剪断球塞吊绳,混凝土靠自重推动球塞下落,冲向基底,并向四周扩散。球塞冲出导管,浮至水面,可重复使用。冲入基底的混凝土将管口包住,形成混凝土堆。同时不断地将混凝土注入导管中,管外混凝土面不断被管内

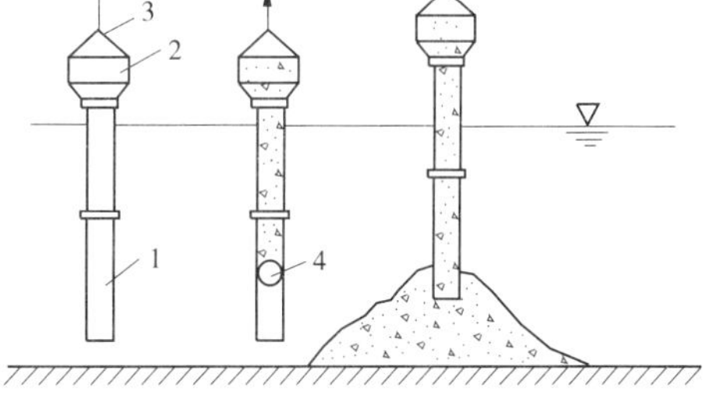


1—导管;2—承料漏斗;3—提升机具;4—球塞

**图 2-24　导管法浇筑水下混凝土**

的混凝土挤压上升。随着管外混凝土面的上升，导管也逐渐提升（到一定高度，可将导管顶段拆下）。但不能提升过快，必须保证导管下端始终埋入混凝土内，其最大埋置深度不宜超过5 m。混凝土浇筑的最终高程应高于设计标高约100 mm，以便清除强度低的表层混凝土（清除工作应在混凝土强度达到2～2.5 $N/mm^2$ 后方可进行）。

导管由每段长度为1.5～2.5 m（脚管为2～3 m）、管径200～300 mm、厚3～6 mm的钢管用法兰盘加止水胶垫用螺栓连接而成。承料漏斗位于导管顶端，漏斗上方装有振动设备以防混凝土在导管中阻塞。提升机具用来控制导管的提升与下降，常用的提升机有卷扬机、电动葫芦、起重机等。球塞可用软木、橡胶、泡沫塑料等制成，其直径比导管内径小15～20 mm。

每根导管的作用半径一般不大于3 m，所浇筑混凝土覆盖面积不宜大于30 $m^2$。当面积过大时，可用多根导管同时浇筑。混凝土浇筑应从最深处开始，相邻导管下口的标高差不应超过导管间距的1/15～1/20，并保证混凝土表面均匀上升。

导管法浇筑水下混凝土的关键：一是保证混凝土的供应量大于导管内混凝土必须保持的高度和开始浇筑时导管埋入混凝土堆内必需的埋置深度所要求的混凝土量；二是严格控制导管提升高度，且只能上、下升降，不能左右移动，以避免造成管内返水事故。

**（三）施工中常遇问题及处理**

1. 孔壁坍塌

钻孔过程中，如发现排出的泥浆中不断出现气泡，或泥浆突然漏失，这表示有孔壁坍塌现象。孔壁坍塌的主要原因是土质松散，泥浆护壁不好，护筒周围未用黏土紧密填封以及护筒内水位不高。钻进时如出现孔壁坍塌，首先应保持孔内水位并加大泥浆比重以稳定钻孔的护壁。如坍塌严重，应立即回填黏土，待孔壁稳定后再钻。

2. 钻孔偏斜

钻杆不垂直，钻头导向部分压短、导向性差，土质软硬不一，或者遇上孤石等，都会引起钻孔偏斜。防止措施有：除钻头加工精确，钻杆安装垂直外，操作时还要注意经常观察。钻孔偏斜时，可提起钻头，上下反复扫钻几次，以便削去硬土。如纠正无效，应于孔中部回填黏土至偏孔处0.5 m以上重新钻进。

3. 孔底虚土

干作业施工中，由于钻孔机械结构所限，孔底常残存一些虚土，它来自扰动残存土、孔壁坍落土以及孔口落土。施工时，孔底虚土较规范大时必须清除，因虚土影响承载力。目前常用的治理虚土的方法是用20 kg重铁饼人工辅助夯实，但效果不理想。新近研制出的一套孔底夯实机具经实践证明有较好的夯实效果。

4. 断桩

水下灌注混凝土桩的质量除取决于混凝土本身质量外，是否断桩是鉴定其质量的关键，预防时要注意三方面问题：一是力争首批混凝土浇灌一次成功；二是分析地质情况，研究解决对策；三是要严格控制现场混凝土配合比。

**特别提示**

泥浆护壁钻孔灌注桩是用泥浆保护孔壁，防止塌孔和排出土渣，在地下水位高和低时均可使用。水下混凝土的浇筑宜采用导管法。

## 三、沉管成孔灌注桩

沉管成孔灌注桩又称套管成孔灌注桩或打拔管灌注桩。它是采用振动打桩法或锤击打桩法，将带有活瓣式桩尖或预制混凝土桩尖的钢制桩管沉入土中，然后边浇筑混凝土边振动或边锤击边拔出钢管而形成的灌注桩。若配有钢筋，则应在规定标高处吊放钢筋骨架。利用锤击沉桩设备沉管、拔管时，称为锤击沉管灌注桩；利用振动沉桩设备沉管、拔管时，称为振动沉管灌注桩。沉管成孔灌注桩整个施工过程在套管护壁条件下进行，因而不受地下水位高低和土质条件的限制，可穿越一般黏性土、粉土、淤泥质土、淤泥、松散至中密的砂土及人工填土等土层，不宜用于标准贯入击数 $N>12$ 的砂土、$N>15$ 的黏性土及碎石土。沉管成孔灌注桩施工过程如图 2-25 所示。

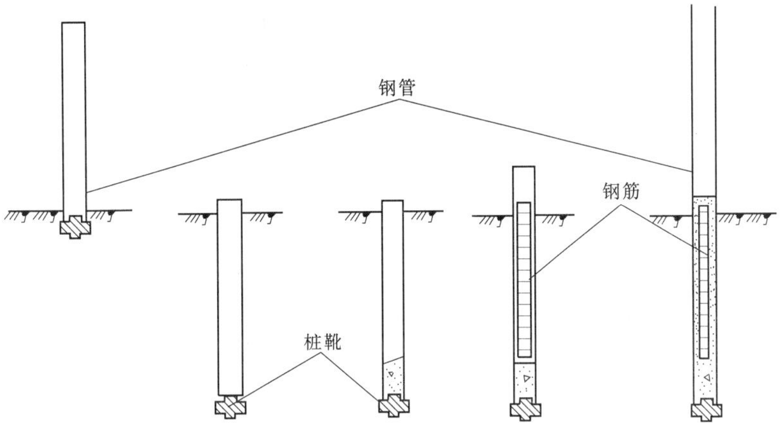


**图 2-25　沉管灌注桩施工过程**

### (一)锤击沉管灌注桩

施工时，用桩架吊起桩管，对准预先埋设在桩位处的预制钢筋混凝土桩尖，然后缓缓放下桩管套入桩尖压入土中。桩管上部扣上桩帽，并检查桩管、桩尖与桩锤是否在同一垂直线上，若桩管垂直度偏差小于 0.5% 桩管高度，即可用锤打击桩管。

初打时应低锤轻击，并观察桩管无偏移时方可正常施打。当桩管打入至要求的贯入度或标高后，应检查管内有无泥浆或渗水，测孔深后，在管内放入钢筋笼，便可以将混凝土通过灌注漏斗灌入桩管内，待混凝土灌满桩管后，开始拔管。拔管过程应对桩管进行连续低锤密击，使钢管得到冲击振动，以振密混凝土。拔管速度不宜过快，第一次拔管高度应控制在能容纳第二次所灌入的混凝土量为限，不宜拔得过高，应保证管内有不少于 2 m 高度的混凝土。在拔管过程中应检查管内混凝土面的下降情况，拔管速度对一般土层以 1.0 m/min 为宜。拔管过程应向桩管内继续加灌混凝土，以满足灌注量的要求。灌入的混凝土从搅拌到最后拔管结束，不得超过混凝土的初凝时间。

为了提高桩的质量或使桩径增大，提高桩的承载能力，可采用一次复打扩大灌注桩。复打桩施工是在单打施工完毕、拔出桩管后，及时清除黏附在管壁和散落在地面上的泥土，在原桩位上第二次安放桩尖，以后的施工过程则与单打灌注桩相同。复打扩大灌注桩施工时应注意，复打施工必须在第一次灌注的混凝土初凝以前全部完成，桩管在第二次打入时应与第一次轴线相重合，且第一次灌注的混凝土应达到自然地面，不得少灌。

**（二）振动沉管灌注桩**

与锤击沉管灌注桩相比，振动沉管灌注桩更适合于在稍密及中密的碎石土地基施工。

施工时，振动冲击锤与桩管刚性连接，桩管下端设有活瓣式桩尖。活瓣式桩尖应有足够的强度和刚度，活瓣间缝隙应紧密。先将桩管下端活瓣闭合，对准桩位，徐徐放下桩管压入土中，然后校正垂直度，即可开动振动器沉管。由于桩管和振动器是刚性连接的，沉管时由振动冲击锤形成竖直方向的往复振动，使桩管在激振力作用下以一定的频率和振幅产生振动，减小了桩管与周围土体间的摩擦阻力。当强迫振动频率与土体的自振频率相同时，土体结构因共振而破坏，桩管受加压作用而沉入土中。

振动沉管灌注桩可采用单振法、复振法和反插法施工。

（1）单振法。单振法施工时，在桩管灌满混凝土后，开动振动器，先振动 5 ~ 10 s，再开始拔管。边振边拔，每拔 0.5 ~ 1.0 m，停拔 5 ~ 10 s，但保持振动，如此反复，直至桩管全部拔出。在一般土层内拔管速度宜为 1.2 ~ 1.5 m/min；在较软弱土层内，拔管速度不得大于 0.8 ~ 1.0 m/min。单振法施工速度快，混凝土用量少，但桩的承载力低，适用于含水量较少的土层。

（2）复振法。复振法施工适用于饱和黏土层。其施工方法与锤击沉管灌注桩复打法相同，相当于进行了两次单振施工。

（3）反插法。反插法施工是在桩管灌满混凝土后，先振动再开始拔管，每次拔管高度 0.5 ~ 1.0 m，向下反插深度 0.3 ~ 0.5 m。在拔管过程中分段添加混凝土，保持管内混凝土面始终不低于地表面或高于地下水位 1.0 ~ 1.5 m，拔管速度应小于 0.5 m/min。如此反复进行，直至桩管拔出地面。反插法能扩大桩的截面，使混凝土的密实度增加，从而提高桩的承载力，但混凝土用量较大，一般适用于饱和软土层中。

**（三）沉管成孔灌注桩常遇问题和处理方法**

沉管成孔灌注桩施工时常发生断桩、缩颈桩、吊脚桩、桩尖进水进泥等问题，产生原因及处理措施如下：

（1）断桩。指桩身裂缝呈水平方向或略有倾斜且贯通全截面，常见于地面以下 1 ~ 3 m 不同软硬土层交接处。产生的原因主要是桩距过小，桩身混凝土终凝期间，强度低，邻桩沉管时使土体隆起和挤压，产生横向水平力和竖向拉力使混凝土桩身断裂。避免断桩的措施有：布桩不宜过密，桩间距以不小于 3.5 m 为宜；当桩身混凝土强度较低时，可采用跳打法施工；合理安排打桩顺序。

（2）缩颈桩。亦称瓶颈，指桩身局部直径小于设计直径。常出现在饱和淤泥质土中。产生的主要原因是：在含水量高的黏性土中沉管时，土体受到强烈扰动挤压，产生很高的孔隙水压力，桩管拔出后，水压力作用在所浇筑的混凝土桩身上，使桩身局部直径缩小；桩间距过小，邻近桩沉管施工时挤压土体使所浇筑混凝土桩身缩颈；施工过程中拔管速度过快，管内形成真空吸力，管内混凝土量少且和易性差，使混凝土扩散性差，导致缩颈。避免缩颈的主要措施有：经常观测管内混凝土的下落情况，严格控制拔管速度；采取“慢拔密振”或“慢拔密击”的方法；在可能产生缩颈的土层施工时，采用反插法可避免缩颈。当出现缩颈时可用复打法进行处理。

(3)吊脚桩。指桩底部的混凝土隔空或混入的泥砂在桩底部形成松软层的桩。产生的原因主要是:预制桩尖强度不足,在沉管时被打坏而挤入桩管内,拔管时振动冲击未能将桩尖压出,拔管至一定高度时,桩尖才落下,但又被硬土层卡住,未落到孔底而形成吊脚桩;振动沉管时,桩管入土较深并进入低压缩性土层,灌完混凝土开始拔管时,活瓣式桩尖被周围土体包围而不张开,拔至一定高度时才张开,而此时孔底部已被孔壁回落土充填而形成吊脚桩。避免出现吊脚桩的措施是:严格检查预制桩尖的强度和规格。沉管时可用吊砣检查桩尖是否进入桩管或活瓣是否张开。对已出现的吊脚现象,应将桩管拔出,桩孔回填后重新沉入桩管。

(4)桩尖进水、进泥砂。常见于地下水位高、含水量大的淤泥、粉砂土层中。产生的原因是:活瓣式桩尖合拢后有较大的间隙;预制桩尖与桩管接触不严密;桩尖打坏等。预防的措施是:对缝隙较大的活瓣式桩尖应及时修复或更换;预制桩尖的尺寸和配筋应符合设计要求,混凝土强度等级不得低于C30,在桩尖与桩管接触处缠绕麻绳或垫衬,使二者接触处封严。当出现桩尖进水或进泥砂时,可将桩管拔出,修复桩尖缝隙,用砂回填桩孔后再重新沉管。如地下水量大,当桩管沉至接近地下水位时,可灌注0.05 ~0.1 $m^3$ 混凝土封底,将桩管底部的缝隙用混凝土封住,灌1 m高的混凝土后,再继续沉管。

**特别提示**

沉管灌注桩是利用锤击打桩法或振动打桩法,将带有钢筋混凝土桩尖或带有活瓣式桩尖的钢管沉入土中,然后灌注混凝土并拔管而成。在施工时要特别注意出现以下质量问题:塌孔、断桩、缩颈、吊脚桩、孔低沉渣过厚、桩尖进水与进泥砂等。

# 任务五　桩基检测与验收

## 一、桩基检测方法

成桩的质量检验有两种方法:一种是静载试验法(或称破坏性试验),另一种是动测法(又称动力无损检测法)。

### (一)静载试验法

静载试验是对单根桩进行竖向抗压试验,通过静载加压,确定单根桩承载力。在打桩后经过一段时间,待桩身与土体的结合趋于稳定,才能进行试验。对于预制桩,土质为砂类土,打桩完成后与试验的时间应不少于10 d;如是粉土或黏性土,则不应少于15 d;对于淤泥或淤泥质土,不应少于25 d。灌注桩在桩身混凝土达到设计强度等级的情况下,对于砂类土不少于10 d,黏性土不少于20 d,淤泥或淤泥质土不少于30 d。桩的静载试验根数应不少于总根数的1%,且不少于3根。当总根数少于50根时,应不少于2根。

桩身质量应进行检验,检验数不少于20%,且每根柱子承台下不得少于1根。

一般静载试验可直观地反映桩的承载力和混凝土的浇筑质量,数据可靠。但其装置较复杂笨重,装卸操作费工费时,成本高,测试数据有限,并且易破坏桩基。

### (二)动测法

动测法又称为动力无损检测法,是检测桩基承载力及桩身质量的一项新技术,是静载试验的补充。动测法是相对于静载试验而言的，它是对桩体进行适当的简化处理，建立起数学－力学模型，借助现代电子技术与量测设备采集桩、土体系在给定的动荷载作用下所产生的振动参数，结合实际桩、土条件进行计算，所得结果与相应的静载试验结果进行比较，在积累一定数量的动静试验对比结果基础上，找出两者之间的某种相关关系，并以此作为标准来确定桩基承载力。应用波在混凝土中传播速度、传播时间的变化情况，即以波在不同阻抗和不同约束条件下的传播特性，来检验、判断桩身是否存在断裂、夹层、颈缩、空洞等质量缺陷。

动测法试验仪器轻便灵活，检测速度快，不破坏桩基，检测结论可靠性强，检测费用低，可进行全面检测。但需要做大量的测试数据，需静载试验来充实完善，需编写电脑软件，所测的极限承载力有时与静载试验数值离散性较大等。

## 二、桩基验收

### （一）桩基验收规定

（1）当桩顶设计标高与施工场地标高相同，或桩基施工结束后，有可能对桩位进行检查时，桩基工程的验收应在施工结束后进行。

（2）当桩顶设计标高低于施工场地标高，送桩后无法对桩位进行检查时，对打入桩可在每根桩桩顶沉至场地标高时进行中间验收。待全部桩施工结束，承台和底板开挖到设计标高后，再做最终验收。对灌注桩，可对护筒位置做中间验收。

### （二）桩基资料验收

桩基工程验收时应提交下列资料：

（1）工程地质勘察报告、桩基施工图、图纸会审纪要、设计变更及材料代用通知单等。

（2）经审定的施工组织设计、施工方案及执行中的变更情况。

（3）桩位检测放线图，包括工程桩位复核签证单。

（4）成桩质量检查报告。

（5）单桩承载力检测报告。

（6）基坑挖至设计标高的基桩竣工平面图及桩顶标高图。

### （三）桩基允许偏差

（1）预制桩。打入（压）桩（预制混凝土方桩、先张法预应力管桩、钢桩）的桩位偏差应符合表 2-5 的规定。斜桩倾斜度的偏差不得大于倾斜角正切值的 15%（倾斜角指桩的纵向中心线与铅垂线间夹角）。

**表 2-5　预制桩桩位的允许偏差**

| 项次 | 项目 | 允许偏差（mm） |
| --- | --- | --- |
| 1 | 盖有基础梁的桩：<br>（1）垂直基础梁的中心线<br>（2）沿基础梁的中心线 | <br>$100+0.01H$<br>$150+0.01H$ |
| 2 | 桩数为 1～3 根桩基中的桩 | 100 |
| 3 | 桩数为 4～16 根桩基中的桩 | 1/2 桩径或边长 |
| 4 | 桩数大于 16 根桩基中的桩：<br>（1）最外边的桩<br>（2）中间桩 | <br>1/3 桩径或边长<br>1/2 桩径或边长 |

注：$H$ 为施工现场场地标高与桩顶设计标高的距离。

(2)灌注桩。灌注桩在成桩后的桩位偏差应符合表 2-6 的规定,桩顶标高至少要比设计标高高出 500 mm,桩底清孔按规范要求进行。每浇筑 50 $m^3$ 必有一组试块,小于 50 $m^3$ 的桩,每根必有一组试块。

**表 2-6 灌注桩的平面位置和垂直度的允许偏差**

| 序号 | 成孔方法 | | 桩径允许偏差(mm) | 垂直度允许偏差(%) | 桩位允许偏差(mm) | |
|---|---|---|---|---|---|---|
| | | | | | 1~3 根桩、单排桩基垂直于中心线方向和群桩桩基础的边桩 | 条形桩基沿中心线方向和群桩基础的中间桩 |
| 1 | 泥浆护壁钻孔桩 | $D \leq 1\,000$ mm | ±50 | <1 | $D/6$,且不大于 100 | $D/4$,且不大于 150 |
| | | $D > 1\,000$ mm | ±50 | | $100 + 0.01H$ | $150 + 0.01H$ |
| 2 | 套管成孔灌注桩 | $D \leq 500$ mm | -20 | <1 | 70 | 150 |
| | | $D > 500$ mm | -20 | | 100 | 150 |
| 3 | 干作业成孔灌注桩 | | -20 | <1 | 70 | 150 |
| 4 | 人工挖孔灌注桩 | 混凝土护壁 | +50 | <0.5 | 50 | 150 |
| | | 钢套管护壁 | +50 | <1 | 100 | 200 |

注:1. 桩径允许偏差的负值是指个别断面。

2. 采用复打、反插法施工的桩,其桩径允许偏差不受本表限制。

3. $H$ 为施工现场场地标高与桩顶设计标高的距离,$D$ 为设计桩径。

## 三、桩基工程安全技术

(1)打桩前应对现场进行详细的踏勘和调查,对地下的各类管线和周边的建筑物有影响的,应采取有效的加固措施和隔离措施,确保施工安全。

(2)机具进场要注意危桥、陡坡、陷地和防止碰撞电杆、房屋等,以免造成事故。

(3)施工前应全面检查机械,发现问题及时解决,严禁带病作业。

(4)机械操作人员必须经过专门培训,熟悉机械操作性能,经专业部门考核取得操作证后方可上岗作业。

(5)在打桩过程中遇地坪隆起或下陷时,应随时对桩架及路轨调平或垫平。

(6)护筒埋设完毕、灌注混凝土完毕后的桩坑应加以保护,避免人和物品掉入而发生人身事故。

(7)打桩时桩头垫料严禁用手拨正,不要在桩锤未打到桩顶即起锤或过早刹车,以免损坏桩基设备。

(8)桩机操作时,注意钻机安定平稳,以防止钻架突然倾倒或钻具突然下落而发生事故。

(9)所有现场作业人员必须佩戴安全帽,特种作业人员佩戴专门的防护工具。

(10)所有现场人员严禁酒后上岗。

(11)施工现场的一切电源、电路的安装和拆除必须由专业电工操作。电器必须严格接地、接零和使用漏电保护器。

## 综合应用案例

1. 工程概况

某工程钻孔灌注桩共布桩100根，其中φ600 mm桩40根、φ400 mm桩20根、φ1 200 mm桩34根、φ1 000 mm桩6根。设计要求桩端支承于微风化基岩上，且嵌入该岩层1.5倍桩径，基岩强度1 000 kPa，平均桩长约25.5 m，理论成孔混凝土方量约4 500 $m^3$。由于工期紧迫，在施工区域内配置了6台桩机，由西向东错开排列1～6号桩机，其中2号和5号桩机分别负责西塔楼和东塔楼的电梯基坑下的钻桩，6台桩机不分昼夜同时施工。

2. 钻孔灌注桩施工工艺

该工程桩型为大中型桩，采用正循环钻进成孔，二次反循环换浆清孔。整套工艺分为成孔、下放钢筋笼和导管灌注水下混凝土。其主要施工工艺如下：

(1)清除障碍。在施工区域内全面用挖掘机向下挖掘4～5 m，彻底清除大块角石等障碍物。

(2)桩位控制。该工程采用经纬仪坐标法控制桩位及轴线，每桩施工前再次对桩位进行复核。

(3)埋设护筒。采用十字架中心吊锤法将钢制护筒垂直稳固地埋实。护筒埋好后外围回填黏性土并夯实，以防跑浆和塌孔，同时测量护筒标高。

(4)钻机安装定位。钻机安装必须水平、稳固，起重滑轮前缘、转盘中心与护筒中心在同一铅垂线上，用水平尺依纵横向校平转盘，以保证桩机的垂直度。

(5)钻进成孔。成孔是施工的关键环节，施工中严格按照操作规程施工，确保成孔质量。钻孔选用导向性能良好的单腰式钻头，采用分层钻进技术，即针对不同的土层特点，适当调整钻进参数。开孔钻进采用轻压慢转钻进方式，对于粉质黏土和粉砂层要适当控制钻压，调整泵量，以较高的转数通过。第一根桩采用优质黏土造浆，后续桩主要采用原土自然造浆，产生的泥浆经沉淀、过滤后循环使用。考虑到本场地砂层较厚，水量丰富，为防止塌孔，保证成孔质量，需要配备一定数量的优质黏土，作为制备循环泥浆之用。泥浆循环系统由泥浆池、循环槽、泥浆泵、沉淀池、废浆池(罐)等组成。施工第一根桩时超前钻孔，取得岩样进行单轴抗压强度试验，会同设计人员确定岩性及终孔深度。在施工过程中，若有疑问，继续进行抽芯取样试验，确保达到设计要求。终孔前0.5 m，采用小参数钻进到终孔，以利于减少孔底沉渣。

(6)第一次清孔。终孔时，使用较好泥浆，将钻具反复在距孔底1.5 m范围边反扫边冲孔、低转速钻进，大泵送泥浆利于搅碎孔底大泥块再用砂石泵吸渣清孔。

(7)钢筋笼的制作与下放。钢筋笼采用现场制作，专人负责焊接，钢筋笼在下放前沿钢筋笼笼筋外围上、中、下三段绑扎混凝土垫块，以保证笼筋的保护层厚度。吊放过程中必须轻提、慢放，若下放遇阻应停止，查明原因处理后再行下放，严禁将钢筋笼高起猛落，强行下放。到达设计位置后，立即固定，防止移动。

(8)下导管。灌注混凝土选用φ250 mm灌注导管，导管必须内平、笔直，并保证连接处密封性能良好，防止泥浆渗入。

(9)第二次清孔。第二次清孔在下导管后进行，清孔时用较好泥浆清孔，将孔内较大泥屑排出孔外，置换孔内泥浆，直到泥浆相对密度小于或等于1.25。清孔过程中，必须将管下放到孔底，孔底沉渣厚度小于或等于50 mm，方可进行混凝土灌注。

(10)水下混凝土灌注。本工程以商品混凝土为主,保证混凝土灌注必须在二次清孔结束后30 min内进行,商品混凝土加入缓凝剂。开灌储料斗内必须有足以将导管的底端一次性埋入水下混凝土中0.8 m以上的混凝土储存量。灌注过程中,及时测量孔内混凝土面高度,准确计算导管埋深,导管的埋深控制在3~6 m,机械不得带故障施工。

3.结语

由于该工程基础桩的形式选择正确,而且施工管理完善,100根钻孔灌注桩仅占用了两个月的施工工期就顺利完成。之后抽取了4根桩进行双倍设计承载力的单桩竖向静载试验,结果各桩均能满足规范规定的要求。同时亦抽取了22根桩进行反射波法的桩基无损检测,结果Ⅰ类桩有21根,Ⅱ类桩有1根。在竣工验收时测得整幢建筑物的最大沉降量亦只有4 mm,在赶进度的情况下,桩基施工达到了较理想的效果。

# 小　结

地基处理方法很多,处理目的是提高地基强度,降低地基沉陷量,满足上部结构对地基承载力和变形的要求。换土垫层法、夯实地基法、深层搅拌法、挤密桩法是工程建设中常用的地基处理方法,这些方法施工工艺与使用范围各不相同。砂垫层和碎(砂)石垫层适用于处理透水性较强的软弱黏性土地基,但不宜用于湿陷性黄土地基和不透水的黏性土地基的加固。灰土垫层适用于处理软土层、湿陷性黄土、杂填土等。重锤夯实法适用于处理地下水位以上的黏性土、砂土、湿陷性黄土、杂填土和分层填土地基的加固。强夯法适用于处理碎石土、砂土、低饱和度的黏性土、粉土、湿陷性黄土及填土地基的深层加固。深层搅拌法适合于加固较厚的软黏土地基。振冲挤密法适用于加固松散砂土地基、粗砂土地基。

预制桩一般在现场制作,制作时常采用重叠法,重叠层数一般不超过4层。上层桩的混凝土在下层桩的强度达到设计强度的30%以后方可进行浇筑。混凝土在浇筑时应从桩顶向桩尖进行,一次完成,严禁中断。桩的混凝土强度达到设计强度的70%方可起吊,达到设计强度100%方可运输。起吊时吊点要准确,以免损坏构件。预制桩的沉桩主要有锤击式和静力压桩式两种。锤击式施工时宜采用“重锤低击,低提重打”的方法。静力压桩是利用无振动、无噪声的压力机械将桩压入土层中。打桩的质量视打入后的偏差是否在允许范围内,最后的贯入度与沉桩标高是否满足设计要求,桩顶、桩身是否打坏而定。

灌注桩是直接在施工现场的桩位上就地成孔,在孔内灌注混凝土或钢筋混凝土。根据成孔的工艺不同,分为干作业成孔灌注桩、泥浆护壁灌注桩、人工挖孔灌注桩等。干作业成孔灌注桩适用于地下水位较低,在成孔深度内无地下水的土质,不需要护壁可直接取土成孔,机械设备主要用螺旋钻孔机成孔。泥浆护壁灌注桩是用泥浆保护孔壁,防止塌孔和排出土渣,适用范围较广,一般地下水位高和低的土层均可使用。施工时对环境的污染小,噪声低,振动小,非常适用于在市区施工,该工艺施工速度快,施工质量好,是灌注桩的发展方向。人工挖孔灌注桩施工机械设备简单,操作工艺简单,施工费用低,施工质量可靠,是目前大直径灌注桩施工的一种主要工艺方法。其缺点是劳动强度大,单桩施工速度慢,安全性差,因此施工时应特别注意安全。灌注桩具有适应地层变化,无须接桩,施工时无振动、无挤压和噪声小等优点,适用于建筑较密集的地区使用,但操作要求严格,施工后需要一定时间的养护期,不能立即承受荷载。

# 习　题

1. 填空题

(1)常用的人工地基处理方法有__________、__________、__________、__________、__________。

(2)深层搅拌法的施工工艺过程包括__________、__________、__________、__________、__________、__________、__________。

(3)砖基础砌成大放脚台阶形状有______________、______________两种。

(4)钢筋混凝土预制桩施工工艺包括________、________、________、________、________、________。

(5)钢筋混凝土预制桩的沉桩方法有________、________、________、________。

(6)钢筋混凝土预制桩的接桩工艺有________和________。

(7)钢筋混凝土预制桩所用混凝土强度等级一般不宜低于______________。

(8)泥浆护壁成孔灌注桩成孔方法有________、________、________、________。

(9)振动沉管灌注桩可采用______________、______________、______________法施工。

(10)桩基检测方法有________和________。

2. 解释概念

(1)预制桩;

(2)灌注桩;

(3)单打法;

(4)复打法;

(5)导管法。

3. 单选题

(1)混凝土预制桩达到设计强度标准值的(　　)后方可起吊。

A. 50%　　B. 60%　　C. 70%　　D. 55%

(2)混凝土预制桩达到设计强度标准值的(　　)后方可运输。

A. 70%　　B. 80%　　C. 90%　　D. 100%

(3)打桩时宜用(　　),可取得良好的效果。

A. 重锤低击,低提重打　　B. 轻锤低击,高提重打

C. 重锤高击,低提重打　　D. 轻锤高击,高提高打

(4)钻孔灌注桩孔底沉渣厚度端承桩不大于(　　)。

A. 40 mm　　B. 50 mm　　C. 30 mm　　D. 20 mm

(5)灌注桩采用导管法浇筑水下混凝土坍落度要求为(　　)。

A. 60 ~ 80 mm　　B. 80 ~ 100 mm　　C. 100 ~ 160 mm　　D. 160 ~ 220 mm

4. 简述题

(1)地基加固处理原理是什么?

(2)什么是换土垫层法?简述换土垫层法的适用范围、施工要点与质量检查方法。

(3)什么是重锤夯实法？什么是强夯法？二者有何区别？

(4)深层搅拌法的施工要点有哪些？

(5)振冲挤密法施工要点是什么？

(6)筏式基础施工要点有哪些？

(7)箱型基础施工应注意哪些问题？

(8)预制桩的制作、起吊、运输和堆放各有什么要求？

(9)预制桩在打桩时如何确保施工质量？各种打桩顺序有何利弊？

(10)人工挖孔灌注桩的施工工艺有哪些？施工中应注意哪些问题？

(11)灌注桩成孔方法有哪些？各种方法的特点及适用范围是什么？

(12)泥浆护壁钻孔灌注桩护筒的埋设要求及作用是什么？泥浆在钻孔过程中有何作用？

(13)水下浇筑混凝土常用的方法是什么？施工中应注意哪些问题？

(14)沉管成孔灌注桩的成孔方法有哪些？施工中容易发生哪些质量问题？如何预防与处理？

(15)桩基检测方法有几种？桩基验收有哪些规定？

# 项目三　砌筑工程

## 知识点

脚手架的类型、构造、搭设及拆除方法，垂直运输设施的类型与设置要求，砂浆的制备和运输，砖砌体、砌块砌体、石砌体的施工工艺与质量措施，框架填充墙施工要点与质量要求，砌筑工程冬、雨期施工措施，砌筑工程质量标准与安全技术。

## 学习目标

掌握脚手架的类型、构造、搭设及拆除基本要求，砌筑砂浆的种类、质量要求和检查方法，砖砌体、中小型砌块砌体施工工艺和质量要求及保证质量的技术措施；熟悉垂直运输设备的类型、特点及施工现场布置要求，石砌体、填充墙的施工要点及质量要求，砌筑工程的质量标准和安全与防护措施；了解砌体工程冬、雨期施工方法和质量保证措施。

### 引例

某工程位于日照市学苑路南侧，六层砖混结构，建筑物总高度19.5 m，1～6层每层层高为2.7 m，储藏室层高为2.2 m，建筑面积为3 504 $m^2$，南北宽12.14 m，东西长60.8 m，基础为钢筋混凝土条形基础，墙体用M7.5水泥砂浆砌砖墙，楼板为现浇钢筋混凝土楼板，板厚120 mm。建筑物抗震设防烈度为7度，建筑安全等级为二级，结构正常使用年限为50年。

日照市年平均气温12.6 ℃，平均最低气温9.4 ℃，元月份最低气温 -4.4 ℃，最大冻土深度为0.32 m，属华北温暖带沿海潮湿季风区大陆性气候，受海洋环境影响，冬暖夏凉。基本风压0.4 kN/$m^2$。

**思考：**

(1)脚手架有哪些类型？作用是什么？

(2)墙体的砌筑工艺如何？如何保证砌筑工程质量？

**特别提示**

砖混结构是混合结构的一种，是采用砖墙来承重，钢筋混凝土梁、柱、板等构件构成的混合结构体系，适合开间进深较小，房间面积小，多层或低层的建筑。框架结构是利用梁、柱来承重，墙体只是起分隔和围护作用的结构体系，适合房间开间进深大，房间形状自由的建筑，造价比砖混高。二者最本质的区别就是承重构件不同，砖混结构的主要承重构件是墙，而框架结构的主要承重构件是柱和梁。

砌筑工程是指用砂浆将砖、石及各种类型砌块胶结成整体的施工工艺。砖、石砌筑工程在我国有着悠久的历史，它取材方便，造价低廉，施工简便，目前在建筑施工中仍广泛采用。但砖、石砌筑工程生产效率低，劳动强度高，施工主要以手工操作为主，而且烧结黏土砖占用大量农田，消耗土地资源较多，因而采用新型墙体材料代替普通黏土砖，改善墙体施工工艺已经成为砌筑工程改革的发展方向。

砌筑工程是一个综合的施工过程，它包括脚手架搭设、砂浆制备、材料运输和墙体砌筑等。

# 任务一　脚手架工程

脚手架是建筑施工中不可缺少的临时设施。它是为解决在建筑物高部位施工而专门搭设的，用作操作平台、施工作业和运输通道，并能临时堆放施工用材料和机具。砌筑施工时，人们所能砌筑的高度一般为 1.2 ~ 1.4 m，称为可砌高度。当超出可砌高度时，就必须搭设相应高度的脚手架，以便继续砌筑。

## 一、脚手架的基本要求与分类

### （一）脚手架的基本要求

脚手架工程应满足使用要求。工人可以在脚手架上进行施工操作，材料也可按规定要求在脚手架上堆放，有时还可以在脚手架上进行短距离的水平运输，搭设的脚手架应满足下列要求：

（1）要有足够的宽度，应满足工人操作、材料堆放及运输的要求。脚手架的宽度一般为 2 m 左右，最小不得小于 1.5 m。

（2）应具有足够的强度、刚度及稳定性。在施工期间，能确保在各种荷载作用和气候条件下，脚手架不变形、不摇晃、不倾倒，并有可靠的防护措施，以确保在搭设、使用和拆除过程中安全可靠。

（3）应与楼层作业面高度相统一，并与垂直运输设施相适应，以确保材料由垂直运输转入楼层水平运输。

（4）脚手架搭、拆简单，搬运方便，能多次周转使用。

### （二）脚手架的分类

脚手架的种类很多。按照与建筑物的位置关系分为外脚手架和里脚手架，按其所使用材料分为木脚手架、竹脚手架与金属脚手架，按其用途分为操作脚手架、防护用脚手架、承重和支撑用脚手架，按其构造形式分为多立杆式脚手架、门式脚手架、吊挂式脚手架、悬挑式脚手架、升降式脚手架以及用于楼层间的工具式脚手架等。

## 二、外脚手架

外脚手架是指搭设在建筑物外墙外面的脚手架，既可用于外墙砌筑，又可用于外墙装饰施工。其主要结构形式有多立杆式、门式、悬挑式及吊式等。多立杆式应用最广，门式次之。

### （一）多立杆式脚手架

1. 扣件式钢管脚手架

扣件式钢管脚手架具有承载力大、杆配件数量少、装拆方便、搭设灵活、坚固耐用、搭设高度大和使用方便等优点，是目前建筑施工中最常用的一种脚手架。

1）基本构造

扣件式钢管脚手架是由标准的钢管杆件和特制扣件组成的脚手架骨架与脚手板、防护构件以及连墙杆（连墙件）等组成，如图 3-1 所示。

（1）钢管杆件。钢管杆件包括立杆、大横杆（纵向水平杆）、小横杆（横向水平杆）、剪刀撑、斜撑和抛撑等。

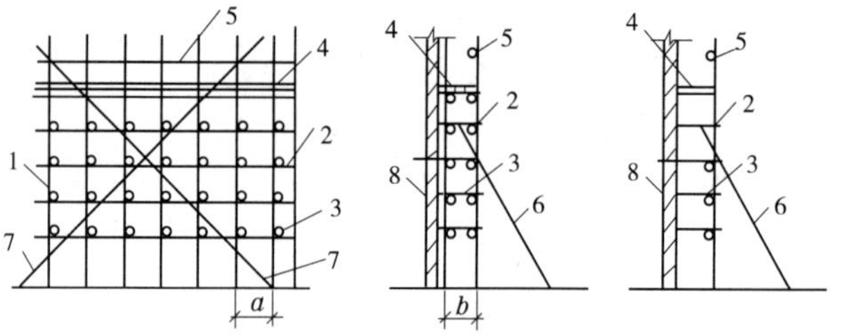


(a)立面　(b)侧面(双排)　(c)侧面(单排)

1—立杆;2—大横杆;3—小横杆;4—脚手板;
5—栏杆; 6—抛撑;7—斜撑(剪刀撑);8—墙体

**图 3-1　扣件式钢管脚手架**

立杆也称立柱、站杆,平行于建筑物并垂直于地面的杆件,是传递脚手架结构自重、施工荷载与风荷载的主要受力杆件。大横杆是平行于建筑物在纵向连接各立杆的通长杆件,是承受并传递施工荷载给立杆的主要受力杆件。小横杆是垂直于建筑物,在横向连接各立杆的水平杆件,也是承受并传递施工荷载给立杆的主要受力杆件。剪刀撑(十字撑)和斜撑(之字撑)统称为支撑,设在脚手架外侧面并与墙面平行的斜杆,是为保证脚手架的整体刚度和稳定性,提高脚手架的承载能力而设置的。抛撑又叫支撑、压栏子,是设在脚手架周围横向撑住架子,与地面约成60°夹角的斜杆。

钢管杆件一般采用外径 48 mm、壁厚 3.5 mm 的焊接钢管或无缝钢管,也有外径 50 ~ 51 mm、壁厚 3 ~4 mm 的焊接钢管或其他钢管。用于立杆、大横杆、剪刀撑和斜杆的钢管最大长度为 4 ~6.5 m,每根最大重量不宜超过 250 N,以便适合人工操作。用于小横杆的钢管长度宜在 1.8 ~2.2 m,以适应脚手架宽度的需要。

(2)扣件。扣件为杆件之间的连接件,扣件的基本形式有直角扣件、旋转扣件和对接扣件三种。如图 3-2 所示。直角扣件用于两根呈垂直交叉钢管的连接;旋转扣件用于两根成任意角度交叉钢管的连接;对接扣件用于两根钢管的对接连接。扣件与钢管的贴合面要严格整形,保证与钢管扣紧时接触良好。扣件夹紧钢管时,开口处的最小距离不应小于 5 mm,扣件的活动部位应使其能转动灵活。

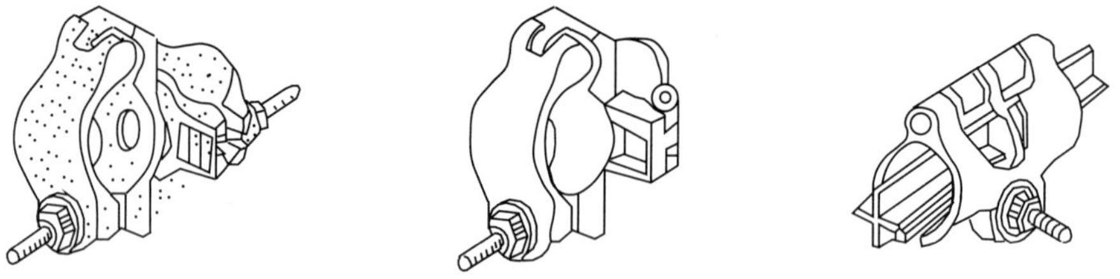

(a)旋转扣件　(b)直角扣件　(c)对接扣件

**图 3-2　扣件形式**

(3)底座。扣件式钢管脚手架的底座用于承受脚手架立柱传递下来的荷载,底座一般采用厚 8 mm、边长 150 ~200 mm 的钢板作底板,上焊 150 mm 高的钢管。底座形式有内插式和外套式两种,如图 3-3 所示,内插式的外径 $D_1$ 比立杆内径小 2 mm,外套式的内径 $D_2$ 比立杆外径大 2 mm。

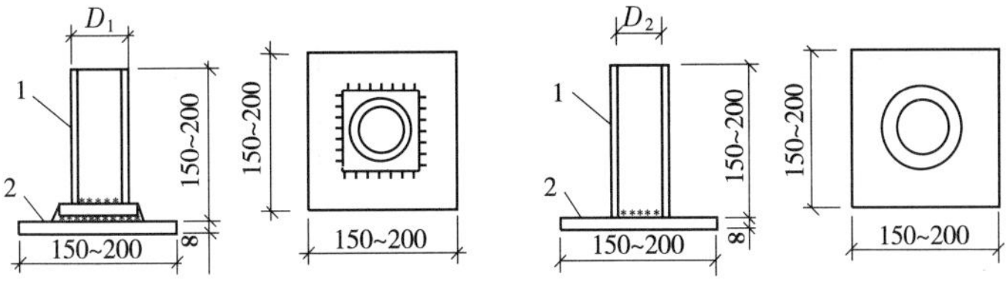


(a)内插式底座　　　　(b)外套式底座

1—承插钢管；2—钢板底座

**图 3-3　扣件式钢管脚手架底座**

(4)连墙杆。连墙杆将立杆与主体结构连接在一起，可用钢管、型钢或粗钢筋等，其间距如表 3-1 所示。每根连墙杆抗风荷载的最大面积应小于 40 $m^2$。连墙杆需从底部第一根纵向水平杆处开始设置，连墙杆与结构的连接应牢固，通常采用预埋件连接。连墙杆每 3 步 5 跨间隔设置一根，其作用不仅防止架子外倾，同时增加立杆的纵向刚度，如图 3-4 所示。

**表 3-1　连墙杆的布置**

| 脚手架类型 | 脚手架高度(m) | 垂直间距(m) | 水平间距(m) |
|---|---|---|---|
| 双 排 | ≤50 | ≤6(3 步) | ≤6(3 跨) |
| | >50 | ≤4(2 步) | ≤6(3 跨) |
| 单 排 | ≤24 | ≤6(3 步) | ≤6(3 跨) |

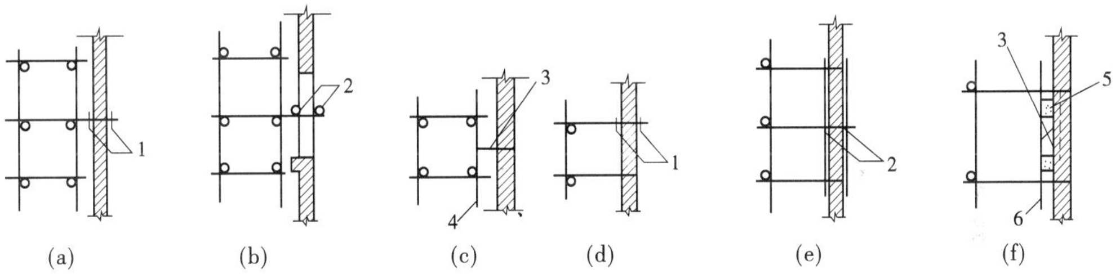


1—两只扣件；2—两根钢管；3—拉结钢丝；4—立杆；5—木楔；6—短管

**图 3-4　连墙杆的做法**

(5)脚手板。脚手板根据材料的不同，可分为薄钢脚手板、木脚手板和竹脚手板等。薄钢脚手板一般用厚 1.5 ~2 mm 的钢板压制而成，长度 2 ~4 m，宽度 250 mm，表面应有防滑措施。木脚手板一般采用厚度不小于 50 mm 的杉木板或松木板，长度 3 ~6 m，宽度 200 ~250 mm。竹脚手板又分为竹片并列脚手板和钢竹脚手板两种。脚手板的材质应符合规定，且脚手板不得有超过允许的变形和缺陷。

扣件式钢管脚手架分为双排式和单排式两种形式。双排式沿外墙侧设两排立杆，小横杆两端支承在内外二排立杆上，多、高层房屋均可采用，当房屋高度超过 50 m 时，需专门设计。单排式沿墙外侧仅设一排立杆，其小横杆与大横杆连接，另一端支承在墙上，仅适用于荷载较小、高度较低、墙体具有一定强度的多层房屋。

2)搭设与拆除

(1)脚手架在搭设前，首先要对底座、钢管和扣件进行全面检查，钢管要平直，扣件和螺栓要光洁、灵敏,如有变形、损坏,严禁使用。

(2)搭设范围内的地基要夯实找平,做好排水处理。如地基土质不好,则应在底座下垫以木板或垫块。

(3)立杆底座下面垫以木板或垫块,垫板和底座均应准确地放在定位线上。杆件搭设时应注意立杆垂直,竖立第一节立柱时,每6跨应暂设置一根抛撑(垂直于大横杆,一端支承在地面上),直至固定件架设好后方可根据情况拆除。立杆垂直度允许偏差不得大于1/200,相邻两根立杆接头应错开500 mm。

(4)大横杆步距和小横杆间距按表3-2选用,最下一层步距可放大到1.8 m,便于底层施工人员的通行和运输。

**表3-2 扣件式钢管脚手架构造尺寸和施工要求**

| 用途 | 构造形式 | 里立杆离墙面的距离(m) | 立杆间距(m) | | 操作层小横杆间距(m) | 大横杆步距(m) | 小横杆挑向墙面的悬(m) |
|---|---|---|---|---|---|---|---|
| | | | 横向 | 纵向 | | | |
| 砌筑 | 单排 | 0.5 | 1.2~1.5 | 2 | 0.67 | 1.2~1.4 | |
| | 双排 | | 1.5 | 2 | 1 | 1.2~1.4 | 0.45 |
| 装饰 | 单排 | 0.5 | 1.2~1.5 | 2.2 | 1.1 | 1.6~1.8 | |
| | 双排 | | 1.5 | 2.2 | 1.1 | 1.6~1.8 | 0.45 |

(5)剪刀撑设置在脚手架两端的双跨内和中间每隔30 m净距的双跨内,仅在架子外侧与地面呈45°角布置。搭设时两根剪刀撑斜杆分别扣在立杆与大横杆上或扣在小横杆的伸出部位上。

(6)脚手架的拆除,按由上而下,后搭者先拆,先搭者后拆的顺序进行。严禁上下同时拆除,以及先将整层或数层连墙件拆除后再拆其余构件。如果采用分段拆除,其高差不应大于2步架。当拆除最后一节立杆时,应先搭设临时抛撑加固后,再拆除连墙件。拆下的材料应及时分类运至地面,严禁抛扔。严禁行人进入施工现场,要统一指挥,上下呼应,保证安全。

2. 碗扣式钢管脚手架

碗扣式钢管脚手架或称多功能碗扣脚手架,是多立杆式外脚手架的一种,其杆件节点处采用碗扣连接,由于碗扣是固定在钢管上的,构件全部轴向连接,力学性能好,其接头构造合理,工作安全可靠,组成的脚手架整体性好,不存在扣件丢失问题。

1)基本构造

碗扣式钢管脚手架的主要构配件由钢管立杆、顶杆、横杆、斜杆、底座和碗扣接头等组成。其基本构造和搭设要求与扣件式钢管脚手架类似,不同之处主要在于碗扣接头。

碗扣接头是该脚手架系统的核心部件,它由上碗扣、下碗扣、横杆接头和上碗扣的限位销等组成,如图3-5所示。上、下碗扣和限位销按600 mm间距设置在钢管立杆

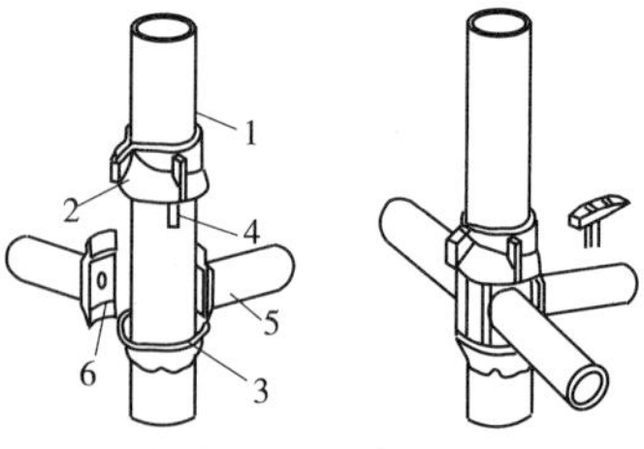


(a)连接前 (b)连接后

1—立杆;2—上碗扣;3—下碗扣;4—限位销;5—横杆;6—横杆接头

**图3-5 碗扣接头**

上，其中下碗扣和限位销则直接焊接在立杆上。组装时，将上碗扣的缺口对准限位销后，把横杆接头插入下碗扣内，压紧和旋转上碗扣，利用限位销固定上碗扣。碗扣接头可同时连接4根横杆，可以互相垂直或偏转一定角度。

辅助构件是指用于作业面及附壁拉结等的构件。如用于作业面间的横杆、脚手板、斜道板、挡脚板、挑梁和架梯等；用于连接立杆的连接销、直角销、连接撑等；用于其他用途的立杆托撑、立杆可调撑、横托撑和安全网支架等。

专用杆件是指用作专门用途的部件，有支撑柱垫座、支撑柱转角座、支撑柱可调座、提升滑轮、悬挑架和爬升挑架等。

2）搭设与拆除

（1）立杆、横杆的设置。碗扣式钢管脚手架立柱横距为1.2 m，纵距根据脚手架荷载可为1.2 m、1.5 m、1.8 m、2.4 m，步距为1.8 m、2.4 m。搭设时立杆的接长缝应错开，第一层立杆应用长1.8 m和3.0 m的立杆错开布置，往上均用3.0 m长杆，至顶层再用1.8 m和3.0 m两种长度找平。高度在30 m以下脚手架垂直度偏差应控制在1/200以内，高度30 m以上脚手架垂直度偏差应控制在1/400～1/600范围内，总高垂直度偏差不应大于100 mm。

（2）斜杆的设置。斜杆应尽量布置在框架节点上。对于高度在30 m以下的脚手架，设置斜杆的面积为整架立面面积的1/5～1/2；对于高度超过30 m的高层脚手架，设置斜杆的面积不小于整架面积的1/2。在拐角边缘及端部必须设置斜杆，中间可均匀间隔设置。

（3）剪刀撑的设置。对于高度在30 m以下的脚手架，可每隔4～5跨设置一组沿全高连续搭设的剪刀撑，每道跨越5～7根立杆；对于高度超过30 m的高层脚手架，应沿脚手架外侧的全高方向连续设置。

（4）连墙撑的设置。该构件为脚手架与墙体结构间的连接件，应尽量采用梅花形布置方式。对于高度在30 m以下的脚手架，可四跨三步设置一个（约40 $m^2$）；50 m以下的脚手架，至少三跨三步设置一个（约25 $m^2$）；50 m以上的脚手架，至少三跨两步设置一个（约20 $m^2$）。

（5）脚手架拆除时，应先对脚手架做一次全面检查，清除所有多余物件，并设立拆除区，严禁人员进入。在拆前先拆连墙撑，连墙撑只能在拆到该层时才允许拆除。拆除顺序应自上而下逐层进行，严禁上、下两层同时拆除。

**（二）门式钢管脚手架**

门式钢管脚手架主要由门架和配件组成，其结构设计合理，受力性能好，承载能力高，施工拆装方便，安全可靠，是目前国际应用最普遍的脚手架之一。

1.基本构造

门式钢管脚手架由门式框架、剪刀撑、水平梁架或脚手板构成基本单元，将基本单元通过连接棒、锁臂等连接起来即构成整片脚手架，如图3-6所示。门式脚手架构件宽度有1.2 m、1.5 m、1.6 m，高度有1.3 m、1.7 m、1.8 m、2.0 m等规格，搭设时可根据不同要求进行组合。搭设高度一般限制在45 m以内。

2.搭设与拆除

门式钢管脚手架一般按以下程序搭设：铺放垫木（板）→拉线、放底座→自一端起立门架并随即装剪刀撑→装水平梁架（或脚手板）→装梯子→需要时，装设通常的纵向水平杆→装设连墙杆→照上述步骤，逐层向上安装→装加强整体刚度的长剪刀撑→装设顶部栏杆。

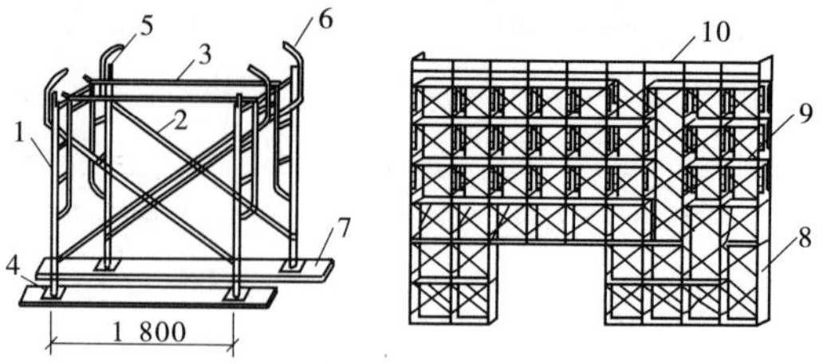


(a)基本单元　　(b)门式外脚手架

1—门式框架;2—剪刀撑;3—水平梁架;4—螺旋基脚;5—连接棒;

6—锁臂;7—平板;8—梯子;9—栏杆;10—脚手板

**图 3-6　门式钢管脚手架**

搭设门式钢管脚手架时,基底必须先平整夯实,并铺平调底座,以免发生塌陷和不均匀沉降。要严格控制第一步门式框架垂直度偏差不大于 2 mm,门架顶部的水平偏差不大于 5 mm。门架的顶部和底部用纵向水平杆及扫地杆固定。门架之间必须设置剪刀撑和水平梁架(或脚手板),其间连接应可靠,以确保脚手架的整体刚度。整片脚手架必须适量放置水平加固杆(纵向水平杆),底下三层要每层设置,三层以上则每隔三层设一道。在架子外侧面设置长剪刀撑。使用连墙管或连墙器将脚手架与建筑物连接,连墙点的最大间距,在垂直方向为 6 m,在水平方向为 8 m。高层脚手架应增加连墙点布设密度。脚手架在转角处必须做好连接和与墙拉结,并利用钢管和回转扣件把处于相交方向的门架连接起来。

拆除脚手架时应自上而下进行,部件拆除顺序与安装顺序相反。严禁将拆除的部件直接从高空掷下,应用垂直吊运设备分品种捆绑运至地面,集中堆放保管。

**(三)悬挑脚手架**

悬挑脚手架简称挑架,是将外脚手架分段搭设在建筑物外边缘向外伸出的悬挑结构上,如图 3-7 所示。悬挑支承结构有型钢焊接制作的三角桁架下撑式结构以及用钢丝绳先拉住水平型钢挑梁的斜拉式结构两种主要形式。在悬挑结构上搭设的双排脚手架与落地式相同。该脚手架适用于高层建筑的施工。

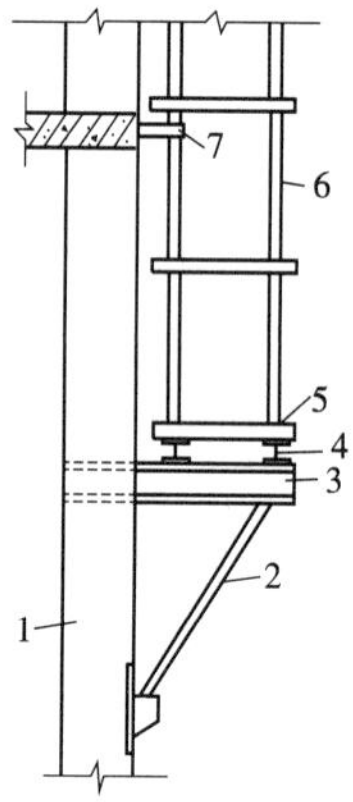


1—墙;2—支撑;3—挑梁;4—横梁;

5—槽钢;6—脚手架;7—附墙连接

**图 3-7　悬挑脚手架**

**(四)吊脚手架**

吊脚手架是通过特设的支承点,利用吊索悬吊吊架或吊篮进行砌筑或装饰工程操作的一种脚手架。其主要组成部分有吊架、支承设施、吊索升降装置等,如图 3-8 所示。吊架必须牢固固定,脚手架可用扳葫芦、卷扬机等进行升降。

**(五)爬升脚手架**

爬升脚手架简称爬架,由承力系统、脚手架系统和提升系统三个部分组成。它仅用少量不落地的附墙脚手架,以钢筋混凝土结构为承力点,利用提升设备沿建筑物的外墙上下移动。该脚手架不但可以附墙升降,而且可以节省大量的脚手架材料和人工。

爬升脚手架有多种形式,按爬升方法主要有套架升降式爬架、交错升降式爬架和整体升降式电动爬架。图 3-9 为套架升降式爬架的爬升过程。

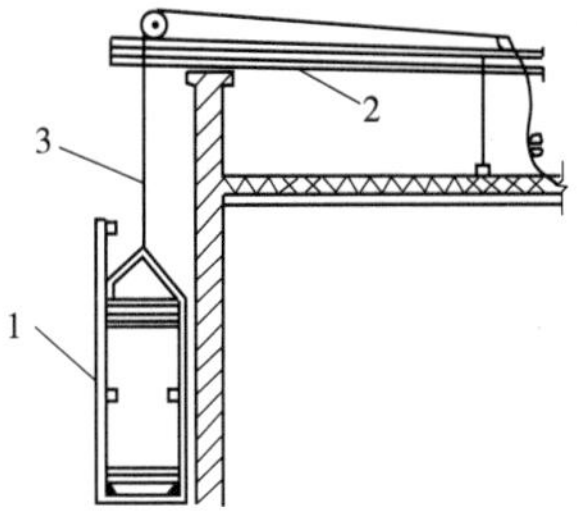


1—吊架;2—挑梁;3—吊索

**图 3-8　吊脚手架**

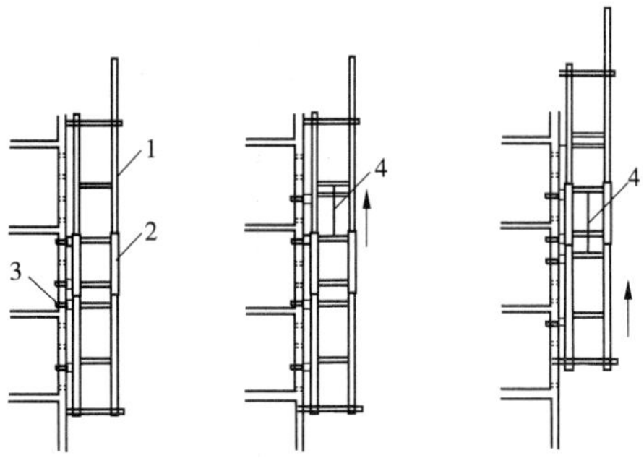


(a)爬升前的位置　(b)活动架爬升　(c)固定架爬升

1—活动架;2—固定架;3—附墙螺栓;4—倒链

**图 3-9　套架升降式爬架**

## 三、里脚手架

里脚手架是搭设于建筑物内部的一种脚手架,每砌完一层墙后,即将其转移到上一层楼面,进行新的一层砌体砌筑,它可用于内外墙的砌筑和室内装饰施工。里脚手架用料少,但装拆频繁,所以要求轻便灵活,装拆方便。其结构形式有折叠式、支柱式和门架式等多种。

### (一)折叠式里脚手架

折叠式里脚手架适用于民用建筑的内墙砌筑和内粉刷,也可用于砖围墙、砖平房的外墙砌筑和粉刷。折叠式里脚手架如图 3-10 所示。根据材料不同,折叠式里脚手架可分为角钢、钢管和钢筋折叠式里脚手架。角钢折叠式里脚手架的架设间距,砌墙时不超过 2 m,粉刷时不超过 2.5 m。可以搭设两步脚手架,第一步高约 1 m,第二步高约 1.65 m。钢管和钢筋折叠式里脚手架的架设间距,砌墙时不超过 1.8 m,粉刷时不超过 2.2 m。

### (二)支柱式里脚手架

支柱式里脚手架由若干支柱和横杆组成,适用于砌墙和内粉刷,其搭设间距,砌墙时不超过 2 m,粉刷时不超过 2.5 m。支柱式里脚手架的支柱有套管式和承插式两种形式。套管式支柱如图 3-11 所示,它是将插管插入立管中,以销孔间距调节高度,在插管顶端的凹形支托内搁置方木横杆,横杆上铺设脚手板。架设高度一般为 1.5 ~ 2.1 m。

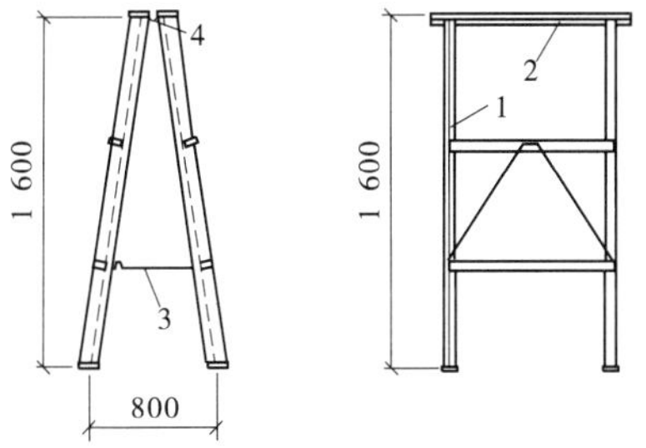


1—立柱;2—横楞;3—挂钩 ;4—铰链

**图 3-10　折叠式里脚手架**

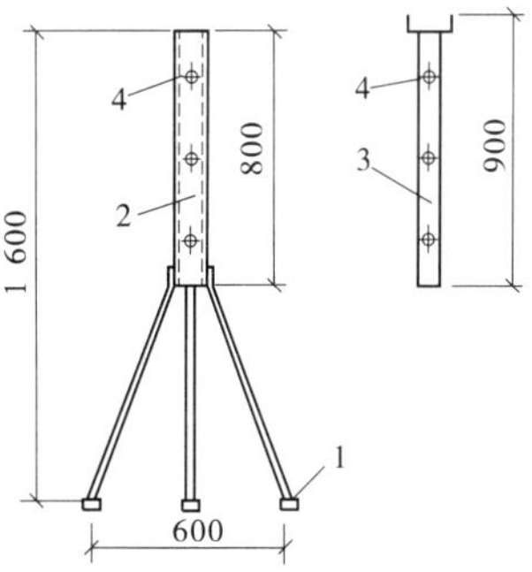


1—支脚;2—立管;3—插管;4—销孔

**图 3-11　套管式支柱**

**（三）门架式里脚手架**

门架式里脚手架由两片 A 形支架与门架组成，适用于砌墙和粉刷，如图 3-12 所示。支架间距，砌墙时不超过 2.2 m，粉刷时不超过 2.5 m，其架设高度为 1.5 ~ 2.4 m。按照支架与门架的不同结合方式，分为套管式和承插式两种。

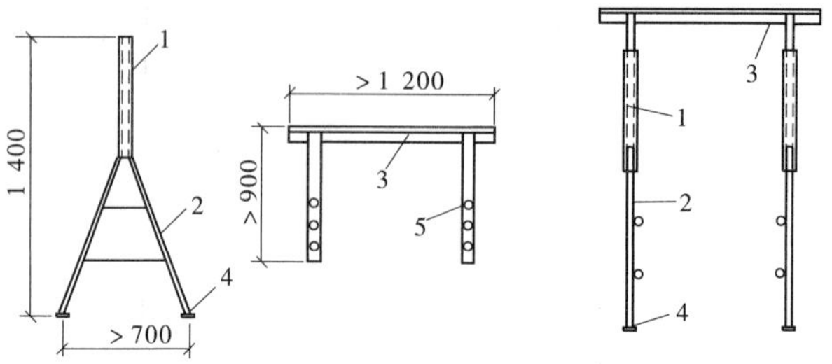


(a)A形支架与门架　　(b)安装示意

1—立管；2—支脚；3—门架；4—垫板；5—销孔

**图 3-12　门架式里脚手架**

## 四、脚手架的安全防护措施

脚手架虽然是临时设施，但对其安全性应给予足够的重视。脚手架不安全因素一般有：不重视脚手架施工方案设计，对超常规的脚手架仍按经验搭设；不重视外脚手架的连墙件的设置及地基基础的处理；对脚手架的承载力了解不够，施工荷载过大等。所以，脚手架的搭设一定严格遵守有关的安全技术要求。

**（一）一般要求**

（1）脚手架所使用的材料应具有足够的强度、刚度和稳定性，确保施工期间在规定荷载作用下不发生破坏。

（2）具有良好的结构整体性和稳定性，保证使用过程中不发生晃动、倾斜、变形，以保障使用者的人身安全和操作的可靠性。

（3）应设置防止操作者高空坠落和零散材料掉落的防护措施。

（4）架子工作业时，必须戴安全帽、系安全带、穿软底鞋。脚手架材料应堆放平稳，工具应放入工具袋内，上下传递物件不得抛掷。

（5）使用脚手架时必须沿外墙设置安全网，以防材料下落伤人和高空操作人员坠落。安全网应随楼层施工进度逐步上升，高层建筑除这一道逐步上升的安全网外，尚应在下面间隔 3 ~ 4 层的部位设置一道安全网。施工过程中要经常对安全网检查和维修，每块支好的安全网应能承受不小于 1.6 kN 的冲击荷载。

（6）不得使用腐朽和严重开裂的竹、木脚手板，或虫蛀、枯脆、劈裂的材料。

（7）在雨、雪、冰冻的天气施工，架子上要有防滑措施，并在施工前将积雪、冰渣清除干净。六级以上大风、大雪、大雨、大雾天气下应暂停在脚手架上作业。

（8）复工工程应对脚手架进行仔细检查，发现立杆沉陷、悬空、节点松动、架子歪斜等情况，应及时处理。

**（二）防电、避雷**

钢脚手架不得搭设在距离 35 kV 以上的高压线路 4.5 m 以内的地区和距离 1 ~ 10 kV

高压线路3 m以内的地区。钢脚手架在架设和使用期间,要严防与带电体接触,需要穿过或靠近380 V以内的电力线路,距离在2 m以内时,则应断电或拆除电源,如不能拆除,应采取可靠的绝缘措施。

脚手架应有良好的防电避雷装置。钢管脚手架、钢塔架应有可靠的接地装置,每50 m长应设一处,经过钢管脚手架的电线要严格检查,谨防破皮漏电。

施工照明通过钢管脚手架时,应使用12 V以下的低压电源。电动机具必须与钢管脚手架接触时,要有良好的绝缘。

**特别提示**

多立杆式脚手架是由一些杆件(钢管)利用扣件或嵌插连接组成的空间杆系结构。在荷载作用下,除满足强度要求外,还应满足稳定性要求。研究表明,脚手架的承载能力通常由稳定条件控制。对于中小型建筑物脚手架,可根据工程经验搭设,不需要进行强度和稳定性验算,大型建筑物或有特殊要求脚手架,必须进行强度和稳定性验算,确保搭设脚手架安全可靠,具体计算步骤可参考《建筑施工手册》。

## 任务二　垂直运输设施

垂直运输设施是指担负垂直输送材料和施工人员上下的机械设备与设施。在砌筑工程施工过程中,需要用垂直运输机具运输各种材料(砖、砌块和砂浆)、工具(脚手架、脚手板)和各种预制构件,垂直运输量大,工作烦琐,因而如何合理安排垂直运输,将直接影响到砌筑工程施工速度和工程成本。

### 一、垂直运输设施的类型

目前,砌筑工程施工中常用的垂直运输设施有塔式起重机、井架、龙门架、建筑施工电梯等。

#### (一)塔式起重机

塔式起重机具有提升、回转、水平运输等功能,不仅是重要的吊装设备,而且是重要的垂直运输设备,尤其在吊运长、大、重的物料时有明显的优势,故在可能条件下宜优先选用。

#### (二)井架

井架是施工中最常用、最简便的垂直运输设施。它的特点是稳定性好,运输量大,可以搭设较大的高度。井架除用型钢(如图3-13所示)或钢管加工的定型井架外,还有用脚手架材料搭设而成的井架。井架多为单孔井架,但也可构成两孔或多孔井架。井架通常带一个吊盘和起重壁。起重壁起重能力为5～10 kN,在其外伸工作范围内也可作小距离的水平运输。吊盘起重量为10～15 kN,其中可放置运料的手推车或其他散装材料。当搭设高度达到40 m时,需要设缆风绳来保持井架的稳定。

#### (三)龙门架

龙门架由两根立柱及天轮梁(横梁)构成。立柱是由若干个格构柱用螺栓拼装而成的,而格构柱是用角钢及钢管焊接而成或直接用厚壁钢管构成门架。龙门架设有滑轮、导轨、吊盘、安全装置以及起重索、缆风绳等,进行材料、机具和小型预制构件的垂直运输,如图3-14所示。龙门架构造简单、制作容易,用料少,拆装方便,但刚度和稳定性较差。起升高度为

15 ~ 30 m,起重量为 0.6 ~ 1.2 t,适用于中小型工程。

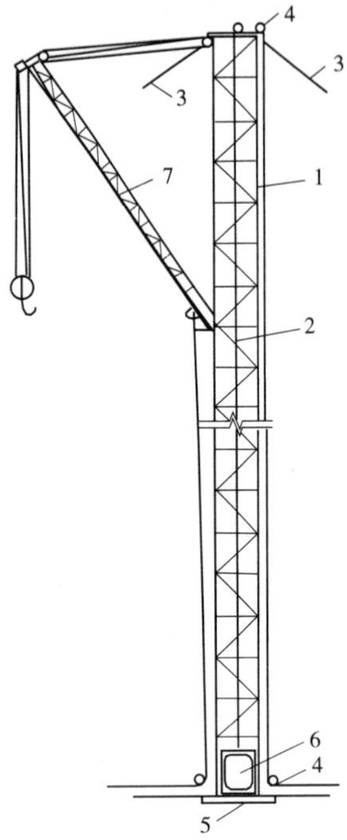

1—井架;2—钢丝绳;3—缆风绳;4—滑轮;
5—垫梁;6—吊盘;7—辅助吊臂

**图 3-13　钢井架**

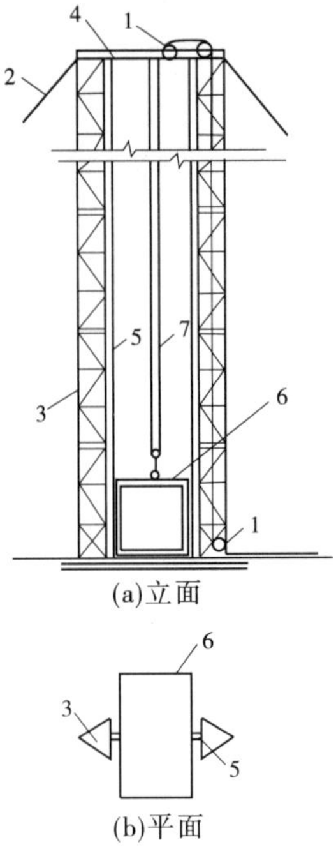


1—滑轮;2—缆风绳;3—立柱;4—横梁;
5—导轨;6—吊盘;7—钢丝绳

**图 3-14　龙门架**

**(四)施工电梯**

目前,在高层建筑施工中常采用人货两用的建筑施工电梯,它的吊笼装在井架外侧,沿齿条式轨道升降,并装有可靠的限速装置,附着在外墙或其他建筑物结构上,可载重货物 1.0 ~ 1.2 t,亦可容纳 12 ~ 15 人。其高度随着建筑物主体结构施工而接高,可达 100 m。它特别适用于高层建筑,也可用于高大建筑、多层厂房和一般楼房施工中的垂直运输。

## 二、垂直运输设施的设置要求

垂直运输设施的设置,应根据施工现场条件满足以下基本要求:

(1)覆盖面和供应面。塔吊的覆盖面是指以塔吊的起重幅度为半径的圆形吊运覆盖面积。垂直运输设施的供应面是指借助于水平运输手段(手推车等)所能达到的供应范围。建筑工程的全部作业面应处于垂直运输设施的覆盖面和供应面的范围之内。

(2)供应能力。塔吊的供应能力等于吊次乘以吊量(每次吊运材料的体积、重量或件数);其他垂直运输设施的供应能力等于运次乘以运量,运次应取垂直运输设施和与其配合的水平运输机具中的低值。另外,还需乘以 0.5 ~ 0.75 的折减系数,以考虑由于难以避免的因素对供应能力的影响(如机械设备故障等)。垂直运输设备的供应能力应能满足高峰工作量的需要。

(3)提升高度。设备的提升高度应比实际需要的升运高度高,一般不少于 3 m,以确保安全。

(4)安全条件。垂直运输设施基础要牢固,上部设施与建筑物结构拉结成整体,垂直运输设备要严格按有关规定操作使用。

(5)在考虑垂直运输设施时,必须同时考虑与其配合的水平运输手段,应具备水平运输通道条件。

# 任务三　砂浆的制备和运输

砌筑砂浆一般采用水泥砂浆、水泥混合砂浆和石灰砂浆。水泥砂浆具有较高的强度和耐久性,但和易性差,多用于高强度和潮湿环境的砌体中;水泥混合砂浆是在水泥砂浆中掺入一定数量的掺合料,常用于地面以上强度要求较高的砌体中;石灰砂浆的强度低和耐久性差,常用于砌筑干燥环境中以及强度要求不高的砌体。

## 一、砂浆的制备

### (一)材料要求

(1)水泥。砌筑砂浆使用的水泥品种及强度等级,应根据砌体部位和所处环境来选择。对水泥砂浆采用的水泥,其强度等级不宜大于 42.5 级,对水泥混合砂浆不宜大于 52.5 级。水泥进场使用前,应分批对其强度、安定性进行复验。检验批应以同一生产厂家、同一编号为一批。当在使用中对水泥质量有怀疑或水泥出厂超过 3 个月(快硬硅酸盐水泥超过 1 个月)时,应复查试验,并按其结果使用。不同品种的水泥,不得混合使用。

(2)砂。砂宜用中砂,并应过筛。砂中不得含有草根等杂物,其含泥量应满足下列要求:对水泥砂浆和强度等级不小于 M5 的水泥混合砂浆,不应超过 5%;对强度等级小于 M5 的水泥混合砂浆,不应超过 10%;对人工砂、山砂及特细砂,经试配能满足砌筑砂浆技术条件时,含泥量可适当放宽。

(3)水。拌制砂浆用水,宜采用饮用水,否则应符合国家现行标准《混凝土用水标准》(JGJ 63—2006)的规定。

(4)掺合料。为改善砂浆的和易性,节约水泥用量,常掺入一定的掺加料,如石灰膏、黏土膏、电石膏、粉煤灰及石膏等,其掺量应符合相应的规定。

(5)外加剂。砂浆中常用的外加剂有引气剂、早强剂、缓凝剂及其防冻剂等,其掺量应经检验和试配,符合要求后,方可使用。

### (二)砂浆的制备

砂浆拌制后,应具有良好的和易性(流动性和保水性),硬化后应具有一定的强度和黏结力。流动性好的砂浆便于操作,使灰缝平整、密实,既可提高砌筑工作效率,又能保证砌筑质量。砂浆的流动性以稠度表示,即用标准锥体沉入砂浆深度表示,沉入度越大,稠度越小,流动性越好。砂浆稠度应符合表 3-3 规定。

砌筑砂浆应通过试配确定配合比。当砌筑砂浆的组成材料有变更时,其配合比应重新确定。拌制水泥砂浆,应先将砂和水泥干拌均匀,再加水拌和均匀。拌制水泥混合砂浆,应先将砂与水泥干拌均匀,再加掺合料和水拌和均匀。掺用外加剂时,应先将外加剂按规定浓度溶于水中,在拌和水投入时投入外加剂溶液,外加剂不得直接投入拌制的砂浆中。

**表 3-3　砌筑砂浆稠度**　　(单位:mm)

| 项次 | 砌体种类 | 砂浆的稠度 |
|---|---|---|
| 1 | 烧结普通砖砌体 | 70 ~ 90 |
| 2 | 轻骨料混凝土小型空心砌块砌体 | 60 ~ 90 |
| 3 | 烧结多孔砖、空心砖砌体 | 60 ~ 80 |
| 4 | 烧结普通砖平拱式过梁;<br>空斗墙、筒拱;<br>普通混凝土小型空心砌块砌体;<br>加气混凝土砌块砌体 | 50 ~ 70 |
| 5 | 石砌体 | 30 ~ 50 |

水泥砂浆中水泥用量不应小于200 $kg/m^3$,水泥混合砂浆中水泥和掺合料总量宜为300 ~ 350 $kg/m^3$。具有冻融循环次数要求的砌筑砂浆,经冻融试验后,质量损失率不得大于5%,抗压强度损失率不得大于25%。

砌筑砂浆应采用机械搅拌,自投料完算起,搅拌时间应符合下列规定:

(1)水泥砂浆和水泥混合砂浆不得少于2 min。

(2)水泥粉煤灰砂浆和掺用外加剂的砂浆不得少于3 min。

(3)掺用有机塑化剂的砂浆应为3 ~ 5 min。

**(三)砂浆的强度及质量检验**

砂浆的强度等级以标准养护(温度(20 ± 5)℃,相对湿度≥90%)龄期28 d的试块抗压强度为准。砌筑砂浆强度等级分为M20、M15、M10、M7.5、M5、M2.5六个等级。

砂浆应进行强度检验。每一楼层(基础按一个楼层计)或250 $m^3$ 砌体中的各种强度等级的砌筑砂浆,每台搅拌机应至少抽查一次,每次至少应制作一组试块(砂浆试块6块为一组),其标准养护28 d的抗压强度应满足设计要求。

## 二、砂浆的运输

砂浆应随拌随用,水泥砂浆和水泥混合砂浆应分别在拌制后3 h和4 h内使用完毕,如施工期间最高气温超过30 ℃,应分别在拌成后2 h和3 h内使用完毕。对掺用缓凝剂的砂浆,其使用时间可根据具体情况延长。

砂浆的垂直运输机械有塔式起重机、井架、龙门架和施工电梯等,常用的水平运输机械除塔式起重机外,还有双轮手推车、机动翻斗车等。

在水平运输和垂直运输中,如发现砂浆有泌水现象和分层,在使用前应重新拌和一次。

垂直运输机械的选择,应考虑建筑物的特点、平面尺寸、施工流水分段情况,脚手架的布置以及其他工作的配合等,同时结合本单位设备情况考虑。在选择时应将若干可能采用的方案,按运输工作费用、所需劳动量和工期三个主要指标,进行经济技术比较,选定最合理的运输方案。

# 任务四　砖砌体施工

砌筑用砖分为实心砖和空心砖两种。根据使用材料、制作方法和规格的不同，有烧结普通砖、蒸压灰砂砖、粉煤灰砖、烧结多孔砖和烧结空心砖等。烧结普通砖仍是目前使用最普遍的一种，其规格为240 mm×115 mm×53 mm，按力学性能分为MU10、MU15、MU20、MU25和MU30五个强度等级。蒸压灰砂砖和粉煤灰砖的规格与烧结普通砖相同，蒸压灰砂砖强度等级分为MU10、MU15、MU20和MU25四个等级，粉煤灰砖强度等级分为MU10、MU15、MU20、MU25和MU30五个等级，故均可作为承重用墙。烧结多孔砖的规格有240 mm×115 mm×90 mm（P型）和190 mm×190 mm×90 mm（M型）两种，按力学性能分为MU10、MU15、MU20、MU25和MU30五个强度等级。烧结空心砖的长度有240 mm、290 mm，宽度有140 mm、175 mm、180 mm、190 mm，高度有90 mm、115 mm，主要有290 mm×190（140）mm×90 mm和240 mm×180（175）mm×115 mm两种规格。烧结空心砖强度等级为MU2.5、MU3.5、MU5.0、MU7.5和MU10.0，强度等级较低，只能用于非承重墙。

## 一、施工前的准备

砖应按设计要求的数量、品种、强度等级组织进场，按照砖的外观、几何尺寸和强度等级进行验收，并检验出厂合格证。

常温施工时，为避免砖吸收砂浆中过多的水分而影响黏结力，砖使用前应提前1～2 d浇水湿润，以水浸入砖内10 mm左右为宜，并可除去砖面上的粉末。烧结普通砖含水量宜为10%～15%，灰砂砖、粉煤灰砖不宜浇水过多，其含水量控制在5%～8%为宜，否则，浇水过多会使砌筑的砌体产生走样或滑动。

砌筑前，必须按施工组织设计的要求组织好机械进场和安装，如塔式起重机、龙门架、手推车或机动翻斗车等，还应按施工要求准备好脚手架、砌筑工具、质量检查工具（靠尺、皮数杆、百格网）等。

## 二、砖墙砌筑

### （一）砌筑施工工艺

砖墙砌筑施工工艺为抄平、放线、摆砖、立皮数杆、盘角和挂线、砌筑、勾缝和清理等。

1. 抄平

砌墙砌筑前，应在基础防潮层或楼面上定出各层标高，并用M7.5水泥砂浆或C10细石混凝土找平，使各段砖墙底部标高符合设计要求。

2. 放线

确定各段墙体砌筑的位置。根据轴线桩或龙门板上给定的轴线及图纸上标注的墙体尺寸，在基础顶面上用墨线弹出墙的轴线和宽度线，并定出门洞口位置线。二层以上墙的轴线可以用经纬仪或垂球将轴线引测上去。

3. 摆砖（撂底）

摆砖是指在放线的基面上按选定的组砌方式用干砖试摆。摆砖是为了核对所放的墨线在门窗洞口、附墙垛等处是否符合砖的模数，以尽可能减少砍砖，并使砌体灰缝均匀、整齐，同时可提高砌筑的效率。摆砖时,山墙摆丁砖,檐墙摆顺砖,即“山丁檐跑”。

常用砌体的组砌形式主要有以下几种:

(1)一顺一丁。由一皮顺砖与一皮丁砖相互交替砌筑而成,上下皮间的竖缝相互错开1/4 砖长,如图 3-15(a)所示。这种砌法各皮间错缝搭接牢靠,墙体整体性较好,效率较高,砌筑时墙面也容易控制平直,但竖缝不易对齐,对砖的质量要求较高,在墙的转角、丁字接头、门窗洞口等处都要砍砖,因此砌筑效率受到一定限制。这种砌法多用于一砖厚墙体的砌筑。

(2)三顺一丁。由三皮顺砖与一皮丁砖相互交替砌筑而成。上下皮顺砖搭接为 1/2 砖长,顺砖与丁砖错缝 1/4 砖长。如图 3-15(b)所示。这种砌法因为顺砖较多,故效率较高,但由于三皮顺砖之间存在竖向通缝,故墙体稳定性较差。这种砌法多用于砌筑一砖半以上的墙体。

(3)梅花丁(沙包式、十字式)。在同一皮砖层内一块顺砖与一块丁砖间隔砌筑(转角处不受此限),上下两皮间竖缝错开 1/4 砖长,上皮丁砖坐中于下皮顺砖,如图 3-15(c)所示。该砌法内外竖缝每皮都能错开,故抗压整体性较好,灰缝整齐。砌筑清水墙或当砖的规格不一致时,采用这种砌法较好。

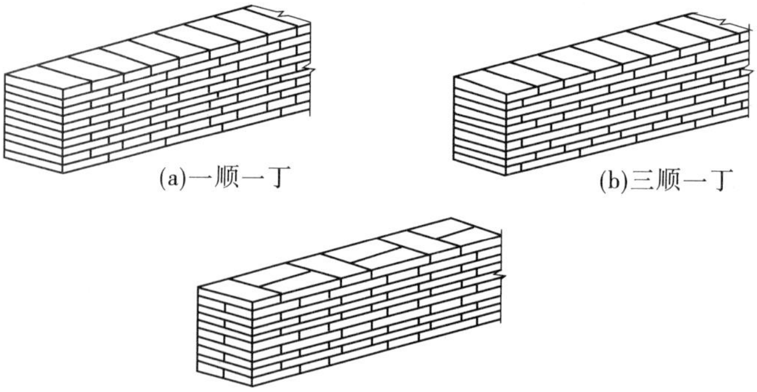

(a)一顺一丁　　(b)三顺一丁

(c)梅花丁

**图 3-15　砖墙组砌形式**

砖墙组砌形式除以上介绍的几种外,还有全顺式、全丁式、两平一侧等。

4. 立皮数杆

皮数杆是指在其上画有每皮砖和砖缝厚度,以及门窗洞口、过梁、楼板、梁底、预埋件等标高位置的一种木制标杆,如图 3-16 所示。它是砌筑时控制砌体竖向尺寸的标志,同时还可以保证砌体的垂直度。

皮数杆一般立于房屋的四大角、内外墙交接处、楼梯间以及洞口多的地方,砌体较长时,可每隔 10 ~ 15 m 增设一根。皮数杆固定时,应用水准仪抄平,并用钢尺量出楼层高度,定出本楼层楼面标高,使皮数杆上所画室内地面标高与设计要求标高一致。

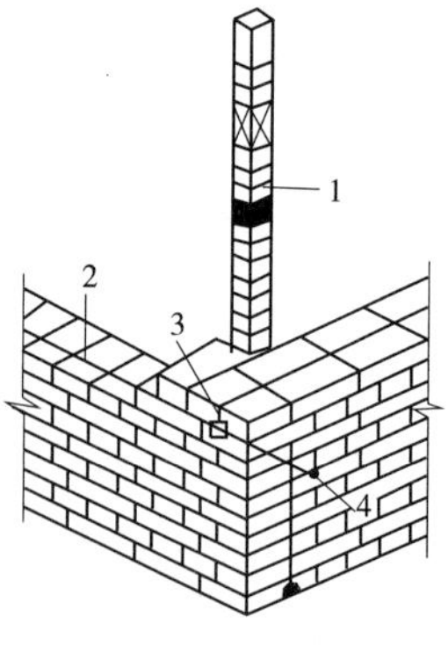


1—皮数杆;2—准线;3—竹片;4—圆钉

**图 3-16　皮数杆示意图**

5. 盘角和挂线

墙体砌砖时,应根据皮数杆先在墙角砌 4 ~ 5 皮砖,称为盘角,然后根据皮数杆和已砌的墙角挂准线,作为砌筑中间墙体的依据,每砌一皮或两皮,准线向上移动一次,以保证墙面平整。一砖厚的墙可单面挂线,外墙挂外面,内墙可挂任何一边，一砖半及以上厚的墙要双面挂线。

6. 砌筑

砌砖的操作方法很多，常用的是“三一砌砖法”、挤浆法和满口灰法等。

(1)“三一砌砖法”。即是一块砖、一铲灰、一揉压，并随手将挤出的砂浆刮去的砌筑方法。这种砌法灰缝容易饱满，黏结性好，墙面整洁。砌筑实心墙时宜选用“三一砌筑法”。

(2)挤浆法。即用灰勺、大铲或铺灰器在墙顶上铺一段砂浆，然后双手拿砖或单手拿砖，用砖挤入砂浆中一定厚度之后把砖放平，达到下齐边、上齐线、横平竖直的要求。这种砌法可以连续挤砌几块砖，减少烦琐的动作，平推平挤可使灰缝饱满，砌筑效率高。当采用挤浆法砌筑时，铺浆长度不宜超过 750 mm，气温超过 30 ℃时，铺浆长度不得超过 500 mm。

(3)满口灰法。是将砂浆满口刮满在砖面和砖棱上，随即砌筑的方法。其优点是砌筑质量好，但效率较低，仅适用于砌筑砖墙的特殊部位，如保温墙、烟囱等。

7. 勾缝、清理

勾缝是砌清水墙最后一道施工工序，可以用砂浆随砌随勾缝，叫作原浆勾缝；也可砌完墙后再用 1∶5水泥砂浆或加色水泥砂浆勾缝，称为加浆勾缝。墙面勾缝应横平竖直，深浅一致，搭接平整，不得有丢缝、开裂和黏结不牢等现象。砖墙勾缝宜采用凹缝或平缝，凹缝深度一般为 4 ~5 mm。勾缝完毕后，应清扫墙面。

**(二)砌筑施工要点**

(1)砖墙砌筑用皮数杆控制，砖层必须水平，周围砖墙应平行砌起，基础和每楼层砌完后必须校对一次水平、轴线和标高，不超过允许范围内的偏差值，应在基础或楼板顶面调整。

(2)砖墙水平灰缝和竖向灰缝宽度一般为 10 mm，最小不得小于 8 mm，最大不得大于 12 mm。水平灰缝的砂浆饱满度不得低于 80%。竖向灰缝宜采用挤浆或加浆方法施工，使其砂浆饱满，严禁用水冲浆灌缝。

(3)砖墙的转角处和交接处应同时砌筑。不能同时砌筑而又必须留槎时，应砌成斜槎，斜槎的长度不应小于高度的 2/3，如图 3-17 所示。非抗震设防及抗震设防烈度为 6 度、7 度地区的临时间断处，当不能留斜槎时，除转角处外，可留直槎，但必须做成凸槎，并加设拉结钢筋。一般每 120 mm 墙厚放置 1 Φ 6 拉结钢筋，但不得少于 2 根，间距沿墙高不应超过 500 mm，埋入长度从墙的留槎处算起，每边均不应小于 500 mm，对抗震设防烈度为 6 度、7 度的地区，不应小于 1 000 mm，末端应有 90°弯钩，如图 3-18 所示。抗震设防地区不得留直槎。

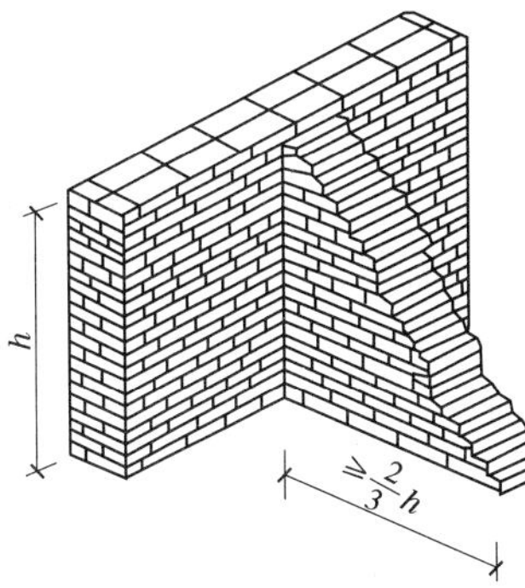


图 3-17　斜槎

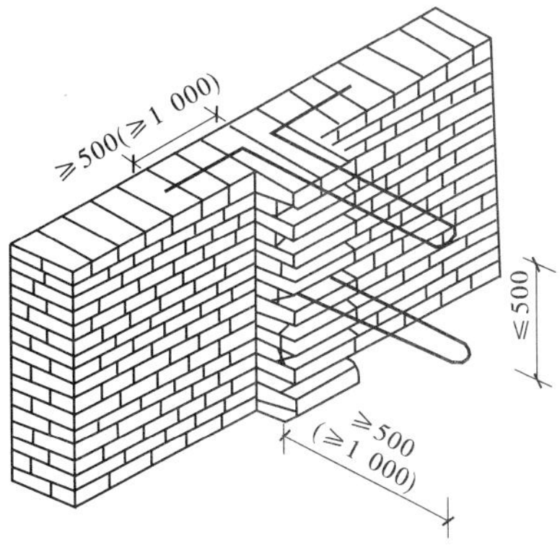


图 3-18　直槎

(4)隔墙与承重墙不能同时砌筑而又不留成斜槎时,可于承重墙中引出阳槎,并在其灰缝中预埋拉结钢筋,其构造与上述相同,但每道不少于2根。抗震设防地区的隔墙,除应留阳槎外,还应设置拉结钢筋。

(5)砖墙接槎处在施工前,必须将接槎处的表面清理干净,浇水润湿,并应填实砂浆,保持灰缝平直。

(6)每层承重墙的最上一皮砖、梁或梁垫的下面及挑檐、腰线等处,应是整砖丁砌。填充墙砌至接近梁、板底时,应留一定空隙,待填充墙砌筑完成并应至少间隔7 d后,再将其补砌挤紧。

(7)砖墙中留置临时施工洞口时,其侧边离交接处的墙面不应小于500 mm,洞口净宽度不应超过1 m。

(8)砖墙相邻工作段的高度差,不得超过一个楼层的高度,也不宜大于4 m。工作段的分段位置应设在伸缩缝、沉降缝、防震缝或门窗洞口处。砖墙临时间断处的高度差,不得超过一步脚手架的高度。砖墙每天砌筑高度以不超过1.8 m为宜。

**特别提示**

*引例中砌体采用一顺一丁的组砌形式,砌筑方法选用"三一砌砖法"施工。砌体上下错缝,内外搭接。灰缝厚度不小于8 mm,最大不大于12 mm。施工中严格检查,确保砌筑质量。*

## 三、钢筋混凝土构造柱

钢筋混凝土构造柱是从构造角度考虑设置的。结合建筑物的防震等级,在建筑物的四角,内外墙交接处,较长的墙体,以及楼梯口、电梯间的四个角的位置设置构造柱。构造柱应与圈梁紧密连接,使建筑物形成一个空间骨架,从而提高结构的整体稳定性,增强建筑物的抗震能力。

### (一)构造措施

(1)构造柱截面尺寸不应小于240 mm×180 mm或240 mm×240 mm。纵向钢筋一般采用4Φ12的钢筋,箍筋一般采用Φ6,其间距一般不宜大于250 mm,且在柱上下端宜适当加密。当抗震设防烈度为7度、多层房屋超过6层、8度时超过5层或9度时,构造柱的纵向钢筋宜采用4Φ14的钢筋,箍筋间距不应大于200 mm。

(2)构造柱应沿墙高每隔500 mm设置2Φ6的水平拉结钢筋,拉结钢筋两边伸入墙内不宜小于1 m,当墙上门窗洞口的长度小于1 m时,拉结钢筋伸到洞口为止。如果墙体为一砖半墙,则水平拉结钢筋应为3根,如图3-19(a)所示。

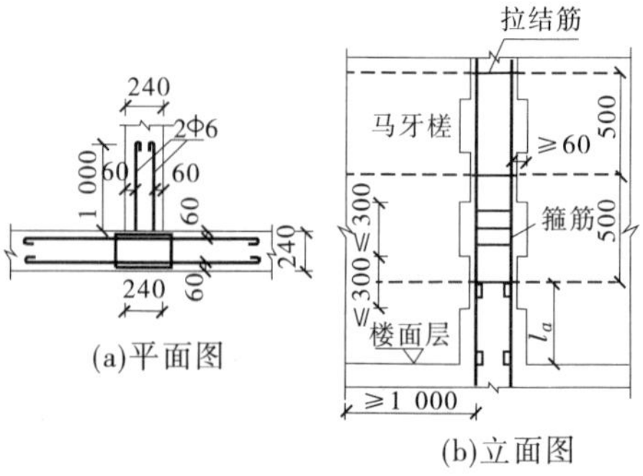


图3-19　拉结钢筋与砖墙马牙槎布置

(3)砖墙与构造柱交接处,砖墙应砌成马牙槎。从每个楼层开始,马牙槎应先退槎后进槎,进退槎应大于60 mm,每个马牙槎沿高度方向的尺寸不宜超过300 mm(或5皮砖高度),如图3-19(b)所示。

(4)构造柱与圈梁连接处,构造柱纵筋应穿过圈梁,保证纵筋上下贯通。应适当加密构造柱的箍筋,加密范围从圈梁上下边算起均不应小于层高的 1/6 或 450 mm,箍筋间距不宜大于 100 mm。

(5)构造柱的纵向钢筋应进行弯钩,接头可以采用绑扎,其搭接长度宜为 35 倍钢筋直径,在搭接接头长度范围内箍筋间距不应大于 100 mm。箍筋弯钩应为 135°,平直长度为 10 倍钢筋直径。

**(二)施工要点**

(1)构造柱的施工程序应为先砌墙后浇混凝土构造柱。构造柱施工顺序为绑扎钢筋、砌砖墙、支模板、浇混凝土、拆模。

(2)构造柱的模板可用木模板或组合钢模板。在每层砖墙及其马牙槎砌好后,应立即支设模板,模板必须与所在墙的两侧严密贴紧,支撑牢靠、防止模板缝漏浆。构造柱的底部(圈梁面上)应留出 2 皮砖高的孔洞,以便清除模板内的杂物,清除后封闭。

(3)构造柱浇灌混凝土前,必须将马牙槎部位和模板浇水湿润,将模板内的落地灰、砖渣等杂物清理干净,并在结合面处注入适量与构造柱混凝土相同的水泥砂浆。

(4)构造柱的混凝土坍落度宜为 50 ~ 70 mm,石子粒径不宜大于 20 mm。混凝土随拌随用,拌和好的混凝土应在 1.5 h 内浇灌完毕。

(5)构造柱的混凝土浇灌可以分段进行,每段高度不宜大于 2.0 m。在施工条件允许,并能确保混凝土浇灌密实时,亦可每层一次浇灌。

(6)捣实构造柱混凝土时,宜用插入式混凝土振捣器,应分层振捣,振动棒随振随拔,每次振捣的厚度不应超过振捣棒作用长度的 1.25 倍。振捣棒应避免直接碰触砖墙,严禁通过砖墙传振。钢筋的混凝土保护层厚度宜为 20 ~ 30 mm。构造柱与砖墙连接的马牙槎内的混凝土必须密实饱满。

(7)构造柱从基础到顶层必须垂直,对准轴线。在逐层安装模板前,必须根据构造柱轴线随时校正竖向钢筋的位置和垂直度。

# 任务五　石砌体施工

砌筑用石分为毛石和料石两大类。毛石又分为乱毛石和平毛石两种。乱毛石是指形状不规则的石块;平毛石是指形状不规则,但有两个平面大致平行的石块。毛石的中部厚度不宜小于 150 mm。料石按其加工面的平整程度分为细料石、半细料石、粗料石和毛料石四种。料石的宽度、厚度均不宜小于 200 mm,长度不宜大于厚度的 4 倍。石材的强度等级分为 MU10、MU15、MU20、MU30、MU40、MU50、MU60、MU80、MU100,其强度等级是以边长 70 mm 的立方体试块的抗压强度表示的(取三个试块的平均值)。

## 一、毛石基础施工

毛石基础所用材料,应质地坚硬、无裂纹,尺寸在 200 ~ 400 mm,强度等级一般为 MU20 以上。所用水泥砂浆为 M2.5 ~ M5 级,稠度 50 ~ 70 mm,灰缝厚度一般为 20 ~ 30 mm。不宜采用混合砂浆砌筑。

砌筑毛石基础的第一皮石块应座浆,选较大而平整的石块将大面向下,分皮卧砌,上下错缝，内外搭砌，每皮石块厚度约300 mm，搭接不小于80 mm，不得出现通缝。毛石基础扩大部分，如做成阶梯形，上级阶梯的石块应至少压砌下级阶梯的1/2，每阶内至少砌两皮，扩大部分每边比墙宽出100 mm。为增加砌体整体稳定性，应大、中、小毛石搭配使用，并按规定设置拉结石，拉结石长度应超过墙厚的2/3。毛石砌到室内地坪以下50 mm，应设置防潮层，一般用1∶2.5的水泥砂浆加适量防水剂铺设，厚度为20 mm。毛石基础每日砌筑高度为1.2 m。

## 二、石墙施工

### （一）毛石墙施工

首先应在基础顶面根据设计要求抄平放线、立皮数杆、拉准线，然后进行墙体施工。砌筑第一层石块时，应大面向下，其余各层应利用自然形状相互搭接紧密，面石应选择至少具有一面平整的毛石砌筑，较大空隙用碎石填塞。墙体砌筑每层高300～400 mm，中间隔1 m左右砌与墙同宽的拉结石，上、下层间的拉结石位置应错开。施工时，上下层应相互错缝，内外搭接，不得采用外面侧立石块、中间填碎石块的砌筑方法。石墙每日砌筑高度不应超过1.2 m，分段砌筑时所留踏步槎高度不超过一个步架。

### （二）料石墙施工

料石墙应用铺浆法砌筑，竖缝中应填满砂浆并插捣至溢出。上、下皮应错缝搭接，转角处或交接处应用石块相互搭砌，如确有困难，应在每楼层范围内至少设置钢筋网或拉结筋两道。

石墙的勾缝形式多采用平缝或凸缝。勾缝前先将灰缝刮深20～30 mm，墙面喷水湿润、修整。勾缝宜用1∶1水泥砂浆，或用青灰和白灰浆掺加麻刀勾缝。勾缝线条必须均匀一致，深浅相同。

# 任务六　砌块砌体施工

用砌块代替实心黏土砖作为墙体材料，是墙体改革的一个重要途径。砌块按形状来分有实心砌块和空心砌块两种；按制作原料分有粉煤灰砌块、加气混凝土砌块、混凝土砌块、硅酸盐砌块等数种；按规格大小分有小型砌块、中型砌块和大型砌块。中、小型砌块在我国大中城市已被广泛应用。

砌块的规格尚不统一，中型砌块一般高度为380～980 mm，长度为高度的1.5～2.5倍，宽度为180～300 mm，每块砌块为50～200 kg。砌块的规格、型号与砌块幅面尺寸的大小有关。砌块幅面尺寸大，规格、型号就多；砌块幅面尺寸小，规格、型号就少。因此，合理地制定砌块的规格，有助于促进砌块的生产和发展，加快施工进度，保证工程质量。

## 一、中型砌块砌体施工

### （一）砌块施工前的准备

1. 机具准备

中型砌块体积大，单个质量较大，人力搬运困难。因此，砌块安装需要小型起重设备，常用的机具是台灵架及专用夹具。

2. 场地及材料准备

砌块堆放场地宜布置在起重设备的回转半径范围内，堆放场地应压实、平整、做好排水并在场地上铺设草苫、炉渣或其他垫层，避免砌块底部黏结泥土、脏物，使砌块保持干净。砌块的生产龄期不应小于 28 d，砌筑时应清除砌块表面污物和芯柱所用砌块孔洞的底部毛边。砌块一般不需浇水，但当天气炎热干燥时，可提前洒水湿润。对粉煤灰砌块、轻骨料混凝土小型砌块，可提前 2 d 浇水湿润；对加气混凝土砌块，应向砌筑面适量浇水。

3. 编制砌块排列图

砌块吊装前，应先绘制砌块排列图，以指导吊装砌筑施工，如图 3-20 所示。

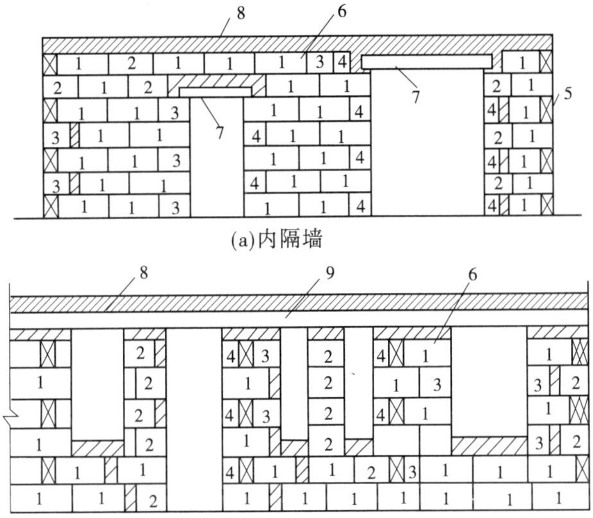

(a)内隔墙

(b)纵墙

1—主规格砌块；2、3、4—副规格砌块；5—丁砌砌块；

6—顺砌砌块；7—过梁；8—镶砖；9—圈梁

**图 3-20　砌块排列图**

砌块排列图要求在立面图上按比例绘出纵横墙，标出楼板、大梁、过梁、楼梯、孔洞等位置，在纵横墙上绘出水平灰缝，然后以主规格为主，其他型号为辅，按墙体错缝搭接的原则和竖缝大小进行排列。若设计无具体规定，尽量使用主规格砌块。砌块应按下列原则排列：

(1) 以主规格为主，副规格为副，排列应符合模数。

(2) 应对孔错缝搭接，搭接长度不得小于砌块高的 1/3，且不应小于 150 mm。当搭接长度不足时，应在水平灰缝内设 2 Φ 6 的拉结钢筋或Φ 4 的钢筋网片，网片两端离该垂直灰缝距离不得小于 300 mm。

(3) 外墙转角处及纵横墙交接处，应交错咬槎同时砌筑；与后砌半砖隔墙交接处，应沿墙高每 800 mm 在水平灰缝内设 2 Φ 6 的拉结钢筋或Φ 4 的钢筋网片。

(4) 空心砌块外墙转角处，楼梯间四角的砌体孔洞内，宜配置不少于 1 Φ 12 的竖向钢筋并贯通墙高锚固于基础或圈梁，孔洞应用 C20 细石混凝土浇捣密实。局部必须镶砖时，应尽量使砖的数量达到最低限度，镶砖部分应分散布置。

**（二）砌块砌体施工**

砌块砌筑的主要工序有铺灰、砌块安装就位、校正、灌浆、镶砖等。

（1）铺灰。采用稠度良好（50 ~ 70 mm）的水泥砂浆铺 3 ~ 5 m 长的水平灰缝，空心砌块不超过 2 ~ 3 m，炎热天气或寒冷天气应适当缩短，铺灰应平整饱满。水平灰缝厚 15 ~ 20 mm，垂直竖缝宽 20 ~ 25 mm。

（2）砌块安装就位。采用摩擦式夹具，按砌块排列图将所需砌块吊装就位，注意光面放置在同侧。砌筑应从转角处或定位砌块处开始，按施工段依次进行，其顺序为先远后近、先下后上、先外后内，内外墙同时砌筑，纵横交接处应交错搭砌。相邻段高差不应超过一个楼层，并应采用阶梯形斜槎。

（3）校正。用托线板检查砌块的垂直度误差，拉准线检查水平度，用撬棍、木锤调整偏差。

（4）灌浆。采用砂浆灌竖缝，两侧用夹板夹住砌块，超过 30 mm 宽的竖缝采用不低于 C20 的细石混凝土灌缝，收水后，进行原浆勾缝深 3 ~ 5 mm。此后，一般不应再撬动砌块，以防损坏砂浆黏结力。

（5）镶砖。当砌块间出现较大竖缝或过梁找平时，应镶砖。一般采用不小于 MU10 的红机砖，最后一皮用顶砖镶砌。镶砖砌体的竖缝和水平缝厚度应控制在 15 ~ 30 mm。镶砖工作必须在砌块校正后立刻进行，镶砖时应注意使砖的竖缝灌密实。

**（三）砌块砌体质量要求**

砌块砌体质量应符合下列规定：

（1）砌块砌体的基本要求与砖砌体相同，但搭接长度不小于 150 mm。

（2）外观检查应达到墙面清洁，勾缝密实，深浅一致，交接平整。

（3）在每一楼层或 250 $m^3$ 砌体中，一组同强度等级的砂浆试块（每组 6 块）或一组同强度等级的细石混凝土试块（每组 3 块）的平均强度不得低于设计强度最低值，对于砂浆试块不得低于设计强度等级的 75%，对于细石混凝土试块不得低于设计强度的 85%。

（4）预埋件、预留孔洞的位置应符合设计要求。

（5）砌体的允许偏差和外观质量应符合规范要求。

## 二、小型空心砌块砌体施工

小型空心砌块分为普通混凝土小型空心砌块和轻骨料混凝土小型空心砌块两种。主规格为 390 mm × 190 mm × 190 mm，辅助规格为 290（190、90） mm × 190 mm × 190 mm。在砌块砌体建筑中，小型空心砌块占 80% 以上，在砌体结构中正被广泛应用。

**（一）组砌形式**

小型空心砌块砌体砌筑形式只有全顺一种。墙厚等于砌块的宽度，上下皮竖缝相互错开 1/2 砌块长，错缝对孔搭接。当无法对孔砌筑时，允许错孔砌筑，搭接长度对于普通混凝土空心砌块不应少于 90 mm；对于轻骨料混凝土空心砌块不应少于 120 mm；如不能保证，应在水平灰缝中设 2 Φ 6 钢筋或Φ 4 的钢筋网片，长度均不应少于 700 mm，但竖向通缝不得超过两皮砌块，如图 3-21 所示。

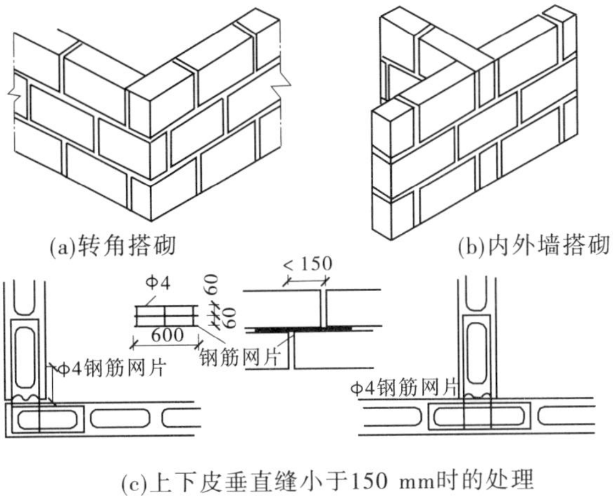


**图 3-21　砌块墙构造**　（单位：mm）

### （二）一般构造要求

（1）砌筑砂浆和灰缝。对地面以下或防潮层以下的砌体，应采用强度等级不低于 M5.0 的水泥砂浆砌筑；五层及五层以下民用房屋的底层，墙体的砌块强度等级不应低于 MU7.5，砂浆强度等级不应低于 M5.0。砌块砌体水平灰缝厚度和垂直灰缝宽度一般为 10 mm，最小不得小于 8 mm，最大不得大于 12 mm。

（2）混凝土填实部位及混凝土芯柱部位。底层室内地面以下砌体全部应用不低于 C10 混凝土填实；楼板支承处无圈梁时，板下应砌一皮实心砌块或用 C15 混凝土填实一皮砌块；次梁支承处应设置预制垫块或用 C15 混凝土填实，其宽度不应小于 600 mm，高度不应小于一皮砌块；挑梁的悬挑长度不小于 1.2 m 时，其支承部位的内外墙交接处，纵横灌实高度不小于三皮砌块，以增强房屋整体刚度。

混凝土芯柱是设置在混凝土小型空心砌块墙的转角处和交接处在砌块孔洞中插入钢筋并浇筑混凝土而形成的构造柱。因小柱位于砌块孔洞中而称为芯柱。钢筋混凝土芯柱的设置部位及其构造要求应满足相关规定，且芯柱与墙在水平方向应用Φ 4 点焊钢筋网片拉结，沿墙高方向网片的间距为 600 mm，置于砌块水平灰缝内，每边伸入墙内不小于 1 m。对于横墙较少的房屋，应根据计算需要设置其他芯柱，8 度设防的五层房屋芯柱最大间距不应小于 2.4 m。芯柱宜均匀布置。

芯柱所用混凝土强度等级不应低于 C15，所用插筋不应少于一根Φ 12 的钢筋。插筋应贯通墙身且与圈梁连接。芯柱应伸入室外地坪以下 500 mm 或锚入浅于 500 mm 的基础圈梁内。

为加强房屋的整体刚度，对地震设防地区的多层房屋，每层外墙和内纵墙上均应设置现浇钢筋混凝土圈梁，内横墙应每层设置，间距不大于 7 m。

### （三）砌块砌体施工

砌块砌筑前必须根据砌块尺寸和灰缝厚度计算皮数和排数，制作皮数杆，并将其竖立于墙的转角处和交接处。皮数杆间距宜小于 15 m。砌块砌筑前一般不宜浇水，干热天气情况下可稍加喷水润湿。砌块堆放时应做好防雨和排水工作。

砌块砌体的砌筑应尽量采用主规格砌块，从转角或定位砌块处开始砌筑，内外墙应同时砌筑，纵横墙应交错搭接，做到对孔错缝搭砌。承重墙体不得采用砌块与黏土砖等混合砌筑。砌块应逐块铺砌，应将有凹槽的一端接平头一端砌筑，且底面朝上砌筑（反砌）。

（1）砌体灰缝应做到横平竖直。水平灰缝应平直，其砂浆饱满度不应低于90%；竖向灰缝应采用加浆方法，使其饱满，砂浆饱满度不应低于80%，不得出现瞎缝、透明缝。水平灰缝厚度和垂直灰缝宽度应控制在8～12 mm。

（2）砌筑砂浆必须搅拌均匀，随拌随用，一般应在4 h内使用完毕。砌筑时一次铺灰长度不宜超过2块主规格砌块的长度。在每一楼层或250 $m^3$ 的砌体中，对每种强度等级的砂浆应制作不少于一组试块（每组3块）。

（3）墙体留槎。墙体临时间断处应砌成斜槎，长度不应小于高度的2/3。如留斜槎确实有困难，在非抗震设防地区，除外墙转角外，也可砌成直槎，但必须采取拉结钢筋网片或其他措施，以确保连接牢靠。

（4）空心砌块墙表面不得预留或剔凿水平沟槽，对设计规定的洞口、管道、沟槽和预埋件，应在砌筑砌体内预留或预埋。需在墙体留脚手眼时，可用辅助规格的单孔砌块侧砌，利用空洞作脚手眼，墙体砌完后用不低于C15的混凝土填实。墙体中作为施工通道的临时洞口，其侧边离交接处的墙面不宜小于500 mm，洞口顶部应设置过梁。填砌临时洞口的砌筑砂浆强度等级应提高一级。

（5）每天砌筑高度应控制在1.5 m或一步脚手架高度内。每砌筑一楼层后，应校核墙体的轴线尺寸和标高，在允许范围内的轴线及标高偏差可在楼板面上予以校正。严禁雨天施工。雨后施工时，应复核墙体的垂直度。砌块表面有浮水时不得进行砌筑施工。

**特别提示**

混凝土小型空心砌块墙体干缩性、线膨胀系数较黏土砖墙砌体大，抗剪强度较黏土砖砌体低，因此小型空心砌块墙体容易产生裂缝。施工过程中，必须加强管理，采取防裂措施，防止砌体某些部位开裂。

**（四）混凝土芯柱的施工要求**

在楼面砌筑第一皮砌块时，在芯柱位置侧面应预留孔，浇灌混凝土前，必须清除砌块芯柱内的杂物，并用水冲洗干净，校正钢筋位置并绑扎固定。芯柱钢筋的搭接长度不应小于钢筋直径的35倍。芯柱混凝土应在砌筑一楼层高度后连续浇灌。浇灌前，应先注入适量的水泥浆，再浇筑混凝土，混凝土坍落度不应小于70 mm，并应定量浇灌，每浇灌400～500 mm高度应捣实。芯柱混凝土应与圈梁同时浇灌，在芯柱位置，楼板应留缺口，注意保证上下楼层的芯柱连成整体，如图3-22所示。振捣混凝土宜用软轴插入式振捣器。浇筑混凝土时，砌块砌筑砂浆的强度应达到1 MPa以上。

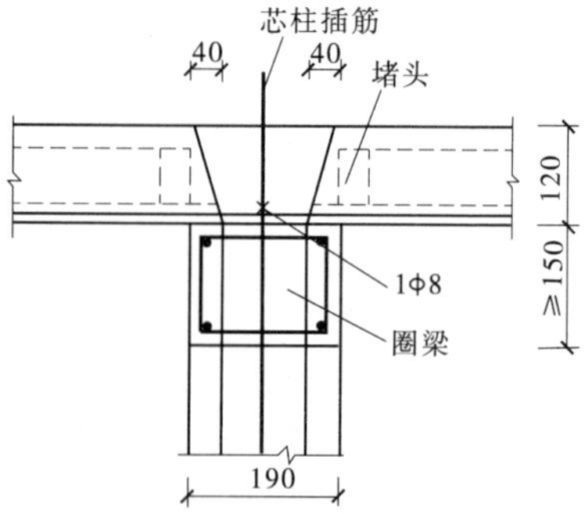


图3-22　芯柱贯穿楼板构造

# 任务七　框架填充墙施工

建筑物框架填充墙的砌筑，常采用的砌块有空心砖、加气混凝土砌块、轻骨料混凝土小型砌块等，严禁使用实心黏土砖。当使用加气混凝土砌块、轻骨料混凝土小型砌块时，其产品龄期应超过 28 d。

## 一、框架填充墙施工

(1)填充墙采用烧结多孔砖、烧结空心砖进行砌筑时，材料应提前 2 d 进行浇水湿润。当采用加气混凝土砌块砌筑时，应向砌筑面适当浇水。

(2)多孔砖应采用一顺一丁或梅花丁的组砌形式。多孔砖的孔洞应垂直面受压，砌筑前应先进行干砖试摆。

(3)墙体的灰缝应横平竖直，厚薄均匀，并应填满砂浆，竖缝不得出现透明缝、瞎缝。

(4)填充墙的拉结筋的设置。框架柱和梁施工完成后，应按设计要求砌筑内外墙体，墙体应与框架柱进行锚固，锚固拉结筋的规格、数量、间距、长度应符合设计要求。当设计无规定时，一般应在框架柱施工时预埋锚筋，锚筋的设置通常沿柱高每 500 mm 配置 2 Φ6 的钢筋，伸入墙内长度，一、二级框架宜沿墙全长布置，三、四级框架不应小于墙长的 1/5，且不应小于 700 mm，锚筋的位置必须准确。砌体施工时，将锚筋凿出并拉直砌在砌体的水平砌缝中，确保墙体与框架柱的连接。有的锚筋由于在框架柱内伸出的位置不准，施工中把锚筋打弯甚至扭转使之伸入墙内，从而失去了锚筋作用，会引起墙身与框架间出现裂缝。因此，当锚筋位置不准时，将锚筋拉直用 C20 细石混凝土浇筑至与砌体模数吻合，一般厚度为 20 ~ 50 mm。实际工程中，为了解决预埋锚筋错位的问题，往往采用在框架柱施工时，在规定留设锚筋位置处预留铁件或沿柱高设置 2 Φ6 的预埋钢筋，在进行砌体施工前，按设计要求的锚筋间距将其凿出与锚筋焊接。当填充墙长度大于 5 m 时，墙顶部与梁应有拉结措施，墙高度超过 4 m 时，应在墙高中部设置与柱连接的通长的钢筋混凝土水平墙梁。

(5)当采用加气混凝土砌块、轻骨料混凝土小型砌块施工时，应在墙底部先砌筑烧结普通砖或多孔砖，或现浇混凝土坎台等，其高度不宜小于 200 mm。

(6)卫生间、浴室等潮湿房间在砌体的底部应现浇宽度不小于 120 mm、高度不小于 100 mm 的混凝土导墙，待达到一定强度后再在上面砌筑砌体。

(7)门窗洞口的侧壁也应用烧结普通砖镶框砌筑，并与砌块相互咬合。填充墙砌至接近梁底、板底时，应留一定的空隙，待填充墙砌筑完毕并应至少间隔 7 d 后采用烧结普通砖侧砌，并用砂浆填塞密实，以提高砌块砌体与框架间的拉结。

(8)当设计为空心石膏板隔墙时，应先在柱和框架梁与地坪间加木框，木框与梁柱的联系可用膨胀螺栓等办法连接，然后在木框内加设木筋，木筋的间距应根据空心石膏板宽度而定。当空心石膏板的刚度及强度满足要求时，可直接安装。

## 二、质量要求

(1)砌筑砂浆、砖和砌块的强度等级应符合设计要求。

(2)填充墙砌体的灰缝应横平竖直、砂浆饱满。灰缝厚度和宽度应符合设计要求。空心砖、轻骨料混凝土小型砌块的砌体灰缝应为 8 ~ 12 mm。加气混凝土砌块砌体的水平灰缝厚度及竖向灰缝宽度分别宜为 15 mm 和 20 mm。对空心砖砌体的水平灰缝,砂浆饱满度不宜少于 80% ,竖向灰缝要求填满砂浆,不得有透明缝、瞎缝。对加气混凝土砌块和轻骨料混凝土小型砌块的水平和垂直灰缝,砂浆的饱满度不宜少于 80% 。

(3)填充墙砌体的一般尺寸允许偏差应符合规范的规定。

**特别提示**

加气混凝土砌块是一种节能、节土、利废的新型墙体材料,具有质轻、隔热保温、吸声隔音和抗震等优点,但强度低、干缩大、与砂浆黏结不牢。施工时应严格按照施工程序操作,确保施工质量。

# 任务八　砌筑工程冬、雨期施工

## 一、冬期施工

### (一)冬期施工的概念

根据当地气象资料,如室外日平均气温连续 5 d 稳定低于 5 ℃,则砌筑工程应采取冬期施工措施。此外,当日最低气温低于 0 ℃时,砌筑工程也应采取冬期施工措施。砌筑工程冬期施工应有完整的冬期施工方案。

### (二)冬期施工对材料的基本要求

(1)在砌筑前,砖、石和砌块应清除表面污物、冰霜等,遭水浸冻后冻结的材料不得使用。

(2)砂浆宜优先采用普通硅酸盐水泥拌制,冬期砌筑不得使用无水泥拌制的砂浆。

(3)石灰膏、黏土膏和电石膏应保温防冻。如遭受冻结,应待融化后,方可使用。

(4)拌制砂浆所用的砂,不得含有冰块和直径大于 10 mm 的冻结块。

(5)拌和砂浆时,水温不得超过 80 ℃,以免遇水发生“假凝”现象。砂的温度不得超过 40 ℃。

(6)冬期砌筑砂浆的稠度宜比常温施工时适量增加,可通过增加石灰膏的办法解决。

### (三)砌筑工程冬期施工方法

砌筑工程冬期施工,以采用掺盐砂浆法为主,对保温、绝缘、装饰等方面有特殊要求的工程,可采用冻结法或暖棚法施工。

1. 掺盐砂浆法

掺入盐类的水泥砂浆、水泥混合砂浆或微沫砂浆,称为掺盐砂浆。采用掺盐砂浆砌筑砌体的方法,称为掺盐砂浆法。

1)掺盐砂浆法的原理和适用范围

掺盐砂浆法是在砌筑砂浆内掺入一定数量的抗冻剂(主要有氯化钠和氯化钙,其他还有亚硝酸钠、碳酸钾和硝酸钙等),降低水溶液的冰点,以保证砂浆中有液态水存在,使水化反应在一定负温下不间断进行,砂浆强度在负温下能够持续增长。同时,由于降低了砂浆中水的冰点,砖石砌体的表面不会因为结冰而形成冰膜,故砂浆和砖石砌体能较好地黏结。掺盐砂浆法具有施工简便、费用低、取材方便等优点,所以在我国砖石砌体冬期施工中应用广泛。

由于氯盐砂浆吸湿性大，使结构保温性能下降，并有析盐现象等，对下列工程严禁采用掺盐砂浆法施工：对装饰有特殊要求的建筑物；使用湿度大于80%的建筑物；接近高压电路的建筑物；配筋、钢埋件无可靠的防腐处理措施的砌体；处于地下水位变化范围内及水下未设防水层的结构。

2）掺盐砂浆法的施工要求

采用掺盐法进行施工，应按不同负温界限控制掺盐量。当砂浆中氯盐掺量过少，砂浆内会出现大量的冰结晶体，水化反应极其缓慢，会降低早期强度。如果氯盐掺量大于10%，砂浆的后期强度会显著降低，同时导致砌体析盐量过大，增大吸湿性，降低保温性能。按气温情况规定的掺盐量如表3-4所示。

**表3-4 砂浆中氯盐掺量（占用水量%）**

| 氯盐种类 | | 砌体种类 | 日最低气温（℃） | | | |
|---|---|---|---|---|---|---|
| | | | ≥－10 | －11～－15 | －16～－20 | －21～－25 |
| 单盐 | 氯化钠 | 砖、砌块 | 3 | 5 | 7 | — |
| | | 石 | 4 | 7 | 10 | — |
| 双盐 | 氯化钠 | 砖、砌块 | — | — | 5 | 7 |
| | 氯化钙 | | — | — | 2 | 3 |

注：掺盐量以无水盐计。

承重结构的砂浆强度等级应比常温施工时提高一级。拌和砂浆前要对原材料进行加热，且应优先加热水，当满足不了温度要求时，再进行砂的加热。当拌和水的温度超过60℃时，拌制时的投料顺序是：水和砂先拌，然后投放水泥。掺盐砂浆中掺入微沫剂时，盐溶液和微沫剂在砂浆拌和过程中先后加入。砂浆应采用机械进行拌和，搅拌时间应比常温季节增加1倍。拌和后的砂浆应注意保温。

由于氯盐对钢筋有腐蚀作用，掺盐法用于设有构造配筋的砌体时，钢筋可以涂樟丹2～3道或者涂沥青1～2道，以防钢筋锈蚀。

掺盐砂浆法砌筑砖砌体，应采用"三一砌砖法"施工，使砂浆与砖的接触面能充分结合。砌筑时要求砂浆饱满，灰缝厚薄均匀，水平缝和垂直缝的厚度与宽度应控制在8～10 mm。采用掺盐砂浆法砌筑砌体，砌体在转角处和交接处应同时砌筑，对不能同时砌筑而又必须留置的临时间断处，应砌成斜槎，砌体表面宜采用保温材料加以覆盖，继续施工前，应先用扫帚扫净砖表面，然后进行施工。

2. 冻结法

冻结法是指用不掺化学外加剂的普通水泥砂浆或水泥混合砂浆进行砌筑的一种冬期施工方法。

1）冻结法的原理和适用范围

冻结法的砂浆内不掺任何抗冻化学剂，允许砂浆在铺砌完后就受冻，受冻的砂浆可以获得较大的冻结强度，且在解冻后其强度仍可继续增长。所以对有保温、绝缘、装饰等特殊要求的工程和受力配筋砌体以及不受地震区条件限制的工程，均可采用冻结法施工。

冻结法施工所用砂浆，经冻结、融化和硬化三个阶段后，砂浆强度、砂浆与砖石砌体间的黏结力都有不同程度的降低。砌体在融化阶段，由于砂浆强度接近于零，将会增加砌体的变形和沉降，所以对下列结构不宜选用冻结法施工：空斗墙、毛石墙、承受侧压力的砌体、在解冻期间可能受到振动或动荷载的砌体、在解冻期间不允许发生沉降的砌体。

2）冻结法的施工要求

采用冻结法施工时，应按照“三一砌砖法”施工，砌筑时一般采用一顺一丁的组砌方式。冻结法宜采用水平分段施工，墙体一般应在一个施工段范围内，砌筑至一个施工层的高度，不得间断。每日砌筑高度和临时间断处均不宜大于 1.2 m。不设沉降缝的砌体，其分段处的高差不得大于 4 m。

砌体解冻时，由于砂浆的强度接近于零，增加了砌体解冻期间的变形和沉降，其下沉量比常温施工增加 10% ~20%。解冻期间，由于砂浆受冻后强度降低，砂浆与砌体之间的黏结力减弱，砌体在解冻期间的稳定性较差。用冻结法施工的砌体，在开冻前需进行检查，开冻过程中应组织观测，如发现裂缝、不均匀下沉等情况，应分析原因并立即采取加固措施。

为保证砖砌体在解冻期间能够均匀沉降不出现裂缝，应遵守下列要求：解冻前应清除房屋中剩余的建筑材料等临时荷载；在解冻前，宜暂停施工；留置在砌体中的洞口和沟槽等，宜在解冻前填砌完毕；跨度大于 0.7 m 的过梁，宜采用预制构件；门窗框上部应预留 3 ~5 mm 的空隙，作为解冻后预留沉降量；在楼板水平面上，墙体拐角处、交接处和交叉处每半砖墙设置 1 Φ6 的拉结筋。

在解冻期进行观测时，应特别注意多层房屋下层的柱和窗间墙、梁端支承处、墙交接处等地方。此外，还必须观测砌体沉降的大小、方向和均匀性，砌体灰缝内砂浆的硬化情况。观测一般需 15 d 左右。

解冻时，除对正在施工的工程进行强度验算外，还要对已完成的工程进行强度验算。

3. 暖棚法

暖棚法是利用简易结构和廉价的保温材料，将需要砌筑的砌体和工作面临时封闭起来，棚内加热，使之在正温条件下砌筑和养护。暖棚法费用高，热效低，很少采用。一般在地下工程、基础工程以及量小又急需使用的工程，可考虑采用暖棚法施工。

暖棚的加热，可优先采用热风装置，如用天然气、焦炭炉等，必须注意安全防火。

用暖棚法施工时，砖、石和砂浆在砌筑时的温度均不得低于 5 ℃，且距所砌结构底面 0.5 m 处的气温也不得低于 5 ℃。

砌体在暖棚内的养护时间，根据暖棚内的温度，按表 3-5 确定。

**表 3-5　暖棚法砌体的养护时间**

| 暖棚内温度（℃） | 5 | 10 | 15 | 20 |
|---|---|---|---|---|
| 养护时间（d） | ≥6 | ≥5 | ≥4 | ≥3 |

## 二、雨期施工

（1）降水量大的地区在雨期到来之际，施工现场、道路及设施必须做好有组织的排水，施工现场临时设施、库房要做好防雨排水的准备。

（2）现场的临时道路必要时要加固、加高路基，路面在雨期加铺炉渣、砂砾或其他防滑材料。准备足够的防水、防汛材料（如草袋、油毡雨布等）和器材工具等。

(3)砖在雨期必须集中堆放,砌墙时要求干湿砖块合理搭配,砖湿度较大时不可上墙。雨期每日砌筑高度不宜超过1.2 m。

(4) 施工期间,遇大雨必须停工,并在砖墙顶面铺设一层干砖,以免大雨冲刷砂浆。雨后,受冲刷的新砌墙体应翻砌上面的两皮砖。

(5)稳定性较差的窗间墙、山尖墙,砌筑到一定高度应在砌体顶部加水平支撑,以防阵风袭击,维护墙体整体性。

(6)雨水浸泡会引起脚手架底座下陷而倾斜,雨后施工要经常检查,发现问题及时处理、加固。

(7)砌体施工时,内外墙要尽量同时砌筑,并注意转角及丁字墙间的搭接。遇台风时,应在与风向相反的方向加临时支撑,以保持墙体的稳定。

(8)雨后继续施工,须复核已完工砌体的垂直度和标高。

# 任务九　砌筑工程的质量标准及安全技术

砌筑工程的质量包括砖、石和砌块的质量、砌筑砂浆的质量以及砌筑工程的施工质量,即在采用合格的砌体材料的前提下,关键是要有良好的砌筑质量,以使砌体有良好的整体性、稳定性和受力性能。因此,砌体施工时要精心组织,并严格遵循相应的施工操作规程及验收规范的有关规定,以确保施工质量。砌筑的工程质量要达到"横平竖直、砂浆饱满、厚薄均匀、上下错缝、内外搭砌和接槎牢固"的要求,为了保证砌体质量,在砌筑过程中应对砌体的各项指标进行检查,将砌体的尺寸和位置的允许偏差控制在规范要求的范围内。

## 一、砌体施工质量控制等级

砌体施工质量控制等级分为三级,如表3-6所示。

表3-6　砌体施工质量控制等级

| 项目 | 施工质量控制等级 | | |
|---|---|---|---|
| | A | B | C |
| 现场质量管理 | 制度健全,并严格执行;非施工方质量监督人员经常到现场,或现场设有常驻代表;施工方有在岗专业技术管理人员,人员齐全,并持证上岗 | 制度基本健全,并能执行;非施工方质量监督人员间断地到现场进行质量控制;施工方有在岗专业技术管理人员,并持证上岗 | 有制度;非施工方质量监督人员很少到现场进行质量控制;施工方有在岗专业技术管理人员 |
| 砂浆、混凝土强度 | 试块按规定制作,强度满足验收规定,离散性小 | 试块按规定制作,强度满足验收规定,离散性较小 | 试块强度满足验收规定,离散性大 |
| 砂浆拌和方式 | 机械拌和;配合比计量控制严格 | 机械拌和;配合比计量控制一般 | 机械或人工拌和;配合比计量控制较差 |
| 砌筑工人 | 中级工以上,其中高级工不少于20% | 高、中级工不少于70% | 初级工以上 |

## 二、砌筑工程的质量标准

（1）砌筑工程对材料要求。砌体工程所用的材料应有产品合格证书、产品性能检测报告。块材、水泥、钢筋和外加剂等尚应有材料主要性能的进场复验报告。严禁使用国家明令禁止淘汰的材料。

（2）对砂浆试块进行强度检测时，任意一组砂浆试块的强度不得低于设计强度的75%。

（3）砌筑基础前，应校核基础的放线尺寸，其允许偏差应符合表3-7的规定。

（4）砖、小型砌块砌体的允许偏差和外观质量标准应符合表3-8的规定。

（5）石砌体的允许偏差和外观质量标准应符合表3-9的规定。

（6）配筋砌体的构造柱位置及垂直度的允许偏差应符合表3-10的规定。

（7）填充墙砌体一般尺寸的允许偏差应符合表3-11的规定。

（8）填充墙砌体的砂浆饱满度及检验方法应符合表3-12的规定。

**表3-7　放线尺寸的允许偏差**

| 长度 $L$、宽度 $B$（m） | 允许偏差（mm） | 长度 $L$、宽度 $B$（m） | 允许偏差（mm） |
|---|---|---|---|
| $L$（或 $B$）≤30 | ±5 | 60 < $L$（或 $B$）≤90 | ±15 |
| 30 < $L$（或 $B$）≤60 | ±10 | $L$（或 $B$）>90 | ±20 |

**表3-8　砖、小型砌块砌体的允许偏差和外观质量标准**

| 项目 | | | 允许偏差（mm） | 检验方法 | 检验数量 |
|---|---|---|---|---|---|
| 轴线位移 | | | 10 | 用经纬仪和尺检验，或用其他测量仪器检验 | 全部承重墙柱 |
| 垂直度 | 每层 | | 5 | 用2 m托线板检查 | 外墙全高查阳角不少于4处；每层查一处。内墙有代表性的自然间抽10%，但不少于3间，每间不少于2处，柱不少于5根 |
| | 全高 | ≤10 m | 10 | 用经纬仪、吊线和尺检查，或用其他测量仪器检验 | |
| | | >10 m | 20 | | |
| 基础顶面和楼面标高 | | | ±15 | 用水准仪和尺检查 | 不应少于5处 |
| 表面平整度 | 清水墙、柱 | | 5 | 用2 m靠尺和楔形塞尺检查 | 有代表性的自然间抽10%，但不应少于3间，每间不应少于2处 |
| | 混水墙、柱 | | 8 | | |
| 水平灰缝平直度 | 清水墙 | | 7 | 灰缝上口处拉10 m线和尺检查 | |
| | 混水墙 | | 10 | | |
| 门窗洞口高、宽（后塞口） | | | ±5 | 用尺检查 | 检验批洞口的10%，且不应少于5处 |
| 外墙上下窗口偏移 | | | 20 | 以底层窗口为准，用经纬仪或吊线检查 | 检验批的10%，且不应少于5处 |
| 清水墙面游丁走缝（中型砌块） | | | 20 | 用吊线和尺检查，以每层第一皮砖为准 | 有代表性的自然间抽10%，但不应少于3间，每间不应少于2处 |

**表 3-9　石砌体的允许偏差和外观质量标准**

| 项目 | | 允许偏差（mm） | | | | | | | 检验方法 |
|---|---|---|---|---|---|---|---|---|---|
| | | 毛石砌体 | | 料石砌体 | | | | | |
| | | | | 毛料石 | | 粗料石 | | 细料石 | |
| | | 基础 | 墙 | 基础 | 墙 | 基础 | 墙 | 墙、柱 | |
| 轴线位置 | | 20 | 15 | 20 | 15 | 15 | 10 | 10 | 用经纬仪、水平仪复查或检查施工测量记录 |
| 基础和楼面标高 | | ±25 | ±15 | ±25 | ±15 | ±15 | ±15 | ±10 | |
| 砌体厚度 | | ±30 | +20<br>−10 | +30 | +20<br>−10 | ±15 | +10<br>−5 | +10<br>−5 | 用尺检查 |
| 墙面垂直度 | 每层 | — | 20 | — | 20 | — | 10 | 5 | 用经纬仪、吊线和尺检查 |
| | 全高 | — | 30 | — | 30 | — | 25 | 20 | |
| 表面平整度 | 清水墙、柱 | — | 20 | — | 20 | — | 10 | 5 | 细料石用 2 m 靠尺和楔形塞尺检查，其他用两直尺垂直灰缝拉 2 m 线和尺检查 |
| | 混水墙、柱 | — | 20 | — | 20 | — | 15 | — | |
| 清水墙水平灰缝垂直度 | | — | — | — | — | — | 10 | 5 | 拉 10 m 线和尺检查 |

**表 3-10　配筋砌体的构造柱位置及垂直度的允许偏差**

| 项目 | | | 允许偏差(mm) | 检查方法 | 抽检数量 |
|---|---|---|---|---|---|
| 柱中心线位置 | | | 10 | 用经纬仪和尺检查，或用其他测量仪器检查 | 每检验批抽 10%，且不应少于 5 处 |
| 柱层间错位 | | | 8 | 用经纬仪和尺检查，或用其他测量仪器检查 | |
| 柱垂直度 | 每层 | | 10 | 用 2 m 托线板检查 | |
| | 全高 | ≤10 m | 15 | 用经纬仪、吊线和尺检查，或用其他测量仪器检查 | |
| | | >10 m | 20 | | |

**表 3-11　填充墙砌体一般尺寸的允许偏差**

| 项目 | | 允许偏差(mm) | 检 验 方 法 |
|---|---|---|---|
| 轴线位移 | | 10 | 用尺检查 |
| 垂直度 | ≤3 m | 5 | 用 2 m 托线板或吊线、尺检查 |
| | >3 m | 10 | |
| 表面平整度 | | 8 | 用 2 m 靠尺和楔形塞尺检查 |
| 门窗洞口高、宽(后塞口) | | ±5 | 用尺检查 |
| 外墙上、下窗口偏移 | | 20 | 用经纬仪或吊线检查 |

**表 3-12　填充墙砌体的砂浆饱满度及检验方法**

| 砌体分类 | 灰缝 | 饱满度及要求 | 检验方法 |
|---|---|---|---|
| 空心砖砌体 | 水平 | ≥80% | 采用百格网检查块材底面砂浆的黏结痕迹面积 |
| | 垂直 | 填满砂浆，不得有透明缝、瞎缝、假缝 | |
| 加气混凝土砌块和轻骨料混凝土小砌块砌体 | 水平 | ≥80% | |
| | 垂直 | ≥80% | |

## 三、砌筑工程的安全与防护措施

（1）砌筑操作前，必须检查施工现场各项准备工作是否符合安全要求，道路是否畅通，机具是否完好牢固，安全设施和防护用品是否齐全，经检查符合要求后方可施工。

（2）搭设脚手架人员必须戴安全帽、系安全带、穿防滑鞋。

（3）墙身砌筑高度超过地坪 1.2 m 以上时，应搭设脚手架。在一层以上或高度超过 4 m 时，采用里脚手架必须搭设安全网，采用外脚手架应设护身栏杆和挡板后方可砌筑。

（4）作业层上的施工荷载应符合设计要求，不得超载。不得将楼板支架、缆风绳、泵送混凝土和砂浆的输送管等固定在脚手架上，严禁悬挂起重设备。

（5）不得在脚手架基础及其邻近处进行挖掘作业，否则应采取安全措施，并报主管部门批准。

（6）临街搭设脚手架时，外侧应有防止坠物伤人的防护措施。

（7）在脚手架上进行电、气焊作业时，必须有防火措施和专人看守。

（8）搭拆脚手架时，地面应设围栏和警戒标志，并派专人看守，严禁非操作人员入内。

（9）不准站在墙顶上做画线、刮缝及清扫墙面或检查大角垂直等工作。

（10）砍砖时应面向墙体，避免碎砖飞出伤人。

（11）不准在超过胸部的墙上进行砌筑，以免将墙体碰撞倒塌，造成安全事故。

（12）用于垂直运输的吊笼、滑车、绳索、刹车等，必须满足负荷要求，牢固无损，吊运时不准超载，并经常检查，发现问题及时修正。

（13）已砌好的山墙，应临时用连系杆放置各跨山墙上，使其联系稳定，或采取其他有效的加固措施。

（14）在同一垂直面内上下交叉作业时，必须设置安全隔板，下方操作人员必须佩戴安全帽。

（15）当有六级及六级以上大风、雾、雨、雪天气时，应停止脚手架搭设与拆除作业。雨、雪后上架作业应有防滑措施，并应扫除积雪。

（16）大风、大雨、冰冻等异常天气之后，应检查砌体是否有垂直度的变化，是否产生了裂隙，是否有不均匀沉降等现象，发现问题，及时修正。

## 综合应用案例

1. 工程概况

某住宅楼，平面呈一字形，建筑物平面尺寸56.4 m×10.2 m，六层砖混结构，建筑面积2 890.8 $m^2$，每层层高3.0 m，共6层，总高18.4 m，基础为条形基础。±0.000以下采用烧结普通砖砌筑，±0.000以上用MU10多孔黏土砖砌筑，楼板为现浇C30钢筋混凝土结构，板厚125 mm。外墙装饰采用米白色涂料和面砖、内墙采用888仿瓷涂料。坡屋顶面，铺蓝色西班牙瓦。

建筑物抗震设防烈度6度，建筑物安全等级为二级，结构使用年限60年。

2. 脚手架的搭设与拆除

根据本工程的施工特点制订本施工方案。本工程采用扣件式双排钢管脚手架。

(1)材料。钢管采用外径48 mm，壁厚3.5 mm的焊接钢管，立杆、大横杆、斜杆的钢管长度为4～4.5 m，小横杆的钢管长度为2.3 m，底座采用60 mm×60 mm木方条，扣件采用直角扣件、对接扣件和旋转扣件。

(2)脚手架的搭设。用扣件式钢管搭设的脚手架是施工临时结构，它主要承受施工过程中的各种垂直荷载和水平荷载，因此脚手架必须有足够的承载能力、刚度和稳定性。搭设的脚手架，必须在各种荷载作用下不发生失稳倒塌以及超过容许要求的变形、倾斜、摇晃或扭曲现象，以确保安全施工。

搭设脚手架的场地必须分层夯实平整，面铺C15混凝土，厚100 mm。为避免或减少架子不均匀沉降，在立杆底部加扫地杆(离地面很近的纵横向水平杆)，扫地杆下部塞垫木板。

施工用架子的立杆纵距一般不宜超过1.5 m，步距不宜超过2.0 m；立杆横距不宜超过1.05 m，横向水平杆间距不宜超过1.0 m。脚手架与主体结构连接点的横向距离选用3～4倍立柱纵距，但不宜超过4倍立柱纵距；竖向间距为2～4倍纵向水平杆步距，但不宜超过4倍纵向水平杆步距。脚手架与主体结构连接的连墙杆应与墙面垂直，不准向上倾斜，下倾角度不宜超过15°。

脚手架纵向支撑应设置在脚手架的外侧，沿高度由下而上连续设置。每15 m设置一道。纵向支撑宽度宜为3～5倍立杆纵距，斜杆与地面夹角在45°～60°。纵向支撑应用旋转扣件与立杆和横向水平杆扣牢，连接点距脚手架节点不大于200 mm，纵向支撑钢管接长宜采用对接扣件连接，相邻两立杆接头应错位不小于500 mm，且应不在同一步内。当采用搭接时，搭接长度不小于400 mm，并用两只旋转扣件扣牢。

操作层脚手板的铺设应满铺、铺稳，离开墙面120～150 mm。脚手板对接铺设时，接头处设两根横向水平杆，搭接铺设的脚手板接头必须在横向水平杆上，搭接长度不小于200 mm，不允许有探头板，脚手板悬挑长度不宜超过150 mm。

脚手架操作层必须有180 mm高的挡脚板和高度1.2 m的护身栏(两道水平钢管紧贴外立杆内侧，用扣件扣牢)。脚手架斜道均作为人员上下通行用，宽度不宜小于1 m，坡度宜为1:3，斜道为之字形，拐弯处宜设置不小于1.2 m宽的休息平台。

脚手架立杆纵向偏差不大于$H/200$，且不大于100 mm，横向偏差不大于$H/400$，且不大于50 mm。纵向水平杆水平偏差不大于总长度的1/300，且不大于20 mm，横向水平杆水平偏差不大于10 mm。脚手架的步距、立杆横距偏差不大于20 mm，立杆纵距偏差不大于

50 mm。扣件紧固力宜为45～55 N·m。

(3)脚手架的拆除。拆除脚手架必须认真向操作人员进行安全技术交底。拆除时必须设置警戒区,设置明显标志,并有专人警戒。拆除顺序自上而下进行,不能上下同时作业,连墙点必须与脚手架同步拆除,一般不允许分段、分立面拆除,如因施工需要必须分立面拆除,应在暂不拆除的两端加设边墙点和横向水平支撑。拆下的扣件和配件应及时运至地面,严禁高空抛掷。

3. 垂直运输设备的选择与布置

(1)塔吊。该住宅楼建筑物最高位置标高20.15 m,考虑室内外高差因素,塔吊最大需要起吊高度为25 m,再加上塔吊起吊吊钩等因素的影响,塔吊安装高度为36 m。QT－40塔吊固定使用最大起重高度为36 m,故本工程采用QT－40塔吊固定使用(无须附墙)。

(2)井架。本工程采用1台角钢外井架配合塔吊使用,井架配1台1吨卷扬机牵引、提升吊篮。外井架安装高度30 m,通过验算满足工程要求。

(3)塔吊与井架的配合。工程施工时井架作为塔吊完成运输的辅助,装修时垂直运输主要由塔吊来完成。

为了使塔吊与外井架在工程施工中互相配合,本工程施工时,QT－40塔吊一次性安装高度达到36 m,避免塔吊第二次安装与外井架“打架”的影响。

4. 砌筑工程施工

(1)抄平、放线。砌墙前,先在基础防潮层或楼面上定出各层标高,并用水泥砂浆或C10混凝土找平,然后根据龙门板上标志的轴线弹出墙身轴线、边线、门窗洞口线位置。二楼以上墙的轴线用经纬仪或垂球引测。砌筑前,基础或楼面清扫干净,洒水湿润。

(2)摆砖撂底。根据设计图纸各部位尺寸,由选定的组砌方法摆砖撂底,干砖试摆,外墙第一层砖撂底时,两山墙排丁砖,前后纵墙排丁砖,砖与砖留10 mm缝。根据弹好门窗洞口位置线,认真核对窗间墙、附墙垛的长度尺寸是否符合排砖模数。不符合砖的模数时,将门窗口的位置左右适当移动,移动门窗位置时,注意水、卫立管及门窗扇开启时不受影响。

(3)立皮数杆。皮数杆用30 mm×40 mm木料制作,其上注明门窗洞口、木砖、拉结筋、圈梁、过梁的尺寸标高。皮数杆间距15～20 m,转角处均应设立,一般距墙皮或墙角50 mm为宜。皮数杆应垂直、牢固、标高一致。

(4)盘角、挂线。砌筑时先砌墙角,墙角高度必须与皮数杆相吻合,墙角必须双向垂直。墙角砌好后,即可拉通线,作为中间墙体砌筑的依据。

(5)拌制砂浆。采用M5混合砂浆,砂浆稠度60～80 mm,砂浆配合比应先通过试配确定,计量精度:水泥±2%,砂及掺合料±5%。采用机械搅拌,投料顺序为砂→水泥→掺合料→水,搅拌时间不少于1.5 min。砂浆随拌随用,混合砂浆在拌和后3～4 h内用完,严禁用过夜砂浆。每一楼层或250 $m^3$砌体的各种强度等级的砂浆,每台搅拌机至少应制作一组试块(每组6块),砂浆材料、配合比如有变动,也应制作试块。

(6)砌筑。砌砖采用一铲灰、一块砖、一揉压的“三一砌砖法”,即满铺、满挤操作法。拉通线砌筑时,随砌、随吊、随靠,保证墙体垂直、平整,不允许砍砖修墙。水平灰缝厚度和竖向灰缝宽度为10 mm,不小于8 mm,也不大于12 mm。砌体砂浆密实饱满,实心砖砌体水平灰缝的砂浆饱满度不小于80%。多孔砖墙在地面或楼面上先砌三皮实心砖,多孔砖墙砌至梁或楼板下,用实心砖斜砌挤紧,并用砂浆填实。多孔砖墙门窗框两侧用实心砖砌筑,每边不小于24 cm。转角及交接处应同时砌筑,不得留直槎,斜槎高不大于1.2 m。墙体抗震拉结筋的位置、钢筋规格、数量、间距均应按设计要求留置,不应错放漏放。工程门窗采用后塞口施工,将预制好埋有木砖或铁件的混凝土块,按门窗洞口高度在2 m以内每边砌筑三块,洞口高度大于2 m时砌四块,混凝土块四周的砂浆要饱满密实。门洞上角过梁端部砌块灰缝或其他可能出现裂缝的薄弱部位,应布置钢丝网予以加固。多孔砖墙按设计要求设置构造柱、圈梁、过梁或现浇混凝土带。各种预留洞、预埋件应按设计要求设置,避免施工完毕后剔凿。

(7)构造柱。构造柱按设计、规范要求留设马牙槎,从底部开始构造柱处墙体五退五进,先退后进,退、进宽度均为60 mm,左右对齐、对称,马牙槎槎口高度300 mm(五皮砖),按设计要求留设拉结钢筋,一般沿墙高每600 mm(二皮砌块)设不少于2Φ6的钢筋,每边伸入墙体不小于1.0 m,并设置弯钩,埋入后不得任意弯折,墙体及钢筋上残留砂浆及时清理干净。

5. 墙体质量通病的防治

墙体工程质量通病主要有墙体裂缝、墙体渗水。

(1)墙体裂缝。墙体裂缝有墙间裂缝、底层窗台墙裂缝和女儿墙裂缝。施工前,砌块事先浇水湿润,不得干砖上墙。墙体采用“三一砌砖法”砌筑,砌筑时灰缝要饱满,竖向缝采用挤浆及添浆保证,杜绝空头缝。为了确保墙体整体性,在框架与填充墙间钉Φ4的钢丝网连接,每边与框架搭接不少于100 mm,防止产生裂缝。墙体构造钢筋、构造柱按设计要求设置,严把施工质量关。

(2)墙体渗水。造成墙体渗水的原因主要有墙体砂浆不饱满、竖缝未填实、墙体预留孔及脚手眼未堵好、墙体裂缝、外粉刷未做好、窗洞口节点处理不好等。防治措施:墙体采用“三一砌砖法”砌筑,砌筑时灰缝饱满,竖向缝采用挤浆及添浆保证,杜绝空头缝;外墙砌块洞口与门窗连接可靠,连接处用红砖砌筑,缝隙用麻刀砂浆填实,门窗封堵密封油膏,窗台做好泛水滴水槽。

## 小　结

砌筑工程是一个综合的施工过程,它包括脚手架的搭设、垂直运输设备的选用、砌筑材料的准备、砌体施工等内容。

砌体施工时,墙体超过可砌高度,必须搭设脚手架。常用的外脚手架主要有扣件式钢管脚手架、碗扣式钢管脚手架和门式钢管脚手架。扣件式钢管脚手架由标准的钢管杆件和特制扣件组成的脚手架骨架与脚手板、防护构件以及连墙杆(连墙件)等组成。扣件式钢管脚手架具有承载力大、杆配件数量少、搭设灵活、坚固耐用、高度大等优点,是目前建筑施工中最常用的一种脚手架。碗扣式钢管脚手架的主要构配件有钢管立杆、顶杆、横杆、斜杆、底座和碗扣接头等。碗扣式钢管脚手架杆件节点处采用碗扣连接,构件全部轴向连接,力学性能好,接头构造合理,工作安全可靠,组成的脚手架整体性好。门式钢管脚手架主要由门架和配件组成,结构设计合理,受力性能好,承载能力高,施工拆装方便,安全可靠,是目前国际应用最普遍的脚手架之一。里脚手架是搭设于建筑物内部的一种脚手架,主要用于内外墙的砌筑和室内装饰施工。里脚手架用料少,但装拆频繁,其结构形式有折叠式、支柱式和门架式等多种。脚手架使用的材料必须具有足够的强度、刚度和稳定性，确保施工期间在规定荷载作用下不发生破坏。

垂直运输设施是指担负垂直输送材料和施工人员上下的机械设备和设施。砌筑工程中常用的垂直运输设备有塔式起重机、井字架、龙门架、建筑施工电梯等。建筑工程全部的作业面应处于垂直运输设施的覆盖面和供应面的范围之内，垂直运输设备的供应能力应能满足高峰工作量的需要。

砌筑砂浆一般采用水泥砂浆、混合砂浆和石灰砂浆。砂浆拌制后，应具有良好的和易性，硬化后应具有一定的强度和黏结力。流动性好的砂浆便于操作，使灰缝平整、密实，可保证砌筑质量。砂浆应随拌随用，严禁使用过夜砂浆。

墙体的砌筑主要分为砖墙砌筑和砌块砌筑两大类。砖砌体施工通常包括抄平、放线、摆砖样、立皮数杆、挂线、砌筑、清理和勾缝等工序，施工时应横平竖直、灰浆饱满、上下错缝和接槎可靠。砌块砌筑主要包括铺灰、砌块就位、校正、勾缝、灌竖缝和镶砖等工序，质量要求同砖墙砌筑基本类似。在墙体的砌筑中，需要从构造角度考虑来设置构造柱，结合建筑物的防震等级，在建筑物的四角，内外墙交接处，较长的墙体，以及楼梯口、电梯间的四个角的位置设置构造柱。构造柱应与圈梁紧密连接，使建筑物形成一个空间骨架，从而提高结构的整体稳定性，增强建筑物的抗震能力。构造柱施工顺序为绑扎钢筋、砌砖墙、支模板、浇混凝土和拆模。

砌体工程在冬、雨期施工，必须采取相应的保护措施。在冬期施工时，常采取的措施有掺盐砂浆法、冻结法和暖棚法等。掺盐砂浆法就是在砌筑砂浆内掺入一定数量的抗冻剂（主要有氯化钠和氯化钙，其他还有亚硝酸钠、碳酸钾和硝酸钙等），来降低水溶液的冰点，使砂浆强度在负温下能够继续增长。掺盐砂浆法具有施工简便、费用低、取材方便等优点，在我国砖石砌体冬期施工中广泛采用。冻结法是在砂浆内不掺任何抗冻化学剂，允许砂浆在铺砌完后受冻，受冻的砂浆可以获得较大的冻结强度，且在解冻后其强度仍可继续增长，对有保温、绝缘、装饰等特殊要求的工程可采用冻结法施工。

# 习　题

1. 填空题

（1）脚手架按搭设位置分有________和________。为满足使用和承载作用，脚手架的横向宽度宜为________ m，步架高度宜为________ m，离墙距离宜为________ m。

（2）砌砖墙留直槎时，需加设拉结筋，对抗震设防烈度为 6 度、7 度地区，拉结筋每边埋入墙内的长度不应小于________ mm。

（3）砌筑用砂浆中的砂宜采用________。

（4）砖墙砌筑包括________、________、________、________和砌砖等工序。

（5）小型空心砌块砌体灰缝应__________，铺填砂浆__________；水平灰缝砂浆饱满度大于________，竖向灰缝砂浆饱满度大于________；灰缝厚度为________ mm。

2. 单选题

（1）砖砌体水平灰缝砂浆饱满度应不低于（　　）。

A. 50%　　B. 80%　　C. 40%　　D. 60%

(2)每层承重墙的最上一皮砖,在梁或梁垫的下面,应用(　　)砌筑。

A. 一顺一丁　　B. 丁砖　　C. 三顺一丁　　D. 顺砖

(3)扣件式钢管脚手架杆件中承受并传递荷载给立杆的是(　　)。

A. 剪刀撑　　B. 水平斜拉杆　　C. 纵向水平杆　　D. 横向水平扫地杆

(4)检查灰缝砂浆是否饱满的工具是(　　)。

A. 楔形塞尺　　B. 方格网　　C. 靠尺　　D. 托线板

(5)为了避免砌体施工时可能出现的高度偏差,最有效的措施是(　　)。

A. 准确绘制和正确树立皮数杆　　B. 挂线砌筑

C. 采用"三一砌砖法"砌筑　　D. 提高砂浆和易性

3. 多选题

(1)对砌筑砂浆的技术要求主要包含(　　)等几个方面。

A. 流动性　　B. 保水性　　C. 强度　　D. 坍落度　　E. 黏结力

(2)砖墙砌筑时,在(　　)处不得留槎。

A. 洞口　　B. 转角　　C. 墙体中间　　D. 纵横墙交接　　E. 隔墙与主墙交接

(3)对设有构造柱的抗震多层砖房,下列做法中正确的有(　　)。

A. 构造柱拆模后再砌墙

B. 墙与柱沿高度方向每500 mm设一道拉结筋,每边伸入墙内应不小于1 m

C. 构造柱应与圈梁连接

D. 与构造柱连接处的砖墙应砌成马牙槎,每一马牙槎沿高度方向的尺寸不得小于500 mm

E. 马牙槎从每层柱脚开始,应先进后退

(4)预防墙面灰缝不平直、游丁走缝的措施是(　　)。

A. 砌前先撂底(摆砖样)

B. 设立皮数杆

C. 挂线砌筑

D. 采用"三一砌砖法"

E. 每砌一步架,顺墙面向上弹引一定数量的立线

(5)为了避免砌块墙体开裂,预防措施包括(　　)。

A. 清除砌块表面脱模剂及粉尘

B. 采用和易性好的砂浆

C. 控制铺灰长度和灰缝厚度

D. 设置芯柱、圈梁、伸缩缝

E. 砌块成型后立即砌筑

4. 简述题

(1)脚手架的作用是什么?脚手架如何分类?砌筑施工对脚手架有哪些基本要求?

(2)砌筑用外脚手架的类型有哪些?在搭设和拆除时应注意哪些问题?

(3)脚手架为什么要设置斜撑、抛撑和剪刀撑?如何设置?

(4)常用里脚手架有哪些类型?其特点怎样?

(5)多立杆式钢管脚手架扣件的基本形式有哪几种?

(6)搭设多立杆式脚手架为什么设置连墙杆？如何设置？
(7)脚手架的安全防护措施有哪些？
(8)砌筑工程中的垂直运输机械主要有哪些类型？设置时应满足哪些基本要求？
(9)砌筑用砂浆有哪些类型？砂浆制备和使用有什么要求？
(10)砖墙砌筑形式有哪几种？组砌时应注意哪些问题？
(11)什么是皮数杆？皮数杆有何作用？如何布置？
(12)何谓“三一砌砖法”？有哪些特点？
(13)砌体接槎方式有哪些？有何具体要求？
(14)砖墙砌筑的施工工艺有哪些？砖砌体工程质量有哪些要求？
(15)构造柱的作用是什么？设置位置如何确定？构造要求有哪些？
(16)砌块排列图是如何绘制的？有何用途？
(17)框架填充墙的施工要点有哪些？
(18)冬期砌体工程施工有哪些方法？各有何要求？
(19)冻结法施工中应注意哪些问题？
(20)掺盐砂浆法施工中应注意哪些问题？
(21)砌体工程雨期施工的措施有哪些？

# 项目四　混凝土结构工程

**知识点**

模板的类型、构造、安装、拆除和验收，钢筋的验收与存放、钢筋的冷拉、钢筋的连接，以及钢筋的配料、代换和加工安装，混凝土的制备、运输、浇筑、养护和质量检查，混凝土工程冬期施工和雨期施工措施，混凝土结构工程施工安全技术。

**学习目标**

掌握模板的类型、安装和拆除方法及要求，钢筋的冷加工工艺以及钢筋的配料、代换的计算方法，混凝土工程的施工工艺及质量控制方法；熟悉模板的构造设计，钢筋的验收要求，混凝土工程冬期施工和雨期施工措施；了解钢筋混凝土工程施工特点及发展方向，钢筋混凝土工程施工安全技术。

**引例**

某住宅楼6层，砖混结构，一层地面标高为±0.00，室内外高差0.15 m，建筑面积2 890.8 $m^2$，建筑平面尺寸56.4 m×10.18 m，层高3.0 m，总高18.4 m，外挑式阳台。建筑抗震设防烈度6度，建筑安全等级二级，结构使用年限50年。现浇柱、梁、板、阳台，三层以下结构为C30混凝土，三层以上结构为C25混凝土。墙体为M7.5水泥砂浆砌烧结页岩实心砖。

**思考：**

(1)模板安装包括哪些内容?

(2)钢筋现场绑扎程序有哪些?

(3)混凝土浇筑应注意哪些问题?

**特别提示**

混凝土结构是以水泥、砂子、石子等材料浇筑而成的结构，包括素混凝土结构、钢筋混凝土结构和预应力混凝土结构等。混凝土结构根据结构的施工方法分为现浇混凝土结构和装配式混凝土结构，现浇混凝土结构工程包括模板工程、钢筋工程、混凝土工程等。由于施工过程多，影响施工质量的因素复杂，施工前要做好充分准备，施工中应合理组织，各工种之间应密切配合，才能确保工程施工质量和工期。

## 任务一　模板工程

### 一、模板系统的组成、作用与基本要求

#### (一)模板系统的组成与作用

模板系统由模板、支架和紧固件三部分组成。模板是混凝土结构构件成型的模具，已浇

筑的混凝土需要在此模具内养护、硬化、增长强度,形成所要求的构件。支架是保证模板形状、尺寸和位置的支撑体系,能够承受模板、钢筋、新浇筑混凝土以及施工荷载的结构。紧固件则使模板相互之间连接可靠,保证整个系统的整体性和稳定性。

**(二)模板系统的基本要求**

在现浇混凝土结构施工中,模板系统的基本要求是:

(1)模板系统要保证结构或构件形状和尺寸及相互位置的正确。其形状、尺寸及相互位置应满足设计要求,且保证混凝土浇筑后偏差在允许范围内。

(2)模板系统本身要有足够的强度、刚度和稳定性。能可靠地承受浇筑混凝土的重量、侧压力以及施工荷载,保证不出现塑性变形、倾覆或失去稳定。

(3)模板板面平整、光滑,还应有一定的耐摩擦、耐冲击、耐碱、耐水及耐热性能。

(4)模板系统的构造应简单,质量应轻,其安装和拆除应方便和尽量快捷,并要充分考虑与其他工种的配合。

(5)模板系统的接缝应少(指平面尺寸大)且严密。

(6)模板系统应能多次周转使用,以降低施工成本。

## 二、模板的分类与组成

模板的种类繁多,模板分类有多种方式。模板按其所使用的材料不同分为钢模板、木模板、钢木模板、胶合板模板、塑料模板、玻璃钢模板、铝合金模板等;按其结构或构件的类型不同分为基础模板、柱模板、楼板模板、楼梯模板、墙模板、壳模板、烟囱模板等;按其形式不同分为整体式模板、定型模板、工具式模板、滑升模板、爬升模板、胎膜等。

**(一)木模板**

木模板选用的木材主要为松木(红松、白松、落叶松等)和杉木。木模板及支架系统一般在加工厂或现场木工棚做成元件,然后到现场拼装。如图4-1所示,拼板由板条和拼条组成,拼板的长短、宽窄可以根据钢筋混凝土结构各种构件的尺寸,设计出几种标准尺寸,以便组合使用。每块拼板重量最大以两人能搬动为宜。当拼板的板条长度不够,需要接长时,板条接缝应位于拼条处并相互错开,以保证拼板的刚度。拼板的板条厚度一般为25~50 mm,宽度不宜超过200 mm(工具式模板不超过100 mm),以保证干缩时缝隙均匀,浇水后易于密缝,受潮后不易翘曲。但梁底模板的板条宽度不受限制,以减少拼缝,防止漏浆。拼条的截

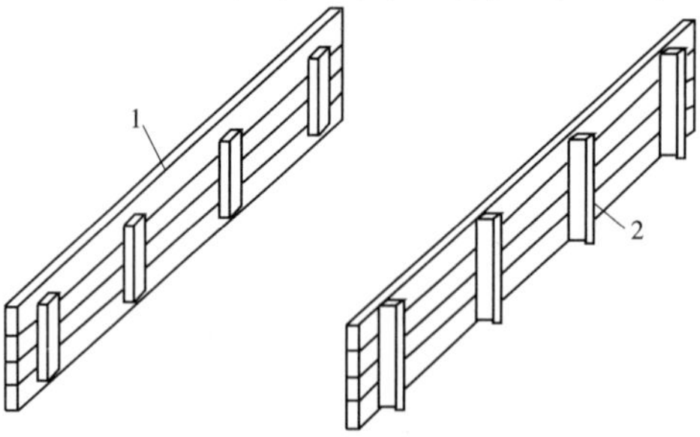


(a)一般拼板　　(b)梁侧板的拼板

1—板条;2—拼条

**图4-1　拼板的构造**

面尺寸一般为 25 mm×35 mm～50 mm×50 mm，不求一致。梁侧板的拼条可以立放也可以平放，拼条的间距取决于所浇筑混凝土侧压力的大小及板条的厚度。当板条厚为 25 mm 时，拼条间距可取 400～450 mm；板条厚度大于 25 mm 时，间距可取 450～500 mm。我国木材资源贫乏，到 20 世纪 70 年代末至 80 年代，我国大力推广应用组合钢模板，进入 20 世纪 90 年代，为达到清水混凝土的施工要求，逐渐研究开发了各种以人造板作面板的新型模板，成为我国模板工程发展的趋势。

**（二）组合钢模板**

定型组合钢模板是一种工具式定型模板，钢模板通过各种连接件和支承件可组合成多种尺寸结构和几何形状的模板，以适应各类型建筑物的梁、柱、板、墙、基础和设备基础等施工的需要，也可用其拼装成大模板、滑模、隧道模和台模等。施工时可在现场直接组装，也可预拼成大块模板或构件模板，用起重机吊运安装。

定型组合钢模板安装工效比木模板高；组装灵活，通用性强；装拆方便，每套钢模板可重复使用 50～100 次以上；加工精度高，浇筑混凝土的质量好；成型后的混凝土尺寸准确，棱角整齐，表面光滑，可以节省装修用工。组合钢模板一次性投资大，应加强维护保养，否则容易锈蚀，影响模板使用寿命及混凝土工程质量。

1. 组合钢模板的组成

定型组合钢模板由钢模板和配件组成，配件包括连接件和支承件。

（1）钢模板。钢模板包括平面模板（代号 P）、阴角模板（代号 E）、阳角模板（代号 Y）和连接角模（代号 J），如图 4-2 所示。钢模板采用模数制设计，我国钢模板的宽度以 100 mm 为基数，按 50 mm 进级，长度以 450 mm 为基数，按 150 mm 进级，边肋孔距长方向为 150 mm，短方向为 75 mm，可以适应横竖拼装成以 50 mm 进级的任何尺寸的模板。

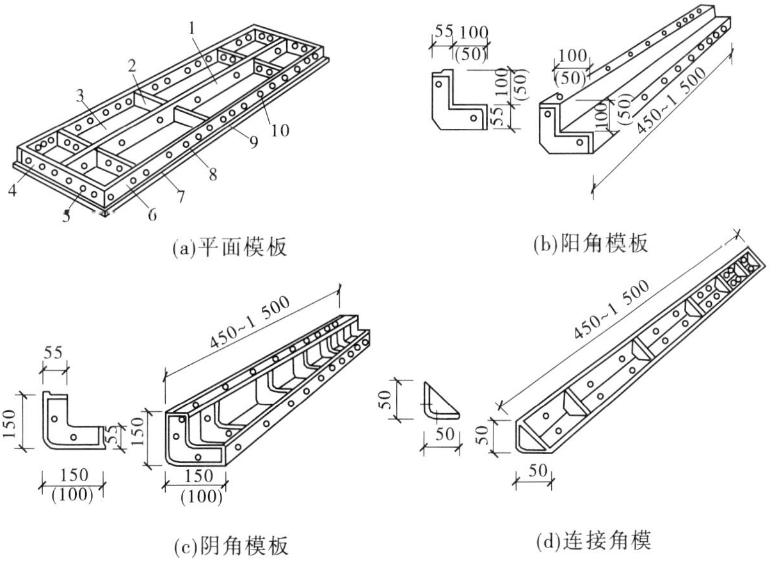


1—中纵肋；2—中横肋；3—面板；4—横肋；5—插销孔；6—纵肋；7—凸棱；8—凸鼓；9—U 形卡孔；10—钉子孔

**图 4-2　钢模板类型**

平面模板用于基础、墙体、梁、板、柱等各种结构的平面部位，它由面板和肋组成，肋上设有U形卡孔和插销孔，利用U形卡和L形插销等拼装成大块板，如图4-2(a)所示；阳角模板主要用于混凝土构件阳角，如图4-2(b)所示；阴角模板用于混凝土构件阴角，如内墙角、水池内角及梁板交接处阴角等，如图4-2(c)所示；连接角模用于平面模板作垂直连接构成阳角，如图4-2(d)所示。

(2)连接件。定型组合钢模板的连接件包括U形卡、L形插销、钩头螺栓、对拉螺栓、紧固螺栓和扣件等，如图4-3所示。

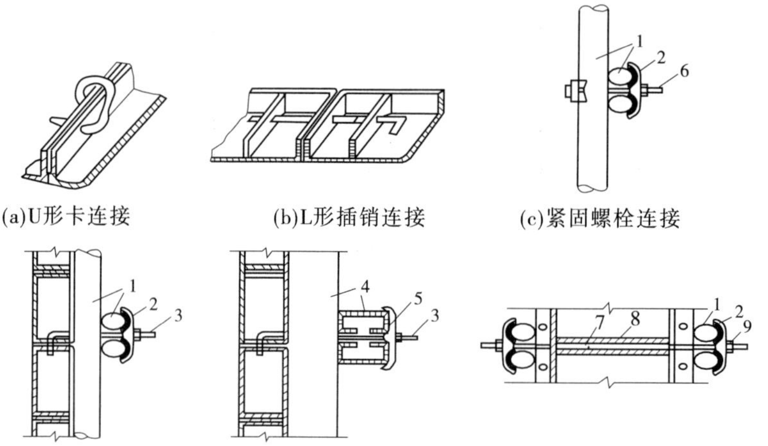


(a)U形卡连接　(b)L形插销连接　(c)紧固螺栓连接

(d)钩头螺栓连接　(e)对拉螺栓连接

1—圆钢管钢楞；2—"3"形扣件；3—钩头螺栓；4—内卷边槽钢钢楞；5—蝶形扣件；
6—紧固螺栓；7—对拉螺栓；8—塑料套管；9—螺母

**图4-3　钢模板连接件**

U形卡用于相邻模板的拼接，其安装距离不大于300 mm，即每隔一孔卡插一个，安装方向一顺一倒相互错开；L形插销用于插入钢模板端部横肋的插销孔内，以加强两相邻模板接头处的刚度和保证接头处板面平整；钩头螺栓用于钢模板与内外钢楞的加固，安装间距一般不大于600 mm，长度应与采用的钢楞尺寸相适应；紧固螺栓用于紧固内外钢楞，长度同钢楞尺寸；对拉螺栓用于连接墙体两侧模板，保持模板与模板之间的设计厚度，并承受混凝土侧压力；扣件用于钢楞与钢楞或与钢模板之间的扣紧，按钢楞的不同形状，分别采用蝶形扣件和"3"形扣件。

(3)支承件。定型组合钢模板的支承件包括柱箍、钢楞、梁卡具、钢支柱、斜撑、早拆柱头、钢桁架等。

柱箍又称柱卡箍或定位夹箍，是用于直接支承和夹紧各类柱模的支承件，可根据柱模的外形尺寸和侧压力的大小选用，如图4-4所示。

钢楞(龙骨)分内钢楞和外钢楞。内钢楞一般与钢模板垂直，承受钢模板传来的荷载，间距一般为700～900 mm；外钢楞承受内钢楞传来的荷载，或用来加强模板结构的整体刚度和调整平直度，如图4-3(c)、(d)、(e)所示。钢楞一般用圆钢管、矩形钢管、槽钢或内槽钢及内卷边槽钢，而以钢管较多。

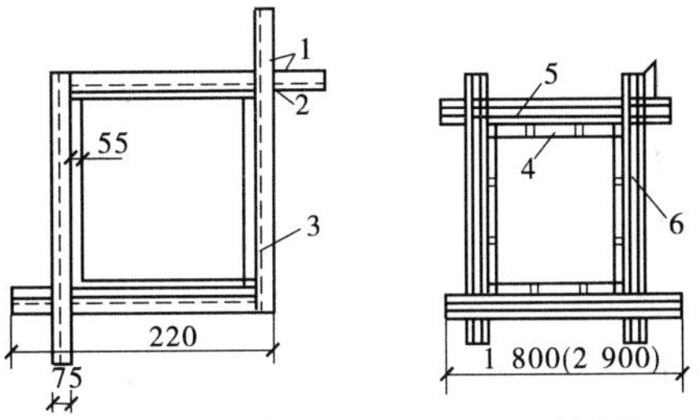


(a)角钢形　　　　(b)型钢形

1—插销;2—限位器;3—夹板;4—模板;5—型钢;6—型钢

**图 4-4　柱箍**

梁卡具(梁托架)是将大梁、过梁等的钢模板夹紧固定的装置,并承受混凝土的侧压力。钢管形梁卡具适用于断面为 700 mm × 500 mm 以内的梁;扁钢和圆钢管组合梁卡具适用于断面为 600 mm ×500 mm 以内的梁,如图 4-5 所示。

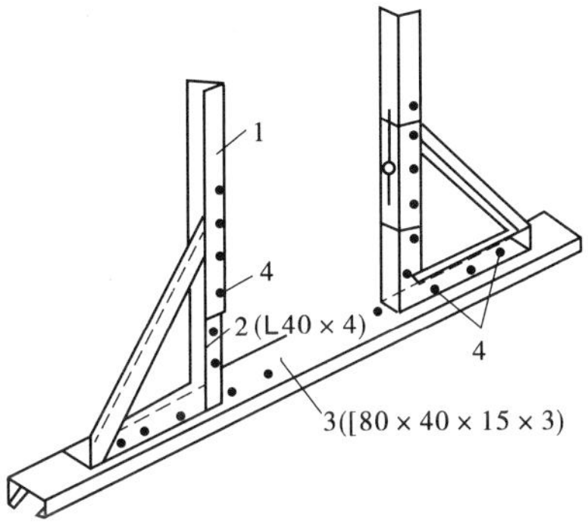


1—调节杆;2—三角架;3—底座;4—螺栓

**图 4-5　梁卡具**

钢支柱,即大梁、楼板等水平模板的垂直支撑,采用 Q235 钢管制作,有单管支柱、四管支柱及螺栓千斤顶等多种形式,如图 4-6(a)所示。

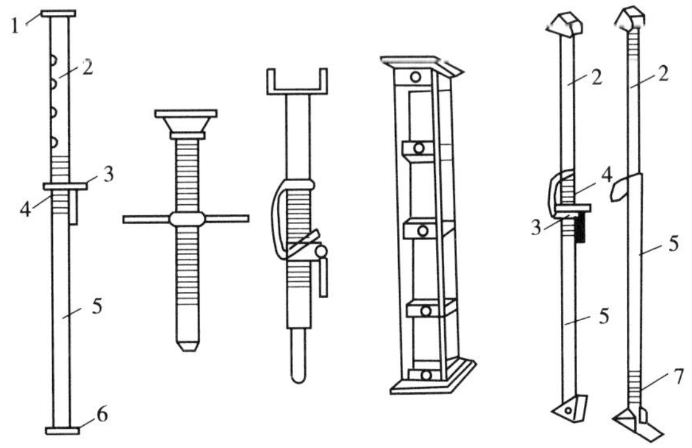


(a)钢支柱　　　　(b)斜撑

1—顶板;2—插管;3—插销;4—转盘;5—套管;6—底板;7—螺杆

**图 4-6　钢支柱、斜撑**

斜撑用于承受墙、柱等侧模板的侧向荷载和调整竖向支模时的垂直度，如图 4-6(b)所示。

早拆柱头用于梁和模板的支撑柱头，以及模板早拆柱头，如图 4-7 所示。

钢桁架用以支承梁或板的底模板，常用的有整榀式和组合式两种，如图 4-8 所示。整榀式桁架，一榀桁架的承载能力约为 30 kN；组合式桁架，可调范围为 2.5 ~ 3.5 m，一榀桁架的承载能力约为 20 kN。

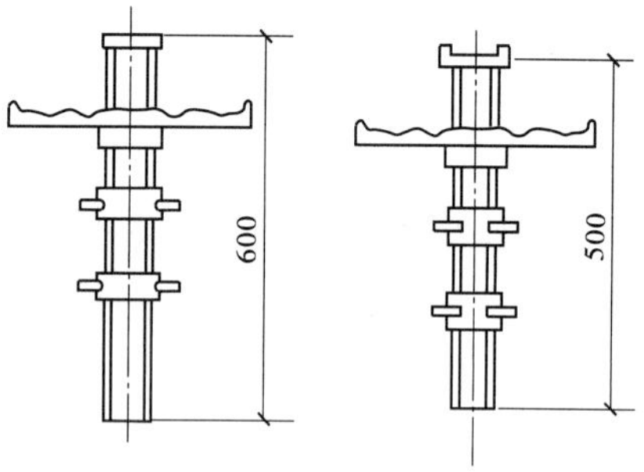


图 4-7　螺旋式早拆柱头

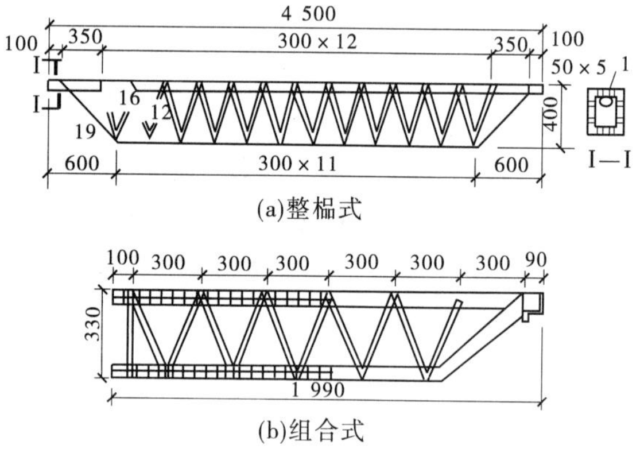


图 4-8　钢桁架

2. 组合钢模板的配板

(1)配板原则。保证构件的形状尺寸及相互位置的正确；使模板具有足够的强度、刚度和稳定性；配制的模板应优先选用通用、大块模板，使其种类和块数最少、木模镶拼量最小；应使支承件布置简单，受力合理；模板长向拼接宜采用错开布置，以增加模板的整体刚度；模板的支承系统应根据模板的荷载和部件的刚度进行布置；对钢模板尽量采用横排或竖排，尽量不用横竖兼排的方式。

(2)配板步骤。根据施工组织设计明确需要配制模板的层段数量；根据已确定配模的层段数量，按照施工图纸中梁、柱、墙、板等构件尺寸，进行模板组配设计；明确支撑系统的布置、连接和固定方法；进行夹箍和支撑件等的设计计算和选配工作；确定预埋件的固定方法、管线埋设方法以及特殊部位(如预留孔洞等)的处理方法；根据所需钢模板、连接件、支撑及架设工具等列出统计表，以便备料。

3. 常用组合钢模板配备

常用组合钢模板配备如表 4-1 所示。

**(三)胶合板模板**

钢框木(竹)胶合板模板是以热轧异型钢为钢框架，以覆面胶合板作板面，并加焊若干钢肋承托面板的一种组合式模板，面板有木、竹胶合板及单片木面竹芯胶合板等，如图 4-9 所示。钢框木(竹)胶合板的长度最长已达 2 400 mm，宽度最宽达 1 200 mm。钢框木(竹)胶合板模板具有自重轻、用钢量少、面积大、模板拼缝少、表面平整光洁、维修方便等特点，而且面板损伤后可用修补剂修补，提高了周转次数。

表 4-1　每 1 万 $m^2$ 钢模板及配件配备表

| 名称 | 代号 | 规格 | 比例（%） | 每件面积（$m^2$） | 每件质量（kg） | 件数 | 说明 |
|---|---|---|---|---|---|---|---|
| 平面模板 | P30120 | 300×1 200×55 | 36 | 0.36 | 12.59 | 10 000 | 使用单位可按工程情况适当调整配比 |
| | P30090 | 300×900×55 | 7.5 | 0.27 | 9.59 | 2 780 | |
| | P30075 | 300×750×55 | 4 | 0.225 | 7.95 | 1 780 | |
| | P30045 | 300×450×55 | 2.5 | 0.135 | 4.95 | 1 850 | |
| | P20120 | 200×1 200×55 | 14.4 | 0.21 | 8.39 | 6 000 | |
| | P20090 | 200×900×55 | 3 | 0.18 | 6.39 | 1 670 | |
| | P20075 | 200×750×55 | 1.6 | 0.15 | 5.29 | 1 070 | |
| | P20045 | 200×450×55 | 1 | 0.09 | 3.30 | 1 110 | |
| | P15120 | 150×1 200×55 | 8.44 | 0.18 | 6.90 | 4 800 | |
| | P15090 | 150×900×55 | 1.8 | 0.135 | 5.25 | 1 340 | |
| | P15075 | 150×750×55 | 0.96 | 0.112 5 | 4.35 | 850 | |
| | P15045 | 150×450×55 | 0.6 | 0.067 5 | 2.70 | 890 | |
| | P10120 | 100×1 200×55 | 5.04 | 0.12 | 5.42 | 4 200 | |
| | P10090 | 100×900×55 | 1.05 | 0.09 | 4.11 | 1 170 | |
| | P10075 | 100×750×55 | 0.56 | 0.075 | 3.41 | 750 | |
| | P10045 | 100×450×55 | 0.35 | 0.045 | 2.10 | 780 | |
| 阳角模 | Y120 | 1 200×150×100 | 5.76 | 0.3 | 9.52 | 1 920 | |
| | Y090 | 900×150×100 | 1.20 | 0.225 | 7.24 | 540 | |
| | Y075 | 750×150×100 | 0.64 | 0.187 5 | 6.10 | 340 | |
| | Y045 | 450×150×100 | 0.4 | 0.112 5 | 3.82 | 360 | |
| 阴角模 | E120 | 1 200×50×50 | 2.16 | 0.12 | 5.77 | 1 800 | |
| | E090 | 900×50×50 | 0.45 | 0.09 | 4.40 | 500 | |
| | E075 | 750×50×50 | 0.24 | 0.075 | 3.64 | 320 | |
| | E045 | 450×50×50 | 0.15 | 0.045 | 2.28 | 340 | |
| 固定角模 | G120 | 1 200×50×50 | | | 2.64 | 1 800 | |
| | G090 | 900×55×55 | | | 1.99 | 500 | |
| | G075 | 750×55×55 | | | 1.65 | 320 | |
| | G045 | 450×55×55 | | | 1.01 | 340 | |
| 回形销 | | | | | 0.20 | 200 000 | |
| 穿钉 | | | | | 0.40 | 40 000 | |
| 梁卡具 | | | | | 13.97 | 1 500 | |
| 柱卡具 | | | | | 24.91 | 2 500 | |
| 直顶柱 | | | | | 34.69 | 1 500 | |
| 斜顶柱 | | | | | 29.37 | 300 | |
| 桁架 | | | | | 12.54 | 5 000 | |
| 桁架托 | | | | | 9.72 | 500 | |
| 墙头 | | | | | 4.14 | 500 | |
| 大小管卡 | | | | | 0.68 | 4 000/300 | |
| 穿销 | | | | | 2.66 | 2 000 | |
| 钩销 | | | | | 0.82 | 1 500 | |

目前，钢框木（竹）胶合板模板的品种系列（按钢框高度分）有55、63、70、75、78、90等，其支承系统各具特色。

（1）75系列钢框胶合板模板。由高度为75 mm的钢框木胶合板模板与配件组成，平面模板以600 mm为最宽尺寸，作为标准板，级差为50 mm或其倍数，宽度小于600 mm的为补充板。长度以2 400 mm为最长尺寸，级差为300 mm。

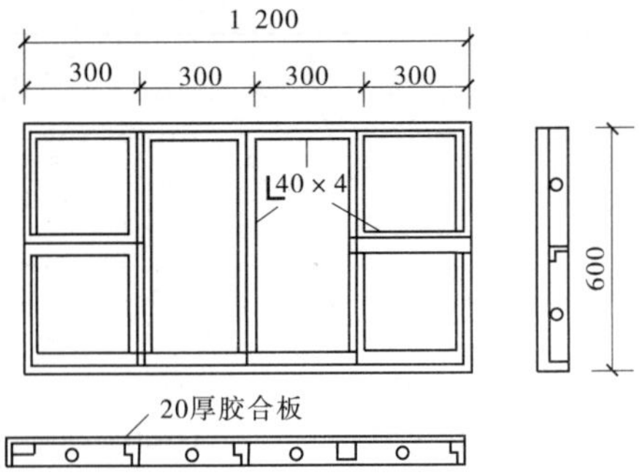

图4-9　钢框胶合板模板

（2）55型钢框胶合板模板。模板由钢边框、加强肋和防水胶合板模板组成，可与组合钢模板通用。钢边框宽55 mm，厚5 mm，承托肋宽6 mm。边框四周设Φ13连接孔，孔距150 mm，模板加强肋采用43×3扁钢，纵横间距300 mm。在模板四角及中间一定距离位置设斜铁，用沉头螺栓同面板连接。面板采用12 mm厚防水胶合板。

（3）早拆体系钢框胶合板模板。常规的支模方法，楼板的模板配置量，一般均需3～4个层段的支柱、龙骨（钢楞）和模板，一次投入量大。采用早拆体系，将较大跨度的楼盖通过增加支柱、缩小楼盖的跨度（≤2 m），从而达到“早拆模板，后拆支柱”的目的。这样，可使模板周转加快，模板一次配置量可减少1/3～1/2。目前，主要有SP－70早拆体系钢框胶合板模板与GZ－90早拆体系钢框胶合板模板两种。

SP－70早拆体系模板由模板块、支撑系统、拉杆系统、附件和辅助零件组成。

GZ－90早拆体系模板由GZB模板、GZT早拆托座、GZL箱型支承梁及GZM多功能门式脚手架组成。

## 三、模板的设计

模板及其支架应根据工程结构形式、荷载大小、地基土类别、施工设备和材料供应等条件进行设计。对于常用的木模板和定型组合钢模板，不需进行设计或验算。但对于重要结构的模板、形式特殊的模板、超出适用范围的一般模板，应进行模板设计或验算，以保证施工质量与安全和防止浪费。现就模板设计中的荷载和有关计算规定作一简单介绍。

### （一）荷载

#### 1. 模板及支架自重

模板及支架的自重应根据模板设计图纸计算确定。对于肋形楼板以及无梁楼板模板可以参考以下数据：

（1）平板模板及小楞。定型组合钢模板为0.5 kN/m²，木模板为0.3 kN/m²。

（2）楼板模板（包括梁模板）。定型组合钢模板为0.75 kN/m²，木模板为0.5 kN/m²。

（3）楼板模板及其支架（楼层高≤4 m）。定型组合钢模板为1.1 kN/m²，木模板为0.75 kN/m²。

#### 2. 现浇混凝土重量

普通混凝土重力密度为25 kN/m³，其他混凝土按实际重量计算。

#### 3. 钢筋重量

钢筋重量应根据工程设计图纸计算确定。对一般梁板结构，每立方米混凝土中的钢筋重量为:楼板 1.1 kN,梁 1.5 kN。

4. 施工人员及施工设备在水平投影面上的荷载

(1)计算模板及直接支承小楞结构构件时,应以均布活荷载为 2.5 kN/m$^2$ 和以集中荷载 2.5 kN 进行计算,取两者中较大的弯矩值。

(2)计算直接支承小结构构件时,均布活荷载为 1.5 kN/m$^2$。

(3)计算支架支柱及其他支承结构构件时,均布活荷载为 1.0 kN/m$^2$。对大型浇筑设备如上料平台、混凝土输送泵等,按实际情况计算。混凝土堆积高度超过 100 mm 以上者,按实际高度计算。如模板单块宽度小于 150 mm,集中荷载可分布在相临两块板上。

5. 振捣混凝土时产生的荷载(作用范围在有效压头高度之内)

水平面模板为 2.0 kN/m$^2$,垂直面模板为 4.0 kN/m$^2$。

6. 新浇筑混凝土对模板的侧压力

采用内部振捣器时,新浇筑的混凝土作用于模板的最大侧压力,可按式(4-1)和式(4-2)计算,并取其中较小值。

$$F = 0.22\gamma_c t_0 \beta_1 \beta_2 V^{1/2} \tag{4-1}$$

$$F = \gamma_c H \tag{4-2}$$

式中 $F$——板的最大侧压力, kN/m$^2$;

$\gamma_c$——混凝土的重力密度, kN/m$^3$;

$t_0$——新浇混凝土的初凝时间,h,可按实测确定,当缺乏试验资料时,可采用 $t_0 = 200/(T+15)$ 计算($T$ 为混凝土的温度,℃);

$V$——混凝土的浇筑速度,m/h;

$H$——混凝土侧压力计算位置至新浇混凝土顶面的高度,m;

$\beta_1$——外加剂影响修正系数,不掺外加剂时取 1.0,掺具有缓凝作用的外加剂时取 1.2;

$\beta_2$——混凝土坍落度影响修正系数,当坍落度小于 30 mm 时,取 0.85,坍落度为 50 ~ 90 mm 时,取 1.0,坍落度为 110 ~ 150 mm 时,取 1.15。

7. 倾倒混凝土时对垂直面模板产生的水平荷载

用溜槽、串筒或导管向内灌混凝土时为 2 kN/m$^2$;用容量小于 0.2 m$^3$ 的运输器具向模板内倾倒混凝土时为 2 kN/m$^2$;用容量为 0.2 ~ 0.8 m$^3$ 的运输器具向模板内倾倒混凝土时为 4 kN/m$^2$;用容量大于 0.8 m$^3$ 的运输器具向模板内倾倒混凝土时为 6 kN/m$^2$。

8. 风荷载

风荷载按现行《建筑结构荷载规范》(GB 50009—2001)的有关规定计算。

**(二)荷载分项系数**

计算模板及其支架的荷载设计值应采用荷载标准值乘以相应的荷载分项系数求得。荷载分项系数为:

(1)计算模板及支架自重或新浇筑混凝土、钢筋自重时,荷载分项系数为 1.2。

(2)计算施工人员及施工设备荷载或振捣混凝土时产生的荷载时,荷载分项系数为 1.4。

(3)计算新浇混凝土对模板的侧压力时,荷载分项系数为 1.2。

(4)计算倾倒混凝土产生的荷载时,荷载分项系数为 1.4。

### （三）计算规定

（1）模板荷载组合。计算模板和支架时，应根据表 4-2 的规定进行荷载组合。

**表 4-2　计算模板及其支架的荷载组合**

| 项次 | 项目 | 荷载类别 | |
|---|---|---|---|
| | | 计算强度用 | 验算刚度用 |
| 1 | 平板和薄壳模板及支架 | (1)+(2)+(3)+(4) | (1)+(2)+(3) |
| 2 | 梁和拱模板的底板 | (1)+(2)+(3)+(5) | (1)+(2)+(3) |
| 3 | 梁、拱、柱（边长≤300 mm）、墙（厚≤100 mm）的侧面模板 | (5)+(6) | (6) |
| 4 | 厚大结构、柱（边长>300 mm）墙（厚>100 mm）的侧面模板 | (6)+(7) | (6) |

（2）验算模板及支架的刚度时，允许的变形值。结构表面外露的模板，为模板构件计算跨度的 1/400；结构表面隐蔽的模板，为模板构件计算跨度的 1/250，支架压缩变形值或弹性挠度，为相应结构计算跨度的 1/1 000。

当验算模板及支架在自重和风荷载作用下的抗倾稳定性时，应符合有关的专门规定。滑升模板、爬模等特种模板也应按专门的规定计算。对于利用模板张拉和锚固预应力筋等产生的荷载，亦应另行计算。

模板系统的设计计算，原则上与永久结构相似，计算时要参照相应的设计规范。

计算模板和支架的强度时，由于是一种临时性结构，钢材的允许应力可适当提高；当木材的含水量小于 25% 时，容许应力值可提高 15%。

## 四、模板安装与拆除

### （一）模板安装要求

（1）模板安装中，应对模板及其支架进行观察和维护。发生异常情况时，应按施工技术方案及时进行处理。

（2）安装现浇结构的上层模板及其支架时，下层楼板应具有承受上层荷载的承载能力，或加设支架；上、下支架的立柱应对准，并铺设垫板。

（3）模板的接缝不应漏浆。在浇筑混凝土前，木模板应浇水湿润，但模板内不得积水。

（4）模板与混凝土的接触面应清理干净并涂刷隔离剂，但不得采用影响结构性能或妨碍装饰工程施工的隔离剂。在涂刷隔离剂时，不得沾污钢筋和混凝土接槎处。

（5）浇筑混凝土前，模板内的杂物应清理干净。

（6）对清水混凝土工程及装饰混凝土工程，应使用能达到设计效果的模板。

（7）固定在模板上的预埋件、预留孔和预留洞均不得遗漏，且应安装牢固。预埋件和预留孔洞的允许偏差如表 4-3 所示。

（8）现浇结构模板安装的允许偏差，如表 4-4 所示。

**表 4-3　预埋件和预留孔洞的允许偏差**

| 项目 | | 允许偏差(mm) |
|---|---|---|
| 预埋钢板中心线位置 | | 3 |
| 预埋管、预留孔中心线位置 | | 3 |
| 插筋 | 中心线位置 | 5 |
| | 外露长度 | +10,0 |
| 预埋螺栓 | 中心线位置 | 2 |
| | 外露长度 | +10,0 |
| 预留洞 | 中心线位置 | 10 |
| | 尺寸 | +10,0 |

注:检查中心线位置时,应沿纵、横两个方向量测,并取其中的较大值。

**表 4-4　现浇结构模板安装的允许偏差及检验方法**

| 项目 | | 允许偏差(mm) | 检验方法 |
|---|---|---|---|
| 轴线位置 | | 5 | 钢尺检查 |
| 底模上表面标高 | | ±5 | 水准仪或拉线、钢尺检查 |
| 截面内部尺寸 | 基础 | ±10 | 钢尺检查 |
| | 柱、墙、梁 | +4,-5 | 钢尺检查 |
| 层高垂直度 | 不大于 5 m | 6 | 经纬仪或吊线、钢尺检查 |
| | 大于 5 m | 8 | 经纬仪或吊线、钢尺检查 |
| 相邻两板表面高低差 | | 2 | 钢尺检查 |
| 表面平整度 | | 5 | 2 m 靠尺和塞尺检查 |

注:检查中心线位置时,应沿纵、横两个方向量测,并取其中的较大值。

### (二)模板安装

1. 基础模板

基础的特点是高度不大而体积较大,基础模板一般利用地基或基槽(坑)进行支撑,如图 4-10 所示。基础模板安装过程和注意事项如下:

(1)拉线找中,弹出中心线和边线,找平、做出标高标志。

(2)沿边线竖直模板,临时固定,找正校直,用斜撑固定牢固。

(3)杯形柱基模板,杯口模板应直拼、外面刨光,如设底板,应侧板包底板,底板要钻孔以便排气。模板外侧弹中心线,涂刷隔离剂。浇筑混凝土时上口要临时遮盖,如不设底板,要指派专人将涌入芯模底部的混凝土及时清除干净,达到杯底平整。

(4)杯芯模板位置、标高必须安装准确,固定牢固,防止上浮或偏移。

(5)杯芯模板在混凝土浇筑后,一般在混凝土初凝前后即可用锤轻打,撬杠松动,以便混凝土凝固后拔出。

(6)基础较深者,应用铅丝或螺栓加固模板。有预埋件者,应准确固定。

2. 柱模板

柱的特点是断面尺寸及高度大,柱模板的构造和安装主要考虑保证垂直度及抵抗新浇筑混凝土的侧压力,同时,也要便于浇筑混凝土、清理垃圾等,如图 4-11 所示。柱模板安装过程如下:

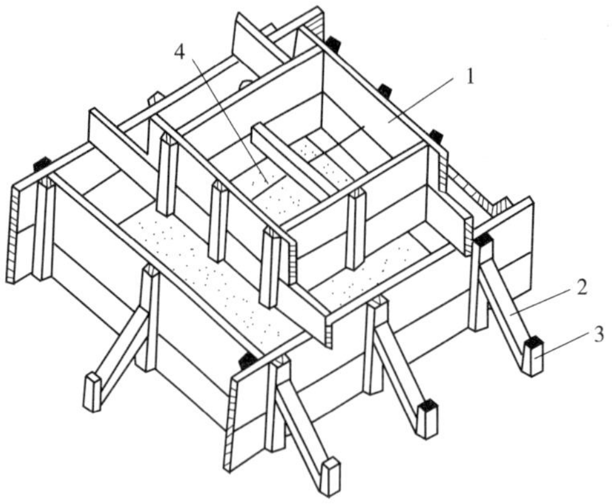


1—拼板;2—斜撑;3—木桩;4—铁丝

**图 4-10 独立柱基础模板安装**

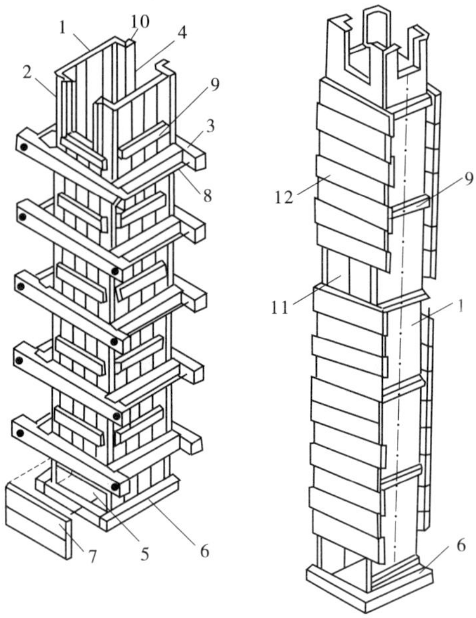


(a)拼板柱模板　　(b)短横板柱模板

1—内拼板;2—外拼板;3—柱箍;4—梁缺口;
5—清理孔;6—木框;7—盖板;8—拉紧螺栓;
9—拼条;10—三角木条;11—浇筑孔;12—短横板

**图 4-11 柱模板安装**

(1)先在基础顶面弹出柱的中心线和四周边线。

(2)沿边线竖立竖向模板,正确固定柱脚,用斜撑将柱模板临时固定,再由柱顶用线锤吊直找正,然后正式固定。

(3)柱模根部要用水泥砂浆堵严,防止跑浆,柱模的浇筑口和清扫口,在配模时应考虑一并留出。

(4)通排柱模板的安装,应先装两端柱的模板,校正无误后固定,拉通线校正中间各柱模板。

(5)门子板应分节铺钉,或分节预留施工洞,由地面起每隔 1.0 ~ 2.0 m 留一遭,以便灌入混凝土及插入振捣器。

(6)柱模板要加柱箍,柱箍可采用不小于 50 mm × 100 mm 方木(立放),或工具式柱箍,每隔 0.5 ~ 1.0 m 加一道,将柱模板箍紧。

(7)在柱与梁的结合处,正确锯好梁的槽口,在梁的槽口上画出中心线。梁模板宜缩短 2 ~ 3 mm 并锯成小斜面,以便拆模。

3. 梁模板

梁的特点是跨度大而宽度不大,梁底一般是架空的。梁模板主要由底模、侧模、夹木及支架系统组成，底模用长条模板加拼条拼成，或用整块板条。梁模板安装过程如下：

(1)支模前，应先在柱或墙上找好梁中心线和标高。

(2)在柱模板的槽口下面钉上托板木，对准中心线，铺设梁底模板。

(3)梁模板必须侧板包底板，板边弹线刨直。主梁与次梁的接合处，在主梁侧板上正确锯好次梁的槽口，画好中心线。

(4)梁底支柱的间距应符合设计要求。如设计无要求，一般当梁高在500 mm以内时为1.2 m，梁高在500～1 000 mm时为1.0 m，梁高在1 000 mm以上时为0.7～0.8 m。支柱之间应设拉杆，离地0.5 m设一道，以上每隔2 m设一道。支柱下均垫楔子(校正高低后钉固)和通长垫板。当用工具式钢管支柱时，也要设水平杆及斜拉杆。梁模支柱的设置应按计算确定，一般采用双支柱时，间距以0.6～1.0 m为宜。

(5)梁侧板吊直拉平后，在柱模预留梁槽口的两侧钉上夹口木条，在侧模上口钉上控制梁宽的小木条，在支柱帽上钉斜撑固定侧板，斜撑角度为45°，当梁高超过800 mm时，在侧板中加钉通长横木带，两侧横木带应用铅丝或螺栓拉紧加固。

(6)梁较高时，可先安装一面侧板，等钢筋绑扎好后再装另一面侧板。

4.楼板模板

楼板的特点是面积大而厚度比较薄，侧向压力小。楼板模板及其支架系统主要承受钢筋、混凝土的自重及其施工荷载，保证模板不变形，如图4-12所示。

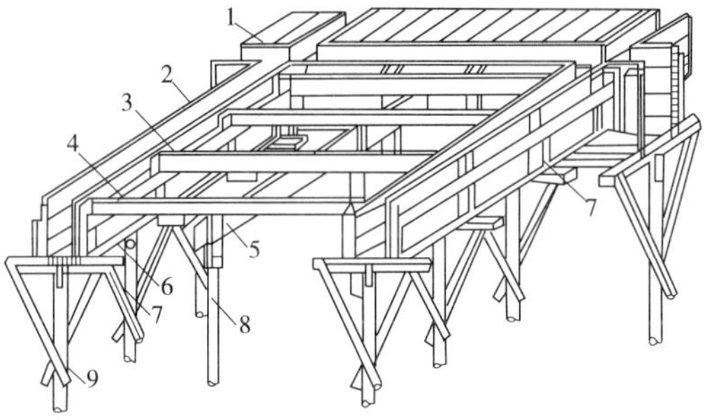


1—楼板模板；2—梁侧模板；3—搁栅；4—横档支撑；5—杠木；
6—夹木；7—短撑木；8—立柱；9—顶撑

**图4-12 有梁楼板模板**

(1)根据设计标高在梁侧板上固定水平大横楞，再在上面搁置平台栏栅，一般可以50 mm×100 mm方木立放，间距0.5 m，下面用支柱支撑，拉结条牵牢。板跨超2 m者，下面加设大横楞和支柱。

(2)平台栅栏找平后，在上面铺钉木板，铺木板时只将两端及接头处钉牢，中间少钉或不钉以利拆模。如采用定型模板，需按其规格距离铺设栅栏，不够一块定型模板，可用木板镶满。

(3)采用桁架支模时，应根据载重量确定桁架间距，桁架上弦要放小方木，用铁丝绑紧，两端支撑处要设木楔，在调整标高后钉牢，桁架之间应设拉结条，保持桁架垂直。

(4)挑檐模板支柱一般不落地，采用在下层窗台上用斜撑支撑挑檐部分，也可采用三角架由砖墙支撑挑檐。挑檐模板必须撑牢拉紧，防止向外倾覆。

5. 墙模板

墙体具有高度大而厚度小的特点,其模板主要承受混凝土的侧压力。因此,必须加强面板刚度并设置足够的支撑,以确保模板不变形和不发生偏移。

(1)组装模板时,要使两侧穿孔的模板对称放置,确保孔洞对准,以使穿墙螺栓与墙模保持垂直。

(2)相邻模板边肋用 U 形卡连接的间距不得大于 300 mm,预组拼模板接缝处宜严密。

(3)预留门窗洞口的模板,安装要牢固,既不变形,又便于拆除。

(4)墙模板上预留的小型设备孔洞,当遇到钢筋时,应设法确保钢筋位置正确,不得将钢筋移向一侧。

(5)优先采用预组装的大块模板,必须有良好的刚度,以便于整体装、拆、运。

6. 楼梯模板

楼梯模板的构造与楼板模板相似,不同点是楼梯模板要倾斜支设,且要能形成踏步。踏步模板分为底板及梯步两部分。楼梯模板一般比较复杂,常见的有板式和梁式楼梯,其支模工艺基本相同,如图 4-13 所示。

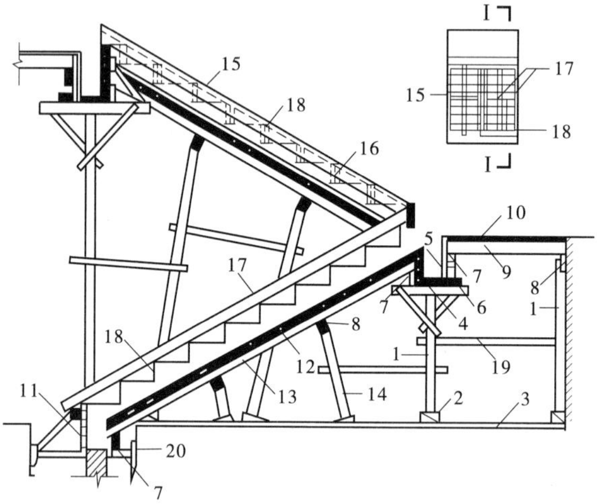


1—支柱(顶撑);2—木楔;3—垫板;4—平台梁底板;5—侧板;
6—夹板;7—托木;8—杠木;9—木楞;10—平台底板;11—梯基侧板;
12—斜木楞;13—楼梯底板;14—斜向顶撑;15—外帮板;16—横档木;
17—反三角板;18—踏步侧板;19—拉杆;20—木桩

**图 4-13 楼梯模板**

(1)楼梯模板应根据施工图放出大样,绘制三角样板,锯出三角板,用 50 mm × 150 mm 方木做反扶梯基,在上面由上而下分步、画线,钉好三角板,根据踏步长、高,制作踢脚板。

(2)找好平台高度,先安装平台梁和平台板模板,再装楼梯斜梁或楼梯底模板,然后安装楼梯外帮侧板,外帮侧板内侧弹出楼梯底板厚度线。钢筋绑好后,吊安反扶梯基,吊悬高度等于楼梯底板厚度,然后在三角木上钉好踢脚板。

楼梯较宽者,应在踏步板中间加一道反扶梯基,或在踢脚板上口加上一道通长带,每个踢脚板下口钉一根小支撑,以保证踢脚板的稳固。如果先砌墙后安装楼梯模板时,则靠墙一边应设置一道反扶梯基,以便吊装踢脚板。

(3)栏板模板事先预制成片，将外模钉在外帮板上，钢筋绑好后，再将里模支钉在反扶梯基上。

(4)预制栏板或栏杆者，应正确留出预留孔和连接件。

模板安装后应仔细检查各部构件是否牢固，在浇筑混凝土过程中要经常检查，如发现变形、松动等现象，要及时修整加固。

**(三)模板拆除**

在施工中，施工单位都希望尽早拆除模板以加快其周转和降低施工成本，但任何结构或构件都是要承受荷载(包括自重)的(即使在施工阶段)，而只有在混凝土有足够的强度时结构或构件才能承受荷载。因此，要拆除模板混凝土就必须有一定的强度，同时应注意不能因为拆除模板而使结构或构件的表面棱角受损坏。

模板拆除时间与结构构件的特性、施工气温、混凝土施工中采取的措施等有关，模板拆除必须结合具体的施工情况，以设计要求或施工规范规定的混凝土强度为拆模依据。

侧模板的拆除，只需要混凝土强度达到能保证其表面及棱角不会因拆除模板而损坏即可，由于此时对混凝土的强度要求并不高，所以拆除模板时一定不能猛打猛敲。拆除侧模板时间可参考表4-5。

**表4-5　拆除侧模板时间参考表**

| 水泥品种 | 混凝土强度等级 | 混凝土凝固的平均温度(℃) | | | | | |
|---|---|---|---|---|---|---|---|
| | | 5 | 10 | 15 | 20 | 25 | 30 |
| | | 混凝土强度达到2.5 MPa所需天数 | | | | | |
| 普通水泥 | C10 | 5 | 4 | 3 | 2 | 1.5 | 1 |
| | C15 | 4.5 | 3 | 2.5 | 2 | 1.5 | 1 |
| | ≥C20 | 3 | 2.5 | 2 | 1.5 | 1 | 1 |
| 矿渣及火山灰质水泥 | C10 | 8 | 6 | 4.5 | 3.5 | 2.5 | 2 |
| | C15 | 6 | 4.5 | 3.5 | 2.5 | 2 | 1.5 |

底模板的拆除，如设计无具体要求，应在混凝土强度达到表4-6的规定后进行，混凝土达到规定强度标准值所需的时间可参考表4-7。

**表4-6　底模拆除时的混凝土强度要求**

| 构件类型 | 构件跨度(m) | 达到设计混凝土立方体抗压强度标准值的百分率(%) |
|---|---|---|
| 板 | ≤2 | ≥50 |
| | >2,≤8 | ≥75 |
| | >8 | ≥100 |
| 梁、拱、壳 | ≤8 | ≥75 |
| | >8 | ≥100 |
| 悬臂构件 | — | ≥100 |

表 4-7　拆除底模板的时间参考表　（单位:d）

| 水泥的强度等级与品种 | 混凝土达到设计强度标准值的百分率(%) | 硬化时昼夜平均气温(℃) | | | | | |
|---|---|---|---|---|---|---|---|
| | | 5 | 10 | 15 | 20 | 25 | 30 |
| 32.5 MPa 普通水泥 | 50 | 12 | 8 | 6 | 4 | 3 | 2 |
| | 75 | 26 | 18 | 14 | 9 | 7 | 6 |
| | 100 | 55 | 45 | 35 | 28 | 21 | 18 |
| 42.5 MPa 普通水泥 | 50 | 10 | 7 | 6 | 5 | 4 | 3 |
| | 75 | 20 | 14 | 11 | 8 | 7 | 6 |
| | 100 | 50 | 40 | 30 | 28 | 20 | 18 |
| 32.5 MPa 矿渣或火山灰质水泥 | 50 | 18 | 12 | 10 | 8 | 7 | 6 |
| | 75 | 32 | 25 | 17 | 14 | 12 | 10 |
| | 100 | 60 | 50 | 40 | 28 | 24 | 20 |
| 42.5 MPa 矿渣或火山灰质水泥 | 50 | 16 | 11 | 9 | 8 | 7 | 6 |
| | 75 | 30 | 20 | 15 | 13 | 12 | 10 |
| | 100 | 60 | 50 | 40 | 28 | 24 | 20 |

模板及其支架拆除的顺序及安全措施，应按施工技术方案执行。拆模程序一般是先支的后拆，后支的先拆；先拆除非承重模板，后拆除承重模板。重大复杂的模板拆除应编制好专门的拆除方案。框架结构模板的拆除，应保证结构系统的整体性和稳定性，首先拆除柱模板，然后拆除楼板模板、梁侧模板，最后拆除梁底模板。拆除框架结构跨度较大的梁下支柱时，应先从跨中开始，分别拆向两端。多层梁板结构模板支架的拆除，上层楼板正在施工时，下层的支架不得拆除，再下一层的支架，可拆除一部分，跨度 4 m 及 4 m 以上的梁应保留其支架，且间距不得大于 3 m。模板拆除时，不应对楼层形成冲击荷载。拆除的模板和支架宜分散堆放并及时清运。

已拆除模板及其支架的结构，在混凝土强度达到设计混凝土强度标准值后才能承受全部使用荷载。当承受施工荷载产生的效应比使用荷载更为不利时，必须经过核算，加临时支撑。

为使拆模方便，模板应清理干净和涂刷隔离剂。施工现场的模板应统一堆放整齐，要对模板进行维修和保养。

**特别提示**

大量统计资料分析，模板工程占钢筋混凝土工程总价的 20%～30%，占劳动量的 30%～40%，占工期的 50% 左右。模板工程决定着施工方法和施工机械的选择，直接影响工期和造价。

# 任务二　钢筋工程

钢筋工程的施工顺序为：钢筋的进场验收与存放→钢筋配料与代换→钢筋加工→钢筋连接→钢筋安装→钢筋工程质量验收。

## 一、钢筋的进场验收与存放

### (一)进场验收

产品合格证、出厂检验报告是产品质量的证明资料,因此钢筋混凝土工程中所用的钢筋必须有钢筋产品合格证和出厂检验报告(有时两者可以合并)。

进场的每捆(盘)钢筋(丝)均应有标牌,一般不少于两个。标牌上应有供方厂标、钢号、炉罐(批)号等标记,验收时应查对标牌上的标记是否与产品合格证和出厂检验报告上的相关内容一致。

钢筋进场时应按炉罐(批)号及直径分批验收,并按现行国家标准《钢筋混凝土用热轧带肋钢筋》(GB 1499.2—2007)、《钢筋混凝土用热轧光圆钢筋》(GB 1499.1—2008)等的规定抽取试件做力学性能检验,合格后方可使用(应有进场复验报告)。钢筋做力学性能检验的抽样方法如下:

(1)热轧钢筋。以同规格、同炉罐(批)号的不多于 60 t 的钢筋为一批,从每批中任选两根钢筋,每根钢筋取两个试件,分别做拉力试验和冷弯试验。

(2)热处理钢筋。以同规格、同热处理方法和同炉罐(批)号的不多于 60 t 的钢筋为一批,从每批中选取 10% 盘的钢筋(不少于 25 盘)做拉力试验。

(3)碳素钢丝、刻痕钢丝。以同钢号、同规格、同交货条件的钢丝为一批,从每批中选取 10% 盘(不少于 15 盘)的钢丝,从每盘钢丝的两端各截取一个试件,一个做拉力试验,一个做反复弯曲试验。

(4)钢绞线。以同钢号、同规格的不多于 10 t 的钢绞线为一批,从每批中选取 15% 盘的钢绞线(不少于 10 盘),各截取一个试件做拉力试验。

(5)冷拉钢筋。以同级别、同直径的不多于 20 t 的钢筋为一批,从每批中任选两根钢筋,每根钢筋取两个试件,分别做拉力试验和冷弯试验。

(6)冷拔钢丝。甲级钢丝逐盘检查,从每盘钢丝上任一端截去不少于 500 mm 后再取两个试件,分别做拉力试验和冷弯试验;乙级钢丝以同一直径的 5 t 钢丝为一批,从中任取 3 盘,每盘各取两个试件,分别做拉力试验和冷弯试验。

钢筋力学性能试验,如有一项试验结果不符合国家标准要求,则从同一批钢筋中取双倍试件重做试验。如仍不合格,则该批钢筋为不合格品,不得在工程中使用。

对有抗震设防要求的框架结构,其纵向受力钢筋的强度应满足设计要求。当设计无具体要求时,对一、二级抗震等级,检验所得的强度实测值应符合下列规定:钢筋的抗拉强度实测值与屈服强度实测值的比值不应小于 1.25;钢筋的屈服强度实测值与强度标准值不应大于 1.3。应分析钢筋强度报告中的相应数据,判断是否符合上述要求。

当发现钢筋脆断、焊接性能不良或力学性能显著不正常等现象时,应立即停止使用,并对该批钢筋进行化学成分检验或其他专项检验。

验收时还要进行外观检查。钢筋的外观检查,要求钢筋平直、无损伤、表面不得有裂纹、油污、颗粒状或片状锈蚀。

### (二)钢筋的存放

进入施工现场的钢筋必须严格按批分等级、钢号、直径等挂牌存放。钢筋应尽量放入库房或料棚内。露天堆放时,应选择地势较高、平坦、坚实的场地。钢筋的堆放应架空,离地不小于 200 mm。在场地或仓库周围,应设排水沟,以防积水。

钢筋在运输或储存时,不得损坏标志。钢筋不得和酸、盐、油类等物品放在一起,也不能和可能产生有害气体的车间靠近。

加工好的钢筋要分工程名称和构件名称编号、挂牌堆放整齐。

## 二、钢筋配料

钢筋配料是根据结构施工图先绘出各种形状和规格的单根钢筋简图并编号,然后分别计算构件中各种钢筋的下料长度、根数及质量,并编制钢筋配料单。钢筋配料是确定钢筋材料计划、进行钢筋加工和结算的依据。

### (一)钢筋配料单的编制

(1)熟悉图纸。根据施工图纸和会审记录,把结构施工图中钢筋的品种、规格列成钢筋明细表,并读出钢筋设计尺寸。

(2)计算钢筋下料长度。

(3)编制钢筋配料单。根据钢筋下料长度,汇总编制钢筋配料单。在配料单中,要反映出工程名称,钢筋编号,钢筋简图和尺寸,钢筋直径、数量、下料长度、质量等。

(4)制作钢筋配料牌。根据钢筋配料单将每一编号的钢筋制作一块料牌,作为钢筋加工的依据,如图 4-14 所示。

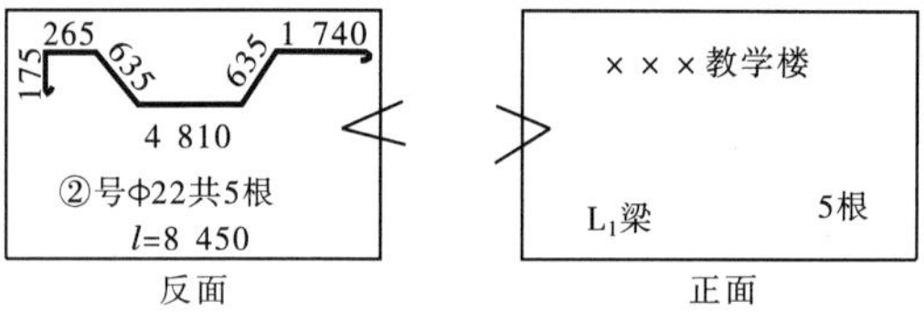


**图 4-14　钢筋料牌**

### (二)钢筋下料长度的计算原则及规定

1. 外包尺寸

在结构施工图中,标注的钢筋尺寸是指加工后的钢筋外轮廓尺寸。从钢筋外皮至外皮之间的长度,称为钢筋的外包尺寸,如图 4-15 所示。钢筋加工时,可按照外包尺寸验收。钢筋的外包尺寸由构件的外形尺寸减去混凝土保护层厚度求得。

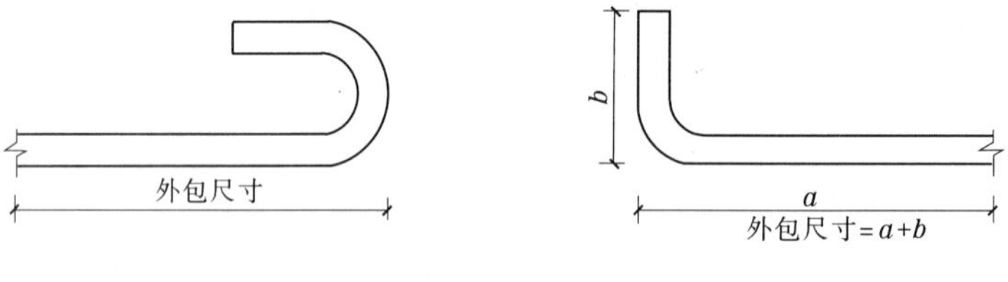


**图 4-15　钢筋外包尺寸**

2. 量度差值

钢筋加工中需要进行弯曲。钢筋弯曲后,外边缘增长,内边缘缩短,但中心线长度不会发生变化。这样钢筋的外包尺寸与钢筋中心线长度之间存在一个差值,这个差值称为量度差值。

计算钢筋下料长度时应扣除量度差值，否则由于钢筋下料太长，一方面造成浪费，另一方面可引起钢筋的保护层不够以及钢筋安装的不方便甚至影响钢筋的位置（特别是钢筋密集时）。

钢筋弯曲处的量度差值如表 4-8 所示，具体推导过程略。

**表 4-8 钢筋弯曲量度差值**

| 弯曲角度 | 30° | 45° | 60° | 90° | 135° |
|---|---|---|---|---|---|
| 量度差值 | $0.35d_0$ | $0.5d_0$ | $0.85d_0$ | $2.0d_0$ | $2.5d_0$ |

注：$d_0$ 为弯曲钢筋的直径。

3. 弯钩增加长度

钢筋弯钩有三种形式：半圆弯钩（钢筋末端 180°弯钩）、直弯钩（钢筋末端 90°弯钩）、斜弯钩（钢筋末端小于 90°弯钩）。半圆弯钩是最常用的一种弯钩，直弯钩只在柱钢筋的下部、箍筋和附加钢筋中采用，斜弯钩只用在直径较小的钢筋中。

光圆钢筋的弯钩增加长度，按弯心直径为 $2.5d_0$、平直部分为 $3d_0$ 计算得：半圆弯钩增加长度为 $6.25d_0$，直弯钩增加长度为 $3.5d_0$，斜弯钩增加长度为 $4.9d_0$（推导从略）。

4. 箍筋弯钩增加值

箍筋的弯钩形式如图 4-16 所示。有抗震或抗扭要求的结构应按图 4-16（a）形式加工箍筋，一般结构可按图 4-16（b）、（c）形式加工箍筋。箍筋弯后的平直部分长度，对一般结构，不宜小于箍筋直径的 5 倍，对有抗震要求的结构，不应小于箍筋直径的 10 倍和 75 mm 二者的较大值。箍筋下料长度应比其外包尺寸大，在计算中也要增加一定的长度，即箍筋弯钩增加值。

(a)135°/135° 箍筋　(b)90°/180° 箍筋　(c)90°/90° 箍筋

**图 4-16 箍筋弯钩形式**

箍筋弯钩增加值如表 4-9 所示（推导从略）。

**表 4-9 箍筋弯钩增加值**

| 箍筋形式 | 135°/135° | 90°/180° | 90°/90° |
|---|---|---|---|
| 箍筋弯钩增加值 | $14d_0(24d_0)$ | $14d_0(24d_0)$ | $11d_0(21d_0)$ |

注：表中括号内数据为有抗震要求时。

5. 钢筋下料长度计算

钢筋下料是根据需要将钢筋切断成一定长度的直线段。钢筋的下料长度是指钢筋的中心线长度。钢筋下料长度可按以下公式进行计算：

钢筋下料长度 = 外包尺寸 − 量度差值 + 弯钩增加长度（箍筋弯钩增加值）

为了箍筋计算方便，一般将箍筋弯钩的增加长度和量度差值两项合并成一项，为箍筋调整值，见表 4-10。在计算时，将箍筋外包尺寸或内包尺寸加上箍筋调整值，即为箍筋下料长度。

箍筋下料长度 = 直线长度 + 弯钩增加长度 − 弯折量度差值 = 箍筋外包(或内包)周长 + 箍筋外包(或内包)调整值

**表 4-10　箍筋调整值**　　(单位:mm)

| 箍筋量度方法 | 箍筋直径 | | | |
|---|---|---|---|---|
| | 4~5 | 6 | 8 | 10~12 |
| 量外包尺寸 | 40 | 50 | 60 | 70 |
| 量内包尺寸 | 80 | 100 | 120 | 150~170 |

**【例 4-1】**　如图 4-17 所示,试计算钢筋的下料长度。

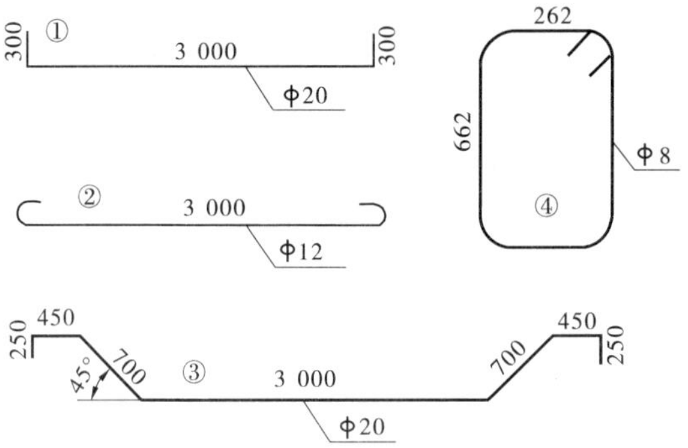


**图 4-17　某简支梁钢筋简图**

**解:**根据公式,钢筋下料长度 = 外包尺寸 − 量度差值 + 弯钩增加长度(箍筋弯钩增加值),则:

①号钢筋的下料长度为:2 × 300 + 3 000 − 2 × 2.0 × 20 = 3 520(mm)

②号钢筋的下料长度为:3 000 + 2 × 6.25 × 12 = 3 150(mm)

③号钢筋的下料长度为:2 × (250 + 450 + 700) + 3 000 − 2 × 2.0 × 20 − 4 × 0.5 × 20 = 5 680(mm)

④号钢筋的下料长度为:2 × (262 + 662) + 14 × 8 − 3 × 2.0 × 8 = 1 912(mm),若有抗震要求,则下料长度为:2 × (262 + 662) + 24 × 8 − 3 × 2.0 × 8 = 1 992(mm)。

**【例 4-2】**　某建筑物第一层楼共有 10 根 $L_1$ 简支梁,梁的配筋如图 4-18 所示,钢筋保护层厚 25 mm。试计算钢筋的下料长度,并编制 $L_1$ 简支梁的钢筋配料单。

**解:**①号钢筋下料长度:(6 240 + 2 × 200 − 2 × 25) − 2 × 2.0 × 25 + 2 × 6.25 × 25 = 6 802(mm)

②号钢筋下料长度:6 240 − 2 × 25 + 2 × 6.25 × 12 = 6 340(mm)

③号钢筋下料长度:上直段钢筋长度为 240 + 50 + 500 − 25 = 765(mm),斜段钢筋长度为(500 − 2 × 25) × 1.414 = 636(mm),中间直段长度为 6 240 − 2 × (240 + 50 + 500 + 450) = 3 760(mm),下料长度为(765 + 636) × 2 + 3 760 − 2 × 2 × 0.5 × 25 + 2 × 6.25 × 25 = 6 824(mm)

④号钢筋下料长度:计算方法同③号钢筋,下料长度为 6 824 mm

⑤号箍筋下料长度:宽度 200 − 2 × 25 + 2 × 6 = 162(mm),高度 500 − 2 × 25 + 2 × 6 = 462

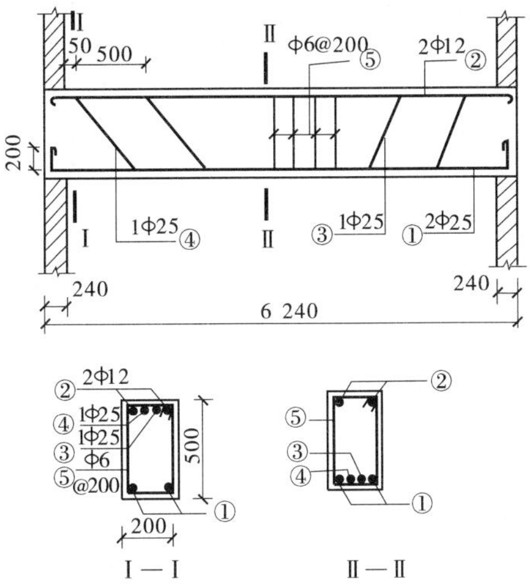


**图 4-18　某建筑物 $L_1$ 简支梁配筋图**

(mm),下料长度为(162 +462) ×2 +14 ×6 −3 ×2.0 ×6 =1 296(mm)

⑤号箍筋根数:(6 240 −2 ×25)/200 +1 =32(根)

$L_1$ 简支梁的钢筋配料单如表 4-11 所示。

**表 4-11　$L_1$ 简支梁的钢筋配料单**

| 构件名称 | 钢筋编号 | 简图 | 牌号 | 直径(mm) | 下料长度(mm) | 单根根数 | 合计根数 | 质量(kg) |
|---|---|---|---|---|---|---|---|---|
| $L_1$ 梁(共 10 根) | ① | 200 6 190 | HPB235 | 25 | 6 802 | 2 | 20 | 523.75 |
| | ② | 6 190 | HPB235 | 12 | 6 340 | 2 | 20 | 112.60 |
| | ③ | 765 636 3 760 | HPB235 | 25 | 6 824 | 1 | 10 | 262.72 |
| | ④ | 265 636 4 760 | HPB235 | 25 | 6 824 | 1 | 10 | 262.72 |
| | ⑤ | 162 462 | HPB235 | 6 | 1 296 | 32 | 320 | 91.78 |
| 合计 | Φ6:91.78 kg;Φ12:112.60 kg;Φ25:1 049.19 kg | | | | | | | |

**(三)钢筋配料计算注意事项**

(1)在设计图纸中,钢筋配置的细节问题未注明时,应按构造要求处理。

(2)配料计算时,要考虑钢筋的形状和尺寸在满足设计要求的前提下还应有利于加工和安装。

(3)配料时,还必须考虑施工中所需要的附加钢筋。例如,后张法预应力构件预留孔道定位用的钢筋井字架、基础双层钢筋网中保证上层钢筋网位置用的钢筋撑脚、墙板双层钢筋网中保证钢筋间距用的钢筋撑铁、柱钢筋骨架增加的四面斜撑等。

(4)计算好各种钢筋的下料长度后还应填写钢筋配料单。要反映出工程名称、构件名称、钢筋编号、钢筋简图及尺寸、直径、钢号、数量、下料长度及钢筋质量,以便组织加工。

## 三、钢筋代换

施工中,如供应的钢筋品种、级别或规格与设计要求不符,可以进行钢筋代换,钢筋代换应征得设计单位同意。

### (一)钢筋代换

1. 等强度代换

不同级别钢筋的代换按拉力相等的原则进行。如设计图中所用的钢筋设计强度为 $f_{y1}$,钢筋总面积为 $A_{s1}$,代换后的钢筋设计强度为 $f_{y2}$,钢筋总面积为 $A_{s2}$,则

$$A_{s1}f_{y1} \leqslant A_{s2}f_{y2} \tag{4-3}$$

$$n_2 \geqslant \frac{n_1 d_1{}^2 f_{y1}}{d_2^2 f_{y2}} \tag{4-4}$$

式中 $n_2$——代换后钢筋根数;

$n_1$——原设计钢筋根数;

$d_2$——代换后钢筋直径;

$d_1$——原设计钢筋直径。

2. 等面积代换

相同级别钢筋的代换按面积相等的原则进行,即

$$A_{s1} \leqslant A_{s2} \tag{4-5}$$

$$n_2 \geqslant n_1 \frac{d_1^2}{d_2^2} \tag{4-6}$$

式中符号意义同上。

钢筋代换后,有时由于受力钢筋根数增多而使钢筋排数增加,这样构件截面的有效高度 $h_0$ 减小,截面强度降低。通常对这种影响可凭经验适当增加钢筋面积,然后作截面强度复核。

对于矩形截面的受弯构件,可根据弯矩相等的条件,按下式复核界面强度:

$$N_2\left(h_{02} - \frac{N_2}{2f_{cm}b}\right) \geqslant N_1\left(h_{01} - \frac{N_1}{2f_{cm}b}\right) \tag{4-7}$$

式中 $N_1$——原设计钢筋的拉力,$N_1 = A_{s1} \cdot f_{y1}$;

$N_2$——代换钢筋拉力,$N_2 = A_{s2} \cdot f_{y2}$;

$h_{01}$——原设计钢筋的合力点至构件截面受压边缘的距离(即构件截面的有效高度);

$h_{02}$——代换钢筋的合力点至构件截面受压边缘的距离;

$f_{cm}$——混凝土的弯曲抗压强度设计值,对 C20 混凝土为 11 $N/mm^2$,对 C30 为 16.5 $N/mm^2$;

$b$——构件截面宽度。

### (二)钢筋代换注意事项

(1)对重要受力构件,如吊车梁、薄腹梁、桁架下弦等,不宜用 HPB235、HPB300 级光面

钢筋代换 HRB335、HRB400、RRB400 级钢筋，以免裂缝开展过大。

（2）钢筋代换后，应满足《混凝土结构设计规范》（GB 50010—2010）中所规定的钢筋间距、锚固长度、最小钢筋直径、根数等。

（3）当构件受裂缝宽度或挠度控制时，钢筋代换后应进行刚度、裂缝计算。

（4）梁的纵向受力钢筋与弯起钢筋应分别进行代换。偏心受压构件（如框架柱、有吊车的厂房柱、桁架上弦等）或偏心受拉构件作钢筋代换时，不取整个截面配筋量计算，应按受力面（受拉或受压）分别代换。

（5）有抗震要求的梁、柱和框架，不宜以强度等级高的钢筋代换原设计中的钢筋。必须代换时，其代换的钢筋还要符合抗震钢筋的要求。

（6）预制构件的吊环必须采用未经冷拉的 HPB235、HPB300 级热轧钢筋制作，严禁以其他钢筋代换。

## 四、钢筋加工

施工中需要对钢筋进行各种形式的加工。钢筋加工的形式有以下几种。

### （一）冷拉、冷拔

钢筋冷拉是在常温下通过冷拉设备对热轧钢筋进行强力拉伸，使钢筋产生塑性变形，以达到调直钢筋、提高强度、节约钢材的目的。在工程建设中，根据钢筋化学组分和生产加工特点，HPB235、HPB300、HRB335、HRB400、RRB400 级钢筋都可以进行冷拉强化，提高强度，同时完成调直、除锈工作。冷拉 HPB235、HPB300 级钢筋可用作普通混凝土结构中的受拉钢筋，冷拉 HRB335、HRB400、RRB400 级钢筋可用作预应力混凝土结构中的预应力钢筋。

冷拉设备包括拉力设备、承力结构、测量装置和钢筋夹具等，如图 4-19 所示。其中拉力设备主要为卷扬机和滑轮组，应根据所需的最大拉力确定。钢筋冷拉可采用控制冷拉应力和控制冷拉率两种方法。采用控制冷拉应力方法时，其冷拉控制应力及最大冷拉率必须符合规定；当采用控制冷拉率方法时，冷拉率必须由试验确定。冷拉钢筋的检查验收方法和质量要求应符合《混凝土结构工程施工质量验收规范》（GB 50204—2002）中的有关规定。

钢筋冷拔是用强力将直径 6 ~ 8 mm 的 HPB235 级钢筋在常温下通过特制的钨合金拔丝模，多次拉拔成比原钢筋直径小的钢丝，如图 4-20 所示。拉拔中钢筋产生塑性变形，同时其强度也得到较大提高（可提高 50% ~ 90%），塑性降低，呈硬钢性质。经冷拔的钢筋称为冷拔低碳钢丝。冷拔低碳钢丝有甲级、乙级两种，甲级钢丝主要用作预应力混凝土结构中的预应力钢筋，乙级钢丝用于焊接网片和焊接骨架、架立钢筋、箍筋、构造钢筋等。

冷拔低碳钢丝表面不得有裂纹和机械损伤，并应按施工规范要求进行拉力试验和反复弯曲试验。

### （二）调直、切断、除锈

钢筋调直是指将钢筋调整成为使用时的直线状态。钢筋调直宜用机械方法，也可采用冷拉方法。当采用冷拉方法调直钢筋时，HPB235 级钢筋的冷拉率不宜大于 4%，HRB335、HRB400 级和 RRB400 级钢筋的冷拉率不宜大于 1%。

钢筋的切断可采用钢筋切断机或手动切断器。

施工现场的钢筋容易生锈，应除去钢筋表面可能产生的颗粒状或片状老锈，钢筋除锈可用钢丝刷人工刷除或用除锈机械（如电动除锈机）除去。

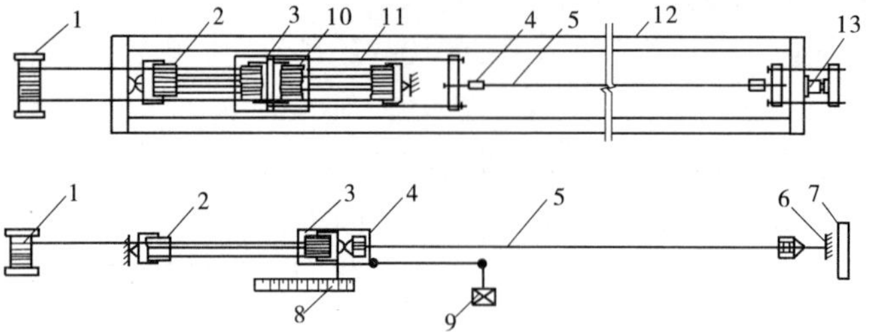


1—卷扬机;2—滑轮组;3—冷拉小车;4—夹具;5—被冷拉的钢筋;
6—地锚;7—防护壁;8—标尺;9—回程荷重架;10—回程滑轮组;
11—传力架;12—冷拉槽;13—液压千斤顶

**图 4-19　冷拉设备**

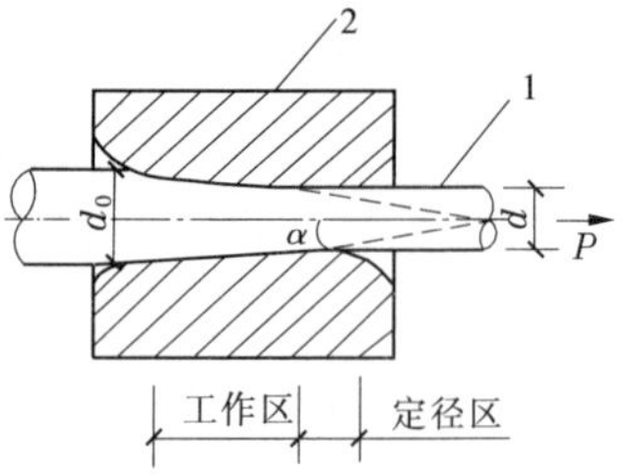


1—冷拔钢筋;2—钨合金拔丝模

**图 4-20　钢筋冷拔**

**(三)弯曲成型**

弯曲成型是指用钢筋加工设备将钢筋加工成设计图纸要求的形状,常用弯曲成型设备是钢筋弯曲成型机,也有的采用简易钢筋弯曲成型装置。钢筋加工,其弯曲和弯折应符合下列规定:

(1)HPB235、HPB300 级钢筋末端应做 180°弯钩,其弯弧内直径不应小于钢筋直径的 2.5 倍,弯钩的弯后平直部分长度不应小于钢筋直径的 3 倍。

(2)当设计要求钢筋末端需做 135°弯钩时,HRB335、HRB400 级钢筋的弯弧内直径不应小于钢筋直径的 4 倍,弯钩的弯后平直部分长度应符合设计要求。

(3)钢筋进行不大于 90°的弯折时,弯折处的弯弧内直径不应小于钢筋直径的 5 倍。

**(四)绑扎**

绑扎是指在钢筋的交叉点用 20～22 号细铁丝将其扎牢使其成为钢筋骨架或钢筋网片,也可以使两段钢筋连接起来(绑扎连接)。绑扎连接在施工中应用十分广泛。

规范规定:同一构件中相邻纵向受力钢筋的绑扎搭接接头宜相互错开,如图 4-21 所示。绑扎接头中钢筋的横向净距 $s$ 不应小于钢筋直径 $d$,且不应小于 25 mm。

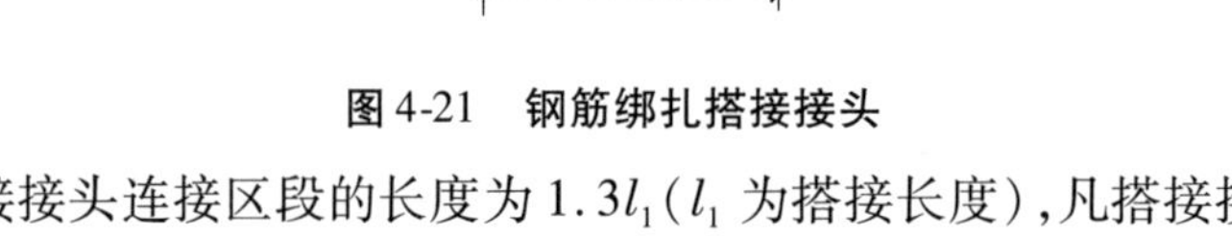


**图 4-21　钢筋绑扎搭接接头**

钢筋绑扎搭接接头连接区段的长度为 $1.3l_1$($l_1$ 为搭接长度),凡搭接接头中点位于该连接区段长度内的搭接接头均属于同一连接区段。同一连接区段内,纵向钢筋搭接接头面积百分率为该区段内有搭接接头的纵向受力钢筋截面面积与全部纵向受力钢筋截面面积的比值。

同一连接区段内,纵向受拉钢筋搭接接头面积百分率应符合设计要求。当设计无具体要求时,应符合下列规定:对梁类、板类及墙类构件,不宜大于 25%;对柱类构件不宜大于

50%；当工程中确有必要增大接头面积百分率时，对梁类构件，不应大于 50%；对其他构件，可根据实际情况放宽。

当纵向受拉钢筋的绑扎搭接接头面积百分率不大于 25% 时，其最小搭接长度应符合表 4-12的规定。当纵向受拉钢筋搭接接头面积百分率大于 25%，但不大于 50% 时，其最小搭接长度应按表 4-12 中数据乘以系数 1.2 取用；当接头面积百分率大于 50% 时，应乘以系数 1.35 取用。

**表 4-12　纵向受拉钢筋的最小搭接长度**

| 钢筋类型 | | 混凝土强度等级 | | | |
|---|---|---|---|---|---|
| | | C15 | C20 ~ C25 | C30 ~ C35 | C40 |
| 光圆钢筋 | HPB235<br>HPB300 | 45$d$ | 35$d$ | 30$d$ | 25$d$ |
| 带肋钢筋 | HRB335 | 55$d$ | 45$d$ | 35$d$ | 30$d$ |
| | HRB400<br>RRB400 | — | 55$d$ | 40$d$ | 35$d$ |

注：$d$ 为钢筋直径，两根直径不同钢筋的搭接长度，以较细钢筋的直径计算。

当符合下列条件时，纵向受拉钢筋的最小搭接长度还应按下列规定进行修正：当带肋钢筋的直径大于 25 mm 时，其最小搭接长度应按相应数值乘以系数 1.1 取用；对环氧树脂涂层的带肋钢筋，其最小搭接长度应按相应数值乘以系数 1.25 取用；当在混凝土凝固过程中受力钢筋易受扰动（如滑模施工）时，其最小搭接长度应按相应数值乘以系数 1.1 取用；对末端采取机械锚固措施的带肋钢筋，其最小搭接长度可按相应数值乘以系数 0.7 取用；当带肋钢筋的混凝土保护层厚度大于搭接钢筋直径的 3 倍且配有箍筋时，其最小搭接长度可按相应数值乘以系数 0.8 取用；对有抗震设防要求的结构构件，其受力钢筋的最小搭接长度对一、二级抗震等级应按相应数值乘以系数 1.15 采用；对三级抗震等级应按相应数值乘以系数 1.05 采用。

在任何情况下，受拉钢筋的搭接长度不应小于 300 mm。

纵向受压钢筋搭接时，其最小搭接长度应根据以上各条确定相应数值后，乘以系数 0.7 取用。任何情况下，受压钢筋的搭接长度不应小于 200 mm。

### （五）焊接

用焊接方法将钢筋连接起来，与绑扎相比，可以改善结构受力性能，提高工效，节约钢筋，降低成本。焊接方法是土木工程施工中常用的钢筋连接方法。钢筋的焊接方法有闪光对焊、电弧焊、电渣压力焊、电阻点焊、气压焊等。钢筋的焊接质量与钢材的可焊性、焊接工艺有关。

1. 闪光对焊

闪光对焊广泛用于钢筋接长及预应力钢筋与螺丝端杆的焊接。热轧钢筋宜优先采用闪光对焊。闪光对焊适用于直径 10 ~ 40 mm 的 HPB235、HPB300、HRB335、HRB400 级钢筋的连接。但钢筋级别越高，由于其可焊性降低，粗钢筋的对焊质量不易保证。

钢筋闪光对焊是利用对焊机使两段钢筋接触，通过低电压的强电流，待钢筋被加热到一定温度变软后，进行轴向加压顶锻，形成对焊接头，如图 4-22 所示。

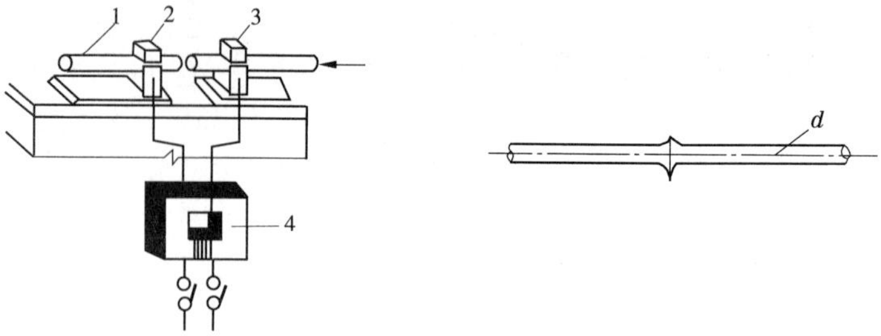


1—焊接钢筋；2—固定电极；3—可动电极；4—变压器

**图 4-22　钢筋闪光对焊原理**

钢筋闪光对焊后，应按国家现行标准《钢筋焊接及验收规程》（JGJ 18—2012）的规定抽取试件做力学性能试验和进行外观检查。力学性能检验按同规格接头 6% 的比例，做三根拉力试验和三根冷弯试验。外观检查要求：无裂纹和烧伤；接头弯折不大于 4°；接头轴线偏移不大于 1/10 钢筋直径，也不大于 2 mm。

2. 电弧焊

电弧焊是利用弧焊机使焊条与钢筋之间产生高温电弧，使钢筋熔化而连接在一起，冷却后形成焊接接头。电弧焊广泛用于钢筋接头、钢筋骨架焊接、装配式结构接头的焊接、钢筋与钢板的焊接及各种钢结构焊接。

钢筋电弧焊的接头形式有搭接接头（单面焊缝或双面焊缝，适用于直径 10 ~ 40 mm 的 HPB235、HRB335 级钢筋）、帮条接头（单面焊缝或双面焊缝，适用于直径 10 ~ 40 mm 的各级热轧钢筋）、坡口接头（平焊或立焊，适用于直径 18 ~ 40 mm 的各级热轧钢筋）、熔槽帮条焊接头和水平钢筋窄间隙焊接头（适用于直径 18 ~ 40 mm 的 HPB235、HRB335、HRB400 级钢筋），如图 4-23 所示。

水平钢筋窄间隙电弧焊是将两根钢筋安放成水平对接形式，并置于铜模内，中间留有少量间隙，用焊条从钢筋根部引弧连续向上部焊接完成的一种焊接方法。铜模为工具模，脱模后可重复使用。在焊接操作中应认真解决好焊透、成型、排渣和减少过热等问题。

焊条的种类很多，应根据钢材等级和焊接接头形式选用。焊条必须有合格证。

电弧焊的外观要求是：焊缝表面平整，无裂纹，无较大凹陷、焊瘤，无明显咬边、气孔、夹渣等缺陷。力学性能检验时，以现场安装条件下每一楼层 300 个同类型接头为一个验收批，每个验收批选取三个接头进行拉力试验。如有不合格者，应取双倍试件复验，再有不合格者，则该验收批接头不合格。如对焊接质量有怀疑或发现异常情况，还可以进行非破损方式检验（X 射线、γ 射线、超声波探伤等）。

3. 电渣压力焊

电渣压力焊在土木工程施工中应用十分广泛，如图 4-24 所示。它多用于现浇混凝土结构构件内竖向钢筋（直径 14 ~ 40 mm 的 HPB235、HRB335、HRB400 级钢筋）的接长。但不适于水平钢筋或倾斜钢筋（斜度小于 4∶1）的连接，也不适用于可焊性差的钢筋连接。

焊接时，应先将钢筋端部约 150 mm 范围内的铁锈及异物清除，然后逐步实施焊接。焊接时操作要点如下：

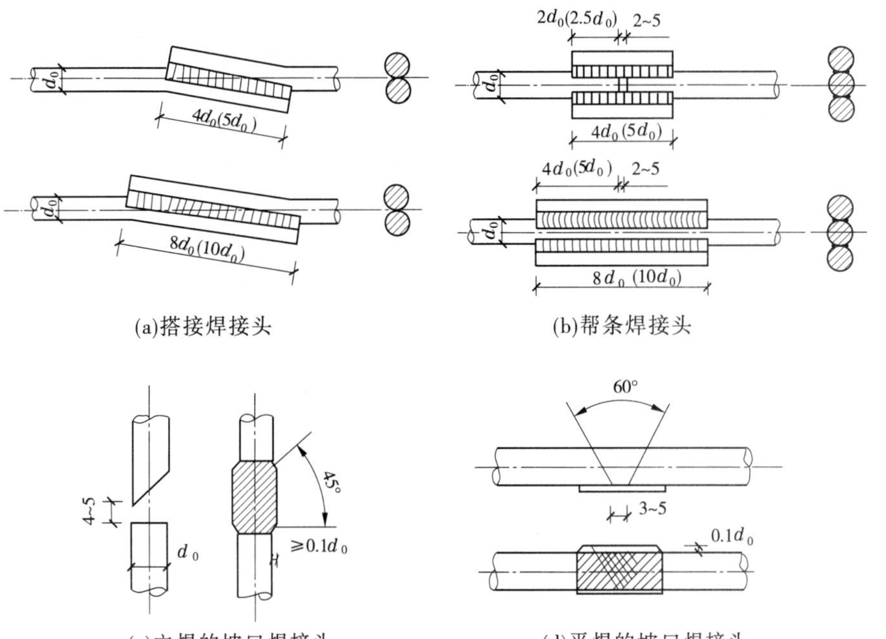


(a)搭接焊接头　　(b)帮条焊接头

(c)立焊的坡口焊接头　　(d)平焊的坡口焊接头

**图 4-23　钢筋电弧焊接头形式**

(1)闭合回路、引弧。引燃电弧,开始焊接。

(2)电弧过程。控制电压值,使上下钢筋保持一定间距,进行电弧过程的延时,使焊剂不断熔化形成必要深度的渣池。

(3)电渣过程。逐渐下移上部钢筋,使其进入渣池,电弧熄灭,进入电渣过程的延时,使钢筋全断面加速熔化。

(4)挤压断电。迅速下送上部钢筋,使上下钢筋端面接触,趁热排除熔渣和熔化,切断电源。

(5)接头焊接完毕后,应停歇 20 ~ 30 s(寒冷地区应适当延长),才可回收焊剂和卸下焊接夹具。

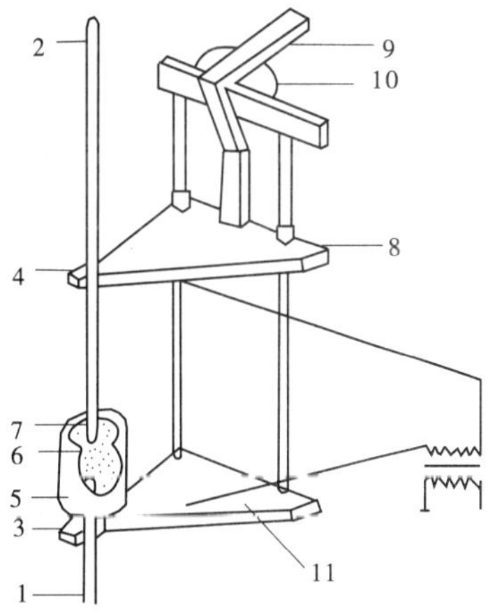


1、2—钢筋;3—固定电极;4—活动电极;
5—药盒;6—导电剂;7—焊药;8—活动架;
9—手柄;10—支架;11—固定架

**图 4-24　电渣压力焊构造**

电渣压力焊的外观质量要求是:不得有裂纹和明显的烧伤;轴线偏移不得大于 1/10 钢筋直径且不得大于 2 mm;接头弯折不得大于 4°。力学性能检验时,以每 300 个接头为一个验收批(不足 300 个也为一个验收批),切取三个试件做拉力试验。如有不合格者,应取双倍试件复验,再有不合格者,则该验收批接头不合格。

无论是哪种焊接方法,对操作人员的技术要求都较高。因此,要加强对焊接操作人员的技术培训和考核,必须实行持证上岗,也必须进行现场条件下的焊接接头力学性能试验。取试件时为保证试件的有代表性和真实性,应做到随机抽样和有见证取样。

### （六）钢筋机械连接

钢筋的机械连接主要有套筒挤压连接和套筒螺纹连接。套筒螺纹连接又分锥套筒和直套筒两种。钢筋的机械连接应符合《钢筋机械连接通用技术规程》（JGJ 107—2010）的要求。

1. 套筒挤压连接

套筒挤压连接是把两根待接钢筋的端头先后插入一个钢套筒，然后用挤压机径向或轴向挤压套筒数次，使套筒产生塑性变形并与带肋钢筋紧密咬合形成连接，如图 4-25 所示。套筒挤压连接的特点是：接头强度高、质量稳定可靠；连接速度快，适用范围广；挤压设备轻便；但是成本偏高。

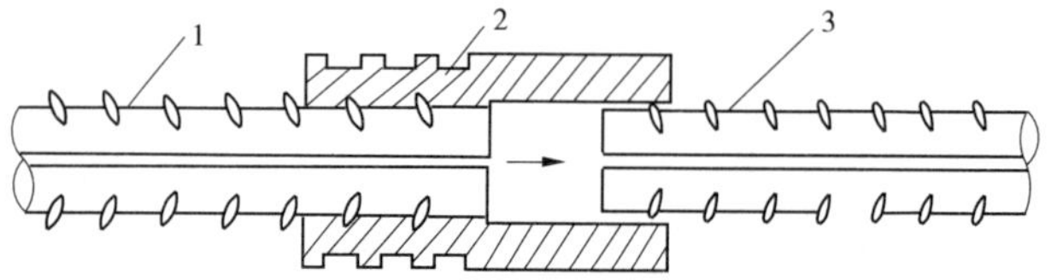


1—已挤压的钢筋；2—钢套筒；3—未挤压的钢筋

**图 4-25　套筒挤压连接**

套筒挤压连接所用钢筋和钢套筒必须有材质证明书，其性能应符合相关标准的要求。对钢套筒要进行外观检查和机械性能检查。钢套筒外观质量要求表面不得有影响性能的裂缝、折叠、分层等缺陷，其表面的压接标志应清晰，中部两压接标志距离应不小于 20 mm。钢套筒规格和尺寸如表 4-13 所示。钢套筒机械性能检查时，要求同炉号、同规格钢材制成的同一型号的套筒为一批，每批制取 1 根拉伸试件，试验结果应符合相关要求。

**表 4-13　钢套筒规格和尺寸**

| 钢套筒型号 | 钢套筒尺寸（mm） | | 压接标志道数 |
|---|---|---|---|
| | 外径 | 壁厚 | |
| G40 | 70 | 12 | 8×2 |
| G36 | 63.5 | 11 | 7×2 |
| G32 | 57 | 10 | 6×2 |
| G28 | 50 | 8 | 5×2 |
| G25 | 45 | 7.5 | 4×2 |
| G22 | 40 | 6.5 | 3×2 |
| G20 | 36 | 6 | 3×2 |

套筒挤压连接施工要点：

（1）压接前钢筋及钢套筒的处理。压接之前，要清除钢筋压接部位的铁锈、油污、砂浆等，钢筋端部必须平直。应在钢筋端部做上能准确判断钢筋伸入套筒内长度的位置标记。被连接钢筋的轴心应与钢套筒的轴心保持一致，防止偏心和弯折。

（2）压接前设备调试。压接前按设备操作说明书进行调整，保持压接设备的正常工作。

（3）对挤压连接操作人员的要求。对挤压操作人员实行持证上岗制度，要保持操作人员的固定，要控制操作工序。

（4）压接。挤压时，压钳应对准套筒压痕标志，并垂直于被接钢筋的横肋。挤压应从套筒中部逐道向端部压接，不应由端部向中部挤压或隔标记来回挤压。

套筒挤压连接施工质量验收包括进行外观检查和拉力试验。

外观检查采用专用工具或游标卡尺检测。要检查接头挤压道数和压痕尺寸(应符合有关要求，此略)。接头上不得有劈裂、裂缝或影响接头性能的其他表面缺陷。两根连接钢筋的弯折角不得大于4°。外观检查不合格的接头，应采取补救措施或重新连接并二次验收。

拉力试验应以同批号钢套筒且同一制作条件的500个接头为一个验收批(不足500个仍为一个验收批)，从每验收批接头中随机抽取3个试件做拉力试验。如试验结果中有1个试件不合要求，应再抽取6个试件进行复验。如仍有1个试件不合要求，则该验收批接头不合格。

2. 锥套筒螺纹连接

锥套筒连接是利用锥形螺纹套筒将两根钢筋对接在一起，利用螺纹的机械咬合力传递应力，如图4-26所示。施工中，在工厂先加工好锥形螺纹套筒，在现场用钢筋套丝机对钢筋端头套丝，连接时用测力扳手拧紧套筒至规定的力矩值即可。锥套筒连接操作工序简单、速度快、适用范围广，但现场加工的螺纹质量或丝扣松动对接头质量影响较大。

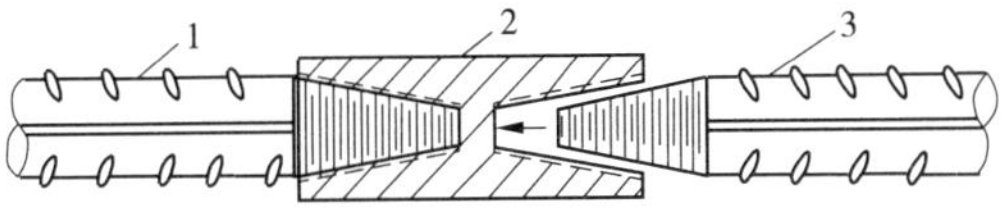


1—已连接的钢筋;2—锥螺纹套筒;3—未连接的钢筋

**图4-26 锥套筒螺纹连接**

锥套筒连接施工要点：

(1)钢筋下料。用钢筋切断机或砂轮锯进行钢筋下料，切断后钢筋端面应整齐和垂直于钢筋轴线。

(2)钢筋套丝。操作人员应持证上岗，对加工的每个丝头都应进行检查，保证符合其质量要求。

(3)钢筋锥套筒接头静力拉伸试验。在连接前先进行拉力试验，合格后，再进行连接施工。拉力试验时，用施工现场的套丝机、锥套筒、扭力扳手等，以每种规格的钢筋接头按每300个(不足300个时也为一批)做一组试件(3个)，进行拉力试验。如有一个试件试验不合要求，则再做双倍试件试验，试验合格后，才能进行钢筋连接。

(4)钢筋连接。用扭力扳手将钢筋拧紧至规定的力矩值。

锥套筒连接的质量检验，除查验锥套筒出厂合格证、钢筋锥形螺纹加工检验记录、锥套筒接头拉力试验报告外，还需要进行外观检查和安装检查。

3. 直套筒螺纹连接

直套筒连接是利用直螺纹套筒将两段钢筋对接在一起，也是利用螺纹的机械咬合力传递应力，这种连接具有接头强度高、延性好、施工速度快、适用范围广等特点。直套筒螺纹连接可分为钢筋冷镦直螺纹连接、钢筋滚压直螺纹连接以及钢筋剥肋滚压直螺纹连接三种，其中钢筋冷镦直螺纹连接已很少使用，钢筋剥肋滚压直螺纹连接与钢筋滚压直螺纹连接操作基本相同，唯一的区别是增加了钢筋剥肋工序，这里不再单独阐述。

钢筋滚压直螺纹连接的施工要点：

（1）材料要求。采用的钢筋应符合《钢筋混凝土用热轧带肋钢筋》（GB 1499.2—2007）和《钢筋混凝土用余热处理钢筋》（GB 13014—1991）的要求，且有材质、复试报告和出厂合格证；套筒与锁母材料应采用优质碳素结构钢或合金结构钢，其材质符合《优质碳素结构钢技术条件》（GB/T 699—1999）的规定，成品螺纹连接筒应有产品合格证，两端螺纹孔应有保护盖，套筒表面应有标记；钢筋的切口端面应与其轴线垂直。

（2）钢筋套丝。用专门的滚压机床对钢筋端部进行滚压，螺纹一次成型，如图4-27所示。

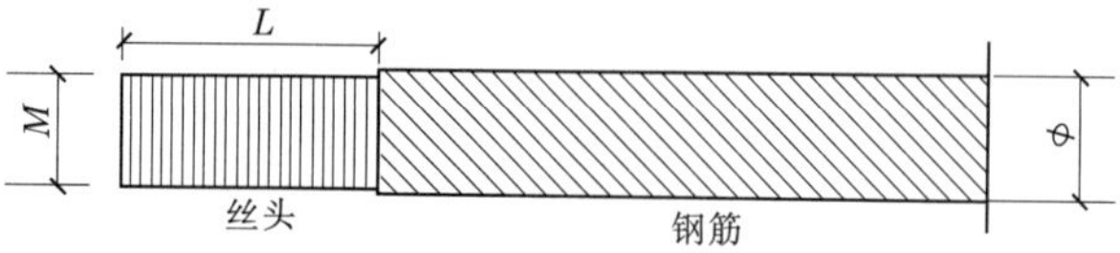


**图4-27　钢筋套丝示意图**

（3）螺纹丝头和套筒外观检验。操作工人应按规定数量逐个检验钢筋丝头的外观质量并做出标记，套筒用专用塞规检验（包括加工质量检验和现场外观质量检验）。

（4）戴保护帽。钢筋直螺纹加工经检验合格后，应戴上保护帽或拧上套筒，以防碰伤和生锈。

（5）钢筋连接。应对准轴线将钢筋拧入连接套筒，使两个丝头在套筒中央位置顶紧，套筒的每一端不得有一丝以上的丝扣外露，保证进入套筒的丝头长度。

（6）钢筋接头强度检验。同一施工条件下同一批材料的同等级、同形式、同规格接头，以500个（不足500个也为一批）为一个验收批，随机截取三个试件做拉力试验。如有一个试件不合格，则取双倍试件复验，复验中仍有一个试件不合格，则该验收批接头不合格。

## 五、钢筋的安装

钢筋安装有两种情况：一种是钢筋直接在现场进行安装；另一种是在钢筋加工厂内先将钢筋绑扎或焊接成骨架和网片，然后运至工地进行安装。为了缩短钢筋安装工期，减少钢筋施工中的高空作业，在运输、起重等条件允许的情况下，钢筋骨架和钢筋网片应尽量采用先绑扎或焊接、后安装的方法。

### （一）钢筋的现场安装

钢筋现场安装时，应熟悉施工图纸，并核对成品钢筋的品种、级别、规格和数量与配料单及料牌是否相符，同时准备好钢筋连接材料及安装用的工具、设备等。对形状复杂的结构部位，应研究好钢筋穿插就位的顺序及与模板等其他工种的配合顺序。

钢筋安装程序是：画线、摆筋、穿箍、连接、安放垫块、绑扎等。画线时，应注意钢筋间距、数量，标明加密箍筋的位置。

梁和柱的箍筋，除设计有特殊要求外，应与受力钢筋垂直设置。箍筋弯钩叠合处，应沿受力钢筋方向错开布置。

柱中竖向钢筋搭接时，角部钢筋的弯钩平面与模板面的夹角，对矩形柱应为45°角，对多边形柱应为模板内角的平分角。圆形柱钢筋的弯钩平面应与模板的切平面垂直。中间钢筋的弯钩平面应与模板面垂直。当采用插入式振动器浇筑小型截面柱时，弯钩平面与模板面的夹角不得小于15°。

混凝土保护层的厚度可采用预制水泥砂浆垫块(或塑料小支架)控制。垫块的厚度应等于混凝土保护层的厚度。垫块的平面尺寸:当保护层厚度小于或等于 20 mm 时,为 30 mm×30 mm;当保护层厚度大于 20 mm 时,为 50 mm×50 mm。垫块应布置成梅花形,相互间距不大于 1 m。在垂直方向使用垫块时,可在垫块中埋入 20 号铁丝。钢筋双层排列时,上、下两层钢筋之间的尺寸可采用绑扎钢筋支架或直径 25 mm 以上的短钢筋控制。

钢筋安装应与模板的安装相互配合。柱钢筋现场绑扎一般在安装模板前进行。当梁截面高度较大或跨度较大、钢筋较密时,可留一面侧模,待钢筋安装后再安装侧模。

### (二)钢筋网与钢筋骨架的安装

钢筋网与钢筋骨架的安装是指组装的钢筋网与钢筋骨架成品运输至安装地点,进行现场拼装的一种施工方法。这种方法施工速度快,受外界干扰因素较小,但是在运输、安装中容易发生变形。钢筋网与钢筋骨架的安装程序是:制作、运输、安装等。

钢筋网与钢筋骨架一般宜分段、分片制作。钢筋网与钢筋骨架制作尺寸大小应根据结构配筋情况及起重运输能力而定,一般钢筋骨架的分段长度以 6~12 m 为宜,钢筋网片分块面积以 6~20 $m^2$ 为宜。

为防止在运输和安装过程中发生歪斜变形,应采取临时加固措施。钢筋网与钢筋骨架在运送到施工工地后,应检查焊点或绑口是否开焊、松动及变形,发现问题待处理好后再进行安装。

钢筋网与钢筋骨架的安装施工与钢筋的现场安装要求相同。施工时,接头位置在构件宽度内应相互错开。焊接网在非受力方向的搭接长度宜为 100 mm。

钢筋安装应与模板的安装相互配合。当柱钢筋采用预制骨架安装时,可先安装两面柱模板,待钢筋骨架安装后再安装其余的两面模板,也可先安装钢筋骨架后安装模板。

### (三)植筋施工

在钢筋混凝土结构上钻出孔洞,注入胶黏剂,植入钢筋,待固化后,植筋与混凝土结构形成整体,称为植筋施工。植筋施工犹如原有结构中的预埋筋,能使所植钢筋的技术性能得以充分利用。

植筋施工具有工艺简单、工期短、造价低、操作方便、劳动强度低、质量易保证等优点,为工程结构加固及解决与旧混凝土的连接提出了一个全新的处理技术。

#### 1. 钢筋胶黏剂

钢筋胶黏剂为软塑状的两个不同化学组分,分别装入两个管状箱包中。胶黏剂的两个不同化学组分在未混合前,不会固化。一旦混合后,就会发生化学反应,出现胶凝现象,并很快固化。

#### 2. 植筋施工工艺

植筋施工过程为:钻孔→清孔→填胶黏剂→植筋→凝胶。

(1)钻孔使用配套冲击钻。钻孔时,孔洞间距与孔洞深度应满足设计要求。

(2)清孔时,先用吹气泵清除孔洞内粉尘等,再用清孔刷清孔,要经过多次吹刷完成。同时,不能用水冲洗,以免残留在孔中的水分削弱胶黏剂的作用。

(3)使用植筋注射器,从孔底向外均匀地把适量胶黏剂填注孔内,注意勿将空气封入孔内。

(4)按顺时针方向，把钢筋平行于孔洞走向轻轻植入孔中，直至插入孔底，胶黏剂溢出。

(5)将钢筋外露端固定在模架上，使其不受外力作用，直至凝结，并派专人现场保护。凝胶的化学反应时间一般为15 min，固化时间一般为1 h。

## 六、钢筋工程的质量控制

### (一)钢筋绑扎的质量控制

(1)钢筋的交叉点应扎牢。

(2)板和墙的钢筋网，除靠近外围两行钢筋的交叉点全部扎牢外，中间部分的交叉点可相间交错扎牢，但必须保证钢筋不位移。双向受力的钢筋网片须全部扎牢。面积较大的网片可适当地用钢筋斜向加固，如图4-28所示。

(3)梁或柱的箍筋，除设计有特殊要求外，应与受力钢筋保持垂直；箍筋弯钩叠合处应错开放置。

(4)绑扎基础底板的钢筋时，应使钢筋弯钩朝上。当钢筋带有弯起直段时宜设联系钢筋，如图4-29所示，以防止直段倒斜。

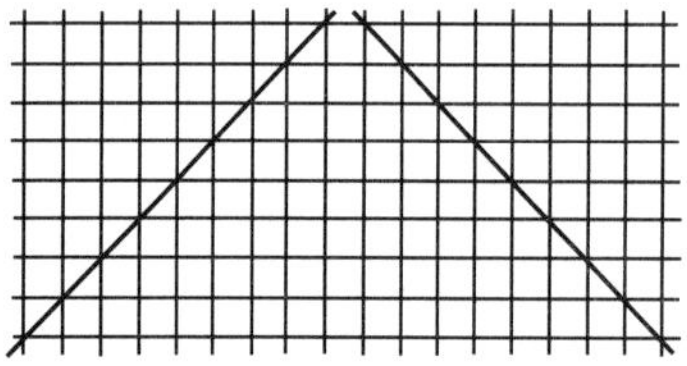

图4-28　钢筋斜向加固

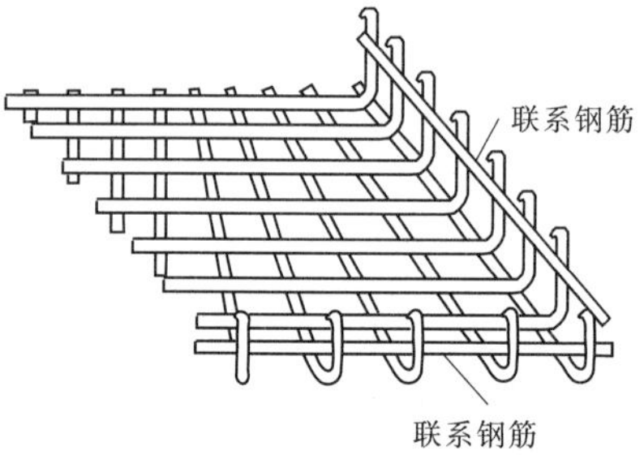


图4-29　联系钢筋布置加固

(5)符合绑扎接头的有关要求。

### (二)钢筋焊接和机械连接的质量控制

(1)严格按设计要求选用焊接方法、接头形式以及机械连接的方式。

(2)加强操作人员的技术培训，努力提高其操作水平，实行持证上岗。

(3)制订各种焊接及机械连接的操作工艺并严格执行。

(4)严格进行质量检查。

### (三)钢筋加工与安装允许偏差

钢筋加工的形状、尺寸应符合设计要求，其偏差应符合表4-14的规定。钢筋安装位置的允许偏差和检验方法应符合表4-15的规定。

表4-14　钢筋加工的允许偏差

| 项目 | 允许偏差(mm) |
|---|---|
| 受力钢筋顺长度方向全长的净尺寸 | ±10 |
| 弯起钢筋的弯折位置 | ±20 |
| 箍筋内净尺寸 | ±5 |

**表 4-15　钢筋安装及预埋件位置的允许偏差和检验方法**

| 项目 | | | 允许偏差(mm) | 检验方法 |
|---|---|---|---|---|
| 绑扎钢筋网 | 长、宽 | | ±10 | 钢尺检查 |
| | 网眼尺寸 | | ±20 | 钢尺量连续三挡,取最大值 |
| 绑扎钢筋骨架 | 长 | | ±10 | 钢尺检查 |
| | 宽、高 | | ±5 | 钢尺检查 |
| 受力钢筋 | 间距 | | ±10 | 钢尺量两端、中间各一点,取最大值 |
| | 排距 | | ±5 | |
| | 保护层厚度 | 基础 | ±10 | 钢尺检查 |
| | | 柱、梁 | ±5 | 钢尺检查 |
| | | 板、墙、壳 | ±3 | 钢尺检查 |
| 绑扎箍筋、横向钢筋间距 | | | ±20 | 钢尺量连续三挡,取最大值 |
| 钢筋弯起点位置 | | | 20 | 钢尺检查 |
| 预埋件 | 中心线位置 | | 5 | 钢尺检查 |
| | 水平高差 | | ±3,0 | 钢尺和塞尺检查 |

**注:**1. 检查预埋件中心线位置时,应从纵、横两个方向量测,并取其中的较大值。

2. 表中梁类、板类构件上部纵向受力钢筋保护层厚度的合格点率应达到 90% 及以上,且不得有超过表中数值 1.5 倍的尺寸偏差。

**特别提示**

钢筋工程在结构工程中是一项非常重要的分项工程,其施工质量的好坏将直接影响到结构的安全。目前,施工人员主要根据《混凝土结构施工图平面整体表示方法制图规则和构造详图》(11G101—1)和《建筑物抗震构造详图》(03G329—1)两本图集参考进行钢筋安装,而现行的《混凝土结构施工质量验收规范》(GB 5024—2002)只提出了一些重要的原则性要求,具体到施工操作中一些细部节点做法,如何正确应用这两本图集就显得至关重要。

# 任务三　混凝土工程

《混凝土结构工程施工质量验收规范》(GB 50204—2002)指出,混凝土分项工程是从水泥、砂、石、水、外加剂、矿物掺合料等原材料进场检验、混凝土配合比设计、混凝土材料称量与拌制,以及混凝土运输、浇筑、养护、试件制作直至混凝土达到预定强度等一系列技术工作和完成实体的总称。显然,混凝土工程施工包含众多的工作内容,这些工作内容之间联系密切、相互影响,是混凝土工程施工质量的重要影响因素。因此,在施工过程中应引起足够的重视,否则,随时都可能形成质量问题甚至造成质量事故。对混凝土的基本质量要求是:要有足够的强度、良好的密实性和整体性、正确的形状尺寸。

由于工程性质、规模等不同，混凝土工程施工可以采取各种组织手段，而且在具体的施工操作中有着不同的要求，反映了混凝土施工的特殊性。

本节主要介绍现场搅拌混凝土施工、泵送混凝土施工、高强混凝土施工、大体积混凝土施工、喷射混凝土和耐热混凝土施工等。

## 一、现场搅拌混凝土施工

### (一)混凝土施工配料

施工中，对混凝土施工配料应严格控制。施工配料中影响混凝土质量的主要原因是：称量不准确；不考虑施工现场砂、石骨料的含水量变化。其结果会改变原混凝土配合比中的水灰比、砂石比(含砂率)及浆骨比，而其中任一项发生改变都会对混凝土质量造成较大的影响。因此，控制好混凝土施工配合比和做好混凝土施工配料，是承包商在施工过程中的一项重要工作。

1. 混凝土施工配合比

混凝土施工配合比是指混凝土在施工过程中所采用的配合比。混凝土施工配合比一经确定，就不能随意改变，除非发生特殊情况。根据国家现行标准《普通混凝土配合比设计规程》(JGJT 55—2011)和《混凝土强度检验评定标准》(GB/T 50107—2010)的规定，混凝土施工配合比应由有相关资质的实验室提供(实验室配合比)，也可以在实验室配合比的基础上根据施工现场砂、石含水量情况进行调整。调整按以下步骤进行：

实验室配合比为：水泥∶砂子∶石子 = $1:X:Y$，水灰比为 $W/C$，测得现场砂子含水量为 $\omega_x$，石子含水量为 $\omega_y$，则施工配合比应为：$1:X(1+\omega_x):Y(1+\omega_y)$。

按实验室配合比，1 $m^3$ 混凝土水泥用量为 $C$(kg)计，水灰比不变($W$ 为用水量)，则换算后各种材料用量为

水泥：$C' = C$；

砂子：$G'_{砂} = C \cdot X(1+\omega_x)$；

石子：$G'_{石} = C \cdot Y(1+\omega_y)$；

水：$W' = W - C \cdot X\omega_x - C \cdot Y\omega_y$。

**【例 4-3】** 混凝土实验室配合比为：1∶2.56∶5.5，水灰比为 0.64，1 $m^3$ 混凝土水泥用量为 280 kg，测得施工现场砂子含水量为 4%，石子含水量为 2%，则施工配合比为

$$1:2.56\times(1+4\%):5.5\times(1+2\%)=1:2.66:5.61$$

1 $m^3$ 混凝土材料用量为：

水泥：280 kg；

砂子：$280\times2.66=744.8$(kg)；

石子：$280\times5.61=1\ 570.8$(kg)；

水：$280\times0.64-280\times2.56\times4\%-280\times5.5\times2\%=119.7$(kg)。

2. 施工配料

施工现场所采用的搅拌机有一定的容量，因此还需要求出搅拌机每次搅拌需要多少原材料。如采用 JZ350 型搅拌机，其出料容量为 0.35 $m^3$，则每次搅拌所需原材料为

水泥：$280\times0.35=98.0$(kg)(取用两袋水泥即 100 kg)；

砂子：$744.8\times100/280=266.0$(kg)；

石子：1 570.8 × 100/280 = 561.0（kg）；

水：119.7 × 100/280 = 42.8（kg）。

为严格控制混凝土的配合比，原材料的计量必须准确。原材料每盘称量的允许偏差不得超过以下规定：水泥、掺合料为 ±2%；粗、细骨料为 ±3%；水、外加剂为 ±2%。

对称量用的各种计量设备要定期校验，对粗、细骨料含水量应经常测定，雨天施工时，应增加测定次数。

3. 外加剂、掺合料的使用

混凝土中掺用外加剂的质量及应用技术，应符合现行国家标准《混凝土外加剂》（GB 8076—2008）、《混凝土外加剂应用技术规范》（GB 50119—2003）等和有关环境保护的规定。

混凝土中掺用矿物掺合料的质量，应符合现行国家标准《用于水泥和混凝土中的粉煤灰》（GB 1596—2005）等的规定。矿物掺合料的掺量应通过试验确定。

**（二）混凝土的现场搅拌**

混凝土现场搅拌是指在施工现场按混凝土施工配合比将各种原材料用混凝土搅拌机均匀拌和成为符合相应技术要求的混凝土。

1. 混凝土搅拌机

混凝土搅拌机分为自落式和强制式两类。搅拌机的搅拌原理及适用范围如表 4-16 所示。

**表 4-16　搅拌机的搅拌原理及适用范围**

| 类别 | 搅拌原理 | 机型 | 适用范围 |
|---|---|---|---|
| 自落式 | 筒身旋转，带动叶片将物料提高，在重力作用下物料自由坠下，重复进行。物料互相穿插、翻拌、混合 | 鼓形 | 流动性及低流动性混凝土 |
| | | 锥形 | 流动性、低流动性及干硬性混凝土 |
| 强制式 | 筒身固定，叶片旋转，对物料施加剪切、挤压、翻滚、滑动、混合 | 立轴 | 低流动性或干硬性混凝土 |
| | | 卧轴 | |

混凝土搅拌机以其出料容量标定其规格。一般施工工地常用的有 150 L、250 L、350 L、500 L 等多种。大型搅拌站使用的有 800 ~ 3 000 L。

选择混凝土搅拌机型号，要根据工程量大小、施工组织手段、混凝土技术参数等因素确定。

2. 现场搅拌站设置

施工现场混凝土搅拌站设置应因地制宜，尽可能布置在施工现场附近，最好在垂直运输机械工作半径范围内。砂子、石子的堆放地点、水泥库房应合理安排。搅拌机处应挂配料牌。要做到装料、卸料方便，既不交叉且运距要短。要安排好各种原材料的进场运输道路（最好是混凝土道路）以及水、电供应线路，安装好砂、石计量设备。还应注意整个搅拌站布置整齐、规范、美观，符合安全、文明施工的要求。

3. 搅拌作业

（1）混凝土搅拌时间。从全部材料投入搅拌筒起，到开始卸料为止所经历的时间，称为混凝土搅拌时间。搅拌时间是影响混凝土搅拌质量及搅拌机生产效率的重要因素之一。搅拌时间过短，则混凝土均匀性差，且强度及和易性下降；而搅拌时间太长，搅拌效率又低。因此，确定一个最短的搅拌时间是有必要的，混凝土搅拌的最短时间可参考表4-17。

**表4-17　混凝土搅拌的最短时间**

（单位：s）

| 混凝土坍落度（mm） | 搅拌机类型 | 搅拌机容量（L） | | |
|---|---|---|---|---|
| | | <250 | 250~500 | >500 |
| ≤30 | 自落式 | 90 | 120 | 150 |
| | 强制式 | 60 | 90 | 120 |
| >30 | 自落式 | 90 | 90 | 120 |
| | 强制式 | 60 | 60 | 90 |

**注**：1. 掺有外加剂时，搅拌时间应适当延长。

2. 全轻混凝土宜采用强制式搅拌机搅拌，砂轻混凝土可用自落式搅拌机搅拌，但搅拌时间应延长60~90 s。

3. 轻骨料宜在搅拌前预湿，采用强制式搅拌机搅拌的加料顺序是：先加粗细骨料和水泥搅拌60 s，再加水继续搅拌；采用自落式搅拌机的加料顺序是：先加用水量1/2的水，然后加粗细骨料和水泥，均匀搅拌60 s，再加剩余的水继续搅拌。

4. 当采用其他形式的搅拌设备时，搅拌的最短时间应按设备说明书的规定或经试验确定。

（2）投料顺序。投料顺序应从提高搅拌质量、减少设备磨损、减少水泥飞扬、改善工作环境、提高混凝土强度、节约水泥等方面综合考虑确定。施工中常用的投料顺序有一次投料法、二次投料法、水泥裹砂法等。

一次投料法是将砂、水泥、石和水同时投入搅拌机搅拌筒进行搅拌，水泥应夹放在砂、石之间以减少水泥飞扬。此法采用最多。

二次投料法可分为预拌水泥砂浆法和预拌水泥净浆法。预拌水泥砂浆法是先将水泥、砂和水加入搅拌机搅拌筒充分搅拌成为水泥砂浆，然后加入石子搅拌成均匀的混凝土；预拌水泥净浆法是先将水泥和水充分搅拌成水泥浆，然后分别加入砂、石搅拌成均匀的混凝土。

水泥裹砂法又称为SEC法，即所谓造壳混凝土或SEC混凝土。这种混凝土就是先要在砂子表面造成一层水泥浆壳，可采取两种工艺措施：一是对砂子的表面湿度进行处理，使其表面的含水量控制在一定范围内；二是进行两次加水搅拌，第一次加水搅拌称为造壳搅拌，就是先将处理过的砂子、水泥和部分水搅拌，使砂子周围形成黏着性很强的水泥浆包裹层，加入石子搅拌一定时间后再第二次加水搅拌，使水泥浆均匀地分散在已经被造壳的砂子和石子周围。水泥裹砂法的投料顺序如图4-30所示，这种方法的关键在于控制砂子的表面含水量及第一次搅拌时的造壳用水量。国内外的试验结果表明：砂子的表面含水量控制在4%~6%，第一次搅拌加水为总加水量的20%~26%时，造壳混凝土的增强效果最佳。此外，与造壳搅拌时间也有密切关系：时间过短，不能形成均匀的低水灰比的水泥浆使之牢固

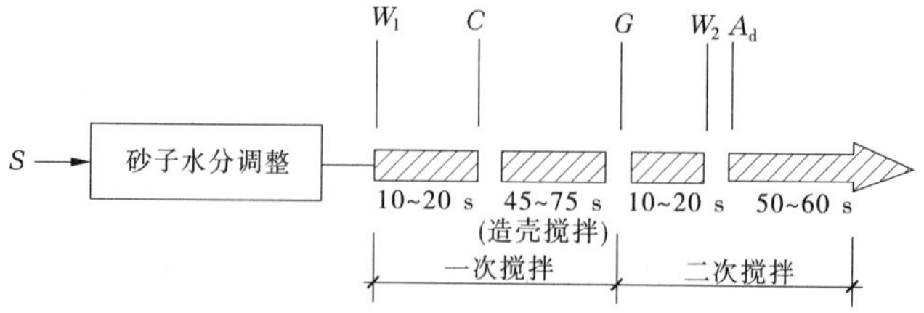


**图4-30　水泥裹砂法的投料顺序**

地黏结在砂子表面,即形成水泥浆壳;时间过长,造壳效果并不明显,混凝土强度并无较大提高。造壳搅拌的时间以 45 ~75 s 为宜。

(3)进料容量。进料容量是将搅拌前各种材料的体积累加起来的容量,即干料容量。进料容量为出料容量的 1.4 ~1.8 倍(一般取 1.5 倍)。进料容量超过规定容量的 10% 以上,就会使材料在搅拌筒内无充分的空间进行拌和,影响混凝土拌和物的均匀性,如装料太少,则搅拌效率又太低。

(4)搅拌要求。严格执行混凝土施工配合比,及时进行混凝土施工配合比的调整;严格进行各种原材料的计量;搅拌前应充分湿润搅拌筒,搅拌第一盘混凝土时应按配合比对粗骨料减量;控制好混凝土搅拌时间;按要求检查混凝土坍落度,严禁随意加减用水量;搅拌好的混凝土要卸净,不得边出料边进料;搅拌完毕或间歇时间较长,应清洗搅拌筒,搅拌筒内不应有积水;保持搅拌机清洁完好,做好定期维修保养。

**(三)混凝土的现场运输**

1. 运输要求

搅拌的混凝土应及时运至浇筑地点,为保证混凝土的质量,对混凝土运输的基本要求是:混凝土运输过程中要能保持良好的均匀性,不离析、不漏浆;保证混凝土具有设计配合比所规定的坍落度;使混凝土在初凝前浇筑完毕;保证混凝土浇筑能连续进行。

2. 运输工具

在施工现场,混凝土的运输分为垂直运输和水平运输(包括地面水平运输和楼面水平运输)。垂直运输多采用塔吊、井架、龙门架或混凝土泵等。地面水平运输可采用双轮手推车、机动翻斗车、混凝土搅拌运输车或自卸汽车等。当混凝土需用量大、运距较远或使用商品混凝土时,多用自卸汽车或混凝土搅拌运输车。楼面水平运输可用双轮手推车、皮带运输机,塔吊和混凝土泵也可以解决一定的水平运输。楼面运输时必须采取措施防止钢筋位置变位,还要随时检查模板情况防止发生变形,以及要注意尽量减少颠簸,防止混凝土离析。

3. 运输时间

混凝土运输时,应将混凝土以最少的转运次数和最短的时间从搅拌地点运送到浇筑地点,并保证混凝土在其初凝之前浇筑完毕。

**(四)混凝土的浇筑**

混凝土的浇筑是将混凝土放入已安装好的模板内并振捣密实以形成符合要求的结构或构件。混凝土的浇筑工作包括布料、摊平、捣实和抹面修整等工序。

1. 混凝土浇筑前的准备工作

(1)在混凝土浇筑前,应进行模板、钢筋工程的检查验收,验收合格后,方能进行混凝土的浇筑。

模板工程验收的内容主要有:模板的标高、位置、尺寸、垂直度、接缝、支撑等;预埋件以及预留孔洞的位置和数量;模板内是否有垃圾和其他杂物。在浇筑混凝土时,需要安排人员对模板及其支架进行观察、维护。发生异常情况时,应按施工技术方案及时进行处理。

钢筋工程验收的内容包括纵向受力钢筋品种、规格、数量、位置等;钢筋的连接方式、接头位置、接头数量、接头面积百分率等;箍筋、横向钢筋的品种、规格、数量、间距等。

(2)准备好各种原材料和施工机具设备。要保证各种原材料的数量和质量,要保证施工机具设备的正常使用,并要准备一些备用的施工机具设备。

(3)要搞好水、电供应工作。一般应保证混凝土在浇筑期间水、电供应不中断,且应考虑到特殊情况下的应急措施。

(4)要检查安全设施是否完备,运输道路是否通畅。

(5)要了解天气情况。

(6)做好技术和安全交底工作。

2. 混凝土浇筑的一般要求

(1)混凝土浇筑前不应发生初凝和离析现象,如已发生,可重新搅拌,恢复混凝土的流动性和黏聚性后再进行浇筑。混凝土运到施工现场后,其坍落度应满足表 4-18 的要求。

**表 4-18 混凝土浇筑时的坍落度**

| 结构种类 | 坍落度(mm) |
|---|---|
| 基础或地面等的垫层、无配筋的大体积结构(挡土墙、基础等)或配筋稀疏的结构 | 10 ~ 30 |
| 板、梁和大型及中型截面的柱子等 | 30 ~ 50 |
| 配筋密列的结构(薄壁、斗仓、筒仓、细柱等) | 50 ~ 70 |
| 配筋特密的结构 | 70 ~ 90 |

(2)为了保证混凝土浇筑时不产生离析现象,混凝土自高处倾落时的自由倾落高度不宜超过 2 m。若混凝土自由倾落高度超过 2 m,则应设溜槽或串筒,如图 4-31(a)、(b)所示。当混凝土浇筑深度超过 8 m 时,则应采用带节管的振动串筒,即在串筒上每隔 2 ~ 3 节安装一台振动器,如图 4-31(c)所示。

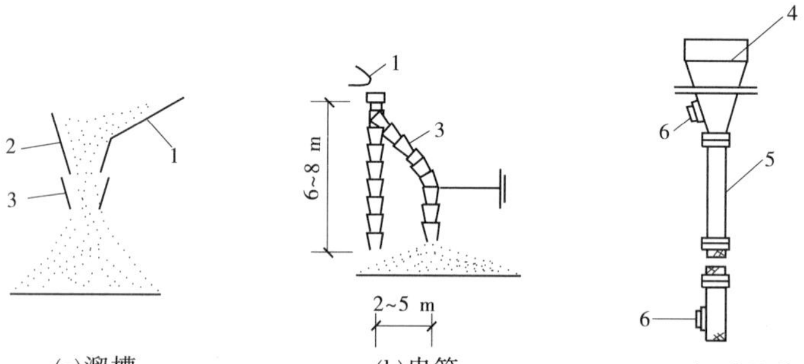

(a)溜槽　(b)串筒　(c)振动溜管

1—溜槽;2—挡板;3—串筒;4—漏斗;5—节管;6—振动器

**图 4-31 溜槽和串筒**

(3)为保证混凝土结构的整体性,混凝土浇筑原则上应一次完成。但由于振捣方法、振捣机具性能、结构构件的配筋情况等的差异,混凝土浇筑需要分层。每层浇筑厚度应符合表 4-19的规定。

(4)混凝土的浇筑工作应尽可能连续作业,如上下层混凝土浇筑有间隔时间,则间隔时间应尽量短,并应在混凝土初凝前将混凝土浇筑完毕,以防止扰动已初凝的混凝土而出现质量缺陷。混凝土的初凝时间与水泥品种、凝结条件、掺用外加剂的品种和数量等因素有关,应由试验确定。

如间隔时间必须超过混凝土初凝时间,则应按施工技术方案的要求留设施工缝。所谓施工缝,是指在混凝土浇筑中,因设计要求或施工需要分段浇筑混凝土而在先、后浇筑的混凝土之间所形成的接缝。

**表 4-19　混凝土浇筑层厚度**

| 混凝土的捣实方法 | | 浇筑层的厚度(mm) |
|---|---|---|
| 插入式振捣 | | 振捣器作用部分长度的 1.25 倍 |
| 表面振捣 | | 200 |
| 人工捣实 | 在基础、无筋混凝土或配筋稀疏的结构中 | 250 |
| | 在梁、墙板、柱结构中 | 200 |
| | 在配筋密列的结构中 | 150 |
| 轻骨料混凝土 | 插入式振捣器 | 300 |
| | 表面振捣(振捣时需加荷) | 200 |

因停电等意外原因造成下层混凝土已初凝时,则应在继续浇筑混凝土之前,按照施工技术方案对混凝土接槎(施工缝)的要求进行处理,使新旧混凝土结合紧密,保证混凝土结构的整体性。

(5)在竖向结构(如墙、柱)中浇筑混凝土时,如浇筑高度超过 3 m,应采用串筒或溜槽。竖向结构浇筑时,应先在其底部浇筑一层 50 ~ 100 mm 厚的与混凝土成分相同的水泥砂浆结合层,然后浇筑混凝土。

(6)混凝土后浇带对避免混凝土结构的温度收缩裂缝等有较大作用。混凝土后浇带位置应按设计要求和施工技术方案留置,后浇带混凝土的浇筑时间、处理方法等,也应事先在施工技术方案中确定。

3. 施工缝的留设与处理

1)混凝土施工缝留设

混凝土施工缝应尽可能留置在受剪力较小的部位,留置施工缝的部位应便于施工。承受动力荷载的设备基础,原则上不留置施工缝,当必须留置时,应符合设计要求并按施工技术方案执行。

柱子混凝土施工缝宜留置在基础与柱子的交接处、框架梁的下面及上面(楼面处)、无梁楼盖柱帽的下面、吊车梁牛腿的下面、吊车梁的上面等,如图 4-32 所示。在框架结构中,如梁的负筋向下弯入柱内,施工缝也可设置在这些钢筋的下端,以便于钢筋的绑扎。

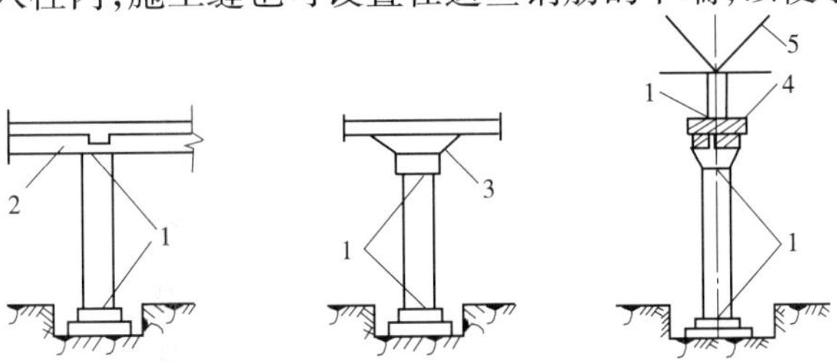


(a)肋形楼板柱　(b)无梁楼板柱　(c)吊车梁柱

1—施工缝;2—梁;3—柱帽;4—吊车梁;5—屋架

**图 4-32　柱子施工缝留置**

梁的混凝土施工缝可分为竖直施工缝(不得留成斜面)和水平施工缝两种。当梁高度大于1 m时,可按设计或施工技术方案的要求留置水平施工缝。和板连成整体的大截面梁,施工缝应留置在板底面以下20~30 mm处。当板下有梁托时,施工缝应留置在梁托下部。有主、次梁的楼盖结构,施工缝应留置在次梁上约1/3跨度处,而不应留置在主梁上,如图4-33所示。

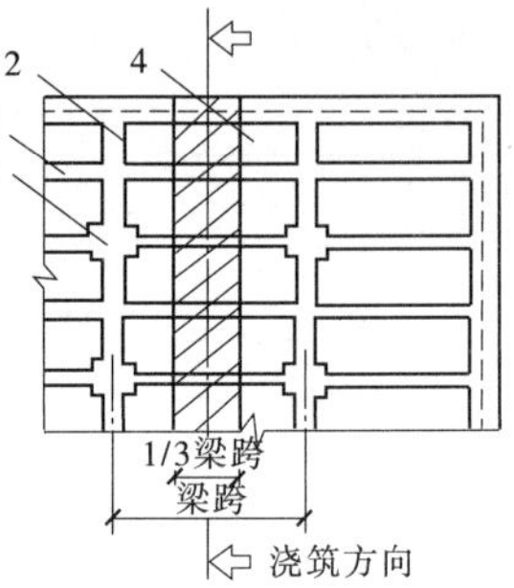

1—柱;2—主梁;3—次梁;4—板

**图4-33　有梁板的施工缝留置**

单向板可在平行于短边的任何位置留置混凝土施工缝,也可以在次梁施工缝位置同时设置楼板施工缝。双向板施工缝应按设计要求留置。

现浇钢筋混凝土楼梯常采用板式楼梯,楼梯施工缝可留置在楼梯长度中间1/3的位置,也有的将楼梯施工缝留置在平台梁上。

墙施工缝应留置在门洞口过梁1/3跨度处,也可以留置在纵横墙的交接处。

大体积混凝土结构、拱、薄壳、蓄水池、多层刚架等,应按设计要求留置施工缝。

2)混凝土施工缝的处理

施工缝处继续浇筑混凝土时,应在已浇筑的混凝土抗压强度不小于1.2 MPa后方可进行(混凝土抗压强度达到1.2 MPa所需的龄期可参考表4-20),以抵抗继续浇筑混凝土时对已浇筑混凝土的扰动。施工缝处浇筑混凝土前,应清理干净混凝土表面的浮浆、松动的石子、软弱的混凝土层、可能存在的杂物等;清水湿润,但不得有积水;对竖向结构构件(墙、柱),先在底部铺筑一层50~100 mm厚与所浇筑混凝土成分相同的水泥砂浆,对梁类、板类构件,先铺水泥浆一层(水泥:水=1:0.4)或与所浇混凝土内水泥砂浆成分相同的水泥砂浆一层,厚10~15 mm;要细致振捣,保证混凝土密实和结合紧密。

**表4-20　普通混凝土强度达到1.2 MPa所需龄期**

| 外界温度 | 水泥品种及强度等级 | 混凝土强度等级 | 期限(h) | 外界温度 | 水泥品种及强度等级 | 混凝土强度等级 | 期限(h) |
|---|---|---|---|---|---|---|---|
| 1~5 ℃ | 普通42.5 | C15 | 48 | 10~15 ℃ | 普通42.5 | C15 | 24 |
| | | C20 | 44 | | | C20 | 20 |
| | 矿渣32.5 | C15 | 60 | | 矿渣32.5 | C15 | 32 |
| | | C20 | 50 | | | C20 | 24 |
| 5~10 ℃ | 普通42.5 | C15 | 32 | 15 ℃以上 | 普通42.5 | C15 | 20以上 |
| | | C20 | 28 | | | C20 | 20以上 |
| | 矿渣32.5 | C15 | 40 | | 矿渣32.5 | C15 | 20 |
| | | C20 | 32 | | | C20 | 20 |

4.后浇带的留置与处理

后浇带是在现浇钢筋混凝土结构施工过程中,克服由于温度、收缩可能产生有害裂缝而设置的临时施工缝,如图4-34所示。后浇带需根据设计要求保留一段时间后再进行浇筑,将整个结构浇筑成整体。

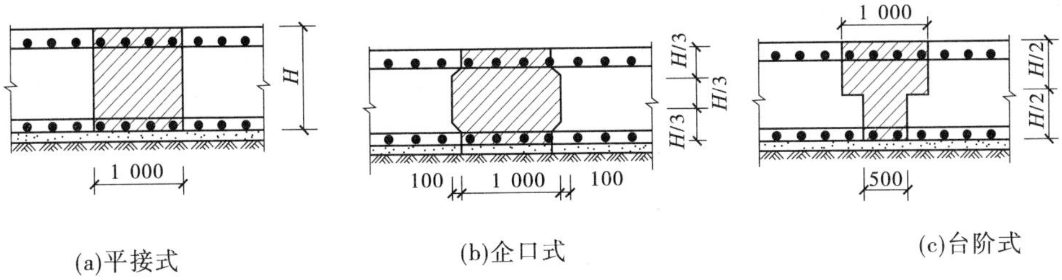


图 4-34　后浇带构造

后浇带的宽度设置应考虑施工简便，避免应力集中，一般为 800 ~ 1 000 mm。后浇带的留置位置应按设计要求和施工技术方案确定。在正常施工条件下，对于置于室内和土中的混凝土，后浇带的设置距离为 30 m；露天时，后浇带的设置距离为 20 m。后浇带的保留时间应根据设计要求确定，若设计无要求，一般以两个月为宜，至少保留 28 d 以上。

后浇带在浇筑混凝土前，必须将整个混凝土表面按照施工缝的要求进行处理。后浇带混凝土可采用微膨胀或无收缩水泥，也可采用普通水泥加入相应的外加剂拌制。后浇带混凝土强度等级应比原结构设计强度提高一级。后浇带混凝土浇筑时，后浇带内的钢筋应保存完好，后浇带混凝土湿润养护 15 d 以上。

### （五）混凝土振捣

施工现场可以采用机械外力去克服混凝土拌和物的黏聚力和内摩擦力而使其液化、沉实，还可以采用真空吸水工艺使混凝土密实。

混凝土振捣是混凝土施工中的关键工序，无论是施工管理者还是施工操作者，都必须认真对待，以保证混凝土施工质量。

1. 机械振捣

混凝土振捣机械按其工作方式分为内部振捣器（插入式振捣器，也称为振动棒）、表面振捣器（平板振捣器）、外部振捣器（附着式振捣器）、振动台等，如图 4-35 所示。

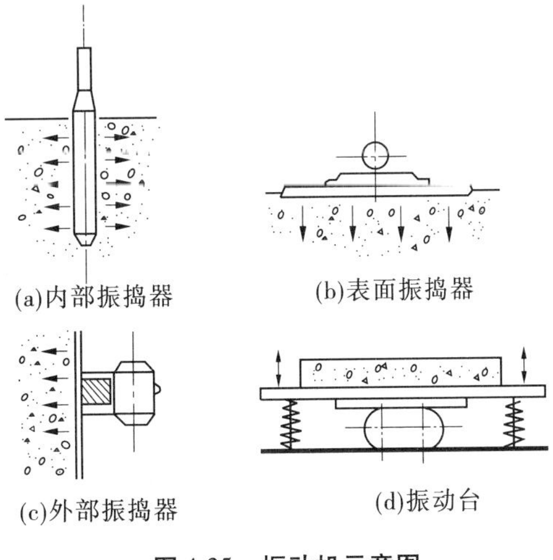


图 4-35　振动机示意图

内部振捣器和表面振捣器是施工现场常用的振捣设备。内部振捣器多用于振捣梁、墙、柱、厚板和大体积混凝土等厚大结构，其构造如图 4-36 所示。表面振捣器适用于楼板、地面等薄型构件。

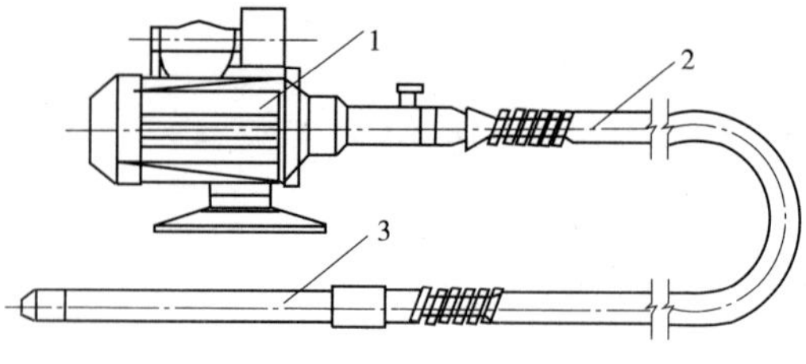


1—电动机；2—软轴；3—振动棒

**图 4-36　插入式振动器**

用内部振捣器振捣混凝土应注意：插点布置要均匀，间距要适当，不得漏振；振动棒应插入下层混凝土 50～100 mm，要注意上下层混凝土的接合；振捣棒宜垂直插入，且进入混凝土时应快，而拔出时应慢，即快插慢拔，如图 4-37、图 4-38 所示。

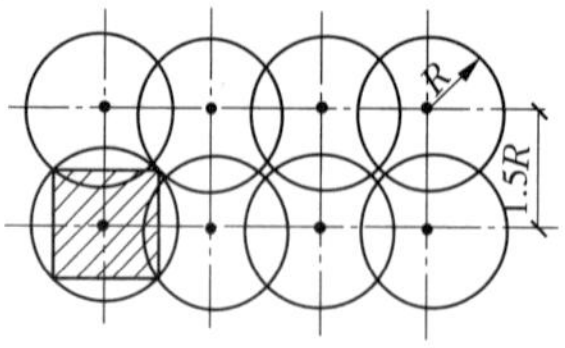


(a)行列式

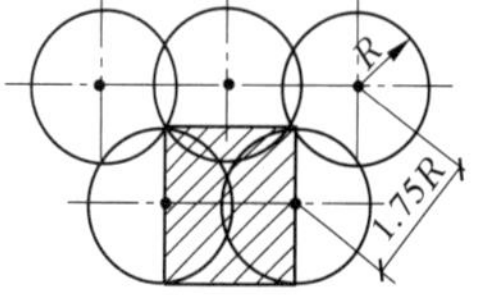


(b)交错式

**图 4-37　振捣点的布置（$R$ 为振动棒有效作用半径）**

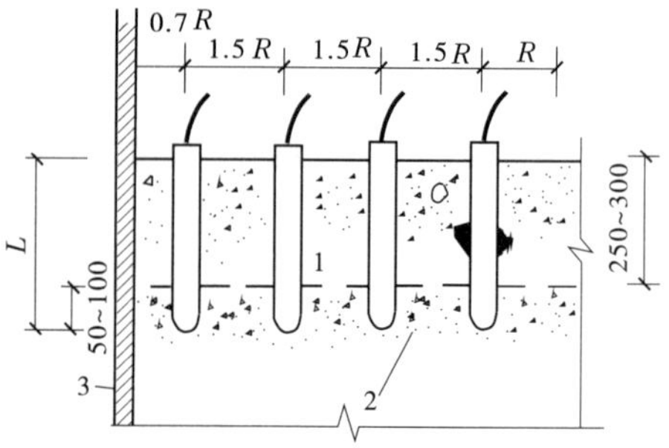


1—新浇筑的混凝土；2—下层已振捣但尚未初凝的混凝土；3—模板；

**图 4-38　插入式振捣器的插入深度（$R$ 为有效作用半径，$L$ 为振动棒长度）**

用表面振捣器振捣混凝土时，拖行速度不应太快，拖行时应有一定重叠，并及时将混凝土调整平整。

混凝土振捣后是否密实判断标准：一是表面泛浆和外观均匀，二是混凝土不再显著下沉和不出现气泡（用内部振捣器时每个插点振捣时间为 20～30 s）。振捣时要特别注意竖向结构构件的底部以及结构构件中的配筋密集处等部位。

2. 真空吸水工艺

真空吸水工艺是利用真空吸水装置使混凝土密实。在真空负压作用下，混凝土内部产生一系列变化：游离水减少、气泡孔径减小、大孔隙数量减少、总孔隙率降低、孔的分布趋于合理，且因水、气的移动产生的贯穿毛细孔很快被水泥浆填充。经过真空吸水工艺处理的混凝土，体积收缩，密实度提高，而且因游离水的减少，水泥水化速度加快，混凝土各个龄期的强度都会有较大提高。

**（六）混凝土的养护**

浇筑后的混凝土之所以能逐渐凝结硬化，主要是因为水泥水化作用的结果，而水泥的水化作用必须有相应的环境（即在一定的温度和湿度条件下），对混凝土进行养护就是要提供这种环境，使混凝土强度正常增长。

1. 混凝土养护有关规定

混凝土浇筑完毕后，应根据原材料、配合比、浇筑部位和施工季节等具体情况，在施工技术方案中确定有效的养护措施。

(1)应在浇筑完毕后的12 h以内对混凝土加以覆盖并保湿养护。

(2)混凝土浇水养护的时间。对采用硅酸盐水泥、普通硅酸盐水泥或矿渣硅酸盐水泥拌制的混凝土，不得少于7 d；对掺用缓凝型外加剂或有抗渗要求的混凝土，不得少于14 d。

(3)浇水次数应能保持混凝土处于湿润状态，混凝土养护用水应与拌制用水相同。

(4)采用塑料布覆盖养护的混凝土，其敞露的全部表面应覆盖严密，并应保持塑料布内有冷凝水。

(5)混凝土强度达到1.2 $N/mm^2$ 前，不得在其上踩踏或安装模板及支架。

(6)当日平均气温低于5 ℃时，不得浇水；混凝土表面不便浇水或使用塑料布时，宜涂刷养护剂；对大体积混凝土的养护，应根据气候条件按施工技术方案采取控温措施。

2. 混凝土养护方法

混凝土养护方法有标准养护、自然养护、蒸汽养护、蓄热养护等。

(1)标准养护。是指混凝土试件在温度为(20 ± 3)℃和相对湿度90%以上的潮湿环境或水中(标准条件)养护28 d。有条件的施工现场可以配备标准养护室，对混凝土试件进行标准养护。

(2)自然养护。是指在平均气温高于+5 ℃的条件下使混凝土保持湿润状态。自然养护又可分为洒水养护和喷洒塑料薄膜养生液养护等。洒水养护是指用吸水保温能力较强的材料(如草帘、芦席、麻袋、锯末等)将混凝土覆盖，经常洒水使其保持湿润，是施工现场使用最多的养护方式。喷洒塑料薄膜养生液养护是将养生液用喷枪喷洒在混凝土表面，形成一层塑料薄膜，使混凝土与空气隔绝，阻止水分的蒸发，保证水化作用的正常进行，它适用于不易洒水养护的高耸构筑物和大面积混凝土结构及缺水地区。

(3)蒸汽养护。是指将构件放置在有饱和蒸汽或蒸汽、空气混合物的养护室内，在较高的温度和相对湿度的环境中进行养护，以加速混凝土的硬化，使混凝土在较短的时间内达到规定的强度标准值。

## 二、泵送混凝土施工

泵送混凝土施工是指在浇筑混凝土时采用混凝土泵输送混凝土(混凝土拌和物的坍落度不低于100 mm)，即在混凝土泵产生的压力下将混凝土沿管道向前推动逐步运送到浇筑地点。采用混凝土泵输送混凝土可以较大地提高混凝土的浇筑速度，满足工程进度的需要。

混凝土泵分为活塞式泵和挤压式泵，活塞式泵为多用，活塞式泵又分为机械活塞式泵和液压活塞式泵。

施工中，混凝土泵的选型、配管设计，应根据工程和施工场地的特点、混凝土浇筑方案、要求的最大输送距离、最大的混凝土输出量以及混凝土浇筑计划等，参照《混凝土泵施工技术规程》(JGJ/T 10—2011)确定。

由于混凝土运送方法的特殊性，要求混凝土拌和物必须具备一种较特殊的性能——可泵性。可泵性良好的混凝土拌和物应有以下特点：较高的流动性；在足够的运输时间内混凝土坍落度损失最小；混凝土的黏聚性好；在混凝土泵的压力作用下不离析；有较高的水泥砂浆含量以减小输送过程中的摩阻力。为使混凝土拌和物有一定的可泵性，在其原材料选择、配合比设计以及施工方法上都应采取一些特殊的措施。

**（一）原材料选择**

1. 水泥

一般情况下，应优先选用硅酸盐水泥和普通水泥。当施工环境温度较高或浇筑大体积混凝土时，应优先选用低水化热的水泥，如矿渣水泥等。

2. 粗骨料

选择粗骨料时主要考虑粗骨料的最大粒径、粗骨料的种类以及粗骨料的颗粒级配等。

（1）粗骨料的最大粒径。限制粗骨料最大粒径是为了防止堵塞，以保证泵送作业的顺利进行。粗骨料的最大粒径与输送管径的关系，如表 4-21 所示。

**表 4-21　粗骨料的最大粒径与输送管径之比**

| 石子品种 | 泵送高度(m) | 粗骨料的最大粒径与输送管径之比 |
|---|---|---|
| 碎石 | <50 | ≤1∶3.0 |
|  | 50～100 | ≤1∶4.0 |
|  | >100 | ≤1∶5.0 |
| 卵石 | <50 | ≤1∶2.5 |
|  | 50～100 | ≤1∶3.0 |
|  | >100 | ≤1∶4.0 |

（2）粗骨料的种类。采用卵石比用碎石更有利于泵送，骨料表面应光滑，且应质地坚硬密实。

（3）粗骨料的颗粒级配。粗骨料的颗粒级配对混凝土的泵送性能影响较大，粗骨料的颗粒级配应符合《普通混凝土用砂、石质量及检验方法标准》（JGJ 52—2006）的规定。对所用的石子应做筛分试验，如不符合要求，可以采用单粒级骨料自行配合。

3. 细骨料

细骨料以中砂为宜，其颗粒级配应符合《普通混凝土用砂、石质量及检验方法标准》（JGJ 52—2006）的规定。

4. 掺混合材料和外加剂

如果泵送混凝土中细粉料（粒径在 0.160 mm 以下）含量不足，可以采用外掺混合材料的方法予以补充，如粉煤灰、沸石粉等，以提高混凝土的可泵性。

泵送混凝土有较高的流动性，其坍落度自然较大，且随着输送高度的增加而增加。只有在使用外加剂的情况下才能实现较大的坍落度，泵送混凝土中使用的外加剂主要是混凝土泵送剂，泵送剂是指能显著改善混凝土拌和物泵送性能的外加剂。为使泵送混凝土顺利施工，应优先选用专门设计的泵送剂，目前，市场上有较多的泵送剂产品可供选择，如木钙减水剂等。

**（二）泵送混凝土配合比设计**

进行泵送混凝土配合比设计，最重要的是必须满足可泵性要求，应根据《普通混凝土配合比设计技术规程》(JGJ 55—2011)的有关规定进行。设计中应注意以下事项：

(1)控制好水灰比与胶凝材料总量。一般情况下，水灰比在0.45～0.60或胶凝材料总量在400～450 kg/$m^3$ 时，混凝土的泵送性能较好。

(2)严格控制粗骨料中针、片状颗粒含量，避免使用碱性骨料。

(3)细骨料应选用中砂，通过0.315 mm筛的颗粒总含量宜控制在450 kg/$m^3$ 左右。

(4)砂率可比普通混凝土提高5% 左右。

(5)用水量比普通混凝土可略有增加，但严禁采用单独加大用水量的方法提高混凝土的流动性。

(6)有外掺混合材料时，可能导致混凝土的早期强度降低，必要时可掺入早强剂。

(7)合理选用外加剂及其掺入方法。

**(三)泵送混凝土的施工**

1. 准备工作

(1)布置好混凝土泵的位置，落实好水电供应以及现场照明工作。

(2)全面检查设备情况，保证正常运行。

(3)检查输送管。

(4)泵送前先用清水湿润，再根据输送管的长度和弯头的数量用与混凝土内水泥砂浆成分相同的水泥砂浆进行泵送。

2. 输送管的铺设与固定

现场布置输送管时，应注意下列事项：

(1)应使输送管的路线最短，尽量少用弯管和软管，活动软管不得扭曲。

(2)垂直管道和水平管道都应每隔一定间距加以固定，在穿过楼板时要卡紧。

(3)混凝土输送管不得直接支承在钢筋、模板以及预埋件上。管道接头处不得漏浆。

(4)混凝土泵出口处不宜变换方向，如场地受限制，应采用半径较大的弯头，以尽量减少压力损失。

(5)高寒季节施工时，混凝土输送管应采用保温材料包裹；炎热季节施工时，应遮盖湿罩布或湿草袋，并定时浇水湿润。

3. 混凝土泵车的布置

(1)混凝土泵设置处应平整坚实，道路通畅，供料方便，距离浇筑地点近，有重车行走条件。

(2)多台混凝土泵同时浇筑时，应尽量使其各自承担的浇筑量接近，避免留置施工缝。

(3)混凝土泵设置处应供水、供电方便，其作业范围内不得有高压线等障碍物，同时应防范高空坠物。

(4)当高层建筑或高耸构筑物采用接力泵泵送混凝土时，接力泵的设置位置应使上、下泵的输送能力相匹配。设置接力泵的楼面或其他结构部位应验算其承受能力，必要时采取加固措施。

(5)混凝土泵在转移运输时应注意安全。

**(四)泵送混凝土施工注意事项**

(1)严格按照混凝土泵的使用说明书操作，操作人员应培训后上岗。混凝土泵送施工要有统一指挥和调度。

(2)混凝土布料设备应能覆盖整个结构平面,并能均匀、迅速地布料。

(3)在用水泥砂浆湿润管道时,应及时输入混凝土,以防空气进入,如空气已进入,应立即反泵吸出混凝土至料斗中重新搅拌,排除空气后再泵送。

(4)刚开始泵送时,其速度应缓慢,还应检查设备运行是否正常,管道接头是否漏浆。泵送时,混凝土应充满料斗。

(5)混凝土供应应连续,否则要放慢泵送速度或暂停泵送,暂停期间应每隔 10 min 反泵一次,以免混凝土堵塞管道。

(6)在炎热的夏季以及在冬期施工中,应采取相应的技术措施,保证施工质量;在雨期施工时,要及时、快速测定砂、石含水量的变化,并及时调整混凝土配合比。

(7)泵送结束后应及时清洗管道。

## 三、高强混凝土施工

强度等级 C50 及其以上的混凝土称为高强混凝土,混凝土的高强化和高强混凝土的流态化是当代混凝土科学发展的方向。高强混凝土具有以下特点:可以有效地减轻结构自重;可以有效地提高混凝土的耐久性;因为材料高强,构件的截面可以减小,因而材料用量减少,建筑物也能获得更大的空间。

### (一)高强混凝土的配制原则

由于混凝土的强度来自水泥浆的强度、水泥浆与骨料的界面黏结强度以及骨料的颗粒强度,因此在采用普通材料和常规工艺配制高强混凝土时,也只有从这几个环节着手。

1.选用高强度等级的水泥

水泥品种应根据设计要求及结构所处的环境确定。用于配制高强混凝土的水泥必须进行品质检验,包括各龄期强度、标准稠度用水量、安定性、细度等。

2.掺入活性掺合料

活性掺合料对混凝土的增强作用,在于其中的活性成分参与了混凝土的二次水化反应,增加了水泥的水化程度。常用的活性掺合料有粉煤灰、硅粉、高炉炉渣、F 硅粉等。

粉煤灰在我国的工程实践中有着广泛的应用,使用的粉煤灰应符合Ⅱ级灰标准,烧失量不大于 2% ~3%,需水比不大于 95%,$SO_3$ 含量不大于 3%。F 硅粉中天然沸石含量应不低于 60%,可溶硅、铝含量分别不低于 8% ~10% 和 6% ~8%,细度控制在 0.08 mm 方孔筛的筛余量为 1% ~3%。硅粉中的 $SiO_2$ 含量不低于 85%,细度超过水泥的 1/50。

3.骨料

试验研究表明,选用配制高强混凝土的骨料时应注意:

(1)配制高强混凝土必须使用高强度的骨料,骨料强度应在 100 MPa 以上。

(2)粗骨料的形状(圆形或角状)和表面特征(光滑或粗糙)对强度的影响很大。骨料中应尽可能不含针状、片状颗粒、软弱颗粒及黏土杂质。用表面粗糙的粗骨料比用表面光滑的粗骨料配制的混凝土强度要高,骨料表面有较好的亲水性也能提高混凝土强度。采用较大粒径的粗骨料难以配制出高强的混凝土,且卵石配制的混凝土有显著的强度粒径效应,即在相同配合比时,混凝土的强度随骨料粒径的增大而下降。配制高强混凝土不仅应选用较小的水灰比,而且应选用较小粒径的粗骨料。

(3)细骨料的矿物组成同样影响混凝土的强度。如采用辉绿岩砂、致密的石灰岩砂等,能取得较好的效果。采用水泥裹砂法能显著提高水泥与细骨料的表面黏结强度,从而对提高混凝土强度有利。细骨料的含泥量在施工中必须严格控制。

(4)应采用较小的砂率。水灰比在0.25~0.35时,适宜的砂率为28%~32%。

4.采用高效减水剂

减水剂可以使混凝土拌和物在维持最低水灰比的情况下获得足够的和易性,减水剂是配制高强混凝土的重要手段。目前,使用的减水剂有FDN减水剂、TH型减水剂、复合Ⅰ型和复合Ⅱ型减水剂等。

5.采用混凝土保塑剂

混凝土在运输或静停过程中,其坍落度会因时间的延长而显著下降,因此应加入混凝土保塑剂以控制坍落度的损失,如HZP高效混凝土保塑剂有较强的适应性,广泛应用于硅酸盐系列水泥、复合水泥及大坝水泥拌制的混凝土。使用HZP高效混凝土保塑剂应在混凝土搅拌均匀即将出罐时加入,并继续搅拌30~60 s,应与高效减水剂复合使用。

6.控制混凝土的含气量

在高强混凝土中引入一定的空气,能够增加混凝土拌和物的流动性,减少混凝土的用水量,提高混凝土的抗冻性、抗渗性,但含气量过多,无疑会降低混凝土的强度。

7.混凝土配合比拟定原则

高强混凝土的配合比必须按照低水灰比、低砂率、高骨灰比(或骨胶比)的原则确定。

由于全国各地所用材料的品质千变万化,因此在实际工程中,高强混凝土的配合比应建立在大量的试验基础上,综合分析确定。各地的混凝土生产企业在长期的生产实践中积累了丰富的经验,但也不能放松对获得高强混凝土技术途径的研究。

**(二)高强混凝土施工要点**

(1)高强混凝土应加强质量控制和质量保证。应从原材料进料、储存、计量、装料、搅拌、运输、振捣、养护等各个环节加以监控,要制定各类人员职责。高强混凝土的搅拌宜使用强制式搅拌机,要采用适宜的投料顺序。

(2)高强混凝土宜采用泵送施工。

(3)高强混凝土应使用高频振动器振捣密实。

(4)在混凝土强度等级变化处浇筑时,应采取一定措施,如充气法、木板法、筛网法等。

(5)加强对高强混凝土的养护。

## 四、大体积混凝土施工

在现代工业与民用建筑中,大体积混凝土施工已随处可见。日本建筑学会标准规定:结构断面最小尺寸在80 cm以上,水化热引起混凝土内的最高温度与外界气温之差预计超过25 ℃,应按大体积混凝土施工。

大体积混凝土施工过程中,由于混凝土中水泥的水化作用是放热反应,大体积混凝土又有一定的保温性能,因此混凝土内部升温幅度较表面要大得多,而在温度达到峰值后的降温过程中,内部又比表面慢得多。混凝土的各部分由于热胀冷缩(温度变形)以及其相互约束及外界约束的作用而在混凝土内产生的应力(温度应力)是非常复杂的,只要温度应力超过混凝土所能承受的极限值,混凝土就会开裂。

大体积混凝土的裂缝控制问题,是一项国际性的技术难题,虽然有许多研究成果,但在工程实践中仍需要不断探索。

**（一）裂缝产生原因和形式**

1. 裂缝产生原因

大体积混凝土出现裂缝，一是由于在荷载作用下，结构的强度、刚度或稳定性不够而出现开裂，二是由于温度、收缩、不均匀沉降等引起开裂。

（1）水化热产生开裂。混凝土浇筑时就有一定的入模温度，凝结硬化过程中水泥的水化作用放出大量水化热，使混凝土内部和表面有较大温差，在混凝土表面附近存在较大的温度梯度，产生较大的拉应力，而此时混凝土的抗拉强度很低，因而引起混凝土开裂。

（2）混凝土收缩开裂。混凝土在降温阶段因逐渐散热而产生收缩，在混凝土凝结硬化过程中，由于混凝土拌和水的不断消耗（水化和蒸发），以及胶体质的胶凝作用，促使混凝土产生硬化收缩。

2. 裂缝产生形式

大体积混凝土裂缝形式有表面的、贯穿的、纵向的、横向的，上宽下窄、下宽上窄，枣棱形、对角线形、斜形等。

大体积混凝土裂缝还可以分为愈合、闭合、运动等。愈合是指混凝土开裂后又生成了胶凝物质使原裂缝被封闭，这种裂缝不影响结构耐久性，是稳定的；闭合是指初始裂缝在后期荷载作用下有可能闭合，但裂缝仍存在，这种裂缝也是稳定的；结构上的任何裂缝，在周期性的温差或反复荷载作用下产生周期性的张开（甚至扩展）和闭合，称为裂缝的运动，这种运动可能是稳定的，也可能是不稳定的，不稳定时应考虑加固。

**（二）大体积混凝土施工**

1. 大体积混凝土表面裂缝的防止措施

根据大量工程实践经验，当混凝土内部和表面温差控制在一定范围内时，混凝土不致产生表面裂缝。在我国，一般按 25 ℃执行。施工中应采取以下措施：

（1）降低混凝土成型时的温度。混凝土成型时的温度取决于混凝土拌和物的温度、混凝土拌和物的出机温度，以及混凝土拌和物运输与浇筑时的温度增量。

混凝土拌和物的温度与水、水泥、砂、石的用量及温度等有关。施工时，应采取措施降低石子、水、砂的温度，如热天，用冰水搅拌，将骨料场遮盖防日晒、浇水降温等。

混凝土拌和物的出机温度与混凝土拌和物温度和混凝土搅拌机机棚内温度有关。

混凝土自身在运输与浇筑中有一定的温度变化，还应考虑钢筋和模板的温度影响，可以按实际情况结合经验公式进行处理。

（2）降低水泥水化热。选用水化热低的水泥品种，如矿渣硅酸盐水泥。要采取措施减少水泥用量，如掺入减水剂和掺合料。

（3）提高混凝土的表面温度。对大体积混凝土表面实行保温、潮湿养护，使其保持一定温度，或采取加温措施，是防止大体积混凝土表面开裂的有效措施。

2. 大体积混凝土收缩裂缝的防止措施

大体积混凝土在收缩时，由于受到基底或结构本身的约束，会产生很大的收缩应力（拉应力），当超过混凝土的抗拉极限强度时，混凝土中就会出现收缩裂缝。这种裂缝有时会贯穿整个截面，给结构物带来严重危害，因此必须防止大体积混凝土出现收缩裂缝。

浇筑大体积混凝土时，收缩裂缝是否产生，取决于混凝土浇筑后在降温阶段收缩及硬化收缩中温度应力究竟有多大。在我国已经有了这方面的计算公式(这里不介绍),通过计算,可以明确当采用某种浇筑方案时混凝土是否会产生裂缝,或明确浇筑混凝土时不产生收缩裂缝的最大浇筑长度。

3. 混凝土施工

1)大体积混凝土的拌制与运输

尽可能集中拌制或采用商品混凝土,严格控制混凝土浇筑时的坍落度。

2)混凝土的浇筑方案

在施工技术方案中,必须明确浇筑混凝土是一次整浇还是分段分层浇筑,并相应配置好运输机具、浇筑设备和劳动力。大体积混凝土的浇筑方案有以下几种:

(1)全面分层。将整个结构浇筑层分为数层浇筑,在第一层混凝土浇筑完毕后,再回头浇筑第二层(此时第一层混凝土尚未初凝),逐层浇筑直至全部完毕,如图 4-39(a)所示,这种方式适用于平面尺寸不大的结构。施工时,宜从短边方向开始沿长边方向进行,必要时也可分成两段向中央相向浇筑,为保证结构的整体性,要求次层混凝土在前层混凝土初凝前浇筑完毕。如结构的平面尺寸为 $A(\mathrm{m}^2)$,分层浇筑厚度为 $h(\mathrm{m})$,混凝土供应量为 $Q(\mathrm{m}^3/\mathrm{h})$,混凝土从卸料到初凝的时间为 $t$ 小时,则浇筑中应满足

$$Ah \leqslant Qt \tag{4-8}$$

式(4-8)可以作为判断是否采用本浇筑方案的依据。

(2)分段分层。混凝土浇筑分为几个施工段,各段施工从底层开始浇筑,底层浇筑一定距离后回头浇筑第二层,并依次浇筑以上各层,如图 4-39(b)所示,后一段底层混凝土施工时前一段底层混凝土应未初凝,这种方式适用于厚度不大的结构。如结构厚度为 $H(\mathrm{m})$,宽度为 $b(\mathrm{m})$,分段浇筑长度为 $L$,则浇筑中应满足

$$L \leqslant Q \cdot t/b(H - h) \tag{4-9}$$

式(4-9)也可以作为判断是否采用本浇筑方案的依据。

(3)斜面分层。混凝土浇筑由底到顶一次浇筑完毕,浇筑中向前推进时斜面坡度不应大于 1/3,且应保证混凝土振捣密实,如图 4-39(c)所示,这种方式适用于长度大大超过宽度的结构。

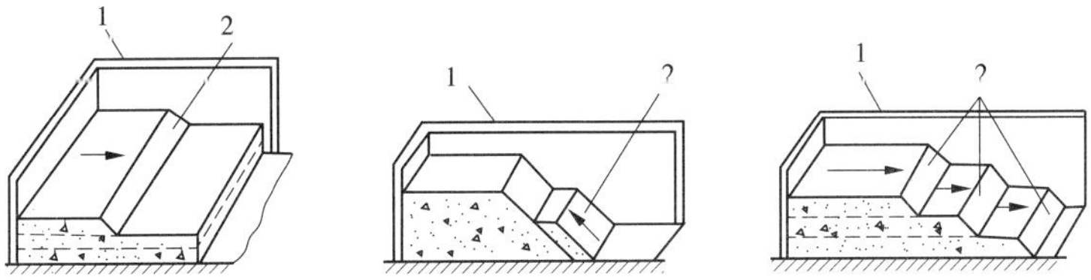


(a)全面分层　　(b)分段分层　　(c)斜面分层

1—模板;2—新浇筑的混凝土

**图 4-39　大体积混凝土浇筑方案**

3)混凝土表面处理与养护

大体积混凝土浇筑完毕后,应在混凝土初凝后和终凝前的适当时间进行二次振捣或表面抹压,排除表面的泌水,消除最先出现的表面裂缝。

夏季施工时,应按照施工技术方案进行覆盖保温或采取蓄水养护,冬期施工时也应及时

进行覆盖保温，还要严格控制好养护的延续时间。

4）测定混凝土表面和内部温度

定期测定混凝土表面和内部的温度（留测温孔，用温度计、电子测温仪、热电偶测温技术测温），混凝土的浇筑温度（指混凝土振捣后，在混凝土 50 ~ 100 mm 深度处的温度）不宜超过 28 ℃。在施工技术方案中应有控制温度的措施。

5）设置滑动层

在基础垫层与大体积混凝土之间设置滑动层（如涂刷沥青一道、干铺油毡一层等），以减少约束作用。

6）设置后浇带

按设计要求设置后浇带，在混凝土收缩应力已显著释放后再填充混凝土。后浇带混凝土的浇筑时间、处理方法，应事先在施工技术方案中确定。

7）增设“暗梁”

在容易开裂部位配置纵向钢筋（称为“暗梁”），增大含钢率，从而使混凝土的抗裂性能得到增强。

8）增设缓冲层

在大体积混凝土的高低底板处、地梁、低槽等位置设置缓冲层，以缓解地基土对混凝土的压力。

## 五、其他新型混凝土施工

### （一）喷射混凝土施工

喷射混凝土是利用压缩空气把混凝土由喷射机的喷嘴以较高的喷射速度（50 ~ 70 m/s）喷射到岩石、工程结构或模板的表面。喷射混凝土主要用于隧道、涵洞、竖井等地下建筑物的混凝土支护、薄壳结构和喷锚支护等。喷射混凝土施工不使用模板，具有施工简单、劳动强度低、施工速度快等优点。

喷射混凝土施工工艺分为干式和湿式两种。

（1）干式喷射混凝土。是指将水泥、砂、石按一定配合比拌和后装入喷射机中，混凝土在“微潮”（水灰比 0.1 ~ 0.2）状态下输送至喷嘴处加压喷出。干式喷射混凝土施工，灰尘大，施工人员工作条件恶劣，且混凝土回弹较大。

干式喷射混凝土施工，应注意喷射机的工作风压、喷嘴处的水压、喷射的厚度、喷距与夹角等。

（2）湿式喷射混凝土。是指将水灰比为 0.45 ~ 0.50 的混凝土拌和物输送至喷嘴处，并在此加入速凝剂，然后加压喷出。湿式喷射混凝土施工，灰尘少，混凝土回弹小，施工质量易保证，但设备复杂且不宜远距离输送。

### （二）耐酸混凝土施工

建筑工程中，常用的耐酸混凝土有水玻璃混凝土、硫磺混凝土和沥青混凝土等。

水玻璃混凝土常用于浇筑地面整体面层、设备基础及化工、冶金等工业中的大型设备和建筑物的外壳及内衬等防腐蚀工程。水玻璃混凝土的主要组成材料有水玻璃、耐酸粉、耐酸粗细料和氟硅酸钠等。

机械搅拌（用强制式搅拌机）水玻璃混凝土时，依次将细骨料、粉料、氟硅酸钠、粗骨料加入,干拌均匀,然后加入水玻璃湿拌 1 min 以上。拌和时应严格按照配合比计量。

水玻璃混凝土浇筑应分层进行并在其初凝前振捣完毕。水玻璃混凝土的坍落度,用机械振捣时不大于 10 mm,人工振捣时为 10 ~ 20 mm。分层浇筑的厚度采用插入式振捣器振捣时不大于 200 mm,采用表面振捣器振捣或人工振捣时不大于 100 mm。

水玻璃混凝土宜在 15 ~ 30 ℃的干燥环境中施工和养护。不同温度下的养护期为:当 10 ~ 20 ℃时不少于 12 d,21 ~ 30 ℃时不少于 6 d,31 ~ 35 ℃时不少于 3 d。

**(三)耐热混凝土施工**

耐热混凝土是指能长期承受 200 ~ 900 ℃高温作用,并在高温下保持所需物理力学性能的特种混凝土。这种混凝土主要用于工业窑炉基础、高炉外壳及烟囱等工程。耐热混凝土由胶凝材料、耐热的粗细骨料和水配制而成。常用的耐热混凝土有掺有磨细掺合料的硅酸盐水泥耐热混凝土、铝酸盐水泥耐热混凝土和水玻璃耐热混凝土等。

耐热混凝土配制宜用机械搅拌。拌制时,在满足施工要求的条件下应尽量减少用水量,要搅拌至颜色均匀为止。

耐热混凝土浇筑后,宜在 15 ~ 25 ℃的潮湿环境中养护。硅酸盐水泥耐热混凝土,养护时间不少于 7 d;铝酸盐水泥耐热混凝土,养护时间不少于 3 d。

## 六、混凝土的质量控制

质量控制是一个较大的范畴,一般应从施工人员、施工机具、材料、施工方法、施工环境(即 4M1E)等方面加强管理措施,实施质量控制。

混凝土的质量控制包括施工过程中的质量控制、养护后的质量控制。

**(一)施工过程中的质量控制**

施工过程中的质量控制包括原材料质量控制、混凝土配合比控制、混凝土搅拌质量控制、混凝土坍落度控制、混凝土浇筑质量控制等。

1. 原材料质量控制

原材料质量控制必须按照相应的现行国家标准的规定和要求进行。

2. 混凝土配合比控制

混凝土应根据实际采用的原材料进行配合比设计,并按普通混凝土拌和物性能试验方法等标准进行试验、试配,以满足混凝土强度、耐久性和工作性能(坍落度等)的要求,不得采用经验配合比,同时应符合经济、合理的原则。施工单位应注意积累相关资料,以提高配合比设计水平。

混凝土生产中,应测定砂、石的实际含水量并及时调整施工配合比。

3. 混凝土搅拌质量控制

(1)搅拌前的原材料检查。包括检查水泥品种、出厂日期、强度等级;检查砂、石内有无杂质、砂的细度模数、石子的最大粒径和针片状含量;外加剂溶液是否均匀等。

(2)材料计量。各种原材料必须采用重量比,严格控制各种材料在允许偏差范围内。

(3)首拌混凝土的控制。搅拌机运转是否正常,首盘混凝土配料时砂、石减量。

(4)搅拌时间控制。严格遵守施工技术方案中确定的最短搅拌时间。

4. 混凝土坍落度控制

坍落度是混凝土的重要技术指标,对混凝土施工质量有重要影响,施工中应严格控制混凝土坍落度。

(1)按要求选择好适宜的混凝土坍落度。

(2)按要求(地点和次数)测定混凝土坍落度(应在搅拌地点和浇筑地点分别检测,但评定时以浇筑地点的为准)。

(3)有偏差时,找出原因并及时调整。

5. 混凝土浇筑的质量控制

(1)做好各种施工准备工作。

(2)严格按施工技术方案的要求进行混凝土浇筑,确保混凝土浇筑质量。

(3)按要求留设和处理好混凝土施工缝。

**(二)养护后的质量控制**

养护后的质量控制主要是对混凝土的外观质量、尺寸、混凝土强度等控制,当设计有特殊要求时,还需对混凝土的抗冻性、抗渗性等进行检查,对涉及混凝土结构安全的重要部位应进行结构实体检验。

1. 混凝土外观质量

现浇结构的外观质量缺陷应根据其对结构性能和使用功能影响的严重程度,按表4-22确定。

**表4-22　现浇结构外观质量缺陷**

| 名称 | 现象 | 严重缺陷 | 一般缺陷 |
| --- | --- | --- | --- |
| 露筋 | 构件内部钢筋未被混凝土包裹而外露 | 纵向受力钢筋有露筋 | 其他钢筋有少量露筋 |
| 蜂窝 | 混凝土表面缺少水泥砂浆而形成石子外露 | 构件主要受力部位有蜂窝 | 其他部位有少量蜂窝 |
| 孔洞 | 混凝土中孔穴深度和长度均超过保护层厚度 | 构件主要受力部位有孔洞 | 其他部位有少量孔洞 |
| 夹渣 | 混凝土中夹有杂物且深度超过保护层厚度 | 构件主要受力部位有夹渣 | 其他部位有少量夹渣 |
| 疏松 | 混凝土中局部不密实 | 构件主要受力部位有疏松 | 其他部位有少量疏松 |
| 裂缝 | 缝隙从混凝土表面延伸至混凝土内部 | 构件主要受力部位有影响结构性能或使用功能的裂缝 | 其他部位有少量不影响结构性能或使用功能的裂缝 |
| 连接部位缺陷 | 构件连接处混凝土缺陷及连接钢筋、连接件松动 | 连接部位有影响结构传力性能的缺陷 | 连接部位有基本不影响结构传力性能的缺陷 |
| 外形缺陷 | 缺棱掉角、棱角不直、翘曲不平、飞边凸肋等 | 清水混凝土构件有影响使用功能或装饰效果的外形缺陷 | 其他混凝土构件有不影响使用功能的外形缺陷 |
| 外表缺陷 | 构件表面麻面、掉皮、起砂、沾污等 | 具有重要装饰效果的清水混凝土构件有外表缺陷 | 其他混凝土构件有不影响使用功能的外表缺陷 |

现浇结构的外观质量不应有严重缺陷。对已经出现的严重缺陷,应由施工单位提出技术处理方案,并经监理(建设)单位认可后进行处理,对经处理的部位,应重新检查验收。

现浇结构施工中发生外观质量缺陷有许多原因，施工中应注意尽量减少发生质量缺陷的可能性。发生质量缺陷的原因可参见表4-23。

**表4-23 混凝土质量缺陷原因分析与对策**

| 质量缺陷 | 主要原因分析 | 对策 |
|---|---|---|
| 露筋 | (1)未安钢筋垫块，垫块被压碎，垫块间距过大；<br>(2)钢筋安装时位置不正确；<br>(3)钢筋加工时尺寸偏大；<br>(4)混凝土浇筑中使钢筋位置变化；<br>(5)模板拆除时缺棱掉角 | (1)垫块强度应足够，间距适度，不得漏垫；<br>(2)钢筋安装必须保证位置正确；<br>(3)钢筋加工应符合要求；<br>(4)混凝土浇筑中不应改变钢筋位置；<br>(5)拆除模板时应仔细 |
| 蜂窝 | (1)模板接缝较大，混凝土浇筑中漏浆严重；<br>(2)混凝土振捣时不充分或漏振；<br>(3)混凝土配合比不准确；<br>(4)混凝土搅拌不均匀 | (1)模板接缝应严密；<br>(2)混凝土振捣应掌握要领；<br>(3)混凝土配合比必须准确；<br>(4)混凝土应搅拌均匀 |
| 孔洞 | (1)混凝土浇筑中严重漏浆或发生泄漏；<br>(2)混凝土振捣时有漏振；<br>(3)振捣时振动棒拔出过快；<br>(4)混凝土内混入大量泥块 | (1)模板接缝应严密，有足够的刚度；<br>(2)混凝土振捣应掌握要领；<br>(3)保证混凝土原材料的质量 |
| 夹渣 | (1)模板拼接及其接缝处理时所用材料固定不牢而进入混凝土中；<br>(2)混凝土内混入杂物；<br>(3)混凝土浇筑时混入杂物；<br>(4)施工缝、后浇带、温度缝、收缩缝等处理不好 | (1)处理好模板的接头；<br>(2)混凝土配合与浇筑中不得混入杂物；<br>(3)处理好混凝土施工缝等部位 |
| 疏松 | (1)混凝土振捣时漏振严重；<br>(2)混凝土浇筑中严重漏浆；<br>(3)混凝土内有大量泥块 | (1)提高混凝土振捣水平；<br>(2)处理好模板的接头；<br>(3)保证混凝土原材料质量 |
| 裂缝 | (1)因温度与湿度变化产生裂缝；<br>(2)施工与使用荷载下产生裂缝；<br>(3)混凝土养护不好，表面失水干裂；<br>(4)不均匀沉降引起裂缝；<br>(5)施工操作不当引起开裂 | 制定可靠的技术措施预防与处理各种开裂 |
| 连接部位缺陷 | (1)模板接头刚度差，形状尺寸变化；<br>(2)混凝土浇筑中漏浆严重；<br>(3)施工缝等处模板安装不规范 | (1)保证模板接头施工质量；<br>(2)处理好施工缝等部位 |
| 外形缺陷 | (1)模板拆除时敲打太猛；<br>(2)模板太陈旧，变形大；<br>(3)模板支撑间距过大；<br>(4)模板未修理 | (1)拆除模板应仔细；<br>(2)及时更换陈旧模板；<br>(3)支撑体系应合理；<br>(4)及时修理模板 |
| 外表缺陷 | (1)混凝土振捣不充分，空气未排尽；<br>(2)模板未浇水湿润；<br>(3)模板未修理 | (1)提高混凝土振捣水平；<br>(2)模板应浇水湿润；<br>(3)及时修理好模板 |

2. 现浇混凝土结构尺寸偏差

现浇结构不应有影响结构性能和使用功能的尺寸偏差，混凝土设备基础不应有影响结构性能和设备安装的尺寸偏差。现浇结构的尺寸允许偏差和检验方法如表4-24所示。

**表4-24　现浇结构尺寸允许偏差和检验方法**

| 项目 | | | 允许偏差(mm) | 检验方法 |
|---|---|---|---|---|
| 轴线位置 | 基础 | | 15 | 钢尺检查 |
| | 独立基础 | | 10 | |
| | 墙、柱、梁 | | 8 | |
| | 剪力墙 | | 5 | |
| 垂直度 | 层高 | ≤5 m | 8 | 经纬仪或吊线、钢尺检查 |
| | | >5 m | 10 | 经纬仪或吊线、钢尺检查 |
| | 全高(H) | | H/1 000 且≤30 | 经纬仪、钢尺检查 |
| 标高 | 层高 | | ±10 | 水准仪或拉线、钢尺检查 |
| | 全高 | | ±30 | |
| 截面尺寸 | | | +8，-5 | 钢尺检查 |
| 电梯井 | 井筒长、宽对定位中心线 | | +25,0 | 钢尺检查 |
| | 井筒全高(H)垂直度 | | H/1 000 且≤30 | 经纬仪、钢尺检查 |
| 表面平整度 | | | 8 | 2 m 靠尺和塞尺检查 |
| 预埋设施中心线位置 | 预埋件 | | 10 | 钢尺检查 |
| | 预埋螺栓 | | 5 | |
| | 预埋管 | | 5 | |
| 预留洞中心线位置 | | | 15 | 钢尺检查 |

**注：**检查轴线、中心线位置时，应沿纵、横两个方向量测，并取其中的较大值。

对超过尺寸允许偏差且影响结构性能和安装、使用功能的部位，应由施工单位提出技术处理方案，并经监理(建设)单位认可后进行处理，对经处理的部位，应重新检查验收。

3. 混凝土强度

混凝土强度主要是指混凝土的抗压强度。混凝土的抗压强度应以边长为150 mm的立方体试件，在温度为(20±3)℃和相对湿度为90%以上的潮湿环境或水中的标准条件下，经28 d养护后试验确定(当采用100 mm或200 mm的立方体试件时，应乘以规范规定的强度尺寸换算系数)。对采用蒸汽法养护的混凝土结构构件，其混凝土试件应先随同结构构件同条件下蒸汽养护，然后转入标准养护，共28 d。当混凝土中掺用矿物掺合料时，确定混凝土强度的龄期可按现行国家标准《粉煤灰混凝土应用技术规范》(GBJ 146—1990)等的规定取值。

用于检查结构构件混凝土强度的试件，应在混凝土的浇筑地点随机抽取，取样与试件留置应符合下列规定：每拌制100盘且不超过100 $m^3$的同配合比的混凝土，取样不得少于一次；每工作班拌制的同一配合比的混凝土不足100盘时，取样不得少于一次；当一次连续浇筑超过 1 000 $m^3$ 时,同一配合比的混凝土每 200 $m^3$ 取样不得少于一次;每一楼层、同一配合比的混凝土,取样不得少于一次;每次取样应至少留置一组标准养护试件,同条件养护试件的留置组数应根据实际需要确定。

对有抗渗要求的混凝土结构,其混凝土试件应在浇筑地点随机取样。同一工程、同一配合比的混凝土,取样不应少于一次,留置组数可根据实际需要确定。

结构混凝土的强度等级必须符合设计要求,结构构件的混凝土强度应按现行国家标准《混凝土强度检验评定标准》(GB/T 50107—2010)的规定分批检验评定。

1)方差已知统计法

当混凝土的生产条件在较长时间内能保持一致,且同一品种混凝土的强度变异性能保持稳定时,应由连续的三组试件代表一个验收批,其强度应同时符合下列要求:

$$m_{fcu} \geq f_{cu,k} + 0.7\sigma_0 \tag{4-10}$$

$$f_{cu,min} \geq f_{cu,k} - 0.7\sigma_0 \tag{4-11}$$

当混凝土强度等级不高于 C20 时,强度的最小值尚应满足下式要求:

$$f_{cu,min} \geq 0.85f_{cu,k} \tag{4-12}$$

当混凝土强度等级高于 C20 时,强度的最小值尚应满足下式要求:

$$f_{cu,min} \geq 0.9f_{cu,k} \tag{4-13}$$

式中 $m_{fcu}$——同一验收批混凝土抗压强度的平均值,$N/mm^2$;

$f_{cu,k}$——设计混凝土抗压强度标准值,$N/mm^2$;

$\sigma_0$——验收批混凝土抗压强度的标准差,$N/mm^2$;

$f_{cu,min}$——同一验收批混凝土抗压强度的最小值,$N/mm^2$;

验收批混凝土抗压强度的标准差,应根据前一检验期内同一品种混凝土试件的强度数据,按下列公式确定:

$$\sigma_0 = \frac{0.59}{m}\sum_{i=1}^{m}\Delta f_{cu,i} \tag{4-14}$$

式中 $\Delta f_{cu,i}$——前一检验期内第 $i$ 验收批混凝土试件中的抗压强度的最大值与最小值之差;

$m$——前一检验期内验收批总数。

每个检验期不应超过 3 个月,且在该期间内验收批总批数不得少于 15 组。

2)方差未知统计法

当混凝土的生产条件不能满足上述规定,或在前一检验期内的同一品种混凝土没有足够的抗压强度数据用以确定验收批混凝土抗压强度标准差时,应由不少于 10 组的试件代表一个验收批,其强度应同时符合下列要求:

$$m_{fcu} - \lambda_1 S_{fcu} \geq 0.9f_{cu,k} \tag{4-15}$$

$$f_{cu,min} \geq \lambda_2 f_{cu,k} \tag{4-16}$$

式中 $S_{fcu}$——验收批混凝土抗压强度标准差,$N/mm^2$,当 $S_{fcu}$ 的计算值小于 $0.06f_{cu,k}$ 时,取 $S_{fcu}=0.06f_{cu,k}$;

$\lambda_1$、$\lambda_2$——合格判定系数,按表 4-25 取用。

验收批混凝土抗压强度的标准差 $S_{fcu}$ 应按下式计算:

$$S_{fcu} = \sqrt{\frac{\sum_{i=1}^{n} f_{cu,i}^2 - n \cdot m_{fcu}^2}{n-1}} \tag{4-17}$$

式中 $f_{cu,i}$——验收批内第 $i$ 组混凝土试件的抗压强度值，N/mm$^2$；

$n$——验收批内混凝土试件的总组数。

**表 4-25　混凝土强度的合格判定系数**

| 合格判定系数 | 试块组数 | | |
|---|---|---|---|
| | 10 ~ 14 | 15 ~ 24 | ≥25 |
| $\lambda_1$ | 1.70 | 1.65 | 1.60 |
| $\lambda_2$ | 0.90 | 0.85 | 0.90 |

**注**：混凝土抗压强度按单位工程内强度等级、龄期相同及生产工艺条件、配合比基本相同的混凝土为同一验收批评定，但单位工程中仅有一组试块时，其强度不应低于 1.15 $f_{cu,k}$。

3）非统计法

对零星生产的预制构件的混凝土或现场搅拌批量不大的混凝土，可采用非统计法评定。此时，验收批混凝土的抗压强度必须同时符合下列要求：

$$m_{fcu} \geqslant 1.15 f_{cu,k} \tag{4-18}$$

$$f_{cu,min} \geqslant 0.95 f_{cu,k} \tag{4-19}$$

当混凝土试件强度评定不合格时，可采用非破损或局部破损的检测方法，按国家现行有关标准的规定对结构混凝土中的混凝土强度进行推定，并作为处理的依据。

4. 结构实体检验

结构实体检验包括混凝土强度、钢筋保护层厚度以及工程合同约定的项目，必要时可检验其他项目。

当未能取得同条件养护试件强度、同条件养护试件强度被判为不合格或钢筋保护层厚度不满足要求时，应委托具有相应资质等级的检测机构按国家有关标准的规定进行检测。

1）同条件养护混凝土强度检验

混凝土强度检验应以在混凝土浇筑地点制备并与结构实体同条件养护的试件为依据。同条件养护试件的留置、养护和强度代表值应符合以下规定：同条件养护试件所对应的结构构件或结构部位，应具有一定的代表性；对混凝土结构工程中的不同混凝土强度等级，均应留置同条件养护试件；同一强度等级的同条件养护试件，其留置的数量应根据混凝土工程量和重要性确定，不宜少于 10 组，且不应少于 3 组；同条件养护试件拆模后，应放置在靠近相应结构构件或结构部位的适当位置，并应采取相同的养护方法。

同条件养护试件应在达到等效养护龄期时进行强度试验，等效养护龄期应根据同条件养护试件强度与在标准养护条件下 28 d 龄期试件强度相等的原则确定。

同条件自然养护试件的等效养护龄期及相应的试件强度代表值，宜根据当地的气温和养护条件，按下列规定确定：等效养护龄期可取按日平均温度逐日累计达到 600 ℃时所对应的龄期，0 ℃及以下的龄期不计入；等效养护龄期不应小于 14 d，也不宜大于 60 d；同条件养护试件的强度代表值应根据强度试验结果按现行国家标准《混凝土强度检验评定标准》（GB/T 50107—2010）的规定确定后，乘以折算系数取用，折算系数宜取为 1.10，也可根据当地的试验统计结果作适当调整。

冬期施工和人工加热养护的结构构件,其同条件养护试件的等效养护龄期可按结构构件的实际养护条件确定。

对混凝土强度的检验,可采用非破损或局部破损的检测方法,按国家现行有关标准的规定进行。

当同条件养护试件强度的检验结果符合现行国家标准《混凝土强度检验评定标准》(GB/T 50107—2010)的有关规定时,混凝土强度应判为合格。

2)钢筋保护层厚度的检验

钢筋保护层厚度检验的结构部位和构件数量应符合下列要求:钢筋保护层厚度检验的结构部位,应根据结构构件的重要性选定;对梁类、板类构件,应各抽取构件数量的2%,且不少于5个构件进行检验;当有悬挑构件时,抽取的构件中悬挑梁类、板类构件所占比例均不宜小于50%。

保护层厚度的检验可采用非破损或局部破损的方法,也可采用非破损方法并用局部破损方法进行校准。

钢筋保护层厚度检验时,纵向受力钢筋保护层厚度的允许偏差,对梁类构件为+10 mm、-7 mm,对板类构件为+8 mm、-5 mm,对梁类、板类构件纵向受力钢筋的保护层厚度应分别进行验收。结构实体钢筋保护层厚度验收合格应符合以下规定:当全部钢筋保护层厚度检验的合格点率为90%以上时,钢筋保护层厚度的检验结果应判为合格;当全部钢筋保护层厚度检验的合格点率小于90%,但不小于80%时,可再抽取相同数量的构件进行检验,当按两次抽样总和计算的合格点率为90%以上时,钢筋保护层厚度的检验结果仍应判为合格;每次抽样检验结果中不合格点的最大偏差均不应大于相应允许偏差的1.5倍。

## 七、混凝土质量缺陷的修补

### (一)表面抹浆修补

一般缺陷的麻面、露筋、蜂窝等缺陷,可采用1:2~1:2.5水泥砂浆抹面修整,在抹砂浆前,须先用钢丝刷清理并清洗湿润,抹后应做好养护工作。

一般缺陷的裂缝可以将裂缝处先加以冲洗,再用水泥浆抹补。如裂缝较大、较深,应将裂缝附近的混凝土表面凿毛,或沿裂缝方向凿成V形凹槽,清理并湿润后,先刷水泥浆一道,然后用1:2~1:2.5水泥砂浆分2~3层涂抹,做到抹实压光。

### (二)细石混凝土填补

对于属严重缺陷的露筋、蜂窝等缺陷,以及孔洞、夹渣、疏松等缺陷,应先将有缺陷的混凝土去除,清理干净并湿润后,再用比原来强度等级高一级的细石混凝土填补并捣实。

修补时,应注意不要出现死角,考虑到后补混凝土的收缩,可以在后补混凝土中加入适量的微膨胀剂,且后补混凝土水灰比宜在0.5以内。

### (三)水泥灌浆和化学灌浆

对于属严重缺陷的裂缝,为保证结构的受力性能和使用功能,应根据裂缝的宽度、性质和施工条件等,采取水泥灌浆或化学灌浆的方法予以修补。一般地,对宽度大于0.5 mm的裂缝,可采用水泥灌浆;宽度小于0.5 mm的裂缝,宜采用化学灌浆。化学灌浆所用的灌浆材料,应根据裂缝的性质、缝宽和干燥情况选用。作为补强用的灌浆材料,常用的有环氧树脂浆液（能修补缝宽0.2 mm以上的干燥裂缝）和甲凝（能修补缝宽0.05 mm以上的干燥细微裂缝）等。作为防渗堵漏用的灌浆材料，常用的有丙凝（能灌入缝宽0.01 mm以上的裂缝）和聚氨酯（能灌入缝宽0.015 mm以上的裂缝）等。

**特别提示**

20世纪80年代后半期，日本开发了自密实高性能混凝土，该混凝土流动性好，不离析，不泌水，能不经振捣或少振捣而自动流平并充满模型和包裹钢筋，特别用于难以浇筑甚至无法浇筑的部位，可避免因出现振捣不足而造成空洞、蜂窝、麻面等质量缺陷。

# 任务四　冬期施工和雨期施工措施

## 一、混凝土工程冬期施工

### （一）冬期施工的概念

当日平均气温连续五天降到5 ℃和5 ℃以下时，或者最低气温降到0 ℃和0 ℃以下时，混凝土工程必须采取特殊的技术措施进行施工。《建筑工程冬期施工规程》（JGJ/T 104—2011）规定：室外日平均气温连续5 d稳定低于5 ℃的初日作为冬期施工的起始日期，当气温回升时，取第一个连续5 d日平均气温稳定高于5 ℃的末日作为冬期施工的终止日期。初日和末日之间的日期即为冬期施工期。

### （二）冬期施工的基本原理

混凝土在养护初期遭受冻结，当气温恢复到正温后，即使正温养护到一定龄期，也不能达到其设计强度，称为混凝土的早期冻害。混凝土的早期冻害是由于混凝土内部的水结冰所致。拌和水冻结成冰，水泥水化反应停止进行，水冻结成冰后的体积要增大9%，从而在混凝土内部产生冻胀应力。当混凝土的冻胀应力大于混凝土的强度时，混凝土内部结构将因遭受冻胀破坏而产生裂缝。试验证明，混凝土在浇筑后立即受冻，抗压强度损失约50%，抗拉强度损失约40%。混凝土在受冻前达到某一强度值遭受冻结，此时混凝土内部水泥水化反应所产生的黏结力足以抵抗自由水结冰产生的冻胀应力，混凝土强度损失甚小。混凝土解冻后，混凝土强度能够继续增长，可达到原设计强度等级，对强度影响不大，只是增长缓慢而已。因此，为避免混凝土遭冻结而带来的危害，必须使混凝土在受冻前达到一定的强度值。混凝土允许受冻而不致使其各项性能遭到损害的最低强度，称为混凝土冬期施工的临界强度。我国现行规范规定：冬期浇筑的混凝土抗压强度，在受冻前，硅酸盐水泥或普通硅酸盐水泥配制的混凝土不得低于其设计强度标准值的30%；矿渣硅酸盐水泥、粉煤灰硅酸盐水泥、火山灰质硅酸盐水泥、复合硅酸盐水泥等配制的混凝土不得低于其设计强度标准值的40%；强度等级等于或高于C50的混凝土，不宜小于设计混凝土强度等级30%；C10及C10以下的混凝土，不得低于5.0 $N/mm^2$；掺防冻剂的混凝土，当室外最低气温不低于－15 ℃时，不得小于4.0 $N/mm^2$，当室外最低气温不低于－30 ℃时，不得小于5.0 $N/mm^2$。

防止混凝土早期冻害的措施有两种：一是早期增强，主要是提高混凝土的早期强度，譬如使用早强水泥或超早强水泥，掺早强剂或早强型减水剂，早期保温蓄热，早期短时加热等；二是改善混凝土的内部结构，具体做法是增加混凝土的密实度，排除多余的游离水，或掺用减水型引气剂，提高混凝土的抗冻能力。此外，还可以采取掺用防冻剂，降低混凝土的冰点温度等措施。

### （三）混凝土冬期施工的工艺要求

1. 混凝土原材料选择及要求

（1）水泥。优先选用硅酸盐水泥和普通硅酸盐水泥，不宜用火山灰质硅酸盐水泥和粉煤灰硅酸盐水泥。水泥的强度等级不应低于 42.5 级，水泥使用前 1 ~ 2 d 应运入 5 ℃以上暖棚存放。最小水泥用量不宜小于 300 $kg/m^3$，水灰比不应大于 0.6。使用矿渣硅酸盐水泥，宜采用蒸汽养护，使用其他品种水泥时，应注意水泥中掺合材料对混凝土抗冻、抗渗等性能的影响。掺用防冻剂的混凝土，严禁使用高铝水泥。

（2）外加剂。宜使用无氯盐类防冻剂，对抗渗要求较高的混凝土，宜使用引气剂或引气减水剂。掺用防冻剂、引气剂或引气减水剂的混凝土，应符合《混凝土外加剂应用技术规范》（GB 50119—2011）的规定。在钢筋混凝土中若掺用氯盐类防冻剂，应严格控制氯盐掺量，且混凝土必须振捣密实，不宜采用蒸汽养护。

（3）粗骨料。混凝土使用的砂、石，应提前清洗和储备，做到骨料清洁，不得含有冰、雪等冻结物及易冻裂的矿物质。在掺有钾、钠离子防冻剂的混凝土中，粗骨料中不得含有活性材料。

（4）钢筋。钢筋冷拉可在负温下进行，但温度不宜低于 -20 ℃。当采用控制应力方法时，冷拉控制应力较常温下提高 30 $N/mm^2$；采用冷拉率控制方法时，冷拉率与常温时相同，且应有防雪和防风措施。刚焊接的接头严禁立即碰到冰雪，避免造成冷脆现象。

2. 混凝土原材料加热

混凝土原材料加热应优先采用加热水的方法，当加热水不能满足要求时，再对骨料进行加热，水泥不允许加热。水泥宜在使用前送入暖棚内存放。水、骨料的加热温度应根据热工计算确定，但不得超过表 4-26 的规定。若水达到规定温度后，仍不能满足热工计算要求，水的加热温度可提高到 100 ℃，但水泥不能与 80 ℃以上的水直接接触。

**表 4-26　拌和水及骨料的最高温度**

| 项目 | 水泥强度等级 | 拌和水（℃） | 骨料（℃） |
|---|---|---|---|
| 1 | 强度等级小于 42.5 级普通硅酸盐水泥、矿渣硅酸盐水泥 | 80 | 60 |
| 2 | 强度等级等于和大于 42.5 级普通硅酸盐水泥、矿渣硅酸盐水泥 | 60 | 40 |

冬期拌制混凝土，水的加热常采用锅烧水、用蒸汽加热水、用电极加热水等方法。骨料加热是将骨料放在铁板上面，底下燃烧直接加热，或者通过蒸汽管、电热线加热等，但不得用火焰直接加热骨料。

3. 混凝土的搅拌、运输和浇筑

（1）混凝土的搅拌。混凝土不宜露天搅拌，应尽量搭设暖棚，优先选用大容量的搅拌机。搅拌前，用热水或蒸汽冲洗搅拌机，混凝土的拌和时间比常温下延长 50%。材料的投料顺序是：当拌和水的温度不高于 80 ℃（或 60 ℃）时，应将水泥和骨料先投入，干拌均匀后，再投入拌和水，直至搅拌均匀；当拌和水的温度高于 80 ℃（或 60 ℃）时，应先投入骨料和热水，搅拌到温度低于 80 ℃（或 60 ℃）时，再投入水泥，直至搅拌均匀。混凝土拌和物的出机温度不宜低于 10 ℃。

(2)混凝土的运输。混凝土运输是导致混凝土热量散失的主要阶段。在混凝土运输过程中,应采取必要的措施减少混凝土的热损失,同时,应保证混凝土的和易性。常用的主要措施有:减少运输时间,缩短运输距离;使用大容积的运输工具,并加以适当保温等。

(3) 混凝土的浇筑。混凝土在浇筑前,应清除模板和钢筋上的冰雪和污垢,尽量加快混凝土的浇筑速度,防止热量散失过多。入模温度不得低于5 ℃。采用加热养护时,混凝土养护前的温度不得低于2 ℃。当混凝土分层浇筑时,已浇筑层的混凝土在被上一层混凝土覆盖前,其温度不得低于按热工计算的温度且不得低于2 ℃。对加热养护的现浇混凝土结构,混凝土的施工缝的位置应设置在温度应力较小处。施工缝处理时,应在施工缝混凝土终凝后立即用3 ~5 kPa 的气流吹除结合面上的水泥膜、污水和松动石子。继续浇筑时,为使新老混凝土的入模温度相同,为保证新浇筑的混凝土与钢筋的可靠黏结,当气温在 -15 ℃以下时,直径大于25 mm 的钢筋与预埋件可喷热风加热至5 ℃,并清除钢筋上的污土和锈渣。

对于装配式结构,浇筑承受内力接头混凝土或砂浆时,宜先将结合处的表面加热到正温。在温度不超过45 ℃条件下,浇筑后的接头混凝土或砂浆应养护至设计要求强度等级。当无设计专门要求时,其强度等级不得低于设计强度等级的75%。浇筑接头的混凝土或砂浆,可掺用不致引起钢筋锈蚀的外加剂。

冬期不得在强冻胀性地基上浇筑混凝土。当在弱冻胀性地基上浇筑混凝土时,地基土不得遭冻结。当在非冻胀性地基上浇筑混凝土时,混凝土在受冻前,其抗压强度不得低于临界强度。

**(四)混凝土冬期施工方法的选择**

混凝土冬期施工常用的施工方法有蓄热法、外部加热法(蒸汽加热、电热、红外线加热)、综合蓄热法及掺外加剂法等,一般情况下,应优先考虑使用蓄热法。也可以在混凝土中掺外加剂或采用高强度等级水泥、早强水泥,使混凝土提前或者在负温下达到设计强度。当上述方法不能满足要求时,或采用外部加热方法和改善保温措施,以提高混凝土冻结前的强度。

1. 蓄热法

蓄热法就是利用对混凝土组成的原材料(水、砂、石)预热的热量和水泥的水化热,再加以适当的覆盖保温,延缓混凝土的冷却时间,从而保证混凝土能够在正温下达到规范要求的临界强度。蓄热法适用于室外最低温度不低于 -15 ℃的地面以下工程或表面系数(即结构冷却的表面积与其全部结构体积之比)不大于15 $m^{-1}$的结构。一般在气温不太寒冷的地区或是初冬和冬末季节,应优先采用蓄热法施工。

采用蓄热法时,最好使用普通硅酸盐水泥和硅酸盐水泥。使用的保温材料应该以传热系数小、价格低廉和易于获得的地方材料为宜,保温材料必须干燥,以免降低保温性能。

2. 综合蓄热法

综合蓄热法是在蓄热保温的基础上,充分利用水泥的水化热和掺加相应的外加剂或者进行短时间加热等综合措施,创造加速混凝土硬化的条件,使混凝土的浇筑温度降低到冰点温度之前尽快达到受冻前的临界强度。

综合蓄热法一般分为低蓄热养护和高蓄热养护两种。低蓄热养护过程主要以使用早强水泥或掺负温外加剂等冷操作方法为主,使混凝土在缓慢冷却至冰点前达到允许受冻的临界强度;高蓄热养护过程则主要以短时间加热为主,使混凝土在养护期间达到要求的受荷强度。这两种方法的选择取决于施工条件和气温条件。一般日平均气温不低于 -15 ℃,表面系数为 6 ~ 12 $m^{-1}$,且选用高效保温材料时,宜采用低蓄热养护;当日平均气温低于 -15 ℃,表面系数大于 13 $m^{-1}$时,宜用短时加热的高蓄热养护。

3. 掺外加剂法

掺外加剂法是指在冬期施工的混凝土中加入一定剂量的外加剂,以降低混凝土中的液相冰点,保证水泥在负温条件下能继续水化,从而使混凝土在负温下能达到抗冻害的临界强度。目前,我国常用的复合外加剂有亚硝酸钠和硫酸钠复合剂、NC 早强剂及 MS - F 早强型减水剂等。根据使用的外加剂不同,可将混凝土分为冷混凝土、负温混凝土和硫酸铝盐早强混凝土等。

1) 冷混凝土

冷混凝土是指用氯盐溶液配制的混凝土。在施工时,只需对拌和水加热,其他材料不进行加热,成型后也不采取保温措施,完全在寒冷条件下进行施工。

氯盐对钢筋有锈蚀作用,故在下列情况下不得在钢筋混凝土中掺用氯盐:在高湿环境中作用的结构;处于水位升降部位的结构;露天结构或经常受雨水淋的结构;有镀锌钢材或铝铁相接触部位的结构,以及有外露钢筋、预埋件而无防护措施的结构;与含有酸、碱和硫酸盐等侵蚀性介质相接触的结构;在使用过程中环境温度经常处于 60 ℃以上的结构;使用冷拉钢筋或冷拔低碳钢丝的结构;薄壁结构、屋架、落锤或锻锤基础等结构;电解车间和直接靠近直流电源的结构;直接靠近发电站、变电所等高压电源的结构;预应力混凝土结构。

冷混凝土中氯盐的掺量应根据混凝土在硬化最初 15 昼夜内混凝土内部的最低温度来确定。在钢筋混凝土中,氯盐的掺量不得超过水泥质量的 1%(按无水状态计算)。在无筋混凝土中,用热拌材料拌制时,氯盐的掺量不得大于水泥质量的 3%。采用冷材料拌制时,氯盐掺量不得大于拌和水质量的 15%。为防止钢筋锈蚀,可加入水泥质量 2% 的亚硝酸钠阻锈剂。

2) 负温混凝土

负温混凝土是指在负温下配制混凝土时,排除单掺氯盐的化学外加剂,但不排除对原材料的保温、防护或加热,在混凝土养护过程中可与蓄热法等冬期施工措施相结合。

目前,我国使用的负温防冻外加剂的品种很多,组合也各不相同。选择抗冻剂设计方案时,要求外加剂对钢筋无锈蚀作用,对混凝土的性能无影响,混凝土早期强度高、后期强度不损失。

负温混凝土的施工,宜优先使用硅酸盐水泥和普通硅酸盐水泥,水泥强度等级不宜低于 42.5 MPa,禁止使用高铝水泥(铝酸三钙含量超过 6%)。

防冻剂的掺量应根据混凝土的使用温度(指掺防冻剂的混凝土的浇筑现场 5 ~ 7 d 的最低温度)确定,其常用掺量按表 4-27 中的规定执行。

负温混凝土要特别注意初期养护,严禁早期受冻,初期养护温度不得低于防冻剂的规定温度,否则应立即采取补救措施。氯盐混凝土或掺引气剂的混凝土不宜加热养护。混凝土在负温条件下的养护,不允许浇水,外露表面必须覆盖。负温混凝土在规定温度下获得抗冻临界强度的最短养护时间见表 4-28。

**表 4-27　防冻剂的常用掺量**

| 规定温度(℃) | 常用掺量(%) | 说明 |
| --- | --- | --- |
| -5 | 4 | 1. 复合剂掺量包括各组之和<br>2. $CaCl_2$、NaCl 单独使用,可用在 -5 ℃以上<br>3. $NaNO_3$ 可用在 -10 ℃以上<br>4. 硝酸盐可用在 -10 ℃以上<br>5. 早强剂、引气剂、减水剂均计算在防冻剂中 |
| -10 | 7 | |
| -15 | 10 | |
| -20 | 15 | |

注:规定温度是指防冻剂混凝土内部的最低温度。

**表 4-28　负温混凝土达到临界强度最短养护时间**

| 防冻规定温度(℃) | -5 | -10 | -15 | -20 |
| --- | --- | --- | --- | --- |
| 最短养护时间(d) | 5 | 9 | 14 | 25 |

注:外加剂在使用前必须对其性能进行全面了解,经可靠鉴定后方可使用。

4. 外部加热法

外部加热法是利用外部热源加热浇筑后的混凝土,使混凝土在较高、正温条件下硬化的冬季养护方法。外部加热能使混凝土强度迅速增长,短期内可达到拆模强度,但是费用较高,只适宜在蓄热法和综合蓄热法养护达不到要求时采用。

根据加热混凝土所采用热源不同,外部加热养护方法可分为蒸汽加热法、电热法、远红外加热法、暖棚加热法等。

**(五)混凝土的测温和质量检查**

为了保证混凝土冬期施工质量,需要测量混凝土有代表性部位的温度,现场环境温度应在每天 2:00、8:00、14:00、20:00 各测量一次。为了使混凝土满足热工计算所规定的成型温度,还必须对原材料的温度、混凝土搅拌和运输成型时的温度进行监测。对拌和材料的抗冻剂温度的测量,每工作台班至少进行三次,对拌和物出料温度、运输、浇筑温度,每 2 h 测量一次。在混凝土的养护期间,应在最有代表性的测温点测量温度,加强对混凝土施工质量的控制。一般情况下,蓄热法养护每昼夜测量 4 次;加热法在升温期间每 1 h 测一次,恒温期间每 2 h 测一次,直到混凝土达到所需强度。掺防冻剂的混凝土强度未达到 3.5 MPa 以前,每隔 2 h 测一次,以后每隔 6 h 测一次。

冬期施工时,除应遵守常规施工的质量检查外,尚应符合《建筑工程冬期施工规程》(JGJ/T 104—2011)的规定,要严格检查外加剂的质量和浓度。混凝土浇筑后应增加两组与结构同条件养护的试块,一组用以检验混凝土受冻前的强度,另一组用以检验转入常温养护 28 d 的强度。混凝土试块不得在受冻状态下试压,当混凝土试块受冻时,对边长为 150 mm 的立方体试块,应在 15 ~20 ℃室温下解冻 5 ~6 h,或浸入 10 ℃的水中解冻 6 h,将试块表面擦干后进行试压。

**(六)混凝土的拆模和成熟度**

1. 混凝土的拆模

混凝土养护到规定时间,应根据同条件养护的试块试压,证明混凝土达到规定拆模强度后方可拆模。对加热法施工的构件模板和保温层,应在混凝土冷却到 5 ℃后方可拆模。当混凝土和外界温差大于20 ℃时,拆模后的混凝土应注意覆盖,使其缓慢冷却。在拆除模板过程中发现混凝土有冻害现象,应暂停拆模,经处理后方可拆模。

2. 混凝土的成熟度

(1)成熟度的概念。成熟度是指混凝土在养护期间养护温度和养护时间的乘积。由于混凝土在冬期养护期间养护温度是一个不断变化的过程,所以其强度增长不是简单的和龄期有关,而是和养护期间所达到的成熟度有关。

(2)成熟度法的适用范围。适用于不掺外加剂在50 ℃以下正温养护和掺外加剂在30 ℃以下养护的混凝土,或掺有防冻剂用负温养护法施工的混凝土,来预估混凝土强度标准值60%以内的强度值。

(3)成熟度法的适用条件。用成熟度法预估混凝土强度,需用实际工程使用的混凝土原材料和配合比,制作不少于5组混凝土立方体标准试件,在标准条件下养护,得出1 d、2 d、3 d、7 d、28 d的强度值,并需取得现场养护混凝土的温度实测资料(温度、时间)。

(4)成熟度法计算混凝土的强度。当采用蓄热法或综合蓄热法养护时,可用标准养护试件各龄期强度数据,经回归分析拟合成成熟度—强度曲线方程:

$$f = a \cdot e^{-\frac{b}{M}} \tag{4-20}$$

式中 $f$——混凝土抗压强度,N/mm$^2$;

$a$、$b$——参数;

e——自然对数的底,可取 e = 2.72;

$M$——混凝土养护的成熟度,℃·h,可按下式计算:

$$M = \sum (T + 15)t \tag{4-21}$$

式中 $T$——在时间段 $t$ 内混凝土的平均温度,℃;

$t$——温度为 $T$ 的连续时间,h。

$M$ 值由现场养护构件的实测温度、时间资料求得,参数 $a$、$b$ 是由混凝土标准养护试件的各龄期强度数据,经回归分析拟合成的曲线方程。因此,要求数据记录应按测温记录规则进行记录,且要准确、连续,不得中断。$M$、$a$、$b$ 算出后,直接代入式(4-20),即可算出混凝土经 $t$ 时段后的抗压强度值,将该抗压强度乘以综合蓄热法调整系数0.8,即得混凝土经 $t$ 时段后达到的强度。

## 二、混凝土工程雨期施工

(1)模板隔离层在涂刷前要及时掌握天气预报,以防隔离层被雨水冲掉。

(2)遇到大雨要停止浇筑混凝土,已浇筑部位应加以覆盖。

(3)现浇混凝土应根据结构情况和可能,多考虑几道施工缝的留设位置。

(4)雨期施工时,应加强对混凝土粗、细骨料含水量的测定,及时调整混凝土搅拌时的用水量。

(5)大面积的混凝土浇筑前,要了解2~3 d的天气预报,尽量避开大雨。混凝土浇筑现场要预备大量防雨材料,以备浇筑时突然遇雨进行覆盖。

(6)模板支撑下的回填土要密实,并加好垫板,雨后及时检查有无下沉。

# 任务五　混凝土结构工程施工安全技术

## 一、模板施工安全技术

(1)进入施工现场的所有人员必须戴好安全帽,高空操作时必须按要求系好安全带。

(2)经医生检查认为不适宜高空作业的人员,不得进行高空作业。

(3)工作中应防止工具落下伤人。

(4)安装与拆除5 m以上的模板,应搭设脚手架,并设防护栏,上下操作不得在同一垂直面进行。

(5)高空、复杂结构的模板安装与拆除,应有切实可行的安全措施。

(6)六级以上大风时,应停止高空作业;雨雪霜后应先清扫施工现场,略干后不滑时再进行工作。

(7)二人抬运模板时要互相配合、协同工作。传递模板、工具应用运输工具或绳子系牢后升降,不得乱扔。装拆时,上下应有人接应,钢模板及配件应随拆运送,严禁从高处掷下。高空拆模时,应有专人指挥,并在下面标出工作区,用绳子和红白旗加以围栏,暂停人员过往。

(8)不得在脚手架上堆放大批模板等材料。

(9)支撑、牵杠等不得搭在门框架和脚手架上。通路中间的斜撑、拉杠等应设在1.8 m高以上。

(10)支撑过程中,如需中途停歇,应将支撑、搭头、柱头板等钉牢。拆模间歇应将已活动的模板、牵杠等运走或妥善堆放,防止因扶空、踏空而坠落。

(11)模板上有预留洞者,应在安装后将空洞口盖好。混凝土板上的预留洞口应在模板拆除后随即将洞口盖好。

(12)拆除模板一般用长撬棍。人不许站在正在拆除的模板上。在拆除楼板模板时,要注意整块模板掉下,尤其是用定型模板做平台模板时,更要注意。拆模人员要站在门窗洞口外拉支撑,防止模板突然全部掉落伤人。

(13)在组合钢模板上架设的电线和使用电动工具,应采用36 V低压电源或采取其他有效措施。

## 二、钢筋施工安全技术

### (一)钢筋加工

(1)钢筋加工机械安装应稳固,外作业应设置机棚,机旁应有堆放原料、半成品的场地。

(2)加工较长的钢筋时,应有专人帮扶,要听从操作人员的指挥。

(3)钢筋加工完毕,应堆放好成品,清理好场地,并切断电源,锁好电闸。

### (二)钢筋焊接

(1)焊机必须接地,导线和焊钳接导处,绝缘必须可靠。

(2)焊接变压器不得超负荷运行,变压器升温不得超过60 ℃。

(3)点焊、对焊时,必须开放冷却水,焊机出水温度不得超过40 ℃,排水量应符合要求。

天冷时应放尽焊机内存水,以免冻塞。

(4)对焊机闪光区域,须设铁皮隔挡,焊接时禁止其他人员停留在闪光区范围内,以防火花烫伤。焊机工作范围内严禁堆放易燃物品,以免引起火灾。

(5)室内电弧焊时,应有排气装置。焊工操作地点相互之间应设挡板,以防弧光刺伤眼睛。

## 三、混凝土施工安全技术

### (一)混凝土搅拌机的安全规定

(1)进料时,严禁将头或手伸入料斗与机架之间察看或探摸进料情况,运转中不得用手或工具等物伸入搅拌筒内扒料出料。

(2)料斗升起时,严禁在其下方工作或穿行。料坑底部要设料斗枕垫,清理料坑时必须将料斗用链条扣牢。

(3)向搅拌筒内加料应在运转中进行,添加新料必须先将搅拌机内原有的混凝土全部卸出来才能进行。不得中途停机或在满载荷时启动搅拌机,反转出料者除外。

(4)作业中,当发生故障不能继续运转时,应立即切断电源,将筒内的混凝土清除干净,然后进行检修。

### (二)混凝土泵送设备作业的安全事项

(1)支腿应全部伸出并支固,未支固前不得启动布料杆。布料杆升离支架后方可回转,布料杆伸出时应按顺序进行,严禁用布料杆起吊或拖拉物件。

(2)当布料杆处于全伸状态时,严禁移动车身。作业中需要移动时,应将上段布料杆折叠固定,移动速度不超过10 km/h。布料杆不得使用超过规定直径的配管,装接的软管应系防脱安全绳带。

(3)应随时监视各种仪表和指示灯,发现不正常应及时调整或处理。当出现输送管道堵塞时,应进行逆向运转使混凝土返回料斗,必要时应拆管排除堵塞。

(4)泵送工作应连续作业,必须暂停时应每隔5~10 min(冬季3~5 min)泵送一次。若停止较长时间后泵送,应逆向运转1~2个行程,然后顺向泵送。泵送时料斗内应保持一定量的混凝土,不得吸空。

(5)应保持储满清水,发现水质浑浊并有较多砂粒时应及时检查处理。

(6)泵送系统受压力时,不得开启任何输送管道和液压管道。液压系统的安全阀不得任意调整,蓄能器只能冲入氮气。

### (三)混凝土振捣器的使用规定

(1)使用前应检查各部件是否连接牢固,旋转方向是否正确。

(2)振捣器不得放在初凝的混凝土、地板、脚手架、道路和干硬的地面上进行试振。维修或作业间断时,应切断电源。

(3)插入式振捣器软轴的弯曲半径不得小于500 cm,并不多于两个弯,操作时振动棒应自然垂直地沉入混凝土,不得用力硬插、斜推或使钢筋夹住棒头,也不得全部插入混凝土中。

(4)振动棒应保持清洁,不得有混凝土黏结在电动机外壳上妨碍散热。

(5)作业转移时,电动机的导线应保持足够的长度和松度。严禁用电源线拖拉振捣器。

(6)用绳拉平板振捣器时,绳应干燥绝缘,移动或转向时不得用脚踢电动机。

(7)振捣器与平板应保持紧固,电源线必须固定在平板上,电器开关应装在手把上。

(8)在一个构件上同时使用几台附着式振捣器工作时,所有振捣器的频率必须相同。

(9)操作人员必须穿戴绝缘手套。

(10)作业后,必须做好清洗、保养工作,振捣器要放在干燥处。

## 综合应用案例

1. 工程概况

中航货运中心工程建筑面积28 200 $m^2$,建筑平面呈矩形,长132.80 m,宽77.20 m,最高32.60 m,由Ⅰ、Ⅱ、Ⅲ段组成。Ⅰ段为综合楼,Ⅱ段为仓库,Ⅲ段为附属房。其中,Ⅱ段建筑面积21 616 $m^2$,为3层框架－剪力墙结构,柱距为6 m×12 m,层高7.5 m、8.5 m、9.5 m,局部设有夹层和剪力墙;柱断面为500 mm×(600～1 000)mm;现浇楼面由主梁、次梁和140 mm厚的板组成;主梁为断面400 mm×1 200 mm、长60 m的5跨连续预应力梁,次梁断面250 mm×(600～800)mm,间距2 m,与主梁正交。Ⅱ段柱混凝土量约1 000 $m^3$,模板面积约5 000 $m^2$;现浇梁板混凝土量约2 000 $m^3$,模板面积约20 000 $m^2$;剪力墙等模板面积约1 000 $m^2$。

该工程Ⅱ段结构为清水混凝土。为此,确定了以模板设计为中心,以测量放线为先导,以解决梁柱接头方正和混凝土表面平整光滑为突破口的施工方案,并针对放线、钢筋、模板和混凝土四个环节有所侧重地采取一系列的技术措施和管理措施。

2. 钢筋工程

要保证框架结构柱的行列通顺一致,位置精确,首先要保证钢筋位置准确,不位移。钢筋位移是钢筋工程的通病,也是清水混凝土施工中应重点解决的问题,该工程采取了以下相应措施:

(1)确保钢筋位置准确。柱位找中找方,并找出主筋排距,将其与基础底板钢筋绑扎并焊接固定。然后采取在其四角加焊Φ18斜撑的加固方法,以保证主筋位置精确和不移动。

(2)防止浇筑混凝土时柱筋移位。柱筋绑扎前,应调至准确位置,做到上下垂直。绑扎成型经检查合格后,将每根骨架的上、中、下绑3道箍筋并与主筋焊牢,以增强骨架的整体性。然后将骨架四角焊L形钢筋垫(选用与保护层厚度相同的Φ25钢筋弯曲90°制成),浇混凝土时此钢筋垫与模板挤住,不仅保证了主筋位置准确,也保证了保护层厚度准确。

(3)确保剪力墙钢筋位置准确。剪力墙两片钢筋之间焊井字支架连为一体,支架用钢筋焊成,支架间距1 m,按梅花形布置,以保证墙体钢筋位置准确。

(4)各工种密切配合,保证钢筋位置准确。在浇筑混凝土过程中,放线工、钢筋工、木工各负其责,发现异常随时校正,并制定出针对浇筑偏向一侧和吊物碰撞钢筋的惩罚规定。

(5)为保证搭接范围内的钢筋密度不增加,以便混凝土浇筑并节省钢材,采用了钢筋气压焊接头,绑扎钢筋火烧丝的多余部分要求向构件内侧弯,以免因露在外边形成锈斑。

(6)为使配制的各种钢筋和箍筋平直、方正和弯钩准确,首先要严把配料关,派有经验的人员负责,实行定期和不定期抽验,对不合格者责令返工并扣回所用工日。

3. 模板工程

为取得清水混凝土质量效果,加强对模板尤其是钢框胶合板模板的施工管理显得至关重要。安装模板应严格按模板图进行,操作工人实行模板承包,从上一段拆下的模板要及时转移到下一段的相同部位安装。拆模按支模的相反顺序进行,强调保护板面,严禁使用大锤,严禁用撬棍强行砸撬模板。因该工程楼层高,拆下的模板用绳系住吊下并及时运离现场,然后清理残渣污物。损伤模板挑出及时修理。钢框胶合板板面的轻微划痕要用特制腻子嵌平磨光;模板表面的较重损伤处钉铁皮找平并刮腻子,对已形成孔洞者,可将孔洞切割整齐后粘补同样大小的覆膜胶合板,然后用腻子找平。对于大面积损伤的模板,可翻转至另一面使用。模板经检修后涂刷隔离剂备用。

为实现清水混凝土目标,减少模板投入,针对不同的结构部位设计不同类型的模板,并尽量设计成大块模板,以更好地体现清水效果。另外,从模板的安装、拆除和维修等各方面采取措施,保证清水混凝土效果。

(1)柱模。部分现浇柱带牛腿,为简化施工和减少模板种类,经与设计单位商定改为钢牛腿(后焊),柱均为矩形断面。柱模采用两件L形钢模拼接而成,柱模的定位和校正采用软拉撑。在柱模四角拉钢丝绳,每角上部和中部拉2道,共拉8道钢丝绳,钢丝绳下端紧固在楼板$\Phi$25 mm钢筋上,钢丝绳通过花篮螺栓校正和紧固。为保证柱模根部不移位,预先在柱周围楼板上预埋$\Phi$25 mm钢筋,用以卡100 mm×100 mm木方、垫楔子,锁牢模板根部。根据柱断面尺寸配制柱模,两种不同断面尺寸的柱,采用活接方式,模板高度先按1层柱高设计,待1层柱施工完毕后,依照3层的柱高尺寸改制模板,供2层及3层两种不同高度柱施工用。每种柱模配2~6套,周转使用,设计柱模时结合浇筑工艺要求,充分保证其强度、刚度。为保证万无一失,先作出1套柱模,浇筑混凝土并通过强振试验,然后加工制作。在工地自行制造土胎具,用手工焊接方法,尽量使用旧料焊制出满足清水混凝土要求的柱钢模板。

(2)剪力墙模板。标高±0.000以上剪力墙(包括电梯间)模板,均采用钢大模,使用大螺栓拉接。由于墙体高,模板高度不够,支模分2次或3次进行。为保证剪力墙上下顺通平整,达到不抹灰的要求,模板上下夹紧,严格靠吊垂直,以保证精度。剪力墙模板全部使用旧钢大模改制,依据自行制定的清水混凝土施工质量标准,控制板面平整度和垂直及凹凸。

(3)梁板模板。主梁、次梁、顶板模板,均采用钢框胶合板模板,按散支、散拆方式设计。为发挥钢框胶合板模板质量轻、刚度好的优势,尽量设计为大规格板面。结合工期要求和尽量少投入梁板模板的原则,采取快节奏、小步距流水施工,每层按8个流水段,每段2~3条轴线,共配6条轴线模板(约1/3层)。

模板支撑系统使用门形脚手架拼搭而成,经计算后确定支搭方案。为加快门形脚手架的周转,设计了快拆体系,即主梁每跨单独设一组可调钢管架,用以取代门形脚手架,使其提早拆除,可调钢管架一直保留到主梁预应力钢筋张拉完毕。

(4)梁柱接头及梁板转角部位定型角模。框架结构梁柱接头、梁板转角部位的混凝土往往不方正,凹凸不平,成为薄弱环节,而模板选用往往是关键所在。该工程用钢板制作了定型角模,梁板转角、主次梁交接处均采用定型角模,进一步保证了混凝土的外观效果。

4.混凝土工程

清水混凝土不仅要保证结构设计所要求的强度,而且要有良好的外观效果。该工程高柱密梁,要取得表面均匀一致的效果,必须精心施工,为此可从混凝土配合比、振捣养护措施等加以保证。

(1)混凝土工程施工要选用同一厂家、同一强度等级、同一品种的水泥,使用颜色纯正、安定性和强度好的普通硅酸盐水泥，砂、石也都按规定选用合格材料，掺外加剂严格按照使用说明进行。

(2)混凝土浇筑前，使用空压机清吹模板内部，清理干净后方允许浇筑。

(3)浇筑墙、柱混凝土时，应使用串筒，下料要均匀，以免侧偏冲击钢筋或造成混凝土离析。采用2根$\Phi 70$振动棒同时振捣，振捣时要掌握间距、厚度，控制时间。墙柱根部先浇同强度等级减石砂浆，顶部浇筑时加入适量的洗净石子，这样既可保证墙柱根部和顶部的强度，又可保证材质均匀一致。

(4)大规模浇筑混凝土前，先做样板，并请质量管理和监督人员品评，提出意见，确定标准后方能正式施工。

(5)加强混凝土养护，尤其是早期养护，设专人保持混凝土初期湿润状态。

中航货运中心工程为普通框架结构。组织施工时，按照清水混凝土的目标，采取适当技术措施，适当增加模板投入并加强各道工序施工管理，从而保证混凝土内在外在质量，实现清水效果。施工中，模板采用传统散支、散拆方法，其他技术措施和管理方法也是普通的，而实现清水效果得到综合技术经济效益是明显的。

# 小　结

模板种类很多，模板按其所使用的材料不同分为钢模板、木模板、钢木模板、胶合板模板、塑料模板、玻璃钢模板、铝合金模板等；按其结构或构件的类型不同分为基础模板、柱模板、楼板模板、楼梯模板、墙模板、壳模板、烟囱模板等；按其形式不同分为整体式模板、定型模板、工具式模板、滑升模板、爬升模板、胎膜等。模板系统一般由模板、支架和紧固件三部分组成。模板提供了平整的板面，支架解决支撑问题，紧固件则使模板相互之间的连接可靠。木模板选用的木材主要为松木(红松、白松、落叶松等)和杉木，木模板及支架系统一般在加工厂或现场木工棚做成元件，然后到现场拼装。定型组合钢模板是一种工具式定型模板，钢模板通过各种连接件和支承件可组合成多种尺寸结构和几何形状的模板，定型组合钢模板由钢模板和配件组成，配件包括连接件和支承件。钢框木(竹)胶合板模板是以热轧异型钢为钢框架，以覆面胶合板作板面，并加焊若干钢肋承托面板的一种组合式模板，面板有木、竹胶合板及单片木面竹芯胶合板等。模板及其支架应根据工程结构形式、荷载大小、地基土类别、施工设备和材料供应等条件进行设计。模板设计中的荷载包括模板及支架自重、现浇混凝土重量、钢筋重量、施工人员及施工设备在水平投影面上荷载、振捣混凝土时产生的荷载、新浇筑混凝土对模板的侧压力、倾倒混凝土时对垂直面模板产生的水平荷载等。模板拆除的时间与结构构件的特性、施工气温、混凝土施工中采取的措施等有关，模板拆除必须结合具体的施工情况，以设计要求的或施工规范规定的混凝土强度为拆模依据。

工程中常用的钢筋类型有热轧钢筋、热处理钢筋、碳素钢丝和刻痕钢丝、钢绞线、冷拉钢筋以及冷拔钢丝等。钢筋加工有冷拉、冷拔、调直、切断、除锈、弯曲成型、绑扎、焊接、钢筋机械连接等。钢筋的冷拉是在常温下通过冷拉设备对钢筋进行强力拉伸，使钢筋产生塑性变形，以达到调直钢筋、提高强度的目的。钢筋的机械连接主要有套筒挤压连接和套筒螺纹连接，套筒螺纹连接又分为锥套筒和直套筒两种。钢筋配料就是根据结构施工图计算构件中各种钢筋的下料长度、根数及质量，并编制钢筋配料单。钢筋下料是根据需要将钢筋切断成一定长度的直线段,钢筋的下料长度是指钢筋的中心线长度,钢筋下料长度=外包尺寸-量度差值+弯钩增加长度(箍筋弯钩增加值)。钢筋代换分为等强度代换和等面积代换,等强度代换是指不同级别钢筋按拉力相等的原则代换,等面积代换是指相同级别钢筋按面积相等的原则代换。钢筋安装程序包括画线、摆筋、穿箍、安垫块以及绑扎等。

混凝土配合比分为实验室配合比和施工配合比。实验室配合比为:水泥∶砂子∶石子=1∶$X$∶$Y$,水灰比为$W/C$,若现场砂子含水量为$\omega_x$,石子含水量为$\omega_y$,则施工配合比应为:1∶$X(1+\omega_x)$∶$Y(1+\omega_y)$。混凝土现场搅拌是指在施工现场按混凝土施工配合比将各种原材料用混凝土搅拌机均匀拌和成为符合相应技术要求的混凝土。混凝土搅拌机分为自落式和强制式两类。混凝土搅拌时间是指从全部材料投入搅拌筒起,到开始卸料为止所经历的时间,搅拌时间是影响混凝土搅拌质量及搅拌机生产率的重要因素之一,搅拌时间过短,则混凝土均匀性差,且强度及和易性下降,而搅拌时间太长,搅拌效率又低。施工中常用的投料顺序有一次投料法、二次投料法、水泥裹砂法等。混凝土的浇筑工作包括布料、摊平、捣实和抹面修整等工序。混凝土振捣是混凝土施工的关键工序,混凝土振捣机械按其工作方式分为内部振捣器(插入式振捣器)、表面振捣器(平板振捣器)、外部振捣器(附着式振捣器)、振动台等。混凝土养护有标准养护、自然养护、蒸汽养护、蓄热养护等。

冬期施工是指当日平均气温连续五天降到5 ℃和5 ℃以下时,或者最低气温降到0 ℃和0 ℃以下时,混凝土工程必须采取特殊的技术措施进行施工。混凝土冬期施工常用的施工方法有蓄热法、综合蓄热法、外部加热法(蒸汽加热、电热、红外线加热)及掺外加剂法等。一般情况下,应优先考虑使用蓄热法,也可以在混凝土中掺外加剂或采用高强度等级水泥、早强水泥,使混凝土提前或者在负温下达到设计强度。

# 习　题

1. 填空题

(1)钢筋的焊接方法有________、________、________ 、________、________等。

(2)钢筋的冷拉是在常温下通过冷拉设备对钢筋进行强力拉伸,使钢筋产生________,以达到________、________、________ 的目的。

(3)规范规定:同一构件中相邻纵向受力钢筋的绑扎接头宜________。绑扎接头中钢筋的横向净距不应小于钢筋直径,且不应小于________ mm。

(4)钢筋代换分为________ 和________两种。

(5)实验室配合比为水泥∶砂子∶石子=1∶$X$∶$Y$,水灰比为$W/C$,测得现场砂子含水量为$\omega_x$,石子含水量为$\omega_y$,则施工配合比应为____________________。

(6)混凝土构件的施工缝应留在结构________较小又同时施工方便的部位。

(7)影响新浇筑混凝土对模板侧压力的因素主要有________、________、________等。

(8)为检查现浇混凝土结构或构件某一阶段的混凝土强度,试块应采用________养护。

2. 单选题

(1)钢筋的冷拉变形为(　　)。

A. 弹性变形　　B. 塑性变形　　C. 弹塑性变形　　D. 都不是

(2)闪光对焊接头用于(　　)。

A. 钢筋网片的焊接　　B. 竖向钢筋的接头
C. 钢筋搭接焊接　　D. 水平钢筋的接头

(3)柱子模板在混凝土强度(　　)时即可拆除。

A. 达到50%设计强度　　B. 达到70%设计强度
C. 达到75%设计强度　　D. 达到100%设计强度

(4)混凝土搅拌时间与(　　)有关。

A. 坍落度　　B. 搅拌机容积　　C. 外加剂　　D. 搅拌机机型

(5)当新浇筑混凝土的强度不小于(　　)MPa时,才允许在上面进行施工活动。

A. 1.2　　B. 2.5　　C. 10　　D. 12

3. 多选题

(1)模板配板应考虑(　　)等内容。

A. 通用性强　　B. 大块模板　　C. 种类和块数少　　D. 木板镶拼量小
E. 强度高

(2)模板拆除顺序是(　　)。

A. 先支先拆　　B. 先支后拆　　C. 非承重的先拆　　D. 非承重的后拆
E. 承重的后拆

(3)混凝土施工缝宜留在(　　)等部位。

A. 柱的基础顶面　　B. 梁的支座边缘
C. 肋形楼板的次梁中间1/3处　　D. 结构受力较小且便于施工部位
E. 考虑便于施工部位

(4)混凝土养护不及时,会使水泥不能充分水化,出现(　　)等现象。

A. 干缩裂缝　　B. 表面起粉　　C. 强度低　　D. 凝结速度加快
E. 凝结速度减慢

(5)为防止混凝土离析,混凝土自高处自由倾落的高度不应超过(　　)m,否则应采用串筒、溜管浇筑混凝土。

A. 1　　B. 2　　C. 2.5　　D. 3　　E. 4

4. 简述题

(1)模板系统由哪几部分组成?各组成部分有何作用?对模板及其支架的基本要求有哪些?

(2)模板有哪些类型?适用范围如何?

(3)定型组合模板由哪几部分组成?各组成部分起什么作用?

(4)模板拆除有何要求?如何确定模板拆除的时间?拆除模板时应注意哪些问题?

(5)钢筋进场验收有哪些内容?储存堆放有什么要求?

(6)钢筋电弧焊的接头形式有哪些?适用范围如何?

(7)钢筋机械连接有哪几种形式?各适用什么条件?有何优缺点?

(8)何谓钢筋代换?钢筋代换的原则是什么?各适用哪些情况下的代换?

(9)什么是施工配合比?为什么要进行施工配合比的换算?如何换算?

(10)混凝土搅拌的时间是如何规定的?运输过程中有哪些要求?

(11)何谓施工缝?对施工缝留设有何具体要求?如何处理施工缝?

(12)什么是后浇带？后浇带如何留设与处理？

(13)混凝土的振捣设备有哪些种类？对混凝土振捣有哪些要求？

(14)现浇混凝土结构的养护方法有哪些？

(15)大体积混凝土浇筑的分层方法有几种？分别适用于什么情况？

(16)大体积混凝土浇筑应采取哪些措施来防止温度裂缝的产生？

(17)混凝土泵的种类有哪些？混凝土采用泵送时对材料有何要求？

(18)混凝土工程冬期施工的特点和原则是什么？

(19)混凝土冬期施工方法有哪些？如何选择？

(20)什么是混凝土的成熟度？

(21)混凝土工程雨期施工应做好哪些准备工作？

5. 计算题

(1)如图4-40所示，试计算钢筋的下料长度。

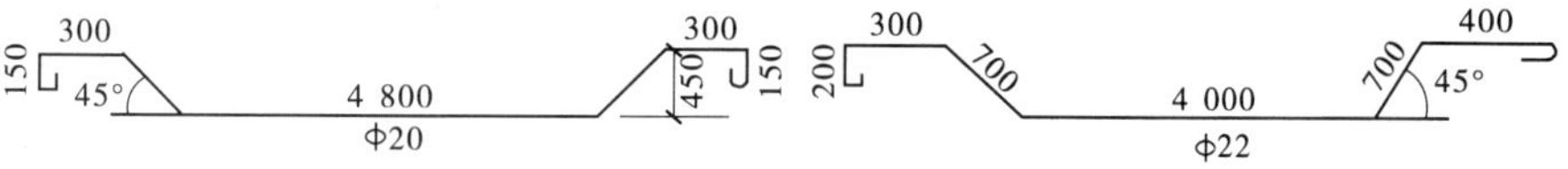


**图4-40　钢筋下料长度计算简图**

(2)某建筑物有5根$J_1$简支梁，梁的配筋如图4-41所示，钢筋保护层25 mm。试计算钢筋的下料长度，并编制简支梁的钢筋配料单。

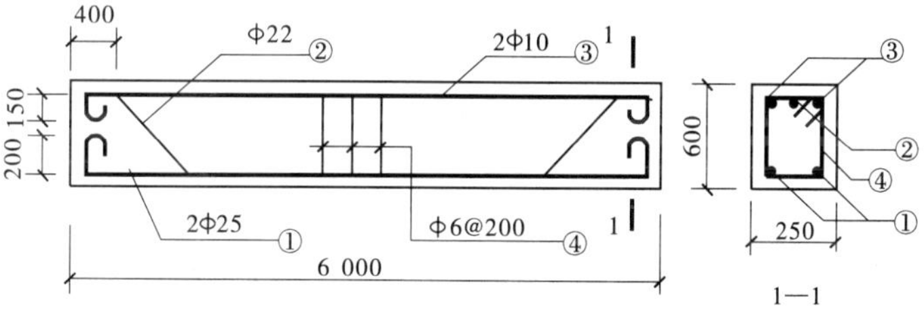


**图4-41　某建筑物$J_1$简支梁配筋图**

(3)某梁设计主筋为3根HRB335级Φ20钢筋($f_{y1}-310\ N/mm^2$)，今现场无该钢筋，拟用HPB235级Φ25钢筋($f_{y2}=210\ N/mm^2$)代换。试计算需几根钢筋？若用HPB235级Φ20钢筋($f_{y2}=210\ N/mm^2$)代换，当梁宽为250 mm时，钢筋按一排布置能否排下？

(4)某结构采用C20混凝土，实验室配合比为1:2.12:4.37，$W/C=0.62$，每立方米混凝土用量为290 kg，实测现场砂子含水量为3%，石子含水量为1%，施工配合比是多少？当用250 L(出料容量)搅拌机进行搅拌时，每拌一次投料水泥、砂、石、水各多少？

(5)某钢筋混凝土基础底板，长度28 m、宽度14 m、高度1.5 m。施工时，不留施工缝，要求连续浇筑混凝土。搅拌站设2台350 L搅拌机，每台搅拌机实际生产率为6 $m^3/h$。混凝土初凝时间为150 min，运输时间为25 min，气温为25 ℃。试确定：①混凝土的浇筑方案(人员组织、浇筑方法、表面保水方法、养护等)；②计算保证混凝土连续浇筑时，每小时混凝土供应量及完成混凝土连续浇筑工作所需时间(h)。

# 项目五　预应力混凝土工程

**知识点**

先张法、后张法、电热张拉法和无黏结预应力混凝土的施工工艺，预应力混凝土施工质量检查与安全技术。

**学习目标**

掌握先张法预应力筋的控制应力、张拉程序和放张顺序的确定原则与注意事项，后张法孔道留设、锚具选择、预应力筋的张拉顺序、孔道灌浆等施工方法及注意要点，先张法和后张法的施工工艺过程；熟悉预应力混凝土的材料品种、规格及要求，预应力混凝土质量保证措施与安全技术；了解预应力混凝土的概念及其特点，电热张拉法和无黏结预应力混凝土施工原理及应用。

**引例**

某车间预应力混凝土吊车梁，长 6 m，配置直线预应力筋为 4 束 6 $\Phi^{j}$12 的钢筋，采用 YC60 千斤顶一端张拉，千斤顶长度为 435 mm，两端均采用 JM12 – 6 型锚具，锚具厚度为 55 mm，垫板厚 15 mm。

**思考：**

(1)什么叫预应力混凝土？

(2)预应力混凝土与普通钢筋混凝土相比具有哪些特点？

(3)预应力混凝土的预应力是如何施加的？

## 任务一　概　述

### 一、预应力混凝土的概念及其分类

预应力混凝土是在结构构件承受外荷载之前，预先对其在外荷载作用下的受拉区，用某种方法施加预压力，促使其产生预压应力，这样当结构在使用荷载作用下产生拉应力时，必须先抵消事先施加的这一预压应力，然后才能随着荷载的增加，使受拉区的混凝土受拉开裂，这种预先施加压应力的钢筋混凝土叫作预应力混凝土。

预应力混凝土按预应力的大小，可分为全预应力混凝土和部分预应力混凝土。全预应力混凝土是在全部使用荷载下受拉区边缘不允许出现拉应力的预应力混凝土，适用于要求混凝土不开裂的结构。部分预应力混凝土是在全部使用荷载下受拉区边缘允许出现一定的拉应力或裂缝的混凝土，其综合性能较好，费用较低，适用面广。

预应力混凝土按施工方式不同，可分为预制预应力混凝土、现浇预应力混凝土和叠合预应力混凝土等。按预应力施加的方法不同，可分为先张法预应力混凝土和后张法预应力混凝土。先张法是在混凝土浇筑前张拉钢筋,预应力是靠钢筋与混凝土之间的黏结力传递给混凝土的。后张法是在混凝土达到一定强度后张拉钢筋,预应力靠锚具传递给混凝土。在后张法中,按预应力筋黏结状态,又可分为有黏结预应力混凝土和无黏结预应力混凝土,前者在张拉后通过孔道灌浆使预应力筋与混凝土相互黏结,后者由于预应力筋涂有油脂,预应力只能永久地靠锚具传递给混凝土。

## 二、预应力混凝土的特点

预应力混凝土与普通钢筋混凝土比较,具有构件截面小、自重轻、刚度大、抗裂度高、耐久性好、材料省等优点。实践证明,可节约钢材 40% ~50%,节省混凝土 20% ~40%,减轻结构自重可达到 20% ~40%。在大开间、大跨度与重荷载的结构中,采用预应力混凝土结构,可减少材料用量,扩大使用功能,综合经济效益好,在现代建筑结构中具有广阔的发展前景。缺点是构件制作过程增加了张拉工序,技术要求高,并需要专用的张拉设备、锚具、夹具和台座等。

## 三、我国预应力混凝土施工技术的发展概况

我国于 1956 年开始推广预应力混凝土,至今已有 50 多年的发展历程。20 世纪 50 年代后期,主要采用冷拉钢筋作预应力筋,生产预应力混凝土屋架、吊车梁等工业厂房构件。70 年代,在民用建筑中,开始推广冷拔低碳钢丝配筋的预应力混凝土中小型构件。80 年代以来,结合我国现代多层工业厂房与大型公共建筑发展的需要,高强预应力钢材(高强钢丝与钢绞线)配筋的现代预应力混凝土出现,我国预应力技术从单个构件发展到预应力混凝土结构新阶段。在建筑工程中,预应力混凝土结构体系主要有:如单层工业厂房常用的预制预应力屋架、屋面梁、吊车梁,部分预应力混凝土现浇框架结构体系,无黏结预应力混凝土现浇楼板结构体系等。另外,在砖混结构中大量用到的先张法预应力空心板。在整体现浇结构体系中,有较大影响的工程,如首都国际机场停站楼采用了双向大柱网、大面积超长度有黏结预应力技术,建筑面积 17 万 $m^2$。在特种构筑物中,预应力混凝土电视塔、安全壳、筒仓、贮液池等也相继建成。此外,预应力技术在房屋加固与改造中也得到推广应用。

近几年来,随着我国大跨度公共建筑业的发展,预应力技术与空间钢结构相结合,创造出预应力网架、网壳、索网、索拱、索膜、斜拉等结构新体系,充分发挥受拉杆件的潜力,结构轻盈,时代感强。

经过 50 多年的努力探索,我国在预应力混凝土的设计理论、计算方法、构件系列、结构体系、张拉锚固体系、预应力工艺、预应力筋和混凝土材料等方面,已形成了一套独特的体系。在预应力混凝土施工技术与施工管理方面,已经积累了丰富的经验。我国在预应力混凝土预制构件方面,已形成了预应力屋架和屋面梁、预应力吊车梁、预应力屋面板、预应力楼板、桥架合一的预应力混凝土构件等。在房屋建筑预应力混凝土结构方面,已有整体预应力混凝土装配式梁、板、柱结构体系,现浇后张预应力混凝土框架结构的施工经验。预应力混凝土技术在高层建筑、电视塔、大型桥梁、特种工程、体育场馆、大空间大跨度的悬挑结构等方面,都有广泛的应用。先张法目前主要用于生产小型预应力构件,如屋面板、楼板、小梁、檩条等。后张法主要用于施工现场制作大型和重型的构件,如屋架、屋面梁、吊车梁等,该技术可用于多、高层房屋建筑的楼板、转换层和框架结构等,以抵抗大跨度或重荷载在混凝土

结构中产生的效应,提高结构和构件的性能,降低造价。后张法技术还可用于电视塔、水泥仓等特种工程结构,以及各类大跨度混凝土桥梁结构。无黏结预应力技术主要应用于现浇预应力混凝土结构。

在预应力混凝土结构中,混凝土强度等级不宜低于 C30;当用于消除应力钢丝、钢绞线、热处理钢筋作预应力钢筋时,混凝土强度等级不宜低于 C40。水泥强度等级宜比配制的混凝土强度等级高 C10。目前,某些重要的预应力混凝土结构混凝土强度等级已采用 C50 ~ C60,而且逐渐向 C80 等更高的强度等级发展。

在预应力混凝土构件中(包括孔道灌浆),不能采用对钢筋有侵蚀作用的氯盐类外加剂,如氯化钙、氯化钠等,否则会发生严重的质量事故。预应力混凝土结构的钢筋有非预应力筋和预应力筋,预应力钢筋宜采用预应力钢绞线、钢丝以及热处理钢筋等,非预应力筋可采用 HRB400、HRB335、HPB300、HPB235 级钢筋和乙级冷拔低碳钢丝等。

# 任务二　先张法

先张法是在浇筑混凝土构件之前张拉预应力筋,将其临时锚固在台座或钢模上,然后浇筑混凝土构件,待混凝土达到一定强度(一般不低于混凝土设计强度标准值的 75%),并使预应力筋与混凝土之间有足够黏结力时,放张或切断预应力筋,预应力筋弹性回缩,借助于混凝土与预应力筋间的黏结,对混凝土产生预压应力。

先张法一般用于预制构件厂生产定型的中小型构件,如楼板、屋面板、檩条及吊车梁等。先张法生产时,可采用台座法和机组流水法。采用台座法时,预应力筋的张拉、锚固,混凝土的浇筑、养护及预应力筋放松等均在台座上进行,预应力筋放松前,其拉力由台座承受,如图 5-1 所示。采用机组流水法时,构件连同钢模通过固定的机组,按流水方式完成(张拉、锚固、混凝土浇筑和养护)每一生产过程,预应力筋放松前,其拉力由钢模承受。

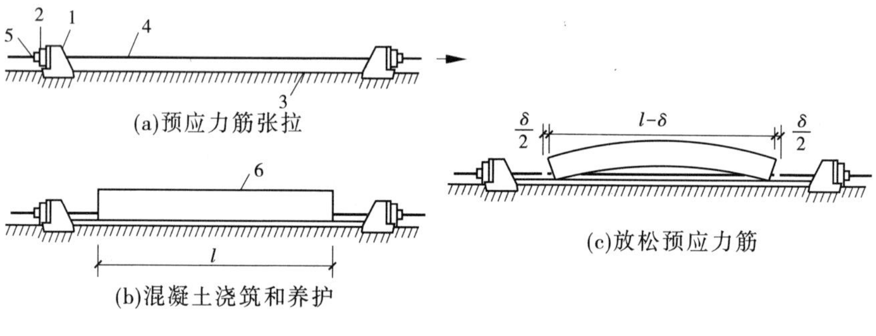


1—台座;2—横梁;3—台面;4—预应力筋;5—夹具;6—构件

**图 5-1　先张法生产示意图**

## 一、先张法施工准备

### (一)台座

台座由台面、横梁和承力结构等组成。台座是先张法生产的主要设备,它承受全部预应力筋的张拉力。台座应具有足够的强度、刚度和稳定性,以免台座变形、倾覆、滑移等,而引起预应力值的损失。台座按照构造形式不同,可分为墩式台座、槽式台座和钢模台座三种。台座选用时,应根据构件的种类、张拉吨位和施工条件确定。

1. 墩式台座

墩式台座由台墩、台面与横梁等组成。台墩和台面共同承受拉力,墩式台座用以生产各种形式的中小型构件,如屋架、空心楼板、平板等,如图 5-2 所示。台墩长度和宽度由场地大小、构件类型和产量等因素确定。一般长度为 100 ~ 150 m,宽度为 2 ~ 4 m,这样既可利用钢丝长的特点张拉一次产生多根(块)构件,又可减少因钢丝滑移或台座横梁变形引起预应力损失。

1) 台墩

台墩是承力结构,由钢筋混凝土浇筑而成。台墩分为重力式和构架式两种。台墩设计时,应进行稳定性和强度验算,稳定性验算一般包括抗倾覆验算与抗滑移验算。

2) 台面

台面是预应力构件成型的胎模,要求地基坚实平整,它是在厚 150 mm 夯实碎石垫层上,浇筑 60 ~ 80 mm 厚 C20 混凝土面层,原浆压实抹光而成。台面要求坚硬、平整、光滑,沿其纵向有 3% 的排水坡度。长度较大的台面,应每隔 10 m 左右设置一道伸缩缝,以适应温度的变化。

3) 横梁

横梁以墩座牛腿为支承点安装其上,是锚固夹具临时固定预应力筋的支承点,也是张拉机械张拉预应力筋的支座。横梁常采用型钢或钢筋混凝土制作。

2. 槽式台座

槽式台座由端柱、传力柱、横梁和台面组成。槽式台座既可承受拉力,又可作蒸汽养护槽,适用于张拉吨位较高的大型构件,如屋架、吊车梁等。槽式台座构造如图 5-3 所示。槽式台座需进行强度和稳定性计算。端柱和传力柱的强度按钢筋混凝土结构偏心受压构件计算,槽式台座端柱抗倾覆力矩由端柱、横梁自重力矩及部分张拉力矩组成。

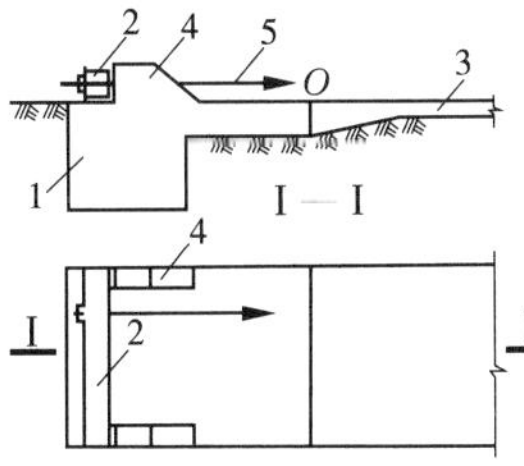


1—钢筋混凝土台墩;2—横梁;3—混凝土台面;

4—牛腿;5—预应力筋

**图 5-2 墩式台座**

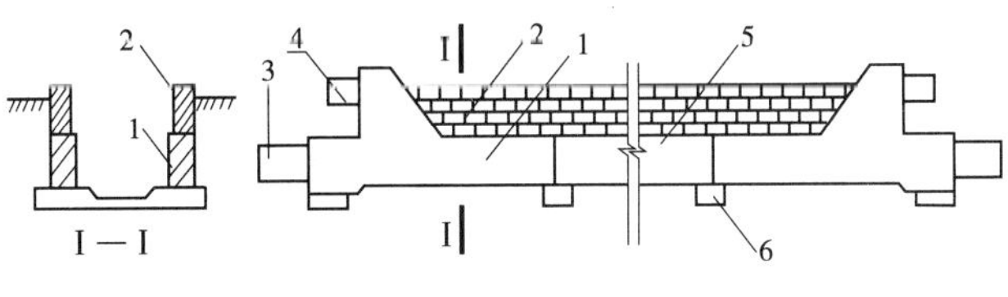


1—钢筋混凝土端柱;2—砖墙;3—下横梁;

4—上横梁;5—传力柱;6—柱垫

**图 5-3 槽式台座**

槽式台座长度一般不大于 76 m,宽度随构件外形及制作方式而定,一般不小于 1 m。为便于混凝土的运输、浇筑及蒸汽养护,台座宜低于地面。为了便于拆迁和重复使用,台座应设计成装配式。

3. 钢模台座

钢模台座是将制作构件的模板作为预应力钢筋锚固支座的一种台座,如图 5-4 所示。将钢模板做成具有相当刚度的结构,将钢筋直接放置在模板上进行张拉。这种模板主要在流水线构件生产中应用。

**(二)夹具**

夹具是先张法构件施工时保持预应力筋拉力,并将其固定在张拉台座(或设备)上的临时性锚固装置。夹具可重复使用,要求构造简单、工作可靠、装拆方便、加工容易、成本低。夹具种类很多,按其工作用途不同分为锚固夹具和张拉夹具;根据预应力筋类型不同又可分为钢丝夹具和钢筋夹具。

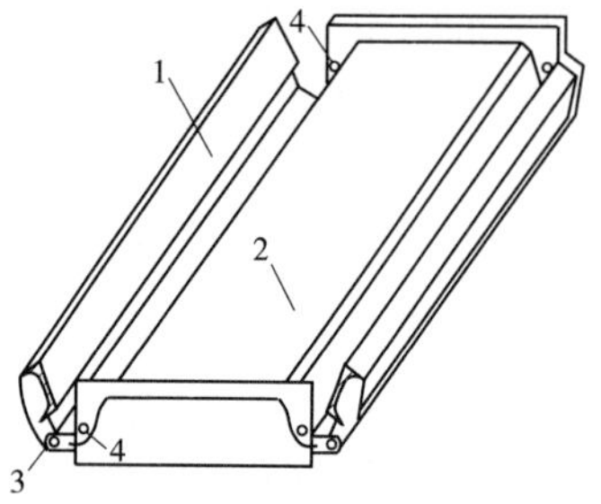


1—侧模;2—底模;3—活动铰;

4—预应力筋锚固孔

**图 5-4　钢模台座**

1. 锚固夹具

锚固夹具是将预应力筋临时固定在台座横梁上的工具。常用的锚固夹具有锥形夹具、镦头夹具和圆套筒三片式夹具等。

1)锥形夹具

锥形夹具是用来锚固直径为 3 ~5 mm 预应力碳素钢丝的,由中间开有锥形孔的套筒和刻有细齿的锥形齿板或锥销组成。锥形夹具可分为圆锥齿板式夹具和圆锥槽式夹具,如图 5-5 所示。

2)镦头夹具

镦头夹具是将钢丝端部热镦或冷镦形成粗头,通过承力板或梳筋板锚固,如图 5-6 所示。镦头夹具适用于具有镦粗头(热镦)的Ⅱ、Ⅲ、Ⅳ级螺纹钢筋,也可用于冷镦的预应力钢丝固定端的锚固。

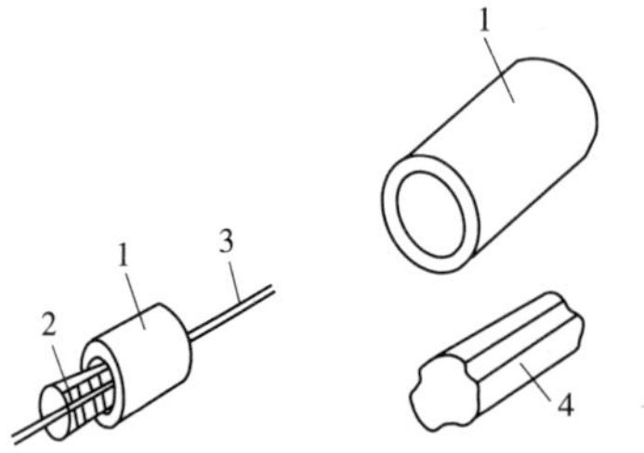


(a)圆锥齿板式　　(b)圆锥槽式

1—套筒;2—齿板;3—钢丝;4—锥塞

**图 5-5　钢质锥形夹具**

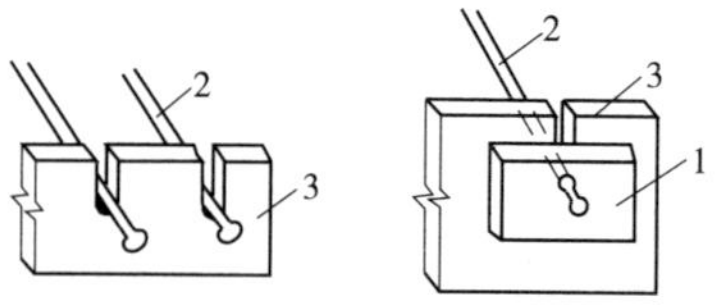


1—垫片;2—镦头钢丝;3—承力板

**图 5-6　固定端镦头夹具**

3)圆套筒三片式夹具

圆套筒三片式夹具由套筒和夹片组成,如图 5-7 所示,其型号有 YJ12、YJ14。套筒的内孔呈圆锥形,三个夹片互成 120°角,钢筋夹持在三夹片中心,夹片内槽上有齿纹,以保证钢筋的锚固。用 YC－18 型千斤顶张拉时,适用于锚固直径为 12 mm、14 mm 的单根冷拉 HHRB335、HRB400、RRB400 级钢筋。

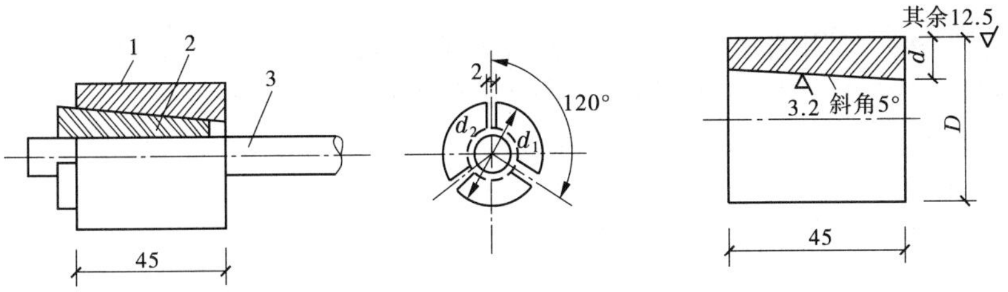


(a)装配图　　(b)夹片　　(c)套筒

1—套筒;2—夹片;3—预应力筋

**图 5-7　圆套筒三片式夹具**

2. 张拉夹具

张拉夹具是夹持住预应力筋后,与张拉机械连接起来进行预应力筋张拉的机具。常用的张拉夹具有月牙形夹具、偏心式夹具和楔形夹具等,如图 5-8 所示,适用于张拉钢丝和直径 16 mm 以下的钢筋。

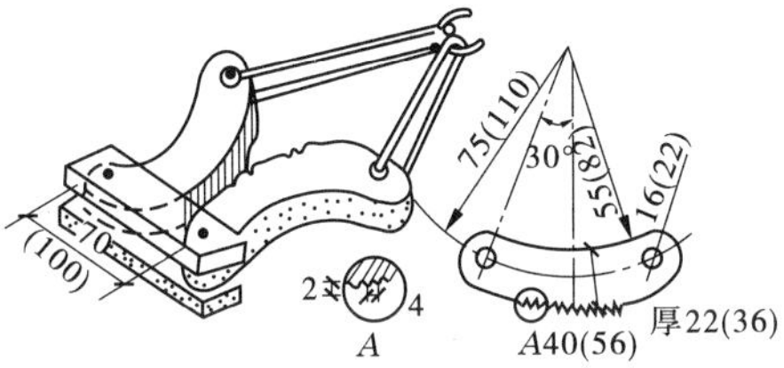


(a)月牙形夹具

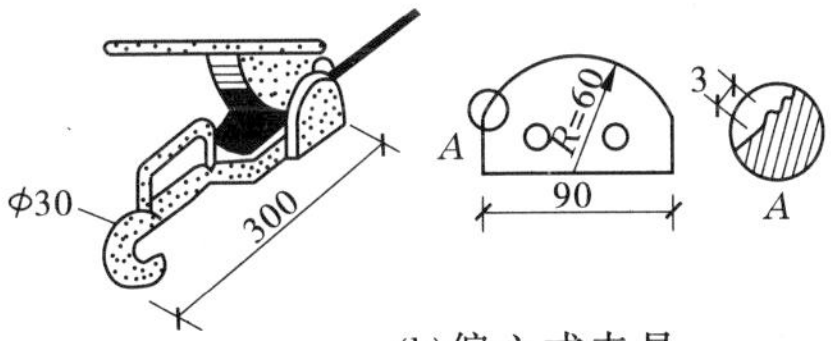


(b)偏心式夹具

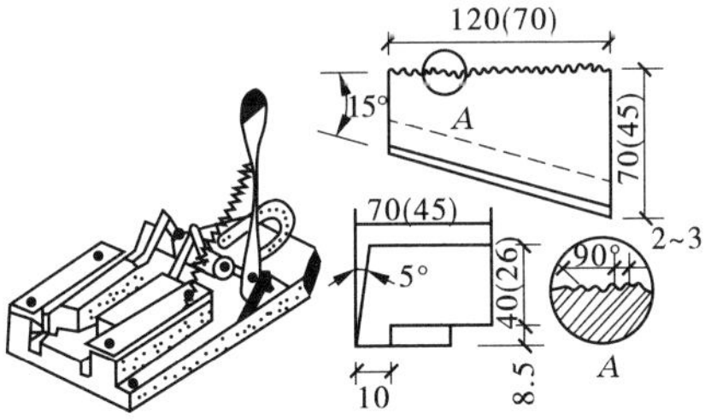


(c)楔形夹具

**图 5-8　张拉夹具**

## (三)张拉设备

张拉设备要求工作可靠,控制应力准确,能以稳定的速率增大拉力。张拉机具的张拉力应不小于预应力筋张拉力的1.5倍，张拉机具的张拉行程不小于预应力筋伸长值的1.1～1.3倍。在先张法中，常用的张拉设备有油压千斤顶、电动卷扬机和电动螺杆张拉机等。

采用油压千斤顶张拉时，可从油表读数直接求得张拉应力值，千斤顶一般张拉力较大，适用于预应力筋成组张拉。单根张拉时，由于拉力较小，一般多用电动张拉机张拉。

## 二、先张法施工工艺

先张法施工工艺流程如图5-9所示。

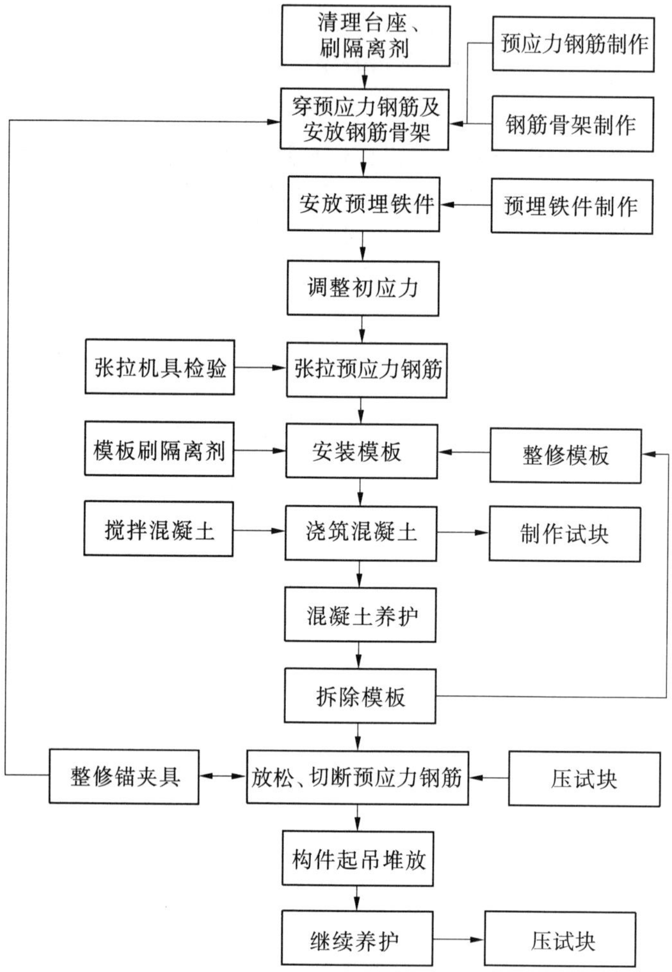


**图5-9　先张法施工工艺流程**

### （一）预应力筋的张拉

1. 张拉程序和张拉控制应力

预应力筋张拉应根据设计要求进行，预应力筋张拉有单根张拉和多根成组张拉两种。单根张拉时，张拉力小，张拉设备比较简单，且易保证张拉力准确，但是生产效率低，锚固困难。成组张拉时，能够提高工效，减轻劳动强度，但设备构造复杂，需用较大的张拉力。当进行多根成组张拉时，应先调整各预应力筋的初始应力，使其长度和松紧一致，以保证张拉后各预应力筋的应力一致。初始应力值一般为张拉应力的10%，预应力筋相互间的应力差控制在5%以内。张拉时的控制应力按设计规定执行。施工中，为了减少由于松弛等造成的预应力损失，一般不是从零直接张拉到控制应力，而是先张拉到比设计要求的控制应力稍大一些，如1.05$\sigma_{con}$，这叫超张拉。控制应力的大小影响预应力的效果，控制应力过高，预应力筋处于高应力状态，这是不允许的。如果原定的控制应力过高，再加上超张拉就有可能使钢筋所承受的应力超过其屈服点，即屈服强度。为此，预应力筋的最大超张拉应力，冷拉Ⅱ～Ⅲ级钢筋不得大于屈服强度的95%，钢丝、钢绞线和热处理钢筋不得大于标准强度的80%。张拉后实际预应力值的偏差不得大于或小于规定值的5%。

预应力筋的张拉应根据设计要求采用合适的张拉方法、张拉程序和张拉顺序，并应有可靠的质量保障措施和安全措施。预应力筋的张拉是预应力混凝土施工中的关键工序，为了确保施工质量，预应力筋的张拉应严格按设计要求进行。预应力筋张拉程序有两种：

$$0 \rightarrow 105\% \sigma_{con} \xrightarrow{\text{持荷 2 min}} \sigma_{con}$$

$$0 \rightarrow 103\% \sigma_{con}$$

其中，$\sigma_{con}$是预应力筋设计张拉控制应力。

建立上述张拉程序是为了减少预应力筋的应力松弛损失。应力松弛是指钢筋受到一定张拉力后，在长期保持不变的条件下，钢筋的应力随时间的增加而降低的现象。应力松弛损失降低值称为松弛损失。应力松弛的数值与控制应力和延续时间有关，控制应力越高，松弛越大，所以钢丝、钢绞线的松弛损失比冷拉热轧钢筋大。松弛损失随着时间的延续而增加，但在第1 min内可完成损失总值的50%左右，24 h内则可完成80%。上述张拉程序，如先超张拉5%$\sigma_{con}$，再持荷2 min，则可减少50%以上的松弛损失，超张拉3%$\sigma_{con}$亦是为了弥补设计中不可预见的预应力损失。

预应力筋的张拉控制应力应符合设计要求。当施工中预应力筋需要超张拉时，可比设计要求提高3%～5%，但最大张拉控制应力不得超过表5-1规定的数值。

**表5-1　最大张拉控制应力$\sigma_{con}$的允许值**

| 项次 | 预应力筋种类 | 张拉方法 | |
|---|---|---|---|
| | | 先张法 | 后张法 |
| 1 | 碳素钢丝、刻痕钢丝、钢绞线 | $0.80f_{ptk}$ | $0.75f_{ptk}$ |
| 2 | 热处理钢筋、冷拔低碳钢丝 | $0.75f_{ptk}$ | $0.70f_{ptk}$ |
| 3 | 冷拉钢筋 | $0.95f_{pyk}$ | $0.90f_{pyk}$ |

注：$f_{ptk}$为预应力筋极限抗拉强度标准值，$f_{pyk}$为预应力筋屈服强度标准值。

预应力筋张拉后，一般应校核预应力筋的伸长值。如实际伸长值与计算伸长值的偏差大于或小于60%时，应暂停张拉。待查明原因，并采取措施予以调整后，方可继续张拉。

2.预应力筋(丝)的铺设

在铺放预应力筋(丝)前，应清扫台面，并涂刷隔离剂。一般涂刷皂角水溶性隔离剂，水溶性隔离剂易干燥，污染钢筋易清除。涂刷时，应均匀、细致，不得漏涂。待隔离剂干燥后，铺设预应力筋，一端用夹具锚固在台座横梁的定位承力板上，另一端卡在台座张拉端的承力板上待张拉。在生产过程中，应防止雨水或养护水冲刷掉台面隔离剂。

3. 预应力筋张拉注意事项

(1)为避免台座承受过大的偏心力,应先张拉靠近台座截面重心处的预应力筋。

(2)钢质锥形夹具锚固时,敲击锥塞或楔块应先轻后重,同时倒开张拉设备并放松预应力筋,两者应密切配合,既要减少钢丝滑移,又要防止锤击力过大导致钢丝在锚固夹具处断裂。

(3)对重要结构构件(如吊车梁、屋架等)的预应力筋,用应力控制方法张拉时,应校核预应力筋的伸长值。

(4)同时张拉多根预应力钢丝时,应预先调整初始张拉应力 10% $\sigma_{con}$,使其相互之间的应力一致。

**(二)混凝土的浇筑与养护**

为了减少混凝土的收缩和徐变引起的预应力损失,在确定混凝土配合比时,应优先选用干缩性小的水泥,采用低水灰比,控制水泥用量,对骨料采取良好的级配等技术措施。预应力筋(丝)张拉,绑扎钢筋、预埋铁件安装及立模工作完成后,应立即浇筑混凝土,每条生产线应一次连续浇筑完成。采用机械振捣密实时,要避免碰撞钢丝。混凝土未达到一定强度前,不允许碰撞或踩踏钢丝。预应力混凝土可采用自然养护或湿热养护,自然养护不得少于 14 d。干硬性混凝土浇筑完毕后,应立即覆盖进行养护。当预应力混凝土采用湿热养护时,要尽量减少由于温度升高而引起的预应力损失。为了减少温差造成的应力损失,采用湿热养护时,在混凝土未达到一定强度前,温差不要太大,一般不超过 20 ℃。

**(三)预应力筋的放张**

预应力筋放张时,混凝土的强度应符合设计要求。如设计无规定,不应低于设计混凝土强度标准值的75%。

1. 放张顺序

预应力筋的放张顺序应符合设计要求。如设计无规定,可按下列要求进行:

(1)对承受轴心预压力的构件(如压杆、桩等),所有预应力筋应同时放张。

(2)对承受偏心预压力的构件(如梁等),应先同时放张预压力较小区域的预应力筋,再同时放张预压力较大区域的预应力筋。

(3)当不能满足上述两项要求时,应分阶段、对称、交错地放张,以防止在放张过程中构件产生弯曲、裂纹和预应力筋断裂等现象。

2. 放张方法

预应力筋放张应缓慢进行,防止冲击,常用的放张方法如下:

1)千斤顶放张

用千斤顶拉动单根钢筋,松开螺母。放张时由于混凝土与预应力筋已黏结成整体,松开螺母所需的间隙只能是最前端构件外露钢筋的伸长,因此所施加的应力往往超过控制应力约10%,比较费力。

采用两台台座式千斤顶整体缓慢放松,应力均匀,安全可靠,如图5-10(a)所示。放张用台座式千斤顶可专用或与张拉合用,为防止台座式千斤顶长期受力,可采用垫块顶紧。

2)砂箱放张

砂箱装置由钢制的套箱和活塞组成,如图5-10(b)所示。套箱内装石英砂或铁砂,装砂量宜为砂箱长度的1/3 ~2/5。砂箱放置在台座与横梁之间。预应力筋张拉时,箱内砂被压实,承受横梁的反力。预应力筋放张时,将出砂口打开,砂慢慢流出,从而使整批预应力筋徐徐放张。砂箱中的砂应采用干砂，选用适宜的级配，防止出现砂压碎引起流不出的现象或增加砂的空隙率，使预应力损失增大。施加预应力后，砂箱的压缩值不大于 0.5 mm，预应力损失可略去不计。采用两台砂箱时，放张速度应力求一致，以免构件受扭损伤。采用砂箱放张，能控制放张速度，工作可靠，施工方便，可用于张拉力大于 1 000 kN 的情况。

3）楔块放张

楔块装置放置在台座与横梁之间，如图 5-10（c）所示。预应力筋放张时，旋转螺母使螺杆转动，带动楔块向上移动，钢块间距变小，横梁向台座方向移动，从而同时放张预应力筋。楔块放张一般适用于张拉力不大于 300 kN 的情况。

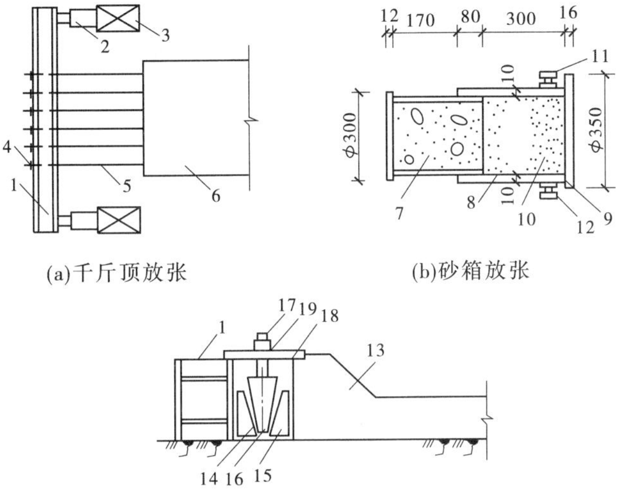


(a)千斤顶放张　　(b)砂箱放张

(c)楔块放张

1—横梁；2—千斤顶；3—承力架；4—夹具；5—钢丝；6—构件；
7—活塞；8—套箱；9—套箱底板；10—砂；11—进砂口（M25 螺丝）；
12—出砂口（M16 螺丝）；13—台座；14、15—钢固定楔块；
16—钢滑动楔块；17—螺杆；18—承力板；19—螺母

**图 5-10　预应力筋放张装置**

### 特别提示

钢丝接长：可借助钢丝拼接器用 20～22 号铁丝密排绑扎，如图 5-11 所示。冷拔低碳钢丝绑扎长度不得小于 40 倍钢丝直径，高强度钢丝绑扎长度不得小于 80 倍钢丝直径。

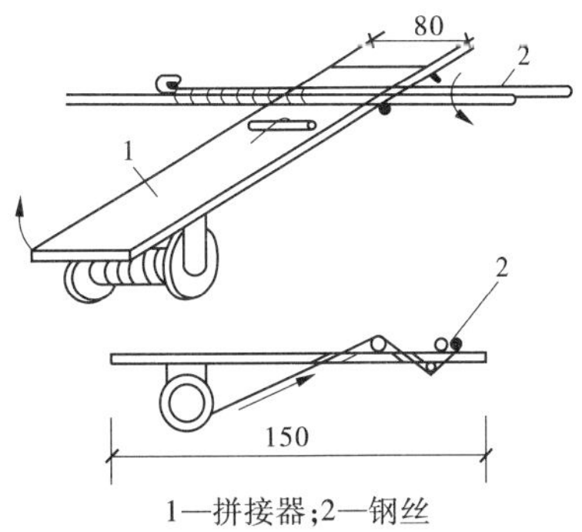


1—拼接器；2—钢丝

**图 5-11　钢丝拼接器**

预应力钢筋的接长与冷拉：预应力钢筋一般采用冷拉 HRB335、HRB400 级和 RRB400 级热轧钢筋。预应力钢筋的接长及预应力钢筋与螺丝端杆的连接宜采用对焊连接，且应先焊接后冷拉，以免焊接而降低冷拉后的强度。预应力钢筋的制作一般有对焊和冷拉两道工序。

预应力钢筋铺设：钢筋与钢筋、钢筋与螺丝端杆的连接，可采用套筒双拼式连接。

# 任务三　后张法

后张法是在构件制作时，在设计放置预应力筋的部位预先留孔道，待混凝土达到规定强度后在孔道内穿入预应力筋，并用张拉机具夹持预应力筋，将其张拉至设计规定的控制应力，然后借助锚具将预应力筋锚固在预制构件的端部，最后进行孔道灌浆（无黏结预应力构件不需要灌浆），如图 5-12 所示。后张法预应力施工专业性强、技术含量高、操控要求严，故应由具有预应力专项施工资质的施工单位承担。

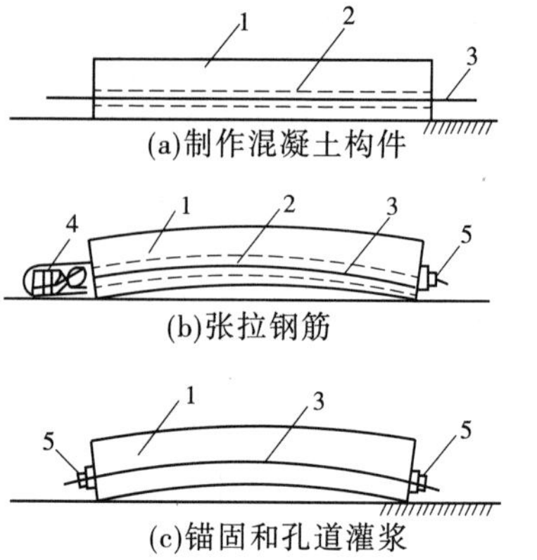


1—混凝土构件；2—预留孔道；3—预应力筋；4—千斤顶；5—锚具

**图 5-12　预应力混凝土后张法施工**

后张法施工是直接在构件上张拉预应力筋，构件在张拉过程中完成对混凝土的弹性压缩，因此不直接影响预应力筋有效预应力值的建立。锚具是预应力构件的一个组成部分，永久留在构件上，不能重复使用。

后张法施工分为有黏结后张法预应力施工和无黏结预应力施工。

## 一、锚具与张拉机械

在后张法施工中，预应力筋、锚具和张拉机具是配套的。后张法构件中所使用的预应力筋可分为单根粗钢筋、钢筋束（或钢绞线束）和钢丝束三类。

### （一）锚具

1. 单根粗钢筋锚具

根据构件的长度和张拉工艺的要求，单根预应力钢筋可在一端或两端张拉。一般张拉端均采用螺丝端杆锚具，而固定端除采用螺丝端杆锚具外，还可采用帮条锚具或镦头锚具。

1）螺丝端杆锚具

螺丝端杆锚具是由螺丝端杆、螺母及垫板三部分组成的。型号有 LM18 ~ LM36，适用于直径 18 ~ 36 mm 的Ⅱ、Ⅲ级预应力钢筋，如图 5-13 所示。使用时，将螺丝端杆与预应力筋对焊连接为一整体，用张拉设备张拉螺丝端杆，用螺母锚固预应力筋，预应力筋的对焊接长以及其与螺丝端杆的对焊，均应在冷拉前进行完毕。经冷拉后，螺丝端杆不得发生塑性变形。

螺丝端杆锚具的长度一般为 320 mm，当为一端张拉或预应力筋的长度较长时，螺杆的长度应增加 30 ~ 50 mm。

2）帮条锚具

帮条锚具由帮条和衬板组成。帮条采用与预应力筋同级别的钢筋，衬板采用普通低碳钢的钢板。帮条锚具的三根帮条为 120°夹角，均匀布置，并垂直于衬板与预应力筋焊接牢固，如图 5-14 所示。

3）镦头锚具

镦头锚具由镦头和垫板组成。镦头一般是直接在预应力筋端部热镦、冷镦或锻打成型，垫板采用 3 号钢制作，如图 5-15 所示。当预应力筋直径在 22 mm 以内时，端部镦头可用对

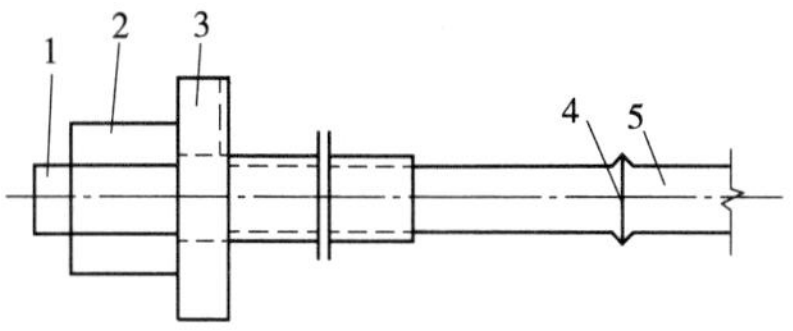


1—螺丝端杆;2—螺母;3—垫板;4—焊接接头;5—钢筋

**图 5-13　螺丝端杆锚具**

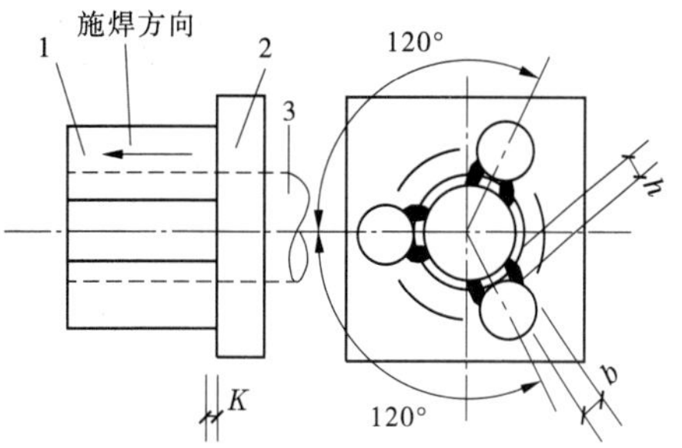


1—帮条;2—衬板;3—预应力筋

**图 5-14　帮条锚具**

焊机热镦;当钢筋直径大于或等于 22 mm 时,可采用加热锻打成型。

2. 钢筋束和钢绞线束锚具

钢筋束、钢绞线束作为预应力筋时,使用的锚具有 JM 型、XM 型、QM 型和 KT－Z 型镦头锚具。

1)JM 型锚具

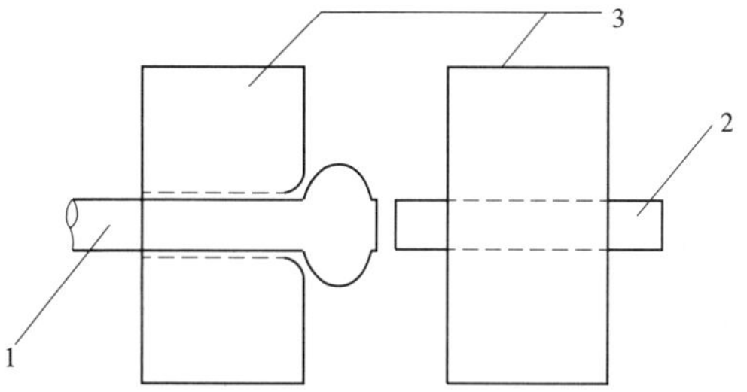


1—钢筋;2—紫铜棒;3—电极

**图 5-15　钢筋热镦示意图**

JM 型锚具由锚环与夹片组成,如图 5-16 所示。夹片呈扇形,用两侧的半圆槽锚固预应力筋,为增加夹片与预应力筋之间的摩擦,槽内刻有截面为梯形的齿痕,夹片背面的坡度与锚环一致。JM 型锚具与 YL60 型千斤顶配套使用,适用于锚固 3～6 根直径为 12 mm 的光面或螺纹钢筋束,也可用于锚固 5～6 根直径为 12 mm 或 15 mm 的钢绞线束。

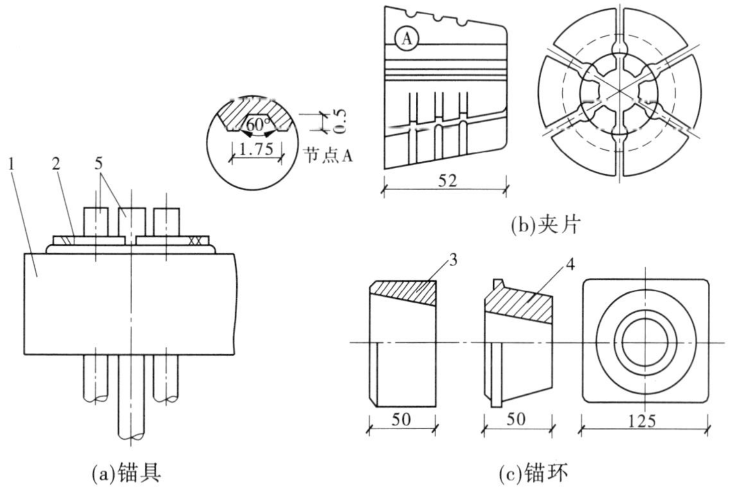


1—锚环;2—夹片;3—圆锚环;4—方锚环;5—预应力钢丝束

**图 5-16　JM12 型锚具构造**

2) XM 型锚具

XM 型锚具是一种新型锚具,由锚板与三片夹片组成,如图 5-17 所示。它既适用于锚固钢铰线束,又适用于锚固钢丝束,既可锚固单根预应力筋,又可锚固多根预应力筋。当用于锚固多根预应力筋时,既可单根张拉、逐根锚固,又可成组张拉,成组锚固。另外,它还既可用作工作锚具,又可用作工具锚具。近年来,随着预应力混凝土结构和无黏结预应力结构的发展,XM 型锚具已得到广泛应用。实践证明,XM 型锚具具有通用性强、性能可靠、施工方便、便于高空作业的特点。

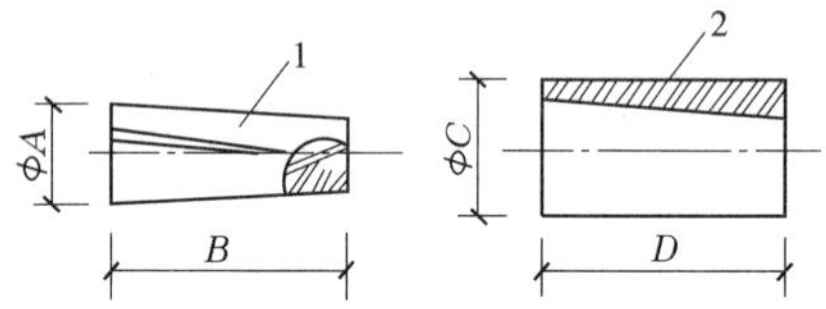


(a)单根XM型锚具

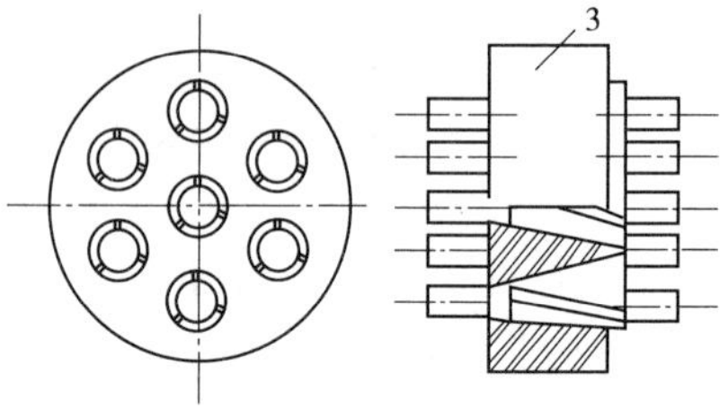

(b)多根XM型锚具

1—夹片;2—锚环;3—锚板

**图 5-17　XM 型锚具**

XM 型锚具锚板上的锚孔沿圆周排列,间距不小于 36 mm,锚孔中心线的倾角为 1∶20。锚板顶面应垂直于锚孔中心线,以利夹片均匀塞入。夹片采用三片式,按 120°均分开缝,沿轴向有倾斜偏转角,倾斜偏转角的方向与钢绞线的扭角相反,以确保夹片能夹紧钢绞线或钢丝束的每一根外围钢丝,形成可靠的锚固。

XM 型锚具在充分满足自锚条件下,夹片的锥面选用了较大的锥角,使 XM 型锚具可当工作锚或工具锚使用。当用作工具锚时,可在夹片和锚板之间涂抹一层能在极大压强下保持润滑性能的固体润滑剂(如石墨、石蜡等),当千斤顶回程时,用锤轻轻一击,即可松开脱落。用作工作锚时,具有连续、反复张拉的功能,可用行程不大的千斤顶张拉任意长度的钢丝线。

3) QM 型锚具

QM 型锚具与 XM 型锚具相似,也是利用 3 个楔形的夹片将每根钢绞线独立地锚固在带有锥形孔的锚板上,形成一个个独立的锚固单元,适用于锚固 4 ~ 31 根 $\phi$ 12 和 3 ~ 19 根 $\phi$ 15 的钢绞线束。

4) KT – Z 型锚具

KT – Z 型锚具是一种可锻铸铁锥形锚具,由锚塞和锚环两部分组成,其构造如图 5-18 所示,适用于锚固 3 ~6 根直径为 12 mm 的钢筋束和钢绞线束。该锚具为半埋式,使用时先将锚环小头嵌入承压钢板中,并用断续焊缝焊牢,然后共同埋设在构件端部。

3. 钢丝束锚具

钢丝束一般由几根到几十根直径为 3 ~5 mm 平行的碳素钢丝组成。目前,常用的锚具有钢质锥形锚具、钢丝束镦头锚具和锥形螺杆锚具等。

1) 钢质锥形锚具

钢质锥形锚具由锚环和锚塞组成,如图 5-19 所示。钢质锥形锚具适用于锚固以锥锚式双作用千斤顶张拉的钢丝束。锚环内孔的锥度应与锚塞的锥度一致，锚塞上刻有细齿槽，用于夹紧钢丝防止滑动。此种锚具适用于锚固6根、12根、18根和24根直径为3～5 mm的钢丝束。

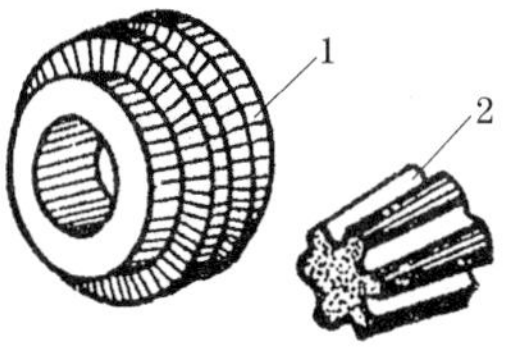


1—锚环；2—锚塞

**图5-18　KT－Z型锚具**

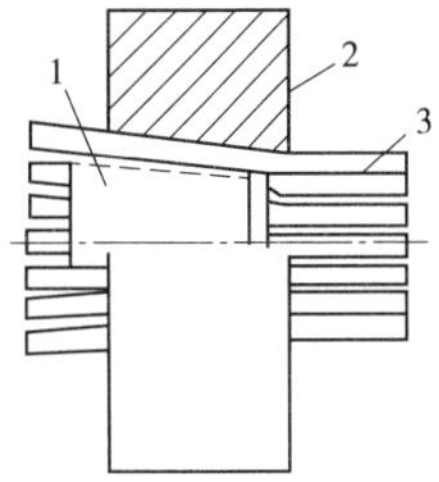


1—锚塞；2—锚环；3—钢丝束

**图5-19　钢质锥形锚具**

锥形锚具的主要缺点是：当钢丝直径误差较大时，易产生单根滑丝现象；钢丝滑丝，难以补救；加大顶锚力防止滑丝，易使钢丝咬伤。

2）钢丝束镦头锚具

钢丝束镦头锚具适用于锚固12～54根直径为3～5 mm碳素钢丝的钢丝束。钢丝束镦头锚具分DM5A型和DM5B型两种。DM5A型锚具由锚环和螺母组成，用于张拉端；DM5B型锚具为锚板，用于固定端，如图5-20所示。镦头锚具的滑移值不应大于1 mm。镦头锚具的镦头强度不得低于钢丝规定抗拉强度的98%。

锚环的内外壁均有丝扣，内丝扣用于连接张拉螺丝杆，外丝扣用于拧紧螺母锚固钢丝束。锚环和锚板四周钻孔，以固定镦头的钢丝，孔数和间距由钢丝根数而定。钢丝用LD－10型液压冷镦器进行镦头。钢丝束一端可在制束时将头镦好，另一端则穿束后镦头，故构件孔道端部要设置扩孔。

张拉时，张拉螺丝杆一端与锚环内丝扣连接，另一端与拉杆式千斤顶的拉头连接。当张拉到控制应力时，锚环被拉出，则拧紧锚环外丝扣上的螺母加以锚固。

3）锥形螺杆锚具

锥形螺杆锚具适用于锚固14根、16根、20根、24根和28根直径为3～5 mm的钢丝束。锥形螺杆锚具由锥形螺杆、套筒、螺母和垫板等组成，如图5-21所示。锥形螺杆锚具与YL－60、YL－90拉杆式千斤顶配套使用，也可与YC－60、YC－90穿心式千斤顶配套使用。

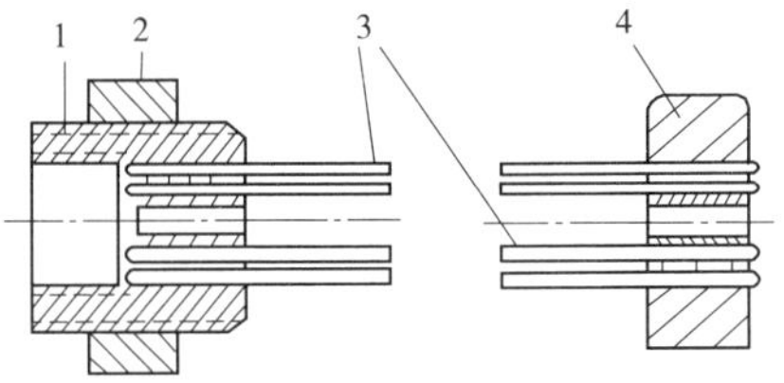


(a)DM5A型锚具　(b)DM5B型锚具

1—锚环；2—螺母；3—钢丝束；4—锚板

**图5-20　钢丝束镦头锚具**

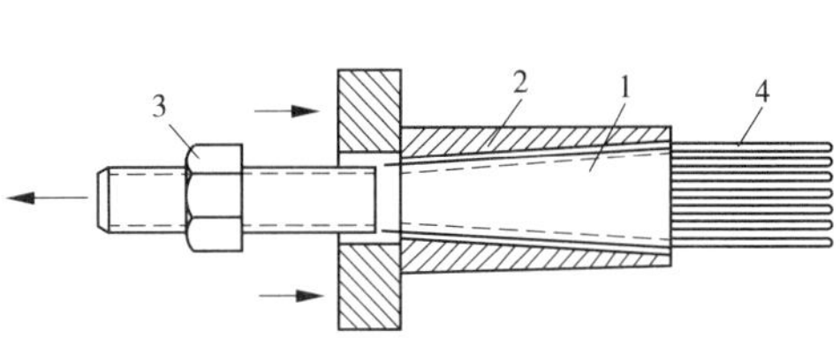


1—锥形螺杆；2—套筒；3—螺母；4—预应力钢丝束

**图5-21　锥形螺杆锚具**

## (二)张拉设备

后张法的张拉设备应根据预应力筋的种类、张拉工艺和锚具型式进行选择。常用的张拉设备有拉杆式千斤顶(代号为 YL)、穿心式千斤顶(代号为 YC)和锥锚式千斤顶(代号为 YZ)等。

1. 拉杆式千斤顶

拉杆式千斤顶适用于螺母锚具、锥形螺杆锚具、钢丝镦头锚具等张拉。拉杆式千斤顶由主油缸、主缸活塞、回油缸、回油活塞、连接器、传力架、活塞拉杆等组成,如图 5-22 所示。张拉前,先将连接器旋在预应力的螺丝端杆上,相互之间连接牢固。千斤顶由传力架支承在构件端部的钢板上。张拉时,高压油进入主油缸,推动主缸活塞及拉杆,通过连接器和螺丝端杆,预应力筋被拉伸。千斤顶拉力的大小可由油泵压力表的读数直接显示。当张拉力达到规定值时,拧紧螺丝端杆上的螺母,此时张拉完成的预应力筋被锚固在构件的端部。锚固后回油缸进油,推动回油活塞工作,千斤顶脱离构件,主缸活塞、拉杆和连接器回到原始位置。最后将连接器从螺丝端杆上卸掉,卸下千斤顶,张拉结束。

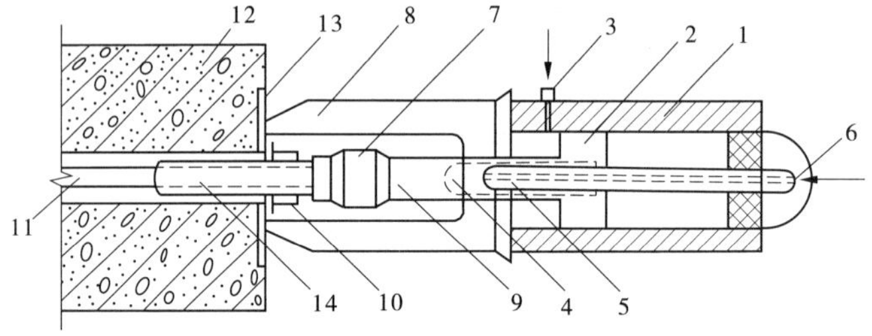


1—主油缸;2—主缸活塞;3—进油孔;4—回油缸;5—回油活塞;
6—回油孔;7—连接器;8—传力架;9—拉杆;10—螺母;
11—预应力筋;12—混凝土构件;13—预埋铁板;14—螺丝端杆

**图 5-22　拉杆式千斤顶张拉原理**

目前,常用的一种千斤顶是 YL60 型拉杆式千斤顶,张拉力为 600 kN,张拉行程 150 mm。另外,还有 YL400 型和 YL500 型千斤顶,其张拉力分别为 4 000 kN 和 5 000 kN,主要用于张拉力较大的钢筋张拉。

拉杆式千斤顶构造简单,操作方便,应用范围广。

2. 穿心式千斤顶

穿心式千斤顶由张拉油杆、顶压油杆(张拉活塞)、顶压活塞和回程弹簧组成,如图 5-23 所示。穿心式千斤顶适应性强,适用于张拉采用 JM12 型、QM 型、XM 型锚具的预应力钢丝束、钢筋束和钢绞线束。穿心式千斤顶是利用双液压缸张拉预应力筋和顶压锚具的双重作用千斤顶。穿心式千斤顶既可张拉带有夹片锚具或夹具的钢筋束和钢绞线束,配上撑脚、张拉杆和连接器等附件后,也可作为拉杆式千斤顶使用。根据使用功能不同,穿心式千斤顶可分为 YC 型、YCD 型、YCQ 型和 YCW 型等。

3. 锥锚式千斤顶

锥锚式千斤顶是张拉、顶压与退楔三作用的千斤顶,由主缸、副缸、退楔块、锥形卡环、退楔翼片和楔块等组成,如图 5-24 所示。锥锚式千斤顶适用于张拉以 KT－Z 型锚具为张拉锚

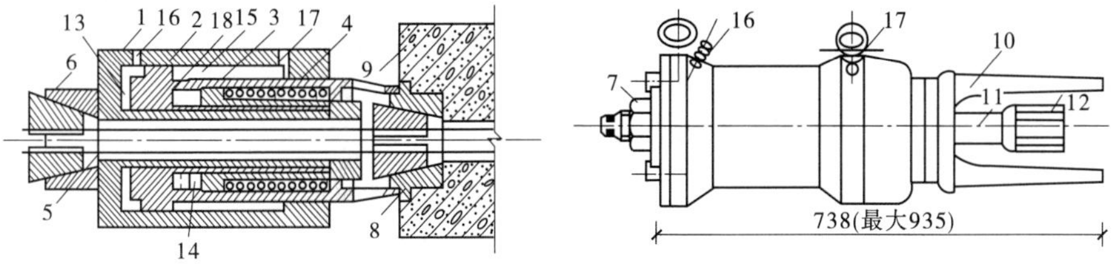


(a)构造与原理图　　　　　　　　(b)加撑脚后的外貌图

1—张拉油缸;2—顶压油缸;3—顶压活塞;4—弹簧;5—预应力筋;
6—工具锚;7—螺母;8—锚环;9—构件;10—撑脚;11—张拉杆;
12—连接器;13—张拉工作油室;14—顶压工作油室;15—张拉回程油室;
16—张拉缸油嘴;17—顶压缸油嘴;18—油缸

**图 5-23　YC60 型穿心式千斤顶**

具的钢筋束和钢绞线束,以及以钢质锥形锚具为张拉锚具的钢丝束。锥锚式千斤顶的主缸和主缸活塞用于张拉预应力筋。

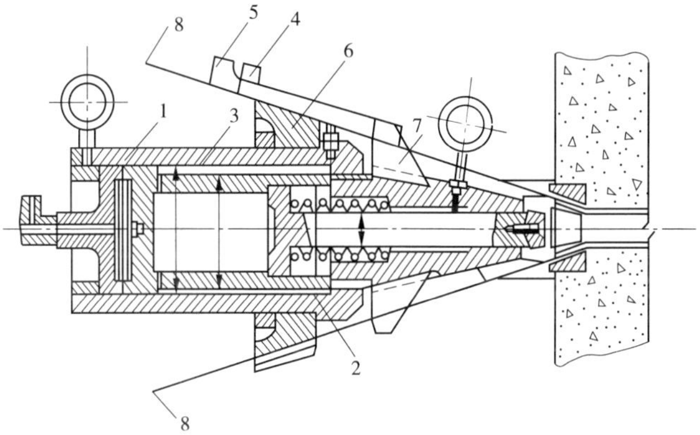


1—主缸;2—副缸;3—退楔缸;4—楔块(张拉时位置);
5—楔块(退出时位置);6—锥形卡环;7—退楔翼片;8—预应力筋

**图 5-24　锥锚式千斤顶构造图**

## 二、预应力筋的制作

预应力筋按材料类型可分为金属、非金属预应力筋等。常用的金属预应力筋有钢丝、钢绞线和热处理钢筋等,其质量应符合相应的现行国家标准《预应力混凝土用钢丝》(GB/T 5223—2002)、《预应力混凝土用钢绞线》(GB/T 5224—2003)、《预应力混凝土用钢棒》(GB/T 5223.3—2005)等的要求。非金属预应力筋主要有碳纤维增强塑料(CFRP)、玻璃纤维增强塑料(GFRP)等,目前还处于开发研究阶段。预应力筋的发展趋势为高强度、低松弛、粗直径、耐腐蚀。

### (一)单根粗预应力钢筋的制作

单根粗预应力钢筋的制作包括配料、对焊、冷拉等工序。预应力筋的下料长度应计算确定,计算时要考虑锚具种类、对焊接头或镦粗头的压缩量、张拉伸长值、构件长度等因素。

螺丝端杆外露在构件孔道外的长度，根据垫板厚度、螺母高度和拉伸机与螺丝端杆连接所需长度确定，一般为 120 ~ 150 mm。固定端用帮条锚具和镦头锚具时，其长度视锚具尺寸而定。

预应力钢筋下料长度计算，有以下两种情况：

(1)两端均采用螺丝端杆锚具连接时，预应力钢筋下料长度计算，如图 5-25(a)所示。

预应力筋的成品长度(即预应力筋和螺丝端杆对焊并经冷拉后的全长)

$$L_1 = l + 2l_2 \tag{5-1}$$

预应力筋(不包括螺丝端杆)冷拉后需达到的长度

$$L_0 = L_1 - 2l_1 \tag{5-2}$$

预应力筋(不包括螺丝端杆)冷拉前的下料长度

$$L = \frac{L_0}{1 + \delta - \delta_1} + nl_0 \tag{5-3}$$

(2)一端采用螺丝端杆锚具连接，另一端采用帮条锚具或镦头锚具连接时，预应力钢筋下料长度计算，如图 5-25(b)所示。

预应力筋下料长度

$$L_1 = l + l_2 + l_3 \tag{5-4}$$

$$L_0 = L_1 - l_1 \tag{5-5}$$

$$L = \frac{L_0}{1 + \delta - \delta_1} + nl_0 \tag{5-6}$$

式中 $L_1$——预应力筋和螺丝端杆对焊并经冷拉后的全长，mm；

$L_0$——预应力筋冷拉后需达到的长度，mm；

$L$——预应力筋的下料长度，mm；

$l$——构件的孔道长度或台座长度(包括横梁在内)，mm；

$l_1$——螺丝端杆长度(一般为 320 mm)，mm；

$l_2$——螺丝端杆伸出构件外的长度，mm，

张拉端：$l_2 = 2H + h + 5$ mm；

锚固端：$l_2 = H + h + 10$ mm；

$l_3$——帮条或镦头锚具长度(包括垫板厚度 $h$)，mm，帮条锚具长度一般为 70 ~ 80 mm，镦头锚具长度为 2.25 倍钢筋直径加 15 mm；

$l_0$——每个对焊接头的压缩长度(约等于钢筋直径 $d$)，mm；

$n$——对焊接头数量，个；

$\delta$——钢筋的冷拉率(由试验确定)；

$\delta_1$——钢筋冷拉后的弹性回缩率(一般为 0.4% ~ 0.6%)；

$H$——螺母高度，mm；

$h$——垫板厚度，mm。

### (二)钢筋束和钢绞线束的制作

目前，钢筋束主要采用Φ 12 钢筋 3 ~ 6 根组成，钢绞线束主要采用 3 ~ 6 根 7 Φ 5 碳素钢丝缠绕而成。钢筋束和钢绞线束强度高，柔性好，钢筋不需要对焊接头。近年来，在桥梁、铁路、房屋工程中，钢筋束和钢绞线束预应力筋得到了越来越广泛的应用。

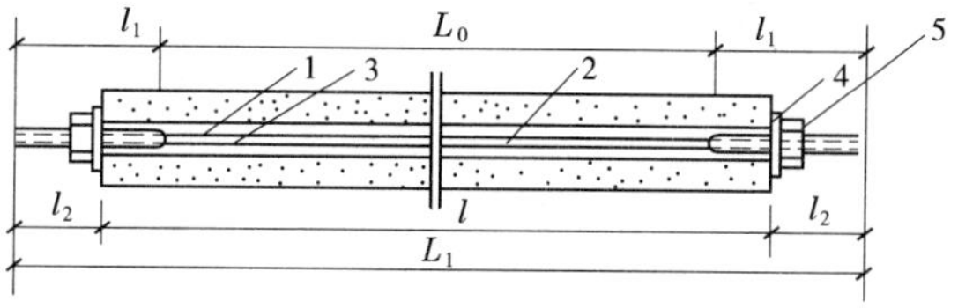


(a)螺丝端杆锚具的连接

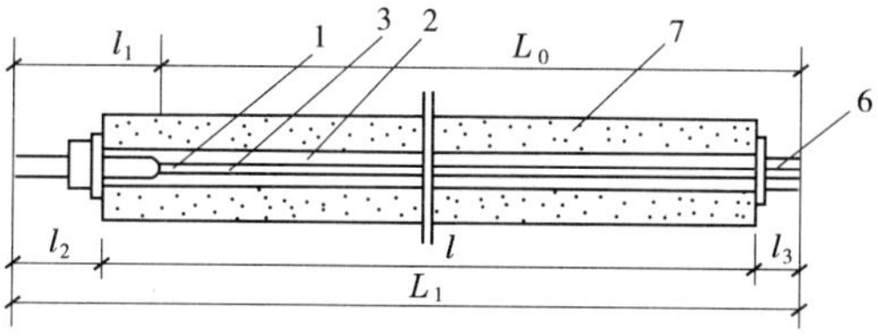


(b)帮条锚具的连接

1—螺丝端杆;2—预应力钢筋;3—对焊接头;4—垫板;
5—螺母;6—帮条锚具或镦头锚具;7—混凝土构件

**图 5-25 粗钢筋与锚具连接图及下料长度计算示意图**

钢筋束、热处理钢筋和钢绞线呈盘状供应,长度较长,不需要对焊接长。其制作工序是:开盘→冷拉→下料→编束。

热处理钢筋、冷拉 HRB500 级钢筋及钢绞线下料切断时,宜采用切断机或砂轮锯切断机,不得采用电弧切割。钢绞线在切断前,在切口两侧各 50 mm 处,应用铅丝绑扎,以免钢绞线松散。为了保证穿入构件孔道中的预应力筋束不发生扭结,预应力筋切断前需要编束。成束预应力筋宜采用穿束网套穿束。穿束前应逐根理顺,用铅丝每隔 1.0~1.5 m 间距绑扎成束,不得紊乱。

预应力筋的下料长度主要与张拉设备、选用的锚具和构件长度有关,如图 5-26 所示。当采用夹片式锚具(JM 型、XM 型)、穿心式千斤顶张拉时,钢绞线或钢筋束的下料长度按下列公式计算。

两端张拉时

$$L = l + 2(l_1 + l_2 + l_3 + 100) \tag{5-7}$$

一端张拉时

$$L = l + 2(l_1 + 100) + l_2 + l_3 \tag{5-8}$$

式中 $l$——构件的孔道长度,mm;

$l_1$——工作锚厚度,mm;

$l_2$——穿心式千斤顶长度,mm;

$l_3$——夹片式工具锚厚度,mm。

**(三)钢丝束的制作**

钢丝束的制作随锚具形式不同,其制作方式也有差异。钢丝束的制作一般包括调直、下料、编束和安装锚具等工序。

用钢质锥形锚具锚固的钢丝束,其制作方式和下料长度的计算与钢筋束相同。

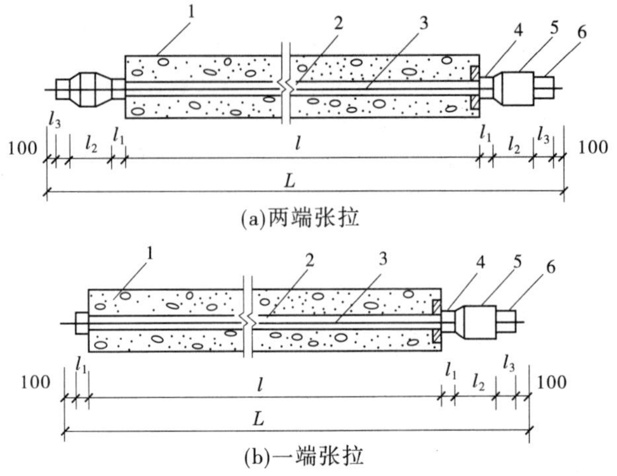


1—混凝土构件;2—孔道;3—钢绞线;

4—夹片式工作锚;5—穿心式千斤顶;6—夹片式工具锚

**图 5-26　钢筋束、钢绞线束下料长度计算示意图**

用镦头锚具锚固的钢丝束,下料长度应力求精确。对于直的或一般曲率的钢丝束,下料长度的相对误差要控制在 $L/5\ 000$ 以内,并且不大于 5 mm。钢丝束下料有两种方法:一种是采用应力法下料,即把钢丝拉至 300 N/mm$^2$ 应力状态下,划定长度,放松后剪切下料;另一种是采用钢管限位法下料,即将钢丝通过小直径钢管(钢管内径略粗于钢丝直径),调直固定于工作台上等长下料。钢丝下料长度取决于是 A 型锚具还是 B 型锚具以及是一端张拉还是两端张拉。钢丝束镦头锚固体系,如采用镦头锚具一端张拉,钢丝束张拉锚固后螺母位于锚环中部,如图 5-27 所示,钢丝的下料长度 $L$ 可用下式计算:

$$L = L_0 + 2a + 2\delta - 0.5(H - H_1) - \Delta L - C \tag{5-9}$$

式中　$L_0$——孔道长度,mm;

$a$——锚板厚度,mm;

$\delta$——钢丝镦头留量(取钢丝直径的 2 倍),mm;

$H$——锚环高度,mm;

$H_1$——螺母高度,mm;

$\Delta L$——张拉时钢丝伸长值,mm;

$C$——混凝土弹性压缩量(若很小则可忽略不计),mm。

钢丝下料后,应逐根理顺,进行编束。用镦头锚具时,根据钢丝分圈布置特点,首先将内圈和外圈钢丝分别用铁丝顺序编扎,然后将内圈钢丝放在外圈钢丝内扎牢。钢丝束编好后,先在一端套上锚环或锚板,并完成镦头工作,另一端的镦头,待钢丝束穿过孔道后再进行。当采用钢制锥形锚具时,可在平整场地上先把钢丝理顺平放,然后在其全长每隔 1 m 左右用 22 号铅丝编成帘子状,再每隔 1 m 放一个按端杆直径制成的螺丝衬圈,并将编好的钢丝帘绕衬圈围成圆束,用铁丝绑扎牢固,如图 5-28 所示。

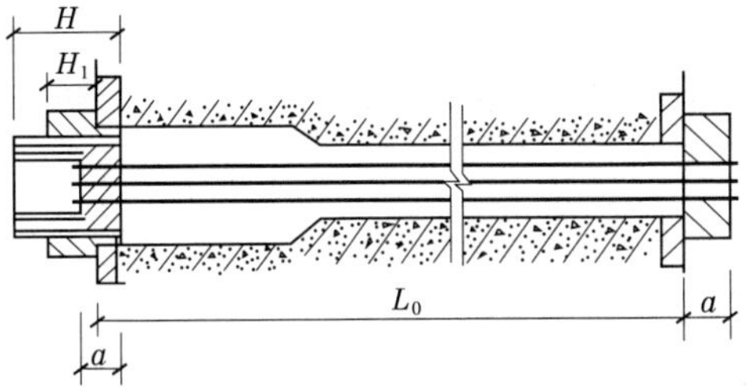


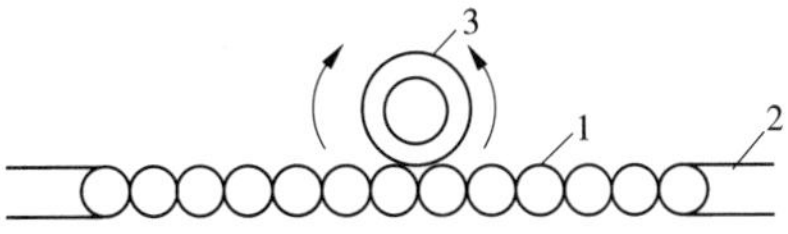


1—钢丝;2—铅丝;3—衬圈

**图 5-27　用镦头锚具时钢丝下料长度计算简图**　　**图 5-28　钢丝束编束示意图**

## 三、后张法施工工艺

后张法先制作混凝土构件,预留孔道,待构件混凝土达到规定强度后,在孔道内穿放预应力筋,然后进行预应力筋张拉和锚固,最后进行孔道灌浆。后张法施工工艺流程如图 5-29 所示。

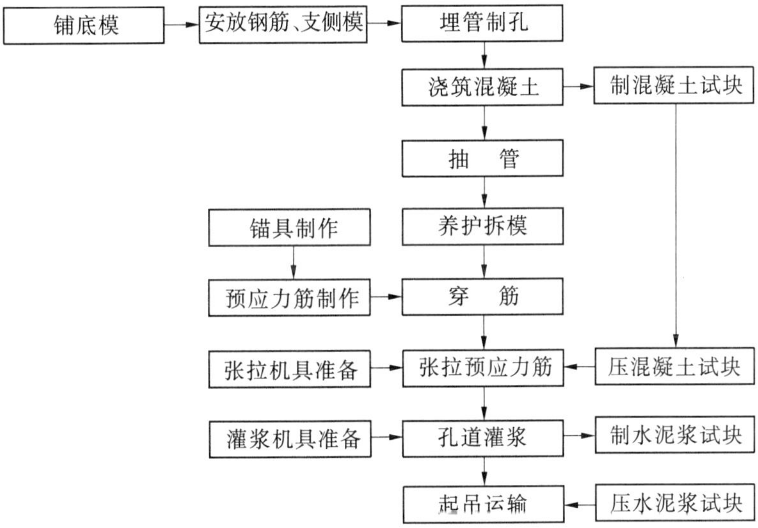


**图 5-29　后张法施工工艺流程**

### (一)孔道留设

孔道留设是后张法构件制作中的关键工作。孔道直径取决于预应力筋和锚具,如用螺丝端杆的粗钢筋,孔道直径应比螺丝端杆的螺纹直径大 10 ~ 15 mm;用 JM12 型锚具的钢筋束或钢绞线束:对 JM12 - 3、JM12 - 4 孔道直径为 42 mm,对 JM12 - 5、JM12 - 6 则为 50 mm。孔道留设方法有钢管抽芯法、胶管抽芯法和预埋波纹管法。预埋波纹管法适用于曲线形孔道。

孔道留设的基本要求是:孔道直径应保证预应力筋(束)能顺利穿过;孔道应按照设计要求的位置、尺寸埋设准确、牢固,浇筑混凝土时不应出现移位和变形;在设计规定的位置上留设灌浆孔;在曲线孔道的曲线波峰部位,应设置排气兼泌水管,必要时,可在最低点设置排水管;孔道应平顺,接头不漏浆,端部预埋钢板应垂直于孔道中心线;灌浆孔及泌水管的孔径应能保证浆液畅通等。

1. 钢管抽芯法

制作后张法预应力混凝土构件时，在预应力筋位置预先埋设钢管，待混凝土初凝后再将钢管旋转抽出的留孔方法称为钢管抽芯法。为防止在浇筑混凝土时钢管产生位移，每隔1.0 m用钢筋井字架固定牢靠。钢管接头处可用长度为30～40 cm的铁皮套管连接，如图5-30所示。在混凝土浇筑后，每隔一定时间（一般为10～15 min）慢慢转动钢管，使之不与混凝土黏结，待混凝土初凝后、终凝前抽出钢管，即形成孔道。钢管抽芯法仅适用于留设直线形孔道。

预埋的钢管要求平直，表面要光滑，安放位置要准确。一般用间距不大于1 m的钢筋井字架固定钢管位置，并与钢筋绑扎牢固，如图5-31所示。每根钢管的长度最好不超过15 m，较长构件则用两根钢管，中间用套筒连接。钢管的旋转方向两端要相反。恰当掌握抽管时间很重要，过早会造成坍孔，过晚则抽管困难。抽管一般在初凝后、终凝前，施工现场一般以手指按压混凝土不粘浆又无明显印痕时进行。抽管时间在混凝土浇筑后3～6 h。为保证顺利抽管，混凝土的浇筑顺序要密切配合，抽管顺序宜先上后下，抽管可用人工或卷扬机，要边抽边转，速度均匀。

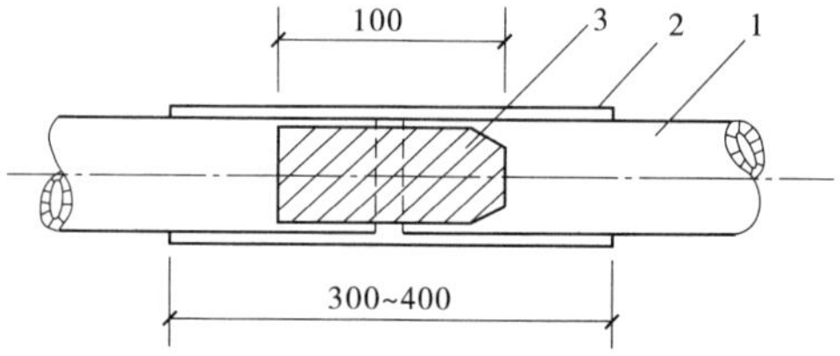


1—钢管；2—白铁皮套管；3—硬木塞

**图5-30　钢管连接方法**

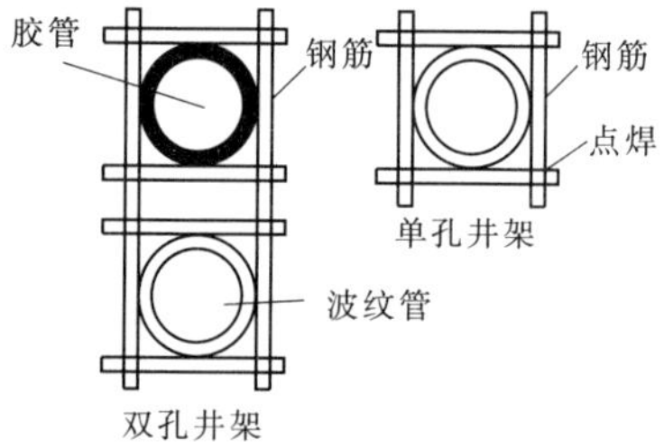


**图5-31　钢筋井字架**

在留设孔道的同时，还要在设计规定位置留设灌浆孔。一般在构件两端和中间每隔12 m留一个直径20 mm的灌浆孔，并在构件两端各设一个排气孔，可用木塞或白铁皮管留设。

2. 胶管抽芯法

制作后张法预应力混凝土构件时，在预应力筋的位置处预先埋设胶管，待混凝土结硬后再将胶管抽出的留孔方法，称为胶管抽芯法。胶管有五层或七层夹布胶管和钢丝网胶管两种。夹布胶管质软，施工时，为防止在浇筑混凝土时胶管产生位移，直线段每隔60 cm用钢筋井字架固定牢靠，如图5-31所示。曲线段应适当加密，胶管两端应有密封装置。在浇筑混凝土前，胶管内充入压力为0.6～0.8 MPa的压缩空气或压力水，管径增大约3 mm。待浇筑的混凝土初凝后，放出压缩空气或压力水，胶管管径变小，并与混凝土脱离，随即拔出胶管，即形成孔道。钢丝网胶管质硬，且有一定弹性，留孔方法与钢管相同，浇筑混凝土后不需要转动，由于具有一定的弹性，抽管时，在拉力作用下，断面缩小，易于拔出。胶管抽芯法适用于留设直线形与曲线形孔道。抽管时间一般可参照气温和浇筑后的小时数的乘积达200 ℃·h左右后进行抽管，例如构件周围气温为25 ℃，则经8 h左右即可抽管。

3. 预埋波纹管法

预埋波纹管法是将波纹管埋入混凝土构件中形成孔道，波纹管无需抽出。一般采用的波纹管有金属管和塑料管两种。金属管是近几年从国外引进的，质量轻、刚度好、弯折方便，且与混凝土黏结好。金属波纹管每根长 4 ~6 m，也可根据需要现场制作，其长度不限。波纹管在 1 kN 径向力作用下不变形，使用前应做灌水试验，检查有无渗漏现象。预埋管法因省去抽管工作，且孔道留设的位置易保证，目前应用较为普遍。预埋波纹管法适用于预应力筋密集或曲线预应力筋的孔道埋设。

波纹管的固定采用钢筋井字架，间距不宜大于 0.8 m，曲线孔道时应加密，并用铁丝绑扎牢固，如图 5-31 所示。波纹管的连接可采用大一号同型波纹管，接头管长度应大于 200 mm，用密封胶带或塑料热塑管封口。

当构件中呈波状的预应力筋曲线布置，且上下高差大于 600 mm 时，在每个高点应安装排气孔，以便于灌浆时排气。起伏大的长预应力筋还应在弯曲的低点设置排气孔，以排除冲洗孔道时的积水。

预应力筋管道的直径应与预应力筋的规格配套。为便于灌浆，一般孔道中预应力筋的截面面积不宜超过孔道面积的一半。

**（二）穿预应力筋**

预应力筋穿入孔道，简称穿束。

1. 穿束时机

根据穿束与浇筑混凝土之间的先后关系，可分为先穿束法和后穿束法两种。

（1）先穿束法。先穿束是在浇筑混凝土之前穿束。先穿束法穿束省力，但穿束占用工期，束的自重引起的波纹管摆动会增大摩擦损失，束的端部保护不当易生锈。

先穿束法按照穿束与预埋波纹管之间的配合，又可分为先穿束后装管、先装管后穿束和预应力筋与套管组装后放入三种。先穿束后装管是将预应力筋先穿入钢筋骨架内，然后将螺旋管逐节从两端套入并连接。先装管后穿束是将螺旋管先安装就位，然后将预应力筋穿入。预应力筋与套管组装后放入，是在梁外侧的脚手架上将预应力筋与套管组装后，从钢筋骨架顶部放入就位，箍筋应先做成开口箍，再封闭。

（2）后穿束法。后穿束是在浇筑混凝土之后穿束。后穿束法可在混凝土养护期内进行，不占用工期，便于用通孔器或高压水通孔，穿束后即进行张拉，易于防锈，但穿束较为费力。

2. 穿束方法

根据一次穿入数量，可分为整束穿和单根穿。钢丝束应采用整束穿；钢绞线宜采用整束穿，也可采用单根穿。穿束工作可由人工、卷扬机和穿束机进行。

3. 穿束注意事项

（1）穿束前，应检查钢筋（或束）的规格、总长是否符合设计要求，同时要考虑钢筋接头位置是否符合规范的规定。

（2）在孔道内穿入预应力筋前，螺丝端杆锚具的丝扣部分要用水泥袋纸加塑料薄膜缠绕二、三层，并用细铁丝扎牢或用套筒保护，以防损伤。

（3）钢筋束、钢丝束和钢绞线穿束时，应按其穿筋顺序编号，端部扎紧，必要时套上穿束器，如图 5-32 所示。钢筋或穿束器的引线由一端穿入孔道，在另一端穿出，然后逐渐将钢筋或钢丝束拉出到另一端，直至两端露出所需长度。

(4)穿筋完成后，应加强预应力筋保护，防止日晒、雨淋，人为破坏。

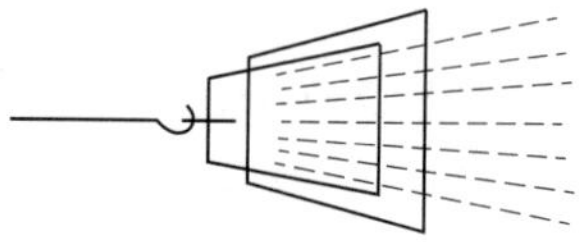

图 5-32 穿束器

## (三)预应力筋的张拉

张拉预应力筋时，构件混凝土强度应按设计规定，如设计无规定，则不宜低于混凝土标准强度的 75%。因此，一般情况下，在浇筑混凝土时除按常规留置试块外，还应该留置同条件养护试块和用于判定混凝土是否可以张拉的试块。用块体拼装的预应力构件，其拼装立缝处混凝土或砂浆的强度如设计无规定，则不宜低于混凝土标准强度的 40%，且不低于 15 $N/mm^2$。

### 1. 张拉控制应力

张拉控制应力越大，建立的预应力值就越大，构件抗裂性越好。但是，张拉控制应力过大，构件使用过程经常处于高应力状态，构件出现裂缝的荷载与破坏荷载很接近，往往构件破坏前没有明显预兆，而且当控制应力过大时，构件混凝土预压应力过大而导致混凝土的徐变应力损失增加。因此，控制应力应符合设计规定。在施工中，预应力筋需超张拉时，可比设计要求提高 5%，但是最大张拉控制应力不得超过表 5-1 的规定。

为了减少预应力筋的松弛损失，预应力筋的张拉程序可分为

$$0 \rightarrow 105\% \sigma_{con} \xrightarrow{\text{持荷 2 min}} \sigma_{con}$$

或

$$0 \rightarrow 103\% \sigma_{con}$$

### 2. 张拉顺序

预应力筋的张拉顺序，应使混凝土不产生超应力、构件不扭转与侧弯、结构不变位等，预应力筋一般应对称张拉。预应力混凝土屋架下弦杆的张拉顺序如图 5-33 所示。吊车梁预应力筋张拉顺序如图 5-34 所示。

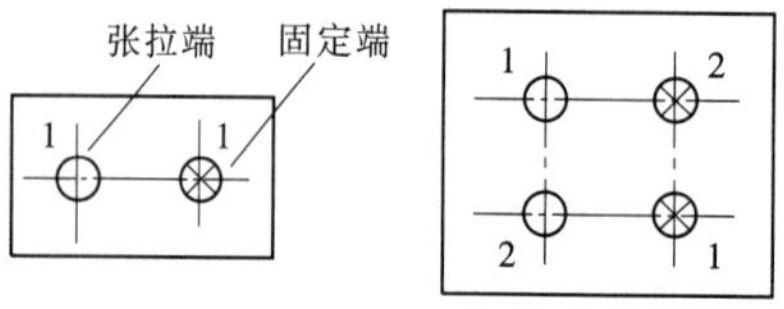


(a)两束 (b)四束

1、2—预应力筋张拉顺序

图 5-33 屋架下弦杆预应力筋张拉顺序

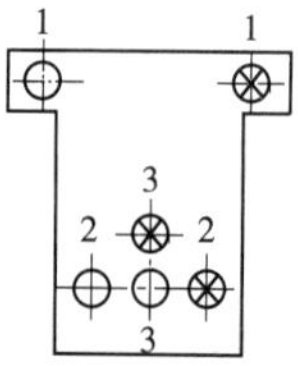


1、2、3—预应力筋张拉顺序

图 5-34 吊车梁预应力筋张拉顺序

(1)分批、分阶段对称张拉。对配有多根预应力筋的预应力混凝土构件，由于不可能同时一次张拉完预应力筋，应分批、分阶段对称进行张拉，张拉顺序应符合设计要求。分批张拉时，要考虑后批预应力筋张拉时对混凝土产生的弹性压缩，从而引起前批张拉的预应力筋应力值降低，所以对前批张拉的预应力筋的张拉应力应增加 $\Delta\sigma$ 为

$$\Delta\sigma = \frac{E_S(\sigma_{con} - \sigma_1)A_p}{E_c A_n} \tag{5-10}$$

式中 $\Delta\sigma$——先批张拉钢筋应增加的应力；

$\sigma_{con}$——张拉控制应力；

$E_S$——预应力筋的弹性模量，$kN/mm^2$；

$E_c$——混凝土的弹性模量，$kN/mm^2$；

$\sigma_1$——预应力筋第一批的应力损失值(包括锚具变形和摩擦损失)，$kN/mm^2$；

$A_p$——后批张拉的预应力筋截面面积，$mm^2$。

$A_n$——混凝土构件的净截面面积(包括构造钢筋的折算面积)，$mm^2$。

预应力筋对称张拉是为了避免张拉时构件截面呈现过大的偏心受压状态。分批张拉的损失，也可采用对先批预应力筋逐根复拉补足的办法处理。

(2)叠层构件的张拉。对平卧叠浇的预应力混凝土构件，上层构件产生的水平摩阻力会阻止下层构件在预应力筋张拉时混凝土弹性压缩的自由变形。待上层构件起吊后，由于摩阻力影响消失，将增加混凝土弹性压缩变形，从而引起预应力损失。预应力损失值随构件形式、隔离剂和张拉方式而不同，其变化差异较大，目前，尚未掌握其变化规律。为便于施工，在工程实践中可采取自上而下逐层加大超张拉的办法来弥补该预应力损失，但是底层预应力混凝土构件的预应力筋的张拉力不得超过顶层预应力筋的张拉力。预应力筋为钢丝、钢绞线、热处理钢筋应小于5%，其最大超张拉力应小于抗拉强度的75%；预应力筋为冷拉热轧钢筋应小于9%，其最大超张拉力应小于混凝土标准强度的95%。

此外，为了减少叠层摩阻应力损失，应进一步改善隔离层的性能，并应限制重叠层数，一般以3～4层为宜。

3. 张拉方法

为了减少预应力筋与预留孔道摩擦引起的损失，对于抽芯成形孔道，曲线形预应力筋和长度大于24 m的直线形预应力筋，可采取两端同时张拉的方法；长度小于或等于24 m的直线形预应力筋，可采取一端张拉的方法。对预埋波纹管孔道，曲线形预应力筋和长度大于30 m的直线形预应力筋，宜采取两端同时张拉的方法；长度小于或等于30 m的直线形预应力筋，可一端张拉。同一截面中，有多根一端张拉的预应力筋时，张拉端宜分别设置在构件的两端，以免构件受力不均匀。当两端同时张拉同一根预应力筋时，为减少预应力损失，施工时宜采用先张拉一端锚固后，再在另一端补足张拉力后进行锚固。

4. 张拉伸长值校核

预应力筋张拉时，通过伸长值的校核，可以综合反映张拉力是否足够，孔道摩阻损失是否偏大，以及预应力筋是否有异常现象等。因此，对张拉伸长值的校核，要引起足够重视。

预应力筋张拉伸长值的量测，应在建立初应力之后进行。根据《混凝土结构工程施工质量验收规范》(GB 50204—2002)的规定：如实际伸长值比计算伸长值大于6%或小于6%，应暂停张拉，采取措施予以调整后，方可继续张拉。实际伸长值$\Delta L$按下列公式计算：

$$\Delta L = \Delta L_1 + \Delta L_2 - A - B - C \tag{5-11}$$

式中 $\Delta L_1$——从初应力至最大张拉力之间的实测伸长值；

$\Delta L_2$——初应力以下的推算伸长值；

$A$——张拉过程中，锚具楔紧引起的预应力筋内缩值，包括工具锚、远端工作锚、远端补张拉工具锚等回缩值；

$B$——千斤顶体内预应力筋的张拉伸长值；

$C$——施加预应力时，后张法混凝土构件的弹性压缩值(其值微小时可略去不计)。

初应力以下的推算伸长值$\Delta L_2$可根据弹性范围内张拉力与伸长值成正比的关系，用计算法或图解法确定。

采用图解法时，以伸长值为横坐标，张拉力为纵坐标，如图5-35所示，将各级张拉力的实测伸长值标在图上，绘成张拉力与伸长值关系线 $CAB$，然后延长此线与横坐标交于 $O'$ 点，则 $OO'$ 段即为推算伸长值。

此外，预应力筋在锚固时，应检查张拉端预应力筋的内缩值，以免由于锚固引起的预应力损失超过设计值，如实测的预应力筋内缩量大于规定值，则应改善操作工艺，更换限位板或采取超张拉办法弥补。

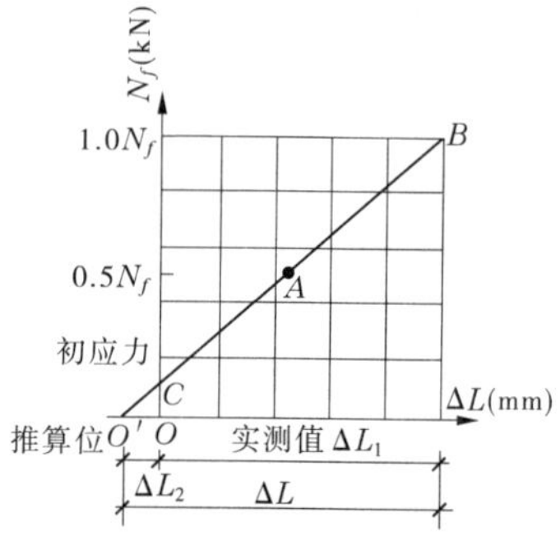


**图5-35　图解法推算伸长值 $\Delta L_2$**

**（四）孔道灌浆、封锚**

预应力筋张拉锚固后，孔道应及时灌浆。灌浆目的是：防止预应力筋锈蚀，增加结构的整体性和耐久性，提高结构抗裂性和承载力。

孔道灌浆应采用强度等级不低于42.5 MPa普通硅酸盐水泥或矿渣硅酸盐水泥配制的水泥浆。对于孔隙较大的孔道，水泥浆中应掺入适量的细砂，可采用砂浆灌浆。水泥浆和水泥砂浆强度均不应低于20 MPa。灌浆用的水泥应有足够的强度和黏结力，且应有较大的流动性和较小的干缩性、泌水性。水泥浆搅拌后3 h泌水率宜控制在2%，最大不超过3%。纯水泥浆的收缩性较大，为了增加孔道灌浆的密实性，在水泥浆中可掺入占水泥质量0.25%的木质素磺酸钙，或掺入占水泥质量0.05%的铝粉，但不得掺入氯化物或其他对预应筋有腐蚀作用的外加剂。灌浆用水泥浆的水灰比宜为0.40～0.45。

灌浆前，混凝土孔道应用压力水冲刷干净，并润湿孔壁。灌浆顺序应先下后上，以避免上层孔道漏浆而把下层孔道堵塞。孔道灌浆可采用手动或电动灰浆泵，灌浆应缓慢均匀地进行，不得中断。灌满孔道并封闭排气孔后，宜再继续加压至0.5～0.6 MPa，并稳压一定时间，以确保孔道灌浆的密实性。对于不掺外加剂的水泥浆，可采用二次灌浆法，以提高孔道灌浆的密实性。灌浆后孔道内水泥浆及砂浆强度达到15 MPa以上时，预应力混凝土构件即可进行起吊运输或安装。

预应力筋锚固后，外露长度不宜小于30 mm，多余部分可用砂轮锯切断。构件两端锚具，应用混凝土封头保护。封头混凝土尺寸应大于预埋钢板尺寸，厚度不小于100 mm。封锚时，构件端部混凝土应凿毛，清洗干净，并配置钢筋网片，然后浇筑细石混凝土。细石混凝土强度等级宜为C30～C40。

**特别提示**

*后张法预应力筋张拉安全注意事项：在张拉构件的两端应设置保护装置，如用麻袋、草包装土筑成土墙，以防止螺帽滑脱、钢筋断裂飞出伤人；在张拉操作中，预应力筋的两端严禁站人，操作人员应在侧面工作。*

# 任务四　无黏结预应力混凝土施工

在后张法预应力混凝土施工中，预应力筋分为有黏结和无黏结两种。有黏结预应力是后张法常规的施工方法，无黏结预应力是后张法一项较新的施工工艺。有黏结预应力筋张拉后，预应力筋与混凝土通过灌浆或其他措施相互间存在黏结力，在使用荷载作用下，构件的预应力筋与混凝土不会产生纵向的相对滑动。无黏结预应力筋由单根钢绞线涂抹建筑油脂外包塑料套管组成，它可像普通钢筋一样配置于混凝土结构内，待混凝土硬化达到一定强度后，通过张拉预应力筋并采用专用锚具将张拉力永久锚固在结构中。无黏结预应力技术主要包括材料及设计技术、预应力筋安装及单根钢绞线张拉锚固技术、锚头保护技术等。

在混凝土楼盖结构中，采用无黏结预应力技术，可使得混凝土楼盖结构高度小、跨度大，降低工程造价。一般地，平板结构，跨度可达 7 ~ 12 m，高跨比为 1/40 ~ 1/50；密肋楼盖或扁梁楼盖，跨度可达 8 ~ 18 m，高跨比为 1/20 ~ 1/28。在高层或超高层楼盖建筑中，无黏结预应力技术可在满足净空条件下，显著降低层高，从而降低总建筑高度，节省材料和造价。在多层大面积楼盖中，无黏结预应力技术可提高结构性能，改善梁、板的施工工艺，加快施工速度，降低建筑造价。

无黏结预应力技术可用于多、高层房屋建筑的楼盖结构、基础底板、地下室墙板等，以抵抗大跨度或超长度混凝土结构在荷载、温度或收缩等效应下产生的裂缝，提高结构、构件的性能，降低造价，也可用于筒仓、水池等承受拉应力的特种工程结构。

在建筑工程领域，无黏结预应力技术得到了广泛的应用。高层建筑，如广东国际大厦 63 层预应力楼盖、青岛中银大厦 58 层楼盖、北京航华科贸中心 34 层楼盖、深圳福田保税区中心大厦 48 层楼盖等；多层建筑，如北京、广州、珠海、沈阳、杭州、西安等航站楼；特种工程，如济南蛋形污水消化池、山东柴里煤矿煤仓、贵州六盘水电厂煤仓等筒仓结构等。

无黏结预应力混凝土施工是在预应力筋表面刷涂料并包塑料布（管）后，将预应力筋铺设在安装好的模板内，然后浇筑混凝土，待混凝土达到设计强度后，进行预应力筋张拉锚固。无黏结预应力施工不需要预留孔道和灌浆，施工简单，张拉摩阻力小，预应力筋易弯成曲线形状。但是，预应力筋强度不能充分发挥，一般降低 10% ~20%，施工中对锚具要求高。无黏结预应力适用于曲线配筋结构，特别适用于大跨度的单、双向连续多跨度曲线配筋梁板结构和屋盖。在双向连续平板和密肋板中，采用无黏结预应力束比较经济合理，在多跨连续梁中也有很大的发展前途。

## 一、无黏结预应力筋的制作

无黏结预应力筋是指带有专用防腐油脂涂料层和外包层，施加预应力后，沿全长与周围混凝土不黏结的预应力筋。无黏结预应力筋由预应力钢材、涂料层和包裹层组成，如图 5-36 所示。

### （一）无黏结预应力筋的组成及质量要求

1. 无黏结预应力筋

无黏结预应力筋常用的钢材为 7 根直径 5 mm 的碳素钢丝束及由 7 根直径 5 mm 或 4 mm 的钢丝铰合而成的钢绞线。用于制作无黏结预应力筋的钢绞线或碳素钢丝，其性能应符合国家标准《无黏结预应力钢绞线》（JG 3006—2003）和《预应力混凝土用钢丝》（GB 5223—2002）的规定。常用的钢绞线和钢丝的主要力学性能应符合有关规定。

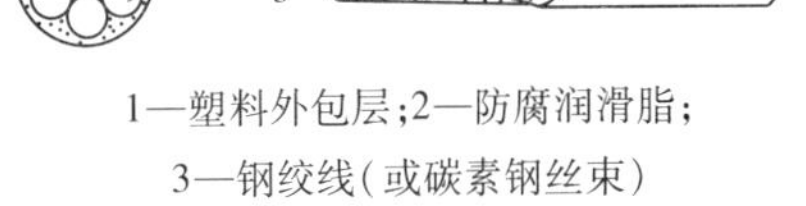


1—塑料外包层；2—防腐润滑脂；
3—钢绞线（或碳素钢丝束）

图 5-36　无黏结预应力筋

无黏结预应力筋钢绞线和钢丝不应有死弯，当有死弯时必须切断。无黏结预应力筋每根钢丝必须通长，严禁有接头。

2. 涂料

涂料的作用是使预应力筋与混凝土隔离，减少张拉时的摩擦损失，防止预应力筋腐蚀等。无黏结预应力筋涂料层应采用专用防腐油脂，其性能应符合下列要求：①在 -20 ~ +70 ℃温度范围内，不流淌，不裂缝，不变脆，并有一定韧性；②使用期内，化学稳定性好；③对周围材料（如混凝土、钢材和外包材料）无侵蚀作用；④不透水，不吸湿，防水性好；⑤防腐性能好；⑥润滑性能好，摩擦阻力小。

3. 外包层

无黏结预应力筋外包层材料应采用聚乙烯或聚丙烯，严禁使用聚氯乙烯。外包层的作用是使无黏结筋在运输、储运、铺设和浇筑混凝土等过程中，不会发生不可修复的破坏。外包层性能应符合下列要求：①在 -20 ~ +70 ℃温度范围内，低温不脆化，高温化学稳定性好；②必须具有足够的韧性、抗破损性；③对周围材料（如混凝土、钢材）无侵蚀作用；④防水性好。

制作单根无黏结筋时，宜优先选用防腐油脂作为涂料层。涂料层的涂覆和外包层的制作应一次完成，涂料层防腐油脂应完全填充预应力筋与外包层之间的环形空间。外包层宜采用挤塑成型工艺，并由专业化工厂生产。

**（二）无黏结预应力筋的制作**

无黏结预应力筋的制作一般采用挤压涂塑工艺和涂包成型工艺两种。

1. 挤压涂塑工艺

挤压涂塑工艺主要是钢丝通过涂油装置涂油，涂油钢丝束通过塑料挤压机涂刷聚乙烯或聚丙烯塑料薄膜，再经冷却筒模成型塑料套管，如图 5-37 所示。无黏结束挤压涂层工艺，与电线、电缆包裹塑料套管工艺相似，具有生产效率高、涂包质量好、设备性能稳定的特点。挤压涂塑工艺适用于大规模生产的单根钢绞线和 7 根钢丝束。

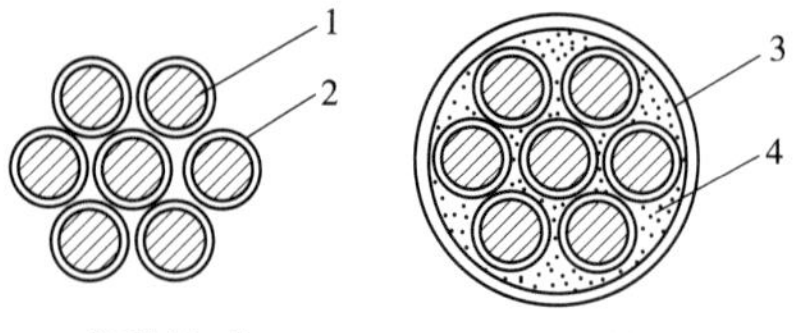


1—钢绞线；2—环氧树脂涂层；3—聚乙烯护套；4—油脂

**图 5-37　环氧涂层钢绞线**

2. 涂包成型工艺

涂包成型工艺可以采用手工操作完成内涂刷防腐沥青或防腐油脂，外包塑料布。也可以在缠纸机上连续作业，完成编束、涂油、镦头、缠塑料布和切断等工序。

无黏结预应力筋制作时，钢丝放在放线盘上，穿过梳子板汇成钢丝束，通过油枪均匀涂油后穿入锚环用冷镦机冷镦锚头。带有锚环的成束钢丝用牵引机向前牵引，同时开动装有塑料条的缠纸转盘，钢丝束一边前进一边进行缠绕塑料布条工作。当钢丝束达到需要长度后，进行切割，成为一完整的无黏结预应力筋。

## 二、锚具

无黏结预应力构件中，锚具是把预应力束的张拉力传递给混凝土的工具，外荷载引起预应力束内力的变化全部由锚具承担。无黏结预应力束的锚具不仅受力比有黏结预应力筋的锚具大,而且承受的是重复荷载,因而无黏结预应力束的锚具应有更高的要求。一般要求无黏结预应力束的锚具至少应能承受预应力束最小规定极限强度的95%,而不超过预期的滑动值。

### (一)无黏结钢丝束镦头锚具

无黏结钢丝束镦头锚具如图5-38所示。张拉端钢丝束从外包层抽拉出来,穿过锚环孔眼镦粗头。

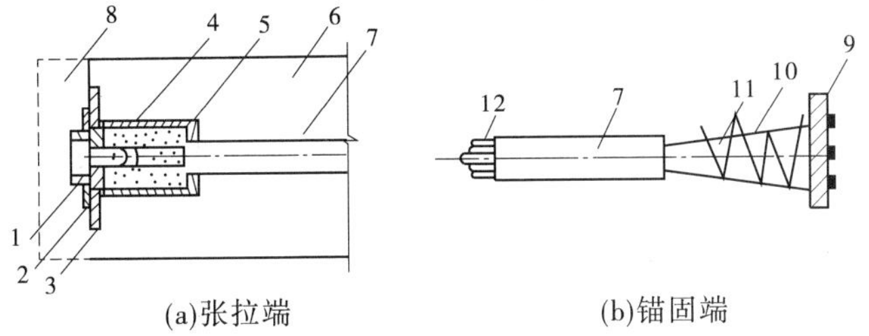


1—锚环;2—螺母;3—预埋件;4—塑料套筒;5—建筑油脂;
6—构件;7—软塑料管;8—C30混凝土封头;9—锚板;
10—钢丝;11—螺旋钢筋;12—钢丝束

**图5-38　无黏结钢丝束镦头锚具**

### (二)无黏结钢绞线夹片式锚具

无黏结钢绞线夹片式锚具如图5-39所示。无黏结钢绞线夹片式锚具常采用XM型锚具其固定端采用压花成型埋置在结构内部,待混凝土强度等级达到设计强度后,方能形成可靠的黏结式锚头。

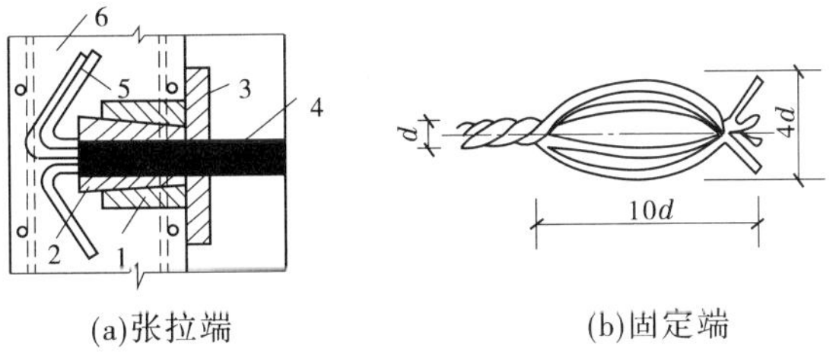


1—锚环;2—夹片;3—预埋件;4—软塑料管;
5—散开打弯钢丝;6—圈梁

**图5-39　无黏结钢绞线夹片式锚具**

## 三、张拉设备

无黏结预应力筋的张拉设备可选用YC型(YC－60、YC－20)系列的油压千斤顶(配套油泵为ZB－0.8/500型)。YC型油压千斤顶包括油泵、千斤顶、张拉杆、顶压器、工具锚等。该系列由于配备了轻型电动油泵,质量轻、操作简便,适合在狭小场地及高空进行张拉。

在梁板顶面或墙壁侧面的斜槽内张拉无黏结预应力筋时,宜采用变角张拉装置。

## 四、无黏结预应力混凝土施工工艺

无黏结预应力混凝土施工主要问题是无黏结预应力筋的铺设、张拉和端部锚头处理。无黏结预应力筋在使用前，应逐根检查外包层的完好程度，对有轻微破损者，可包塑料袋补好，对破损严重者应予以报废。

### (一)无黏结预应力筋的铺设

铺设双向配筋的无黏结筋时，应先铺设标高低的无黏结筋，再铺设标高较高的无黏结筋，并应尽量避免两个方向的无黏结筋相互穿插编结。无黏结筋应严格按设计要求的曲线形状就位，并固定牢靠。铺设无黏结筋时，无黏结筋的曲率可垫铁马凳控制。铁马凳高度应根据设计要求的无黏结筋曲率确定，铁马凳间距不宜大于 2 m，并应用铁丝将其与无黏结筋扎紧。也可用铁丝将无黏结筋与非预应力钢筋绑扎牢固，以防止无黏结筋在浇筑混凝土过程中发生位移，绑扎点的间距为 0.7 ~ 1.0 m。无黏结筋控制点的安装偏差，矢高方向为 ±5 mm，水平方向为 ±30 mm。

### (二)无黏结预应力筋的张拉

无黏结预应力筋张拉前，应清理锚垫板表面，并检查锚垫板后面的混凝土质量，如有空鼓现象，应在无黏结预应力筋张拉前修补。

无黏结预应力混凝土楼盖结构的张拉顺序宜先张拉楼板，后张拉楼面梁。板中的无黏结筋可依次张拉，梁中的无黏结筋宜对称张拉，板中的无黏结筋采用千斤顶单根张拉，并用单孔夹片锚具锚固。无黏结曲线预应力筋的长度超过 35 m 时，宜采取两端张拉，当预应力筋长度超过 70 m 时，宜采取分段张拉，如遇到摩擦损失较大，宜先松动一次再张拉。在梁板顶面或墙壁侧面的斜槽内张拉无黏结预应力筋时，宜采用变角张拉装置。

无黏结预应力筋张拉伸长值校核与有黏结预应力筋相同。对超长无黏结筋由于张拉初期的阻力大，初拉力以下的伸长值比常规推算伸长值小，应通过试验修正。张拉时，无黏结筋的实际伸长值宜在初应力为张拉控制应力 10% 左右时开始测量，量测得到的伸长值必须加上初应力以下的推算伸长值，并扣除混凝土构件在张拉过程中的弹性压缩值。

无黏结预应力筋的张拉与常规后张法带有螺丝端杆锚具的有黏结预应力钢丝束张拉方法相似，张拉程序一般采用 $0 \rightarrow 103\% \sigma_{con}$ 并直接进行锚固。由于无黏结预应力筋一般为曲线配筋，故应采用两端同时张拉。无黏结预应力钢丝束的张拉顺序应根据其铺设顺序，先铺设的先张拉，后铺设的后张拉。

无黏结预应力束一般长度大，有时又呈曲线形布置，如何减少其摩阻损失值是一个重要的问题。影响摩阻损失值的主要因素是润滑介质和预应力束截面形式等。摩阻损失值可用标准测力计或传感器等测力装置进行测定。施工时，为降低摩阻损失值，宜采用多次重复张拉工艺。

### (三)锚头端部处理

无黏结预应力筋的锚固区，必须有严格的密封防护措施，严防水汽进入锈蚀预应力筋。无黏结预应力筋锚固后的外露长度不宜小于 30 mm，多余部分宜用手提砂轮锯切割。

在锚具与锚垫板表面涂以防水涂料。为了使无黏结筋端头全封闭，在锚具端头涂防腐油脂后，罩上封端塑料盖帽。

无黏结预应力筋由于一般采用镦头锚具，锚头部位的外径比较大，因此钢丝束两端应在构件上预留有一定长度的孔道，其直径略大于锚具的外径。钢丝束张拉锚固以后，其端部便留下孔道，并且该部分钢丝没有涂层，为此应加以处理保护预应力钢绞线。

无黏结预应力束锚头端部处理，目前常采用两种方法：第一种方法是在孔道中注入油脂并加以封闭，第二种方法是在两端留设的孔道内注入环氧树脂水泥砂浆，其抗压强度不低于35 MPa。灌浆同时将锚头封闭，防止钢丝锈蚀，同时起一定的锚固作用。

# 任务五　电热法

电热法是利用钢筋热胀冷缩原理，对预应力钢筋通以低电压的强电流，由于钢筋电阻较大，致使钢筋发热伸长，待其伸长至预定长度后，随即进行锚固并切断电源，断电后钢筋降温而冷却回缩，使混凝土产生预应力。

电热法适用于冷拉 HRB335、HRB400、RRB400 级钢筋或钢丝配筋的构件，可用于先张，也可用于后张和模外张拉。在后张法中，既可采取预留孔道的方法，又可采取不预留孔道的方法。不留孔道时，在预应力筋表面浸涂一层热塑涂料（如沥青、硫磺砂浆），当钢筋通电加热时，热塑涂料遇热熔化，钢筋可自由伸长。当断电锚固后，涂料也随之降温冷凝，使预应力筋与构件形成整体。

电热法操作简便、劳动强度低、设备简单、效率高，可避免摩擦损失，张拉曲线形钢筋或高空作业进行张拉更有其优越性。在电热法张拉过程中，对冷拉钢筋起到热时效作用，可消除钢筋在轧制过程中所产生的内应力，故对提高钢筋强度有利。电热法是以钢筋的伸长值来控制预应力值，对预应力筋材质要求严格。电热法不宜用于抗裂要求较高的构件。

## 一、预应力筋伸长值的计算

电热张拉时的预应力是以预应力筋的伸长值来控制的，预应力筋伸长值可按下式计算：

$$\Delta L = \frac{\sigma_{con} + 30}{E_S} L \tag{5-12}$$

式中　$\Delta L$——预应力筋电热伸长值，mm；

$\sigma_{con}$——设计预应力筋的张拉控制应力，$N/mm^2$；

$E_S$——电热后预应力筋的弹性模量，MPa，由试验确定或取用 $2.0\times10^5$ MPa；

$L$——电热前预应力筋总长度，mm；

30——考虑预应力筋不直以及钢筋在高温和应力状态下的塑性变形而产生的附加预应力损失值，$N/mm^2$。

## 二、预应力筋电热时的温度计算

当预应力筋电热伸长到 $\Delta L$ 时，预应力筋电热后的温度为

$$T = T_1 + \frac{\Delta L}{\alpha L} \tag{5-13}$$

式中　$T$——预应力钢筋电热伸长到 $\Delta L$ 时，预应力筋电热后的温度，℃；

$T_1$——预应力筋初始环境温度，℃；

$\alpha$——预应力筋的线膨胀系数，取 $1.2\times10^{-5}$；

$L$——电热前预应力筋全长,mm。

预应力筋的电热温度应加以限制,温度太低,伸长变形太慢,功效低。温度过高,对冷拉预应力筋起退火作用,会影响预应力筋强度。因此,应限制预应力筋的电热温度,一般不宜超过 350 ℃。

## 三、电热设备的选择

电热设备的选择包括电热变压器、导线材质及截面和夹具型式等。

### (一)变压器的选择

变压器的功率应根据电热时间、预应力筋的质量和伸长值、热工指标等因素确定,计算公式为

$$P = \frac{GC}{380t} \cdot \frac{\Delta L}{\alpha L} \tag{5-14}$$

式中 $P$——变压器所需功率,kW;

$G$——同时张拉的钢筋质量,kg;

$C$——预应力筋的热容量,取 0.46 kJ/(kg · ℃);

$t$——预应力筋通电加热时间,h。

根据以上计算结果,即可选择电热设备。考虑到不可避免的损耗,选择变压器的容量应比计算值稍大些。

### (二)导线的选择

从电源接到变压器的一次导线,可用普通绝缘硬铜线或铝线;从变压器接到预应力筋的二次导线,宜用绝缘软铜丝绞线。二次导线应尽量缩短,以减小二次导线的电阻,一般不超过 30 m。二次导线的截面面积由二次电流的大小确定,采用铜线时,电流密度不宜超过 5 A/mm$^2$;采用铝线时,不宜超过 3 A/mm$^2$,以控制导线温度不超过 50 ℃。

### (三)导线夹具的选择

二次导线与预应力筋用导线夹具连接,夹具用紫铜板制成,如图 5-40 所示。导线夹具要求:导电性能好;接头电阻小;与预应力筋接触紧密。

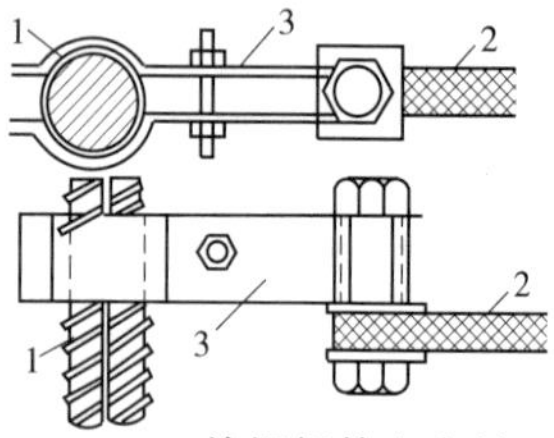

(a)单根钢筋电夹具

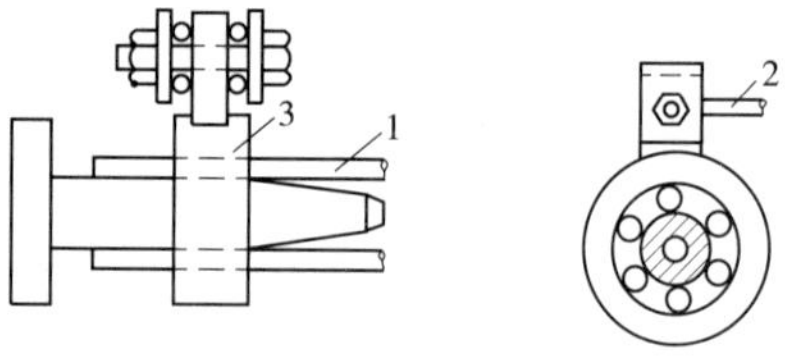

(b)钢筋束电夹具

1—钢筋;2—二次导线;3—紫铜夹具

**图 5-40 电夹具**

## 四、电热法施工工艺

电热法施工工艺流程如图 5-41 所示。

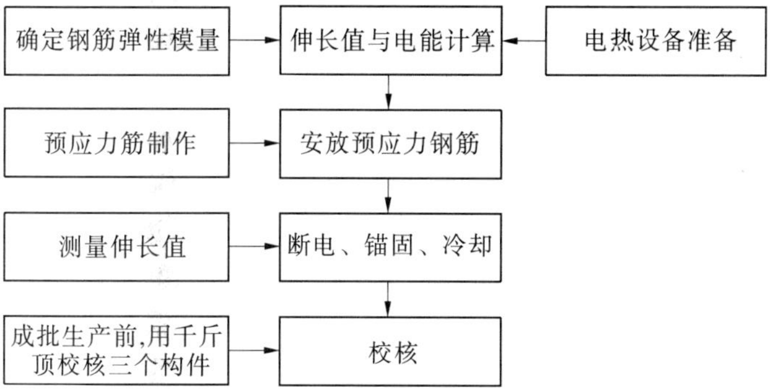


图 5-41　电热法施工工艺流程

电热法预应力筋锚具可采用螺丝端杆、镦粗头或帮条锚具等,后两种应配有 U 形垫板。张拉前,用绝缘纸垫在预应力筋与端部垫板之间,使预埋铁件隔离绝缘,防止通电后产生分流和短路等现象。冷拉钢筋作预应力筋时,反复电热次数不宜超过 3 次,因为电热次数过多会使钢筋失去冷强效应,降低钢筋强度。

# 任务六　预应力混凝土施工质量检查与安全技术

## 一、常见的质量事故及处理

### (一)先张法预应力混凝土施工常见的质量事故及处理

先张法施工中,常发生预应力钢丝滑动、构件翘曲、刚度差及脆性破坏等质量事故,其产生原因及处理措施如下。

1. 钢丝滑动(钢丝向构件内收缩)

(1)原因分析。钢丝表面被油污染,钢丝与混凝土之间的黏结力遭到破坏,放松钢丝的速度过快,超张拉值过大。

(2)处理措施。保持钢丝表面洁净,振捣混凝土一定要密实,待混凝土的强度达 80% 以上才放松钢丝。

2. 钢丝被拉断

(1)原因分析。钢丝的强度过高;其质不匀;超张拉值过大。

(2)处理措施。一般不用高强钢丝,若用可用国产生产的钢丝,其抗拉强度为 750 MPa;不用进口的 1 500 MPa 的钢丝;张拉时,施工人员不得在张拉台座的两边,只能在张拉台座的两端,以免高强钢丝断裂而伤人。

3. 构件脆断或构件翘曲

(1)原因分析。钢丝应力、应变性能差;配筋率低;张拉控制应力过高;台座不平;预应力筋位置不准;构件刚度差。

(2)处理措施。控制冷拔钢丝截面的总压缩率,以改善应力、应变性能;避免过高的预应力值;不要用增加冷拔次数来提高钢丝的强度;增大混凝土构件的截面。

### (二)后张法预应力混凝土施工常见的质量事故及处理

在后张法施工中,常发生的质量事故有:孔道位置不正;孔道塌陷、堵塞;预应力值不足;

孔道灌浆不通畅、不密实；无黏结预应力混凝土摩阻损失大；张拉后构件产生弯曲变形等。

1. 孔道位置不正

孔道位置偏斜，引起构件在施加应力时发生侧弯和开裂。

(1)原因分析。芯管未与钢筋固定牢靠；井字架间距过大；浇筑混凝土时，振动棒的振动使芯管偏移。

(2)处理措施。在浇筑混凝土前，应检查预埋件及芯管位置是否正确；芯管应用钢筋井字架支垫，井字架尺寸应正确，并应绑扎在钢筋骨架上，其间距不得大于1.0 m；浇筑混凝土时，防止振动棒振动使芯管偏移；需起拱的构件，芯管应同时起拱，以保证保护层厚度。

2. 孔道塌陷、堵塞

后张法构件预留孔道塌陷或堵塞，使预应力筋不能顺利穿过，不能保证灌浆质量。

(1)原因分析。抽芯过早，混凝土尚未凝固；孔壁受外力和振动影响，如抽管时，因方向不正而产生的挤压和附加振动等；抽管的速度过快。

(2)处理措施。钢管抽芯宜在混凝土初凝后、终凝前进行；浇灌混凝土后，钢管应每隔10～15 min转动一次，转动应始终顺同一方向；用两根钢管对接的管子，两根管子的旋转方向应相反；抽管程序宜先上后下，先曲后直；抽管速度要均匀，其方向应与孔道走向保持一致；芯管抽出后，应及时检查孔道成型质量，局部塌陷处，可用特制长杆及时加以疏通。

3. 预应力值不足

重叠生产构件，如屋架等张拉后，常出现预应力值不足情况。试验测定，Ⅱ级冷拉钢筋的应力损失最大可达10%以上。

(1)原因分析。后张法构件施加预应力，混凝土弹性压缩损失值在张拉过程中同时完成，结构设计时，可不必考虑；而采用重叠方法生产构件，由于上层构件重量和层间黏结力将阻止上、下层构件张拉时的弹性压缩，当构件起吊后，层间摩阻力消除，从而产生附加预应力损失。

(2)处理措施。采取自上而下分层进行张拉，并逐层加大张拉力；但底层张拉力不宜超过顶层张拉力5%(对钢丝、钢绞线和热处理钢筋)或9%(对冷拉Ⅱ～Ⅳ级钢筋)；做好隔离层(用石灰膏加废机油或铺油毡、塑料薄膜)；浇捣上层混凝土，防止振动棒触及下层构件。

4. 孔道灌浆不密实

孔道灌浆不饱满，强度低。

(1)原因分析。灌浆的水泥强度过低，或过期、受潮、失效；灌浆顺序不当，宜先灌下层、后灌上层，避免将下层孔道堵住；灌浆压力过小；未设排气孔，部分孔道被空气阻塞；灌浆未连续进行，部分孔道被堵。

(2)处理措施。灌浆水泥强度应采用42.5 MPa以上普通水泥或矿渣水泥；灰浆水灰比宜控制在0.4左右，为减少收缩，可掺入0.01%的铝粉或0.25%的减水剂；铝粉应先和水泥拌匀使用；灌浆前用压力水冲洗孔道，灌浆顺序应先下后上；直线孔道灌浆可从构件一端到另一端，曲线孔道应从最低点开始向两端进行；孔道末端应设排气孔，灌浆压力以0.3～0.5 MPa为宜，每个孔道一次灌成，中途不应停顿；重要预应力构件可进行二次灌浆，在第一次灌浆初凝后进行。

5. 孔道裂缝

构件灌浆前后，沿孔道方向产生水平裂缝。

(1)原因分析。抽管、灌浆操作不当,产生裂缝;冬期施工灰浆受冻膨胀,将孔道胀裂。

(2)处理措施。防止抽管、灌浆操作不当产生孔道裂缝的措施参见防止“孔道塌陷、堵塞”有关部分;混凝土应振捣密实,特别应保证孔道下部的混凝土密实;尽量避免在冬期进行孔道灌浆,必须在冬期灌浆时,应在孔道中通入蒸汽或热水预热,灌浆后做好构件的加热和保温措施。

## 二、预应力混凝土施工质量检查

(1)预应力筋进场时,应按现行国家标准《预应力混凝土用钢绞线》(GB/T 5224—2003)等的规定抽取试件做力学性能检验,其质量必须符合有关标准的规定。无黏结预应力筋的涂包质量,应符合无黏结预应力钢绞线标准的规定(检查产品合格证、出厂检验报告和进场复验报告)。预应力筋使用前,应进行外观检查,其质量应符合下列要求:有黏结预应力筋展开后应平顺,不得有弯折,表面不应有裂纹、小刺、机械损伤、氧化铁皮和油污等;无黏结预应力筋护套应光滑、无裂缝,无明显褶皱。预应力筋安装时,其品种、级别、规格、数量必须符合设计要求。

(2)预应力筋所用锚具、夹具和连接器应按设计要求采用,其性能应符合现行国家标准《预应力筋用锚具、夹具和连接器》(GB/T 14370—2007)等的规定(检查产品合格证、出厂检验报告和进场复验报告)。使用前应进行外观检查,其表面应无污物、锈蚀、机械损伤和裂纹。

(3)预应力混凝土用金属波纹管的尺寸和性能应符合国家现行标准《预应力混凝土用金属波纹管》(JG 225—2007)的规定(检查产品合格证、出厂检验报告和进场复验报告)。在使用前应进行外观检查,其内外表面应清洁,无锈蚀,不应有油污、孔洞和不规则的褶皱,咬口不应有开裂或脱扣。

(4)预应力筋下料应符合下列要求:预应力筋应采用砂轮锯或切断机切断,不得采用电弧切割;当钢丝束两端采用镦头锚具时,同一束中各根钢丝长度的极差不应大于钢丝长度的1/5 000,且不应大于5 mm。当成组张拉长度不大于10 m的钢丝时,同组钢丝长度的极差不得大于2 mm。

(5)先张法预应力筋施工时,应选用非油质类模板隔离剂,并应避免沾污预应力筋。在施工过程中,应避免电火花损伤预应力筋,受损伤的预应力筋应予以更换。先张法预应力筋张拉后与设计位置的偏差不得大于5 mm,且不得大于构件截面短边边长的4%。先张法预应力筋放张时,宜缓慢放松锚固装置,使各根预应力筋同时缓慢放松。

(6)后张法预应力筋锚固后的外露部分,宜采用机械方法切割,其外露长度不宜小于预应力筋直径的1.5倍,且不宜小于30 mm。后张法有黏结预应力筋,预留孔道的规格、数量、位置和形状除应符合设计要求外,尚应符合下列规定:预留孔道的定位应牢固,浇筑混凝土时不应出现移位和变形;孔道应平顺,端部的预埋锚垫板应垂直于孔道中心线;成孔用管道应密封良好,接头应严密且不得漏浆;灌浆孔的间距,对预埋金属螺旋管不宜大于30 m,对抽芯成形孔道不宜大于12 m;在曲线孔道的曲线波峰部位应设置排气兼泌水管,必要时可在最低点设置排水孔;灌浆孔及泌水管的孔径应能保证浆液畅通。

(7)后张法有黏结预应力筋张拉后应尽早进行孔道灌浆,孔道内水泥浆应饱满、密实。锚具的封闭保护应符合设计要求。当设计无具体要求时,应符合下列规定:应采取防止锚具腐蚀和遭受机械损伤的有效措施;凸出式锚固端锚具的保护层厚度不应小于 50 mm;外露预应力筋的保护层厚度,处于正常环境时不应小于 20 mm,处于易受腐蚀的环境时不应小于 50 mm。

(8)锚固阶段张拉端预应力筋的内缩量应符合设计要求,当设计无具体要求时,应符合表 5-2 的规定。预应力筋张拉锚固后,实际建立的预应力值与工程设计规定检验值的相对允许偏差为 ±5%。

**表 5-2　张拉端预应力筋的内缩量限值**

| 锚具类别 | | 内缩量限值(mm) |
|---|---|---|
| 支承式锚具(镦头锚具等) | 螺帽缝隙 | 1 |
| | 每块后加垫板的缝隙 | 1 |
| 锥塞式锚具 | | 5 |
| 夹片式锚具 | 有顶压 | 5 |
| | 无顶压 | 6 ~ 8 |

(9)孔道灌浆应采用普通硅酸盐水泥,其质量应符合有关规定。孔道灌浆掺加外加剂,外加剂的质量应符合有关规定(检查产品合格证、出厂检验报告和进场复验报告)。灌浆用水泥浆的水灰比不应大于 0.45,搅拌后 3 h 泌水率不宜大于 2%,且不应大于 3%,泌水应能在 24 h 内全部重新被水泥浆吸收。灌浆用水泥浆的抗压强度不应小于 30 $N/mm^2$。

## 三、预应力混凝土施工安全技术

### (一)液压张拉设备仪表的使用与校验

(1)操作人员上岗前,必须进行安全生产、安全技术措施和安全操作规程培训教育,经考核合格才能上岗。

(2)张拉设备与仪表应由专人负责、使用和管理,并定期进行维护和校验,校验期不应超过半年。

(3)张拉设备(千斤顶、油泵、压力表等)应配套标定,并配套使用,以便确定压力表读数与千斤顶输出力之间的关系曲线。标定时,千斤顶活塞的运行方向应与实际张拉工作状态一致。

(4)施工时,应根据预应力筋种类合理选择张拉设备。预应力筋张拉力不应大于设备额定张拉力,其伸长值不应大于其额定的行程。

(5)操作人员要严格遵守操作规程,如严禁在负荷时拆换油管或压力表等。

(6)接电源时,机壳必须接地,经检查绝缘后,才可试运转。

### (二)操作安全技术

(1)操作人员上岗必须戴防护眼镜或防护面罩,防止高压油泄漏伤害眼睛。

(2)在先张法的台座两端、后张法的构件两端,应设置防护装置,如用麻袋或草包装土筑成屏障,以防止螺帽滑脱、钢筋断裂,飞出伤人。

(3)沿台座或构件的长度方向间隔设置防护架,且有明显警示标志。非施工人员不得进入施工现场，以防止锚具滑脱、预应力筋断裂伤人事故的发生。

(4)在油泵工作过程中，操作人员不得擅自离开岗位，如需离开，应将油阀全部松开，并切断电路。

(5)钢丝、钢绞线、热处理钢筋、冷轧带肋钢筋和冷拉 HRB335、HRB400 级钢筋，严禁采用电弧切割，应使用砂轮锯或切断机切断。

(6)施工过程中应避免电火花损伤预应力筋。预应力筋遇电火花损伤，容易在张拉阶段发生脆性断裂。

## 综合应用案例

1. 工程概况

某邮电大厦占地面积 14 156 $m^2$，总建筑面积 53 809 $m^2$。主楼为框筒结构，地下 1 层(局部 2 层)，地上 32 层，总高度 137.2 m。其中，5 层以下是裙房；6～27 层为标准层，层高 3.2 m；第 28 层(96.2 m)为旋转餐厅，层高 5.8 m；29～32 层为机房、水箱层等。28 层的 12 道及 29 层 4 道悬挑梁采用后张法有黏结预应力结构，29 层周边 4 道框架梁由原来 4 跨 7.2 m、4 跨 7.8 m 变为 14.4 m 和 2 跨 15.6 m，亦采用预应力结构。预应力筋采用 $\Phi^j15.24$，$f_{ptk}=1\ 860\ N/mm^2$ 的低松弛钢绞线。梁内穿设 $\phi55\sim75$ 薄壁金属波纹管形成孔道。锚具采用 OVMl5－4～OVMl5－6 型，用 YCD－150 型千斤顶张拉，张拉控制应力为 $0.7f_{ptk}$。

2. 波纹管的埋设

悬挑梁、双跨连续梁的孔道曲线如图 5-42、图 5-43 所示。波纹管穿设与梁钢筋绑扎交叉作业，待箍筋绑扎后，根据孔道曲线定位图，每 1 m 用 $\phi8$ 钢筋同梁箍筋焊成波纹管托架。在孔道曲线的反弯点、拐点等变化部位，波纹管托架应适当加密，然后用 6～8 股钢筋扎丝将波纹管固定在托架上。由于在接点部位钢筋较密，波纹管在穿设过程中尽量避免反复弯曲，防止管壁开裂。波纹管连接用大一号的接头套，长度不小于 300 mm，两端各旋入 150 mm，并用胶带缠绕 3 道封口，以防水泥浆流入管中。波纹管安设好后，在两端套入螺旋筋和喇叭口的锚垫板，锚垫板应垂直于孔道中心线，且牢固不跑位。部分悬挑预应力梁的锚固端原设计在梁侧边的柱脚处，由于柱脚处断面小、钢筋密，锚垫板放置困难，于是将波纹管穿过柱边再延伸 400 mm，将锚垫板安装在框架梁内，在浇筑混凝土梁内留下 1 m 的“后浇段”。

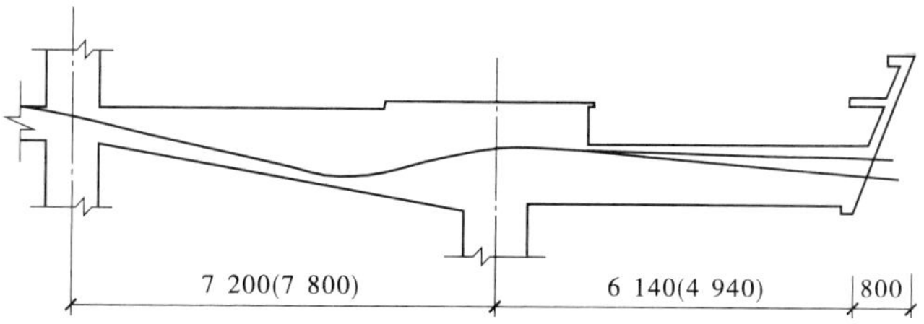


图 5-42 悬挑梁孔道曲线示意图

3. 预应力筋穿束

悬挑梁内侧框架梁跨度为 7.8 m、7.2 m，梁的截面尺寸为 600 mm×600 mm～600 mm×1 510 mm、800 mm×900 mm～800 mm×1 670 mm，梁内预应力筋为 2～7$\Phi^j15.24$ 钢绞线。悬挑梁跨度为 4.000～6.940 m，截面尺寸为 600 mm×800 mm、800 mm×900 mm，梁内预应力筋为 5～6$\Phi^j15.24$ 钢绞线。双跨连续梁长度为 28.8 m 、31.2 m，内设钢绞线 4～

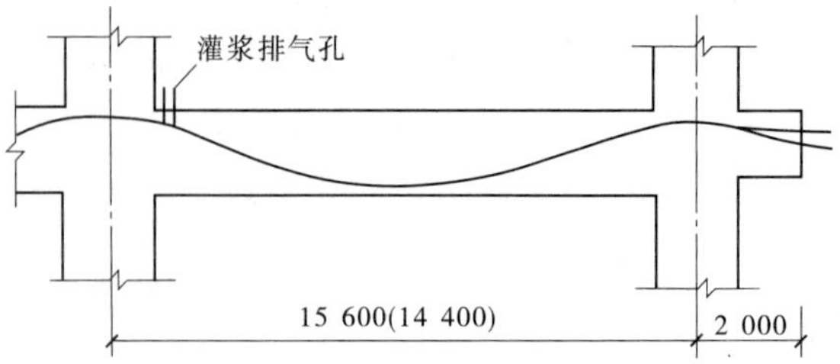


图 5-43　双跨连续梁孔道曲线示意图

$6\Phi^j15.24$。钢绞线下料根据设计长度用薄片砂轮机切断,用铁丝绑扎端头,并编号挂牌。穿束时,在每束钢绞线上设可拆卸的锥形引帽,并逐根穿入波纹管内。双跨连续梁穿束时,引帽可焊在钢绞线端头,以防掉入波纹管内堵塞孔道。

4. 灌浆孔、泌水孔设置

在预应力梁各孔道峰顶,设置灌浆孔和泌水孔。其制作方法是:在波纹管上留出直径约 30 mm 的圆孔,然后用$\phi$80 半圆镀锌管进行适当弯折,并在铁丝上开孔焊在$\phi$25 的镀锌管上,在波纹管的圆孔周围用胶带缠绕数层,半圆管与波纹管之间用海绵垫,并用铁丝扎牢,$\phi$25 镀锌管伸出梁面 500 mm,即作灌浆孔和工作泌水排气孔。

5. 混凝土浇筑

浇筑混凝土前,先对波纹管标高、位置以及锚垫板的连接固定进行复检,保证位置准确。混凝土浇筑时,应特别注意振动棒不要直接触及波纹管,以防弯曲。由于在锚固区及结点部位钢筋较密,混凝土应细致振捣,保证密实性。另外,为了保证孔道畅通,在浇筑混凝土时,应派专人拉动波纹管内的钢绞线。

6. 预应力筋张拉

混凝土达到设计强度后,清除张拉端和锚固端的灰浆、杂物,搭设张拉平台。张拉采取双控方法,以冷拉应力为主,伸长值为辅。根据张拉合力点尽可能在截面重心和对称张拉的原则,确定梁中各项预应力筋的张拉顺序。张拉程序为:$0\to0.2\sigma_{con}\to0.6\sigma_{con}\to1.03\sigma_{con}$(持荷 5 min,测量最终伸长值)$\to1.0\sigma_{con}$。

预应力筋张拉控制应力为 $0.7f_{ptk}$。每束 $5\Phi^j15.24$、$6\Phi^j15.24$、$7\Phi^j15.24$ 的张拉控制力分别为 911.40 kN、1 093.68 kN、1 275.96 kN。

7. 灌浆、封锚

张拉完毕 24 h 后,检查钢绞线无回缩、锚具无异常等现象,即可进行灌浆。灌浆采用 42.5 级普通硅酸盐水泥,水灰比 0.45。灌浆时用灰浆泵缓慢均匀地从中间灌浆孔灌入,不宜中断,待两端冒出浓浆为止。2 h 后,增大注浆压力进行二次补浆,封堵出浆孔。

预应力筋外露长度 200 mm 左右,在锚具周围弯折,用环氧树脂涂刷 3 道。在张拉端、锚固端支设模板,在张拉端,采用 C40 细石混凝土封裹锚具。锚固端与框架梁“后浇段”,混凝土应浇筑密实。

# 小　结

预应力钢筋混凝土与普通钢筋混凝土相比,具有构件体积小,构件的抗裂度、刚度和耐久性高，节省钢材，减轻结构自重等优点。目前，在土木工程中具有广泛的应用性。

先张法施工中，预应力筋的张拉、放张是关键工序。先张法与后张法控制应力的超张拉最大应力取值是不同的。先张法构件，由于混凝土是在预应力筋放松后才受到弹性压缩，预应力值的建立应考虑混凝土弹性压缩等影响，所以先张法的控制应力和超张拉应力值均比后张法大。预应力筋放张应根据预应力混凝土构件类型和配筋情况，正确地选用放张顺序和方法，以保证先张法构件制作的质量。预应力筋放张应缓慢进行，防止冲击，常用的放张方法有千斤顶放张、砂箱放张和楔块放张等。

后张法施工中，锚具是预应力筋张拉后建立预应力值和确保结构安全的关键。锚具有多种，应掌握常用锚具的类型、性能、受力特点，正确分析锚具的可靠性和使用要求。楔紧式锚具，为使能可靠地锚住预应力筋，防止滑丝、断丝与滑脱等现象，对这类锚具设计时，注意要使锚具本身必须满足自锚和自销的条件。后张法施工，预应力筋、锚具和张拉千斤顶必须配套使用。预应力筋的种类不同，采用的锚具类型不同，则所用的张拉千斤顶也不同。如穿心式千斤顶适用于张拉配有 JM－12 型锚具的钢筋束与钢绞线束，锥锚式千斤顶适用于张拉配有钢质锥形锚具的钢丝束等，施工中不能用锥锚式千斤顶去张拉配有 JM－12 型锚具的钢绞线束。为了准确地获得实际张拉力，预应力筋张拉时，对张拉千斤顶、压力表等仪器仪表，必须进行配套校验。

预应力混凝土施工主要是确定预应力值。预应力值的建立与所用材料性能、锚夹具类型与性能、张拉设备及施加预应力的方法等因素有关。

预应力筋张拉是预应力混凝土施工中的关键工作。张拉控制应力应严格按设计规定取值，因为若张拉控制应力取值过大，预应力筋易断裂，构件反拱也会过大。同时，为减少预应力筋的应力松弛损失，一般采用超张拉。如果控制应力值取值过高，再加超张拉，就可能出现预应力筋的应力值超过屈服点应力，这是不允许的。尤其是张拉平卧叠浇的下层预应力构件时，更得注意其超张拉值不得超过最大张拉力的限值。若张拉中控制应力过低，则建立的有效预应力值就不够，构件可能过早出现裂缝，这也不符合设计和使用要求。

无黏结预应力混凝土是近几年发展的新技术，被大量应用在高层建筑和大跨度结构工程中。在多、高层房屋建筑的楼盖结构、基础底板、地下室墙板使用，可以抵抗大跨度或超长度混凝土结构在荷载、温度或收缩等效应下产生的裂缝，提高结构构件的性能，降低工程造价。在高层或超高层楼盖建筑中，采用无黏结预应力技术，可在保证净空的条件下显著降低层高，从而降低总建筑高度，节省材料和造价。在多层大面积楼盖中，采用无黏结预应力技术，可提高结构的性能，简化梁板施工工艺，加快施工速度，降低建筑造价。

电热张拉法是利用钢筋热胀冷缩原理，对预应力钢筋通以低压强电流，致使钢筋发热伸长，待其伸长至预定长度后断电，钢筋降温冷却回缩，使混凝土产生预应力。电热张拉法操作简便，可避免摩擦损失，张拉曲线形钢筋或高空作业进行张拉时有其优越性。电热张拉法不宜用于抗裂要求较高的构件。

## 习　题

1. 填空题

(1) 先张法预应力筋张拉程序有__________、__________。

(2)先张法预应力混凝土强度等级一般不得低于____________。
(3)后张法预应力混凝土构件,孔道灌浆的目的是____________。
(4)后张法单根粗预应力钢筋的制作,包括________、________、________等工序。
(5)无黏结预应力筋由________、________、________等组成。

2. 单选题

(1)预应力筋为6根直径12 mm的钢筋束,张拉端锚具应选用(　　)。

A. 螺丝端杆锚具　　B. JM12型锚具　　C. 帮条锚具　　D. 钢质锥形锚具

(2)单根粗预应力钢筋的制作工序为(　　)。

A. 冷拉、配料、对焊　　B. 冷拉、对焊、配料
C. 配料、对焊、冷拉　　D. 配料、冷拉、对焊

(3)预应力筋超张拉是为了(　　)。

A. 减少预应力筋与孔道摩擦引起的损失
B. 减少预应力筋松弛引起的预应力损失
C. 减少混凝土徐变引起的损失
D. 建立较大的预应力值

(4)预应力筋的张拉控制应力应(　　)。

A. 大于抗拉强度　　B. 大于屈服强度　　C. 小于抗拉强度　　D. 小于屈服强度

(5)无须留孔和灌浆,适用于曲线配筋的预应力施工方法属于(　　)。

A. 先张法　　B. 后张法　　C. 电热张拉法　　D. 无黏结预应力

3. 多选题

(1)关于预应力混凝土同种钢筋的最大张拉应力比较,满足要求的是(　　)。

A. 先张法高于后张法　　B. 先张法低于后张法
C. 先张法与后张法相同　　D. 预应力筋高于非预应力筋
E. 电热法高于先张法

(2)预应力筋放张设计没有规定时,应(　　)。

A. 不低于75%设计强度　　B. 不高于75%设计强度
C. 不低于50%设计强度　　D. 不高于50%设计强度
E. 应达到100%设计强度

(3)预应力混凝土后张法施工中,适用于曲线形预应力筋的有(　　)等方法。

A. 钢管抽芯法　　B. 胶管抽芯法　　C. 预埋波纹管　　D. 无黏结预应力
E. 电热法

(4)后张法预应力混凝土当采用钢绞线施工时,配套锚具应采用(　　)。

A. 螺丝端杆锚具　　B. JM型锚具　　C. 帮条锚具　　D. XM型锚具
E. 镦头锚具

(5)混凝土应达到设计规定强度或不低于75%设计强度,先张法才能放张预应力筋或者后张法才能放张预应力筋,此时主要考虑(　　)。

A. 混凝土不会受压破坏　　B. 混凝土黏结力不足,钢筋滑移
C. 混凝土弹性回缩大,造成预应力损失　　D. 混凝土结构翘曲、裂缝
E. 施工工艺要求

4. 简述题

(1)先张法的施工工艺主要包括哪些？如何保障各施工环节的质量？

(2)试述后张法的工艺流程和主要施工设备的组成。

(3)钢丝常用的张拉夹具和锚固夹具有哪些？

(4)钢筋常用的张拉夹具和锚固夹具有哪些？

(5)先张法生产中常用的张拉机具有哪些？各有什么特点？适用于张拉何种构件？

(6)后张法构件生产中使用的预应力筋主要分哪几类？与之配套使用的锚具有哪些？

(7)后张法常用的张拉设备有哪些？各适用于何种锚具和预应力筋？

(8)什么是超张拉？为什么要超张拉？

(9)后张法构件的预应力筋一般到何时才能放松？怎样放松？

(10)后张法构件施工时预留孔道的方法有哪些？简述其成孔的工艺过程。

(11)后张法构件的预应力筋什么时候才可以张拉？如何张拉？

(12)重叠法制作的后张法构件(如屋架)在张拉时将遇到什么问题？一般采取怎样的张拉方法？

(13)后张法预应力混凝土构件的孔道为什么要进行灌浆？一般应采用怎样的灌浆顺序？对灌浆材料有何要求？

(14)什么叫无黏结预应力？无黏结预应力和有黏结预应力有哪些优缺点？其适用范围如何？

(15)无黏结预应力筋的张拉端和锚固端的构造如何？铺设无黏结预应力筋时应注意哪些问题？

(16)什么是电热张拉法？其原理及特点有哪些？

5. 计算题

(1)某预应力混凝土屋架采用机械后张法施工。两端采用螺丝端杆锚具，端杆长度为 320 m，端杆外露出构件端部长度为 120 m，孔道尺寸为 23.80 m。预应力筋为冷拉 HRB335 级钢筋，直径为 25 mm，冷拉率为 4%，弹性回缩率 0.5%，每根钢筋长度为 8 m。张拉控制应力 $\sigma_{con}=0.85f_{pyk}(f_{pyk}=500\ N/mm^2)$，张拉程序为 $0\rightarrow1.03\sigma_{con}$，用 YC－60 穿心式千斤顶。试计算：①预应力钢筋的下料长度；②预应力筋的张拉力。

(2)上例中，若一端张拉，固定端采用帮条锚具，长度 70 mm，冷拉钢筋控制应力为 500 $N/mm^2$。试计算：①预应力钢筋的下料长度；②预应力筋的冷拉力及冷拉伸长值。

(3)某车间预应力混凝土吊车梁，长度为 12 m，配置直线预应力筋为 4 束 6 $\Phi^j12$ 钢筋。采用 YC－60 千斤顶一端张拉，千斤顶长度为 435 m，两端均采用 JM12－6 型锚具，锚具厚度为 55 mm，垫板厚 15 mm，张拉控制应力 $\sigma_{con}=0.85f_{pyk}(f_{pyk}=500\ N/mm^2)$。试计算：①预应力钢筋的下料长度；②预应力筋的张拉力。

(4)某车间预应力混凝土屋架，采用电热张拉法施工。已知预应力筋为 2 $\Phi^j28$，长度为 17 900 mm，弹性模量 $E=1.8\times10^5(N/mm^2)$，张拉控制应力 $\sigma_{con}=0.85f_{pyk}$，预应力筋质量为 4.85 kg/m，大气温度为 20 ℃，通电时间 $t=15$ min，$\alpha=0.000\ 012/℃$。试计算：①钢筋电热张拉伸长值；②预应力筋电热温度；③变压器功率。

# 项目六　结构安装工程

**知识点**

索具设备;起重机机械性能和适用范围;单层工业厂房结构构件的安装工艺、安装方法及安装方案;多层装配式框架结构的安装方法;结构安装工程的质量要求及安全措施。

**学习目标**

掌握履带式起重机的起重参数及相互关系,单层工业厂房结构构件的安装工艺、安装方法;熟悉多层装配式框架结构的安装方案和安装方法,结构安装的质量要求及安全措施;了解结构安装工程常用起重机械的类型、工作原理。

**引例**

某单层工业厂房,跨度 20 m,长 66 m,柱距 6 m,共由 11 个车间组成。承重结构采用装配式钢筋混凝土方形柱,柱重 69 kN,屋架(预应力混凝土)重 49.5 kN,屋架高 3.2 m,T 型吊车梁。

**思考:**

(1)构件吊装时如何选择起重机?

(2)柱、梁、屋架吊升过程应注意哪些问题?

(3)如何控制柱、梁、屋架的安装质量?

结构安装工程是利用起重机械将在现场(或预制厂)制作的混凝土构件,按照设计图纸要求,安装成一幢建筑物或构筑物。在装配式厂房施工中,结构安装是主要的施工工序,它影响着整个工程的施工进度、劳动生产率、工程质量、施工安全和工程成本。

## 任务一　索具设备

### 一、卷扬机

在建筑施工中,常用的卷扬机有快速和慢速两种。快速卷扬机主要用于垂直、水平运输和打桩作业;慢速卷扬机主要用于结构吊装、钢筋冷拉等作业。卷扬机起重量大,起重速度快,操作方便。常用的卷扬机牵引能力一般为 10 ~ 100 kN。

卷扬机在使用时必须用地锚予以固定,以防工作时产生滑动和倾覆。根据牵引力的大小,固定卷扬机的方法有螺栓锚固法、水平锚固法、立桩锚固法和压重锚固法等四种,如图 6-1 所示。

### 二、滑轮组

滑轮组由一定数量的定滑轮和动滑轮以及绳索组成。滑轮既可省力又可改变力的方

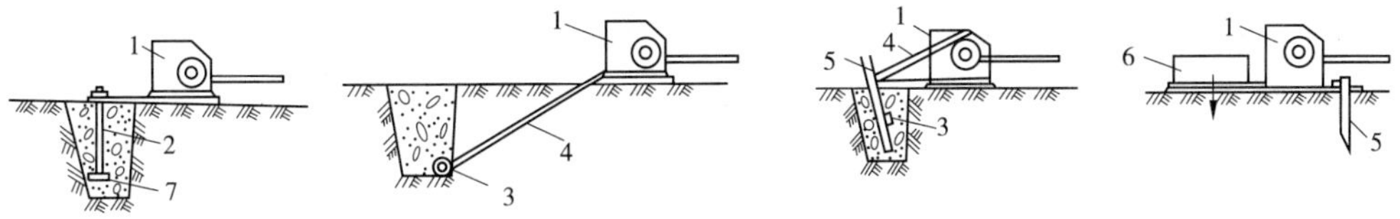


(a)螺栓锚固法　(b)水平锚固法　(c)立桩锚固法　(d)压重锚固法

1—卷扬机;2—地脚螺栓;3—横木;4—拉索;5—木桩,6—压重;7—压板

**图 6-1　卷扬机的锚固方法**

向,它是起重机的重要组成部分。通过滑轮组,可用较小吨位的卷扬机起吊较重的构件。

滑轮组省力大小主要取决于工作线数和滑轮轴处的摩擦阻力。工作线数是滑轮组中共同负担构件重量的线索根数。由滑轮组引起的绳头称为跑头,跑头可以根据需要从定滑轮引出,如图 6-2 所示,或从动滑轮引出,如图 6-3 所示。

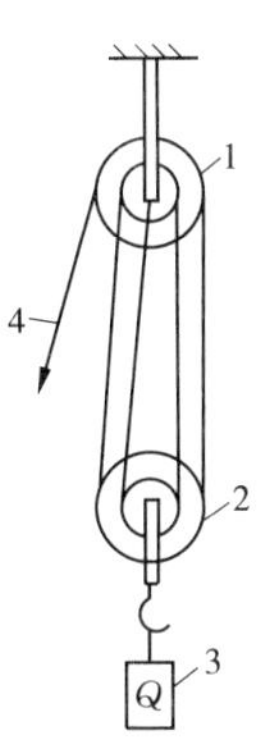


1—定滑轮;2—动滑轮;
3—重物;4—绳索跑头

**图 6-2　跑头从定滑轮引出**

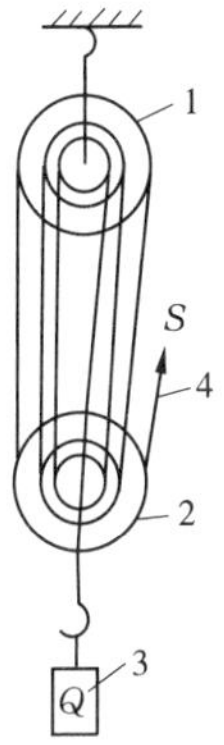


1—定滑轮;2—动滑轮;
3—重物;4—绳索跑头

**图 6-3　跑头从动滑轮引出**

滑轮组的跑头拉力 $S$ 和滑轮组的允许荷载(设备能力)$Q$ 之间的关系可用下式计算:

$$S = f_0 kQ \tag{6-1}$$

式中　$S$——跑头拉力;

$k$——动力系数,按表 6-1 选用;

$Q$——吊装荷载(构件重与索具重之和);

$f_0$——跑头拉力计算系数,按表 6-2 选用。

**表 6-1　卷扬机吊重动力系数 $k$**

| 卷扬机传动性质 | 起重量(kN) | $k$ 值 |
|---|---|---|
| 手动 | 50 以下 | 1.0 |
| | 50 ~ 100 | 1.1 |
| 机动 | 300 以下 | 1.2 |
| | 300 ~ 500 | 1.3 |
| | 500 以上 | 1.5 |

**表 6-2　卷扬机跑头拉力计算系数 $f_0$**

| 滑轮的轴承或衬套 | 滑轮阻力系数 | 动滑轮上引出绳根数 | | | | | | | | |
|---|---|---|---|---|---|---|---|---|---|---|
| | | 2 | 3 | 4 | 5 | 6 | 7 | 8 | 9 | 10 |
| 滚珠轴承 | 1.02 | 0.52 | 0.35 | 0.27 | 0.22 | 0.18 | 0.15 | 0.14 | 0.12 | 0.11 |
| 青铜套轴承 | 1.04 | 0.54 | 0.36 | 0.28 | 0.23 | 0.19 | 0.17 | 0.15 | 0.13 | 0.12 |
| 无轴套轴承 | 1.06 | 0.56 | 0.38 | 0.29 | 0.24 | 0.20 | 0.18 | 0.16 | 0.15 | 0.14 |

## 三、钢丝绳

钢丝绳是吊装工作中常用的绳索，具有强度高、韧性好、耐磨性好等优点。钢丝绳磨损后表面产生毛刺，容易检查发现，便于预防事故的发生。

钢丝绳是由若干根直径为0.4～2 mm、抗拉强度为1 200～2 200 MPa的钢丝绳，按一定规则捻制而成的。结构吊装中常用的钢丝绳是由直径相同的光面钢丝捻制而成钢丝股，再由6股钢丝股围绕一个绳芯搓捻而成。

### （一）钢丝绳按照搓捻方向的不同分类

钢丝绳按照捻制方向不同，可分为同向绕、交叉绕和混合绕三种。同向绕是钢丝捻成股的方向与捻成绳的方向相同。这种绳的柔性好、表面光滑磨损小，但易松散和扭转，不宜用来悬吊重物。交叉绕是指钢丝捻成股的方向与股捻成绳的方向相反，这种绳不易松散和扭转，宜作起吊绳，但柔性差。混合绕是指相邻的两股钢丝绳绕向相反，性能介于两者之间，但制造复杂，用得较少。

### （二）钢丝绳按每股钢丝数量的不同分类

钢丝绳按每股钢丝数量的不同，可分为6×19+1、6×37+1和6×61+1三种规格（6股钢丝股，每股分别由19、37、61根钢丝捻成，中间加1根绳芯）。6×19+1钢丝绳在绳的直径相同的情况下，钢丝粗，比较耐磨，但较硬，不易弯曲，一般用作缆风绳。6×37+1钢丝绳比较柔软，可用作穿滑轮组和吊索。6×61+1钢丝绳质地软，主要用于重型起重机械中。

### （三）钢丝绳按照抗拉强度大小分类

抗拉强度是钢丝绳性能的主要技术指标。钢丝绳按照抗拉强度大小，可分为1 400 MPa、1 550 MPa、1 700 MPa、1 850 MPa、2 000 MPa五种。

## 四、吊具

### （一）吊索

吊索是吊装构件的辅助工具。吊索又称千斤绳、绳套，主要用来绑扎构件以便起吊。吊索分为环状吊索（又称万能吊索或闭式吊索）和开口吊索（又称轻便吊索或8股头吊索）两种，如图6-4所示。吊索要求质地柔软，易弯曲，直径大于11 mm，一般用6×37+1、6×61+1钢丝绳做成。

### （二）卡环（卸甲）

卡环用于吊索之间或吊索与构件吊环之间的连接。卡环由弯环和销子两部分组成。弯环形式有直形和马蹄形，销子的形式有螺栓式和活络式，如图6-5所示。活络卡环的销子端

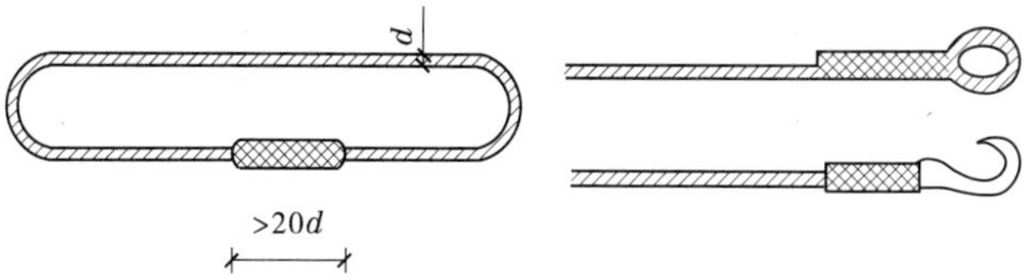


(a)环状吊索　　(b)开口吊索

**图 6-4　吊索**

头和弯环孔眼无螺纹,可直接抽出,常用于柱子吊装。用活络卡环吊装柱子,柱子吊装就位后,在地面用系在销子尾部的绳子将销子拉出,解开吊索,可避免施工高空作业。

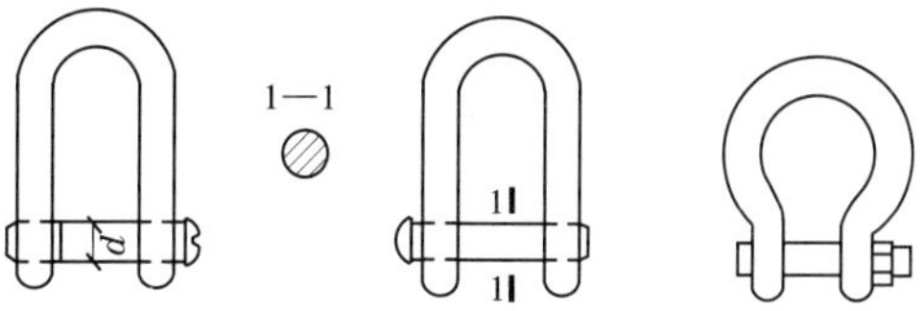


(a)螺栓卡环　　(b)活络卡环　　(c)马蹄形卡环

**图 6-5　卡环**

**(三)吊钩**

吊钩有单钩和双钩两种,如图 6-6 所示。吊装时一般用单钩,双钩多用于桥式或塔式起重机上。使用时,要认真进行检查,表面应光滑,不得有剥裂、刻痕、锐角、裂缝等缺陷。吊钩不得直接钩在构件的吊环中。

**(四)钢丝绳卡扣**

钢丝绳卡扣主要用来固定钢丝绳端。钢丝绳卡扣如图 6-7 所示。

**图 6-6　吊钩**

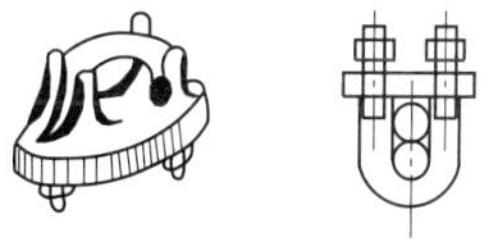

**图 6-7　钢丝绳卡扣**

**(五)横吊梁**

为了承受吊索对构件的轴向压力和减小起吊高度,可采用横吊梁。横吊梁又称铁扁担或平衡梁,常用形式有钢板横吊梁和钢管横吊梁。

钢板横吊梁如图 6-8(a)所示,一般用于吊装 100 kN 以下的柱。用钢板横吊梁吊装柱子时,可使柱保持垂直,便于安装。钢管横吊梁长 6 ~ 12 m,如图 6-8(b)所示,一般用于屋架吊装。用钢管横吊梁吊装屋架时,可以降低起吊高度,减小吊索的水平分力对屋架的压力。

## 五、地锚

地锚又称锚碇,用来固定缆风绳、卷扬机、导向滑车、拔杆的平衡绳索等。常用的地锚有桩式地锚和水平地锚两种。

**(一)桩式地锚**

桩式地锚是用木桩或型钢打入土中而成,多用于固定受力不大的缆风绳。圆木木桩直

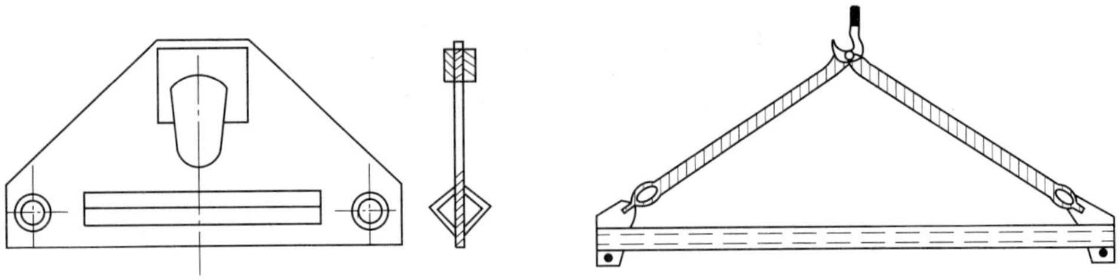

(a)钢板横吊梁　　(b)钢管横吊梁

**图 6-8　横吊梁**

径为 18 ~ 30 cm，桩入土深度为 1.2 ~ 1.5 m。根据受力大小，桩式地锚可打成单排、双排或三排。桩前一般埋有水平圆木，以加强锚固。桩式地锚承载力一般为 10 ~ 50 kN。

**(二)水平地锚**

水平地锚可承受较大的荷载，分无板栅水平地锚和有板栅水平地锚两种。水平地锚是用一根或几根圆木绑扎在一起，水平埋入土内而成的。钢丝绳系在横木的一点或两点，呈 30° ~ 50°斜度引出地面，然后用土石回填夯实。水平地锚一般埋入地下 1.5 ~ 3.5 m。为防止地锚被拔出，当拉力大于 75 kN 时，应在地锚上加压板；拉力大于 150 kN 时，应在地锚前加立柱及垫板(板栅)，以加强土坑侧壁的耐压力。水平地锚构造如图 6-9 所示。

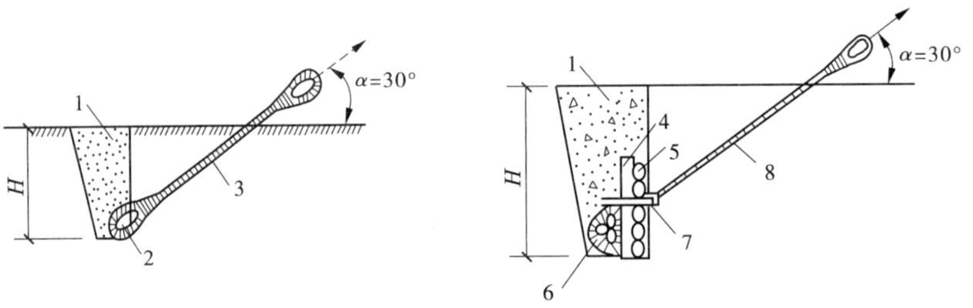


(a)拉力在30 kN以下　　(b)拉力为100~400 kN

1—回填土逐层夯实；2—地龙木 1 根；3—钢丝绳或钢筋；4—柱木；
5—挡木；6—地龙木 3 根；7—压板；8—钢丝绳圈或钢筋环

**图 6-9　水平地锚构造**

# 任务二　起重机械

在结构安装工程中，常用的起重机械包括桅杆式起重机、自行式起重机(履带式起重机、轮胎式起重机和汽车式起重机)和塔式起重机等。

## 一、桅杆式起重机

桅杆式起重机可分为独脚拔杆、人字拔杆、悬臂拔杆和牵缆式桅杆起重机等。桅杆式起重机构造简单，装拆方便，起重量可达 1 000 kN 以上。但是起重半径小，移动较困难，需要拉设的缆风绳较多，适用于安装工程量集中、结构质量大、安装高度大，以及施工现场较狭窄的情况。

### (一)独脚拔杆

独脚拔杆由拔杆、起重滑轮组、卷扬机、缆风绳和地锚等组成,如图 6-10(a)所示。根据制作材料不同,独脚拔杆可分为木独脚拔杆、钢管独脚拔杆和金属格构式独脚拔杆等。

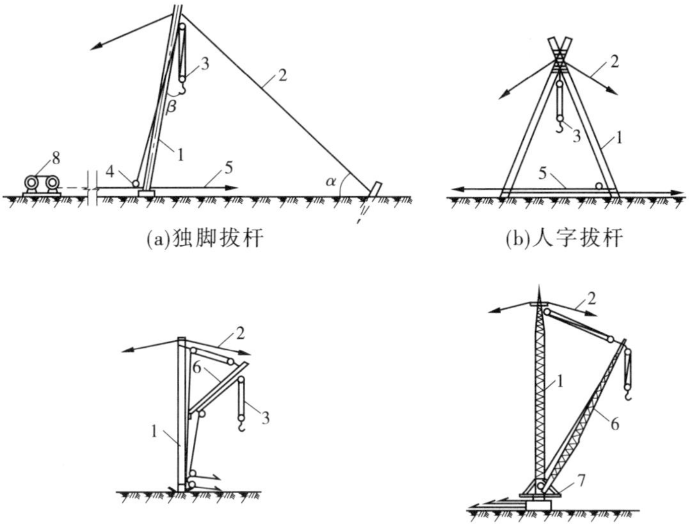


(a)独脚拔杆　(b)人字拔杆

(c)悬臂拔杆　(d)牵缆式桅杆起重机

1—拔杆;2—缆风绳;3—起重滑轮组;4—导向装置;
5—拉索;6—起重臂;7—回转盘;8—卷扬机

**图 6-10　桅杆式起重机**

木独脚拔杆由圆木制成,圆木梢径为 200 ~ 300 mm,起重高度一般为 8 ~ 15 m,起重量 100 kN 以下。钢管独脚拔杆起重高度可达 20 m,起重量可达 300 kN。金属格构式独脚拔杆起重高度可达 70 ~ 80 m,起重量可达 1 000 kN。

独脚拔杆只能垂直提升重物,不能把重物作水平移动。使用时,拔杆应保持一定的倾角($\beta \leqslant 10°$),以免吊装时吊装的构件碰撞拔杆。拔杆的稳定主要依靠缆风绳固定,缆风绳一般为 6 ~ 12 根,缆风绳数量依起重量、起重高度和绳索强度而定,但不能少于 4 根。缆风绳与地面的夹角 $\alpha$ 一般为 30° ~ 45°,角度过大对拔杆会产生较大的压力。

### (二)人字拔杆

人字拔杆由两根圆木或者两根钢管用钢丝绳绑扎或者铁件铰接而成,如图 6-10(b)所示。两拔杆顶部夹角一般为 20° ~ 30°,底部设有拉杆或拉绳,以平衡水平推力。拔杆下端两脚的距离为高度的 1/3 ~ 1/2,其中一根拔杆的底部装有一导向滑轮,起重索通过它连到卷扬机,另一根钢丝绳连到锚碇,以保证在起重时底部稳定。

人字拔杆比独脚拔杆稳定性好,缆风绳的数量少,但构件起吊活动范围小。人字拔杆缆风绳的数量由拔杆的起重量和起重高度决定,一般不少于 5 根。人字拔杆一般用于安装重型构件,或者作为辅助设备吊装厂房屋盖体系上的构件。

### (三)悬臂拔杆

在独脚拔杆的中部或者 2/3 高度处,装上一根可以回转和起伏的起重臂,即成悬臂拔杆,如图 6-10(c)所示。由于悬臂起重杆铰接于拔杆中部,起吊重量大的构件会使拔杆产生较大的弯矩，为了使拔杆在铰接处得到加强，可用撑杆或拉条（或者钢丝绳）进行加固。悬臂拔杆起重高度和相应起重半径较大，可以在 120°～270°摆动，但起重量较小，一般只适用于吊装轻型构件。

**（四）牵缆式桅杆起重机**

在独脚拔杆下端装上一根可以回转和起伏的起重臂，即成牵缆式桅杆起重机，如图 6-10（d）所示。起重臂可以起伏，机身可以回转 360°，起重半径大，而且灵活，可以把构件吊到工作范围内任何位置。起重量在 100 kN 以下，起重臂可用无缝钢管制作，起重高度可达25 m，用于一般工业厂房构件的吊装。大型牵缆式桅杆起重机，一般做成格构式截面，起重量可达 600 kN，起重高度可达 80 m，用于重型工业厂房吊装及高炉安装。牵缆式桅杆起重机至少用 6 根缆风绳固定，根据缆风绳最大拉力选择钢丝绳和地锚，地锚必须安全可靠。

## 二、自行式起重机

自行式起重机包括履带式起重机、汽车式起重机和轮胎式起重机等。

**（一）履带式起重机**

*1. 履带式起重机的构造及特点*

履带式起重机由四部分组成：行走装置、回转机构、机身和起重臂，如图 6-11 所示。为减小对地面的压力，行走装置采用链条履带，增大承压面积。回转机构装在底盘上，可使机身回转 360°。机身内部有动力装置和操纵系统。起重臂为角钢组成的格构式杆件，下端铰接在机身上，随机身回转。起重臂可分节接长，设置有起重滑轮组与变幅滑轮组，钢丝绳通过起重臂顶端连在机身的卷扬机上。

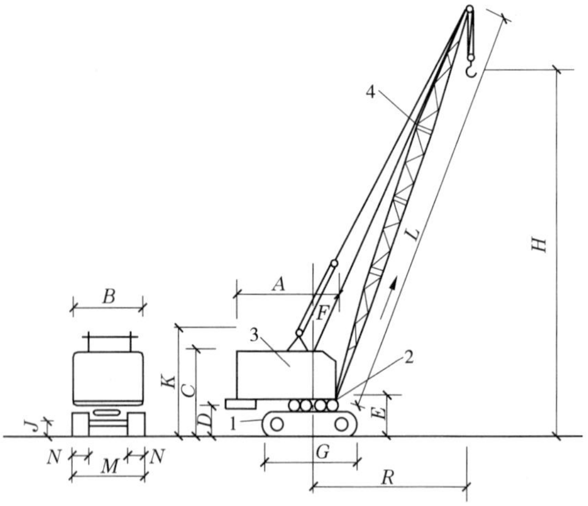


1—行走装置；2—回转机构；3—机身；4—起重臂

**图 6-11　履带式起重机**

履带式起重机操作灵活，使用方便，机身可回转 360°，能负荷行驶，工作范围大。适用于在一般平整坚实的地面上行驶与工作，是结构安装工程中的主要起重机械。履带式起重机稳定性较差，不宜超负荷吊装。在需要起重臂接长或超负荷吊装时，需要进行稳定性验算，并采取相应的技术措施。

在结构安装工程中,常用的履带式起重机主要有国产 $W_1-50$ 型、$W_1-100$ 型、$W_1-200$ 型和一些进口机械。$W_1-50$ 型起重机最大起重量为 100 kN,适用于吊装跨度在 18 m 以下,高度在 10 m 以内的小型单层厂房结构和装卸工作;$W_1-100$ 型起重机最大起重量为 150 kN,适用于吊装跨度为 18 ~24 m 的厂房;$W_1-200$ 型起重机最大起重量为500 kN,适用于大型厂房吊装。

2. *履带式起重机的主要技术性能*

履带式起重机的主要技术性能常用起重量 $Q$、起重半径 $R$ 和起重高度 $H$ 三个参数表示。起重半径 $R$ 是指起重机回转中心至吊钩的水平距离。起重高度 $H$ 是指起重钩至停机面的距离。

起重量 $Q$、起重半径 $R$ 和起重高度 $H$ 三个参数间存在着相互制约的关系。其数值的变化取决于起重臂长 $L$ 及其仰角 $\alpha$ 的大小。当起重臂长 $L$ 一定时,随着起重臂仰角 $\alpha$ 的增大,起重量 $Q$ 和起重高度 $H$ 随之增大,而起重半径 $R$ 减小;当起重臂仰角 $\alpha$ 不变时,随着起重臂长 $L$ 的增加,起重半径 $R$ 和起重高度 $H$ 也增加,而起重量 $Q$ 减小。

3. *履带式起重机的稳定性验算*

起重机的稳定性是指整个机身在起重作业时的稳定程度。起重机在正常条件下工作,一般可以保持机身稳定,但在超负荷吊装或接长起重臂时,需要进行稳定性验算,以保证起重机在吊装作业中不发生倾覆事故。

履带式起重机在机身与行驶方向垂直的情况下,稳定性最差,如图 6-12 所示。此时,以履带的轨链中心 $A$ 为倾覆中心,当不考虑附加荷载(风载、刹车惯性力和回转离心力等)仅考虑吊装荷载时,起重机的稳定条件为

稳定性安全系数

$$K=\frac{M_{稳}}{M_{倾}}\geqslant 1.4 \tag{6-2}$$

对 $A$ 点求力矩可得

$$K=\frac{G_1l_1+G_2l_2+G_0l_0-G_3l_3}{Q(R-l_2)}\geqslant 1.4 \tag{6-3}$$

式中 $G_0$——原机身平衡重量;

$G_1$——起重机机身可转动部分的重量;

$G_2$——起重机机身不可转动部分的重量;

$G_3$——起重臂重量,为起重机重量的 4% ~7%;

$Q$——吊装荷载;

$R$——起重机的回转半径;

$l_1$——$G_1$ 重心至 $A$ 点的距离;

$l_2$——$G_2$ 重心至 $A$ 点的距离;

$l_0$——$G_0$ 重心至 $A$ 点的距离;

$l_3$——$G_3$ 重心至 $A$ 点的距离。

验算后,如不满足抗倾覆要求,应考虑增加配重,或在起重臂上增加缆风绳等措施。

4. *起重臂接长验算*

当起重机的起重高度或起重半径不足时,在起重臂的强度和稳定性能得到保证的前提

下，可以将起重臂接长，接长后的起重量 $Q'$按图 6-13 所示计算。

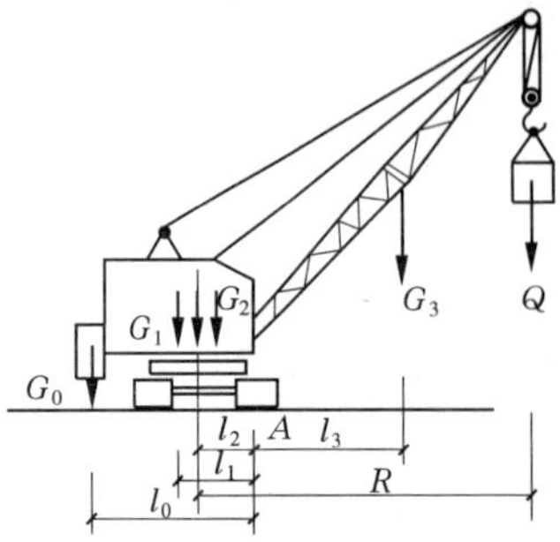


图 6-12　起重机机身与行驶方向垂直受力简图

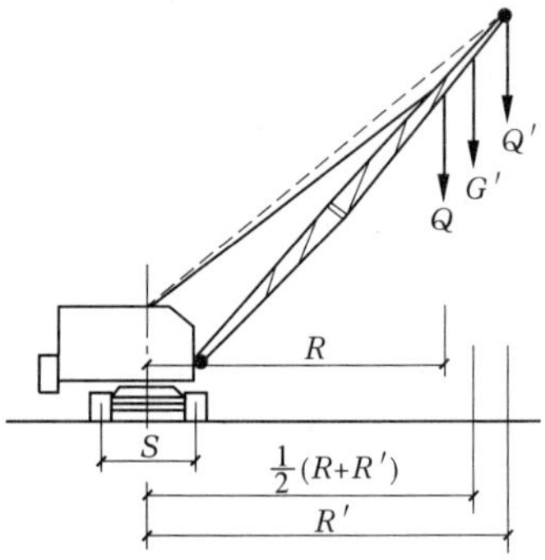


图 6-13　起重臂接长计算简图

根据力矩等量换算的原理可得

$$Q'(R'-\frac{S}{2})+G'(\frac{R'+R}{2}-\frac{S}{2})=Q(R-\frac{S}{2})$$

整理后得

$$Q'=\frac{1}{2R'-S}[Q(2R-S)-G'(R'+R-S)] \tag{6-4}$$

式中　$R'$——接长起重臂后的工作幅度；

$G'$——起重杆接长部分的重量。

当算得的 $Q'$小于所吊构件重量时，必须用式(6-3)进行稳定性验算，并采取相应措施解决。如在起重臂顶端拉设缆风绳，以加强起重机的稳定性。

**（二）汽车式起重机**

汽车式起重机是将起重机构安装在普通载重汽车或专用汽车底盘上的一种自行式全回转起重机，其构造基本上与履带式起重机相同，如图 6-14 所示。汽车式起重机行驶速度快，转移灵活，对路面破坏性小，但是吊装作业时稳定性差。汽车式起重机装有可伸缩的支腿，作业时，支腿落地，以增加机身的稳定性。汽车式起重机不能负荷行驶。

汽车式起重机按起重量大小分为轻型、中型和重型三种，起重量在 200 kN 以内为轻型，200～500 kN 为中型，500 kN 以上为重型；按起重臂形式分为桁架或箱型臂两种；按传动装置形式分为机械传动、电力传动、液压传动三种。目前，液压传动应用比较普遍，适用于中小型构件及大型构件的吊装。

我国生产的汽车式起重机型号有 $Q_2-8$、$Q_2-12$、$Q_2-16$、$Q_2-32$、QY40、QY65、QY100 等多种。

**（三）轮胎式起重机**

轮胎式起重机的外形和构造与履带式起重机相似，如图 6-15 所示，但其行驶装置采用轮胎。起重机械与机身装在由加重型轮胎和轮轴组成的特制底盘上，能全程回转。底盘下装有若干根轮轴，随起重量的大小，配备 4～10 个或更多轮胎，并装有 4 个可伸缩的支腿。起重时，支腿落地，以增加机身的稳定，并保护轮胎。

轮胎式起重机运行速度快，轮距较宽，稳定性好，车身短，转弯半径小，可在 360°范围内工作,能迅速转移工作地点,不损伤路面,但不适合在松软和泥泞的道路上行驶。

轮胎式起重机按传动方式可分为机械式(QL)、电动式(QLD)和液压式(QLY)。近几年来,机械式已被淘汰,液压式已逐步代替了电动式。

常用的液压式轮胎起重机主要有 QLY-16 型和 QLY-25 型两种,最大起重量分别为 160 kN 和 250 kN,适用于构件装卸和一般工业厂房的结构吊装。

国产轮胎式起重机有 $QL_2-8$ 型、$QL_3-16$ 型、$QL_3-25$ 型、$QL_3-40$ 型、$QL_1-16$ 型等。

图 6-14　汽车式起重机

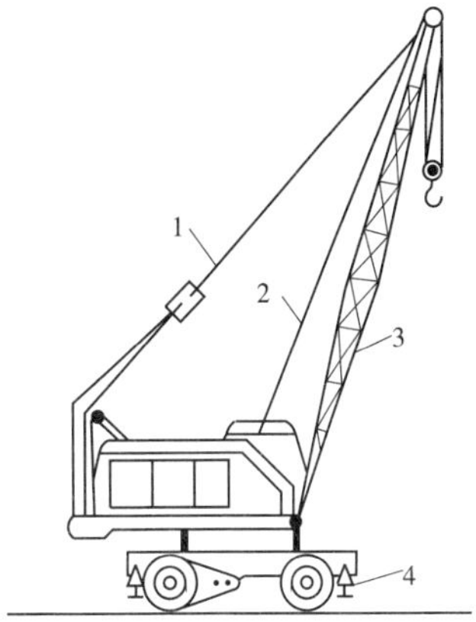


1—起重杆;2—起重索;3—变幅索;4—支腿

图 6-15　轮胎式起重机

## 三、塔式起重机

塔式起重机的起重臂安装在塔身上部,具有较大的起重高度和工作幅度,工作速度快,生产效率高,广泛用于多层和高层的工业与民用建筑施工。

塔式起重机按照起重能力,可分为轻型、中型和重型三种。轻型塔式起重机起重量为 5~30 kN,一般用于 6 层以下民用建筑施工;中型塔式起重机起重量为 30~150 kN,一般用于工业建筑和高层民用建筑施工;重型塔式起重机起重量为 200~400 kN,一般用于大型工业厂房的施工和高炉等设备的吊装。

塔式起重机按构造性能可分为轨道式、爬升式和附着式三种。

### (一)轨道式塔式起重机

轨道式塔式起重机是一种在轨道上行驶的自行式塔式起重机,有的沿直线轨道上行驶,有的可沿 L 形或 U 形轨道行驶。作业范围在两倍幅度宽度和行走线长度的矩形面积内,并可负荷行驶。常用的轨道式塔式起重机有以下几种:

(1) $QT_1-6$ 型塔式起重机。$QT_1-6$ 型塔式起重机是一种塔顶回转式中型塔式起重机,由底座、塔身、起重臂、塔顶及平衡重物等组成,如图 6-16 所示。起重机底座有两种:一种有四个行走轮,只能直线行驶;另一种有

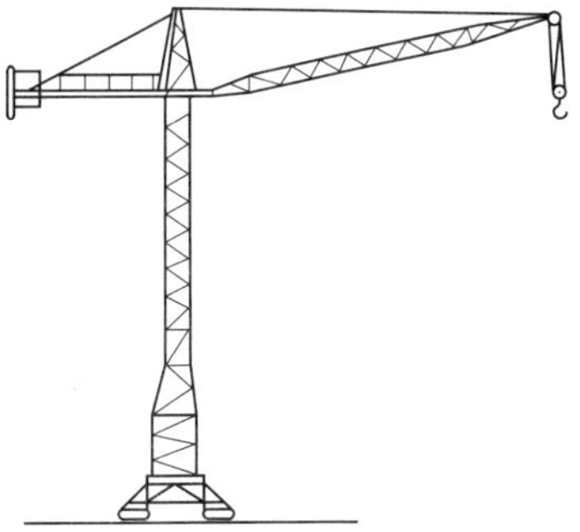

图 6-16　$QT_1-6$ 塔式起重机

八个行走轮，能转弯行驶。起重机的最大起重力矩 510 kN·m，最大起重量 60 kN，最大起重高度 40.60 m，最大起重半径 20 m。这种起重机适用于工业与民用建筑的吊装或材料仓库装卸工作。

(2) $QT_1-2$ 型塔式起重机。$QT_1-2$ 型塔式起重机为轨道式塔身下回转式轻型起重机。起重量 10～20 kN，起重力矩 160 kN·m，轨距 2.8 m，起升速度 14.1 m/min，自重 130 kN。这种起重机适用于五层以下民用建筑和中小型多层工业厂房的结构吊装。

(3) QT－60/80 型塔式起重机。QT－60/80 型塔式起重机是塔顶回转式中型塔式起重机，但起重量和起重高度比 $QT_1-6$ 型起重机大。低塔塔高 30.05 m，最大起重力矩为 800 kN·m，最大起重量 104 kN，最大起重高度为 48 m，最大起重半径为 30 m；中塔塔高 40.05 m，最大起重力矩为 700 kN·m，最大起重量为 90 kN，最大起重高度为 58 m，最大起重半径 30 m；高塔塔高 50.05 m，最大起重力矩为 600 kN·m，最大起重量为 78 kN，最大起重高度为 68 m，最大起重半径为 30 m。这种起重机适用于层数较多的工业与民用建筑结构安装，尤其适用于装配式大板房屋施工。

**(二) 爬升式塔式起重机**

爬升式塔式起重机是自升式塔式起重机的一种，由底座、套架、塔身、塔顶、行走式起重臂和平衡臂等组成，如图 6-17 所示。主要安装在高层装配式结构的框架梁或电梯间结构上，每安装 1～2 层楼的构件，便靠一套爬升设备使塔身沿建筑物向上爬升一次。爬升式塔式起重机机身体积小、质量轻、安装简单、不占用建筑物外围空间，适用于现场狭窄的框架结构(10 层以上)及高层建筑结构安装。但是采用爬升式塔式起重机施工，将增加建筑物的造价，且司机视野不开阔，还需要一套辅助设备用于起重机拆卸。

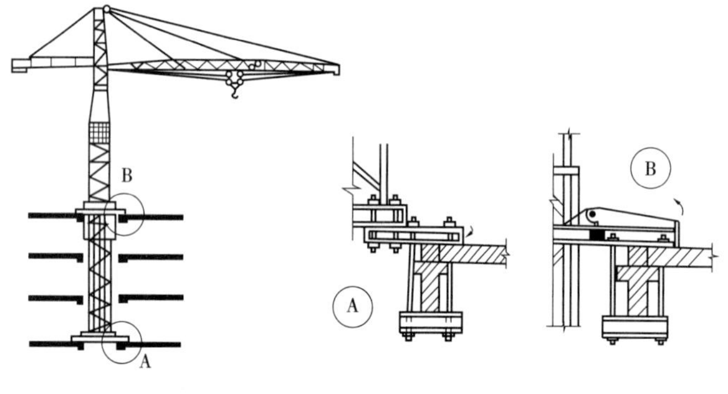


**图 6-17　爬升式塔式起重机**

爬升式起重机的爬升过程如图 6-18 所示。首先，起重小车回至最小幅度，下降吊钩并用吊钩吊住套架的提环，如图 6-18(a)所示。其次，放松固定套架的地脚螺栓，将其活动支腿收进套架梁内，将套架提升两层楼高度，摇出套架活动支腿，用地脚螺栓固定，如图 6-18(b)所示。最后，松开底座地脚螺栓，收回其活动支腿，开动爬升机构将起重机提升两层楼高度，摇出底座活动支腿，用地脚螺栓固定，如图 6-18(c)所示。

**(三) 附着式塔式起重机**

附着式塔式起重机是固定在建筑物附近钢筋混凝土基础上的自升式塔式起重机，如

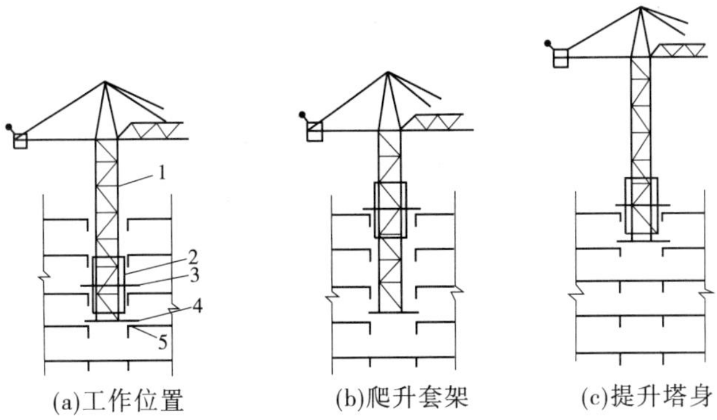


1—塔身;2—套架;3—套架梁;4—塔身底座梁;5—建筑物楼盖梁

**图 6-18　爬升式塔式起重机的爬升过程**

图 6-19 所示。随着建筑物的升高,利用液压自升系统逐步将塔顶顶升、塔身接高。为了保证塔身稳定,每隔一定高度将塔身与建筑物用锚固装置水平连接起来,使起重机依附在建筑物上。锚固装置由套装在塔身上的锚固环、附着杆及固定在建筑物结构上的锚固支座构成。第一道锚固装置设于塔身高度的 30 ~ 50 m 处,自第一道向上每隔 20 m 左右设置一道,一般锚固装置设 3 ~ 4 道。附着式塔式起重机适用于高层建筑施工。

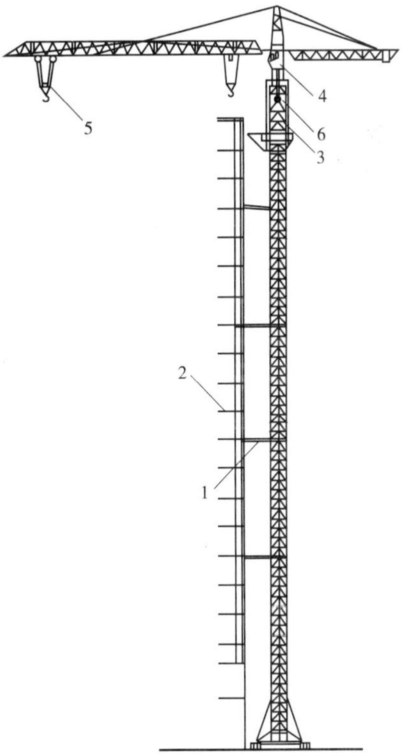


1—撑杆;2—建筑物;3—标准节;
4—操纵室;5—起重小车;6—顶升套架

**图 6-19　附着式塔式起重机**

附着式塔式起重机常用型号主要有 $QT_4-10$、ZT－100、ZT－120、QT－4、TY－80 型等几种。$QT_4$-10 型起重机起重力矩可达 1 600 kN · m,最大起重量为 50 ~ 100 kN,回转半径为 3 ~ 30 m,每次接高 2.5 m,最大起吊高度可达 160 m。

附着式塔式起重机的液压顶升系统主要包括顶升套架、长行程液压千斤顶、支承座、顶升横梁及定位销等。液压千斤顶的缸体装在塔吊上部结构的底端支承座上。活塞杆通过顶升横梁支承在塔身顶部。附着式塔式起重机爬升过程如图 6-20 所示。

**特别提示**

结构吊装常用的起重机械主要有桅杆式起重机、自行式起重机(履带式、汽车式、轮胎式)及塔式起重机,施工时要根据各种起重机械的性能特点及使用范围选择。

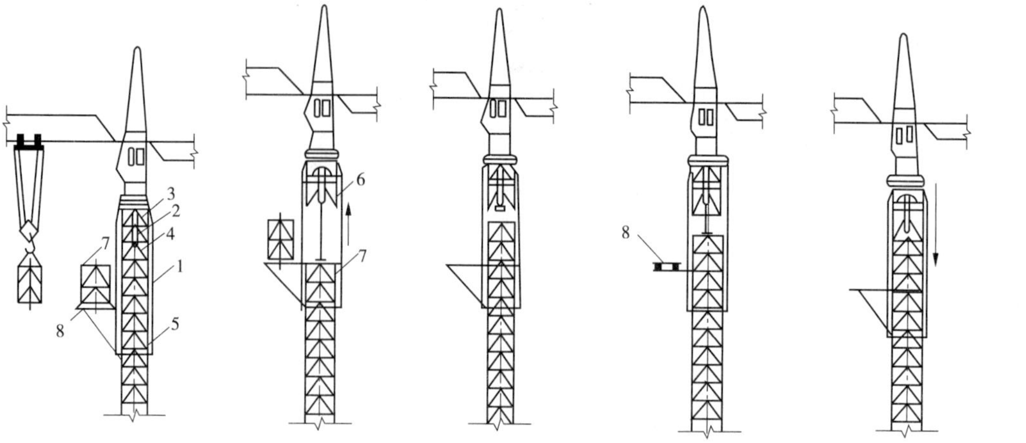

(a)准备阶段 (b)顶升塔顶 (c)推入塔身标准节 (d)安装塔身标准节 (e)塔顶与塔身连成整体

1—顶升套架;2—液压千斤顶;3—支承座;4—顶升横梁;
5—定位销;6—过渡节;7—标准节;8—摆渡小车

**图 6-20 附着式塔式起重机的爬升过程**

# 任务三 单层工业厂房结构安装

单层工业厂房结构主要承重构件一般由杯形基础、柱子、吊车梁、天窗架、屋面板等组成。除杯形基础为现场浇筑外,大型构件(如柱、屋架等)一般在施工现场预制,而中小型构件可在预制加工厂制作,然后运到施工现场进行安装。

## 一、准备工作

单层工业厂房结构安装准备工作的内容包括场地的清理、道路的修筑、基础的准备、构件的运输、堆放、拼装加固、检查清理、弹线编号以及吊装机具的准备等。

### (一)构件的检查与清理

为保证施工质量,在结构吊装前应对所有构件做全面检查。

(1)构件强度检查。构件吊装时混凝土强度不低于设计混凝土标准值的75%,对一些大跨度构件,如屋架则应达到100%。

(2)检查构件的外形尺寸、预埋件的位置及大小。

(3)检查构件的表面。有无损伤、缺陷、变形、裂缝等。预埋件如有污物,则应加以清除,以免影响构件的拼装和焊接。

(4)检查吊环的位置,吊环有无变形损伤。

### (二)构件的弹线与编号

在每个构件上弹出安装的定位墨线和校正所用墨线,作为构件安装、对位、校正的依据,具体做法如下:

(1)柱子。在柱身三面弹出安装中心线,所弹中心线的位置与柱基杯口面上的安装中心线相吻合。此外,在柱顶与牛腿面上还要弹出安装屋架及吊车梁的定位线。

(2)屋架。屋架上弦顶面应弹出几何中心线,并从跨中向两端分别弹出天窗架、屋面板或檩条的安装定位线。在屋架两端弹出安装中心线。

(3)梁。在两端及顶面弹出安装中心线。

(4)编号。应按图纸将构件进行编号。

**(三)杯形基础的准备**

杯形基础的准备工作主要是:在柱吊装前,对杯底抄平和在杯口顶面弹线。

杯底的抄平是对杯底标高的检查和调整,以保证吊装后牛腿面标高的准确。杯底标高在制作时一般比设计要求低 50 mm,以便柱子长度有误差时能抄平调整。测量杯底标高,先在杯口内弹出比杯口顶面设计标高低 100 mm 的水平线,随后用尺对杯底标高进行测量,小柱测中间一点,大柱测四个角点,得出杯底实际标高。牛腿面设计标高与杯底实际标高的差,就是柱子牛腿面到柱底的应有长度,与实际量得的长度相比,得到制作误差。根据柱底平面的平整度和杯底制作误差,用水泥砂浆或细石混凝土将杯底抹平,垫至所需标高。例如,实测杯底标高 -1.20 m,柱牛腿面设计标高 +7.80 m,量得柱底至牛腿面的实际高度为 8.95 m,则杯底标高的调整值(抄平厚度)为 $\Delta h = (7.80 + 1.20) - 8.95 = +0.05(\mathrm{m})$。

基础顶面弹线需要根据厂房的定位轴线测出,并与柱的安装中心线相对应。一般在基础顶面弹十字交叉的安装中心线,并画上红三角。

**(四)构件的运输**

一些质量不大而数量很多的构件,可在预制厂制作,用汽车运到工地。构件的运输要保证构件不变形、不损坏。构件的混凝土强度达到设计强度的 75% 时方可运输。构件的支垫位置要正确,要符合受力情况,上下垫木要在同一垂直线上。

构件的运输顺序及卸车位置应按施工组织设计的规定进行,以免造成构件二次就位。

**(五)构件的堆放**

构件的堆放场地应平整压实,并应按设计的受力情况搁置在垫木或支架上。重叠堆放时,一般梁可堆叠 2 ~ 3 层;大型屋面板不超过 6 块;空心板不宜超过 8 块。构件吊环要向上,标志要向外。

## 二、构件的吊升方法及技术要求

单层工业厂房的主要构件有柱子、吊车梁、屋架、天窗架、屋面板、连系梁等。其吊装过程主要有绑扎、吊升、就位、临时固定、校正、最后固定等工序。

**(一)柱子的吊装**

1. 绑扎

绑扎柱子的吊具有吊索、卡环和铁扁担等。为了在高空中脱钩方便,应尽量采用活络式卡环。起吊时,为防止吊索磨损柱子表面,一般在吊索和柱子之间垫以麻袋等物。柱子的绑扎按起吊后柱身是否垂直,可分为斜吊绑扎法和直吊绑扎法;按绑扎点及牛腿的数量,可分为一点绑扎法、两点绑扎法以及三面牛腿绑扎法等。柱子的绑扎位置和点数要根据柱子的形状、断面、长度、配筋和起重机性能等确定。中小型柱子可一点绑扎,重型柱子或配筋少而细长的柱子(如抗风柱),需两点绑扎,且吊索合力点应偏向柱重心上部。一点绑扎时,绑扎点位置常选在牛腿下 200 mm 处。工字形截面和双肢柱的绑扎点选在实心处,否则应在绑扎位置用方木垫平。

(1)一点绑扎斜吊法。如图 6-21(a)所示,起吊时,不需要翻动柱子,但柱子平放起吊时抗弯强度要符合要求。柱吊起后呈倾斜状态,由于吊索歪在柱的一边,起重钩低于柱顶,因此起重臂可以短些。

(2)一点绑扎直吊法。当柱子的宽度方向抗弯不足时,可在吊装前先将柱子翻身后再起吊,如图 6-21(b)所示。起吊后,铁扁担跨在柱顶上,柱身呈直立状态,便于插入杯口,但需要较大的起重高度。

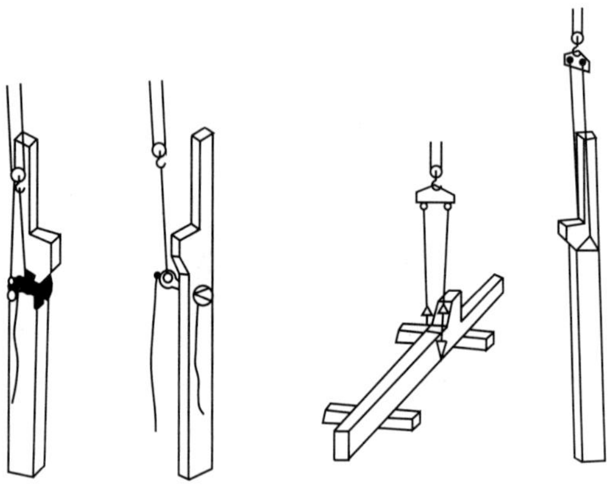

(a)一点绑扎斜吊法　　(b)一点绑扎直吊法

**图 6-21　柱子一点绑扎法**

(3)两点绑扎法。当柱身较长,或采用一点绑扎柱的抗弯能力不足时,可采用两点绑扎起吊,如图 6-22 所示。

(4)三面牛腿绑扎法。柱子三面有牛腿时,可采用直吊绑扎法,用两根吊索分别沿柱角吊起,如图 6-23 所示。

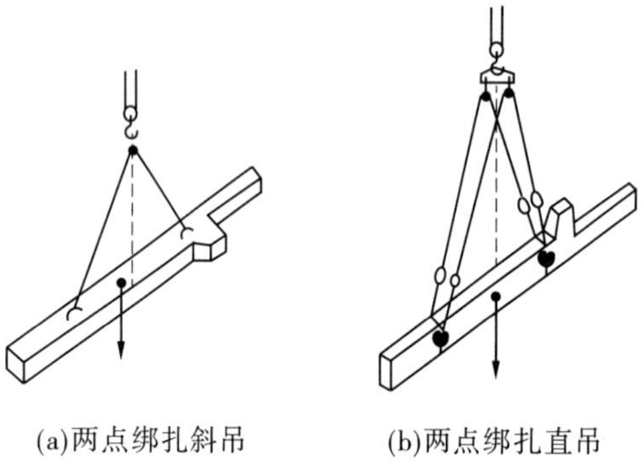

(a)两点绑扎斜吊　　(b)两点绑扎直吊

**图 6-22　柱的两点绑扎法**

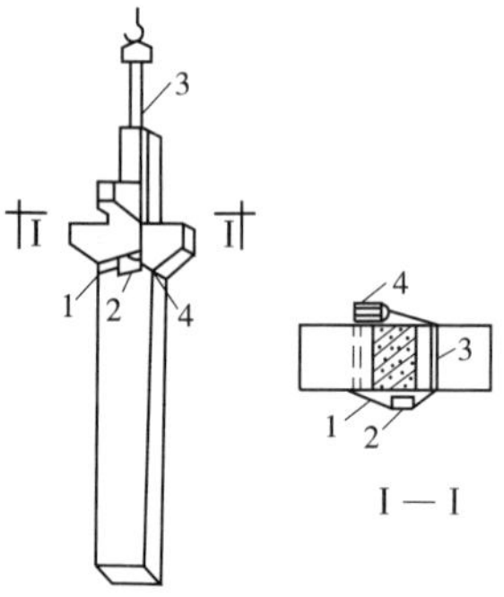


1—短吊绳;2—活络卡环;3—长吊绳;4—普通卡环

**图 6-23　三面牛腿绑扎法**

2. 吊升

柱子的吊升方法根据柱子重量、长度、起重机性能和现场施工条件确定。根据柱子吊升过程中的运动特点,可分为旋转法和滑行法;根据起重机的数量,可分为单机吊升和双机吊升两种。

(1)单机旋转法吊升。如图 6-24 所示,柱的绑扎点、柱脚、杯基中心三者,宜位于起重机的同一工作幅度的圆弧上，即三点共弧。起吊时，起重臂边升钩边回转，柱顶随起重钩的运动也边升起边回转，绕柱脚旋转起吊。当柱子呈直立状态后，起重机将柱吊离地面插入杯口。旋转法吊升柱，受振动小，生产效率高，但对起重机的机动性要求高。当采用履带式、汽车式、轮胎式等起重机时，宜采用此法。

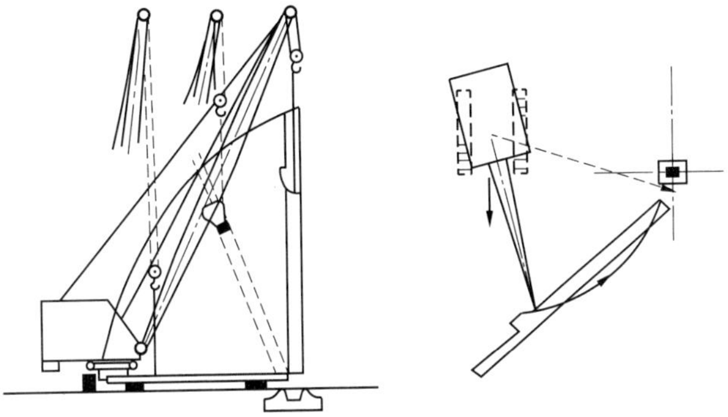

(a)吊升过程　　(b)平面布置

**图 6-24　单机旋转法吊装过程**

(2)单机滑行法吊升。柱的绑扎点宜靠近基础，绑扎点与杯口中心均位于起重机的同一起重半径的圆弧上，即两点共圆弧。柱子吊升时，起重机只升钩，起重臂不转动，使柱脚沿地面滑行逐渐直立，然后插入杯口，如图 6-25 所示。滑行法吊升时，柱在滑行过程中受振动大，但起吊过程中起重机只需升钩一个动作。当采用独脚拔杆、人字拔杆吊升柱时，常采用此法。另外，对一些长而重的柱，为便于构件布置和吊升，也常采用此法。

(3)双机抬吊旋转法。对于重型柱子，一台起重机吊不起来，可采用两台起重机抬吊。旋转法双机抬吊时，应采用两点绑扎，一台起重机抬上吊点，另一台起重机抬下吊点。当双机将柱子抬至离地面一定距离(下吊点到柱脚距离 +300 mm)时，上吊点的起重机将柱上部逐渐提升，下吊点不需再提升，使柱子呈直立状态后旋转起重臂使柱脚插入杯口，如图 6-26 所示。

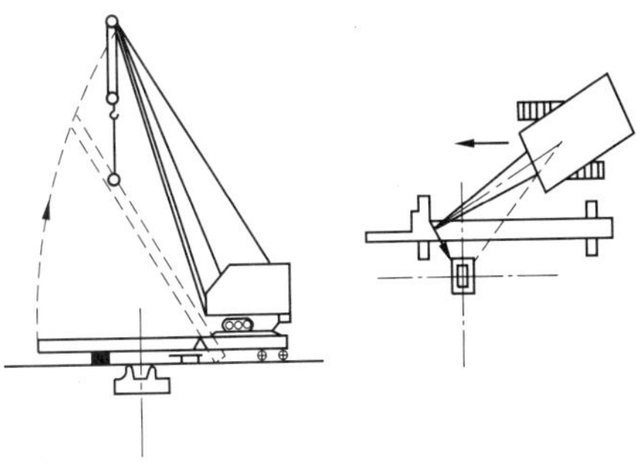

(a)滑行过程　　(b)平面布置

**图 6-25　单机滑行法吊装过程**

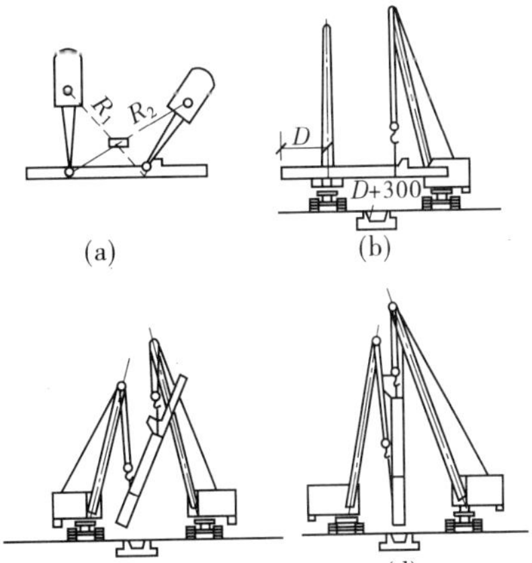


(a)　(b)　(c)　(d)

**图 6-26　双机抬吊旋转法**

(4)双机抬吊滑行法。柱为一点绑扎，且绑扎点靠近基础。起重机在柱基础的两侧，两台起重机在柱的同一绑扎点吊升抬吊，使柱脚沿地面向基础滑行，呈直立状态后，将柱脚插入基础杯口内，如图 6-27 所示。

3. 就位和临时固定

柱子就位时，一般柱脚插入杯口后应悬离杯底 30 ~ 50 mm。柱对位时，用八只木楔或钢楔从柱的四边放入杯口，并用撬棍撬动柱脚，使柱的安装中心线对准杯口上的安装中心线，并使柱子基本保持垂直。柱对位后，应先把楔块略打紧，再放松吊钩，检查柱沉至杯底的对中情况，若符合要求，即将楔块打紧，将柱临时固定，如图 6-28 所示。

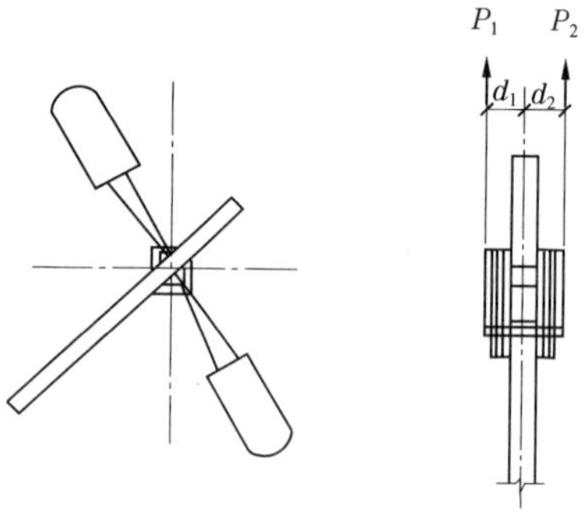


**图 6-27　双机抬吊滑行法**

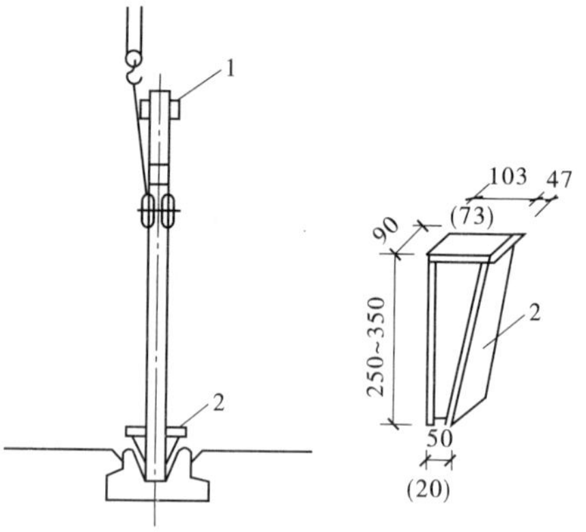


1—安装缆风绳或挂操作台的夹箍；2—钢楔

**图 6-28　柱的对位与临时固定**

吊装重型柱或细长柱时，除按上述方法进行临时固定外，必要时应增设缆绳拉锚。

4. 校正和最后固定

柱子的校正包括平面位置校正和垂直校正。平面位置校正一般在临时固定时已校正好。垂直度偏差检查是用两台经纬仪从柱相邻两面观察柱的安装中心线是否垂直。垂直度偏差要在规范允许范围内：柱高 $H \leqslant 5$ m 时，允许偏差为 5 mm；柱高 5 m $< H \leqslant 10$ m 时，允许偏差为 10 mm；柱高 $H > 10$ m 时，允许偏差为 1/1 000 柱高，且最大不超过 20 mm。若超过允许偏差值，可采用钢管撑杆校正法、千斤顶校正法等进行校正，如图 6-29 所示。

柱子的最后固定是在柱子与杯口的空隙间，采用细石混凝土浇灌密实。细石混凝土强度等级应比柱子混凝土强度提高一级，分二次浇筑。第一次浇筑至楔块底面，待混凝土强度达到设计强度 25% 时，拔去楔块，再浇筑第二次混凝土，直到灌满杯口。

**(二)吊车梁的吊装**

吊车梁的吊装应在柱子杯口第二次浇灌混凝土强度达到设计强度的 75% 时，方可进行。

1. 绑扎、吊升、就位与临时固定

吊车梁的绑扎应采用两点绑扎，对称起吊，吊钩应对称梁的重心，以便使吊车梁起吊后能保持水平，如图 6-30 所示。梁的两端用溜绳控制，以免在吊升过程中碰撞柱子。

吊车梁对位后，不宜用撬棍在纵轴方向撬动，因为柱在此方向刚度较差，过分撬动会使柱身弯曲产生偏差。

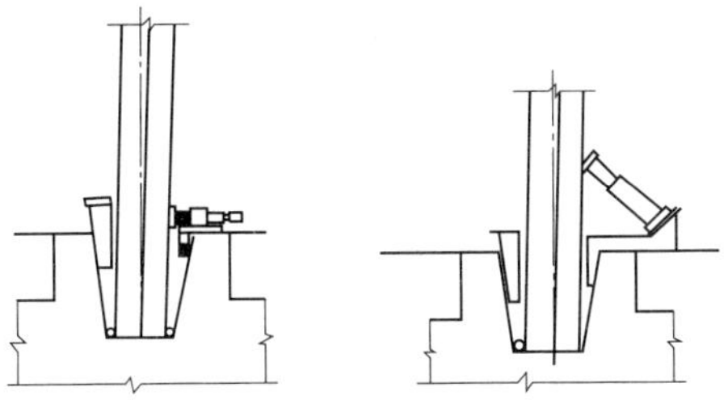

(a)螺旋千斤顶平顶法　(b)千斤顶斜顶法

**图 6-29　柱垂直度校正方法**

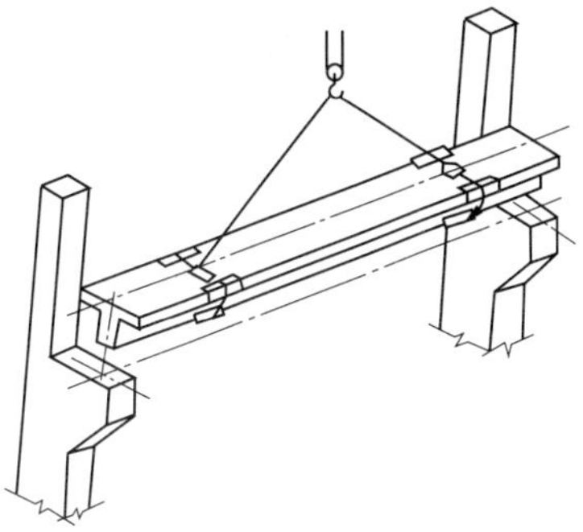

**图 6-30　吊车梁起吊**

吊车梁吊装就位后，由于梁本身稳定性较好，仅用垫铁垫平即可，不需采取临时固定措施。但当梁的高宽比大于 4 时，宜用铁丝将吊车梁临时绑在柱上。

2. 校正和最后固定

吊车梁校正主要是平面位置校正和垂直度校正。吊车梁的标高取决于柱牛腿标高，在柱吊装前已经调整。如仍存在偏差，可待安装吊车轨道时进行调整。

吊车梁的校正工作一般在屋面构件安装校正并最后固定后进行。因为在安装屋架、支撑等构件时，可能引起柱子偏差，影响吊车梁的准确位置。但对重量大的吊车梁，脱钩后撬动比较困难，应采取边吊、边校正的方法。

吊车梁垂直度校正一般采用吊线锤的方法检查，如存在偏差，在梁的支座处垫上薄钢板调整。

吊车梁平面位置的校正常采用通线法和平移轴线法。

(1)通线法。根据柱的定位轴线，在车间两端地面用木桩定出吊车梁定位轴线位置，并设置经纬仪。先用经纬仪将车间两端的四根吊车梁位置校正准确，用钢尺检查两列吊车梁之间的跨距是否符合要求，再根据校正好的端部吊车梁沿其轴线拉上钢丝通线，逐根拨正，如图 6-31 所示。

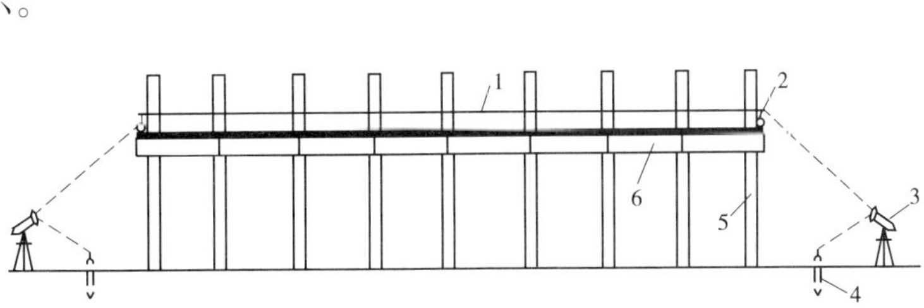


1—通线；2—支架；3—经纬仪；4—木桩；5—柱；6—吊车梁

**图 6-31　通线法校正吊车梁示意图**

(2)平移轴线法。在柱列边设置经纬仪，如图 6-32 所示。逐根将杯口中柱的吊装准线投影到吊车梁顶面处的柱身上，并作出标志。若安装准线到柱定位轴线的距离为 $a$，则标志距吊车梁定位轴线应为 $\lambda - a$（一般 $\lambda = 750$ mm），据此逐根拨正吊车梁安装中心。

吊车梁的最后固定是将吊车梁用钢板与柱侧面、吊车梁顶面预埋铁件焊牢，并在接头处、吊车梁与柱的空隙处支模浇筑细石混凝土。

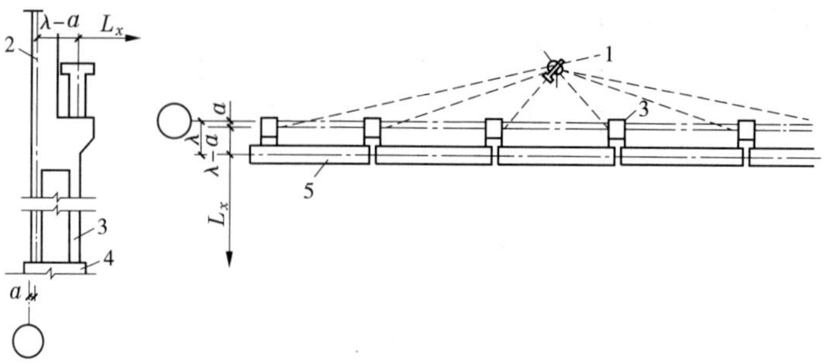


1—经纬仪;2—标志;3—柱;4—柱基础;5—吊车梁

**图 6-32　平移轴线法校正吊车梁**

### (三)屋架的吊装

钢筋混凝土预应力屋架一般在施工现场平卧叠浇生产。吊装前,应将屋架扶直、就位。屋架安装的主要工序有绑扎、扶直与就位、吊升、对位、校正、最后固定等。

1. 绑扎

屋架的绑扎点应选在屋架上弦节点处,左右对称于屋架的重心。一般屋架跨度小于或等于 18 m 时,采用两点绑扎;跨度大于 18 m 时,采用四点绑扎;跨度大于或等于 30 m 时,应考虑使用铁扁担,以减小绑扎高度;对刚性较差的组合屋架,因下弦不能承受压力,也采用铁扁担四点绑扎。屋架绑扎时,吊索与水平面夹角不宜小于 45°,否则应采用铁扁担,以减小屋架的起重高度或减小屋架所承受的压力。屋架的绑扎方法如图 6-33 所示。

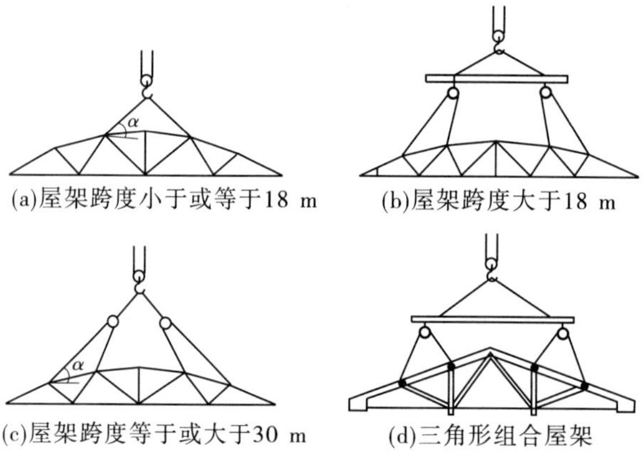


**图 6-33　屋架的绑扎**

2. 屋架的扶直与就位

按照起重机与屋架预制时相对位置不同,屋架扶直有正向扶直和反向扶直两种。

(1)正向扶直。起重机位于屋架下弦杆一边,吊钩对准上弦中点,收紧吊钩后略起臂使屋架脱模,然后升钩并起臂使屋架绕下弦旋转呈直立状态,如图 6-34(a)所示。

(2)反向扶直。起重机位于屋架上弦一边,吊钩对准上弦中点,收紧吊钩,接着升钩并降臂,使屋架绕下弦旋转呈直立状态,如图 6-34(b)所示。

正向扶直与反向扶直不同之处在于前者升臂,后者降臂。升臂比降臂易于操作,且比较安全,故应尽可能采用正向扶直。

钢筋混凝土屋架的侧向刚度小，扶直时，由于自重作用使屋架产生平面弯曲，部分杆件将改变应力，特别是下弦杆极易扭曲造成屋架损伤。因此，吊装前应进行吊装应力验算，如果截面强度不够，应采取必要的加固措施。

屋架扶直后，应按规定位置就位。屋架的就位位置与起重机性能和安装方法有关。当屋架就位位置与屋架的预制位置在起重机开行路线同一侧时，称同侧就位，如图 6-34(a)所示。当屋架就位位置与屋架预制位置分别在起重机开行路线各一侧时，叫异侧就位，如图 6-34(b)所示。

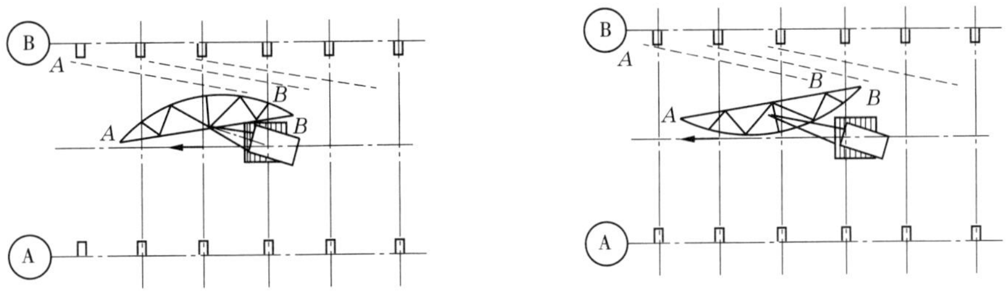


(a)正向扶直，同侧就位　　(b)反向扶直，异侧就位

**图 6-34　屋架的扶直**

3. 屋架的吊升、对位与临时固定

屋架起吊后，离地面约 300 mm 处转至吊装位置下方，再将其吊升超过柱顶约 300 mm，然后缓缓下落在柱顶上，对准安装准线。屋架就位后，先进行临时固定，然后使起重机脱钩。

第一榀屋架的临时固定可用四根缆风绳从两边拉牢。因为它是单片结构，侧向稳定性差，又是第二榀屋架的支撑。第二榀屋架以及以后各榀屋架，可用工具式支撑临时固定到前一榀屋架上。工具式支撑的构造如图 6-35 所示。

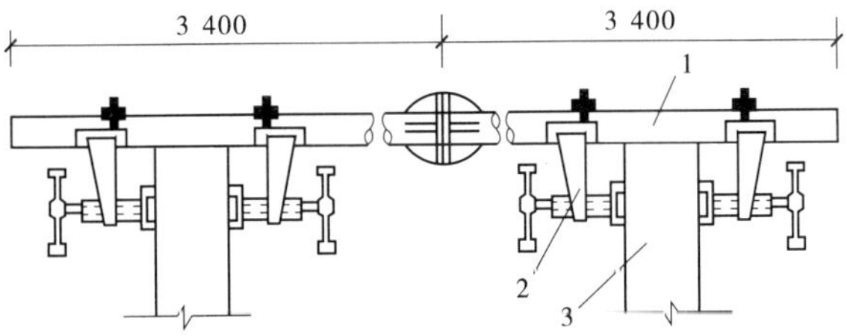


1—钢管；2—撑脚；3—屋架上弦

**图 6-35　工具式支撑的构造**

工具式支撑用$\phi$ 50 mm 钢管制成，两端各装有两只撑脚，其上有可调节松紧的螺栓，供使用时调紧螺栓，即可将屋架可靠地固定。撑脚上这对螺栓既可夹紧屋架上弦杆件，又可使屋架平移位置，故也是校正机具。每榀屋架至少要用两个工具式支撑，才能使屋架撑稳。当屋架经校正，最后固定并安装了若干块大型面板以后，将支撑放下。

4. 校正、最后固定

屋架校正是用经纬仪或垂球检查屋架垂直度，如图 6-36 所示。施工规范规定：屋架上弦中部对通过两支座中心的垂直面偏差不得大于 $h/250$($h$ 为屋架高度)。如超过允许偏差值，应用工具式支撑加以纠正，并在屋架端部支承面垫入薄钢片。校正无误后，立即用电焊焊牢作为最后固定。

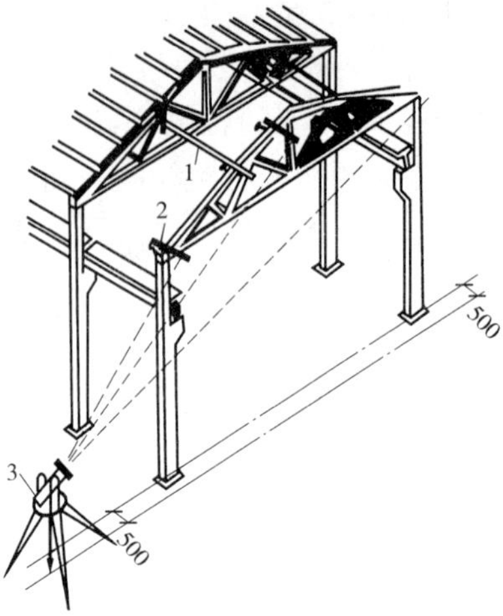


1—工具式支撑;2—卡尺;3—经纬仪

**图 6-36　屋架的临时固定与校正**

**(四)屋面板的吊装**

屋面板四个角一般埋有吊环,用四根带吊钩的吊索吊升,吊索应等长且拉力相等,屋面板保持水平。屋面板的吊装顺序应从两边檐口对称地铺向屋脊,以免屋架承受半边荷载的作用。

屋面板就位后,应立即用电焊固定,每块屋面板可焊三点,最后一块只能焊两点。

**特别提示**

单层工业厂房结构吊装主要包括柱子、吊车梁、屋架及屋面板等。柱子吊装有旋转法和滑行法;吊车梁平面位置的校正有通线法和平移轴线法;屋架扶直有正向扶直和反向扶直。

## 三、结构吊装方案

结构吊装方案着重解决起重机的选择、结构安装方法、起重机的开行路线以及构件的平面布置等。

**(一)起重机的选择**

1. 起重机类型选择

(1)对于中小型厂房结构,采用自行式起重机安装比较合理。

(2)当厂房结构高度和长度较大时,可选用塔式起重机安装屋盖结构。

(3)在缺乏自行式起重机的地方,可采用桅杆式起重机安装。

(4)大跨度的重型工业厂房,应结合设备安装来选择起重机类型。

(5)当一台起重机无法吊装时,可选用两台起重机抬吊。

2. 起重机型号和起重臂长度的选择

起重机类型确定后,需要进一步选择起重机的型号及起重臂长度。起重机的起重量、起重高度和起重半径三个重要参数必须满足结构吊装的要求。

1)起重量

起重机的起重量必须大于或等于吊装构件的重量与吊具及索具的重量之和,即

$$Q \geqslant Q_1 + Q_2 \tag{6-5}$$

式中 $Q$——起重机的起重量，kN；

$Q_1$——构件重量，kN；

$Q_2$——吊索重量，kN。

2）起重高度

起重机的起重高度应满足构件吊装高度的要求，如图 6-37 所示。

$$H \geqslant h_1 + h_2 + h_3 + h_4 \tag{6-6}$$

式中 $H$——起重机的起重高度，m；

$h_1$——安装支座表面高度，m，从停机面算起；

$h_2$——安装空隙，不小于 0.3 m；

$h_3$——绑扎点至构件吊起底面的距离，m；

$h_4$——索具高度，自绑扎点至吊钩中心的距离，根据具体情况而定，一般不小于 1 m。

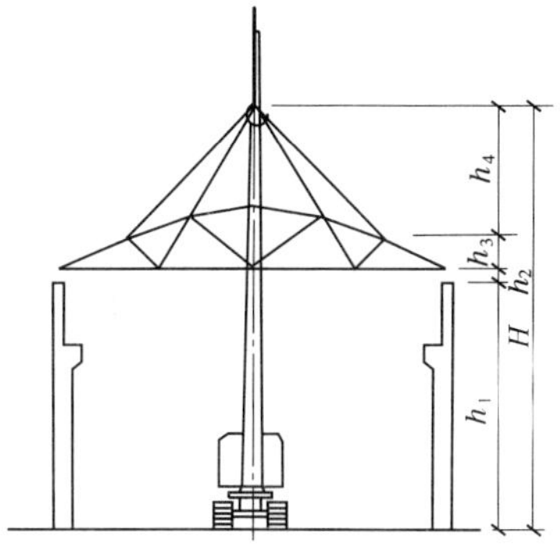


**图 6-37 起重机起重高度计算简图**

3）起重半径（工作幅度）

起重机的起重半径确定，可按以下三种情况考虑：

（1）当起重机可以不受限制地开到构件吊装位置附近吊装构件时，对起重半径没有要求。在计算起重量及起重高度后，便可查阅起重机起重性能表或性能曲线来选择起重机型号及起重臂长度，并可查得在此起重量和起重高度下相应的起重半径，作为确定起重机开行路线及停机位置时的参考。

（2）当起重机不能直接开到构件吊装位置附近去吊装构件时，需要根据起重量、起重高度、起重半径三个参数，查阅起重机起重性能表或性能曲线来选择起重机型号及起重臂的长度。

（3）当起重机的起重臂需要跨过已安装好的结构构件去吊装构件时（如跨过屋架或天窗架吊装屋面板），为了避免起重臂与已安装结构构件相碰撞，或当所吊构件宽度较大时，为使构件不碰撞起重臂，均需要求出起重机吊装该构件的最小臂长及相应的起重半径。计算起重机最小起重臂长度的方法有数解法和图解法两种。

①数解法：如图 6-38 所示，最小起重臂长度可按下式计算：

$$L_{\min} \geqslant L_1 + L_2 = \frac{h}{\sin\alpha} + \frac{f + g}{\cos\alpha} \tag{6-7}$$

式中 $L_{\min}$——起重臂最小长度，m；

$h$——起重臂下铰至屋面板吊装支座的高度，m，其中 $h = h_1 - E$；

$h_1$——停机面至屋面板吊装支座的高度，m；

$E$——起重臂底铰至停机面的距离，m；

$f$——吊钩需跨过已安装好结构的距离，m；

$g$——起重臂轴线与已安装好结构间的水平距离，至少取 1 m。

$\alpha$——起重臂的仰角，（°）。

为了使起重臂长度最小，需对式(6-7)进行一次微分，并令$\frac{\mathrm{d}L}{\mathrm{d}\alpha}=0$，即可求出 $\alpha$ 值。

$$\alpha = \arctan\sqrt[3]{\frac{h}{f+g}} \tag{6-8}$$

将 $\alpha$ 值代入式(6-7)即可求得所需起重臂的最小长度。

②图解法：如图 6-39 所示，最小起重臂长度可按以下步骤求得：(i)按一定比例绘出厂房一个节间的纵剖面图，并画出起重机吊装屋面板时起重钩位置处垂线 $y$—$y$，画出平行于停机面的水平线 $H$—$H$，$H$—$H$ 线距停机面的距离为 $E$（$E$ 为起重臂下铰点至停机面的距离）；(ii)自屋架顶面向起重机方向水平量出一距离 $g=1$ m，定出一点 $P$；(iii)在垂线 $y$—$y$ 上定出起重臂上定滑轮中心点 $G$（$G$ 点到停机面距离为 $H_0=h_1+h_2+h_3+h_4+d$，$d$ 为吊钩至起重臂顶端滑轮中心的最小高度，一般取 2.5～3.5 m）；(iv)连接 $GP$，并延长使之与 $HH$ 相交于 $G_0$，$G_0$ 即为起重臂下铰中心点，$GG_0$ 为起重臂的最小长度，$\alpha$ 角即为吊装时起重臂的仰角。

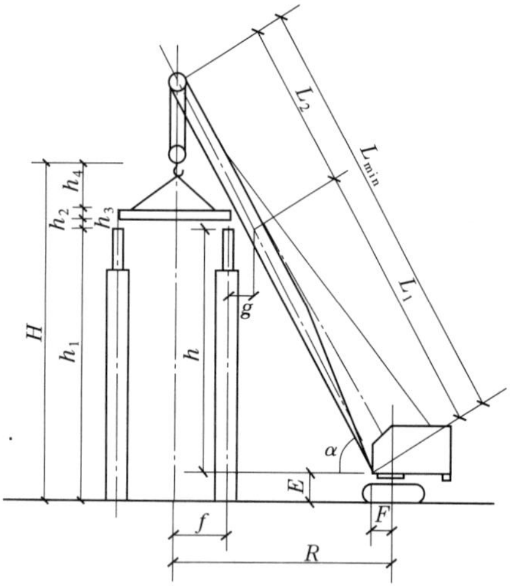

图 6-38　用数解法求最小起重臂长

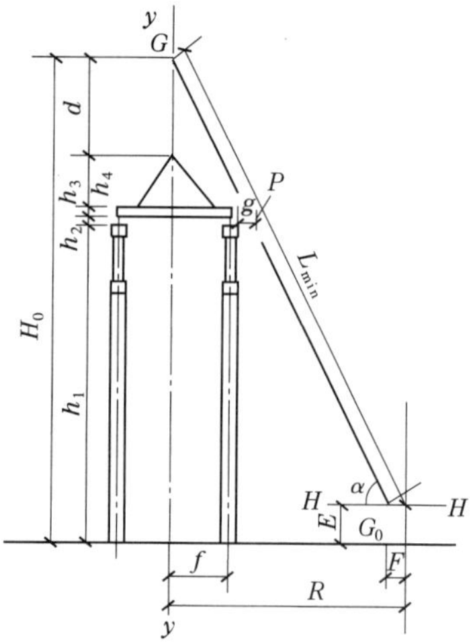

图 6-39　用图解法求最小起重臂长

根据数解法或图解法计算的最小起重臂长度，可选择实际采用的起重臂长度。根据实际采用的起重臂长度 $L$ 和 $\alpha$ 值，按下式可求得相应起重半径 $R$：

$$R = F + L\cos\alpha \tag{6-9}$$

式中　$F$——起重机枢轴中心距回转中心的距离，m。

根据 $R$ 和 $L$，查起重机性能表或性能曲线，复核起重机起重量及起重高度，即可根据 $R$ 值确定起重机吊装屋面板时的停机位置。

3. 起重机数量的确定

起重机数量应根据工程量、工期及起重机台班产量定额而定，可按下式计算：

$$N = \frac{1}{TCK}\sum\frac{Q_i}{P_i} \tag{6-10}$$

式中　$N$——起重机台数；

$T$——工期，d；

$C$——每天工作班数；

$K$——时间利用系数,一般取0.8~0.9;

$Q_i$——每种构件安装工程量,件或kN;

$P_i$——起重机相应的产量定额,件/台班或kN/台班。

此外,在决定起重机数量时还应考虑构件装卸和就位工作的需要。如起重机数量已定,也可按式(6-10)计算所需工期或每天工作班数。

**(二)结构安装方法**

单层厂房结构安装方法主要有分件安装法和综合安装法两种。

1. 分件安装法

分件安装法是指起重机在车间内每开行一次仅安装一种或两种构件,通常分三次开行。第一次开行,安装全部柱子,并对柱子校正和最后固定;第二次开行,安装全部吊车梁、连系梁以及柱间支撑;第三次开行,分节间安装屋架、天窗架、屋面板及屋面支撑等,如图6-40所示(图中数字表示构件吊装顺序)。

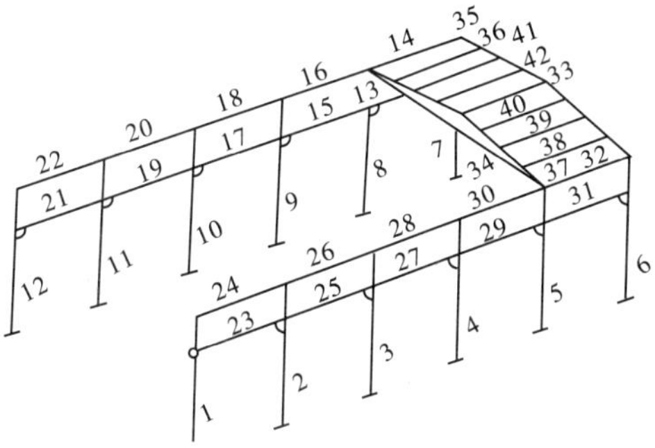

1~12—柱;13~32—单数是吊车梁,双数是连系梁;

33、34—屋架;35~42—屋面板

**图6-40 分件安装时构件吊装顺序**

分件安装法的优点是:每次吊装同类构件,不需要经常更换索具,操作程序基本相同;安装速度快;校正有充分时间;构件可分批进场,供应单一;平面布置比较容易,现场不致拥挤;可根据不同构件选用不同性能的起重机或同一类型起重机选用不同起重臂,充分发挥机械性能。其主要缺点是:不能按照节间为后续工程及早提供工作面;起重机行走频繁,开行路线长;屋面板吊装往往另需要辅助设备。装配式钢筋混凝土单层工业厂房多采用分件安装法吊装。

2. 综合安装法

综合安装法是指起重机在车间内的一次开行中,分节间安装所有类型的构件。具体做法是:起重机开始先安装4~6根柱子,立即加以校正和最后固定,接着安装吊车梁、连系梁、屋架、屋面板等构件。安装完一个节间所有构件后,转入安装下一个节间。

综合安装法的优点是:开行路线短,起重机停机点少;可为后期工程及早提供工作面;便于各工种交叉平行流水作业。其主要缺点是:一种机械同时吊装多种类型构件,需要经常更换索具;起重机生产效率低;构件供应平面复杂,平面位置很难保证;现场拥挤,校正困难。

**(三)起重机的开行路线及停机位置**

起重机的开行路线和停机位置与起重机的性能、构件尺寸及重量、构件的平面布置、构件的供应方式、安装方法等因素有关。

采用分件安装时，起重机的开行路线如下：

(1)柱子吊装时，应视跨度大小、柱的尺寸、重量及起重机性能沿跨中开行或跨边开行，如图6-41所示。

①柱子布置在跨内，起重机在跨内开行，每个停机位置可吊1～4根柱。

当起重半径$R \geq L/2$（$L$为厂房跨度）时，起重机在跨中开行，每个停机点吊两根柱子，如图6-41(a)所示。

当起重半径$R \geq \sqrt{(L/2)^2+(b/2)^2}$（$b$为柱距）时，起重机跨中开行，每个停机点安装4根柱子，如图6-41(b)所示。

当$R < \frac{L}{2}$时，起重机沿跨边开行，每个停机点安装1根柱子，如图6-41(c)所示。

当$R \geq \sqrt{a^2+(b/2)^2}$（$a$为开行路线到跨边距离）时，起重机在跨内靠边开行，每个停机点可吊2根柱子，如图6-41(d)所示。

②柱子布置在跨外时，起重机在跨外沿轴线开行，每个停机点可吊1～2根柱子。

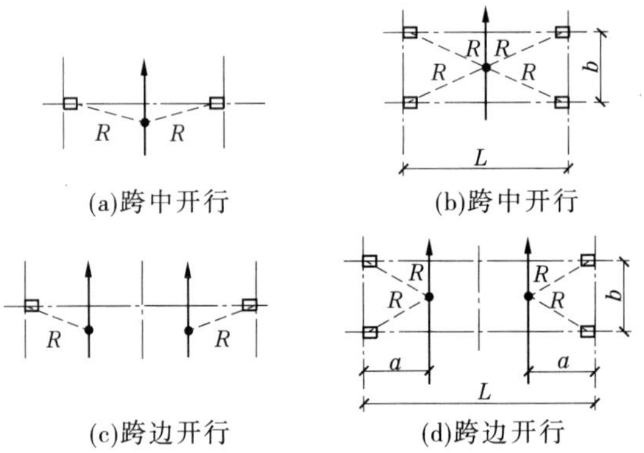


**图6-41　起重机吊装柱时的开行路线及停机位置**

(2)屋架扶直就位及屋盖系统吊装时，起重机在跨中开行，如图6-42所示。起重机从Ⓐ轴线进场，沿跨外开行吊装Ⓐ列柱，再沿Ⓑ轴线跨内开行吊装Ⓑ轴列柱，然后转到Ⓐ轴线扶直屋架并将其就位，再转到Ⓑ轴线吊装Ⓑ列吊车梁、连系梁，随后转到Ⓐ轴线吊装Ⓐ列吊车梁、连系梁，最后转到跨中吊装屋盖系统。

当单层厂房面积大或具有多跨结构时，为加快进度，可将建筑物划分为若干段，选用多台起重机同时作业。每台起重机可以独立作业，完成一个区段的全部吊装工作。也可以选用不同性能的起重机协同作业，有的专门吊柱，有的专门吊屋盖系统结构，组织大流水施工。

**特别提示**

结构吊装方案主要是解决起重机的选择、结构吊装方法和起重机开行路线。

## 四、构件的平面布置

构件的平面布置与起重机的性能、安装方法、构件的制作方法有关，在选定起重机型号，确定施工方案后，可根据施工现场实际情况制定。

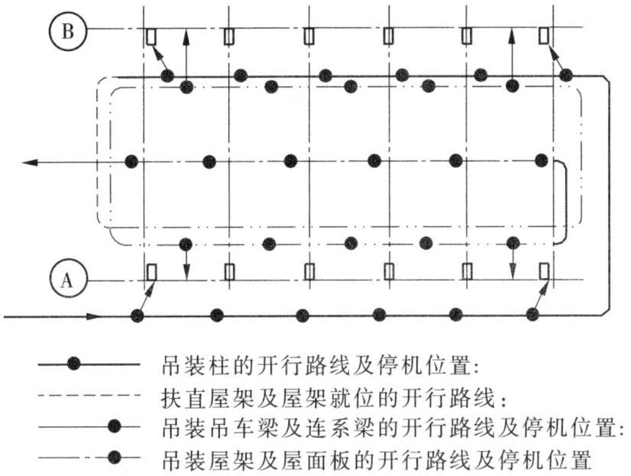


**图 6-42　起重机开行路线及停机位置**

## (一)构件平面布置原则

(1)每跨的构件宜布置在本跨内。构件布置时,如场地狭窄,布置有困难,也可布置在跨外便于安装的地方。

(2)构件的布置应便于支模和浇筑混凝土。对预应力构件应留有抽管、穿筋的操作场地。

(3)构件的布置应满足安装工艺的要求。构件尽可能布置在起重机的工作半径内,减小起重机"跑吊"的距离及减少起伏起重杆的次数。

(4)构件的布置应保证起重机、运输车辆的道路畅通。起重机回转时,机身不得与构件相碰。

(5)构件的布置要注意安装时的朝向,以免在空中调向,影响进度和安全。

(6)构件应布置在坚实地基上。在新填土上布置时,土要夯实,并采取措施防止地基下沉,影响构件质量。

## (二)预制阶段的构件平面布置

### 1. 柱子的布置

柱子的布置方式与场地大小、安装方法有关。柱子的布置有斜向布置和纵向布置两种。

(1)柱的斜向布置。采用旋转法吊装时,可按三点共弧斜向布置,其预制位置可采用作图法确定,如图 6-43 所示。

柱斜向布置作图步骤:①确定起重机开行路线到柱基中线的距离 $L$。$L$ 与起重机吊装柱子时起重半径 $R$ 和最小起重半径 $R_{\min}$ 有关,满足 $R_{\min} < L \leqslant R$;②确定起重机的停机位置。以柱基中心点 $M$ 为圆心,所选的起重半径 $R$ 为半径,画弧交开行路线于 $O$ 点,$O$ 点即为安装该柱的停机点;③确定柱预制位置。以停机点 $O$ 为圆心,$OM$ 为半径画弧,在靠近柱基的弧上选点 $K$ 作为柱脚中心点,再以 $K$ 点为圆心,柱脚到吊点的长度为半径画弧,与 $OM$ 半径所画的弧相交于 $S$,连线 $KS$,得出柱中心线,即可画出柱子的模板图。同时量出柱顶、柱脚中心点到柱列纵横轴线的距离 $A$、$B$、$C$、$D$,作为支模时的参考。

柱的布置应注意牛腿的朝向,避免安装时在空中调头,当柱布置在跨内时,牛腿应面向起重机;布置在跨外时,牛腿应背向起重机。

若受场地限制或柱过长,难以做到三点共弧时,可按两点共弧布置。一种是将杯口、柱脚中心点共弧，吊点放在起重半径之外，如图 6-44(a) 所示。安装时，先用较大的工作幅度 $R'$ 吊起柱子，并抬升起重臂，当工作幅度变为 $R$ 后，停止升臂，随后用旋转法吊装。另一种是将吊点与柱基中心共弧，柱脚可斜向任意方向，如图 6-44(b) 所示。吊装时，可用旋转法，也可用滑行法。

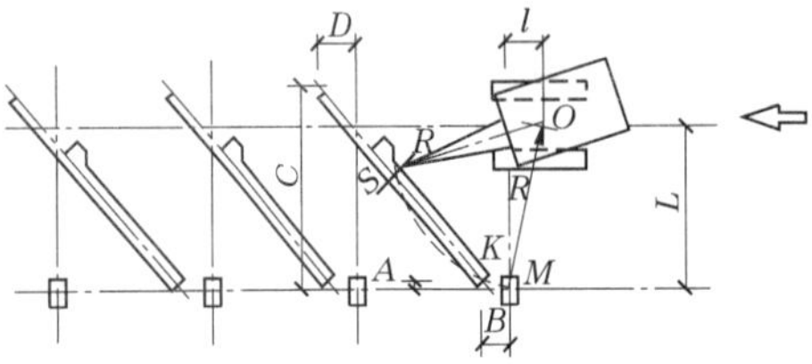


图 6-43　柱子的斜向布置

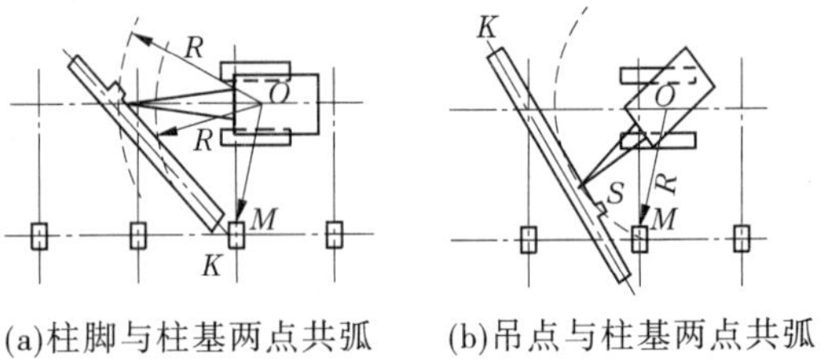


(a)柱脚与柱基两点共弧　(b)吊点与柱基两点共弧

图 6-44　两点共弧布置法

(2)柱的纵向布置。对一些质量较轻的柱，当起重机起重能力有富余时，为了节约场地，方便构件制作，可顺柱列纵向布置，如图 6-45 所示。

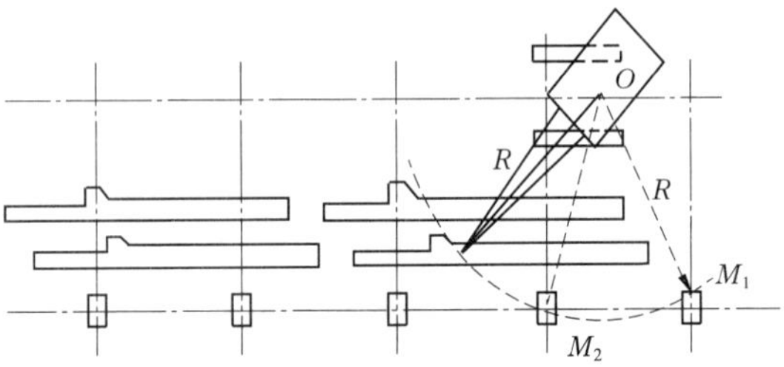


图 6-45　柱子的纵向布置

柱纵向布置时，起重机的停机点应安排在两柱基的中点，即 $OM_1 = OM_2$，每停机点可吊两根柱子。

柱可两根叠浇生产，层间应涂刷隔离剂，以防黏结。浇筑上层柱混凝土时，需待其下层柱混凝土强度达到 5.0 MPa 后，方可进行。上层柱在吊点处需预埋吊环，下层柱则在底模预留砂孔，便于起吊时穿钢丝绳。

2. 屋架的布置

屋架一般在跨内平卧叠浇预制，每叠 3 ~ 4 榀。屋架布置方式主要有正面斜向布置、正反斜向布置、正反纵向布置等三种，如图 6-46 所示。屋架平卧预制应优先采用正面斜向布置，便于屋架扶直就位，只有当场地受限制时，才采用其他方式。

屋架正面斜向布置时，下弦与厂房纵轴线的夹角 $\alpha = 10° \sim 20°$，预应力屋架的两端应留出 $(l/2 + 3)$ m 的距离（$l$ 为屋架跨度）。如用胶皮管预留孔道时，距离可适当缩短。

屋架之间的间隙可取 1 m 左右，以便支模及浇筑混凝土。

在布置屋架的预制位置时，应考虑到屋架的扶直排放要求以及屋架扶直的先后次序，先扶直的放在上层。对屋架两端朝向及预埋件位置，也要注意作出标记。

3. 吊车梁的位置

当吊车梁安排在现场预制时，可靠近柱基顺纵向轴线或略作倾斜布置。也可插在柱子的空档中预制。如具有运输条件，也可在场外集中预制。

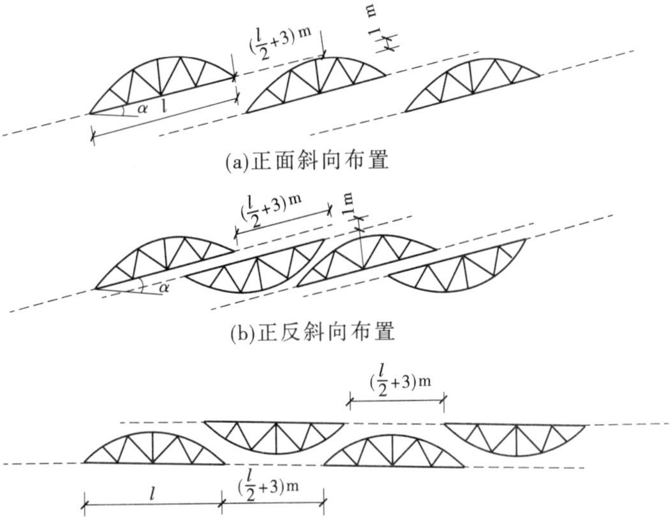


**图 6-46　屋架预制时的几种布置方式**

## (三)安装阶段构件的就位布置及运输堆放

安装阶段的就位布置是指柱子安装完毕后,其他构件的就位位置,包括屋架的扶直就位,吊车梁、屋面板的运输就位等。

1. 屋架的扶直就位

屋架的就位方式有两种:一种是靠柱边斜向就位,另一种是靠柱边成组纵向就位。

(1)屋架的斜向就位,可按作图法确定。

首先,确定起重机安装屋架时的开行路线及停机位置。安装屋架时,起重机一般沿跨中开行,先在跨中画出平行于厂房纵轴线的开行路线。再以欲安装的某轴线(如②轴线)的屋架中心点为 $M_2$ 圆心,以选择好的工作幅度 $R$ 为半径画弧,交开行路线于 $O_2$ 点,$O_2$ 点即为安装②轴线屋架时的停机点,如图 6-47 所示。

其次,确定屋架的就位范围。屋架一般靠柱边就位,但应离开柱边不小于 0.2 m,并可利用柱子作为屋架的临时支撑。当受场地限制时,屋架的端头也可稍许伸出跨外。根据以上原则,确定就位范围的外边界限 $PP$。起重机安装屋架及屋面板时,机身需要回转,设起重机尾部至机身回转中心的距离为 $A$,则在距开行路线为 $(A+0.5)$ m 的范围内,不宜布置屋架和其他构件。据此,可定出屋架就位内边线 $QQ$。在两条边界线 $PP$、$QQ$ 之间,即为屋架的就位范围。但有时厂房跨度大,这个范围过宽时,可适当缩小。

最后,确定屋架就位的位置。屋架就位范围确定后,画出 $PP$、$QQ$ 两线的中心线位置 $HH$,屋架就位后,屋架的中心点均在 $HH$ 线上。以②轴线屋架为例,就位位置可按下述方式确定:以停机点 $O_2$ 为圆心,吊装屋架时起重半径 $R$ 为半径,画弧交于 $HH$ 线于 $G$ 点,$G$ 点即为②轴线屋架就位后屋架的中点。再以 $G$ 点为圆心,屋架跨度的 1/2 为半径,画弧交于 $PP$、$QQ$ 两线于 $E$、$F$ 两点,连接 $EF$,即为②轴线屋架就位的位置。其他屋架的就位位置均应平行此屋架,端头相距 6 m。但是,①轴线屋架由于抗风柱阻挡,要退到②轴屋架的附近排放。

(2)屋架纵向就位。屋架纵向就位,一般以 4 ~ 5 榀为一组,靠柱边顺轴线纵向排列。

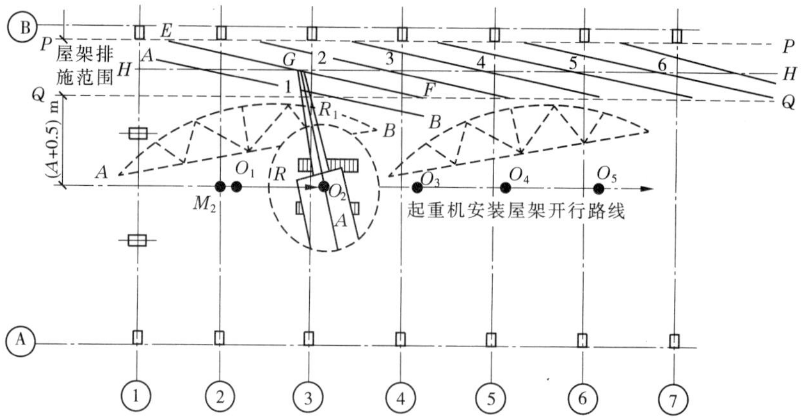


图 6-47　屋架同侧斜向就位(虚线表示屋架预制时位置)

屋架与屋架之间的净距,均不应小于 0.2 m,相互之间应用铅丝及支撑拉紧撑牢。每组屋架之间,应预留 3 m 左右横向通道。每组屋架就位中心线应安排在该组屋架倒数第二榀安装轴线之后 2 m 外,这样,可避免在已安装好的屋架下绑扎和起吊屋架,起吊后不与已安装好的屋架相碰,如图 6-48 所示。

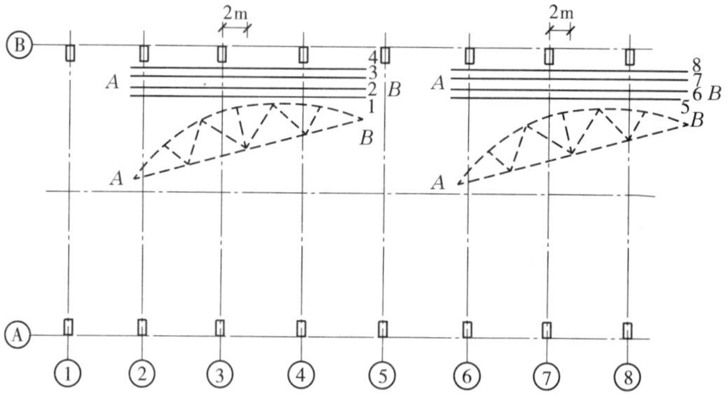


图 6-48　屋架成组纵向排放(虚线表示屋架预制时的位置)

2. 吊车梁、连系梁、屋面板的运输、就位堆放

单层厂房除柱子、屋架外,其他构件如吊车梁、连系梁、屋面板均在预制厂或附近工地的露天预制场制作,然后运至工地就位吊装。构件运至工地后,应按施工组织设计所规定的位置,按编号及构件吊装顺序进行集中堆放。吊车梁、连系梁的就位位置,一般在吊装位置的柱列附近,跨内跨外均可。也可以从运输车上直接吊装,不需在现场排放。屋面板的就位位置,跨内跨外均可。

根据起重机吊装屋面板时所需的起重半径,当屋面板在跨内排放时,应后退 3 ~4 节间沿柱边开始排放;若在跨外排放,则应向后退 1 ~2 个节间靠柱边开始排放。屋面板的叠放一般为 6 ~8 层。

以上所介绍的是单层厂房构件布置的一般原则和方法,构件预制位置和排放位置是通过作图法确定出来的。但是,构件平面布置往往受众多因素的影响,制订方案时,必须充分考虑现场实际,确定出切实可行的构件平面布置图。在实际工作中,排放构件时,可按比例将各类构件的外形用硬纸片剪成小模型，然后在同样比例的平面图上进行布置和调整，以加快构件的布置和制图工作。经研究可行后，给出构件平面布置图。

**特别提示**

构件的平面布置和起重机的性能、安装方法、构件的制作方法等有关。柱的平面布置方法有纵向布置和斜向布置，屋架的布置有正面斜向布置、正反斜向布置和正反纵向布置，其他构件可根据现场实际情况、构件的外形等综合确定。

# 任务四　多层装配式框架结构安装

多层装配式框架结构在我国工业与民用建筑中得到广泛应用。采用多层装配式框架结构可节省模板，减少建筑用地，加快施工进度，提高建筑工业化水平，对发展建筑工业“三化”提供有利条件。装配式框架结构主要由柱、主梁、次梁及楼板等组成，梁与柱、梁与板之间接头复杂。结构安装时，应根据建筑物宽度、构件的安装高度、构件安装质量要求、工期长短、现场环境条件和现有起重设备等因素，拟订合理的施工方案，以达到保证工程质量、缩短建设工期、降低工程造价的目的。

多层装配式框架结构可分为全装配式框架结构和装配整体式框架结构。全装配式框架结构是指柱、梁、板等均由装配式构件组成的结构。全装配式框架结构按照主要传力方向特点，可分为横向承重框架结构和纵向承重框架结构两种。横向承重框架结构（梁板结构）主梁沿建筑物横向布置，楼板和连系梁沿纵向布置，适用于开间比较固定的房屋，在多层框架中应用居多。纵向承重框架结构主梁沿建筑物纵向布置，楼板和连系梁沿横向布置。为减少接头数目和构件数量，在起重设备工作性能满足要求条件下，可采用梁、柱整体式结构。装配整体式框架结构也称半装配框架体系，其主要特点是柱子现浇，梁、板等预制。装配整体式框架结构体系克服了全装配式框架中梁、柱接头施工复杂，柱预制周期长及柱吊装需要较大设备的缺点。

## 一、起重机的选择

### （一）起重机类型的选择

（1）5 层以下的民用建筑及高度在 18 m 以下的工业厂房或外形不规则的多层长房，宜选用自行式起重机。起重机可以在跨内开行，采用综合吊装法吊装；起重机也可以在跨外开行，采用分层大流水吊装。

（2）建筑物平面为长条形，宽度在 15 m 以内、高度在 25 m 以下时，可选用轨道式塔式起重机。

（3）高层（10 层以上）装配式建筑可选用爬升式或附着式塔式起重机。

### （二）起重机型号的选择

塔式起重机型号的选择应根据建筑物的平面尺寸、构件重量、起重机性能及现场地形条件确定。选择起重机型号时，首先绘出建筑物的剖面示意图，如图 6-49 所示。在图上标明最高一层各

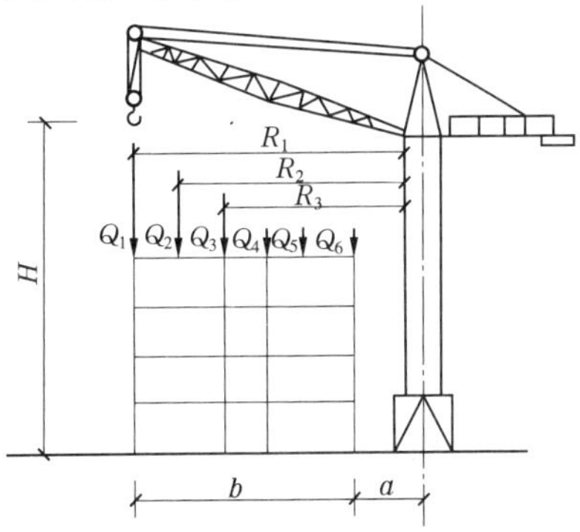


图 6-49　塔式起重机起重力矩计算简图

主要构件的起重量 $Q_i$、吊装时所需的起重半径 $R_i$，然后分别算出所需的起重力矩 $M_i = Q_iR_i$，取其最大值 $M_{max}$ 与起重机的实际起重能力 $M$ 相比较，要求 $M \geq M_{max}$，以此作为选择起重机型号的依据。

## 二、起重机的平面布置

塔式起重机的布置方案主要根据建筑物平面形状、构件重量、起重机性能及施工现场地形条件确定。轨道式塔式起重机主要有两种布置形式，即单侧布置和双侧（或环形）布置。

### （一）单侧布置

单侧布置是指起重机布置在建筑物外一侧，如图 6-50（a）所示。

当建筑物宽度较小、构件质量较轻、建筑物外侧有较宽的构件堆放场地时，塔式起重机可单侧布置。单侧布置时，起重机的起重半径应满足

$$R \geqslant b + a \tag{6-11}$$

式中 $R$——起重机吊装最远构件时的起重半径，m；

$b$——建筑物宽度，m；

$a$——建筑物外侧至塔轨中心距离，一般取 3～5 m。

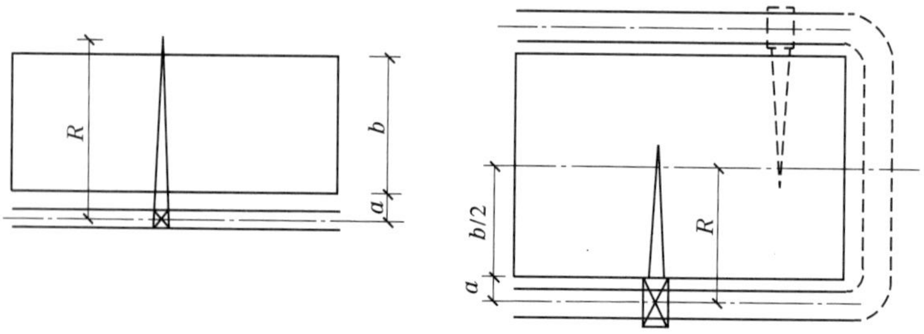


(a)单侧布置　　(b)双侧(或环形)布置

**图 6-50　塔式起重机在建筑物外侧布置**

### （二）双侧（或环形）布置

双侧（或环形）布置是指起重机布置在建筑物外双侧（或环形），如图 6-50（b）所示。

当建筑物较宽（$b > 17$ m）或构件较重，单侧布置起重力矩不能满足最远构件吊装要求时，起重机可采用双侧（或环形）布置。双侧（或环形）布置时起重机的起重半径应满足

$$R \geqslant \frac{b}{2} + a \tag{6-12}$$

若建筑物周围场地狭窄，起重机不能布置在建筑物外侧，或者由于构件较重而房屋宽度又大，塔式起重机在外侧布置不能满足构件吊装要求时，可将起重机布置在跨内。起重机在跨内布置，其布置方式有跨内单侧布置及跨内双侧（或环形）布置两种，如图 6-51 所示。

## 三、构件平面布置

多层装配式框架结构除较重的柱子外，其他构件均在预制厂预制，然后运到现场进行安装。构件的现场布置方案取决于房屋结构特点、所选用的起重机型号和起重机现场布置方案等。

构件平面布置方案一般应遵守以下几个原则：

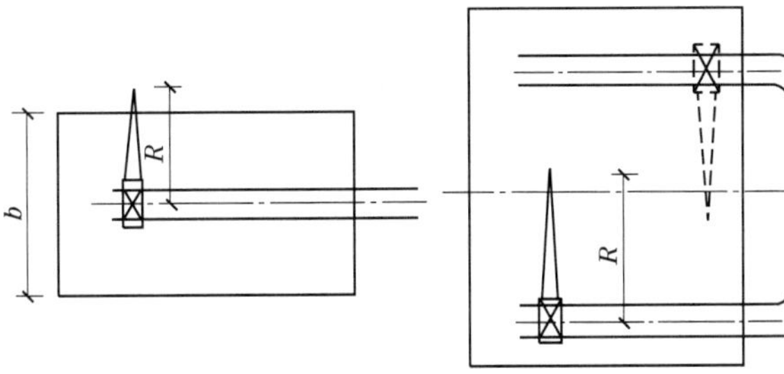


(a)跨内单侧布置 (b)跨内环形布置

**图 6-51 塔式起重机在跨内布置**

(1)构件布置位置应与该构件吊装到建筑物上的位置相配合,以便在吊装时减小起重机的移动和变幅。

(2)构件应尽量布置在起重机的起重半径范围内,避免二次搬运。

(3)重型构件应尽量布置在起重机附近,中小型构件可布置在外侧。

(4)如条件允许,中小型构件可考虑采用随运随吊,以减少构件堆放和装卸等工序,有利于缩短工期。

现场预制柱可叠层统一预制。根据柱子与塔式起重机轨道的相对位置,一般采用平行方案布置,即柱身与轨道平行。较长柱可斜向布置,即柱身与轨道成一定角度,适用于旋转法吊装。起重机在跨内开行时,为使吊点在起重机半径之内,柱可垂直布置,即柱身与轨道互相垂直。

## 四、结构吊装方法与吊装顺序

多层装配式结构吊装方法有分件安装法和综合安装法两种。

### (一)分件安装法

分件安装法是指起重机每开行一次吊装一种构件。为了保证已吊装好结构的稳定性,应尽量使已吊装好的构件及早形成框架。分件安装法根据流水方式不同,可分为分层分段流水吊装法和分层大流水吊装法两种。分层分段流水法是将多层房屋划分为若干个施工层,每一个施工层再划分为若干个吊装段,按一个楼层组织各工序的流水。分层大流水吊装法是每个施工层不再划分为施工段,而是按照一个楼层组织各工序进行大流水吊装。

如图 6-52 所示,起重机在建筑物外侧环形布置,每一楼层分为四个吊装段,第一吊装段先吊装柱,然后吊装梁,形成框架后,再吊装楼板。

分件安装法的优点是:容易组织吊装、校正、焊接、灌浆等工序的流水作业;容易安排构件的供应和现场布置工作;每次吊装同类型构件,可减少起重机变幅和索具更换的次数,从而提高吊装速度。

### (二)综合安装法

综合安装法是以一个柱网(节间)或若干个柱网(节间)为一个施工段,而以房屋的全高为一个施工层,以组织各工序的流水作业。起重机把一个施工段的构件吊装至房屋的全高,然后转移到下一个施工段。当采用自行式起重机(或塔式起重机)吊装框架结构时,由于建筑物四周场地狭窄而不能把起重机布置在房屋外边,或者由于房屋宽度较大和构件较重以

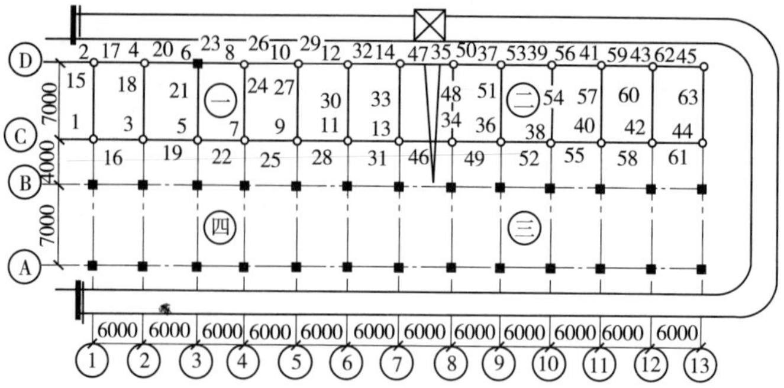

图 6-52　分层分段流水吊装示意图(1,2,3,…为构件吊装顺序)

致只有把起重机布置在跨内才能满足吊装要求时,则须采用综合安装法。

综合安装法的优点是:结构整体稳定性好,起重机开行路线短。缺点是:吊装过程中吊具更换频繁,构件校正工作时间短,组织施工较麻烦。

## 五、结构构件吊装

多层房屋装配式框架结构有梁板结构和无梁楼盖结构两类。梁板式结构由柱、主梁、次梁、楼板组成。

多层装配式框架结构柱一般为方形或矩形截面。为便于制作和安装,上下各层柱的截面一般保持不变,可采用改变柱的配筋或混凝土强度等级的方法来适应上下各层柱的承载力的变化。柱的长度一般可做成一层一节或 2 ~ 3 层一节,也可做成梁柱整体式结构(H 形或 T 形结构),具体视起重机性能而定。

### (一)柱的吊装

1. 绑扎

柱子长度在 12 m 以内时,采用一点直吊绑扎法;柱子长度大于 12 m 时,应采用两点绑扎,必要时进行吊装验算。应尽量避免采用多点绑扎,以防止在吊装过程中构件受力不均而产生裂缝或断裂,如图 6-53 所示。

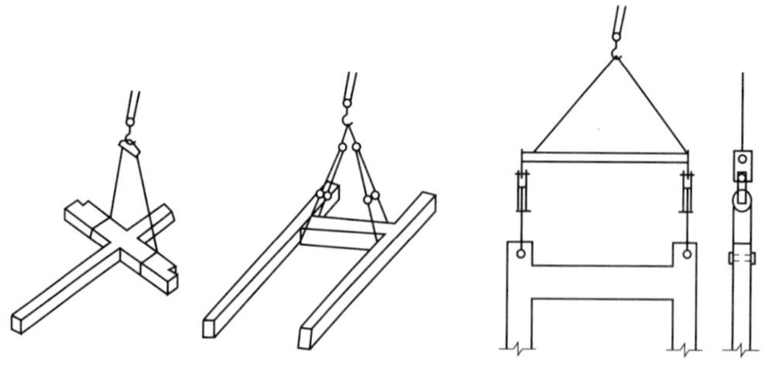

(a)十字形柱绑扎　(b)H形柱绑扎　(c)H形柱用铁扁担和钢销进行绑扎

图 6-53　框架柱起吊时绑扎方法

2. 吊升

柱子的起吊方法与单层工业厂房柱吊装相同,一般采用旋转法。上柱的底部都有外伸钢筋,吊装时必须采取保护措施,防止钢筋碰弯。外伸钢筋的保护方法有钢管保护和垫木保护,如图 6-54 所示。钢管保护柱脚外伸钢筋方法是:柱起吊前,将两根钢管用两根短吊索套在柱子两侧,起吊时钢管着地,柱子竖直时钢管和短吊索即自动落下,此法适用于质量较轻的柱子。垫木保护柱脚外伸钢筋方法是:榫式接头的外伸钢筋一般比榫头短,柱起吊前,用垫木将榫式接头垫实,柱起吊时将绕榫头的底边转为竖直,外伸钢筋不着地。

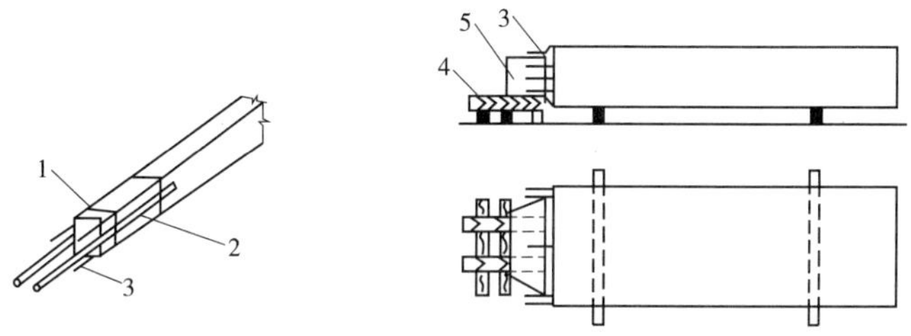


(a)用钢管保护柱脚外伸钢筋　　(b)用垫木保护柱脚外伸钢筋

1—短吊索;2—钢管;3—外伸钢筋;4—垫木;5—柱子榫头

**图 6-54　柱脚外伸钢筋保护方法**

3. 柱的临时固定与校正

框架底层柱与基础杯口的连接与单层工业厂房相同。上、下两节柱的连接是多层框架结构安装的关键。上节柱安装在下节柱的接头时,视柱子的质量不同,采用不同的临时固定方法。柱子的质量较轻时,可采用方木和钢管支撑进行临时固定与校正。根据柱子平面位置不同,分为三种临时固定方式:框架结构内柱,四面均用方木临时固定,如图 6-55(a)所示;框架结构边柱两面用方木,另一面用方木加钢管支撑做临时固定,如图 6-55(b)所示;框架结构的角柱,两面均用方木加钢管支撑临时固定,如图 6-55(c)所示。柱子较重或较长时,应用缆风绳进行临时固定和校正,采用四根缆风绳用倒链或手拉葫芦拉紧。

柱的校正需要进行 2 ~ 3 次。首次在脱钩后、电焊前进行初校;在电焊后进行二校,观测电焊钢筋因受热收缩不均而引起的偏差;在梁和楼板吊装后再校正一次,消除梁柱接头电焊产生的偏差。

在柱校正过程中,当垂直度和水平位移均有偏差时,如垂直度偏差较大,则应先校正垂直度,然后校正水平位置,以减少柱倾覆的可能性。柱的垂直度偏差容许值 $\delta \leqslant H/1\ 000$($H$ 为柱高),且不大于 15 mm。水平位移容许值应控制在 ±5 mm 以内。

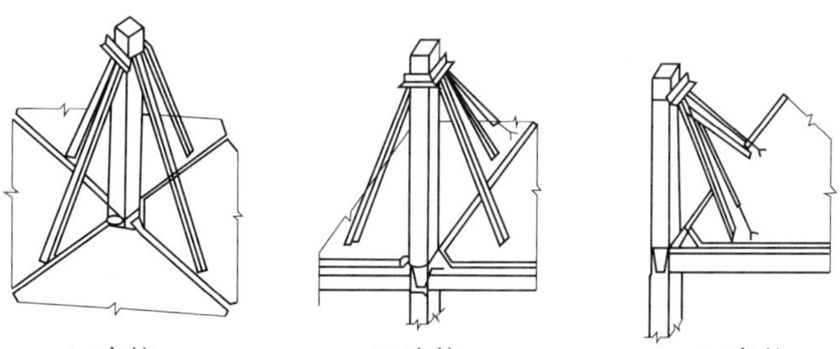

(a)内柱　　(b)边柱　　(c)角柱

**图 6-55　柱临时固定与校正**

4. 柱接头施工

柱与柱的接头形式有榫式接头、插入式接头和浆锚式接头三种。

(1)榫式接头。如图6-56(a)所示,将上节柱的下端混凝土做成榫头,用来承受施工阶段荷载和在使用中传递中心压力。上、下柱安装时,使外露的受力钢筋对准,用坡口焊接,然后配置一定数量的箍筋,用高强度等级水泥或微膨胀水泥拌制的比柱子混凝土设计强度等级高25%的细石混凝土进行接头灌注。待接头混凝土达到70%设计强度后,再吊装上层构件。

榫式接头整体性好,安装校正方便,耗钢量少,施工质量有保证。但是,钢筋容易错位,钢筋在电焊时,对柱的垂直度影响较大,灌筑的混凝土收缩后在接缝处易形成收缩裂缝。

(2)插入式接头。如图6-56(b)所示,将上柱做成榫头,下柱顶部做成杯口,上柱插入杯口后用水泥砂浆灌注填实。插入式接头上、下柱连接不需焊接,无焊接应力影响,吊装固定方便。接头处灌浆的方法有压力灌浆和自重挤浆两种。压力灌浆,压力一般为0.2 ~ 0.3 MPa。自重挤浆是先在杯口内放入砂浆,然后落下上柱靠自重挤出砂浆,装进杯口砂浆体积为接缝空隙体积的1.5倍。

(3)浆锚式接头。如图6-56(c)所示,上节柱底部伸出四根长300 ~ 700 mm的锚固钢筋,下节柱顶部预留4个深350 ~ 750 mm、孔径为2.5 ~ 4倍锚固钢筋直径的浆锚孔。安装上节柱时,先把浆锚孔清洗干净,并灌入M40以上的快凝砂浆,在下节柱顶面铺10 ~ 15 mm厚砂垫层,然后把上节柱的锚固钢筋插入孔内,使上、下柱连成整体。

浆锚接头也可采用后灌浆或压浆工艺,即在上节柱的外伸锚固钢筋插入下节柱的浆锚孔后再进行灌浆,用压力泵把砂浆压入。

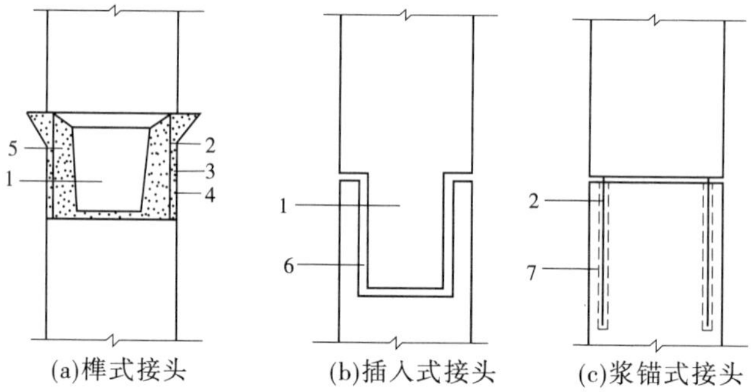


(a)榫式接头　(b)插入式接头　(c)浆锚式接头

1—榫头;2—上柱外伸钢筋;3—坡口焊钢筋;4—下柱外伸钢筋;
5—后浇接头混凝土;6—下柱杯口;7—下柱预留孔

**图6-56　柱接头形式**

## (二)梁、柱接头

在装配式结构中,梁、柱接头的做法很多,常用的有明牛腿式刚性接头、齿槽式接头、浇筑整体式接头等。

(1)明牛腿式梁柱刚性接头。如图6-57所示,在梁吊装时,只要将梁端预埋钢板和柱牛腿上预埋钢板焊接后起重机即可脱钩,然后进行梁与柱的钢筋焊接。明牛腿式接头安装方便,节点刚度大,受力可靠,适用于大荷载重型框架结构和具有振动的多层工业厂房。明牛腿式接头形式有铰接接头和刚性接头两种。明牛腿占用了一部分空间,室内净空减少,建筑处理和管线布置不方便,牛腿施工较复杂,用钢量和混凝土量多。

(2)齿槽式梁柱接头。如图 6-58 所示,利用梁柱接头处设的齿槽来传递梁端剪力,取消了牛腿。梁柱接头处设角钢作为临时牛腿,以支撑梁用。角钢支承面积小,不太安全,须将梁一端的上部接头钢筋焊好两根后方能脱钩。齿槽式接头施工简单,节约钢材和水泥。缺点是需要设临时支托,接缝混凝土达到一定强度后才能承担上部荷载,施工工序复杂。齿槽式接头多用于承受中等荷载的结构中。

(3)浇筑整体式梁柱接头。如图 6-59 所示,柱为每层一节,梁搁大柱上,梁底钢筋按锚固长度要求上弯或焊接。配上箍筋后,浇筑混凝土至楼板面,待混凝土强度达 10 $N/mm^2$ 即可安装上节柱。上节柱与榫接头柱相似,但上、下柱的钢筋用搭接而不用焊接,搭接长度大于 20 倍柱钢筋直径。第二次浇筑混凝土到上柱的榫头上方,并预留 35 mm 空隙,最后用细石混凝土嵌补密实。浇筑整体式接头整体性好,柱、梁构件制作简单,安装方便,但工序多,常用于 7 ~8 度抗震设防的结构中。

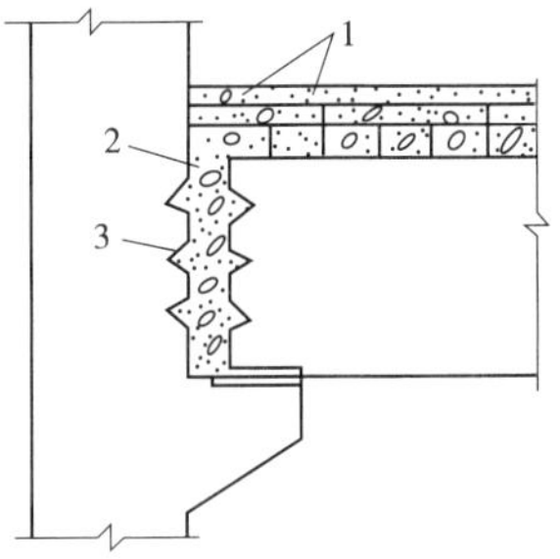


1—坡口焊钢筋;2—后浇细石混凝土;
3—齿槽

图 6-57　明牛腿式梁柱刚性接头

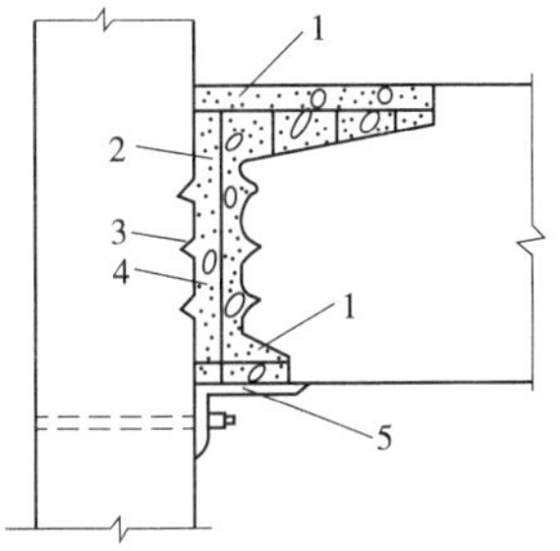


1—坡口焊钢筋;2—后浇细石混凝土;
3—齿槽;4—附加钢筋;5—临时牛腿

图 6-58　齿槽式梁柱接头

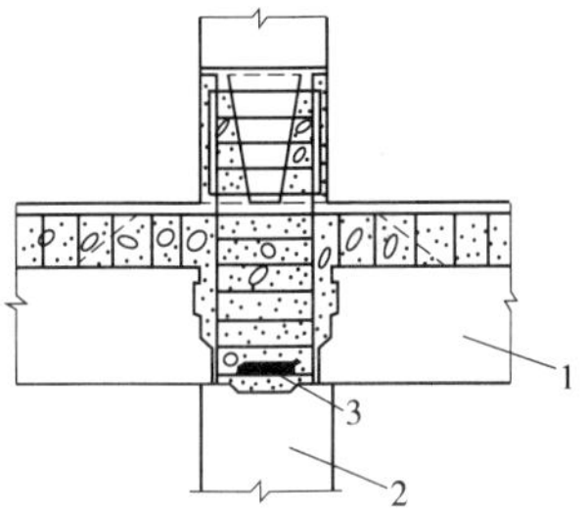


1—梁;2—柱;3—钢筋焊接

图 6-59　浇筑整体式梁柱接头

**特别提示**

多层装配式框架结构吊装,应根据建筑物的平面形状、结构形式、吊装工程量等,合理布置吊装机械和构件位置,划分安装流水区段,制订吊装方案。柱子的接头有榫式接头、插入式接头、浆锚式接头;梁、柱接头有明牛腿式接头、齿槽式接头和浇筑整体式接头。施工时应注意安全。

# 任务五　结构安装工程质量要求及安全措施

结构安装工程构件重,操作面小,高空作业多,机械化程度较高,多工种上下交叉作业等,如果处理措施不当,极易发生安全事故。在组织施工时,要重视质量要求和安全技术,采取相应的安全技术措施,避免发生安全事故。

## 一、单、多层钢筋混凝土结构安装质量要求

(1)当混凝土强度达到设计强度的 75% 以上,预应力构件孔道灌浆的强度达到 15 MPa

以上时,方可进行构件吊装。

(2)安装构件前,应对构件进行弹线和编号,并对结构及预制构件进行平面位置、标高、垂直度等校正工作。

(3)构件在吊装就位后,应进行临时固定,保证构件的稳定。

(4)在吊装装配式框架结构时,只有当接头和接缝的混凝土强度大于 10 MPa 时方能吊装上一层结构的构件。

(5)构件的安装力求准确,保证构件的偏差在允许范围内,如表 6-3 所示。

**表 6-3 构件安装时的允许偏差**

<table>
<tr><th>项目</th><th colspan="3">名称</th><th>允许偏差(mm)</th></tr>
<tr><td rowspan="2">1</td><td rowspan="2">杯形基础</td><td colspan="2">中心线对轴线位移</td><td>10</td></tr>
<tr><td colspan="2">杯底标高</td><td>-10</td></tr>
<tr><td rowspan="7">2</td><td rowspan="7">柱</td><td colspan="2">中心线对轴线位移</td><td>5</td></tr>
<tr><td colspan="2">上下柱连接中心线位移</td><td>3</td></tr>
<tr><td rowspan="3">垂直度</td><td>≤5 m</td><td>5</td></tr>
<tr><td>>5 m</td><td>10</td></tr>
<tr><td>≥10 m 且多节</td><td>高度的 1‰</td></tr>
<tr><td rowspan="2">牛腿顶面和柱顶标高</td><td>≤5 m</td><td>-5</td></tr>
<tr><td>>5 m</td><td>-8</td></tr>
<tr><td rowspan="2">3</td><td rowspan="2">梁或吊车梁</td><td colspan="2">中心线对轴线位移</td><td>5</td></tr>
<tr><td colspan="2">梁顶标高</td><td>-5</td></tr>
<tr><td rowspan="3">4</td><td rowspan="3">屋架</td><td colspan="2">下弦中心线对轴线位移</td><td>5</td></tr>
<tr><td rowspan="2">垂直度</td><td>桁架</td><td>屋架高的 1/250</td></tr>
<tr><td>薄腹梁</td><td>5</td></tr>
<tr><td rowspan="2">5</td><td rowspan="2">天窗架</td><td colspan="2">构件中心线对定位轴线位移</td><td>5</td></tr>
<tr><td colspan="2">垂直度(天窗架高)</td><td>1/300</td></tr>
<tr><td rowspan="2">6</td><td rowspan="2">板</td><td rowspan="2">相邻两板板底平整</td><td>抹灰</td><td>5</td></tr>
<tr><td>不抹灰</td><td>3</td></tr>
<tr><td rowspan="4">7</td><td rowspan="4">墙板</td><td colspan="2">中心线对轴线位移</td><td>3</td></tr>
<tr><td colspan="2">垂直度</td><td>3</td></tr>
<tr><td colspan="2">每层山墙倾斜</td><td>2</td></tr>
<tr><td colspan="2">整个高度垂直度</td><td>10</td></tr>
</table>

## 二、安全措施

### (一)机械使用安全要求

(1)吊装所用的钢丝绳,事先必须认真检查。表面磨损或腐蚀达到钢丝绳直径的10%时,不准使用。

(2)起重机负重开行时,负荷不得超过允许起重量的70%,应缓慢行驶,且构件离地不得超过500 mm,并将构件转至正前方。起重机在接近满荷吊装时,不得同时进行两种操作动作。

(3)起重机工作时,严禁碰触高压电线。起重臂、钢丝绳、重物等与架空电线要保持一定的安全距离,如表6-4、表6-5所示。

**表6-4　起重机吊杆最高点与电线之间应保持的垂直距离**

| 线路电压(kV) | 1以下 | 20以下 | 20以上 |
|---|---|---|---|
| 距离不小于(m) | 1 | 1.5 | 2.5 |

**表6-5　起重机与电线之间应保持的水平距离**

| 线路电压(kV) | 1以下 | 20以下 | 110以下 | 220以下 |
|---|---|---|---|---|
| 距离不小于(m) | 1.5 | 2 | 4 | 6 |

(4)发现吊钩、卡环出现变形或裂纹时,不得再使用。

(5)起吊构件时,吊钩的升降要平稳,避免紧急制动和冲击。

(6)对新到、修复或改装的起重机,使用前必须进行检查、试吊,要进行静、动负荷试验。试验时,所吊重物的重量为最大起重量的125%,且离地面1 m,悬空10 min。

(7)起重机停止工作时,起动装量要关闭上锁。吊钩必须升高,防止摆动伤人,并不得悬挂物件。

### (二)操作人员的安全要求

(1)从事安装工作人员,需要经过短期的安全培训,才能进行施工作业,并进行体格检查,心脏病、高血压、恐高症患者,不得进行高空作业。

(2)操作人员进入现场,必须戴安全帽、手套。高空作业时,需要系好安全带,所带的工具,要用绳子扎牢或放入工具包内。

(3)在高空进行电焊焊接,要系安全带,着防护罩。潮湿地点作业,要穿绝缘胶鞋。

(4)进行结构安装时,要统一用哨声、红绿旗、手势等指挥,所有作业人员均应熟悉各种信号。

### (三)现场安全设施

(1)吊装现场的周围,应设置临时栏杆,禁止非工作人员入内。地面操作人员应尽量避免在高空作业面的正下方停留或通过,也不得在起重机的起重臂或正在吊装的构件下停留或通过。

(2)配备悬挂或斜靠的轻便爬梯,供人上下。

(3)如需在悬空的屋架上弦行走,应在其上设置安全栏杆。

(4)在雨期或冬期里,必须采取可靠的防滑、防寒和防冻措施,对作业和构件上的水、冰、霜、雪应及时清除。如扫除构件上的冰雪、在屋架上捆绑麻袋、在屋面板上铺垫草袋等。

**特别提示**

结构安装要严格按规范规定的允许偏差进行质量控制。在安装过程中,采取措施,保证施工机械安全和施工人员人身安全。

## 综合应用案例

1. 工程概况

某厂金工车间,跨度18 m,长54 m,柱距6 m,共9个节间,建筑面积1 002.36 $m^2$。主要承重结构采用装配式钢筋混凝土工字形柱,预应力混凝土折线形屋架,1.5 m×6 m大型屋面板,T形吊车梁。车间结构平面图、剖面图如图6-60所示。

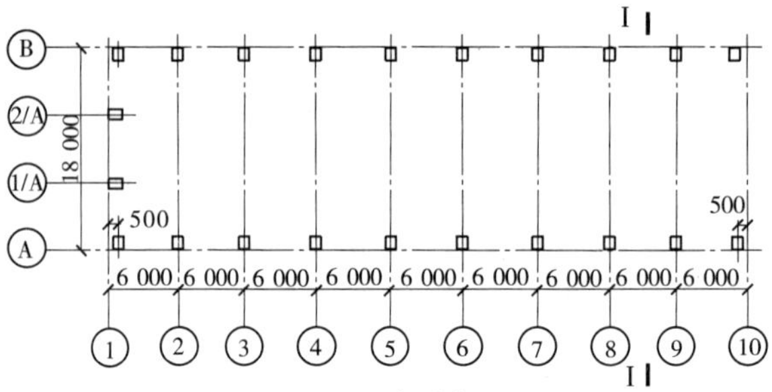


(a)平面图

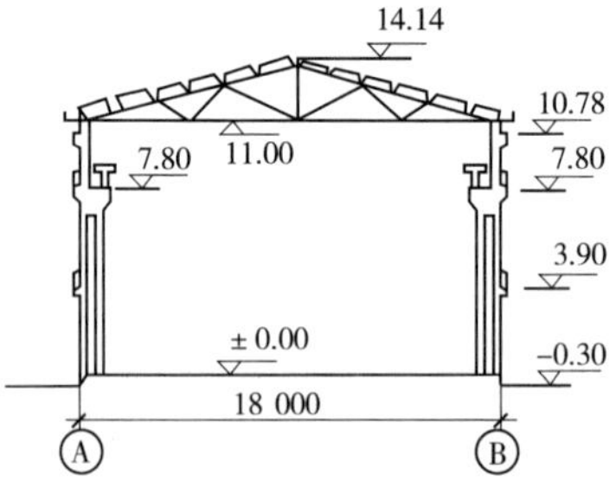


(b) I — I 剖面图

**图6-60　某厂金工车间结构平面图及剖面图**

根据施工图,计算主要构件数量、质量、长度、安装标高等参数如表6-6所示。

**表6-6　主要承重结构一览表**

| 项次 | 跨度 | 轴线 | 构件名称及编号 | 构件数量 | 构件质量(t) | 构件长度(m) | 安装标高(m) |
|---|---|---|---|---|---|---|---|
| 1 | A～B | A、B | 基础梁 YJL | 18 | 1.13 | 5.97 | |
| 2 | A～B | A、B | 连系梁 | | | | |
| | | 2～9 | $YLL_1$ | 42 | 0.79 | 5.97 | +3.90 |
| | | 1～2 | $YLL_2$ | 6 | 0.73 | 5.97 | +7.80 |
| | | 9～10 | $YLL_2$ | 6 | 0.73 | 5.97 | +10.78 |

续表 6-6

| 项次 | 跨度 | 轴线 | 构件名称及编号 | 构件数量 | 构件质量(t) | 构件长度(m) | 安装标高(m) |
|---|---|---|---|---|---|---|---|
| 3 | A ~ B | A、B | 柱 | | | | |
| | | 2 ~ 9 | $Z_1$ | 16 | 6.00 | 12.25 | -1.25 |
| | | 1、10 | $Z_2$ | 4 | 6.00 | 12.25 | -1.25 |
| | | 1/A、2/A | $Z_3$ | 2 | 5.4 | 14.4 | |
| 4 | A ~ B | | 屋架 $YWJ_{18-1}$ | 10 | 4.28 | 17.70 | +11.00 |
| 5 | A ~ B | A、B | 吊车梁 | | | | |
| | | 2 ~ 9 | $DCL_{6-4}Z$ | 14 | 3.38 | 5.97 | +7.80 |
| | | 1 ~ 2 | $DCL_{6-4}B$ | 2 | 3.38 | 5.97 | +7.60 |
| | | 9 ~ 10 | $DCL_{6-4}B$ | 4 | 3.38 | 5.97 | +7.60 |
| 6 | A ~ B | | 屋面板 $YWB_1$ | 108 | 1.10 | 5.97 | +13.90 |
| 7 | A ~ B | A、B | 天沟 | 18 | 0.653 | 5.97 | +11.60 |

2. 起重机选择及工作参数计算

根据现有起重设备,选择履带式起重机进行结构吊装,现将工程各种构件所需的工作参数计算如下:

(1)柱子安装。采用斜吊绑扎法吊装,如图 6-61 所示。

$Z_1$ 柱起重量:$Q_{min}=Q_1+Q_2=6.0+0.2=6.2$(t)

$Z_1$ 柱起重高度:$H_{min}=h_1+h_2+h_3+h_4=0+0.3+8.55+2.00=10.85$(m)

$Z_3$ 柱起重量:$Q_{min}=Q_1+Q_2=5.4+0.2=5.6$(t)

$Z_3$ 柱起重高度:$H_{min}=h_1+h_2+h_3+h_4=0+0.3+11.0+2.0=13.30$(m)

(2)屋架安装。如图 6-62 所示。

起重量:$Q_{min}=Q_1+Q_2=4.28+0.2=4.48$(t)

起重高度:$H_{min}=h_1+h_2+h_3+h_4=11.3+0.3+1.14+6.0=18.74$(m)

(3)屋面板安装。

起重量:$Q_{min}=1.1+0.2=1.3$(t)

起重高度:$H_{min}=(11.30+2.64)+0.3+0.24+2.50=16.98$(m)

安装屋面板时起重机吊钩需跨过已安装的屋架 3 m,且起重臂轴线与已安装的屋架上弦中线最少需保持 1 m 的水平间隙。起重机的最小起重臂长度的仰角,可按式(6-8)计算。

$$\alpha = \arctan\sqrt[3]{\frac{h}{f+g}} = \arctan\sqrt[3]{\frac{11.30+2.64-1.70}{3+1}} = 55°25'$$

将 $\alpha$ 值代入式(6-7)可得

$$L_{min} = \frac{h}{\sin\alpha} + \frac{f+g}{\cos\alpha} = \frac{12.24}{\sin 55°25'} + \frac{4.00}{\cos 55°25'} = 21.95(\text{m})$$

选用 $W_1-100$ 型起重机,采用起重臂长 $L=23$ m,设 $\alpha=55°$,再对起重高度进行核算:

假定起重杆顶端至吊钩的距离 $d=3.5$ m，则实际的起重高度为

$H=L\sin55°+E-d=23\sin55°+1.7-3.5=17.04(\text{m})>16.98$ m，即 $d=23\sin55°+1.7-16.98=3.56(\text{m})$，满足要求。

此时，起重机吊装屋面板的起重半径为

$$R=F+L\cos\alpha=1.3+23\cos55°=14.49(\text{m})$$

以选定的 23 m 长起重臂及 $\alpha=55°$ 倾角，采用作图法，校核能否满足吊装最边缘一块屋面板的要求。

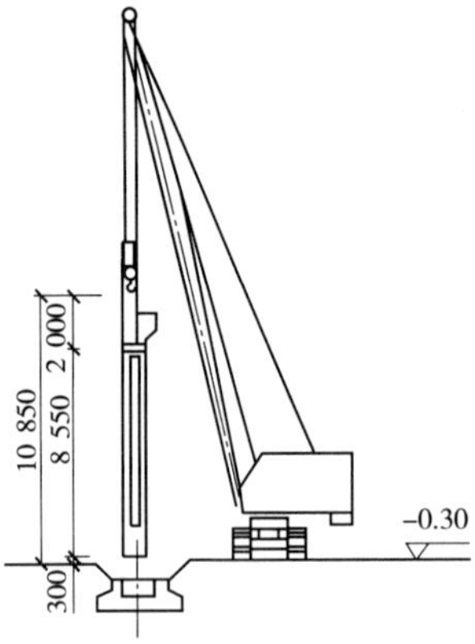


图 6-61　柱起重高度计算简图

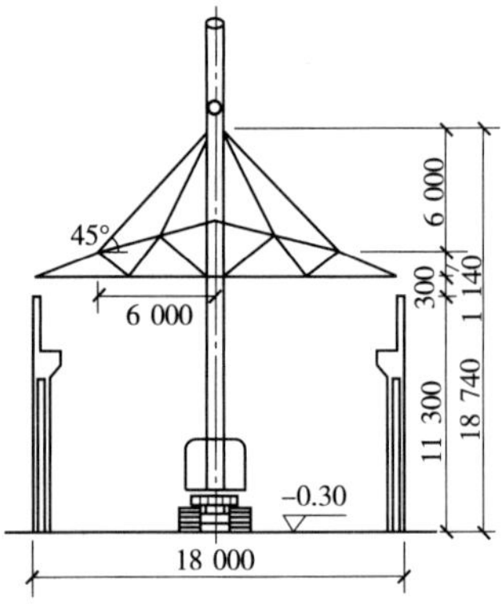


图 6-62　屋架起重高度计算简图

如图 6-63 所示，以最边缘一块屋面板的中心 $K$ 为圆心，以 $R=14.49$ m 为半径画弧，交起重机开行路线于 $O_1$ 点，$O_1$ 点即为起重机吊装边缘一块屋面板的停机位置。用比例尺量得 $KQ=3.8$ m。过 $O_1K$ 按比例作 2—2 剖面，从 2—2 剖面可以看出，所选起重臂及起重仰角满足吊装要求。

结构吊装工作参数如表 6-7 所示。

表 6-7　结构吊装工作参数

| 构件名称 | $Z_1$ 柱 | | | $Z_3$ 柱 | | | 屋架 | | | 屋面板 | | |
|---|---|---|---|---|---|---|---|---|---|---|---|---|
| 吊装工作参数 | $Q$(t) | $H$(m) | $R$(m) | $Q$(t) | $H$(m) | $R$(m) | $Q$(t) | $H$(m) | $R$(m) | $Q$(t) | $H$(m) | $R$(m) |
| 计算所需工作参数 | 6.2 | 10.85 | | 5.6 | 13.3 | | 4.48 | 18.74 | | 1.3 | 16.98 | |
| 采用数值 | 7.2 | 19.0 | 7.0 | 6.0 | 19.0 | 8.0 | 4.9 | 19.0 | 9.0 | 2.3 | 17.30 | 14.49 |

根据以上各种吊装工作参数计算，确定选用 23 m 长度的起重臂，并查 $W_1-100$ 型起重机性能曲线（可参考《建筑机械》手册），确定合适的起重半径 $R$，作为制定构件平面布置图的依据。

3. 结构安装方法及起重机的开行路线

采用分件安装法安装。吊装柱时采用 $R=7$ m，故须跨边开行，每一停机点安装一根柱子。屋盖吊装则沿跨中开行。具体布置图如图 6-64 所示。

起重机自 A 轴线跨外进场，自西向东逐根安装 A 轴柱列，开行路线距 A 轴 6.5 m，距原

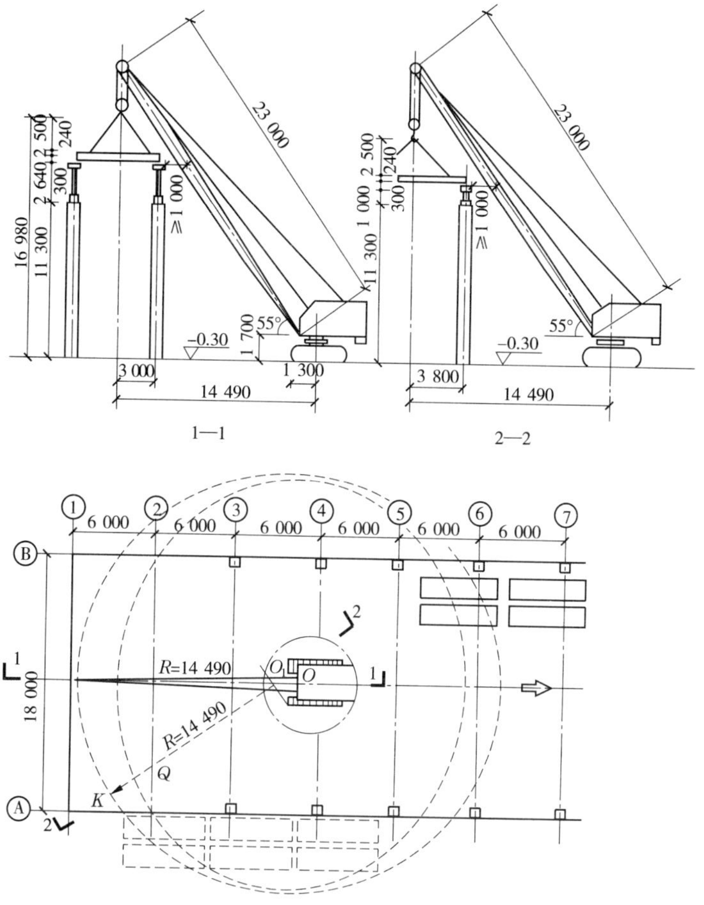


**图 6-63　屋面板吊装工作参数计算简图及屋面板的排放布置图**

注:虚线表示当屋面板跨外布置时的位置。

有房屋 5.5 m,大于起重机回转中心至尾部距离 3.2 m,回转时不会碰墙。A 轴柱列安装完毕后,转入跨内,自东向西安装 B 轴柱列,由于柱子在跨内预制,场地狭窄,安装时,应适当缩小回转半径,取 $R=6.5$ m。开行路线距 B 轴线 5 m,距跨中 4 m,均大于 3.2 m,回转时起重机尾部不会碰撞叠浇的屋架,屋架的预制均布置在跨中轴线以南。吊完 B 轴柱列后,起重机自西向东扶直屋架及屋架就位,然后转向,安装 A 轴吊车梁、连系梁,接着安装 B 轴吊车梁、连系梁。

起重机自东向西沿跨中开行、安装屋架、屋面板及屋面支撑等。在安装①轴线的屋架前,应先安装西端头的两根抗风柱,安装屋面板,起重机即可拆除起重杆退场。

4. 现场预制构件平面布置

(1)A 轴柱列,由于跨外场地较宽,采取跨外预制,用三点共弧的安装方法布置。

(2)B 轴柱列,距围墙较近,只能在跨内预制,因场地狭窄,不能采用三点共弧斜向布置,用两点共弧的方法布置。

(3)屋架采用正面斜向布置,每 3 ~4 榀为一叠,靠 A 轴线斜向就位。

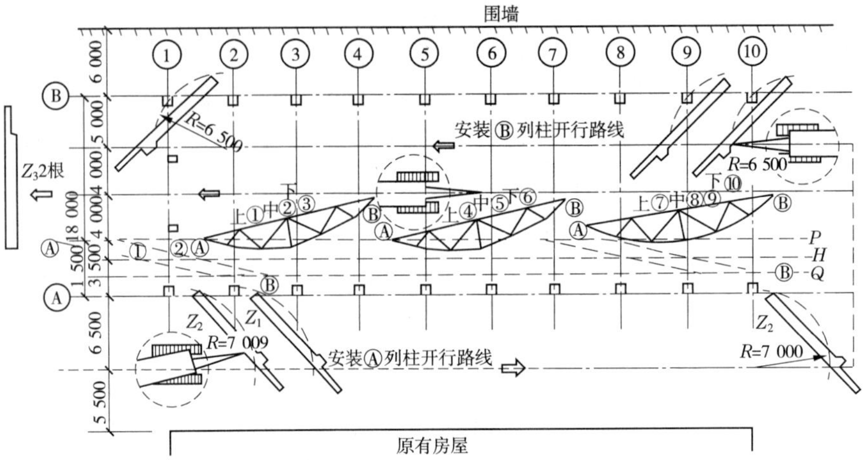


图 6-64　加工车间预制构件平面布置图

# 小　结

在结构安装工程中，常用的起重机械包括桅杆式起重机、自行式起重机和塔式起重机等。桅杆式起重机有独脚拔杆、人字拔杆、悬臂拔杆和牵缆式桅杆起重机等，桅杆式起重机构造简单、装拆方便、起重量大，但吊装范围小。自行式起重机包括履带式起重机、汽车式起重机和轮胎式起重机等，自行式起重机的主要技术性能，常用起重量、起重半径和起重高度三个参数表示，其数值的变化取决于起重臂长 $L$ 及其仰角 $\alpha$ 的大小。塔式起重机按构造性能可分为轨道式、爬升式和附着式三种。塔式起重机具有较大的起重高度和工作幅度，工作速度快，生产效率高，广泛用于多层和高层的工业与民用建筑施工。

单层工业厂房主要构件有柱子、吊车梁、屋架、天窗架、屋面板、连系梁等，吊装过程主要有绑扎、吊升、就位、临时固定、校正、最后固定等工序。柱子的绑扎按起吊后柱身是否垂直，可分为斜吊绑扎法和直吊绑扎法；按绑扎点及牛腿的数量可分为一点绑扎法、两点绑扎法以及三面牛腿绑扎法等。柱子的吊升方法，根据柱子吊升过程中的运动特点可分为旋转法和滑行法，根据起重机的数量又可分为单机吊升和双机吊升两种。吊车梁垂直度采用吊线锤的方法检查校正，吊车梁平面位置采用通线法和平移轴线法校正。屋架安装的主要工序有绑扎、扶直与就位、吊升、对位、校正、最后固定等，按照起重机与屋架预制时相对位置不同，屋架扶直有正向扶直和反向扶直两种。单层厂房结构安装方法主要有分件安装法和综合安装法两种。

多层装配式框架结构可分为全装配式框架结构和装配整体式框架结构，全装配式框架结构是指柱、梁、板等均由装配式构件组成的结构，装配整体式框架结构是指柱子现浇，梁、板等预制。多层装配式框架结构安装，塔式起重机是主要的施工机械。塔式起重机的布置主要根据建筑物平面形状、构件重量、起重机性能及施工现场地形条件确定。轨道式塔式起重机有单侧布置和双侧（或环形）布置两种形式。多层装配式结构吊装方法有分件安装法和综合安装法两种。柱安装接头有榫式接头、插入式接头和浆锚式接头三种。

# 习 题

1. 填空题

(1)常用的起重机械主要有__________、__________、__________。

(2)履带式起重机的三个性能参数是__________、__________、__________。

(3)构件运输时的混凝土强度如设计无要求,不应低于设计混凝土强度标准值的__________。

(4)柱子吊升,根据运动特点可分为__________和__________两种,根据起重机的数量又可分为__________和__________两种。

(5)吊车梁平面位置的校正方法通常有__________和__________。

(6)屋架的扶直按起重机与屋架预制的相对位置分__________和__________。

(7)多层厂房结构安装方法有__________和__________两种。

(8)多层装配式框架结构柱子的接头形式有__________、__________、__________。

(9)柱子的布置方式与场地大小、安装方法有关,一般有__________、__________和__________等三种。

(10)塔式起重机的布置方案,主要根据建筑物平面形状、构件重量、起重机性能及施工现场地形条件确定。轨道式塔式起重机主要有两种布置形式,即__________和__________布置。

2. 解释概念

(1)单层厂房分件安装法;

(2)单层厂房综合安装法。

3. 单选题

(1)当起重臂长 $L$ 一定时,随起重臂仰角 $\alpha$ 的变大,起重量 $Q$(　　)。

A. 变大　　B. 减小　　C. 不变　　D. $\alpha$ 小于 15°变大

(2)构件安装时,一般构件强度应达到设计强度的(　　)方可安装。

A. 50%　　B. 60%　　C. 70%　　D. 75%

(3)$b$ 表示建筑物宽度,$a$ 表示建筑物外侧至塔轨中心距离,若起重机平面布置采用单侧布置,起重半径应满足(　　)。

A. $R \geq b + a$　　B. $R < b + a$　　C. $R \geq b/2 + a$　　D. $R < b/2 + a$

(4)多层厂房综合安装法具有(　　)的特点。

A. 结构稳定性好,起重机开行路线短　　B. 构件校正时间长

C. 吊具不需更换　　D. 安装效率高

4. 简述题

(1)起重机械的种类有哪些?各有何优缺点?其适用范围如何?

(2)起重机的起重高度、起重半径与起重量三者之间有何关系?

(3)在什么情况下对履带式起重机进行稳定性验算?如何验算?

(4)柱子吊装前应做好哪些准备工作?

(5)旋转法和滑行法吊装各有何特点?其适用范围如何?

(6)柱按三点共弧如何进行斜向布置?

(7)怎样对柱进行临时固定和最后固定?

(8)吊车梁的安装位置如何校正?

(9)屋架的排放有哪些方法?应注意哪些问题?

(10)单层装配式混凝土结构工业厂房安装有哪些工序?

(11)多层装配式框架结构构件的平面布置应遵守哪些原则?

(12)多层装配式框架结构安装与单层工业厂房结构安装对起重机的选择有哪些不同?

(13)单、多层装配式混凝土结构安装质量有哪些要求?

5. 计算题

(1)有一钢丝绳为 $6\times19+1$,极限强度为 1.7 $kN/mm^2$,直径 $D=20$ mm,用以吊装构件,试计算钢丝绳允许拉力。若重物为 50 kN,应选用多大直径的钢丝绳?

(2)某单层工业厂房,跨度为 24 m,柱距 6 m,采用 $W_1-100$ 型履带式起重机安装柱子,起重半径为 7.5 m,起重机分别沿纵轴线跨内和跨外开行,距离为 6 m。试对柱子作三点共弧斜向布置,并确定停机点位置。

(3)某单层工业厂房,跨度为 21 m,柱距 6 m,10 个节间,选用 $W_1-100$ 型履带式起重机进行结构安装,吊装屋架时起重半径为 8 m。试分别绘制屋架斜向就位图和纵向就位图。

# 项目七　高层建筑施工

## 知识点

高层建筑施工的结构类型及特点，高层建筑施工机械，高层现浇框架（框架－剪力墙）结构施工要点，高层建筑大模板、滑升模板、爬升模板等施工工艺，高层建筑施工安全技术。

## 学习目标

掌握脚手架构造及拆装要求（门式组合脚手架、悬挑式脚手架、附着式升降脚手架），现浇框架结构（柱、梁）施工要点，高层建筑大模板、液压滑升模板、爬升模板的特点、组成及施工程序；熟悉高层建筑结构体系与施工特点，塔式起重机选择原则，泵送混凝土事故发生的类型，高层建筑施工安全技术要求；了解塔式起重机装拆程序及操作要求，台模、隧道模和永久性模板特点。

### 引例

某高层住宅为全现浇钢筋混凝土框架－剪力墙结构，地下2层，地上28层，主体高度86 m，基础为筏板基础。

**思考：**

（1）高层建筑结构施工，常用的垂直运输机械有哪些？

（2）高层建筑施工常用的脚手架有哪些形式？搭设脚手架应注意哪些问题？

（3）现浇钢筋混凝土框架－剪力墙结构如何施工？

（4）高层建筑结构施工有哪些特点？

## 任务一　高层建筑施工概述

随着社会的进步，城市工业和商业的迅速发展、国际交往的日趋频繁促进了建筑业的繁荣与发展。高层建筑是城市化、工业化和科技发展的产物。科学技术的进步、建筑结构的理论与创新，以及新材料、新工艺、新方法的大量涌现，也推动了高层建筑的普遍发展。高层建筑的发展解决了日益增多的人口和有限用地之间的矛盾，也丰富了城市的面貌，成为城市实力的象征和现代化的标志。

### 一、高层建筑的定义

超过一定层数或高度的建筑称为高层建筑。高层建筑的起点高度或层数，在不同国家和地区有不同的规定。

**（一）我国定义**

1983年以前，我国以8层作为高层建筑的起点。1984年以后，以10层以上的住宅和总高度超过 24 m 的公共建筑及综合建筑作为高层建筑。我国建设部《民用建筑设计通则》(GB 50352—2005)中，将住宅建筑依层数划分为：1～3 层为低层住宅，4～6 层为多层住宅，7～9 层为中高层住宅，10 层及 10 层以上为高层住宅。除住宅之外的民用建筑，高度不大于 24 m 者为单层和多层建筑，大于 24 m 者为高层建筑（不包括建筑高度大于 24 m 的单层公共建筑）；建筑高度大于 100 m 的民用建筑为超高层建筑。

《高层建筑混凝土结构技术规程》(JGJ 3—2010)规定：10 层及 10 层以上或房屋高度大于 28 m 的建筑物为高层建筑，建筑高度大于 100 m 时为超高层建筑。

**（二）国外定义**

2012 年，在上海召开的世界高层都市国际高层建筑会议将高层建筑划分为 4 类：第一类为 9～16 层（最高到 50 m），第二类为 17～25 层（最高到 75 m），第三类为 26～40 层（最高到 100 m），第四类为 40 层以上（高度 100 m 以上）。

在美国，24.6 m 或 7 层以上为高层建筑；在日本，31 m 或 8 层及以上为高层建筑；在英国，大于或等于 24.3 m 的建筑为高层建筑。

## 二、现代高层建筑发展简况

19 世纪以后，高层建筑逐渐发展起来，这与电梯和钢铁、水泥的发展有关。1886 年，在芝加哥建成的家庭保险公司大楼，11 层，高度 55 m，铸铁框架结构，部分钢梁、砖石为承重外墙，是近代高层建筑起点的标志。1891～1895 年，在芝加哥建造的共济会神殿大楼，20 层，高度 92 m，是首次全部用钢作框架的高层建筑。1903 年，在辛辛那提建造的英格尔大楼，16 层，是最早的钢筋混凝土框架高层建筑。1931 年，在纽约建成的帝国大厦，102 层，高度 381 m，有 65 部电梯，在此之后的 40 年中，一直是世界上最高的建筑物。1963 年，美国北达科他州 KVLY－TV 电视发射塔建成，高度 628.9 m，牵索结构。1972～1974 年，在纽约建成了世界贸易中心北楼、南楼，均为 110 层，高度为 417 m 和 415 m。1975 年，在芝加哥建成了西尔斯大厦，110 层，高度 443 m，西尔斯大厦雄居世界最高建筑宝座长达 21 年。1986 年，在美国芝加哥召开了第三届国际高层建筑会议，纪念第一栋高层建筑诞生 100 周年。1996 年，马来西亚吉隆坡的石油大厦双塔建成，88 层，高度 450 m，成为世界最高建筑物，这也是亚洲国家第一次得到世界第一高的宝座。2003 年，台湾的台北 101 大厦建成，101 层，高度 508 m。2010 年 1 月，阿拉伯联合酋长国迪拜哈利法塔（Burj Khalifa Tower）（原名迪拜塔，又称迪拜大厦或比斯迪拜塔）摩天大楼建成，162 层，高度 828 m，为当前世界第一高楼与人工构造物，造价达 70 亿美元。

我国现代高层建筑起源于上海，上海也是世界上发展高层建筑较早的地区之一。1903 年，建造的英国上海总会（即现在的外滩东风饭店），6 层，高 26.9 m，是上海第一座钢筋混凝土建筑。1906 年，建造的汇中饭店（即现在的和平饭店南楼），6 层，砖木混合结构，高 30 m，是上海第一次使用电梯的建筑。1916 年，建造的天祥洋行大楼（即现在的大北大楼），6 层，高 28 m，是上海第一座钢结构建筑。1923 年，字林西报大楼（即现在的桂林大楼）建成，10 层。1927 年，沙逊大厦（即现在的和平饭店）建成，10～14 层，钢结构。1929 年，华懋饭店（即现在的锦江饭店）建成，13 层。1932～1934 年，上海国际饭店建成，地下 2 层，地上 22 层，高度 82.5 m，钢结构。20 世纪 60 年代，广州开始兴建旅游建筑，1968 年建成的广州宾馆，27 层，高度 87.6 m，首次在层数和高度上超过了 1934 年建成的上海国际饭店。20 世纪

60 年代,香港经济腾飞,人口高度集中,开始大量兴建高层建筑。20 世纪 70 年代,由于旅游、外事的逐步发展,1977 年,广州建成 33 层、高 112 m 的白云宾馆,成为我国大陆首栋超高层建筑。

进入 20 世纪 80 年代,全国各大城市和一批中等城市普遍兴建了诸多高层建筑。1985 年,深圳建成的国际贸易中心,50 层,高度 160 m。1989 年,北京建成的国贸大厦,39 层,高度 155 m。1989 年,香港建成的中银大厦,70 层,高度 369 m。20 世纪 90 年代以后,是高层建筑发展最快的时期,我国先后建成了深圳地王大厦(81 层,高度 325 m)、广州中天广场(80 层,高度 322 m)、上海金茂大厦(88 层,高度 420 m)等世界著名的超高层建筑。另外,随着我国国际地位和人民生活水平日益提高,高层建筑在中小城市也有很大的发展。

## 三、高层建筑的结构体系

高层建筑采用的结构材料、结构类型和施工方法,与多层建筑有许多共同之处。高层建筑由于高度大、结构复杂,不仅要承受较大的垂直荷载,还要承受较大的水平荷载,而且高度越高相应的荷载越大。高层建筑的结构材料、结构类型和施工方法,与多层建筑相比,具有特殊性。高层建筑中常用的结构体系有框架结构、剪力墙结构、框架－剪力墙结构、筒体结构以及组合结构等。

### (一)框架结构

框架结构体系是由梁、柱构件通过节点连接构成的,既承受竖向荷载,也承受水平荷载的结构体系,如图 7-1(a)所示。框架结构体系适用于多层建筑及高度不大的高层建筑。

框架结构建筑平面布置灵活,可以做成有较大空间的会议室、餐厅、车间、营业室、教室等。需要时,可用隔断分隔成小房间,或拆除隔断改成大房间,使用方便。外墙用非承重构件,可使立面设计灵活多变。

框架结构可通过合理的设计,使之具有良好的抗震性能。高层框架侧向刚度较小,结构顶点位移和层间相对位移较大,在地震时,非结构构件(如填充墙、建筑装饰、管道设备等)破坏较严重。高层框架结构高度不宜过大,一般控制在 10～15 层。

框架结构构件类型少,易于标准化、定型化,可以采用预制构件,也易于采用定型模板做成现浇结构,有时还可以采用现浇柱及预制梁板的半现浇、半预制结构。现浇结构的整体性好,抗震性能好,在地震区应优先采用。

### (二)剪力墙结构

剪力墙结构体系是利用建筑物墙体承受竖向荷载与水平荷载,并作为建筑物的围护及房间分隔构件的结构体系,如图 7-1(b)所示。

在抗震结构中,剪力墙也称为抗震墙。剪力墙结构刚度大、强度高、整体性好,在水平荷载作用下侧向变形小,抗震性能较强。在国内外历次大地震中,剪力墙结构体系表现出良好的抗震性能,且震害较轻。因此,剪力墙结构在非地震区或地震区的高层建筑中,都得到了广泛的应用。在地震区,15 层以上的高层建筑中,采用剪力墙结构经济、可行;在非地震区,采用剪力墙结构建造建筑物的高度可达 140 m。目前,我国 10～30 层的高层住宅大多采用剪力墙结构体系。剪力墙结构采用大模板或滑升模板等先进方法施工时,施工速度更快,可节省大量的砌筑填充墙等工作量。

剪力墙结构建筑物平面被剪力墙分隔成小的开间,建筑平面布置不够灵活,难以满足公共建筑的使用要求。为满足旅馆布置门厅、餐厅、会议室等大面积公共房间，以及在住宅底层布置商店和公共设施的要求，可取消剪力墙结构底部一层或几层的部分剪力墙。建筑物底部部分剪力墙取消后，用框架来代替，形成底部大空间剪力墙结构和大底盘、大空间剪力墙结构。标准层可采用小开间或大开间结构。当把底层做成框架柱时，剪力墙结构成为框肢剪力墙结构。框肢剪力墙结构体系由于底层柱的刚度小，上部剪力墙的刚度大，形成上下刚度突变，在地震作用下底层柱会产生很大的内力及塑性变形，致使结构破坏较重。因此，在地震区，不允许完全使用这种框肢剪力墙结构，而需设有部分落地剪力墙。

剪力墙建筑高度一般不宜超过 150 m。

**（三）框架 - 剪力墙结构**

框架 - 剪力墙结构体系是在框架结构中布置一定数量的剪力墙所组成的结构体系。框架结构侧向刚度差，水平荷载作用下的变形大，抵抗水平荷载能力较低，但是平面布置较灵活、可获得较大的空间、立面处理易于变化；剪力墙结构强度、刚度大，水平位移小，但是使用空间受到限制。将框架结构和剪力墙结构结合起来，相互取长补短，可形成一种受力特性较好的结构体系，即框架 - 剪力墙结构体系。剪力墙结构可以单片分散布置，也可以集中布置，如图 7-1(c)所示。

框架 - 剪力墙结构既有框架结构布置灵活、使用方便的特点，又有较大的刚度和较强的抗震能力，因而广泛地应用于高层建筑中的办公楼和旅馆。

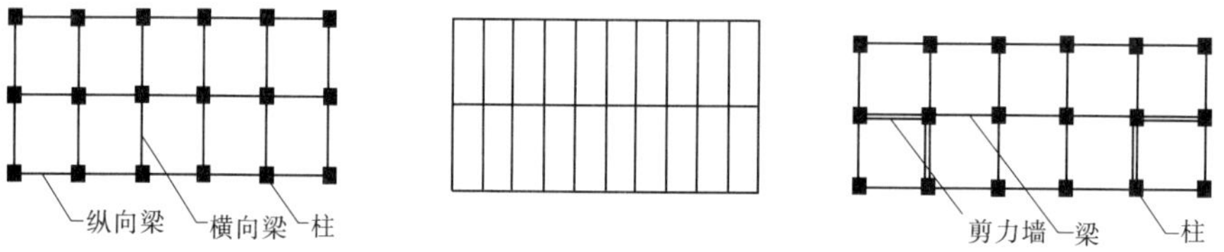

(a)框架结构　(b)剪力墙结构　(c)框架-剪力墙结构

**图 7-1　结构平面布置图**

**（四）筒体结构**

筒体结构为空间受力体系。筒体的基本形式有三种：实腹筒、框筒及桁架筒，如图 7-2(a)、(b)、(c)所示。剪力墙围成的筒体称为实腹筒。在实腹筒的墙体上，开出许多规则的窗洞形成的开孔筒体，称为框筒。实际上，框筒是由密排柱和刚度很大的窗裙梁形成的密柱深梁框架围成的筒体。筒体的四壁由竖杆和斜杆形成的桁架组成，称为桁架筒。由内、外两个筒体单元组成的结构，称为筒中筒或组合筒，如图 7-2(d)、(e)所示。一般地，实腹筒做内部核心筒，框筒或桁架筒做外筒。筒体结构的受力是空间受力。无论哪一种筒体，在水平力作用下，都可以看成固定于基础上的箱形悬臂构件。筒体结构比单片平面结构抗侧刚度大、承载能力强、抗扭刚度大、稳定性好。因此，筒体结构体系广泛应用于多功能、多用途、层数较多的高层建筑中。

## 四、高层建筑施工特点

高层建筑与一般建筑施工相比，具有如下特点：

(1)工程量大，造价高。

(2)建筑工期长，季节性施工（雨季、冬季）不可避免。

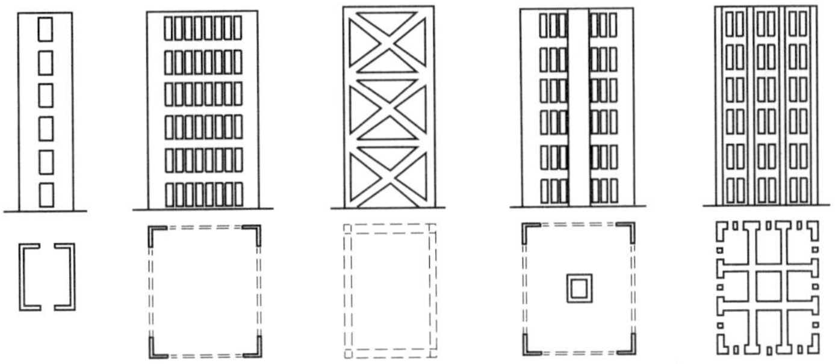

(a)实腹筒　(b)框筒　(c)桁架筒　(d)筒中筒　(e)组合筒

**图 7-2　筒体类型**

(3)高空作业,垂直运输量大,安全隐患多。

(4)基础开挖深度大,支护结构费用高。

(5)一般在市区施工,施工用地紧张。

(6)高层建筑多以钢筋混凝土结构和钢结构为主。

(7)防水、装饰、设备要求高。

(8)标准层占工程主体的主要部分,设计基本相同,便于组织逐层、循环流水作业。

(9)工程项目多、工种多、涉及单位多、管理复杂。

大型复杂的高层建筑往往是边设计、边准备、边施工,涉及许多部门,必须精心组织,加强集中管理,严格施工程序,确保施工质量。

## 五、高层建筑施工技术的发展

随着高层建筑的不断发展,施工技术也得到了很大的发展,并在实践中应用、总结、再应用,形成了较先进的施工技术体系。

**(一)高层建筑基础施工技术**

从 20 世纪 90 年代以后,高层建筑越建越高,基础越做越深,促进了基础施工技术的发展。

在基础工程方面,主要有基础结构、深基坑支护、大体积混凝土浇筑、深层降水等施工。

高层建筑基础多采用桩基础、筏形基础、箱形基础、桩基与箱形基础或桩基与筏板基础的复合基础等结构形式。

桩基础方面,混凝土方桩、预应力混凝土管桩、钢管桩等预制打入桩皆有应用,有的桩长已超过 70 m。近年来,混凝土灌注桩有很大的发展,在钻孔机械、桩端压力注浆、成孔扩孔、动力试验、扩大桩径等方面都有很大提高,大直径钻孔灌注桩的应用愈来愈多,并在软土、淤泥质土的地区也成功应用。

筏形基础、箱形基础、桩基与箱形基础或桩基与筏板基础的复合基础方面,能形成空间大底盘,充分利用地下空间,结构刚度好,在 20 世纪 80 年代以后大量开始应用。

近年来,由于深基坑的增多,支护技术发展很快,多采用钢板桩、混凝土灌注桩、地下连续墙、深层搅拌水泥土桩、土钉支护等。随着深基坑支护技术的发展,传统的内部钢管(或型钢)支撑、坑外土锚拉固等支护技术也有了很大改进。内部支撑形式也有多种,有十字交叉支撑,有环状(拱状)支撑和混凝土支撑,亦有采用“中心岛”式开挖的斜撑。土锚的钻孔、灌浆、预应力张拉工艺等，也有很大提高。

大体积混凝土裂缝控制的计算理论日益完善，为减少或避免产生温度裂缝，各地都采取了一些有效措施。由于商品混凝土和泵送技术的推广，万余立方米以上的大体积混凝土浇筑亦无困难，在测温技术和信息化施工方面亦积累了不少经验。

在深基坑施工降低地下水位方面，已能利用轻型井点、喷射井点、真空深井泵和电渗井点技术进行深层降水，而且在预防因降水而引起附近地面沉降方面亦有一些有效措施。

**（二）高层建筑结构施工技术**

在结构工程方面，主要有现浇钢筋混凝土结构、钢结构等。

现浇钢筋混凝土结构，整体性好、抗震性强、用钢量少、防火性能好、造价较低。现浇结构技术促进了模板技术、钢筋连接技术、混凝土技术的发展。

在模板方面，从以前的木模板、钢模板发展到塑料模板、胶合板、竹胶板模板等新型模板，并形成大模板、爬升模板和滑升模板施工成套工艺。大模板工艺在剪力墙结构和筒体结构中已广泛应用，形成“全现浇”、“内浇外挂”、“内浇外砌”成套工艺，且已向大开间建筑方向发展。楼板除各种预制、现浇板外，还应用了各种配筋的薄板叠合楼板。爬升模板施工工艺已成熟，不但用于浇筑外墙，亦可内、外墙皆用。在提升设备方面，已有手动、液压和电动提升设备，有带爬架的，亦有无爬架的，尤其与升降脚手架结合应用，优点更为显著。近年来，滑模工艺亦有很大提高，可施工高耸结构、剪力墙或筒体结构的高层建筑，亦可施工框架结构和一些特殊结构。

在钢筋连接技术方面，除采用传统的绑扎、手工焊接外，对于一些大直径钢筋的连接，采用了电渣压力焊、气压焊、冷挤压、直螺纹连接技术。冷挤压、直螺纹连接属于机械连接，节省电能、钢材，不受季节、气候变化影响，施工简便，接头质量易于控制，有良好的发展前景。

在混凝土方面，高强、轻质、高性能混凝土是当前混凝土的发展方向。高强混凝土即强度等级在 C50 及其以上的混凝土。目前，我国 C50 ~ C60 混凝土在工程中应用较多，世界上已有强度达到 138 $N/mm^2$ 的混凝土在工程上应用。近几年来，商品混凝土在大中城市有了很大的发展。同时，泵送技术也显示其运送混凝土所特有的优越性，泵送高度可达到几百米。

钢结构高层建筑由于质量轻、抗震性能好、施工速度快等优点，在我国得到一定的发展。目前，高层钢结构制造、安装、防火等技术都有很大的提高，钢结构也会在今后高层建筑中有更多的应用。

**（三）高层建筑施工管理**

高层建筑由于层数多，工程量大，技术复杂，工期长，涉及许多单位和专业，必须在施工全过程实行科学的组织管理。高层建筑施工特别要解决好以下几个问题。

1. 施工现场管理体制

施工现场必须设置有权威的管理机构，按照统一的施工计划部署，组织各方面的力量，排除各种障碍，使工程能按预定要求完成。

施工现场管理机构首先需要确定总负责人，有多栋号的施工现场，还应确定各栋号的工程主管人。

在大型重要工程施工现场，常设立以工程总负责人为首的现场指挥部，以总包为主，吸收主要专业单位参加。必要时，吸收建设单位和设计单位的代表参加。

在一般情况下，按照高层建筑的工程量大小，由施工队或工区（工程处）直接组织施工。项目经理负责组成精干的管理班子，对工程进行全面承包。同时，现场管理机构应主动与监理单位配合，在建设全过程中自觉接受监理。

2. 施工与设计的结合

设计与施工是两个不同的阶段，又是两个不可分离的部门，需要密切配合。特别是一些大型复杂的高层建筑，设计方案和施工方案的选定需要经过多方面的调查研究论证，尤其需要集中设计和施工部门的集体智慧。

设计和施工的结合应贯穿建设的全过程，在不同的设计阶段和施工阶段有不同的结合内容。

3. 施工组织设计的编制

高层建筑由于层数多、工程量大、提供作业面大，装修及设备安装可以提前介入，从而加快施工进度。施工期间应充分利用空间和时间，合理安排平行流水、立体交叉作业。结构、装修及设备安装施工有一定的层数间隔，流水作业采用由下而上的施工顺序，以缩短总工期，并创造分层验收的条件。

高层建筑层数虽多，但大多数层为标准层。标准层平面、立面、工程量相同，设计、施工做法也相同，为采用工业化方法组织施工创造了条件。

施工组织设计应首先解决好施工部署和施工方案。在此基础上，应安排好施工进度计划、现场施工平面布置等各方面的问题。

高层建筑一般在市区施工，土地用地十分紧张。在制订施工方案时，应采用各种节约土地和减少暂设工程的措施，如挖土不放坡、充分利用商品混凝土、由各生产基地及有关单位提供各种半成品及构配件等。

施工组织设计应按照不同的工程类型采取不同的编制方法和编制内容。对于一般单栋高层建筑，可一次编制单位工程施工组织设计。对于建筑群或大型民用建筑，可先根据初步设计或技术设计编制施工组织总设计，再根据施工图编制单位工程施工组织设计和分项施工方案。

4. 施工准备工作

高层建筑在正式开工前，在编制施工组织设计的同时，按照常规做好现场三通一平，编制施工预算，进行必要的暂设工程，以及加工定货和材料、机具、劳动力的准备等。高层建筑深基础施工前，做好基坑开挖前的挡土支护及降排水设施。高层建筑高空作业难度大，应做好垂直运输及安全、消防等准备工作。

5. 施工技术管理

对于采用新技术、新工艺、新结构、新设备的项目，应认真把好技术关，审查技术上是否可行，是否已经过鉴定和实践考验。带有试验性的项目，应组织科研、设计、施工和主管部门进行试验论证，只有通过小型试验和中间试验，在技术上确有把握时，才能正式应用于工程。

高层建筑设计涉及各专业，接到图纸后，应认真组织施工有关人员熟悉并审查图纸，各专业图纸交底无误后，再逐级进行技术交底。

高层建筑所采用的材料、制品，特别是新材料、新产品，应有质量检验合格证明，并在现场严格检查验收，必要时，应再抽样检验。

在施工过程中，应做好测量管理工作，指定专人积累施工技术资料，分阶段完成竣工图。

6. 质量、安全和消防管理

高层建筑质量管理工作应根据高层建筑特点，从加强质量保证体系和强化质量监督检查验收工作两方面进行。质量管理工作要有明确的质量目标和质量计划，对关键部位和重要环节，如地基处理、轴线和标高尺寸、结构连接构造、焊接等重要部位，特别要把好质量关。质量管理要运用全面质量管理的工作方法不断总结提高，建立质量岗位责任制和开展质量管理小组活动。对大型复杂高层建筑，质量监督机构（或委托监理机构）和设计单位应有常驻现场代表，会同施工管理人员共同做好质量管理工作。

安全管理工作除做好常规工作外，要特别在深基础施工和高空作业两个方面采取措施。

消防管理工作要重点完善消防设施。在施工现场配置消火栓和高压水泵，保证高层消防用水所必需的水压和水量，保证交通道路畅通。易燃、易爆物品要严格管理。施工现场除指定地点外，严禁吸烟。高层建筑施工现场应设专职人员负责消防工作。

**特别提示**

高层建筑的发展是人类生存的需求，是社会进步的标志，也是一个国家施工水平的体现。高层建筑体系从材料使用上分，主要有混凝土结构和钢结构；从结构类型上分，主要有框架、剪力墙、框架－剪力墙、筒体等几种结构类型。高层建筑不是多层建筑的简单叠加，具有独特的施工特点，对施工技术和施工管理都提出了很高的要求。

# 任务二　高层建筑垂直运输机械与脚手架

高层建筑建筑物高，基础埋置深，施工周期长，施工条件复杂，即具有高、深、长、杂等特点。因此，高层建筑施工要着重解决垂直运输高度大，吊装运输量大，建筑材料、制品、设备数量多，要求繁杂，人员交通量大等一些问题。解决这些问题的关键之一，就是正确选择适合需要的施工机具。

另外，高层建筑施工使用机械设备的费用占土建总造价的5%～10%，合理地选用和有效地使用建筑机械，对降低高层建筑的造价能起到一定的作用。

## 一、塔式起重机

塔式起重机简称塔吊，由钢结构、工作机构、电气设备及安全装置组成。塔式起重机吊臂长，工作幅度大，吊钩高度高，起重能力强，效率高，能吊运各类建筑材料、制品、预制构件及建筑设备，特别适合吊运超长、超宽的大型构件，能同时进行起升、回转及行走，完成垂直运输及水平运输作业，较好地适应地面需要。目前，塔式起重机已成为高层建筑吊装施工和垂直运输的主要机械设备。

塔式起重机按使用架设的要求，可分为固定式、轨道式、附着式、内爬式等。高层建筑和超高层建筑施工用垂直运输机械，主要是附着式（自升式）塔式起重机和内爬式塔式起重机。

附着式（自升式）塔式起重机是高层建筑施工中常用的塔式起重机，能较好地适应建筑体型和层高变化的需要，不影响建筑物内部施工安排，安装拆卸比较方便，不妨碍司机视线，便于司机操作。附着式塔式起重机生产率高。

内爬式塔式起重机是一种安装在建筑物内部（电梯井或特设空间）结构上，依靠爬升机构随建筑物向上建造而向上爬升的起重机。内爬式塔式起重机一般每隔两个楼层爬升一次。对于高度在 100 m 以上的超高层建筑,可优先考虑选用内爬式塔式起重机。

**(一)塔式起重机的选择**

建筑施工条件复杂多变,影响塔式起重机选择的因素有:建筑物的体型和平面布置;建筑层数、层高和建筑物总高度,建筑工程实物量、建筑构件、制品、材料设备搬运量,建筑工期、施工节奏、施工流水段的划分以及施工进度的安排,建筑基地及周围施工环境条件,施工单位资源条件,塔式起重机供应条件,经济效益。

选择塔式起重机时,应遵循以下原则。

1.参数合理

塔式起重机的主要参数是起重幅度、起重量、起重力矩和起升高度(或称吊钩高度)。

起重幅度即工作半径或回转半径,是从塔吊回转中心线至吊钩中心线的水平距离。起重幅度可分为最大幅度、最大起重量时的幅度和最小幅度。塔式起重机幅度参数通过建筑物外形尺寸绘图确定。根据塔式起重机起重臂长度、工程对象、计划工期、施工速度以及塔式起重机配置台数选择塔式起重机。一般说来,体型简单的高层建筑仅需配用一台自升式塔式起重机,而体型庞大复杂、工期紧迫的则需配置两台或更多台自升式塔式起重机。

起重量是指起重机所起吊的重物重量、铁扁担、吊索和容器重量的总和。起重量可分为最大幅度时的额定起重量和最大起重量。钢筋混凝土高层及超高层建筑,最大幅度时的额定起重量是关键参数。全装配式大板建筑最大幅度起重量应以最大外墙板重量确定。现浇钢筋混凝土建筑则应按最大混凝土料斗容量确定所要求的最大幅度起重量。钢结构高层及超高层建筑,塔式起重机的最大起重量是关键参数,应以最重构件的重量为准。

起重力矩是起重量与相应工作幅度的乘积。钢筋混凝土高层和超高层建筑,最大幅度时的起重力矩必须满足施工需要。钢结构高层及超高层建筑,最大起重量时的起重力矩必须符合需要。

起升高度是自钢轨顶面或基础顶面至吊钩中心的垂直距离。塔式起重机的起升高度不仅取决于塔身结构的强度和刚度,而且取决于起重机起升机构卷筒钢丝绳容量和吊钩滑轮组的倍率。起升高度是塔式起重机一项关键主要参数。不论塔式起重机其他参数如何理想,技术性能如何优越,如起升高度不合需要,仍然无法完成施工任务。塔式起重机进行吊装施工,起升高度同起重幅度参数一样,可通过作图和计算加以确定。

2.塔式起重机台班生产率必须充分满足需要

根据施工流水段及吊装进度的要求,对塔式起重机台班作业生产率进行校核,务必保证施工进度计划不会因塔吊生产效率而受到拖延。

3.投资少,经济效益好

通过对参数的对比分析、台班生产率的计算和选型研究,可确定采用哪一种塔吊是合理的。但是塔式起重机在选择时,还要考虑到企业自身条件,是租赁、购买还是现有,根据不同的情况进行综合经济效益分析。

**(二)塔式起重机的操作要点**

(1)塔式起重机应由专职司机操作,司机必须受过专业训练。

(2)塔式起重机一般准许工作的气温为 −20 ~ 40 ℃,风速小于 6 级。风速大于 6 级及雷雨天,严禁操作。

(3)塔式起重机在作业现场安装后,必须遵照《建筑机械技术试验规程》进行试验和试运转。

(4)起重机必须有可靠接地,所有设备外壳都应与机体妥善连接。

(5)起重机安装好后,应重新调节各种安全保护装置和限位开关。如夜间作业,必须有充足的照明。

(6)起重机行驶轨道不得有障碍或下沉现象。轨道面应水平,轨距公差不得超过3 mm。直轨要平直,弯轨应符合弯道要求,轨道末端1 m处必须设有止挡装置和限位器撞杆。

(7)工作前应检查各控制器的转动装置、制动器闸瓦、传动部分润滑油量、钢丝绳磨损情况及电源电压等,如不符合要求,应及时修整。

(8)起重机工作时必须严格按照额定起重量起吊,不得超载,也不准吊拉人员、斜拉重物或拔除地下埋入物。

(9)司机必须得到指挥信号后,方可进行操作。操作前,司机必须按电铃、发信号。

(10)吊物上升时,吊钩距起重臂端不得小于1 m。

(11)工作休息或下班时,不得将重物悬挂在空中。

(12)起重机的变幅指示器、力矩限制器以及各种行程限位开关等安全装置,均必须齐全完整、灵敏可靠。

(13)作业后,尚须做到下列几点:①起重臂杆转到顺风方向,并放松回转制动器,小车及平衡重应移到非工作状态位置,吊钩提升到离臂杆顶端2~3 m处;②将每个控制开关拨至零位,依次断开各路开关,切断电源总开关,打开高空指示灯;③锁紧夹轨器,如有八级以上大风警报,应另拉缆风绳与地面或建筑物固定。

## 二、施工外用电梯

施工外用电梯也称为施工电梯、人货两用电梯,是一种安装于建筑物外部,供运送施工人员和建筑器材用的垂直提升机械。施工电梯是高层建筑施工设备中唯一可运送人员上、下的垂直运输设备。采用施工电梯运送施工人员上、下楼层,可节省工时,减少工人体力消耗,提高劳动生产率。如果不采用施工电梯,高层建筑施工中的净工作时间损失可达30%左右。因此,施工电梯是高层建筑提高生产率不可缺少的关键设备之一。

施工电梯一般分为齿轮、齿条驱动式施工电梯和绳轮驱动式施工电梯两类。

### (一)齿轮、齿条驱动式施工电梯

齿轮、齿条驱动施工电梯是利用安装在吊厢框架上的齿轮与安装在塔架立杆上的齿条相啮合,当电动机经过变速机构带动齿轮转动时,吊厢即沿塔架升降。

齿轮、齿条驱动施工电梯按吊厢数量可分为单吊厢式和双吊厢式两种。每个吊厢可配用平衡重,也可不配平衡重。同不配用平衡重的相比,配平衡重的吊厢在电机功率不变的情况下,承载能力可稍有提高。按承载能力大小,施工电梯可分为一级电梯和二级电梯两级。一级电梯能载重物1 000 kg或乘员11~12人;二级电梯,载重量为2 000 kg或载乘员24人。国产施工电梯大多属于前者。

齿轮、齿条驱动施工电梯的主要特点是:采用方形断面钢管焊接格构桁架结构塔架,刚度好;电机、减速机、驱动齿轮、控制柜等均装设在吊厢内,检查维修保养方便;采用高效能的锥鼓式限速装置,当吊厢下降速度超过0.65 m/s时,便会动作并掣住吊厢,从而保证不致发生坠落事故;能自升接高,安装转移迅速;可与建筑物拉结,随建筑物向上施工而逐节接高。附着后的悬臂高度(即附着点以上的自由高度)为12~15 m,升运高度一般为100~150 m,国产外用施工电梯最大升运高度可达220 m。此种施工电梯适用于建造25层建筑,特别是30层以上的高层建筑。

**(二)绳轮驱动式施工电梯**

绳轮驱动施工电梯是利用卷扬机、滑轮组,通过钢丝绳悬吊吊厢升降的提升机械,由塔架、底座、吊厢、卷扬机、滑轮组及安全装置等组成。绳轮驱动式施工电梯是近年来我国一些科研单位和生产厂家合作研制的新产品。

绳轮驱动施工电梯常称为施工升降机。有的施工电梯可人货两用,可载货1 000 kg或乘员8~10人;有的施工电梯只用以运货,载重亦达1 000 kg。

绳轮驱动施工电梯的主要特点是:采用三角断面钢管焊接格构桁架结构立柱,单吊厢,无平衡重,设有限速和机电联锁安全装置,附着装置简单;结构轻巧,能自升接高,构造简单,用钢量少;造价低,仅为齿轮、齿条施工电梯的2/5,附着装置费用较省。绳轮驱动式施工电梯适用于建造20层以下的高层建筑。

**(三)施工电梯的应用**

高层建筑施工外用电梯主要用于运送人员上、下楼层,运送人员所用的时间占运营时间的60%~70%,运货仅占30%~40%。统计资料表明,施工人员沿楼梯进出施工部位所耗用的上、下班时间,随楼层增高而急剧增加。如建筑物为10层楼,每名工人上、下班所占用的工时为30 min,自10层楼以上,每增高一层,平均需增加5~10 min。采用施工电梯运送工人上、下班,可大大压缩工时损失,提高工作效率。

施工电梯在运量达到高峰时,可以采取低层不停、高层间隔停的方法。此外,施工电梯使用时,要注意夜间照明及与结构的连接。

一台施工电梯,服务楼层面积约为600 $m^2$。在配置施工电梯时,可参考此数据计算,并尽可能选用双吊厢式施工电梯。

## 三、泵送混凝土施工机械

自从水泥发明后,混凝土的输送与浇筑就一直是人们研究的对象。大型建筑物浇筑混凝土,传统的方式是采用吊斗,随着建筑物体积与高度的增大,吊斗浇筑混凝土的缺陷明显暴露出来。20世纪60年代,南京长江大桥桥墩封底,一次灌注3 000 $m^3$混凝土,耗时72 h。80年代,采用混凝土泵送之后,宝钢电厂7 000 $m^3$混凝土基础,只用了28 h便灌注完成。目前,泵送混凝土施工机械已成为建筑业不可缺少的施工设备。

在混凝土结构的高层建筑中,混凝土的运输量非常大,因此在施工中正确的选择混凝土运输机械显得尤为重要。高层建筑施工中,常用的泵送混凝土施工机械有混凝土搅拌运输车、混凝土泵和混凝土泵车等。

**(一)混凝土搅拌运输车**

混凝土搅拌运输车简称搅拌车,是一种长距离运送混凝土的专用车辆。在汽车底盘上安置一个可以自行转动的搅拌筒,搅拌车在行驶的过程中混凝土仍能进行搅拌。因此,混凝土搅拌运输车是具有运输与搅拌双重功能的专用车辆。

### （二）混凝土泵和混凝土泵车

1. 混凝土泵

经过半个世纪的发展，混凝土泵从立式泵、机械式挤压泵、水压隔膜泵、气压泵发展到今天的卧式全液压泵。目前，世界各地生产与使用的全是液压泵。按照混凝土泵的移动方式不同，液压泵可分为固定泵、拖式泵和混凝土泵车。卧式双缸混凝土泵，两个混凝土缸并列布置，由两个油缸驱动，通过阀的转换，交替吸入或输出混凝土，使混凝土平稳而连续地输送出去。

2. 混凝土泵车

混凝土泵车是将混凝土泵安装在汽车底盘上，利用柴油发动机的动力，通过动力分动箱将动力传给液压泵，然后带动混凝土泵进行工作。混凝土通过布料杆，可输送到一定高程与距离。混凝土泵车对于一般的建筑物施工有独特的优越性。混凝土泵车移动方便，输送幅度与高度适中，可节省一台起重机，在施工中很受欢迎。

混凝土泵容易引起施工停顿，施工中应加强管理。造成停工的原因，主要有以下几个方面：①堵管；②液压系统故障，包括油温过高引起的故障；③摆阀（或闸板阀）间隙过大、密封不严，或造成摆阀无法摆动到位；④混凝土缸或活塞头磨损严重。

## 四、高层建筑施工用脚手架

建筑脚手架是建筑施工中的重要施工工具。长期以来，我国普遍使用竹、木脚手架，20世纪60年代以来，研究和开发了各种形式的脚手架。扣件式钢管脚手架具有搭设简便、搬运方便、通用性强等优点，已成为我国使用量最多、应用最普遍的一种脚手架。扣件式钢管脚手架占脚手架使用总量的70%左右，在今后较长时间内，仍占主导地位。但是扣件式钢管脚手架安全保证性较差，施工工效低，脚手架最大搭设高度规定为33 m，不能满足高层建筑施工的发展需要。多年来，我国研究开发的门式脚手架和碗扣式脚手架等新型脚手架，在一些地区已大量推广应用，取得了较好的效果。目前，为了满足高层建筑施工的需要，整体爬架和悬挑式脚手架等新型脚手架得到了发展，同时取得了良好的经济效益。

### （一）门式组合脚手架

门式脚手架由美国首先研制成功，具有装拆简单、承载性能好、使用安全可靠等特点，发展速度很快。到20世纪60年代，欧洲、日本等国家先后引进并发展了这种脚手架。70年代以来，我国先后从日本、美国、英国等国家引进门式脚手架体系，在一些高层建筑工程施工中应用。到了80年代初，国内有一些厂家开始试制门式脚手架，产品在部分地区的工程施工中大量应用，取得了较好效果。

1. 门式脚手架的构造

门式脚手架由千斤顶底座、门式框架、腕臂锁扣、十字撑、承插连接扣、梯子、脚手板、脚手板托梁框架、扶手拉杆、桁架式拖梁等部件组成。门式脚手架构造形式如图7-3所示。

2. 门式脚手架搭设

门式脚手架高1 700～1 950 mm，宽914～1 219 mm，搭设高度一般为25 m，最高不宜超过45 m。垂直方向和水平方向每隔4～6 m应设一扣墙管与外墙连接，整幅脚手架的转角应用钢管通过扣件扣紧在相邻两个门架上。当门型架架设超过10层，应加设辅助支承，一般在高8～11层门型架之间，宽在5个门型架之间，加设一组，使部分荷载由墙体承受。

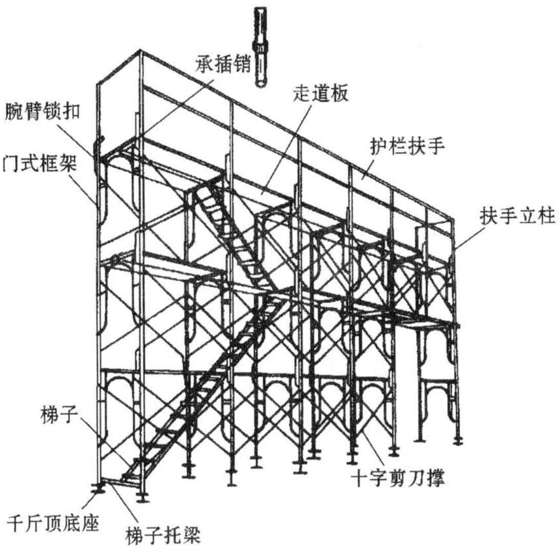


图 7-3　门式脚手架构造形式

3. 使用要求

1) 组装前的准备工作

组装门架之前，场地必须整平，在下层立框的底部要安装底座，基础有高差时，应使用可调底座。门架部件运到现场，应逐个检查，如有质量不符合要求，应及时修整或调换。组装前，还必须做好施工设计，并讲清操作要求。

2) 组装方法和要求

立框组装要保持垂直，相邻立框间要保持平行，立框两侧要设置交叉斜撑。使用时，斜撑不能松动。在最上层立框和每隔三层以内立框，必须设置横框或钢脚手板，横框或钢脚手板的锁紧器应与立框的横杆锁固住。立框之间用连接管进行连接，立框连接保持垂直。

立框的每个立杆容许荷重为 25 kN，每一单元的容许荷重为 100 kN。横框在承受中心集中荷重时，容许荷重为 2 kN；承受均布荷重时，为每横框 4 kN。可调底座的容许荷载为 50 kN，连墙杆的容许荷重为 5 kN。在使用过程中要增加施工荷载时，必须先经过核算。要经常清扫脚手板上的积雪、雨水、砂浆及垃圾等杂物。对电线、电灯的架设需要采取安全措施。同时，每隔 30 m 应接装一组地线，安上避雷针。在钢脚手板上搁放预制构件或设备时，必须铺设垫木，以免荷载集中，压坏脚手板。

3) 拆除和维护管理要求

拆除门式脚手架时，应用滑轮或绳索吊下，严禁从高处向下摔。拆除的部件应及时清理，如因碰撞等造成变形、开裂等情况，应及时校正、修补或加固，使各部件保持完好。拆除的门架部件应按规格分类堆放，不可任意交叉堆放。门架尽可能放在场棚内。如露天堆放，应选地势平坦干燥之处，地下用砖垫平，同时盖上雨布，以防生锈。

门式脚手架作为专用施工机具，应切实加强责任管理，尽可能建立专职机构，进行专职管理和维修，积极推行租赁制，制定使用管理奖惩办法，以利于提高周转使用次数和减少损耗。

**(二) 悬挑式脚手架**

悬挑式脚手架是从建筑物外缘悬挑出承力构件，并在其上搭设脚手架。悬挑式脚手架是高层建筑常采用的一种脚手架。悬挑式脚手架可减轻钢管扣件脚手架底部荷载,较好地适应钢管脚手架稳定性和强度要求,并可节约钢管材料的用量,如图 7-4 所示。

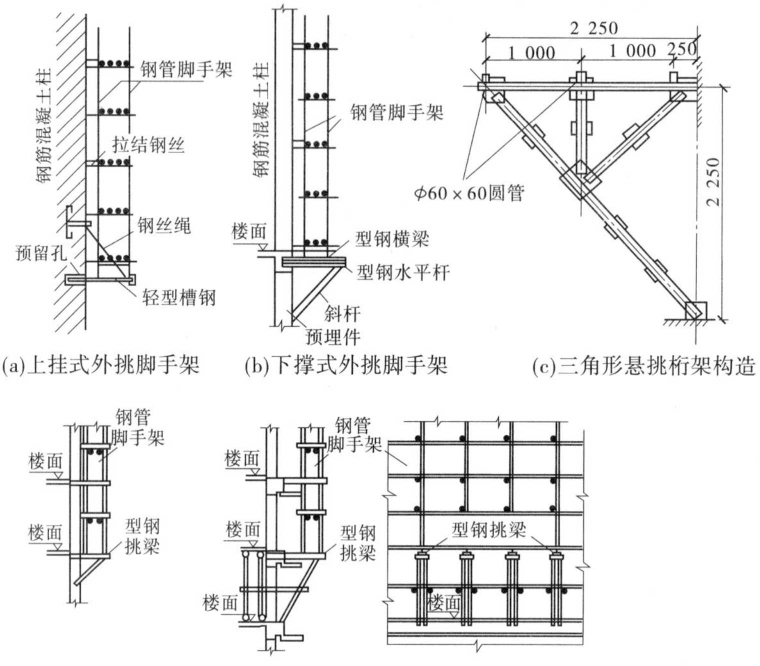


(a)上挂式外挑脚手架　(b)下撑式外挑脚手架　(c)三角形悬挑桁架构造

(d)按立柱纵距布设的外挑脚手架

**图 7-4　悬挑式钢管扣件脚手架**

悬挑式脚手架主要由支承架、钢底梁、脚手架支座和脚手架组成。

支承架有四种不同的做法:①以重型工字钢或槽钢作为挑梁;②以轻型型钢为托梁和以钢丝绳为吊杆组成的上挂式支承架;③以型钢为托梁和以钢管或角钢为斜撑组成的下撑式支承架;④三角形桁架结构支承架。

随着高层建筑施工技术的发展,悬挑式脚手架还有移置式和插装式,在工程中均有应用。移置式脚手架是将脚手架部分预先在地面上搭设好,脚手架在带短钢管立柱插座的型钢纵梁上牢靠地固定之后,用塔式起重机将其安装在从楼层结构上挑出的支承架上。待脚手架就位妥当之后,每隔 4 ~ 6 m 另用钢管和钢丝绳将杆件与建筑物拉结稳固。随着施工作业面向上转移,移置式脚手架可借助塔式起重机一组组地逐段逐层向上转移。

插装式外脚手架也称为插口架,适用于外墙为预制墙板或无外墙板的框架结构高层建筑,能充分满足安全防护和施工人员交通的需要。插口架按在建筑物上固定方式的不同,可分为甲、乙、丙三种形式。甲型插口架适用于外墙板有窗口部位。甲型插口架利用悬臂杆件插入窗口内,用双扣件与室内立柱联结,借助别杠与建筑物固定。乙型插口架适用于外墙板无窗口的部位。乙型插口架上部通过穿墙钩环与螺栓固定在建筑物上,下部则通过横向水平杆顶在外墙上。丙型插口架可用于无外墙板的钢筋混凝土框架结构高层建筑。丙型插口架底部伸出的横向水平杆支承在楼板上,并与楼板预埋件连接牢固,插口架的上部则用钢丝绳和花篮螺栓与楼板拉结。钢丝绳花篮拉杆的间距应不大于 2 m。

悬挑式外脚手架,悬挑支撑结构是受力关键部位,必须有足够的强度、刚度和稳定性,保证能将脚手架上的荷载传递给房屋结构，并且房屋结构需作施工期间的荷载验算。

**（三）附着式升降脚手架**

20 世纪 80 年代以来，随着高层建筑施工技术的发展，附着式升降脚手架悄然兴起。附着式升降脚手架具有使用方便，节省大量材料、劳动力和工时的特点，建筑物越高，经济效益越显著。据资料介绍，建筑总面积 3 万 ~3.5 万 $m^2$，总高为 90 ~110 m 的高层建筑，采用附着式升降脚手架进行结构和外墙装饰工程施工，同采用一落到底外脚手架相比，大约可节省脚手架费用 60%。近年来，附着式升降脚手架在高层建筑施工中应用发展迅速，已成为高层建筑，尤其是超高层建筑施工脚手架的主要形式。

附着式升降脚手架出现初期，仅用于剪力墙施工，近年来在框架结构施工中得到较多应用。附着式升降脚手架按爬升机具的不同，可分为手拉葫芦式和电动葫芦式；按爬升导向装置不同，可分为套筒（管）式和导杆式；按脚手架构造尺寸和操作层数的特点，可分为双层区段式和多层整体式。目前，用于剪力墙施工的附着式升降脚手架大多是双层套筒（管）式，而用于框架结构施工的则是导杆式整体多层附着升降脚手架。

1. 套筒（管）式附着升降脚手架

套筒（管）式附着升降脚手架由提升机具、操作平台、爬杆、套管（套筒或套架）、横梁、吊环和附墙支座等部件组成，如图 7-5 所示。

提升机具采用起重量为 1.5 ~2 t 的手拉葫芦（倒链）。

操作平台是脚手架的主体，分为上操作平台（亦称小爬架）和下操作平台（亦称大爬架）。下操作平台，装有细而长的立杆起着爬杆的作用。上操作平台与套管或套筒联结成一体，可沿爬杆爬升或下降，套管或套筒在爬架升降过程中起着导向作用。在爬杆顶部横梁上，上、下操作平台顶部横梁以及上操作平台底部横梁上，均焊装有安装手拉葫芦用的吊环。另外，各操作平台面向混凝土墙体的一侧，均焊装有 4 个附墙支座，其中两个在上、两个在下，通过穿墙螺栓联结，使爬架牢固地附着在混凝土墙体上。在附着爬升脚手架的上操作平台上，工人可进行钢筋绑扎，大模板安装与校正，在预留孔处安装穿墙钢管、浇灌混凝土以及拆除大模板等作业。

套筒式附着升降脚手架爬升过程如下：①拔出爬架上固定操作平台的 4 个穿墙螺栓；②将手拉葫芦挂在爬杆顶端横梁吊环上；③启动手拉葫芦，提升上操作平台；④使上操作平台向上爬升到预留孔位置，插好穿墙螺栓，拧紧螺母，将上操作平台固定牢靠；⑤将手拉葫芦挂在上操作平台底横梁吊环上；⑥松动下操作平台附墙支座的穿墙螺栓；⑦启动手拉葫芦，将下操作平台提升到上操作平台预留孔位置处；⑧安装穿墙螺栓，并加以紧固，使下操作平台牢固地附着在混凝土墙体上，爬升脚手架至此完成向上爬升一个楼层的全过程。如此反复进行，爬升到顶层完成混凝土浇筑作业，如图 7-6 所示。

套筒式附着升降脚手架的下降过程是爬升的逆过程。工人可登上操作平台，进行外墙粉刷及其他装饰作业。

2. 整体式附着升降脚手架

整体式附着升降脚手架也称为整体提升脚手架，是一种省工、省料，结构简单，提升时间短，能够满足高层建筑结构、装修阶段施工要求的脚手架。整体式附着升降脚手架主要适用于框架结构。整体式附着升降脚手架由承力架、承重桁架、悬挑钢梁、吊架、电控升降系统、脚手架、防外倾装置、导向轮、附墙临时拉结、安全挡板、安全拉杆、安全网、兜底网、防雷装

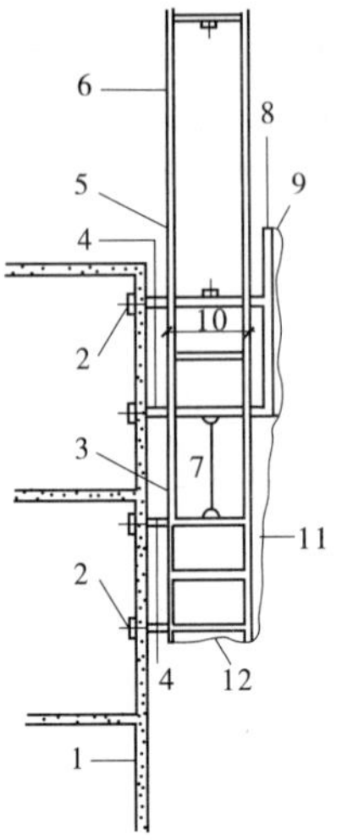


1—剪力墙;2—穿墙连固螺栓;3—下操作平台;4—附墙支座;
5—上操作平台;6—立柱(爬杆);7—吊环;8—上操作平台护栏;
9—钢丝网;10—套筒;11—细眼安全网;12—兜底安全网

**图 7-5　套筒式附着升降脚手架**

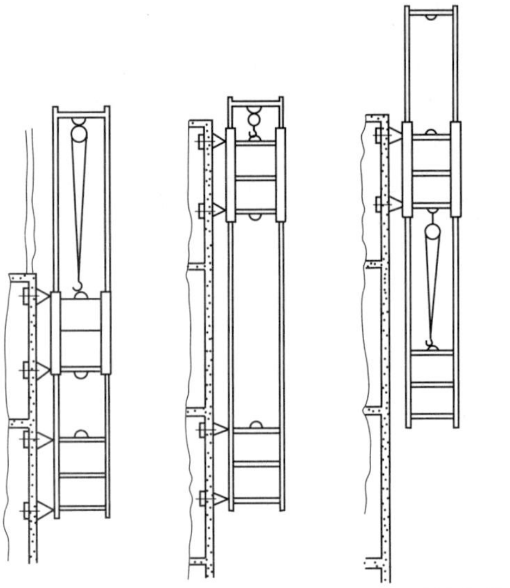

(a)爬升脚手架爬升　(b)用手拉葫芦提升上操作平台　(c)用手拉葫芦提升下操作平台

**图 7-6　套筒式附着升降脚手架的爬升过程**

置、脚手板、抗风浮力拉杆及手拉葫芦等组成。

整体式附着升降脚手架提升步骤如下:①检查电动葫芦是否挂妥,挑梁安装是否牢固;②撤出架体所有人员及杂物(包括材料、施工机具等);③试开动电动葫芦,使电动葫芦与吊架(承力托)之间的吊链拉紧,且处于初始受力状态;④拆除(松开)与建筑物的拉结,检查是否有阻碍脚手架体向上提升的物件;⑤松解承力托与建筑物相连的螺栓和斜拉杆,观察架体稳定状态;⑥开动电动葫芦,整体式脚手架开始爬升,爬升过程中指定专人负责观察机具运行以及架体同步运行情况,如发现有异常或不同步情况,应立即暂时停机进行检查和调整,整体式附着升降脚手架提升速度一般为 80 ~ 100 mm/min,每爬升一个层高平均需 1 ~ 2 h;⑦架体爬升到位后,立即安装承力托与混凝土边梁的紧固螺栓,将承力托的斜拉杆固定于上层混凝土的边梁,然后安装架体上部与建筑物的各拉结点;⑧检查脚手板及相应的安全措施,切断电动葫芦电源,即可开始使用,进行上一层结构施工;⑨将电动葫芦及悬挑钢梁摘下,用手动葫芦及滑轮组将其倒至上一层相应部位重新安装好,准备下一层爬升。

**(四)升降平台**

在高层建筑施工中,升降平台是旅游宾馆门厅、多功能厅和四季厅等室内装饰和机电设备安装用的一种重要机具。按工作原理不同,升降平台可分为伸缩式和折叠式两种。按支承结构的构造特点,升降平台可分为立柱式和叉式两种。按移动方式不同,升降平台可分为牵引式和移动式两种。牵引式升降平台底架装有行走轮胎和牵引杆,借助人力推动转移施工部位,如图 7-7 所示。移动式升降平台以轻型卡车为基础改装而成,主要供裙房外檐装饰工程和庭园机电设备安装工程使用。

目前,工程上应用较广的是叉式升降平台。叉式升降平台也称为剪刀撑式升降台或叉架剪式升降平台。

叉式升降平台,工作平台用型钢和钢板焊成。剪刀式升降架用轻量型钢制成,铰点销轴具有良好的润滑,转动极为灵活。升降架采用双作用液压油缸进行升降,液压升降机组安置在底架上,液压升降系统回路设有液压锁并配以机械限位装置。叉式升降平台工作平稳,无坠落危险。施工时,可根据作业性质选用参数合适的型号。

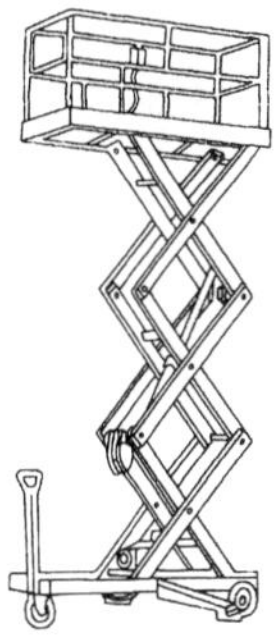

图 7-7 牵引式升降平台

叉式升降平台可单台使用,也可多台组合使用,能适应不同工作面的需要。叉式升降平台的特点是:①升降平稳,高度可随意调节;②转移迅速,功效高;③可分别在平台上和地面上操纵升降,使用方便,保养简单;④工作面和升降高度均可自由调整,能代替局部满堂架子,机动灵活。

## 五、吊篮脚手架

吊篮脚手架简称吊篮架,又称吊篮,是一种新型的建筑机械。吊篮脚手架设备简单,操作方便,工效高,经济效益好。在高层和超高层建筑外檐装修施工中,吊篮脚手架得到日益广泛的应用。此外,吊篮脚手架也能进行建筑设备的安装、维修和外墙清洁等工作。

吊篮脚手架按照升降方式不同,可分为手动吊篮和电动吊篮两大类。按照吊篮作业面大小,可分为单层式吊篮和双层式吊篮。吊篮由悬挑钢架(挑梁)、吊篮结构(包括操作平台、护身栏和吊环)、吊索、安全装置、电动卷扬机或手拉葫芦等组成。吊篮构造如图 7-8 所示。

手动吊篮结构采用薄壁型钢或铝合金型材制成,可整体拆卸和快速组拼。手动吊篮采用两台手动提升机进行升降。手动吊篮设有安全锁和独立的安全钢丝绳,当吊篮发生意外超速下降时,安全锁便会自动将吊篮锁定在安全钢丝绳上,因而能确保施工人员的安全。吊篮的屋面机构为移动式悬挂臂架或女儿墙夹紧悬挂机构,移动方便,架设迅速,适应性强。

电动吊篮的提升机构由电动机、制动器、减速器、压绳和绕绳机构等组成。

电动吊篮装有可靠的安全装置,通常称为安全锁或限速器。当吊篮下降速度超过 1.6～2.5倍额定提升速度时,该安全装置便会自动刹住吊篮,不使吊篮继续下降,从而保证施工人员的安全。

电动吊篮的屋面挑梁系统可分为简单固定式挑梁系统、移动式挑梁系统和装配式桁架台车挑梁系统三类。在构造上,各种屋面挑梁系统基本上均由挑梁、支柱、配重架、配重块、加强臂附加支杆以及脚轮或行走台车组成。挑梁系统采用型钢焊接结构,悬挑长度、前后支腿距离、挑梁支柱高度均可调,因而能灵活地适应不同屋顶结构以及不同立面造型的需要。

高层建筑施工中,使用吊篮时,严格遵守操作规程,严禁超载运行。风速超过 5 级时,不得登吊篮操作,不准在吊篮内进行焊接作业。吊篮停于某处施工时,必须锁紧安全锁,当要继续升降至某施工点时,再打开安全锁。安全锁必须按规定日期进行检查和试验。

无论使用手动吊篮还是电动吊篮,必须严格遵循以下几点:

(1)每天作业前,须先使吊篮上升、下降数次,经确认无故障后,才能投入作业。

(2)安全锁只允许在所规定的安全限期内使用。每天工作开始前,应用手向上抽动安

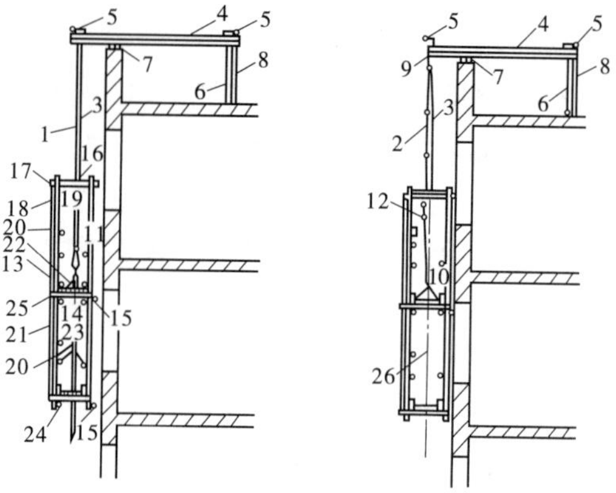


(a)电动吊篮　　　　(b)手动吊篮

1—钢丝绳;2—链杆式链条;3—安全绳;4—挑梁;5—连接挑梁水平杆;
6—挑梁与建筑物固定立杆;7—垫木;8—临时支柱;9—固定链杆式链条钢丝绳;
10—固定吊篮与安全绳的短钢丝绳;11—手扳葫芦;12—手拉葫芦;13—挡脚板;
14—工作平台;15—护墙轮;16—护头棚;17、25—横向水平杆;18、24—纵向水平杆;
19—立杆;20—正面斜撑;21—安全网;22—吊钩;23—护身栏;26—吊篮架体

**图 7-8　吊篮构造**

全锁绳数次,当确认其灵敏有效后,才可使用吊篮。

(3)安全钢丝绳下端应用坠绳器坠紧,使其绷直,否则容易使安全锁连续锁绳。一旦锁绳,可将吊篮提升,使安全锁自动开锁,切不可硬性敲击。

(4)钢丝绳上不得有油、结冰、霜。发现有断丝、松股或扭伤必须换新时,应选用规格符合要求的钢丝绳。

(5)在吊篮操作平台上必须存放手提电动工具或建筑材料时,应注意保持吊篮平稳无倾斜现象。在吊篮升降过程中,发现有倾斜现象时,必须立即停机,调整到水平位置后,再继续升降。

**特别提示**

合理地选用、配备垂直运输设备机具,是保证高层建筑施工效率的重要前提条件。塔式起重机能够完成施工原材料、构配件,以及模板机具的垂直及水平运输,是高层建筑施工必不可少的设备。其他,如负责运送施工人员上下的施工电梯,完成混凝土水平运送的混凝土搅拌车,完成混凝土垂直运送的混凝土泵,以及高层施工用的各种脚手架等,都是应高层建筑施工的需要而出现的施工机具,在施工中应该根据工程的实际情况合理选用,科学配置。

# 任务三　高层现浇框架结构模板施工

全现浇框架结构(包括框架－剪力墙)整体性好、刚度大、抗震能力强、结构用钢量省、造价低、耐久性能和防火性能好。全现浇框架结构是目前高层建筑中采用较多的一种结构形式。但是全现浇框架结构模板施工技术复杂,现场用工工时较多。

全现浇框架结构工程施工,模板多以各种组合式模板为主,其中,以组合钢模板采用最多。组合钢模板施工工艺流程为:施工准备工作、钢模板的组装和架设以及模板的拆除等。

## 一、施工准备工作

### (一)放线

根据施工图纸要求,在基础顶面或楼(地)面上弹出柱模板的内边线和十字中心线,墙模板要弹出模板的内外边线,以便于模板的安装与校正。

### (二)标高量测

用水准仪把建筑物水平标高根据模板实际标高的要求引测到安装模板的位置,以控制支模高度。

### (三)轴线竖向投测

每隔3~5条轴线选取一条竖向控制轴线,用以控制模板的竖向垂直度。

### (四)找平和设置模板定位基准

为保证模板位置准确和防止模板底部漏浆,模板安装前,采用1∶3水泥砂浆沿模板内边找平。外柱安装模板时,可在下层结构上设置模板支承垫条带,并用仪器校正平直。

设置模板定位基准,是为保证模板上、下端在浇筑混凝土时,不致左右移位。模板下端固定,在施工中多采用点焊短钢筋为定位基准。根据柱、墙截面尺寸切割相应长短的短筋,在距楼面100 mm处点焊在主筋上,往上每隔1 m左右设一道,既能保证模板几何尺寸,也能保证模板与钢筋之间保护层厚度的准确性。模板上端固定,一般在模板安装后,用缆风绳一端与墙、柱模板顶连接,另一端与地锚连接,通过缆风绳上的紧线器(花篮螺丝)来校正模板的垂直度。

## 二、模板的支设

模板支设方法有两种:单块就位组拼和预组拼。其中,预组拼又可分为单片组拼和整体组拼两种。采用预组拼方法可以加快施工速度,提高模板的安装质量。但是采用预组拼必须具备相适应的吊装设备,场地开阔、坚实和平整。

### (一)柱模板

1. 单块就位组拼

先将柱子第一段四面模板就位组拼好,校正调整好对角线,要求模板竖直,位置准确,并用柱箍固定。然后以第一段模板为基准,用同样方法组拼第二段模板,直到柱全高。各段组拼时,模板水平接头和竖向接头要同时用U形卡正反交替连接。在安装到一定高度时,要进行支撑或拉结,以防倾倒,并用支撑或拉杆上的调节螺栓校正模板的垂直度。

2. 单片预组拼

将事先预组拼的单片模板检查其对角线、板边平直度和外形尺寸,合格后,吊装就位并做临时支撑。随即进行第二片模板吊装就位,并用U形卡与第一片模板组合成L形,同时做好支撑。如此再完成第三、四片的模板吊装就位、组拼。模板就位、组拼后,随即检查其位移、垂直度、对角线等情况,经校正无误后,立即自下而上安装柱箍。柱模板全部安装后,再进行一次全面检查,合格后与相邻柱群或四周支架临时拉结固定。

3. 整体预组拼

在吊装前,要先检查已经整体预组拼的模板上、下口对角线的偏差,以及连接件、柱箍等牢固程度,检查钢筋是否有妨碍柱模的安装,并用钢丝将柱顶钢筋先绑扎在一起,以利柱模从顶部套入。待整体预组拼模板吊装就位后，立即用4根支撑或有花篮螺丝的缆风绳与柱顶四角拉结，并校正其中心线和偏斜，全面检查合格后，再群体固定。

**（二）梁模板**

1. 单块就位组拼

复核梁底标高、校正轴线位置无误后，搭设和调平梁模支架（包括安装水平拉杆和剪刀撑），固定钢楞或梁卡具。在横楞上铺放梁底板，并用钩头螺栓与钢楞固定，拼接角模。绑扎梁钢筋，安装并固定两侧模板。有对拉螺栓时，应插入对拉螺栓，并套上套管。按设计要求起拱，一般跨度大于4 m时，起拱0.2% ~0.3%。安装钢楞，拧紧对拉螺栓，调整梁口平直。采用梁卡具时，夹紧梁卡具，扣上梁口卡。

2. 单片预组拼

在检查预组拼的梁底模和两侧模板的尺寸、对角线、平整度及钢楞连接以后，先把梁底模吊装就位并与支架固定，然后分别吊装两侧模板与底模拼接并设斜撑固定，再按设计要求起拱。在检查梁模位置、尺寸无误后，进行钢筋绑扎，卡上梁口卡。

3. 整体预组拼

采用支架支模时，在整体梁模板吊装就位并校正后，进行模板底部与支架的固定，侧面用斜撑固定；当采用桁架支模时，可将梁卡具、梁底桁架全部先固定在梁模上。安装就位时，梁模两端准确安放在立柱上。

## 三、模板安装质量要求

组合钢模板安装完毕后，应按现行《混凝土结构工程施工质量验收规范》（GB 50204—2002）和《组合钢模板技术规范》（GB 50214—2001）的有关规定，进行全面检查，验收合格后，方能进行下一道工序。模板安装质量要求如下：

（1）组装的模板必须符合施工设计的要求。

（2）各种连接件、支承件、加固配件必须安装牢固，无松动现象。模板拼缝要严密。各种预埋件、预留孔洞位置要准确，固定要牢固。

## 四、模板的拆除

模板的拆除，除了非承重侧模应以能保证混凝土表面及棱角不受损坏可拆除，承重模板应按现行《混凝土结构工程施工质量验收规范》（GB 50204—2002）的有关规定执行。

模板拆除的顺序和方法应按照配板设计的规定进行，遵循先支后拆、后支先拆、先拆非承重部位、后拆承重部位，以及自上而下的原则。拆模时，严禁用大锤和撬棍硬砸、硬撬。

# 任务四　高层建筑大模板施工

高层建筑大模板是进行现浇剪力墙结构施工的一种工具式模板，一般配以相应的起重吊装机械，通过合理的施工组织安排，以机械化施工方式在现场浇筑混凝土竖向（主要是墙、壁）结构构件。大模板施工工艺特点是：以建筑物的开间、进深、层高的标准化为基础，以大型工业化模板为主要施工手段，以现浇混凝土墙体为主导工序，组织进行有节奏的均衡施工。为此，大模板施工要求建筑和结构设计能做到标准化，以使大模板能做到周转通用。

## 一、大模板建筑的结构类型和特点

### (一)大模板建筑的结构类型

1. 全现浇剪力墙结构大模板建筑

建筑物的内墙和外墙全部采用大模板现浇钢筋混凝土结构,即内、外墙全现浇。该建筑结构整体性能好,抗震能力强,但施工时须高空作业,外装修工程量大,工序多,工期长。

2. 现浇和预制相结合的大模板建筑

建筑物的内墙为现浇大模板钢筋混凝土,外墙采用预制大型墙板,即内墙现浇、外墙预制,简称内浇外板或内浇外挂。该建筑结构整体性能好,抗震能力强,减少了施工时高空作业及外墙板装饰的工程量,施工进度快,工期短。

3. 现浇与砌筑相结合的大模板建筑

建筑物的内墙为现浇大模板钢筋混凝土,外墙采用普通黏土砖砌体,即内墙现浇、外墙砌筑,简称内浇外砌。这种建筑抗震性差,但较一般砖混结构抗震性略强,内墙装饰工程量小,施工速度很快,工期短。

### (二)大模板建筑的特点

1. 整体性好,抗震性强

大模板建筑的纵向和横向内墙体既能承受垂直荷载,又能承受水平荷载,墙体的接头均为现浇钢筋混凝土刚性接头,从而增加了结构的整体性和抗震性。

2. 提高了建筑面积的平面系数

大模板建筑墙体厚度比砖墙减小约 1/3,与混合结构的同类建筑相比,可增加一定的使用面积,从而提高了建筑面积的平面系数。

3. 操作方便,机械化程度高

大模板建筑采用的是工具式模板,模板装拆方便,重复使用速度快,吊装与拆模均用机械来完成。

4. 降低了劳动强度,提高了劳动生产率

大模板建筑减少了现场砌筑工程的繁重体力劳动,节省了大量抹灰工作,减小了工程量,提高了劳动生产率。大模板施工一次耗钢量大,投资较多,需要用大型的起重运输机械才能进行施工,机械存放占现场位置多。

## 二、大模板的构造

### (一)大模板的分类

大模板按板面材料可分为木质模板、金属模板、化学合成材料模板,按组拼方式可分为整体式模板、模数组合式模板、拼装式模板,按构造外形可分为平模、小角模、大角模、筒子模。

### (二)大模板的组成

大模板由板面系统、支撑系统、操作平台和附件组成,如图 7-9 所示。板面系统由板面、加劲肋和竖楞组成。支撑系统承受水平荷载,防止模板倾覆,每块大模板用 2 ~4 榀桁架形成支撑机构,桁架用螺栓或焊接方法与竖楞连接起来。操作平台是施工人员操作的场所和运行的通道。附件主要是指穿墙螺栓,穿墙螺栓的作用是加强模板的刚度,控制模板的间距。穿墙螺栓的连接构造如图 7-10 所示。

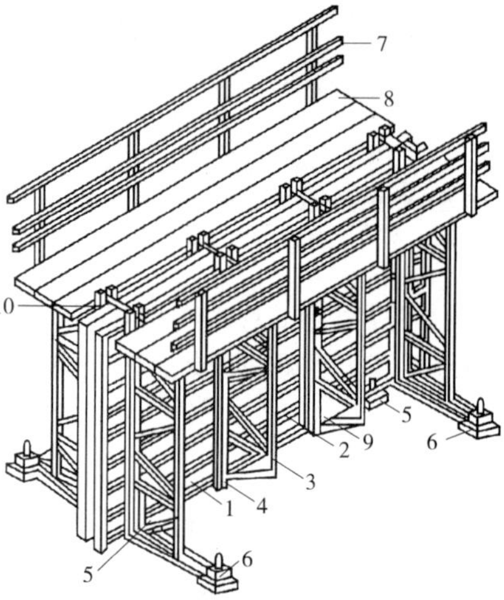


1—板面;2—水平加劲肋;3—支撑桁架;4—竖楞;
5—调整水平度的螺旋千斤顶;6—调整垂直度的螺旋千斤顶;
7—栏杆;8—脚手板;9—穿墙螺栓;10—固定卡具

**图 7-9 大模板的组成**

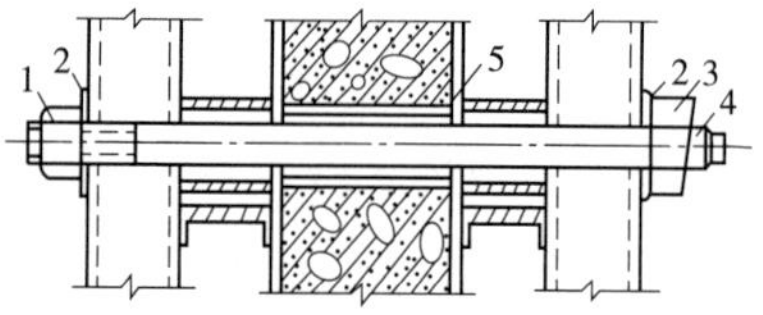


1—螺母;2—垫板;3—板销;4—螺杆;5—套管

**图 7-10 穿墙螺栓的连接构造**

### (三)大模板的构造

1. 平模

整体式平模板是以一面墙制作一块模板。在一个流水段范围内,先支横墙模板,待拆模后再支纵墙模板。平模平面布置如图 7-11 所示。平模布置,横墙与纵墙混凝土分两次浇筑。

模数式组合大模板以建筑物常用的轴线尺寸作基数拼制模板,再辅以 30 cm 或 60 cm 宽的拼接模板,以适应建筑平面按 30 cm 进位的变化。模板板面的两侧附有拼缝扁钢,可以适应现浇纵墙和横墙厚度的变化,用一种模板就可以满足 16 ~ 20 cm 不同的墙厚。

平模方案,一面墙用一块平模,适用于内浇外砌(内墙为现浇混凝土,外墙为砖砌体)或内浇外板(外墙为预制板)的结构。

2. 小角模

小角模是适应纵横墙相交处附加的一种模板,通常用∟ 100 × 100 × 8 的角钢制成。小角模设置在平模转角处,从而使得每个房间的内模形成封闭支撑体系。小角模有带合页和不带合页两种,如图 7-12 所示。

小角模布置可使纵横墙一起浇筑混凝土,模板整体性好,组拆方便,墙面平整,但墙面接缝多,修理工作量大,角模加工精度要求也比较高。

小角模方案,墙面以平模为主,适用于全现浇混凝土结构或内纵横墙同时现浇的结构。

3. 大角模

大角模,由上下 4 个大合页连接起来的 2 块平模、3 道活动支撑和地脚螺栓等组成。大角模构造如图 7-13 所示。

采用大角模方案,房间的纵横墙体混凝土可以同时浇筑,房屋整体性好。大角模具有安装稳定、拆装方便、墙体阴角方正、施工质量好等特点。大角模也存在加工要求精细、运转麻

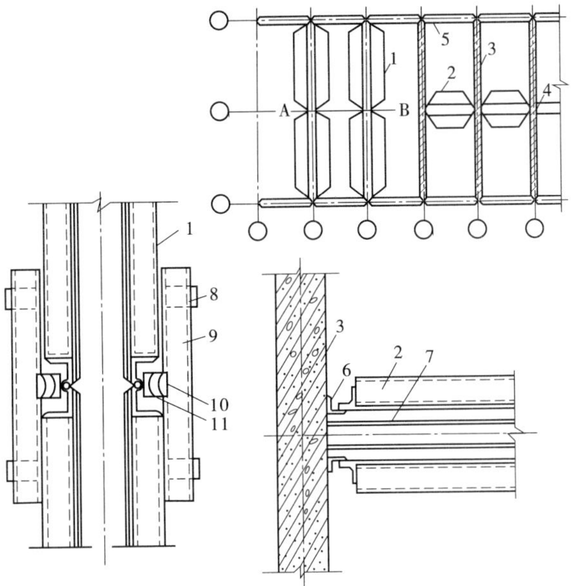

A节点　　B节点

1—横墙平模;2—纵墙平模;3—横墙;4—纵墙;5—预制外墙板;
6—补缝角模;7—拉结钢筋;8—夹板支架;9—夹板;10—木楔;11—钢管

**图 7-11　平模平面布置**

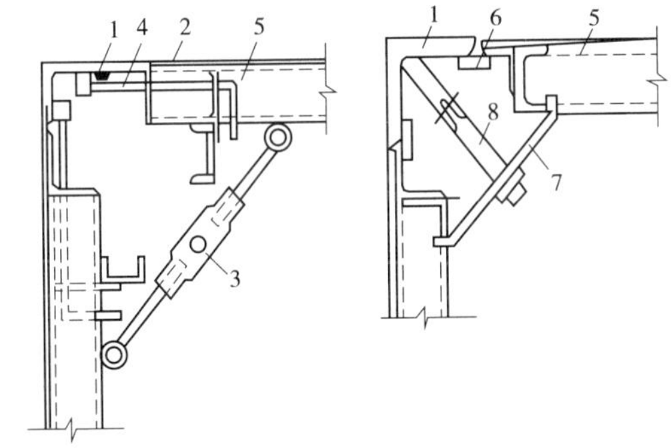

(a)带合页的小角模　　(b)不带合页的小角模

1—小角模;2—合页;3—花篮螺丝;4—转动铁拐;
5—平模;6—扁铁;7—压板;8—转动拉杆

**图 7-12　小角模构造**

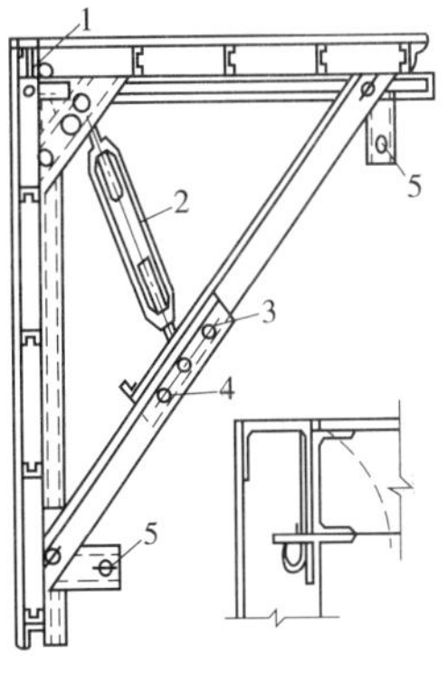

1—合页;2—花篮螺丝;3　固定销子;
4—活动销子;5—调整用螺旋千斤顶

**图 7-13　大角模构造**

烦、墙面平整度较差、接缝在墙中部等缺点。

大角模方案房间的四块墙面用四个大角模组合成一个封闭体系,适用于全现浇混凝土结构。

4. 筒子模

筒子模是将一个房间的三面现浇墙体模板通过挂轴悬挂在同一钢架上,墙角用小角模封闭而构成的一个筒形单元体,如图 7-14 所示。

筒子模模板稳定性好,纵横墙体混凝土同时浇筑,故结构整体性好。筒子模施工简单,减少了模板的吊装次数,操作安全,劳动条件好。但是,筒子模模板每次都要落地,且模板自重大,需要大吨位起重设备,加工精度要求高,灵活性差。筒子模安装时,必须按房间弹出的十字中线就位，安装就位比较麻烦。

## 三、大模板施工

### （一）施工准备

1. 材料及主要机具的准备

大模板施工所需材料及主要机具有配套大模板、隔离剂和辅助机具。配套大模板有平模、角模，包括地脚螺栓及垫板、穿墙螺栓及套管、护身栏、爬梯及作业平台板等。隔离剂有甲基硅树脂、水性脱模剂。辅助机具包括锤子、斧子、打眼电钻、活动扳子、手锯、水平尺、线坠、撬棍、吊装索具等。

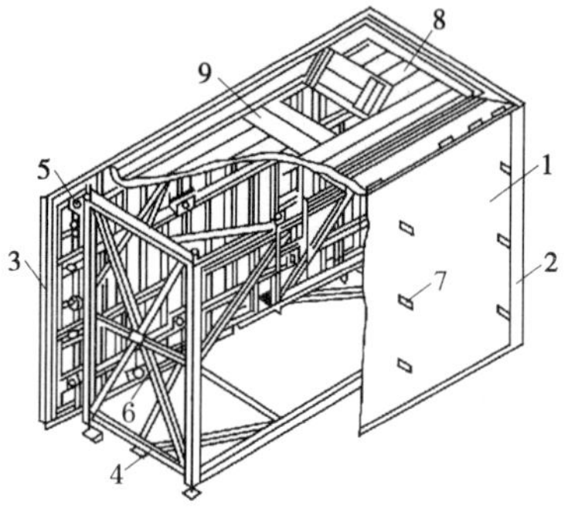

1—模板；2—内角模；3—外角模；4—钢架；5—挂轴；6—支杆；7—穿墙螺栓；8—操作平台；9—出入孔

图 7-14　筒子模构造

2. 作业条件

按工程结构设计图进行模板设计，画出模板组装图，表明模板组装顺序。模板设计应合理，确保强度、刚度及稳定性。弹好楼层的墙身线、门窗洞口位置线及标高线。墙身钢筋绑扎，水电箱盒、预埋件、门窗洞口预埋完毕后，检查钢筋保护层厚度，进行隐蔽工程验收。为防止大模板下口跑浆，安装大模板前，应抹好砂浆找平层，但找平层不能伸入墙身内。外砖内浇结构，在安装大模板前，把组合柱处的墙上舌头灰清理干净，全现浇结构挂好供外墙模板操作的架子。安装大模板前，应把大模板板面清理干净，刷好隔离剂，不允许在模板就位后涂刷隔离剂，防止污染钢筋及混凝土接触面。隔离剂涂刷要均匀，不得漏刷。

### （二）施工流水段的划分

流水段的划分应根据建筑物的平面布置、工程量的大小、工期要求和机具设备等条件综合考虑。施工流水段的划分应满足以下原则：

（1）尽量使各流水段的工程量大致相等，模板的型号、数量基本一致，劳动力配备相对稳定，以利于组织均衡施工。

（2）要使各流水段的吊装次数大致相等，以便充分发挥垂直起重设备的能力。

（3）采取有效的技术组织措施，做到每天完成一个流水段的支、拆模工序，使大模板得到充分的利用。即配备一套大模板，按日夜两班制施工，每 24 h 完成一个施工流水段，流水段的范围是几条轴线（指内横轴线）。另外，根据流水段的范围，计算全部工程量和所需的吊装次数，以确定起重设备（一般采用塔式起重机）的台数。

大模板工程的施工周期与结构施工的一些技术要求（如墙体混凝土达到 1 $N/mm^2$ 方可拆模，达到 4 $N/mm^2$ 方可安装楼板）有关。因此，施工周期的长短与每个施工流水段能否实现 24 h 完成有密切关系。如一栋全现浇大模板工程共 5 个单元（每个单元 5 条轴线），流水段的范围定为 5 条轴线，则施工周期为 5 d 一层。

### （三）内墙大模板的安装工艺

（1）大模板运到现场后，要清点数量，核对型号，清除表面锈蚀和焊渣，板面拼缝处要用环氧树脂腻子嵌缝。背面涂刷防锈漆，并用醒目字体注明编号，以便安装时对号入座。

大模板的三角挂架、平台、护身栏以及背面的工具箱，必须经全部检查合格后，方可组装就位。对模板的自稳角要进行调试，检测地脚螺栓是否灵便。

（2）大模板安装前，应将安装处的楼面清理干净。为防止模板缝隙偏大出现漏浆，一般可在模板下部抹找平层砂浆，待砂浆凝固后再安装模板，或在墙体部位用专用模具，先浇筑高 5～10 cm 的混凝土导墙，然后安装模板。

（3）安装模板时，应按顺序吊装就位。先安装横墙一侧的模板，靠吊垂直后，放入穿墙螺栓和塑料套管，然后安装另一侧的模板，并经靠吊垂直后才能旋紧穿墙螺栓。横墙模板安装完毕后，再安装纵墙模板，墙体的厚度主要靠塑料套管和导墙来控制。因此，塑料套管的长度必须和墙体厚度一致。

（4）靠吊模板的垂直度，可采用 2 m 长靠尺检查。如板面不垂直或横向不水平，必须通过支撑架地脚螺栓或模板下部地脚螺栓进行调整。大模板的横向必须水平，不平时可用模板下部的地脚螺栓调平。

（5）大模板安装后，如底部仍有空隙，应用水泥纸袋或木条塞紧，以防漏浆，但不可将其塞入墙体内，以免影响墙体的断面尺寸。

（6）大模板连接固定圈梁模板后，与后支架高低不一致。为保证安全，可在地脚螺栓下部嵌 100 mm 高垫木，以保持大模板的稳定，防止倾倒伤人。

**（四）外墙大模板的安装工艺**

（1）施工时，要弹好模板的安装位置线，保证模板就位准确。安装外墙大模板时，要注意上、下楼层和相邻模板的平整度和垂直度。要利用外墙大模板的硬塑料条压紧下层外墙，防止漏浆，并用倒链和钢丝绳将外墙大模板与内墙拉接固定，严防振捣混凝土时模板发生位移。

（2）为了保证外墙面上、下层平整一致，可以采用"导墙"做法。将外墙大模板加高（视现浇楼板厚度而定），使下层的墙体作为上层大模板的导墙，在导墙与大模板之间用泡沫条填塞，防止漏浆，可以做到上、下层墙体平整一致。

（3）外墙后施工时，在内横墙端部要留好连接钢筋，做好堵头模板的连接固定。

**（五）大模板施工的安全要求**

（1）大模板的存放应满足自稳角的要求，并面对面存放。长期存放模板应将模板连成整体。没有支架或自稳角不足的大模板，要存放在专用的插放架上，或平卧堆放，不得靠在其他物体上，防止滑移倾倒。在楼层内存放大模板时，必须采取可靠的防倾倒措施。遇有大风天气，应将大模板与建筑物固定。

（2）大模板必须有操作平台、上人梯道、防护栏杆等附属设施，如有损坏应及时补修。

（3）大模板起吊前，应将吊装机械位置调整适当，稳起稳落，就位准确，严禁大幅度摆动。

（4）大模板安装就位后，应及时用穿墙螺栓、花篮螺栓将全部模板连接成整体，防止倾倒。

（5）全现浇大模板工程，在安装外墙外侧模板时，必须确保三角挂架、平台或爬模提升架安装牢固。外侧模板安装后，应立即穿好销杆，紧固螺栓。安装外侧模板、提升架及三角挂架的操作人员必须系好安全带。

（6）模板安装就位后，要采取防止触电保护措施，将大模板串联起来，并同避雷网接通，防止漏电伤人。

（7）大模板组装或拆除时，指挥和操作人员必须站在安全可靠的地方，防止意外伤人。

（8）模板拆模起吊前，应检查所有穿墙螺栓是否全都拆除。在确无遗漏，模板与墙体完全脱离后，方准起吊。拆除外墙模板时，应先挂好吊钩，绷紧吊索，门、窗洞口模板拆除后，再行起吊。待起吊高度越过障碍物后,方准行车转臂。

(9)大模板拆除后,要加以临时固定,面对面放置,中间留出60 cm宽的人行道,以便清理和涂刷脱模剂。

(10)提升架及外模板拆除时,必须检查全部附墙连接件是否拆除,操作人员必须挂好安全带。

(11)筒形模可用拖车整体运输,也可拆成平板用拖车重叠放置运输。平板重叠放置时,垫木必须上下对齐,绑扎牢固。

**特别提示**

大模板施工是高层建筑施工的发展方向,与泵送混凝土配合施工,能提高工程质量和劳动生产率,降低工人劳动强度。但是大模板施工一次耗钢量大,成本较高,且需用大型起重设备才能施工。

# 任务五　高层建筑液压滑升模板施工

## 一、滑升模板的构造与组成

滑升模板装置主要包括模板系统、操作平台系统和提升机具系统三部分,如图7-15所示。

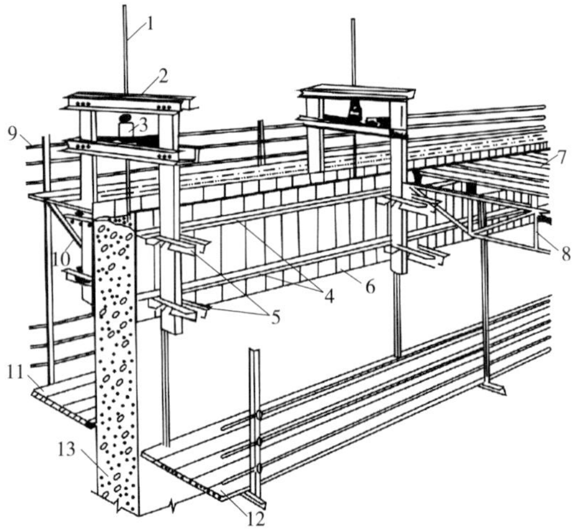


1—支撑杆;2—提升架;3—液压千斤顶;4—围圈;5—围圈支托;
6—模板;7—操作平台;8—平台桁架;9—栏杆;10—外挑三脚架;
11—外吊脚手架;12—内吊脚手架;13—混凝土墙体

**图7-15　液压滑升模板的构造组成**

### (一)模板系统

1. 模板

模板按其材料不同有钢模板、木模板、钢木组合模板等,一般以钢模板为主。

钢模板可采用2~2.5 mm厚的钢板冷压成型,或用2~2.5 mm厚的钢板与角钢肋条制成,角钢肋条的规格不小于∟30×4。

为了方便施工,保证施工安全,外墙外模板的上端比内模板可高出150~200 mm。

2. 围圈

围圈应有一定的强度和刚度,一般可采用角钢或工字钢制作。围圈的主要作用是:使模板保持组装好后的形状,并将模板和提升架连成整体。

3. 提升架

提升架主要是控制模板和围圈由于混凝土侧压力与冲击力而产生的向外变形,承受作用在整个模板和操作平台上的全部荷载,并将荷载传递给千斤顶。同时,提升架又是安装千斤顶,连接模板、围圈以及操作平台形成整体的主要构件。提升架在满足以上作用要求的前提下,结合建筑物的结构形式和不同结构的安装部位,可以采用不同的形式。

### (二)操作平台系统

操作平台系统主要包括主操作平台、外挑操作平台和吊脚手架等。在施工需要时,还可设置上辅助平台。操作平台是供材料、工具、设备堆放和施工人员进行操作的场所。

1. 主操作平台

主操作平台既是施工人员进行施工操作的场所,也是材料、工具、设备堆放的场所。操作平台的设计既要考虑方便使用,又要考虑结构牢固可靠。一般提升架立柱内侧的平台板采用固定式,提升架立柱外侧的平台板采用活动式。

2. 内、外吊脚手架

吊脚手架的主要组成包括吊杆、横梁、脚手板、防护栏杆等。内、外吊脚手架主要用于检查混凝土质量、表面装饰以及模板的检修和拆卸等工作。

### (三)提升机具系统

提升机具系统由支承杆、液压千斤顶及液压控制系统(液压控制台)和油路等组成。提升机具由电动机带动高压油泵,将油液通过换向阀、分油器、截止阀及管路输送给各千斤顶,在不断供油回油的过程中,使千斤顶的活塞不断地被压缩、复位,通过千斤顶在支承杆上爬升而使模板装置向上滑升。

## 二、滑升模板施工工艺

### (一)滑模的组装

1. 滑模组装前的准备工作

滑模组装应在建筑物的基础底板(或楼板)的混凝土达到一定强度后进行。主要工作有:

(1)清理现场,设置运输通道和施工用水、用电线路,理直钢筋等。

(2)按布置图的要求,在组装现场弹出建筑物的轴线及模板、围圈、提升架、支承杆、平台桁架等构件的中心线。

(3)在建筑物的基底及其附近,设置观测垂直偏差的中心桩或控制桩以及一定数量的标高控制点。

(4)准备好测量仪器及组装工具等。

(5)模板、围圈、提升架、桁架、支承杆、连接螺栓等运至现场除锈刷漆。

2. 滑模的组装顺序

滑模组装必须在统一指挥下进行，每道工序必须有专人负责。具体组装顺序包括：

(1)搭设临时组装平台，安装垂直运输设施。

(2)安装提升架。

(3)安装围圈(先安装内围圈，后安装外围圈)，调整倾斜度。

(4)绑扎竖向钢筋和提升架横梁以下的水平钢筋，安设预埋件及预留孔洞的胎模，对工具式支承杆套管下端进行包扎。

(5)安装模板，宜先安装角模，然后安装其他模板。

(6)安装操作平台的桁架、支撑和平台铺板。

(7)安装外操作平台的支架、铺板和安全栏杆等。

(8)安装液压提升系统，垂直运输系统，以及水、电、通信、信号、精度控制和观察装置，并分别进行编号、检查和试验。

(9)在液压系统试验合格后，插入支承杆。

(10)安装内、外吊脚手架及挂安全网，在地面或横向结构面上组装滑模装置时，应待模板滑升至适当高度后，再安装内、外吊脚手架。

**(二)滑模施工**

滑模组装完毕并经检查合格后，即可进入滑模施工阶段。滑升模板施工程序如图 7-16 所示。

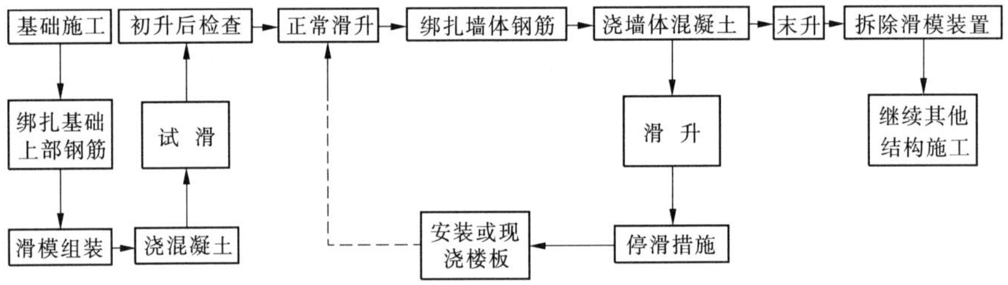


**图 7-16 滑升模板施工程序**

1. 钢筋的绑扎、连接，预埋件留设

钢筋的绑扎、连接和预埋件留设应满足以下技术要求：

(1)钢筋绑扎的速度和预埋件留设要与浇筑混凝土的速度相配合。

(2)水平钢筋的长度不宜大于 7 m，竖向钢筋直径小于或等于 12 mm 时，其长度不宜大于 8 m，一般与楼层高度一致。

(3)大直径受力竖向钢筋不应采用绑扎的方法，宜采用电渣压力焊、气压焊、钢筋套臂挤压连接和钢筋锥螺纹套筒连接。

(4)双层配筋的墙体结构中，双层钢筋绑扎后应用拉结筋定位，钢筋的弯钩均应背向板面。

(5)支撑杆作为结构受力筋时，设计强度宜降低 10% ~25%，接头的焊接强度必须与钢筋等强。

(6)梁的横向钢筋可采取边滑升、边绑扎的方法，为便于钢筋绑扎，可将箍筋制成上部开口的形式，待水平钢筋穿入后，再将上口封闭扎牢。

(7)每层混凝土浇筑完毕后,混凝土表面以上至少应有一道绑好的横向钢筋作为后续钢筋绑扎时参考。

(8)预埋件的数量、型号和位置必须准确,预埋件的固定可采用与主筋焊接或绑扎的方法。模板滑过预埋件后,应立即清除预埋件表面的混凝土,使其外露,其位置偏差不得大于20 mm。

2. 混凝土的技术要求

混凝土的配制除满足强度要求外,还要满足滑模施工的要求。混凝土浇筑时的坍落度,对于墙、板、柱为40 ~60 mm,对于配筋密列结构为50 ~ 80 mm,对于配筋特密结构为80 ~100 mm。采用人工振捣时,坍落度可适当增加。

为减小混凝土对模板的摩阻力,保证出模混凝土的质量,必须根据滑升速度控制混凝土的凝结时间,使出模混凝土达到最优出模强度。根据实践经验,混凝土初凝时间宜控制在2 ~4 h,终凝时间宜控制在4 ~7 h,混凝土的出模强度宜控制在0.2 ~0.4 $N/mm^2$(相当于贯入阻力值为0.3 ~1.05 $kN/cm^2$)。

3. 混凝土浇筑

浇筑混凝土时,应合理地划分区段,使每区段混凝土浇筑时间大致相等。浇筑时,应严格执行分层浇筑、分层振捣、均匀交圈的方法,使每一浇筑层的混凝土表面基本保持在同一水平面上,并按照计划均匀地变换浇筑方向。

混凝土初浇筑时(指滑模组装后初升前的首次浇筑),浇筑高度一般为600 ~700 mm,分2 ~3 层浇筑,但每层必须在混凝土初凝前完成。当模板初升后,进入随升、随浇阶段时,每个浇筑层以200 ~300 mm 为宜。各层浇灌的间隔时间应不大于混凝土的凝结时间(相当于混凝土达到0.35 $kN/cm^2$ 贯入阻力值)。当间隔时间超过混凝土的凝结时间时,接槎处应按施工缝的要求处理。

预留孔洞、门窗洞口、变形缝和管道等两侧的混凝土,应对称、均衡浇筑,以防挤动。入模的混凝土不得只向模板一侧倾倒,以免造成模板变形。

浇筑混凝土时,应尽可能先浇结构相对复杂、施工比较困难、截面面积较大和受阳光直射少的部位。在气温较高的季节,宜先浇内墙、后浇外墙,先浇直墙、后浇墙角和墙垛等。每层浇筑的方向,应有计划地、均匀地交替调整变换。

混凝土振捣时,振捣器不得直接触及钢筋、支撑杆或模板。振捣器应插入前一层混凝土内,但深度不应超过50 mm。在模板滑升过程中,不得振捣混凝土。

正常滑升时,新浇混凝土表面与模板的上口宜保持50 ~100 mm 的距离,防止模板提升时将混凝土带起。在滑升过程中,应随时检查出模后的混凝土强度。一般用指压法检查出模混凝土表面,凡手指按压稍显指痕,但不粘手、不深陷者为合格;表面粘手、深陷者,说明混凝土强度不够;表面较硬且无指痕者,说明混凝土强度过高。混凝土出模后,应及时修整、养护。养护期间应保持混凝土表面湿润,喷水养护时水压不宜过大,当采用喷刷养护液养护时,应防止漏喷、漏刷。

4. 模板的滑升

模板的滑升分为初升、正常滑升、末升三个阶段。

(1)初升阶段。初浇混凝土高度达到600 ~700 mm,且从初浇开始,经过6 h 左右,即可进行试滑,此时,将全部千斤顶升起50 ~60 mm(1 ~2 个千斤顶行程)。试滑的目的是:观察混凝土的凝结情况，判断混凝土能否脱模，提升时间是否适宜等。当试滑结果表明可以滑升时，即可进入初升阶段。将模板升高200～300 mm，立即对滑模系统进行全面检查、调整，然后转入正常滑升阶段。

(2)正常滑升阶段。正常滑升阶段是滑升模板施工的主要阶段。正常滑升初期，提升速度应稍慢于混凝土的浇筑速度，以便入模混凝土的高度能逐步接近模板上口。当混凝土距模板上口50～100 mm时，即可按正常速度提升。常温下，模板滑升速度一般为150～350 mm/h，最慢不小于100 mm/h。

正常滑升时，分层滑升的高度与混凝土分层浇筑的高度相配合，一般为200～300 mm。提升宜在混凝土振捣后进行，每次提升的间隔时间不宜超过1.5 h，在气温较高时可增加1～2个千斤顶行程。

在模板滑升过程中，应随时检查模板装置的工作情况，尽量减小升差。各千斤顶的相对高差不得大于40 mm，相邻两个提升架的千斤顶的升差不得大于20 mm。每次提升时，必须使距液压控制台最远的千斤顶全部上升到行程要求后，方可停止加压，然后回油。在提升过程中，如果出现油压增至1.2倍正常值不能使全部千斤顶顶起，则应停止操作，检查原因并及时处理。回油时，也必须使最远的千斤顶充分回油，以免因加压、回油不充分而造成升差不一致。

为了使建筑物垂直度、扭转及截面尺寸偏差得到及时纠正，在每个作业班中，应对建筑物中心线、扭转情况、截面尺寸，至少进行2～3次检查。

在滑模施工过程中，因气候或其他特殊情况需要暂停施工时，应尽量将一个浇筑高度的混凝土基本浇平，且模板不能绝对停止滑升。此时，应根据具体情况，每隔0.5 h左右提升一次(一个行程)，直至最上一层混凝土已凝固(大约需4 h)，且与模板不黏结。但是，模板不宜滑升过多。当模板内存留混凝土过少，在继续浇筑混凝土时，易出现结构表面错台现象。因此，采取停滑措施时，模板的最大滑空量不得大于模板全高的1/2。若出现错台现象，应在混凝土出模后及时修整。停滑时，应及时清理附着在模板内表面的砂浆等，并刷隔离剂保护。继续恢复施工时，应对模板系统和提升机具系统进行检查。

(3)末升阶段。当模板滑升至距建筑物顶部1 m左右时，应放慢提升速度。在距建筑物顶部200 mm标高以前，随浇筑随做好抄平、找正工作，以保证最后一层混凝土均匀交圈，确保顶部标高及位置准确。

**特别提示**

*液压滑升模板的施工工艺是学习的核心。滑升模板的组装方法、液压滑模施工中混凝土的施工要点和模板的滑升要点，是滑升模板施工的重点和难点。*

## 任务六　高层建筑爬升模板施工

爬升模板是依附在建筑结构上，随着结构施工而逐层上升的一种模板。当结构工程混凝土达到拆模强度而脱模后，模板不落地，依靠机械设备和支承物将模板和爬模装置向上爬升一层，定位紧固，反复循环施工。爬升模板适用于高层建筑或高耸构造物现浇钢筋混凝土竖直或倾斜结构。爬升模板有手动爬模、电动爬模、液压爬模、吊爬模等。

## 一、液压爬模的主要构造

(1)模板系统。由模板(定型组合大钢模板、全钢大模板或钢框胶合板模板等)、调节缝板、角模、钢背楞及穿墙螺栓、铸钢垫片等组成。

(2)液压提升系统。由提升架立柱、横梁、活动支腿、滑道夹板、围圈、千斤顶、支承杆、液压控制台、各种孔径的油管及阀门、接头等组成。当支承杆设在结构顶部时,增加导轨、防坠装置、钢牛腿和挂钩等。

(3)操作平台系统。由操作平台、吊平台、中间平台、上操作平台、外挑梁、外架立柱、斜撑、栏杆和安全网等组成。

液压爬模的主要构造如图7-17所示。

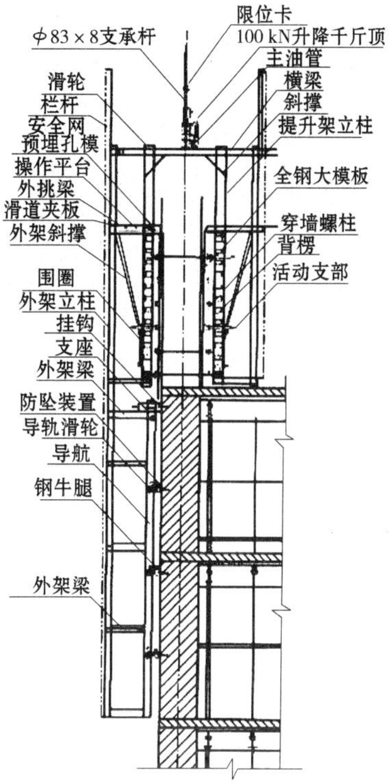


图7-17 液压爬模构造

## 二、液压爬模施工的基本程序

(1)根据工程的具体情况,爬模可以从地下室开始,也可以从标准层开始。当地下室底板完成或标准层起始楼面结构完成,并且绑扎完第一层钢筋,即可进行爬升模板安装。

(2)当墙体混凝土浇筑完成,并且达到一定强度(拆模强度)时,即进行脱模,模板爬升。钢筋绑扎随模板爬升进行。

(3)当模板爬升到上层楼板时,上层爬模紧固,混凝土逐层浇筑。待楼板混凝土浇筑完成,上层墙体开始浇筑。

(4)爬升模板按标准层高配置。在非标准层施工时,爬模可进行爬升调整。

## 三、爬模施工的特点及适用范围

爬模施工具有以下特点:

(1) 爬升模板施工时,模板的爬升依靠自身系统设备,不需塔吊或其他垂直运输机械,减少了起重机吊运工程量,避免了塔式起重机施工常受大风影响的弊端。

(2) 爬模施工时,模板是逐层分块安装的,其垂直度和平整度易于调整和控制,施工精度较高。

(3) 爬模施工中,模板不占用施工场地,特别适用于狭小场地上高层建筑的施工。

(4) 爬模装有操作脚手架,施工安全,不需搭设外脚手架。

(5) 爬模施工不用每次拆装模板,可以整体爬升。一次可以爬升一个楼层的高度,可一次浇筑一层楼的墙体混凝土。爬模施工兼有滑模、大模板特点。

(6) 施工过程中,模板与爬架的爬升、安装、校正等工序与楼层施工的其他工序可平行作业,有利于缩短工期。但是,爬模无法实行分段流水施工,模板的周转率低。施工时,模板配制量应大于大模板施工。

液压爬模适用于高层建筑全剪力墙结构、框架结构核心筒、钢结构核心筒、高耸构筑物、桥墩和巨形柱等。

# 任务七　其他形式模板施工

## 一、台模

台模也称为飞模、桌模，是一种大型工具模板，适用于各种结构体系的现浇混凝土楼板施工。台模是由面板、纵梁、横梁和台架等组成的一个空间组合体，如图 7-18 所示。台架下装有轮子，以便移动。有的台模没有轮子，用专用运模车移动。台模尺寸应与房间单位相适应，一般地，一个房间一块台模。施工时，先施工内墙墙体，然后吊入台模，浇筑楼板混凝土。脱模时，只要将台架下降，将台模推出墙面放在临时挑台上，然后用起重机吊至下一单元使用。楼板施工后，安装预制外墙板。

目前，国内常用台模多为桁架式和移动式。桁架式台模由多层板面板、铝合金型钢加工制成，移动式台模由组合钢模板、扣件式钢管脚手架、滚轮组装而成。

台模浇筑楼板可节省模板装拆时间，节约模板材料，降低劳动消耗。但是，台模一次性投资较大，且须大型起重机械配合施工。

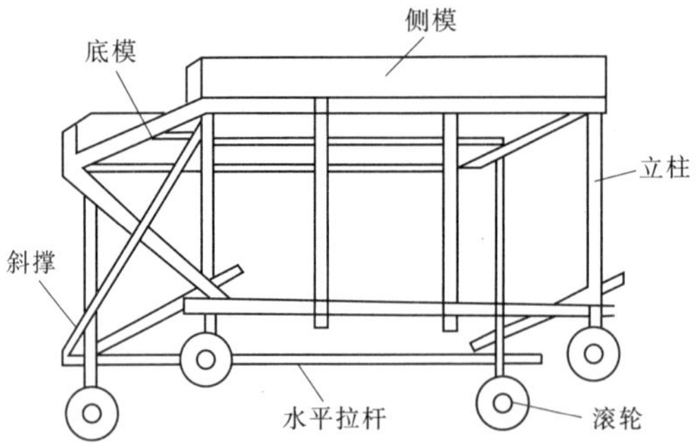


**图 7-18　台模构造**

## 二、隧道模

隧道模由墙面模板和楼板模板组合形成，可以同时浇筑墙体和楼板混凝土，能将各开间沿水平方向逐间整体浇筑，因此施工的建筑物整体性好、抗震性能好、节约模板材料、施工方便。但是，由于模板用钢量大、笨重、一次投资大等，国内较少采用。

## 三、永久性模板

永久性模板在钢筋混凝土结构施工时起模板作用，而当浇筑的混凝土凝结硬化后，模板不再取出而成为结构本身的组成部分。起初，人们在厚大的水工建筑物上使用钢筋混凝土预制薄板作为永久性模板。房屋建筑工程中，各种形式的压型钢板（波形、密肋形等）、预应力钢筋混凝土薄板作为永久性模板，已在一些高层建筑楼板施工中推广应用。薄板铺设后稍加支撑，然后在其上铺放钢筋，浇筑混凝土形成楼板，施工简便，效果较好。

# 任务八　高层建筑施工安全技术

高层建筑施工,随着施工高度的增加,高空坠落、物体打击等安全事故也有所增加。据统计,近年来,高处坠落事故死亡人数占工伤死亡人数的46%。为了保护建筑工人在生产中的安全,高层建筑施工除应遵守一般建筑安装工程的安全操作规程外,还应根据高层建筑施工的特点,遵守高层建筑施工安全技术操作规程。

## 一、高层建筑脚手架的搭设和拆除

在高层建筑施工中,脚手架是建筑施工的重要施工工具,高层建筑脚手架的搭设和拆除除应遵守普通脚手架搭设的要求外,尚须遵守下列规定:

(1)高层脚手架的底脚必须牢固,须在墙基回填土以后搭设。回填土应分层夯实,达到坚实平整,上铺100～150 mm厚的道渣,认真做好排水处理。在道渣上铺砌块或混凝土预制块,然后在砌块上铺通长的12～16号槽钢,使立杆垂直稳定地立在槽钢或砌块上。

(2)高层脚手架的外侧,从第二步到第五步,每步均须在外立杆里侧设1 m高的防护栏杆和400 mm高的挡脚板,防护栏杆与立杆要用扣件扣牢。五步以上除防护栏杆照做外,应全部设防护安全笆和防护安全网。在沿街或居民密集区,则应从第二步开始,外侧全部设防护安全笆和防护安全网。一般高层建筑结构施工中,安全网除随楼层施工架设外,首层和每隔四层设一道安全网。脚手架每隔四步,应在里立杆与墙面之间铺设通长的安全底笆,底笆与里立杆的连接不应少于4点。

(3)脚手架与结构的拉撑连杆不准设在阳台栏杆、窗框等薄弱部位,拉撑连杆应设计成既能承受拉力又能承受压力的工具型为好。无论是受拉或受压的拉撑连杆,一定要待拆除脚手架时才能逐步从上而下拆除。施工中,拉撑连杆如妨碍其他工序操作,需要拆除个别拉撑连杆时,必须经工程施工管理人员同意,并采取有效的加固措施。经检查确实牢固可靠后,方可拆除,任何人不得擅自拆除。

## 二、高层建筑施工的防雷保护措施

高层建筑施工,起重机、井架、脚手架等高度大,极易遭受雷击。高层建筑施工应采取如下防雷措施:

(1)施工时,应按照设计图纸要求,先做全部接地设备。

(2)结构施工时,应按图纸规定,随时将混凝土中的主筋与接地装置连接,以防施工期间遭到雷击。

(3)井字架等垂直运输设备,应将一侧的中间立杆接高,高出顶端2 m作为接闪器,并在该立杆下端设置接地器。同时,应将卷扬机的金属外壳可靠接地。

(4)起重机最上端必须装设避雷针并连接于接地装置上,接地装置应尽可能利用永久性接地系统,起重机上的避雷针应能保护整个起重机。

(5)钢管脚手架应连接可靠,并有良好的接地,做好避雷装置。

## 三、高层建筑施工其他安全措施

(1)高层建筑结构施工中,应严防高空坠落和物体打击,在“四口”、“五临边”均需采取有效的防护措施。

“四口”的防护措施:凡楼梯口、电梯口(包括垃圾洞口)、预留洞口、通道口,必须设围栏或盖板。混凝土预制楼板的预留洞口可事先预埋钢筋网。设备安装时,剪掉预埋钢筋。

“五临边”的防护措施:凡尚未安装栏杆的阳台周边、无脚手架的屋面周边、井架通道的两侧边、框架建筑的楼层周边、斜道两侧边等,必须设置 1 m 高的双层围栏或搭设安全网。

(2)高层建筑结构施工时,应采取稳妥可靠的上、下通信联系措施。

(3)结构施工时,施工层使用的中小型电气机具应安装漏电保护装置。

(4)加强消防治安工作,消防用水设专用管线,并保证足够的水压。

(5)起重机械必须按国家标准安装,经动力设备部门验收合格后,方能使用。使用中,应健全保养制度,安全防护装置应保持齐全有效。

**综合应用案例**

1. 工程概况

某工程为全现浇框架结构,高度 110.8 m,35 层(地下 1 层),建筑面积 35 096 $m^2$。地下 1 层为设备用房及车库(地下层高 3.7 m,面积 3 302 $m^2$),1 层为商业门面及车库(1 层高 4.5 m,面积 3 313 $m^2$),2 层(架空层)为住宅配套设施及中庭环境花园绿化(2 层高 5.4 m,面积 1 125 $m^2$),3 至 34 层为住宅(3~34 层每层高为 2.8 m,面积 27 072 $m^2$)。

本工程为整体式框架现浇结构。3 层以下为全现浇钢筋混凝土框架－剪力墙结构,3 层以上为薄壁柱框架结构,电梯井为筒体结构。

2. 现浇钢筋混凝土框架－剪力墙结构施工

支架(墙、柱、梁、板)均采用碗扣式脚手架,均采用一次性满堂架。搭设柱支撑时,立柱钢管离开柱 30 cm 处搭设,横向钢管设 34 道,第一道在柱离地 0.45 m 处搭设,第二道在 1.8 m处搭设,第三道在离地 3.6 m 处搭设,依次搭设至梁底。为了更好地抵抗水平剪力,在立柱四角要求设斜撑和剪刀撑,紧抵在地面或楼板上。搭设梁的支撑时,沿梁纵向每 900 mm 设一立柱,沿梁横向间隔 1 200 mm,水平纵向支撑离地 450 mm 设一道,离地 1 800 mm 设第二道,离地 3 600 mm 设第三道。最上口一道水平横向钢管设在梁底模板水平钢管下口。为了有效地抵抗施工中的水平剪力,横向每隔 2 排搭设一道剪刀撑,纵向间隔 2 排设一道剪刀撑。

(1)框架柱施工。框架采用木模进行组合,柱模夹具采用钢管夹具,与满堂钢管架连成整体。在柱模安装前,必须先弹出模板外边线、柱中线及放大 100 mm 四周墨线。柱模采取塔吊整体吊装就位,连成整体后,上、下用钢管夹具定位。柱模局部定位,以模板外边线为准。柱模上部定位,采用双面吊线对准放大 100 mm 四周墨线,尺量准确后,用夹具定位,确保上部柱不产生错角和上下垂直。上、下定位准确后,吊线先夹柱中部,校正垂直度和中部四角,最后,沿高度吊线夹柱模,检查校正。浇筑混凝土前,用泡沫或水泥砂浆将柱模下部与地面空隙封闭,以免混凝土浇筑时产生漏浆,使柱底部产生烂根。

(2)框架梁施工。梁底模在场外组装,组装时应考虑柱模位置(梁、柱的模板模数),梁底模组装时夹泡沫，角模必须与底模相错。梁底模就位后拉通线与柱顶线相吻合，先固定底板两端，然后固定中部，最后校核（固定均采用十字扣件解决）。梁底模应按规定要求起拱0.3%，且最少不小于2 cm。特别是底层，由于地面土层有可能沉降，在起拱时应根据具体情况适当增大起拱高度。

梁侧模按不同的高度确定对拉钢条、对拉丝杆竖向道数。梁侧模750 mm高范围，侧模均采用木模横向铺设组合，加竖背杠短钢管，短钢管下脚与梁底模间钢管连接，短钢管上部与模板上口顺模板长度方向的通长钢管连接（短钢管紧贴模板），通长钢管与支架连接支撑，短钢管水平连接。梁侧模高度750 mm以上模板，沿高度及长度方向加对拉螺杆，间距均为750 mm，纵横向加背杠，梁侧模纵向背杠均必须与对拉丝杆用钩头螺栓联接，背杠用短钢管支撑联接在钢管支架上。梁侧模校正，首先校正梁两端侧模板，校正时用吊线锤吊正。校正后，短钢管与背杠联接，然后短钢管联接在满堂支架上，将侧模板拉撑稳定。两端侧模板校正后，再拉通线，加支承校正，支承间距小于900 mm或同横向间距。

（3）剪力墙施工。采用小块组合钢模和木模组合成剪力墙体的内外定型模板，刷上脱模剂备用。对拉夹具为Φ12钢筋，以底面起200 mm处，布置第一排对拉夹具孔，以上纵横900 mm布置对拉夹具孔。在对拉夹具孔处设置专门的定型模板，其大小为150 mm×150 mm，用5 mm厚钢板制作。以钢管架为支架，整间屋为一个整体，加上剪刀支撑，既是支撑架又是操作架。墙体外支撑尽量与框架支撑连成一片，形成整体。

内模板布置后，进行临时固定，然后校正，校正无误经检查合格后，内模板固定，支撑牢固。在内模板上，按照设计图纸钢筋布置作出纵横标记，并绑扎钢筋。钢筋绑扎应严格按照图纸和规范要求进行，在有门窗洞口的地方，钢筋切断后，应加上锁口筋。钢筋绑扎完后，对照图纸再一次检查，合格后绑扎垫块，穿上对拉夹具的钢管和内衬套，打扫干净杂物，然后安装外模板。外墙板定位后，进行校正，校正时模板的上口一定要拉广线校直，合格后进行固定，与整个支撑架连成一个整体，然后浇筑混凝土。

3. 薄壁柱框架施工

薄壁柱框架施工程序如下：抄平、放线→绑扎钢筋、搭设梁板支撑脚手架→将梁板底标高抄平于梁板支撑立柱上，搭设梁底模水平钢管，摆放梁底模板→绑扎梁筋、拼装柱、梁模板、吊线、拉线检查柱、梁模合并固定→摆放底模板垫木，铺设九夹板，绑扎板底层钢筋，处理柱梁细部接头 ›安装顶留，预埋线管，绑扎板上层钢筋。搁置砂浆垫块和板凳铁 ›检查，浇筑柱、梁、板混凝土。

（1）薄壁框架模板及支撑施工。薄壁框架支撑架，采用碗扣式脚手架，支架之间用钢管及扣件互相连接成整体，支架钢管应有足够的刚度。梁支撑系统采用双排钢管立柱，立柱上、中、下部用钢管及扣件进行连接，不得低于三道水平连接。整个支撑系统，钢管脚手架必须用满足于刚度及强度的钢管及扣件进行纵、横向水平连接，并辅以斜向和八字支撑，以满足和保证整个支撑系统有足够的刚度和整体稳定性，以承受在混凝土浇筑时和浇筑后的荷载冲击。框架梁高大于700 mm，梁支撑钢管立柱间距（双排）小于600 mm；梁高小于或等于700 mm，梁支撑钢管立柱间距小于或等于900 mm。边梁支撑采用内搭、外斜挑架的形式。框架支撑采用散装、散拆。薄壁框架柱、梁模板，采用定型钢模板进行施工，散装、散拆。柱、梁模板的夹具，采用钢管。

（2）钢筋施工。钢筋在施工现场内加工。柱、梁、板钢筋焊接和绑扎，遵照设计及施工规范的规定进行，钢筋接头在同一断面上不得超过50%，钢筋的间距满足设计要求，搭接长度应满足施工规范的要求。钢筋在绑扎过程中，应认真检查钢筋的间距，摆放的位置是否满足设计及施工规范的要求，待钢筋成品检查无误后，方可进行混凝土浇筑。为防止柱筋在混凝土浇筑后，因振捣和其他人为因素影响而产生轴线位移，减小或增大钢筋保护层厚度，混凝土浇筑前将各轴线丈量后标注于侧模顶面，并用红油漆做标记。同时，柱筋在经过轴线控制检查后，用电焊将辅助固定柱筋的钢筋焊接固定于支撑钢管上，在混凝土终凝前拉线检查校正。

(3)混凝土施工。框架柱、梁、板混凝土，采用商品混凝土，泵送浇筑。混凝土在浇筑前，对施工现场要认真检查，验收无误后，方可进行混凝土浇筑。柱子混凝土下料，应分层进行，下料厚度控制在50 cm左右，且在混凝土下料前先用同混凝土浇筑强度等级相同的水泥砂浆铺底，厚度5 cm。混凝土振捣采用振动棒进行，快插慢拔，且分层振捣，使混凝土内的气泡充分排出。混凝土表面用2 m尺枋刨平，用铁板收平即可。混凝土终凝后，要派专人对混凝土进行洒水养护，养护时间不得少于7昼夜。

4. 电梯井施工

(1)模板。以小块钢模和木模组合成筒体的内外定型模板，对拉夹具采用$\phi$12螺杆，以底面起200 mm布置第一排对拉螺杆孔，以后纵横900 mm布置对拉螺杆孔。

(2)支撑。以钢管为支架，电梯井内钢管架搭成一个整体，加上剪刀撑，既是支撑架，又是操作架，墙体外支撑与其他支撑连成一片，形成整体。

(3)支模、扎筋、预埋铁件及校正。内模板四边立好后，临时稳固，然后校正，经检查无误后，可在内墙面上按照图纸钢筋间距位置分线，然后绑扎钢筋。井壁钢筋一般为通长钢筋，遇门洞时截断，两侧将钢筋改为$\phi$25形成暗柱，门上方在400 mm范围内将钢筋改为$\phi$16形成暗梁。一般小洞则在洞口将钢筋局部加密即可。主筋保护层为25 mm。钢筋绑扎完毕后，对照图纸仔细检查，无误后，再进行井壁预埋件的埋设。预埋件按设计埋第一层，以后每2 m埋一层至最后一层。两侧墙预埋件各一块，对面的为两块。预埋件埋设完毕检查合格后，穿上对拉丝杆，套上竹筒内衬，然后安装外模板。外模板安装完毕，检查内外模板间距、垂直度、平整度，合格则夹紧对拉丝杆，然后与内外支架结合成一个整体，即可浇筑混凝土。

(4)混凝土浇灌及养护。混凝土配合比一定要严格控制。混凝土可沿墙体某一点下料，每次下料控制在50 cm左右，然后向两面浇灌。振捣时不能漏振，振动棒之间的距离不能大于50 cm。混凝土浇灌到墙顶面后，一定要检查上口钢筋是否位移，保护层是否合格，边检查，边校正钢筋，以保证预留钢筋的准确度。墙体拆模后2～3 h内进行养护，应派专人进行养护，前三天每2 h养护一次，以后可每天早、中、晚、夜养护四次。

5. 结构转换层施工

结构转换层设置在第二层处，下部为普通钢筋混凝土框架结构，上部为薄壁柱框架结构。转换层梁截面尺寸最大为1 000 mm×3 000 mm，楼板厚300 mm。转换层柱、墙钢筋混凝土结构与下部结构相同，但是梁尺寸加大，板增厚，故支撑系统尤为重要。针对转换层支撑系统作如下处理。

第一层(即地下室层)：钢筋混凝土结构施工时，支撑立柱钢管纵横向间距750～800 mm，第一道大横杆距地小于150 mm，以上步距小于或等于1 500 mm。梁板钢筋混凝土浇筑后，当混凝土强度达到100%及拆模要求后，次梁、板底模板支撑松掉，主梁下部支撑和底模保持不变。

第二层(即转换层以下第二层):钢筋混凝土结构施工时,支撑立柱钢管纵横向间距750~800 mm,第一道大横杆距地小于或等于150 mm,以上步距小于或等于1 500 mm。梁板钢筋混凝土结构施工完毕后,所有的支撑,梁、板底模板原地不得松动,保持原状。

第三层(即转换层以下第一层):次梁、板支撑,立柱钢管纵横向间距小于或等于600 mm,第一道大横杆距地小于或等于150 mm,以上纵横步距小于或等于200 mm。次梁底模板以下的钢管,必须采用$\phi$50钢管大横杆连通;板的台模以下的钢管,必须交错上钢管连通(连接)。框架梁及特殊部位梁支撑,立柱钢管纵横向间距500~700 mm,第一道大横杆距地小于或等于150 mm,以上步距小于或等于200 mm,纵横向搭设。框架梁及特殊部位梁底模板以下的钢管,必须采用$\phi$50钢管大横杆连通,并紧靠底模板下的小横杆。框架梁及特殊部位梁,梁宽的中间部位必须搭设立柱支撑,并用钢管斜向连接,每根立柱支撑必须用扣件与斜向钢管连接固定,斜支撑下脚还必须用立柱根部的钢管夹具连接固定。

6. 商品混凝土现场泵送施工

采用直径125 mm的钢管沿水平布置到塔吊根部,沿塔身垂直上升,钢管与塔身腹杆用50 mm×100 mm的方木和U形螺栓夹牢,至浇筑层楼面时用型钢制作的天桥支承水平配管,引至浇筑区,再用塔吊吊起胶布料管进行移动布料。混凝土输送泵2~3人负责操作,另设2~4人配合布管、拆管等。

## 小　结

高层建筑的发展是人类生存的需求,是社会进步的标志,也是一个国家施工水平的体现。高层建筑体系从材料使用上分,主要有混凝土结构和钢结构;从结构类型上分,主要有框架、剪力墙、框架－剪力墙、筒体等几种结构类型。高层建筑不是多层建筑的简单叠加,其独有的构造特点对施工技术和施工管理提出了更高的要求。

合理地选用、配备垂直运输设备机具,是保证高层建筑施工效率的重要前提条件。塔式起重机能够完成施工原材料、构配件,以及模板机具的垂直运输及水平运输,是高层建筑施工常用的设备。塔式起重机的主要参数包括起重幅度、起重量、起重力矩和起升高度(或称吊钩高度)。施工电梯又称人货两用电梯,是高层建筑施工设备中唯一可运送人员上、下的垂直运输设备。脚手架有门式组合脚手架、悬挑式脚手架和附着式升降脚手架,这些脚手架已广泛的应用于高层建筑施工中。混凝土搅拌车、混凝土泵,以及混凝土布料机具,都是高层建筑施工常用的施工机具。在施工中,应该根据工程的结构特点、施工现场情况合理选用,科学配置。

高层现浇框架结构工程施工采用的模板,多以各种组合式模板为主,其中以组合钢模板采用最多。模板有单块就位组拼和预组拼支设两种,预组拼又分为单片组拼和整体组拼。采用预组拼方法可以加快施工速度,提高模板的安装质量,但必须具备相适应的吊装设备。

大模板由平模、小角模、大角模和筒子模构成。大模板是高层建筑施工的发展方向,与泵送混凝土运输、浇筑结合,能提高工程质量和劳动生产率,降低工人劳动强度。但是大模板一次耗钢量大,成本较高,且需要大型起重设备才能施工。

滑模装置包括模板系统、操作平台系统和提升机具系统三部分。液压滑升模板的滑升分初升、正常滑升和末升三个阶段。液压滑模施工具有节约模板和脚手架、机械化程度高、施工速度快、结构整体性强、抗震性能好的特点，其综合经济效益十分显著。

爬升模板是依附在建筑结构上，随着结构施工而逐层上升的一种模板。液压爬模主要由模板系统、液压提升系统和操作平台系统组成。爬模集中了大模板和滑模施工的优点，在高层建筑施工中得到了广泛的应用。台模是一种大型工具模板，用于浇筑楼板。台模由面板、纵梁、横梁和台架等组成。隧道模采用由墙面模板和楼板模板组合形成，可以同时浇筑墙体和楼板混凝土的大型工具式模板。永久性模板在钢筋混凝土结构施工时起模板作用，而当浇筑的混凝土凝结硬化后模板不再取出而成为结构本身的组成部分。

脚手架是高层建筑施工的重要施工工具，高层建筑脚手架的搭设和拆除应遵守脚手架有关规定。高层建筑施工容易遭受雷击，为此高层建筑施工期间，应采取防雷措施。高层建筑结构施工中，要严防高空坠落和物体打击，在“四口”、“五临边”均需采取有效的防护措施。

# 习　题

1. 填空题

(1)《民用建筑设计通则》中规定，高层建筑是指________层以上的住宅及总高度超过________m的公共建筑。

(2)高层建筑中，常见的结构体系主要有________、________、________、________。

(3)筒体结构体系有________、________、________。

(4)塔式起重机按其使用架设的要求分________、________、________、________。

(5)高层建筑混凝土施工，垂直运输方法常用________、________和________等设备。

(6)大模板安装后，如底部仍有空隙，应用________塞紧。

(7)滑模装置主要包括________、________、________三部分。

(8)液压爬模的主要构造由________、________、________组成。

2. 单选题

(1)剪力墙建筑高度一般不超过(　　)m。

A. 60　　B. 100　　C. 150　　D. 200

(2)高层建筑施工优先选用的垂直运输设备是(　　)。

A. 龙门架　　B. 井架　　C. 塔式起重机　　D. 履带起重机

(3)(　　)是高层建筑施工设备中唯一可运送人员上、下的垂直运输设备。

A. 施工电梯　　B. 井架　　C. 龙门架　　D. 塔吊

3. 多选题

(1)剪力墙结构具有(　　　)的特点。

A. 强度大　　B. 刚度大　　C. 水平位移小

D. 施工简单　　E. 平面布置灵活

(2)高层建筑施工具有(　　　)的特点。

A. 层数多　　B. 工程量大　　C. 技术复杂

D. 涉及单位和专业多　　E. 工期长

(3)大模板支撑系统安装的地脚螺栓起(　　　)作用。

A. 调整模板的标高　　　B. 调整模板的水平　　　C. 固定模板
D. 调整模板的水平位置　　E. 调节模板的垂直

4. 简答题

(1)什么是高层建筑？高层建筑如何分类？
(2)高层建筑结构体系包括哪些方面？
(3)高层建筑施工管理主要包括哪些内容？
(4)塔式起重机选择应遵循哪些原则？
(5)塔式起重机的主要参数有哪些？
(6)泵送混凝土施工造成停工的原因有哪些？
(7)施工电梯的主要作用有哪些？
(8)门式脚手架的架设和使用要求有哪些？
(9)悬挑式脚手架由哪几部分构成？
(10)附着式升降脚手架由哪几部分构成？
(11)大模板的结构类型和特点有哪些？
(12)大模板现浇混凝土施工工艺如何？
(13)大模板施工应采取哪些安全措施？
(14)液压滑升模板由哪几部分构成？
(15)液压滑升模板施工工艺如何？
(16)滑模施工对混凝土有哪些技术要求？
(17)爬模施工有哪些特点？
(18)“四口”、“五临边”的安全防护措施内容有哪些？

# 项目八　钢结构工程

**知识点**

钢结构构件加工制作工艺与拼装，钢结构构件连接（电弧焊连接、普通螺栓连接和高强度螺栓连接），单层、多层和高层钢结构安装工程，钢网架结构安装工程，钢结构涂装工程，钢结构施工质量控制和安全措施。

**学习目标**

掌握钢结构加工制作工艺和方法，单层、多层和高层钢结构安装方法，钢网架安装方案、安装方法；熟悉钢结构构件连接方法和要求，钢结构施工质量控制和安全措施；了解钢结构主要构件的类型和特点，钢结构涂装工程施工方法。

**引例**

某钢结构单层厂房，跨度 18 m，房屋总长为 84 m，柱距 6 m，柱子截面为 400 mm × 200 mm的钢板组焊I字形，柱高 8 m。基础为钢筋混凝土独立基础，柱与基础预埋地脚螺栓连接，屋盖采用钢屋架，附设钢檩条上铺彩钢板，柱之间配有十字形支撑，屋架之间另设有支撑，形成空间稳定体系。

**思考：**

(1)组成钢结构厂房的构件是如何加工的？各构件加工的工艺流程有哪些？

(2)现场施工以吊装为主，各构件的吊点选择、起吊方法、临时固定、校正及最后固定如何进行？

(3)为满足受力、传力及稳定性的要求，基础与柱子及各构件间连接方式及连接方法有哪些？

## 任务一　概　述

钢结构是用钢板、型钢和圆钢等，通过焊接连接、螺栓连接等方式制造的结构。钢结构具有强度高、良好的塑性韧性、加工方便、质量轻、施工周期短等特点，因而在房屋建筑、地下建筑、桥梁、水工建筑、港口建筑、矿山建筑等都得到了广泛应用。目前，常见的钢结构类型主要有钢柱、钢梁、钢桁架、钢网架结构等。

### 一、钢柱

钢柱按适用范围不同，可分为单层厂房框架柱和高层建筑框架柱两种。

**(一)单层厂房框架柱**

1. 按结构形式分类

单层厂房框架柱按结构形式不同，可分为等截面柱、阶形柱和分离式柱三类，如图 8-1

所示。

1）等截面柱

等截面柱有实腹式柱和格构式柱两种。等截面柱构造简单，仅适用于吊车或吊车起重量 $Q\leqslant150$ kN，柱距为 12 m 的轻型厂房中，如图 8-1（a）所示。

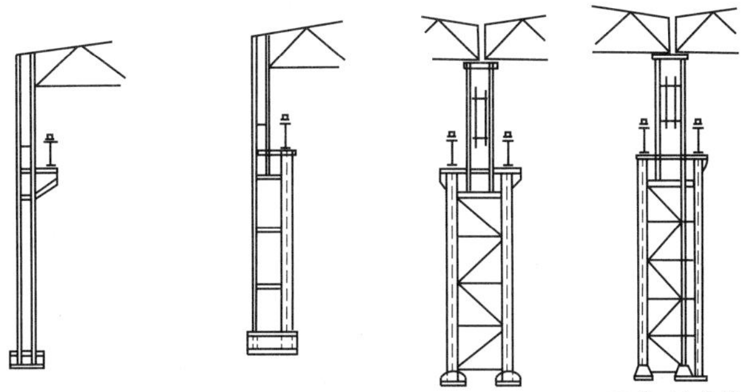

(a)等截面实腹柱　(b)阶形实腹柱　(c)阶形格构式柱　(d)分离式柱

**图 8-1　单层厂房柱**

2）阶形柱

阶形柱为单层工业厂房中的主要柱型。阶形柱可分为实腹式柱与格构式柱两种，如图 8-1（b）、（c）所示。吊车梁或吊车桁架支撑在下段柱顶，上、下段柱连接处阶形变化。上段柱一般采用实腹式截面；下段柱，当柱截面高度较大（$h>1\ 000$ mm）时，为节约材料，多采用格构式截面。

3）分离式柱

分离式柱由支撑屋盖结构的厂房框架柱与一侧独立承受吊车梁荷重的分离式柱肢组合而成，如图 8-1（d）所示。二者之间以水平板件铰接。分离式柱吊车肢设置灵活，组合方便，适应性强。分离式柱宜用于两种情况：①邻跨为扩建跨，吊车柱肢可以在扩建时再设置；②相邻两跨，吊车的轨顶标高相差悬殊，低跨吊车起重量较大。

2. 按截面形式分类

单层厂房框架柱按截面形式不同，可分为实腹式柱和格构式柱两种。

1）实腹式柱

实腹式柱的截面形式如图 8-2 所示。图 8-2（a）为焊接工字形柱，常用于轻型平台柱、阶形柱的上段；图 8-2（b）由两根热轧槽钢与一块钢板焊成，可用于无吊车或吊车起重量 $Q\leqslant$ 100 kN 的厂房等截面柱；图 8-2（c）由热轧槽钢、热轧工字钢与一块钢板焊成，可用于吊车起重量 $Q\leqslant320$ kN 的厂房边列柱；图 8-2（d）、（e）由热轧工字钢或焊接工字钢与两块钢板焊成，可用于吊车起重量 $Q\leqslant320$ kN 的厂房边列阶形柱；图 8-2（f）由焊接槽形钢、焊接工字形钢与一块钢板组成，可用于吊车起重量 $Q>320$ kN 的厂房边列阶形柱的下段；图 8-2（g）、（h）由两根焊接工字形钢或两根热轧工字钢与一块钢板组成，可用于厂房中列柱的下段；图 8-2（i）、（j）仅适用于有观感或特殊要求的建筑中。

2）格构式柱

格构式柱的截面形式如图 8-3 所示。图 8-3（a）由两根热轧槽钢组成，一般用于无吊车或吊车起重量 $Q\leqslant100$ kN 的厂房等截面柱；图 8-3（b）由热轧槽钢与热轧工字钢组成，一般用于吊车起重量 $Q\leqslant150$ kN 的厂房边列阶形柱的下段；图 8-3（c）由为焊接槽形钢与焊接工

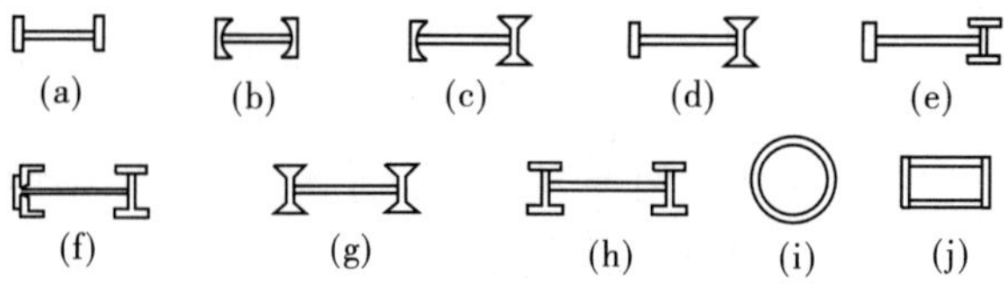

**图 8-2　实腹式柱的截面形式**

字形钢组成，可用于吊车起重量 $Q \geqslant 320$ kN 的厂房边列柱的下段；图 8-3(d)、(e)由两根热轧工字钢或焊接工字形钢组成的截面，可用于厂房中列阶形柱的下段；图 8-3(f)由两根钢管组成的截面，可用于厂房阶形柱的上段；图 8-3(g)、(h)由三根或四根钢管组成，常用于厂房阶形柱的下段。

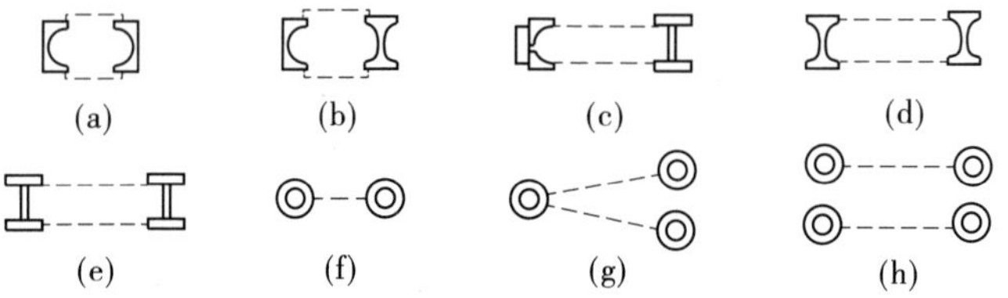

**图 8-3　格构式柱的截面形式**

### (二)高层建筑框架柱

高层建筑钢框架常选用工字形或箱形截面柱，型钢混凝土多选用十字形截面柱。

1)工字形柱

工字形截面柱一般采用宽翼缘 H 型钢，截面力学性能好，制造加工比较简单。

2)箱形柱

箱形柱是由四块钢板组成的截面形式，如图 8-4(a)所示，两个主轴的惯性矩相等。四角采用部分熔透的 V 形或 U 形焊缝，如图 8-4(a)中涂色部分，焊缝的熔透深度不小于板厚的 1/3，按抗震设计时，不小于板厚的 1/2。与梁连接部位设有加劲隔板，每节柱子顶部要求平整。

3)十字形柱

十字形柱是由工字形截面和两个 T 形截面斜交组成，或由两个 H 型钢组合而成，如图 8-4(b)所示。组合焊缝采用部分熔透的 K 形坡口焊缝，每边的熔透深度为 1/3 板厚。

箱形柱、十字形柱均用于高层建筑结构承重柱。

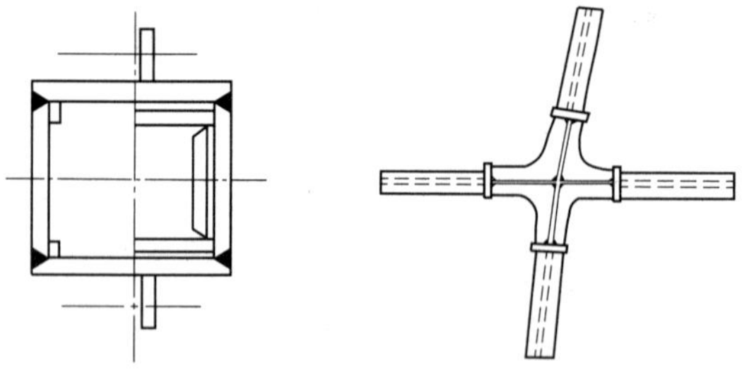

(a)箱形柱　　(b)十字形柱

**图 8-4　箱形柱截面和十字形柱截面形式**

## 二、钢梁

梁的截面可分为型钢截面和组合截面两大类，如图 8-5 所示。型钢梁制造简单、成本较低,应优先采用。工字型钢、H 型钢常用于单向受弯构件;槽钢、Z 型钢常用于墙梁、檩条等双向受弯构件。当梁的跨度或荷载过大时,现有的型钢规格将不能满足梁强度、刚度的要求,必须采用组合截面梁。大跨度的楼盖主梁、重型吊车梁等,常采用钢板焊接组合成的工字形或封闭的箱形截面形式。

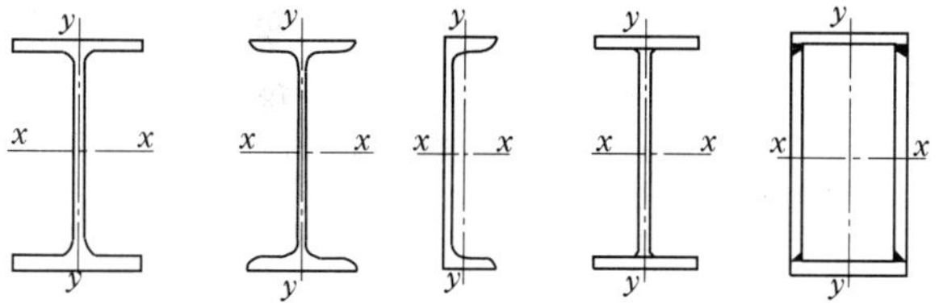


(a)型钢截面　　(b)组合截面

**图 8-5　梁的截面形式**

## 三、钢桁架

### (一)角钢桁架

1. 三角形桁架

三角形桁架适用于跨度不大,但屋面坡度较大的轻型屋面,如图 8-6 所示。屋面材料可为波形石棉瓦、压型钢板等。三角形桁架跨中高度大,支座附近的弦杆内力比跨中大,且跨中腹杆长度大。使用时,若屋面太重或跨度很大,采用三角形桁架不经济。

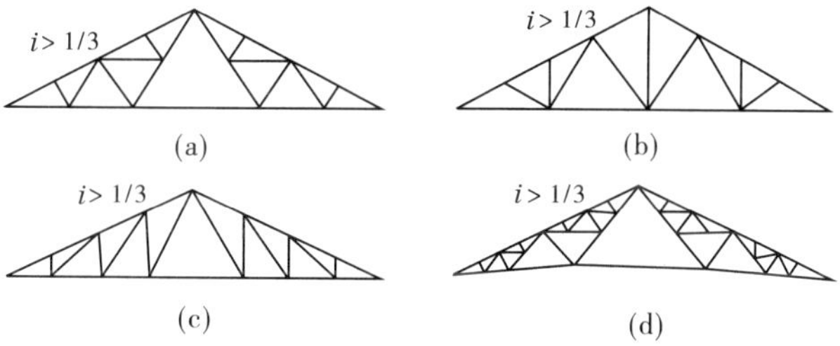


(a)　(b)　(c)　(d)

**图 8-6　三角形桁架**

图 8-6(a)所示三角形桁架称为芬克式桁架。长腹杆受拉,短腹杆受压,腹杆截面较小。在施工中,芬克式桁架可以分为三个运送单元(两个小三角形和一段下弦杆),每个单元的长度和高度都较小,便于运输,故应用较广。

图 8-6(b)所示三角形桁架一般用于跨度较小的屋架。杆件的节点较少,腹杆与弦杆的交角较好,节点构造易于处理,在三角形桁架中是一种较好的结构形式。

图 8-6(c)所示三角形桁架适用于需要吊平顶的房屋。短腹杆受压,长腹杆受拉。但是,腹杆的总长度较大,节点数目较多,且杆件的交角太小,节点板所用钢材较多。

图 8-6(d)所示三角形桁架适用于跨度较大或者屋面坡度很陡的屋架。屋架下弦弯折,以减小跨中高度和运送单元的高度。

2. 梯形桁架

梯形桁架一般用于屋面坡度较平缓($i=1/8\sim1/20$)且跨度较大的房屋,如图 8-7 所示。屋面材料可为压型钢板或大型屋面板。

图 8-7(a)、(b)所示梯形桁架坡度较陡,受力比三角形桁架好,适用于屋面坡度小于1/3

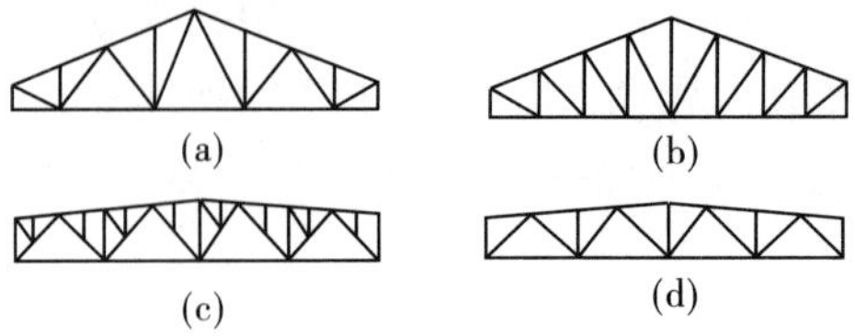


**图 8-7　梯形桁架**

且跨度较大的房屋；图 8-7（c）、（d）所示梯形桁架坡度较平缓（$i=1/8\sim1/12$），适用于卷材防水屋面。

3. 平行弦桁架

上、下弦互相平行的桁架称为平行弦桁架，如图 8-8 所示。上、下弦杆和腹杆长度一致，节点的构造类型少，上、下弦的拼接数量少，因而能符合现代建筑工业化制造的要求。目前，平行弦桁架常用作屋盖结构的托架。

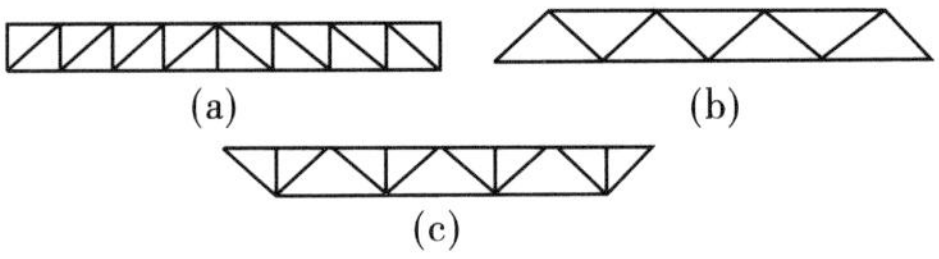


**图 8-8　平行弦桁架**

4. 多边形桁架

多边形桁架由三角形桁架演变而来，坡度一般为 1/3 ~ 1/5，如图 8-9 所示。

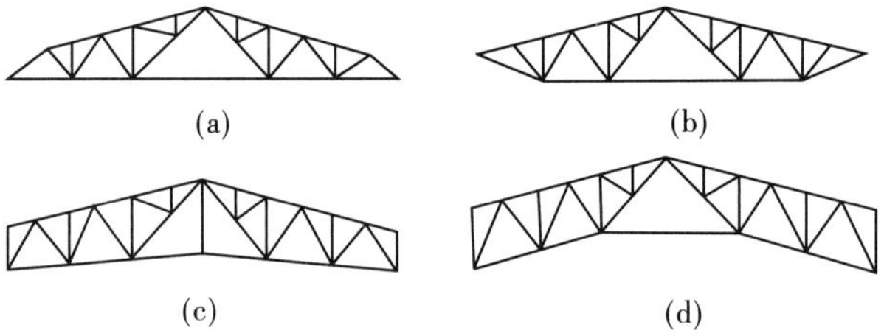


**图 8-9　多边形桁架**

图 8-9（a）、（b）所示桁架为五边形桁架。上、下弦相交的角度较大，弦杆的内力较小，支座节点的构造容易处理。在屋面坡度不大的情况下，其技术经济指标优于三角形桁架。图 8-9（a）所示桁架为上弦弯折的五边形桁架，安装屋面板时，可以把支座处的檩条垫高，使屋面仍保持在一个斜面上。图 8-9（b）所示桁架为下弦弯折的五边形桁架，适用于不需要吊顶或设有悬挂式起重运输设备的房屋。

图 8-9（c）、（d）所示桁架是由梯形桁架演变而来的多边形桁架。跨中高度较小，腹杆的总长度较短。当屋面坡度大于 1/5 时，弦杆各节点间受力比较均匀，故比梯形桁架经济。但是桁架具有拱性，支脚略有推力。

**（二）轻型钢屋架**

1. 圆钢、小角钢组成的轻型屋架

圆钢或小角钢（小于∟45×45×4 或∟56×36×4）组成的轻型钢屋架自重较轻、用料较省、造价低，施工安装方便。同时，具有足够的强度、刚度和稳定性，便于制作安装。规范规定：由圆钢、小角钢组成的轻型钢屋架，适用于跨度不大于 18 m、起重量不超过 50 kN 的轻、中级工作制桥式吊车的房屋，也可用于便于拆装的活动房屋和临时性建筑。应当指出，型钢组成的结构，有个别次要杆件采用小角钢时，不属于轻钢结构，也不受轻钢结构规定的限制。

轻型钢屋架常采用芬克式、三铰拱式和梭形三种形式，如图 8-10 所示。其中，以芬克式、三铰拱式应用较多，跨度一般为 9～18 m，柱距为 4～6 m。

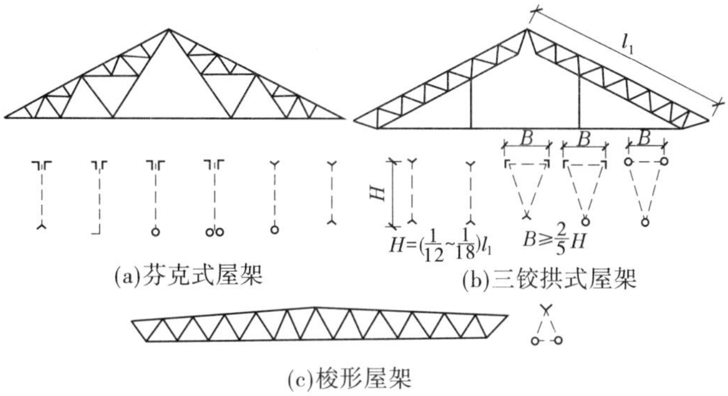


**图 8-10　轻型钢屋架**

1）芬克式屋架

三角形芬克式屋架的形式如图 8-10（a）所示。外形和腹杆体系与普通钢屋架相似，区别在于下弦杆和腹杆的截面可以采用单角钢或圆钢（小跨度的屋架，上弦杆也可以采用单角钢）。屋面坡度一般为 1/2、1/2.5、1/3，以 1/2.5 居多。芬克式屋架构造简单，受力明确、长杆受拉、短杆受压、制作简单，常用作自防水屋盖。

2）三铰拱式屋架

三铰拱式屋架的形式如图 8-10（b）所示。斜梁可采用平面桁架和空间桁架，屋面坡度与三角形屋架相同。斜梁截面的高度可取其长度的 1/12～1/18，一般取 1/15。斜梁的三角形截面的宽度，可取其高度的 1/1.6～1/2，且不得小于 1/2.5。斜梁截面一般为倒等腰三角形。

三铰拱式屋架杆件受力合理、斜梁腹杆短、取材方便、用料经济。其中，斜梁为平面桁架时，杆件较少、构造简单、受力明确，但侧向刚度较差，仅适用于小跨度和中檩距的建筑；斜梁为空间桁架时，杆件较多，构造较复杂，制作费工，但侧向刚度大，适用于跨度和檩距都较大的屋盖。

3）梭形屋架

梭形屋架可采用平面桁架式或空间桁架式，如图 8-10（c）所示。实际工程中，多采用三角形空间桁架式，适用于卷材防水的无檩屋盖。屋面坡度一般为 1/10～1/15，屋架的跨度为 12～15 m，高度为跨度的 1/9～1/12，屋架的间距为 3～6 m。梭形屋架截面重心的位置较低，钢筋混凝土屋面板铺设后，屋面刚度较大，故梭形屋架可不设或少设支撑。

2. 薄壁型钢屋架

薄壁型钢结构是指厚度为 2～6 mm 的钢板或带钢经冷弯或冷拔等方式弯曲而成的型钢。截面形状分开口和闭口两类。薄壁型钢屋架杆件截面形式如图 8-11 所示。薄壁型钢制造屋架、檩条、框架和拔杆等，节约钢材，制造、运输和安装也较方便。在房屋结构中，适用于建造无强烈侵蚀作用和无动力作用的结构。

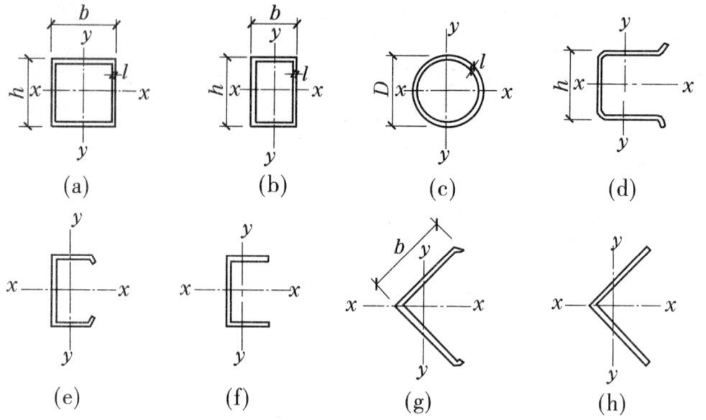


**图 8-11　薄壁型钢屋架杆件常用截面形式**

薄壁型钢屋架可以设计成平面桁架、刚架或网架。平面桁架式屋架外形和腹杆体系与普通钢屋架基本相同，只是所用的杆件截面和节点构造不同而已。薄壁型钢屋架有三角形、五角形、梯形等形式。屋面通常采用有檩条的轻屋面，屋面材料为石棉瓦、钢丝网波形瓦、预应力槽瓦等。

## 四、钢网架结构

网架结构是由很多杆件从两个或几个方向有规律地组成的高次超静定结构，属于空间结构体系。近几年来，在国内外建筑中得到普遍推广应用。

网架结构空间刚度大，整体性好，具有良好的抗震性能，能适应不同建筑造型的要求。按照网架形状分类，一般网架可分为平板网架和曲面网架。平板网架无论在设计、计算、构造和施工制作等方面，都比曲面网架简便，应用范围比曲面网架范围广，一般适用于大、中跨度各种类型的房屋屋盖。按照网格形式不同，平板网架有交叉桁架体系和空间桁架体系两大类。前者由一些平行弦的平面桁架组成，杆件较多，刚度也较大，因而适用于各种跨度的建筑物。后者是由一些角锥体系组成的空间桁架，杆件较少，用钢量经济，刚度也较大，特别是抽去局部锥体后组成的网架，杆件更少，构造特别简单，不过刚度也因此而减弱，故这类网架只适用于中小跨度的建筑物。

与平面结构体系相比，网架结构具有下列特点：

(1)整体性好。能承受来自各个方向的荷载，受力合理，抗震性能好。

(2)造型美观、轻巧、大方。既适用于大跨度建筑，也适用于中小跨度房屋；既能覆盖一般常见的矩形空间，也可组成圆形、扇形和各种多边形的平面。

(3)可以利用小规格杆件建成大跨度结构，取材容易，自重较轻，节约钢材。

(4)便于设计标准化，制造定型化。网格可做成标准尺寸的预制单元、非标准尺寸预制单元和节点零件等，尺寸小、质量轻、便于存放、装卸、运输和安装。

(5)结构占有空间较小，能利用网架中部空间设置各种管道等，使用方便，经济合理。

目前，平板网架结构在我国主要用于大、中跨度的公共建筑中的体育馆、俱乐部、展览馆和候车大厅等，对于中小型工业厂房也已开始推广应用。当然，跨度越大，采用这种结构的优越性和经济效果也就越显著。

**特别提示**

钢结构有很多构件，常见的主要构件有钢柱、钢梁、钢桁架、钢网架等。钢柱可以分为单层厂房柱与高层框架柱，其中，单层厂房柱有等截面柱、阶形柱和分离式柱三大类，高层框架有工字形柱、箱形截面柱和十字形柱。梁有型钢梁和组合梁两大类。钢桁架有三角形桁架、梯形桁架、平行弦桁架和多边形桁架等。网架有平板网架和曲面网架，其中，平板网架应用广泛。

# 任务二 钢结构加工制作工艺

## 一、准备工作

### （一）图纸审查

图纸审查的目的，一方面是检查图纸设计的深度能否满足施工的要求，核对图纸上构件数量和安装尺寸，检查构件之间有无相互矛盾之处等；另一方面对图纸进行工艺审核，即审查在技术上是否合理，构造是否便于施工，图纸上的技术要求按施工单位的施工水平能否实现等。图纸审查的主要内容包括：

（1）设计文件是否齐全。设计文件包括设计图、施工图、图纸说明和设计变更通知单等。

（2）构件的几何尺寸是否标注齐全，相关构件的尺寸是否正确。

（3）构件连接是否合理，是否符合国家标准及有关规程。

（4）加工符号、焊接符号是否齐全。

（5）构件分段是否符合制作、运输、安装的要求。

（6）标题栏内构件的数量是否符合工程的总数量。

（7）结合施工单位的设备和技术条件，考虑能否满足图纸上的技术要求。

### （二）备料

根据设计图纸算出各种材质、规格的材料净用量，并根据构件的不同类型和供货条件，按一定的损耗率（一般为实际所需量的10%）提出材料预算计划。

国际上根据构件规格尺寸增加加工余量的方法进行备料，不考虑损耗。目前，国内已开始实行，由钢厂按构件表加余量直接供料。

### （三）工艺装备和机具的准备

（1）根据设计图纸及国家标准，制定出成品的技术要求。

（2）编制工艺流程，确定各工序的公差要求和技术标准。

（3）根据用料要求和来料尺寸，统筹安排，合理配料，确定拼装顺序和位置。

（4）根据工艺和图纸要求，准备必要的工艺装备（胎、夹、模具等）。

## 二、钢材验收、堆放

钢结构制作前，应对钢材进行验收。钢结构制造厂以设计文件中钢构件材料，如钢材、焊条、焊丝、焊剂、螺栓等，进行钢种、钢号、规格、机械力学指标、化学成分极限含量等验收。进场钢材应有钢厂出厂证明书，否则应按有关标准进行取样、试验和分析，证明符合设计文件要求，方可使用。

验收后的钢材应妥善堆放、保管，保持清洁，避免雨水和污物侵蚀。钢结构制造前，钢材表面铁锈、鳞片、污泥、油渍等应彻底清除干净。

## 三、钢结构制作

钢材强度高、硬度大，钢结构制作必须在具有专门设备的钢结构制造厂进行。钢结构制作工艺流程如图8-12所示。

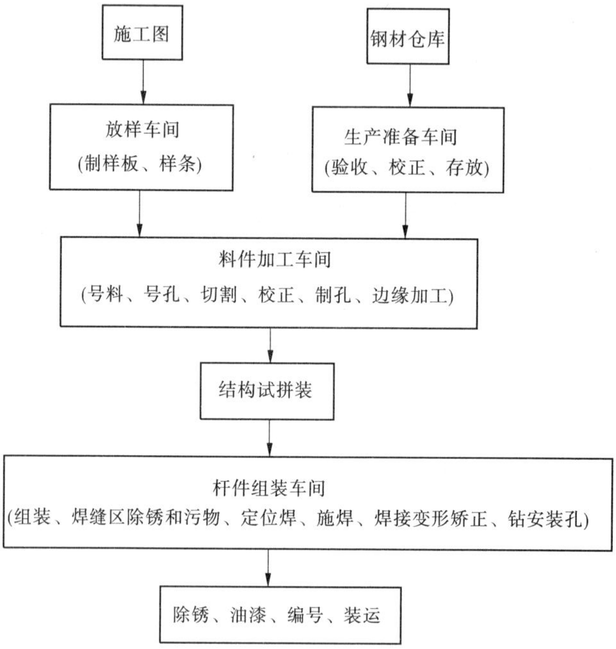


**图8-12 钢结构制作工艺流程**

### (一)放样

放样是根据产品施工详图或零、部件图样要求的形状和尺寸，按照1:1的比例把产品或零、部件的实形画在放样台或平板上，求取实长并制成样板和样杆的过程。样板和样杆是下料、制弯、铣边、制孔等加工的依据。对比较复杂的壳体零、部件，需要作图展开。为了提高放样和号料的精度及效率，有条件时，应采用计算机辅助设计。

在制作样板和样杆时，要增加零件加工时的加工余量，焊接构件要按工艺需要增加焊接收缩量。高层建筑钢结构按设计标高安装时，柱子的长度必须考虑荷载压缩的变形量。放样的步骤如下：

(1)仔细阅读图纸，并对图纸进行核对。

(2)准备放样需要的工具，包括钢尺、石笔、粉线、划针、圆规、铁皮剪刀等。

(3)准备好做样板和样杆的材料，一般采用0.5~0.75 mm薄铁片和小扁钢，可先刷上防锈油。

(4)放样以1:1的比例在样板台上弹出大样。当大样尺寸过大时，可分段弹出，放样应避免偏差累积。

(5)先以构件某一水平线和垂直线为基准，弹出十字线，然后据此逐一画出其他各个点和线，并标注尺寸。

（6）放样过程中，应及时与技术部门协调。放样结束，应对照图纸进行自查，最后应根据样板编号编写构件号料明细表。

### （二）号料

号料也称为画线，是根据样板在钢材上画出构件的实样，并打上各种加工记号，为钢材的切割下料做准备。号料时，要根据工艺图的要求，利用标准接头点，使材料得到充分利用，损耗率降到最低。号料的步骤如下：

（1）根据料单检查样板和样杆，点清号料数量。号料应使用经过检查合格的样板与样杆，不得直接使用钢尺。

（2）准备号料的工具包括石笔、样冲、圆规、划针、凿子等。

（3）检查号料的钢材规格和质量。

（4）不同规格、不同钢号的零件应分别号料，并依据先大后小的原则依次号料。对于需要拼接的同一构件，必须同时号料，以便拼接。

（5）号料时，同时画出检查线、中心线、弯曲线，并注明接头处的字母、焊缝代号。

（6）号孔应使用与孔径相等的圆规规孔，并打上样冲作出标记，便于钻孔后检查孔位是否正确。

（7）弯曲构件号料时，应标出检查线，用于检查构件在加工、装焊后的曲率是否正确。

（8）在号料过程中，应随时在样板、样杆上记录下已号料的数量，号料完毕，则应在样板、样杆上注明并记下实际数量。

### （三）切割下料

切割下料是将放样和号料的零件形状从原材料上进行下料分离。钢材的切割可以通过切削、冲剪、摩擦机械力和热切割来实现。常用的切割方法有气割、机械切割和等离子切割三种方法。

#### 1. 气割法

气割法是利用氧气与可燃气体（常用的有乙炔气、丙烷气和液化气等）燃烧时产生的高温熔化钢材，同时，通以高压氧气射流，将氧化物吹除而引起一条狭小而整齐的割缝。随着割缝的移动，使切割过程连续切割出所需的形状。但是，熔点高于火焰温度或难以氧化的材料（如不锈钢），则不宜采用气割。另外，气割所使用的氧气纯度，对氧气消耗量、气割速度和质量有决定性的影响。气割按切割设备不同，可分为手工气割、半自动气割、仿型气割、多头气割、数控气割和充电跟踪气割等。气割法设备灵活、费用低廉、精度高，是目前使用最广泛的切割方法，能够切割各种厚度的钢材，特别是带曲线的零件或厚钢板。气割前，应将钢材区域表面的铁锈、污物等清除干净；气割后，应清除熔渣和飞溅物。

#### 2. 机械切割法

机械切割法可利用上、下两剪刀的相对运动来切断钢材，或利用锯片的切削运动把钢材分离，或利用锯片与工件间的摩擦发热使金属熔化而被切断。常用的切割机械有剪板机、联合冲剪机、弓锯床、砂轮切割机等。剪切法速度快、效率高，但切口略粗糙。锯割法可以切割角钢、圆钢和各类型钢，切割速度和精度都较好。机械剪切的零件，钢板厚度不宜大于12 mm，剪切面应平整。

3. 等离子切割法

等离子切割法是利用高温、高速的等离子焰流，将切口处金属及其氧化物熔化，并吹掉完成切割。等离子切割法能切割任何金属，特别是熔点较高的不锈钢及有色金属铝、铜等。等离子切割具有切割温度高、冲刷力大、切割边质量好、变形小等特点，在一些尖端技术上应用广泛。

钢材切割面或剪切面应无裂纹、夹渣、分层和大于 1 mm 的缺棱。采用气割或机械剪切的允许偏差应符合表 8-1 的规定。

**表 8-1　气割或机械剪切的允许偏差**　（单位：mm）

| 气割 | | 机械剪切 | |
|---|---|---|---|
| 项目 | 允许偏差 | 项目 | 允许偏差 |
| 零件宽度、长度 | ±3.0 | 零件宽度、长度 | ±3.0 |
| 切割面平面度 | 0.05$t$，且不应大于 2.0 | | |
| 割纹深度 | 0.3 | 边缘缺棱 | 1.0 |
| 局部缺口深度 | 1.0 | | |
| | | 型钢端部垂直度 | 2.0 |

**注：**$t$ 为切割面厚度。

**（四）矫正**

在钢结构制作过程中，由于原材料变形、切割变形、焊接变形、运输变形、吊运变形等经常影响构件的制作及安装。为了保证钢结构的制作及安装质量，必须对不符合技术标准的材料、构件进行矫正。钢结构的矫正是通过外力或加热作用，使钢材较短部分的纤维伸长，或使较长的纤维缩短，以迫使钢材反变形，抵消钢材已经发生的变形，使材料或构件达到平直及一定几何形状的要求。矫正的形式主要有矫直、矫平、矫形三种。钢材矫正，按外力来源不同，可分为火焰矫正、机械矫正和手工矫正等；按矫正时钢材的温度大小，可分为热矫正和冷矫正。

1. 火焰矫正

钢材的火焰矫正是利用火焰对钢材进行局部加热，被加热处理的金属由于膨胀受阻而产生压缩塑性变形，使较长的金属纤维冷却后缩短而完成的。

影响火焰矫正效果的因素有三个：火焰加热位置、加热的形式和加热的热量。火焰加热的位置应选择在金属纤维较长的部位。加热的形式有点状加热、线状加热和三角形加热三种。不同的火焰热量加热温度不同，可获得不同的矫正变形的能力。低碳钢和普通低合金结构钢构件，采用火焰矫正时，加热温度不应超过 900 ℃，一般为 600 ~ 800 ℃。低合金结构钢在加热矫正后，应自然冷却。

2. 机械矫正

钢材的机械矫正是在专用矫正机上进行的。

机械矫正是使弯曲的钢材在外力作用下产生过量的塑性变形，以达到平直钢材的目的。机械矫正作用力大，劳动强度小，效率高。

钢材的机械矫正有拉伸机矫正、压力机矫正、多辊矫正机矫正等。拉伸机矫正适用于薄板扭曲、型钢扭曲，钢管、带钢和线材等的矫正，压力机矫正适用于板材、钢管和型钢的局部矫正，多辊矫正机矫正可用于型材、板材等的矫正。

3. 手工矫正

钢材的手工矫正采用锤击的方法进行，操作简单灵活。手工矫正矫正力小、劳动强度大、效率低，适用于矫正尺寸较小的钢材。有时，在缺乏或不便使用矫正设备时，也可采用手工矫正。

在钢材或构件的矫正过程中，应注意以下几点：

(1)为了保证钢材在低温情况下受到外力不至于产生冷脆断裂，碳素结构钢在环境温度低于 -16 ℃时，低合金结构钢在环境温度低于 -12 ℃时，不得进行冷矫正。

(2)考虑到钢材的特性、工艺的可行性以及成型后的外观质量，冷矫正和冷弯曲的最小曲率半径和最大弯曲矢高，应符合有关标准的规定。例如：钢板冷矫正的最小弯曲半径为 $50t$，最大弯曲矢高为 $l^2/400t$；冷弯曲的最小弯曲半径为 $25t$，最大弯曲矢高为 $l^2/200t$（其中 $l$ 为弯曲弦长，$t$ 为钢板厚度）。

(3)矫正时，应尽量避免损伤钢材表面，其划痕深度不得大于 0.5 mm，且不得大于该钢材厚度负偏差的 1/2。

## (五)弯卷成型

1. 钢板卷曲

钢板卷曲是通过旋转辘轴对板料进行连续三点弯曲形成的。当制件曲率半径较大时，可在常温状态下卷曲；当制件曲率半径较小或钢板较厚时，则需在钢板加热后进行。钢板卷曲按卷曲类型，可分为单曲率卷制和双曲率卷制。单曲率卷制如图 8-13 所示。单曲率卷制操作简便，较常使用。单曲率卷制包括圆柱面卷曲、圆锥面卷曲和任意柱面卷曲。双曲率卷制，包括球面卷曲、双曲面卷曲等，制作工艺较复杂。钢板卷曲工艺包括预弯、对中和卷曲三个过程。

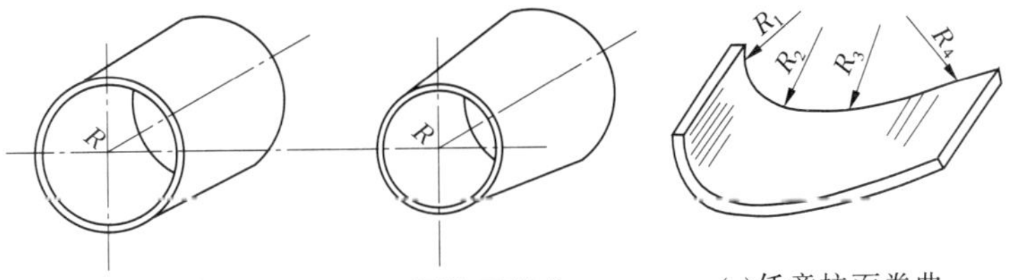


(a)圆柱面卷曲　(b)圆锥面卷曲　(c)任意柱面卷曲

**图 8-13　单曲率卷制钢板的卷曲**

2. 型材弯曲

型材弯曲包括型钢弯曲、钢管弯曲等。

3. 边缘加工

在钢结构制造中，经过剪切或气割过的钢板边缘，内部结构会发生硬化和变态。为了保证桥梁或重型吊车梁等重型构件的质量，需要对边缘进行加工，刨切量不应小于 2.0 mm。此外，为了保证焊缝质量，考虑到装配的准确性，需要将钢板边缘刨成或铲成坡口，往往还要将边缘刨直或镜平。

一般需要做边缘加工的部位包括：吊车梁翼缘板、支座支撑面等具有工艺性要求的加工面；设计图纸中有技术要求的焊接坡口；尺寸精度要求严格的加劲板、隔板、腹板及有孔眼的节点板等。常用的边缘加工方法有铲边、刨边、镜边和电气刨边四种。

**（六）折边**

在钢结构制造过程中，构件的边缘压弯成倾角或一定形状，称为折边。折边广泛用于薄板构件，有较长的弯曲线和较小的弯曲半径。薄板经折边后，可以大大提高结构的强度和刚度。构件的弯曲折边常利用折边机进行。

**（七）制孔**

制孔是指用孔加工机械或机具，在实体材料（如钢板、型钢）上加工孔的作业。钢结构制孔包括锄钉孔、普通螺栓连接孔、高强度螺栓孔、地脚螺栓孔等。制孔方法有钻孔和冲孔两种。

1. 钻孔

钻孔是指用钻头在实体工件上加工出孔的方法。钻孔在钻床上进行，可以钻任何厚度的钢材，孔壁损伤较小，加工精度较高，是钢结构制造中普遍采用的方法。对于重要结构的节点，先预钻小一级尺寸的孔眼，在装配完成调整好尺寸后，扩成设计孔径，铆钉孔和精制螺栓多采用。一次钻成设计孔径时，为了使孔眼位置有较高的精度，一般先制成钻模，钻模贴在工件上调好位置，在钻模内钻孔。为了提高钻孔效率，可以把零件叠起，一次钻几块钢板，或用多头钻进行钻孔。对于构件因受场地狭小限制，加工部位特殊，不便于使用钻床加工的情况，则可用电钻、风钻等加工。

2. 冲孔

冲孔是指以重力使钻头下冲成孔的过程。冲孔在冲孔机（冲床）上进行，一般适用于较薄的钢板和型钢上冲孔，且孔径一般不小于钢材的厚度，亦可用于不重要的节点板、垫板和角钢拉撑等小件加工。冲孔生产效率较高，但是孔的周围产生冷作硬化，孔壁质量较差，孔口下塌，孔的下方增大。冲孔除孔的质量要求不高时，或作为预制孔（非成品孔）外，在钢结构中较少采用。

当地脚螺栓孔与螺栓的间距较大时，即孔径大于 50 mm 时，也可以采用火焰割孔。

上述加工过程中，每一道工序的公差都应该满足《钢结构工程施工质量验收规范》（GB 50205—2001）的要求。

## 四、钢结构的拼装

拼装亦称为装配、组装，是将加工好的半成品和零件按照施工图纸的要求，拼装成单个构件或部件，并连接成为整体。钢构件的大小应根据运输道路、现场条件、运输和安装单位的机械设备能力与结构受力的允许条件等确定。

**（一）一般要求**

（1）钢构件组装应在平台上进行，平台应测平。装配的组装架及胎膜应牢固的固定在平台上。

（2）组装工作开始前，编制组装顺序表。组拼时，严格按照顺序表规定进行。

（3）组装时，应根据零件加工顺序进行编号。严格检验、核对材质、位置、形状、外形尺寸等。零件的毛刺、飞边应彻底清除干净。对称零件应注意安装方向，避免错装。

（4）对于尺寸较大、形状复杂的构件，应先分装成几个简单组件，然后逐渐拼装成整个构件。构件组装时，先组装内部组件，再组装外部组件。

（5）构件或结构单元组装后，应按图纸规定进行编号，并标注构件的质量、重心位置、定位中心线和标高基准线等。构件编号位置应标注在明显易查处，大构件要在三个面（顶面和两个侧面）上编号。

**（二）焊接连接的构件组装**

（1）根据图纸尺寸，在平台上画出构件的位置线，焊上组装架及胎膜夹具，并准备好夹紧调整零件的工具，如卡兰、左右螺旋丝杠或梯形螺纹等。组装架离平台不宜小于 50 mm。

（2）调整、检查每个构件的主要零件位置，验收合格后，将进行全部零件组装、点焊，使之定形。在零件定位前，要留出焊缝收缩量及变形量。高层建筑钢结构柱子，两端除增加焊接收缩量外，还必须增加构件安装后荷载压缩变形量，并留好构件端头和支撑点铣平的加工余量。

（3）为了减少焊接变形，应选择合理的焊接顺序。常用的焊接方法有对称法、分段逆向焊接法和跳焊法等。在保证焊缝质量的前提下，采用适量的电流，快速施焊，以减少热影响区和缩短温度差，减小焊接变形和焊接应力。

## 五、构件成品的表面处理

**（一）高强度螺栓摩擦面的处理**

采用高强度螺栓连接时，应对构件摩擦面进行加工处理。摩擦面处理后，抗滑移系数必须符合设计文件的要求。

摩擦面的处理方法一般有喷砂、酸洗、砂轮打磨等几种。其中，喷砂处理过的摩擦面抗滑移系数值较高，离散率较小。处理好的摩擦面应平整、无焊接飞溅、无毛刺、无油污。经过处理后的摩擦面应采取保护措施，防止沾染脏物和油污，在运输过程中防止摩擦面损伤。严禁在高强度螺栓连接面上做任何标记。

构件出厂前，应按批做试件，用于检查抗滑移系数。试件的处理方法应与构件相同，检验的最小数值应符合设计要求，并附三组试件供安装时复验抗滑移系数。

**（二）构件成品的防腐涂装**

钢结构构件在加工验收合格后，应进行防腐涂料涂装。但是，构件焊缝连接处、高强度螺栓摩擦面处不能做防腐涂装，应在现场安装完后，再补刷防腐涂料。

## 六、构件成品验收

钢结构构件制作完成后，应根据《钢结构工程施工质量验收规范》（GB 50205—2001）及其他相关规范、规程的规定，进行成品验收。钢结构构件加工制作质量验收可按相应的钢结构制作工程或钢结构安装工程检验批的划分原则，划分为一个或若干个检验批进行。

构件出厂时，应提交产品质量证明（构件合格证）和下列技术文件：

（1）钢结构施工详图、设计更改文件、制作过程中的技术协商文件。

（2）钢材、焊接材料及高强度螺栓的质量证明书及必要的试验报告。

（3）钢制零件及钢制部件加工质量检验记录。

（4）高强度螺栓连接质量检验记录，包括构件摩擦面处抗滑移系数的试验报告。

（5）焊接质量检验记录。

（6）构件组装质量检验记录。

**特别提示**

钢结构构件的加工制作包括放样、号料、切割下料、矫正、弯卷成型、折边、制孔等过程。制备完成的半成品和零件应按图纸规定的运输单元拼装成构件或部件，然后连接成为整体。构件组拼完成后，应根据《钢结构工程施工质量验收规范》(GB 50205—2001)及其他相关规范、规程的规定进行验收。验收合格后进行防腐涂料涂装。

# 任务三　钢结构构件的焊接

钢结构是由各种型钢或板材通过一定的连接方法组成的。钢结构的连接方法及其质量优劣直接影响到钢结构的工作性能，钢结构的连接必须符合安全可靠、传力明确、构造简单、制作方便和节约钢材的原则。钢结构的连接方法多采用焊接、铆接、螺栓连接三种，如图8-14所示。

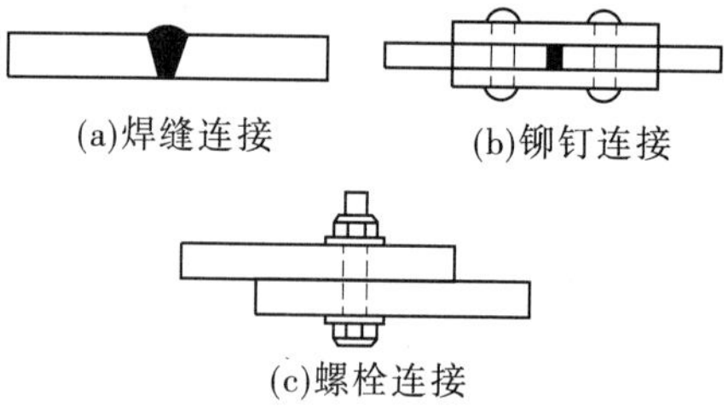


**图8-14　钢结构的连接方法**

## 一、焊接方法的选择及工艺要求

### (一)焊接方法的选择

焊缝连接是钢结构的主要连接方法，建筑施工中可用的焊接方法有电弧焊、电渣焊、气压焊、接触焊和高频焊。限于成本、应用条件等原因，在钢结构制作和安装领域中，广泛使用的是电弧焊。在电弧焊中又以药皮焊条手工电弧焊、自动埋弧焊、半自动与自动 $CO_2$ 气体保护焊和自保护焊为主。在某些特殊应用场合，则必须使用电渣焊和栓焊。钢结构焊接类型、特点及适用范围见表8-2。

### (二)焊接工艺要求

(1)焊接工艺设计。确定焊接方式、焊接参数及焊条、焊丝、焊剂的规格、型号等。

(2)焊条烘烤。焊条和粉芯焊丝使用前必须按质量要求进行烘焙，低氢型焊条经过烘焙后，应放在保温箱内随用随取。

(3)定位点焊。焊接结构在拼接、组装时要确定零件的准确位置，要先进行定位点焊。

(4)焊前预热。预热可降低热影响区冷却速度，防止焊接延迟裂纹的产生。

(5)焊接顺序确定。一般从焊件的中心开始向四周扩展；先焊收缩量大的焊缝，后焊收缩量小的焊缝；尽量对称施焊；焊缝相交时，先焊纵向焊缝，待冷却至常温后，再焊横向焊缝；钢板较厚时分层施焊。

(6)焊后热处理。焊后热处理主要是对焊缝进行脱氢处理，以防止冷裂纹的产生。

表 8-2　钢结构焊接类型、特点及适用范围

| 焊接类别 | | | 特点 | 适用范围 |
|---|---|---|---|---|
| 电弧焊 | 手工焊 | 交流焊机 | 利用焊条与焊件之间产生的电弧热焊接，设备简单，操作灵活，可进行各种位置的焊接，是建筑工地应用最广泛的焊接方法 | 焊接普通钢结构 |
| | | 直流焊机 | 焊接技术与交流焊机相同，成本比交流焊机高，但焊接时电弧稳定 | 焊接要求较高的钢结构 |
| | 自动埋弧焊 | | 利用埋在焊剂层下的电弧热焊接，效率高，质量好，操作技术要求低，劳动条件好，是大型构件制作中应用最广泛的高效焊接方法 | 焊接长度较大的对接、贴角焊缝，一般是有规律的直焊缝 |
| | 半自动焊 | | 与自动埋弧焊基本相同，操作灵活，但使用不够方便 | 焊接较短的或弯曲的对接、贴角焊缝 |
| | $CO_2$ 气体保护焊 | | 用 $CO_2$ 或惰性气体保护的实芯焊丝或药芯进行焊接，设备简单，操作简便，焊接效率高，质量好 | 用于构件长焊缝的自动焊 |
| 电渣焊 | | | 利用电流通过液态熔渣所产生的电阻热焊接，能焊大厚度焊缝 | 用于箱形梁及柱隔板与面板全焊透连接 |

## 二、焊接原理

### （一）手工电弧焊原理

在涂有药皮的金属电极与焊件之间施加一定电压时，由于电极的强烈放电而使气体电离产生焊接电弧。电弧高温足以使焊条和工件局部熔化，形成气体、熔渣和金属熔池，气体和熔渣对熔池起保护作用。同时，熔渣在与熔池金属起冶金反应后凝固成为焊渣，熔池凝固后成为焊缝，固态焊渣则覆盖于焊缝金属表面。药皮焊条手工电弧焊依靠人工移动焊条实现电弧前移完成连续的焊接。因此，焊接的必要条件为焊条和焊接电源及其附件，附件包括电缆、电焊钳等。

### （二）埋弧焊（SAW）原理

埋弧焊与药皮焊条电弧焊一样是利用电弧热作为熔化金属的热源，但与药皮焊条电弧焊不同的是，焊丝外表没有药皮，熔渣是由覆盖在焊接坡口区的焊剂形成的。当焊丝与母材之间施加电压并互相接触引燃电弧后，电弧热将焊丝端部及电弧区周围的焊剂及母材熔化，形成金属熔滴、熔池及熔渣。金属熔池受到浮于表面的熔渣和焊剂蒸汽的保护而不与空气接触，避免氮、氢、氧有害气体的侵入。随着焊丝向焊接坡口前方移动，熔池冷却凝固后形成焊缝，熔渣冷却后形成渣壳。与药皮焊条手工电弧焊一样，熔渣与熔化金属发生冶金反应，从而改善焊缝的化学成分和力学性能。

### （三）$CO_2$ 气体保护焊原理

$CO_2$ 气体保护焊是熔化极气体保护焊的一种，也是熔化极电弧焊的一种，电弧产生及焊接过程原理与手工电弧焊、埋弧焊相似，区别在于没有手工焊条药皮及埋弧焊剂所产生的大

量熔渣。气体保护焊使用的熔化电极为实芯焊丝或药芯焊丝，由保护气罩导入的 $CO_2$ 气体或与其他惰性气体混合的混合气体围绕导丝嘴及焊丝端头隔离空气，对电弧区及熔池起保护作用。熔池脱氧反应和必要合金元素的渗入，大部分只能由焊丝合金成分完成。药芯焊丝管内包容的少量焊剂成分，仅起辅助冶金反应作用和保护作用。

**(四)电渣焊原理**

电渣焊是利用电流通过熔渣所产生的电阻热作为热源，将填充金属和母材熔化，凝固后形成金属电渣牢固连接。电渣焊主要有熔嘴电渣焊、非熔嘴电渣焊、丝极电渣焊、板极电渣焊等。在建筑钢结构中，应用较多的是熔嘴电渣焊和非熔嘴电渣焊，它是一种用于立焊位置的焊接方法。

熔嘴电渣焊是电渣焊的一种形式，将母材坡口两面均用马形卡装设水冷固定式或滑动式铜成形块，钢焊丝穿过外涂药皮的导电钢管组合成熔嘴作为熔化电极，熔嘴从顶端伸入母材的坡口间隙内，施加一定数量的焊剂，主电源通电同时焊丝送进。由于焊丝与母材坡口底部的引弧板接触产生电弧，电弧热使熔嘴钢管和外敷的药皮及焊剂同时熔化而形成渣池。渣池达到一定深度后电弧过程转为电渣过程，同时使母材熔化形成熔池，随着熔化电极、焊剂、母材的不断熔化，形成的金属熔池在水冷铜成形块的冷却作用下不断凝固，而比熔融金属比重轻的熔渣在熔池之上形成保护渣池，随着熔池及渣池的不断上升而形成立焊缝。

非熔嘴电渣焊与熔嘴电渣焊的区别是焊丝导管外表不涂药皮，焊接时导管不断上升并不熔化不消耗。其焊接原理与熔嘴电渣焊相同。该方法使用细直径焊丝配用直流平特性电源，电流密度高，焊速大。由于焊接热输入减小，焊缝和母材热影响区的性能比熔嘴电渣焊有所提高，因此在近年来得到重视和应用。

**(五)栓焊原理**

栓焊是在栓钉与母材之间通以电流，局部加热熔化栓钉端头和局部母材，并同时施加压力挤出液态金属，使栓钉整个截面与母材形成牢固结合的焊接方法。栓焊可分为电弧栓焊和储能栓焊两种。在钢结构制造与安装中，栓焊技术主要用于钢柱、梁与外浇混凝土以及钢－混凝土组合楼板中的剪力件焊接。栓钉的可焊直径可达到 25 mm。

## 三、焊条的选择与应用

焊条的选择与焊件的物理、化学和力学性能及结构的特点密切相关。焊条的类型相当多，钢结构常用的焊条为 E43××、E50××、E50×× ×、E55×× ×型。《钢结构设计规范》(GB 50017—2012)规定，手工焊接采用的焊条应符合现行标准《碳钢焊条》(GB/T 5117—95)或《低合金钢焊条》(GB/T 5118—95)的规定，选择的焊条型号应与主体金属强度相适应。

碳钢焊条和低合金钢焊条型号所代表的意义如下：

用手工电弧焊焊接时，焊条的焊接位置即焊条与焊件间的相对位置有平焊、立焊、仰焊与横焊四种，如图 8-15 所示。平焊(见图 8-15(a))的熔滴靠自重过渡，操作简单，质量稳定；横焊(见图 8-15(d))时，由于重力熔化金属容易下淌，而使焊缝上侧产生咬边，下侧产生焊瘤或未焊透等缺陷；立焊(见图 8-15(b))焊缝成形更加困难，易产生咬边、焊瘤、夹渣、表面不平等缺陷；仰焊(见图 8-15(c))时，必须保持最短的弧长，因此常出现未焊透、凹陷等质量问题。适用于上述四种位置的焊条，叫全位置焊条。焊条的产品说明书一般均注明包括焊接位置在内的焊条型号,选用焊条时应加以注意。

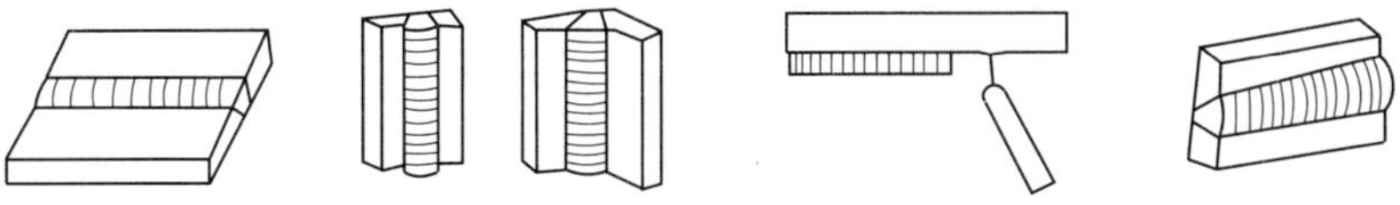

(a)平焊　(b)立焊　(c)仰焊　(d)横焊

**图 8-15　焊条的焊接位置**

为保证焊接质量,在焊接以前,应将焊条烘焙。焊接时不得使用药皮脱落或焊芯生锈的焊条和受潮结块的焊剂及已熔烧过的渣壳。焊条的药皮和药芯同样都是影响焊接质量的主要因素。药皮的主要作用是:提高电弧燃烧的稳定性,形成保护性整体和熔渣、脱氧以及向焊缝金属中掺加必要的合金成分。

## 四、焊接接头形式与构造

焊缝接头可分为对焊接头、角焊接头、T 形接头和搭接接头等形式。在各种形式的接头中,为了提高焊接质量,较厚的构件往往要开坡口。开坡口的目的是保证电弧能深入焊缝的根部,使根部能焊透,以便清除熔渣,获得较好的焊缝形态。焊接接头形式见表 8-3。

**表 8-3　焊接接头形式**

| 序号 | 名称 | 图示 | 接头形式 | 特点 |
|---|---|---|---|---|
| 1 | 对焊接头 |  | 不开坡口<br>V、X、U 形坡口 | 应力集中较小,有较高的承载力 |
| 2 | 角焊接头 | 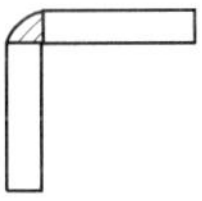 | 不开坡口 | 适用厚度在 8 mm 以下 |
| | | | V、K 形坡口 | 适用厚度在 8 mm 以下 |
| | | | 卷边 | 适用厚度在 2 mm 以下 |
| 3 | T 形接头 | 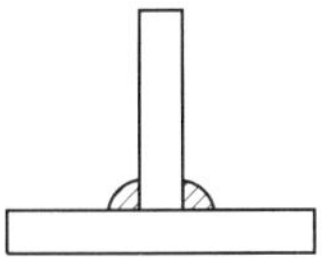 | 不开坡口 | 适用厚度在 30 mm 以下的不受力构件 |
| | | | V、K 形坡口 | 适用厚度在 30 mm 以上的只承受较小剪应力构件 |
| 4 | 搭接接头 | 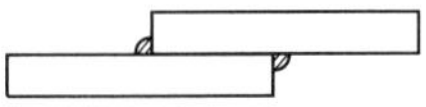 | 不开坡口 | 适用厚度在 12 mm 以下的钢板 |
| | | | 塞焊 | 适用双层钢板的焊接 |

焊缝按其构造可分为对接焊缝与角焊缝两种基本形式。

### (一)对接焊缝

对接焊缝可以连接同一平面内的两个构件。当焊件的宽度不同或厚度相差 4 mm 以上时,应分别在宽度方向或厚度方向从一侧或两侧做成坡度不大于 1/4 的斜角,形成平缓的过渡,如图 8-16 所示。

对接焊缝的优点是传力均匀、平顺、无显著应力集中，比较经济。缺点是施焊时焊件应保持一定的间隙，板边需要加工，施工不方便。

**(二)角焊缝**

在相互搭接或丁字连接构件的边缘，所焊截面为三角形的焊缝，称为角焊缝。角焊缝分为直角角焊缝(两边夹角为直角，如图 8-17 所示)和斜角角焊缝(夹角为锐角或钝角)。直角角焊缝按受力方向不同又分为正面角焊缝和侧面角焊缝。规范规定斜角角焊缝不宜用作受力焊缝(钢管结构除外)。

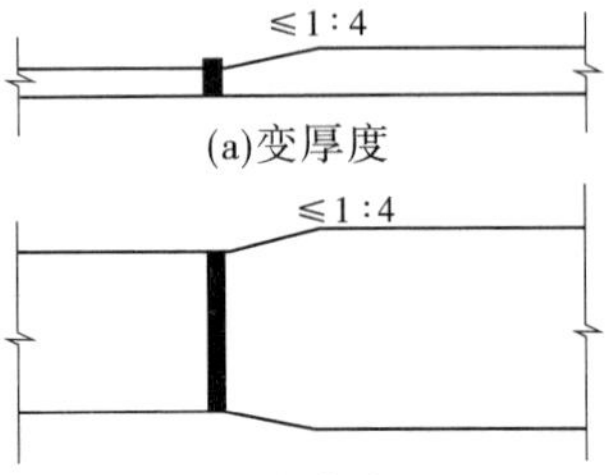


(a)变厚度 (b)变宽度

**图 8-16 变截面的对接焊缝**

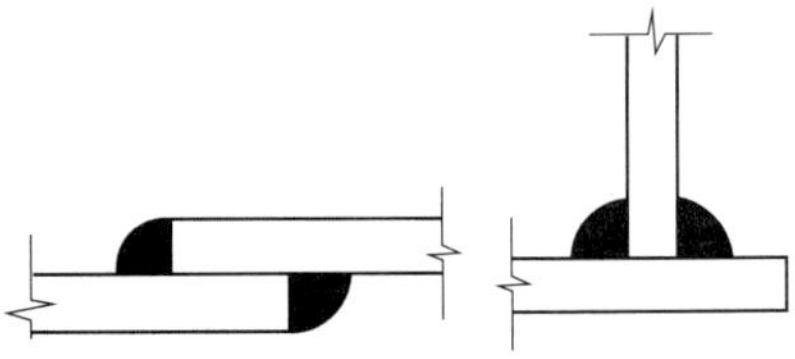

**图 8-17 直角角焊缝**

钢结构中最常用的是普通直角角焊缝。其他如平坡、凹面或深熔等形式，主要是为了改变受力状态，避免应力集中，一般用于直接承受动力荷载的结构。

杆件与节点板的连接焊缝一般宜采用两面侧焊，也可用三面围焊，对角钢杆件可采用 L 形围焊，一般只适用于受力较小的杆件。所有围焊的转角处必须连续施焊，如图 8-18 所示。

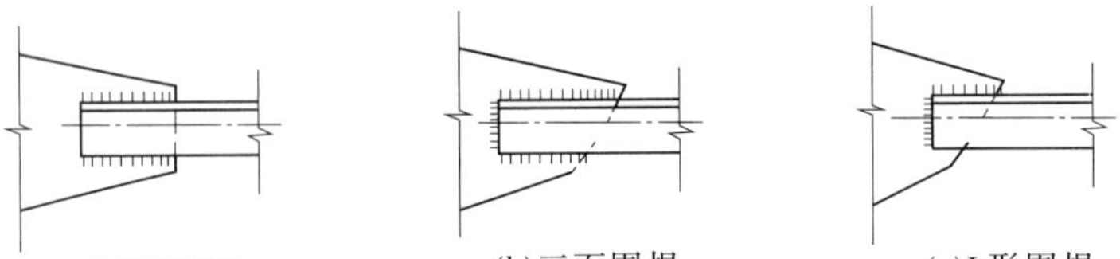

(a)两面侧焊 (b)三面围焊 (c)L形围焊

**图 8-18 杆件与节点板的焊缝连接**

在搭接连接中，搭接长度不得小于焊件最小厚度的 5 倍，并不得小于 25 mm。角焊缝的优点是焊件板边不必预先加工，也不需要校正缝距，施工方便，其缺点是应力集中现象比较严重。由于搭接连接中必须有一定的搭接长度，角焊缝连接不太经济。

## 五、焊接工艺参数的选择

手工电弧焊的焊接工艺参数主要有焊条直径、焊接电流、电弧电压、焊接层数、电源种类及极性等。

**(一)焊条直径**

焊条直径的选择主要取决于焊件厚度、接头形式、焊缝位置和焊接层次等因素。在一般情况下，可根据表 8-4 按焊件厚度选择焊条直径，并倾向于选择较大直径的焊条。另外，在平焊时，直径可大一些；立焊时，所用焊条直径不超过 5 mm；横焊和仰焊时，所用直径不超过 4 mm；开坡口多层焊接时，为了防止产生未焊透的缺陷，第一层焊缝宜采用直径为 3.2 mm 的焊条。

表 8-4　焊条直径与焊件厚度的关系

| 焊件厚度(mm) | ≤2 | 3~4 | 5~12 | >12 |
|---|---|---|---|---|
| 焊条直径(mm) | 2 | 3.2 | 4~5 | ≥15 |

**(二)焊接电流**

焊接电流过大或过小都会影响焊接质量,所以其选择应根据焊条的类型、直径、焊件的厚度、接头形式、焊缝空间位置等因素来考虑,其中焊条直径和焊缝空间位置最为关键。在一般钢结构的焊接中,焊接电流大小与焊条直径关系可用以下经验公式进行试选:

$$I = 10d^2 \tag{8-1}$$

式中　$I$——焊接电流,A;

$d$——焊条直径,mm。

另外,立焊时,电流应比平焊时小 15% ~20%;横焊和仰焊时,电流应比平焊电流小 10% ~15%。

**(三)电弧电压**

根据电源特性,由焊接电流决定相应的电弧电压。此外,电弧电压还与电弧长有关。电弧长则电弧电压高,电弧短则电弧电压低。一般要求电弧长小于或等于焊条直径,即短弧焊。在使用酸性焊条焊接时,为了预热部位或降低熔池温度,有时也将电弧稍微拉长进行焊接,即所谓的长弧焊。

**(四)焊接层数**

焊接层数应视焊件的厚度而定。除薄板外,一般采用多层焊。焊接层数过少,每层焊缝的厚度过大,对焊缝金属的塑性有不利的影响。施工中每层焊缝的厚度不应大于 4~5 mm。

**(五)电源种类及极性**

直流电源由于电弧稳定,飞溅小,焊接质量好,一般用在重要的焊接结构或厚板大刚度结构上。其他情况下,应首先考虑交流电焊机。

根据焊条的形式和焊接特点的不同,利用电弧中的阳极温度比阴极高的特点,选用不同的极性来焊接各种不同的构件。用碱性焊条或焊接薄板时,采用直流反接(工件接负极);而用酸性焊条时,通常采用正接(工件接正极)。

## 六、焊接施工

**(一)焊接前的准备**

焊前准备包括坡口制备、预焊部位清理、焊条烘干、预热、预变形及高强度钢切割表面探伤等。

**(二)引弧与熄弧**

引弧有碰击法和划擦法两种。碰击法是将焊条垂直于工件进行碰击,然后迅速保持一定距离;划擦法是将焊条端头轻轻划过工件,然后保持一定距离。施工中,严禁在焊缝区以外的母材上打火引弧。在坡口内引弧的局部面积应熔焊一次,不得留下弧坑。

**(三)运条方法**

电弧点燃之后,进入正常的焊接过程。施焊中,焊条有三种方向的运动。

（1）焊条被电弧熔化变短，为保持一定的弧长，就必须使焊条沿其中心线向下送进，否则会发生断弧。

（2）为了形成线形焊缝，焊条要沿焊缝方向移动，移动速度的快慢要根据焊条直径、焊接电流、工件厚度和接缝装配情况及所在位置而定。移动速度太快，焊缝熔深太小，易造成未透焊；移动速度太慢，焊缝温度过高，工件过热，会引起变形增加或烧穿。

（3）为了获得一定宽度的焊缝，焊条必须横向摆动。在做横向摆动时，焊缝的宽度一般是焊条直径的1.5倍左右。

根据不同的接缝位置、接头形式、焊条直径和性能、焊接电流、工件厚度等情况，采用合适的运条方式。施焊过程动作要熟练，掌握运条时机，焊接动作密切配合，就可以在各种焊接位置得到优质的焊缝。

**（四）焊接完工后的处理**

焊接结束后的焊缝及两侧，应彻底清除飞溅物、焊渣和焊瘤等。无特殊要求时，应根据焊接接头的残余应力、组织状态、熔敷金属含氢量和力学性能来决定是否需要焊后热处理。

## 七、焊缝的质量检验

钢结构焊缝质量检验分三级：一级检验的要求是全部焊缝进行外观检查和超声波检查，焊缝长度的2%进行X射线检查，并至少应有一张底片；二级检验的要求是全部焊缝进行外观检查，并有50%的焊缝长度进行超声波检查；三级检验的要求是全部焊缝进行外观检查。钢结构高层建筑的焊缝质量检验属于二级检验，焊缝除全部进行外观检查外，有些工程超声波检查的数量可按层而定。

**（一）外观检查**

普通碳素结构钢焊缝的外观检查应在焊缝冷却至工作地点温度后进行，低合金结构钢应在完成焊接24 h后进行。焊接金属表面焊波应均匀，不得有裂纹、未熔合、夹渣、焊瘤、咬边、烧穿、弧坑和针状孔等缺陷，焊接还不得有飞溅物。焊缝的位置、外形尺寸必须符合施工图和《钢结构工程施工质量验收规范》（GB 50205—2001）的要求。

**（二）无损检验**

无损检验是借助检测仪器探测焊缝金属内部缺陷，不损伤焊缝的一种检查方法。一般包括射线探伤和超声波探伤。射线探伤具有直观性、一致性，但成本高，操作过程复杂，检测周期长，且对裂纹、未熔合等危害性缺陷检出率低。而超声波探伤正好相反，操作程序简单、快速，对各种接头的适应性好，对裂纹、未熔合的检测灵敏度高，因此得到广泛使用。

1. 射线探伤检验

射线探伤检验焊缝质量标准分两级，其内部缺陷分级及探伤方法应符合《金属熔化焊焊接接头射线照相》（GB/T 3323—2005）的规定。

2. 超声波探伤检验

超声波探伤检验焊缝质量是利用频率高于2 000 Hz的电磁波的声能，传入金属材料内部，在不同的界面产生的反射波来传达内部的信息。超声波探伤的质量标准分两级。内部缺陷分级及探伤应符合现行国家标准《钢焊缝手工超声波探伤方法和探伤结果分级》（GB 11345—1989）的规定。

**特别提示**

钢结构的连接有焊接、铆接和螺栓连接三种方法，铆接基本上被高强度螺栓连接所替代。钢结构制作和安装领域中，广泛使用的是电弧焊，电弧焊中又以手工电弧焊、埋弧焊、气体保护焊为主，在某些特殊场合则必须采用电渣焊和栓焊。焊接时应选择相适应的焊条，焊接接头及焊缝构造应满足构造及受力要求。对焊缝进行质量检验包括外观检查和内部缺陷的检验。

# 任务四　钢结构构件的螺栓连接

钢结构构件的螺栓连接可分为普通螺栓连接和高强度螺栓连接两种。

## 一、普通螺栓连接

普通螺栓连接即将普通螺栓、螺母、垫圈和连接件连接在一起的连接形式。荷载是通过螺栓杆受剪、连接板孔壁承压来传递的，连接螺栓和连接板孔壁之间有间隙，接头受力后会产生较大的滑移变形。普通螺栓按形式可分为六角头螺栓、双头螺栓、地脚螺栓等；普通螺栓按制作精度可分为A、B、C三个等级，A、B级为精制螺栓，C级为粗制螺栓。钢结构用连接螺栓，除特殊注明外，一般即为普通粗制C级螺栓。一般受力较大的结构或承受动荷载的结构，当采用普通螺栓连接时，螺栓应采用精制螺栓以减少接头的变形量。精制螺栓连接加工费用高，施工难度大，工程上已极少使用，逐渐被高强度螺栓连接所替代。

### （一）连接要求

普通螺栓在连接时应符合下列要求：

（1）永久螺栓的螺栓头和螺母的下面应放置平垫圈。垫置在螺母下面的垫圈不应多于2个，垫置在螺栓头部下面的垫圈不应多于1个。

（2）螺栓头和螺母应与结构构件的表面及垫圈密贴。

（3）对于槽钢和工字钢翼缘之类倾斜面的螺栓连接，则应放置斜垫片垫平，以使螺母和螺栓的头部支承面垂直于螺杆，避免螺栓紧固时螺杆受到弯曲力。

（4）永久螺栓和锚固螺栓的螺母应根据施工图纸中的设计规定，采用有防松装置的螺母或弹簧垫圈。

（5）对于动荷载或重要部位的螺栓连接，应在螺母的下面按设计要求放置弹簧垫圈。

（6）各种螺栓连接，从螺母一侧伸出螺栓的长度应保持在不小于两个完整螺纹的长度。

（7）使用螺栓等级和材质应符合施工图纸的要求。

### （二）长度选择

连接螺栓的长度可按下式计算：

$$L = \delta + H + nh + C \tag{8-2}$$

式中　$\delta$——连接板约束厚度，mm；

$H$——螺母的高度，mm；

$n$——垫圈的个数，个；

$h$——垫圈的厚度，mm；

$C$——螺杆的余长（5～10 mm）。

### （三）螺栓的紧固及检验

考虑到螺栓受力均匀，尽量减少连接件变形对紧固轴力的影响，为保证各节点连接螺栓的质量，螺栓紧固必须从中心开始，对称施拧。以施工人员紧固螺栓时的手感及连接接头的外形控制为准，即施工人员使用普通扳手靠自己的力量拧紧螺母即可，能保证被连接面密贴，无明显的间隙。对大型接头宜采用复拧方式，即两次紧固。

普通螺栓连接，螺栓紧固检验比较简单，一般采用锤击法，即用 3 kg 小锤，一手扶螺栓（或螺母）头，另一手用锤敲击，如螺栓头（螺母）不偏移、不颤动、不转动，锤声比较干脆，说明螺栓紧固质量良好，否则需重新紧固。永久性普通螺栓紧固应牢固、可靠，外露丝扣不应少于 2 扣。检查数量，按连接点数抽查 10%，且不应少于 3 个。

## 二、高强度螺栓连接施工

高强度螺栓是用优质碳素钢或低合金钢材料制成的一种特殊螺栓，由于螺栓的强度高，故称为高强度螺栓。高强度螺栓已经发展成为与焊接并举的钢结构主要连接形式之一，具有安装简便、迅速、能装能拆和承压高、受力性能好、安全可靠等优点，成为钢结构安装的主要手段之一。安装时，先对构件连接端及连接板表面经特殊处理，形成粗糙面，随后对高强度螺栓施加预拉力，使紧固部位产生很大的摩擦力。

高强度螺栓从外形上可分为大六角头高强度螺栓（扭矩型高强度螺栓）和扭剪型高强度螺栓两种类型，如图 8-19 所示。按性能等级分为 8.8 级、10.9 级、12.9 级，目前，我国使用的大六角头高强度螺栓有 8.8 级和 10.9 级两种，扭剪型高强度螺栓只有 10.9 级一种。

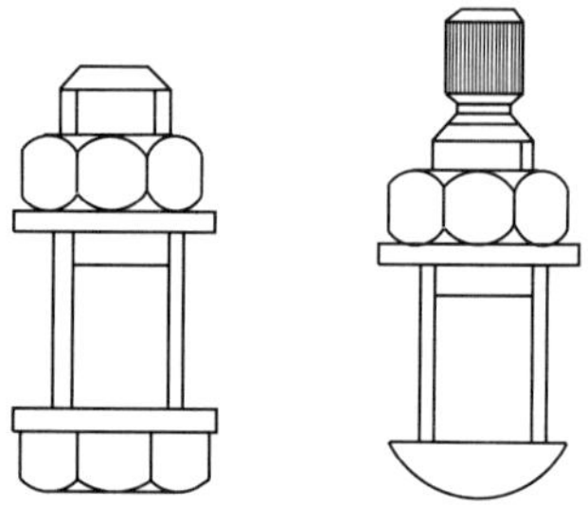

(a)大六角头高强度螺栓　(b)扭剪型高强度螺栓

图 8-19　高强度螺栓

高强度螺栓连接副是一整套的含义，包括一个螺栓、一个螺母和一至两个垫圈。高强度大六角头螺栓连接副包括一个螺栓、一个螺母和两个垫圈（螺头和螺母两侧各一个垫圈），扭剪型高强度螺栓连接副包括一个螺栓、一个螺母和一个垫圈，高强度螺栓连接副应在同批内配套使用。

### （一）一般规定

高强度螺栓连接施工时，应符合下列要求：

（1）高强度螺栓连接副应有质量保证书，由制造厂按批配套供货。

（2）高强度螺栓连接施工前，应对连接副和连接件进行检查和复验，合格后再进行施工。

（3）高强度螺栓连接安装时，在每个节点上应穿入的临时螺栓和冲钉数量，由安装时可能承担的荷载计算确定，并应符合下列规定：①不得少于安装总数的 1/3；②不得少于两个临时螺栓；③冲钉穿入数量不宜多于临时螺栓的 30%。

（4）不得用高强度螺栓兼作临时螺栓，以防损伤螺纹。

（5）高强度螺栓的安装应能自由穿入，严禁强行穿入，如不能自由穿入，应用铰刀进行修整，修整后的孔径应小于 1.2 倍螺栓直径。

(6)高强度螺栓的安装应在结构构件中心位置调整后进行，其穿入方向应以施工方便为准，并力求一致，安装时注意垫圈的正反面。

(7)高强度螺栓孔应采取钻孔成形的方法，孔边应无飞边和毛刺。

(8)高强度螺栓连接构件，螺栓孔的孔距及边距应符合规范要求，还应考虑专用施工机具的可操作空间。

(9)高强度螺栓连接构件的孔距允许偏差应符合表8-5的规定。

**表8-5　高强度螺栓连接构件的孔距允许偏差**

| 项次 | 项目 | | 螺栓孔距(mm) | | | |
|---|---|---|---|---|---|---|
| | | | <500 | 500~1 200 | 1 200~3 000 | >3 000 |
| 1 | 同一组内任意两孔间 | 允许偏差 | ±1.0 | ±1.2 | — | — |
| 2 | 相邻两组的端孔间 | | ±1.2 | ±1.5 | ±2.0 | ±3.0 |

**注:**孔的分组规定:

1. 在节点中连接板与一根杆件相连的所有连接孔划为一组。
2. 接头处的孔:通用接头，半个拼接板上的孔为一组;阶梯接头，两接头之间的孔为一组。
3. 在两相邻节点或接头间的连接孔为一组，但不包括1、2所指的孔。
4. 受弯构件翼缘上，每1 m长度内的孔为一组。

### (二)大六角头高强度螺栓连接施工

大六角头高强度螺栓连接施工一般采用的紧固方法有扭矩法和转角法。

扭矩法施工一般先用普通扳手进行初拧，初拧扭矩可取为施工扭矩的50%左右，目的是使连接件密贴。在实际操作中，可以让一个操作工使用普通扳手拧紧即可，然后使用扭矩扳手，按施工扭矩值进行终拧。对于较大的连接接点，可以按初拧、复拧及终拧的次序进行，复拧扭矩等于初拧扭矩。一般拧紧的顺序从中间向两边或四周进行。初拧和终拧的螺栓均应做不同的标记，避免漏拧、超拧发生，且便于检查。此法在我国应用广泛。

转角法施工是用控制螺栓应变即控制螺母的转角来获得规定的预拉力，因不需专用扳手，故简单有效。终拧角度可预先测定。高强度螺栓转角法施工分初拧和终拧两步(必要时可增加复拧)，初拧的目的是消除板缝影响，给终拧创造一个大体一致的基础。初拧扭距，一般取终拧扭距的50%为宜，原则是以板缝密贴为准，如图8-20所示。转角法施工工艺顺序如下:

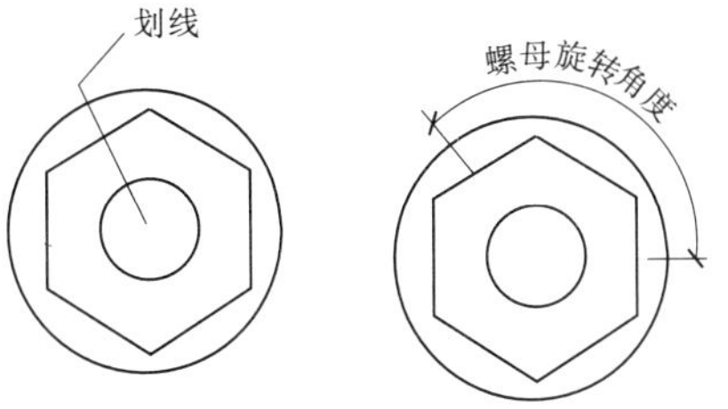


**图8-20　转角施工方法**

(1)初拧:按规定的初拧扭矩值，从节点或栓群中心向四周拧紧螺栓，并用小锤敲击检查，防止漏拧。

(2)划线:初拧后对螺栓逐个进行划线。

(3)终拧:用扳手使螺母再旋转一个额定角度,并划线。

(4)检查:检查终拧角度是否达到规定的角度。

(5)标记:对已终拧的螺栓作出明显的标记,以防漏拧或重拧。

**(三)扭剪型高强度螺栓连接施工**

扭剪型高强度螺栓施工相对于大六角头高强度螺栓连接施工简单得多。它是采用专用的电动扳手进行终拧,梅花头拧掉则终拧结束。

扭剪型高强度螺栓的拧紧可分为初拧、终拧,对于大型节点分为初拧、复拧、终拧。初拧采用手动扳手或专用定矩电动扳手,初拧值为预拉力标准值的50%左右。复拧扭矩等于初拧扭矩值。初拧或复拧后的高强度螺栓应用颜色在螺母上涂上标记。然后用专用电动扳手进行终拧,直至拧掉螺栓尾部梅花头,读出预拉力值,如图8-21所示。

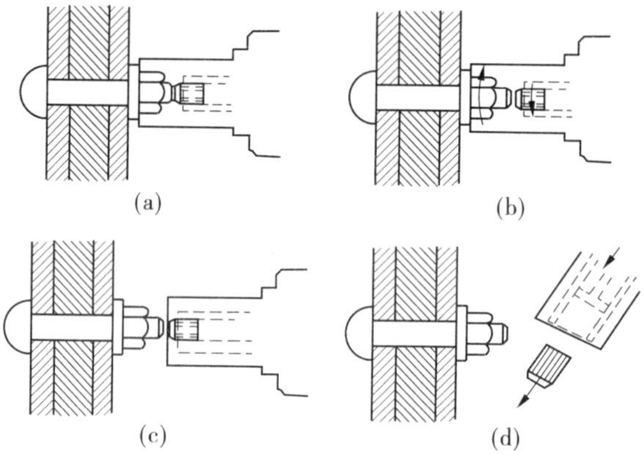

图8-21　扭剪型高强度螺栓连接副拧紧示意图

**(四)高强度螺栓连接副的施工质量检查与验收**

高强度螺栓施工质量应有下列原始检查验收记录:高强度螺栓连接副复验数据、抗滑移系数试验数据、初拧扭矩、终拧扭矩、扭矩扳手检查数据和施工质量检查验收记录等。

对大六角头高强度螺栓应进行如下检查:①用小锤(0.3 kg)敲击法对高强度螺栓进行检查,以防漏拧。②终拧完成1 h后,48 h内应进行终拧扭矩检查。检查数量:按节点数抽查10%,且不应少于10个;每个被抽查节点按螺栓数抽查10%,且不应少于2个。检查时在螺尾端头和螺母相对位置画线,然后将螺母退回60°左右,再用扭矩扳手重新拧紧,使两线重合,测得此时的扭矩值与施工扭矩值的偏差在10%以内为合格。

对扭剪型高强度螺栓连接副,终拧后检查以目测尾部梅花头拧掉为合格。因构造原因不能在终拧中拧掉梅花头的螺栓数不应大于该节点螺栓数的5%。检查数量:按节点数抽查10%,且不应少于10个,被抽查节点中梅花头未拧掉的扭剪型高强度螺栓连接副,全部进行终拧扭矩检查。

**特别提示**

螺栓连接包括普通螺栓和高强度螺栓,均应满足规范的一般要求。普通螺栓连接施工时,以拧紧螺母无明显间隙即可,紧固次序从中间向两侧进行,对大型接头采用复拧方式,检验可用锤击法。高强度螺栓有大六角头高强度螺栓和扭剪型高强度螺栓两种类型。大六角头高强度螺栓紧固一般采用扭矩法和转角法,扭剪型高强度螺栓紧固一般采用拧掉螺栓尾部梅花头法。在终拧完成后,需进行质量检查与验收,防止漏拧和施加预拉力不够。

# 任务五　单层厂房钢结构安装工程

单层厂房钢结构构件包括柱、吊车梁、桁架、天窗架、檩条、支撑及墙架等。由于构件的形式、尺寸、质量、安装标高不尽相同，因此所采用的起重设备、吊装方法等也随之变化，施工时应达到经济合理。

## 一、安装前的准备

为保证钢结构安装质量，加快施工安装进度，在钢结构安装前应做好以下准备工作。

### (一)编制钢结构工程施工组织设计

钢结构工程施工组织设计内容包括：选择吊装机械；确定构件吊装方法；规划钢构件堆场；确定流水作业程序及进度计划；制定质量标准和安全措施。

钢结构安装的关键是选择吊装机械，吊装机械的确定必须满足钢构件的安装要求。对面积较大的单层工业厂房，宜用移动式起重机械。对重型钢结构厂房，可选用起重量大的履带式起重机。

安装流水作业程序要明确每台吊装机械的工作内容和各台吊装机械之间相互配合。

### (二)基础准备

基础准备包括轴线误差测量，基础支撑面准备、支撑面和支座表面标高与水平度的检验、地脚螺栓位置和伸出支撑长度的测量等。

柱子基础轴线和标高是否正确是确保钢结构安装质量的基础，应根据基础的验收资料复核各项数据，并标注在基础表面上。

钢柱脚下面的支撑构造应符合设计要求及《钢结构工程施工质量验收规范》(GB 50205—2001)的有关规定。基础支撑面、地脚螺栓位置的允许偏差见表8-6。

**表8-6　支撑面、地脚螺栓位置的允许偏差**

| 项目 | | 允许偏差(mm) |
|---|---|---|
| 支撑面 | 标高 | ±3.0 |
| | 水平度 | $l$/1 000 |
| 地脚螺栓(锚栓) | 螺栓中心偏移 | 5.0 |
| 预留孔中心偏移 | | 10.0 |

### (三)钢构件检验

钢构件外形和几何尺寸正确是保证结构安装顺利进行的前提。为此，在安装之前应根据《钢结构工程施工质量验收规范》(GB 50205—2001)中有关的规定，仔细检验钢构件的外形和几何尺寸，如有超出规定的偏差，在安装之前应设法消除。为便于校正钢柱的平面位置和垂直度、桁架和吊车梁的标高等，需在钢柱底部和上部标出两个方向的轴线。在钢柱底部适当高度处标出标高准线。同时，吊点也应标出，便于吊装时按规定吊点绑扎，以保证构件受力合理。

## 二、钢柱安装与校正

钢柱类型很多,有长短,有轻重,其断面形式有箱形、工形、十字形、圆形等。其安装涉及如下内容。

### (一)吊点选择

吊点位置及吊点数量应根据钢柱形状、断面、长度、起重机性能等具体情况确定。

钢柱弹性和刚性较好,可采用一点正吊,吊点设在顶处。这样,柱身易于垂直,易于对位校正。当受到起重机械臂杆长度限制时,吊点设在柱长 1/3 处,吊点斜吊,此时对位校正较难。对细长钢柱,为防止钢柱变形,也可采用两点或三点起吊。

为了保证吊装时索具安全及便于安装校正,吊装钢柱时在吊点部位预先安有吊耳,吊装完毕再割去。如不采用在吊点部位焊接吊耳,也可采用直接用钢丝绳绑扎钢柱,此时,钢柱(箱形、工形)绑扎点处钢柱四角应用隔缝钢管或方形木条做包角保护,以防钢丝绳割断。工字形钢柱为防止局部受挤压破坏,可设置加强肋板在绑扎点处加支撑杆加强。

### (二)起吊方法

起吊方法应根据钢柱类型、起重设备和现场条件确定。起重机械可采用单机、双机、三机等。起吊方法可采用旋转法、滑行法和递送法。具体方法参见第六章装配式钢筋混凝土柱结构吊装。

### (三)钢柱临时固定

对于采用杯口基础钢柱,柱子插入杯口就位,初步校正后即可用钢(或硬木)楔临时固定。方法是当柱插入杯口使柱身中心线对准杯口(或杯底)中心线后刹车,用撬杠拨正初校,在柱子杯口壁之间的四周空隙,每边塞入 2 个钢(或硬木)楔,再将钢柱下落到杯底后复查对位,同时打紧两侧的楔子,起重机脱钩完成一个钢柱吊装。对于采用地脚螺栓方式连接的钢柱,钢柱吊装就位并初步调整柱底与基础基准线达到准确位置后,拧紧全部螺栓螺母,进行临时固定,达到安全后摘除吊钩。

对于重型或高 10 m 以上细长柱及杯口较浅的钢柱,或遇到刮风天气,需要在钢柱大面两侧加设缆风绳或支撑临时固定。

### (四)钢柱的校正

钢柱的校正工作一般包括平面位置、标高及垂直度三个内容。钢柱的校正工作主要是校正垂直度和复查标高,钢柱的平面位置在钢柱吊装时已基本校正完毕。

钢柱标高校正可根据钢柱实际长度、柱底平整度、钢牛腿顶部距柱底部距离确定。对于采用杯口基础钢柱,可采用抹水泥砂浆或设钢垫板来校正标高。对于采用地脚螺栓连接钢柱,首层钢柱安装时,可在柱子底板下的地脚螺栓上加一个调整螺母,螺母上表面标高调整到与柱底板标高相同,安装柱子后,通过调整螺母来控制柱子的标高。柱子底板下预留的空隙,用无收缩砂浆填实。基础标高调整数值主要保证钢牛腿顶面标高偏差在允许范围内。如安装后还有超差,则在安装吊车梁时予以纠正,如偏差过大,则将柱拔出重新安装。

钢柱垂直度校正可以采用两台经纬仪或吊线坠测量的方式进行观测,采用松紧钢楔,千斤顶顶推柱身,使柱子绕柱脚转动来校正垂直度,或采用不断调整柱底板下的螺母进行校正,直至校正完毕,将底板下的螺母拧紧。

### (五)最后固定

钢柱最后校正完毕后,应立即进行最后固定。

对无垫板安装钢柱的固定方法是在柱子与杯口的空隙内灌注细石混凝土。灌注前,先清理并湿润杯口,灌注分两次进行,第一次灌注至楔子底面,待混凝土强度等级达到25%后,拔出楔子,第二次灌注混凝土至杯口。对采用缆风绳校正法校正的柱子,需待第二次灌注混凝土达到70%时,方可拆除缆风绳。

对有垫板安装钢柱固定,采用二次灌注方法,即赶浆法或压浆法。赶浆法是在杯口一侧灌注强度等级高一级的无收缩砂浆(掺水泥用量0.03‰~0.05‰的铝粉)或细石混凝土,用细振动棒振捣使砂浆从柱底另一侧挤出,待填满柱底周围约10 cm高,接着在杯口四周均匀地灌注细石混凝土至与杯口齐平。压浆法是于杯口空隙内插入压浆管与排气管,先灌20 cm高混凝土,并插捣密实,然后开始压浆,待混凝土被挤压上拱,停止顶压,再灌20 cm高混凝土顶压一次即可拔出压浆管和排气管,继续灌注混凝土至与杯口齐平。本法适用于截面很大、垫板高度较薄的杯底灌浆。

对采用地脚螺栓方式连接的钢柱,安装校正后拧紧螺母进行最后固定。

### (六)安装验收

根据《钢结构工程施工质量验收规范》(GB 50205—2001)的规定,检查单层钢结构中柱子安装的允许偏差,其检查方法和允许偏差值应符合规范的有关规定。检查数量按钢柱数量抽查10%,且不应少于3件。

## 三、钢吊车梁安装

### (一)吊点选择

钢吊车梁一般采用两点绑扎,对称起吊。吊钩应对称于梁的重心,以便使梁起吊后保持水平,梁的两端用油绳控制,以防吊升就位时左右摆动,碰撞柱子。

对梁上设有预埋吊环的钢吊车梁,可采用带钢钩的吊索直接钩住吊环起吊,对梁自重较大的钢吊车梁,应用卡环与吊环吊索相互连接起吊,梁上未设置吊环的钢吊车梁,可在梁端靠近支点处用轻便吊索配合卡环绕钢吊车梁下部左右对称绑扎吊装,或用工具式吊耳吊装。当起重能力允许时,也可采用将吊车梁与制动梁(或桁架)及支撑等组成一个大部件进行整体吊装。

### (二)吊升就位和临时固定

在屋盖吊装之前安装钢吊车梁时,可采用各种起重机进行。在屋盖吊装完毕之后安装钢吊车梁时,可采用短臂履带式起重机或独脚桅杆起吊,如无起重机械,也可在屋架端头或柱顶拴滑轮组来安装钢吊车梁,采用此法时对屋架绑扎位置或柱顶应通过验算确定。

钢吊车梁布置宜接近安装位置,使梁重心对准安装中心。安装顺序可由一端向另一端,或从中间向两端顺序进行。当梁吊升至设计位置离支座顶面约20 cm时,用人力扶正,使梁中心线与支承面中心线(或已安装相邻梁中心线)对准,使两端搁置长度相等,缓缓下落。如有偏差,稍稍起吊用撬杠撬正,如支座不平,可用斜铁片垫平。

吊车梁就位后,因梁本身稳定性较好,仅用垫铁垫平即可,不需采取临时固定措施。当梁高度与宽度之比大于4或遇5级以上大风时,脱钩前宜用铁丝将吊车梁捆绑在柱子上临时固定,以防倾倒。

### （三）校正

钢吊车梁校正一般在梁全部安装完毕，屋面构件校正并最后固定后进行。但对重量较大的钢吊车梁，因脱钩后撬动比较困难，宜采取边吊边校正的方法。校正内容包括中心线（位移）、轴线间距（跨距）、标高、垂直度等。纵向位移在就位时已基本校正，故校正主要为横向位移。

（1）吊车中心线与轴线间距校正。校正吊车梁中心线与轴线间距时，先在吊车轨道两端的地面上根据柱轴线放出吊车轨道轴线，用钢尺校正两轴线的距离，再用经纬仪放线，钢丝挂线锤或在两端拉钢丝等方法校正。如有偏差，用撬杠拨正，或在梁端设螺栓，液压千斤顶侧向顶正，或在柱头挂倒链将吊车梁吊起或用杠杆将吊车梁抬起，再用撬杠配合移动拨正。

（2）吊车梁标高的校正。当一跨即两排吊车梁全部吊装完毕后，将一台水准仪架设在某一钢吊车梁上或专门搭设的平台上，进行每根梁两端的高程测量，计算各点所需垫板厚度，或在柱上测出一定高度的水准点，再用钢尺或样杆量出水准点至梁面铺轨需要的高度，根据测定标高进行校正。校正时用撬杠撬起或在柱头屋架上弦端头节点上挂倒链将吊车梁需垫垫板的一端吊起。重型柱可在梁一端下部用千斤顶顶起填塞铁片。

（3）吊车梁垂直度的校正。在校正标高的同时，用靠尺或线锤在吊车梁的两端测垂直度，用楔形钢板在一侧填塞校正。

### （四）最后固定

钢吊车梁校正完毕后，应立即将钢吊车梁与柱牛腿上的预埋件焊接牢固，并在梁柱接头处、吊车梁与柱的空隙处支模浇筑细石混凝土并养护，或将螺母拧紧，将支座与牛腿上垫板焊接进行最后固定。

### （五）安装验收

根据《钢结构工程施工质量验收规范》（GB 50205—2001）的规定，检查钢吊车梁的允许偏差，其检查方法和允许偏差值应符合规范的有关规定。

## 四、钢屋架安装

### （一）吊点选择

钢屋架的绑扎点应选在屋架节点上，左右对称于钢屋架的重心，否则应采取防止屋架倾斜的措施。由于钢屋架的侧向刚度较差，吊装前应验算钢屋架平面外刚度，如刚度不足，可采取增加吊点的位置或采用加铁扁担的施工方法。

### （二）吊升就位

当屋架起吊离地 50 cm 时检查无误后再继续起吊，对准屋架基座中心线与定位轴线就位，并做初步校正，然后进行临时固定。

### （三）临时固定

第一榀屋架吊升就位后，可在屋架两侧设缆风绳固定，然后使起重机脱钩。如果端部有抗风柱，校正后可与抗风柱固定。第二榀屋架同样吊升就位后，可用绳索临时与第一榀屋架固定。从第三榀屋架开始，在屋架脊点及上弦中点装上檩条即可将屋架临时固定。第二榀及以后各榀屋架也可用工具式支撑临时固定到前一榀屋架上。

### （四）校正及最后固定

钢屋架校正主要是垂直度的校正。可以采用在屋架下弦一侧拉一根通长钢丝，同时在屋架上弦中心线挑出一个同样距离的标尺，然后用线锤校正。也可用一台经纬仪架设在柱顶一侧，与轴线平移距离 $a$ 处，在对面柱子上同样有一距离为 $a$ 的点，从屋架中线处用标尺挑出距离 $a$，当三点在一条线上时，则说明屋架垂直。如有误差，可通过调整工具式支撑或绳索，并在屋架端部支承面垫入薄铁片进行调整。

钢屋架校正完毕后，拧紧连接螺栓或电焊焊牢作为最后固定。

### （五）安装验收

根据《钢结构工程施工质量验收规范》（GB 50205—2001）的规定，检查钢屋架、桁架、梁及受压杆件垂直度和侧向弯曲矢高，其检查方法和允许偏差值应符合规范的有关规定。

**特别提示**

单层厂房钢结构（钢柱、钢梁、钢桁架等基本构件）的安装工艺，包括安装前的准备工作，安装过程中各构件的吊点选择、起吊方法、临时固定、校正及最后固定等，施工时要严格按照《钢结构工程施工质量验收规范》（GB 50205—2001）的规定进行安装验收。

# 任务六　多层及高层钢结构安装工程

钢结构具有强度高、抗震性能好、施工速度快等优点，因而广泛用于多层、高层和超高层建筑。其缺点是用钢量大、造价高、防火要求高。

## 一、钢结构安装前的准备工作

### （一）钢构件预检和配套

结构吊装单位对钢构件预检的项目主要有：构件的外形几何尺寸、螺孔大小和间距、预埋件位置、焊缝剖口、节点摩擦面、构件数量规格等。构件的内在制作质量，以制造厂质量报告为准。至于构件预检的数量，一般是关键构件全部检查，其他构件抽查 10%，且不应少于 3 个，预检时应记录一切预检的数据。

构件配套按安装流水顺序进行，以一个结构安装流水段（一般高层钢结构所称的安装流水段是以一节钢柱框架为一个安装流水段）为单元，将所有钢构件分别由堆场整理出来，集中到配套场地，在数量和规格齐全之后进行构件预检及处理修复，然后根据安装顺序，分批将合格的构件由运输车辆供应到工地现场。配套中应特别注意附件（如连接板等）的配套，否则小小的零件将会影响到整个安装进度，一般对零星附件是采用螺栓或铅丝直接临时捆扎在安装节点上。

### （二）钢柱基础检查

第一节钢柱直接安装在钢筋混凝土基础底板上。钢结构的安装质量和工效与柱基的定位轴线、基准标高直接有关。安装单位对柱基的预检重点是定位轴线间距、柱基面标高和地脚螺栓预埋位置。

（1）定位轴线检查。定位轴线从基础施工起就应重视，先要做好控制桩。待基础浇筑混凝土后，根据控制桩将定位轴线引测到柱基钢筋混凝土底板面上，然后预检定位线是否同原定位线重合、封闭，每根定位轴线总尺寸误差值是否超过控制数，纵横定位轴线是否垂直、平行。定位轴线预检是在弹过线的基础上进行的。

(2)柱间距检查。柱间距检查是在定位轴线确定的前提下进行的,采用标准尺实测柱距(应是通过计算调整过的标准尺)。柱距偏差值应严格控制在 ±3 mm 范围内。定位轴线的交点是柱基中心点,是钢柱安装的基准点,钢柱竖向间距以此为准。框架钢梁的连接螺孔的孔洞直径一般比高强螺栓直径大 1.5 ~ 2.0 mm,如柱距过大或过小,将直接影响整个竖向框架梁的安装连接和钢柱的垂直,安装中还会有安装误差。

(3)单独柱基中心线检查。检查单独柱基的中心线同定位轴线之间的误差,调整柱基中心线使其同定位轴线重合,然后以柱基中心线为依据,检查地脚螺栓的预埋位置。

(4)柱基地脚螺栓检查。检查内容为螺栓长度、螺栓垂直度、螺栓间距。

(5)确定基准标高。在柱基中心表面和钢柱底面之间,考虑到施工因素,规定有一定的间隙作为钢柱安装前的标高调整,该间隙规范规定为 50 mm。基准标高点一般设置在柱基底板的适当位置,四周加以保护,作为整个高层钢结构工程施工阶段标高的依据。以基准标高点为依据,对钢柱柱基表面进行标高实测,将测得的标高偏差用平面图表示,作为临时支撑标高块调整的依据。

#### (三)标高控制块设置及柱底灌浆

为了精确控制钢结构上部的标高,在钢柱吊装之前,要根据钢柱预检(实际长度、牛腿间距离、钢柱底板平整度等)结果在柱子基础表面浇筑标高控制块。标高控制块采用无收缩砂浆,立模浇筑,其强度不宜小于 30 $N/mm^2$,标高块面须埋设厚度为 16 ~ 20 mm 的钢板。浇筑标高块之前应凿毛基础表面,以增强黏结。

待第一节钢柱吊装、校正和锚固螺栓固定后,要进行底层钢柱的柱底灌浆。灌浆后用湿草包或麻袋等遮盖养护。

#### (四)钢构件现场堆放

按照安装流水顺序由中转堆场配套运入现场的钢构件,利用现场的装卸机械尽量将其就位到安装机械的回转半径内,由运输造成的构件变形,在施工现场要加以矫正。

#### (五)安装机械的选择

高层钢结构安装均用塔式起重机,要求塔式起重机的臂杆长度具有足够覆盖面,要有足够的起重能力,满足不同部位构件起吊要求。多机作业时臂杆要有足够的高差,达到不碰撞的安全运转。各塔式起重机之间应有足够的安全距离,确保臂杆不与塔身相碰。

#### (六)安装流水段的划分

高层钢结构安装需按照建筑物平面形状、结构形式、安装机械数量和位置等划分流水段。平面流水段划分应考虑钢结构安装过程中的整体稳定性和对称性,安装顺序一般由中央向四周扩展,以减少焊接误差,如图 8-22 所示。立面流水段划分以一节钢柱高度内所有构件作为一个流水段,安装顺序如图 8-23 所示。

### 二、安装阶段的测量放线

#### (一)测量控制点

根据施工现场条件,建筑物测量基准点有两种测设方法。

(1)外控法。将测量基准点设在建筑物外部,适用于场地开阔的现场。根据建筑物平面形状,在轴线延长线上设立控制点,控制点一般距建筑物 0.8 ~ 1.5 倍的建筑物高度处。

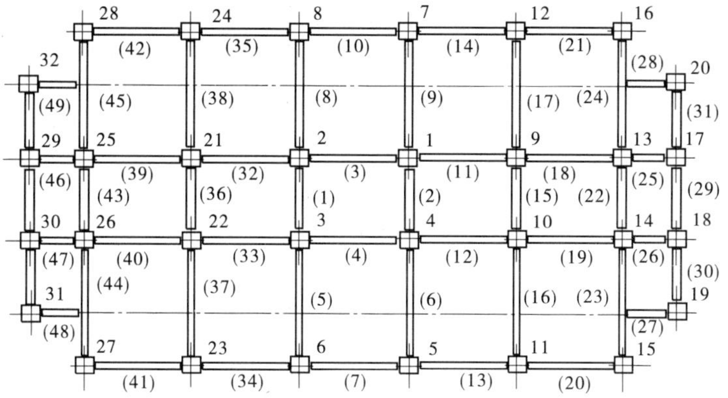


1,2,3,…—钢柱安装顺序;(1),(2),(3),…—钢梁安装顺序

**图 8-22　高层钢结构柱、主梁安装顺序**

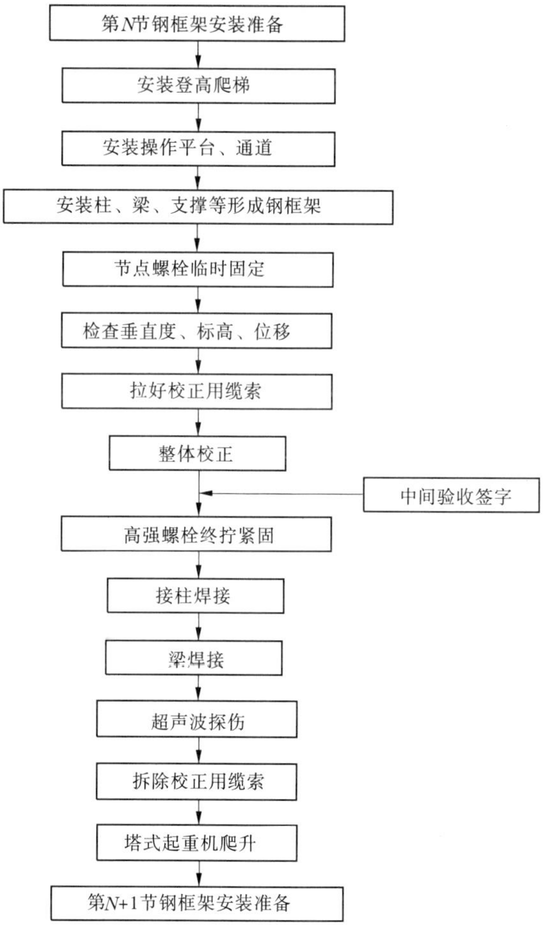


**图 8-23　一个立面安装流水段内的安装顺序**

引出交线形成控制网,并设立控制桩。

(2)内控法。将测量基准点设在建筑物内部,适用于现场较小,无法采用外控法的现场。控制点的位置、多少根据建筑物平面形状而定。

**（二）平面轴线控制点的竖向传递**

（1）地下部分。高层钢结构工程，通常有一定层数的地下部分，对地下部分可采用外控法，建立十字形或井字形控制点，组成一个平面控制网。

（2）地上部分。控制点的竖向传递采用内控法时，投递仪器可采用全站仪或激光准直仪。在控制点架设仪器对中调平，在传递控制点的楼面上预留孔（如 300 mm × 300 mm），孔上设置光靶。传递时仪器从 0°、90°、180°、270°四个方向向光靶投出 4 点，找出 4 点对角线的交点作为传递上来的控制点。

**（三）柱顶平面放线**

利用传递上来的控制点，用全站仪或经纬仪进行平面控制网放线，把轴线引测到柱顶上。

**（四）悬吊钢尺传递高程**

利用高程投测点，采用水准仪和钢尺测量的方法引测，如图 8-24 所示。

$$H_m = H_h + a + [(L_1 - L_2) + \Delta t + \Delta k] - b \tag{8-3}$$

式中 $H_m$——设置在建（构）筑物上水准点高程；

$H_h$——地面上水准点高程；

$a$——地面上 $A$ 点置镜时水准尺的读数；

$b$——建（构）筑物上 $B$ 点置镜时水准尺的读数；

$L_1$——建（构）筑物上 $B$ 点置镜时钢尺的读数；

$L_2$——地面上 $A$ 点置镜时钢尺的读数；

$\Delta t$——钢尺的温度改正值；

$\Delta k$——钢尺的尺长改正值。

当超过钢尺长度时，可分段向上传递高程。

**（五）钢柱垂直度的测量**

钢柱垂直度的测量可采用以下几种方法：

（1）激光准直仪法。将准直仪架设在控制点上，通过观测接收靶上接收到的激光束，来判断柱子是否垂直。

（2）铅垂法。这是一种较为原始的方法，指用锤球吊校柱子，为避免锤线摆动，可加套塑料管，并将锤球放在黏度较大的油中。

（3）经纬仪法。用两台经纬仪架设在轴线上，对柱子进行校正，是施工中常用的方法。

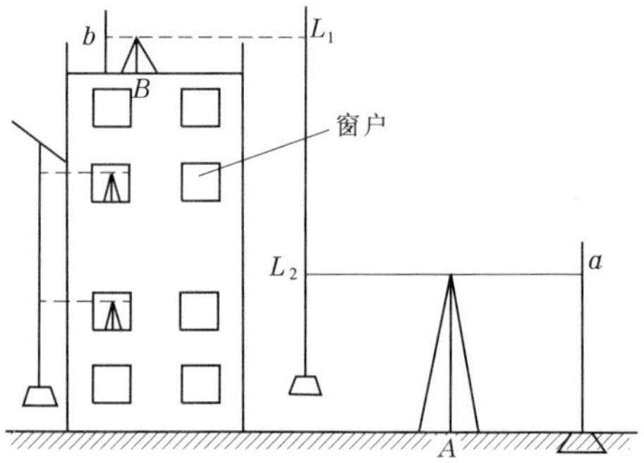


图 8-24 悬吊钢尺传递高程

（4）建立标准柱法。根据建筑物的平面形状选择标准柱，如正方形框架选 4 根转角柱。根据测设好的基准点，用激光经纬仪对标准柱的垂直度进行观测，在柱顶设测量目标，激光仪每测一次转动 90°，共测得 4 个激光点，取该 4 个激光点相交点为标准测量安装误差。除标准柱外，其他柱子的误差量测采用丈量法，即以标准柱为依据，沿外侧拉钢丝绳组成平面封闭状方格，用钢尺丈量，超过允许偏差则进行调整。

## 三、焊接顺序

高层钢结构的焊接顺序应从建筑平面中心向四周扩展，采取结构对称、节点对称和全方位对称焊接。

柱与柱的焊接应由两名焊工在两相对面等温、等速对称施焊。一节柱的竖向焊接顺序是:先焊顶部梁柱节点,再焊底部梁柱节点,最后焊接中间部分梁柱节点。梁和柱接头的焊缝,一般先焊梁的下翼缘板,再焊上翼缘板。梁的两端先焊一端,待其冷却至常温后再焊另一端,不宜对一根梁的两端同时施焊。

## 四、安装要点及允许偏差

### (一)多、高层钢结构的安装要点

(1)安装前,应对建筑物的定位轴线、平面封闭角、底层柱的安装位置线、基础标高和基础混凝土强度进行检查,合格后才能进行安装。

(2)安装顺序应根据事先编制的安装顺序图、表进行。

(3)凡在地面组拼的构件,需设置拼装架组拼(立拼),易变形的构件应先进行加固。组拼后的尺寸经校验无误后,方可安装。

(4)各类构件的吊点宜按规定设置。

(5)钢构件的零件及附件应随构件一并起吊。尺寸较大、质量较重的节点板,应用铰链固定在构件上。钢柱上的爬梯、大梁上的轻便走道应牢固固定在构件上一起起吊。调整柱子垂直度的缆风绳或支撑夹板,应在地面上与柱子绑扎好,同时起吊。

(6)当天安装的构件,应形成空间稳定体系,确保安装质量和结构安全。

(7)一节柱的各层梁安装校正后,应立即安装本节各层楼梯,铺好各层楼层的压型钢板。

(8)安装时,楼面上的施工荷载不得超过梁和压型钢板的承载力。

(9)预制外墙板应根据建筑物的平面形状对称安装,使建筑物各侧面均匀加载。

(10)叠合楼板的施工,要随着钢结构的安装进度进行。两个工作面相距不宜超过5个楼层。

(11)每个流水段一节柱的全部钢构件安装完毕并验收合格后,方能进行下一流水段钢结构的安装。

(12)高层钢结构安装时,需注意日照、焊接等温度引起的热影响导致构件产生的伸长、缩短、弯曲所引起的偏差,施工中应有调整偏差的措施。

### (二)多层及高层钢结构安装的允许偏差

(1)建筑物定位轴线为 $\pm L/20\ 000$,且不应大于3 mm。

(2)柱子定位轴线为1 mm。

(3)地脚螺栓偏移为2 mm。

(4)底层柱柱底轴线对定位轴线偏移为3 mm。

(5)底层柱基准点标高为 ±2 mm。

(6)上、下柱连接处的错口为3 mm。

(7)单节柱的垂直度为 $H/1\ 000$,且不应大于10 mm。

(8)同一层柱的各柱顶高差为5 mm。

(9)同一根梁两端顶面高差为 $L/1\ 000$,且不应大于10 mm。

(10)主梁与次梁表面高差为 ±2 mm。

(11)主体结构整体垂直度为($H/2\ 500+10$)mm,且不应大于50 mm。

(12)主体结构的整体平面弯曲为$L/1\ 500$,且不应大于25 mm。

(13)压型钢板在钢梁上相邻列的错位为10 mm。

**特别提示**

多层及高层钢结构安装前,需要编制施工方案,拟定技术措施,检查构件,安排施工设备、工具、材料,组织安装力量等。安装包括放线、吊装、校正、焊接及验收等工作,应加强安全施工。

# 任务七　钢网架结构安装工程

钢网架的安装方法应根据网架受力和构造特点(如结构造型、网架刚度、外型特征、支承形式、支座构造等),在满足质量、安全、进度和经济效果的要求下,结合当地的施工技术条件和设备资源配备等因素,因地制宜综合确定。

钢网架常用的工地安装方法有高空散装法、分条或分块安装法、高空滑移法、整体吊装法、整体提升法和整体顶升法等。常用钢网架安装方法、内容及适用范围详见表8-7。

## 一、高空散装法

高空散装法安装网架,只要有一般的起重机械和扣件式钢管脚手架即可进行安装,对设计、施工无特殊要求,是一种较为合理的网架安装方法。因此,近年来不仅螺栓连接节点的各类型网架采用此法安装,焊接空心球节点网架也采用此法安装。但高空散装法脚手架用量大、高空作业多、工期较长、需占建筑物场内用地,且技术上有一定难度。

**表8-7　网架安装方法、内容及适用范围**

| 安装方法 | 内容 | 适用范围 |
| --- | --- | --- |
| 高空散装法 | 单杆件拼装 | 螺栓连接节点的各类型网架 |
| | 小拼单元拼装 | |
| 分条或分块安装法 | 条状单元组装 | 两向正交、正放四角锥、正放抽空四角锥等网架 |
| | 块状单元组装 | |
| 高空滑移法 | 单条滑移法 | 正放四角锥、正放抽空四角锥、两向正交正放等网架 |
| | 逐条积累滑移法 | |
| 整体吊装法 | 单机、多机吊装 | 各种类型网架 |
| | 单根、多根拔杆吊装 | |
| 整体提升法 | 利用拔杆提升 | 周边支承及多点支承网架 |
| | 利用结构提升 | |
| 整体顶升法 | 利用网架支承柱作为顶升时的支承结构 | 支点较少的多点支承网架 |
| | 在原支点处或其附近设置临时顶升支架 | |

注:未注明连接节点构造的网架指各类连接节点网架均适用。

（一）支架设置

支架既是网架拼装成型的承力架，又是操作平台支架，所以支架搭设位置必须对准网架下弦节点。支架一般用扣件和钢管搭设，支架应具有整体稳定性和足够的刚度，应将支架本身的弹性压缩、接头变形、地基沉降等引起的总沉降值控制在 5 mm 以下。因此，为了调整沉降值和卸荷方便，可在网架下弦节点与支架之间设置调整标高用的千斤顶。

拼装支架必须牢固，设计时应对单肢稳定性、整体稳定性进行验算，并估算沉降量。其中，单肢稳定性验算可按一般钢结构设计方法进行。

（二）支架整体沉降量控制

支架的整体沉降量包括钢管接头的空隙压缩、钢管的弹性压缩、地基的沉陷等。如果地基情况不良，要采取夯实加固等措施，并且要用木板铺地以分散支柱传来的集中荷载。高空散装法对支架的沉降要求较高（不得超过 5 mm），应给予足够的重视。大型网架施工必要时可进行试压，以取得所需的资料。

拼装支架不宜用竹或木制，因为这些材料容易变形且易燃，故当网架用焊接连接时禁用。

（三）拼装操作

安装顺序应根据网架形式、支承类型、结构受力特征、杆件小拼单元（以下简称“网片”、“网块”）、临时稳定的边界条件、施工机械设备的性能和施工场地情况等诸多因素综合确定。选定的高空拼装顺序应能保证拼装的精度，减少积累误差。

（四）支架的拆除

网架拼装成整体并检查合格后，即可拆除支架。拆除时应从中央逐圈向外分批进行，每圈下降速度必须一致，应避免个别支点集中受力，造成拆除困难。对于大型网架，每次拆除的高度可根据自重挠度值分成若干批进行。

高空散装法不需大型起重设备，对场地要求不高，但需搭设大量拼装支架，高空作业多。它适用于非焊接连接（如螺栓球节点、高强螺栓节点等）的各种网架的拼装，不宜用于焊接球网架的拼装，因焊接易引燃脚手板，操作不够安全。同时，高空散装不易控制标高、轴线和质量，工效降低。

## 二、分条或分块安装法

为了减少高空作业量和高空操作脚手架用量，在现场施工条件许可情况下（指网架周边有宽敞的道路和起重设备作业范围），施工单位的起重设备能力能够满足吊装要求时，对于正放类网架可采取地面制成条状或块状单元网架，用起重设备吊到高空设计位置，在高空逐条（块）就位状态下，总拼成网架整体。

所谓条状单元，是指沿网架长跨方向分割为若干区段，每个区段的宽度是 1～3 个网格，长度为网架的短跨或 1/2 短跨。所谓块状单元，是指将网架沿纵横方向分割成矩形或正方形的单元，每个单元的重量以现有起重机能力胜任为准。由于条（块）状单元是在地面进行拼装的，因而高空作业量较高空散装法大为减少，同时拼装支架也减少很多，又能充分利用现有起重设备，比较经济。分条或分块安装方法适用于分割后刚度和受力状况改变较小的各类中小型网架。

## 三、高空滑移法

高空滑移法通过设置在网架端部或中部的局部拼装架(或利用已建结构物作为高空拼装平台)和设在两侧或中间的通长滑道,在地面拼成条状或块状单元,吊至拼装平台上拼装成滑移单元,用牵引设备将网架滑移到设计位置。高空滑移法可以解决起重机械无法吊装到位的困难,滑移时滑移单元应保证成为几何不变体系。在网架施工期间,土建作业可交错施工,拼装支架费用比高空散装法节省50%,且占用建筑物周边场地少,有一边施工场地即可。近年来,随着牵引设备的机械化程度提高,我国许多大跨度网架采用此法施工,已取得明显经济效果。

## 四、整体吊装法

整体吊装法是将网架结构在地上错位拼装成整体,然后用起重机吊升超过设计标高,空中移位后落位固定。此法不需要搭设高拼装架,高空作业少,易于保证接头焊接质量,但需要起重能力大的设备,吊装技术复杂。整体吊装法以吊装焊接球节点网架为宜,尤其是三向网架的吊装。根据吊装方式和所用的起重设备不同,整体吊装法可分为多机抬吊及独脚桅杆吊升。

**(一)多机抬吊作业**

多机抬吊施工中布置起重机时需要考虑各台起重机的工作性能和网架在空中移位的要求。起吊前要测出每台起重机的起吊速度,以便起吊时掌握,或每两台起重机的吊索用滑轮连通。当起重机的起吊速度不一致时,可由连通滑轮的吊索自行调整。如网架重量较轻,或四台起重机的起重量均能满足要求,宜将四台起重机布置在网架的两侧。起吊时,四台起重机将网架垂直吊升超过柱顶后,旋转一小角度,即可完成网架空中移位要求。

多机抬吊整体吊装法施工准备简单,安装快速方便,操作技术要求较严,适用于跨度40 m左右、高度2.5 m左右的中小型网架屋盖的吊装。

**(二)独脚桅杆吊升作业**

独脚桅杆吊升法是多机抬吊的另一种形式。它是用多根独脚拔杆将地面错位拼装的网架吊升超过柱顶,进行空中移位后落位固定。采用此法时,支承屋盖结构的柱与拔杆应在屋盖结构拼装前竖立。独脚桅杆吊升所需设备多,劳动量大,但对于吊装高、重、大的屋盖结构,特别是大型网架较为适宜。

## 五、整体提升法

整体提升法是指网架结构在地面上就位拼装成整体后,用安装在柱顶横梁上的升板机,将网架垂直提升到设计标高以上,安装支承托梁后,落位固定。此法不需大型吊装设备,机具和安装工艺简单,提升平稳,提升差异小,同步性好,劳动强度低,工效高,施工安全,但需较多提升机和临时支承短钢柱、钢梁,准备工作量大。此法适用于跨度50 ~ 70 m、高度4 m以上、重量较大的大中型周边支承网架屋盖。

整体提升法与整体吊装法的根本区别在于:前者只能作垂直起升,不能作水平移动或转动,后者不仅能够作垂直起升,而且可在高空作移动或转动。因此,整体提升法有两个特点:一是网架必须按高空安装位置在地面就位拼装,即高空安装位置和地面拼装位置必须在同一投影面上；二是周边与柱子（或联系梁）相碰的杆件必须预留，待网架提升到位后再进行补装（补空）。大跨度网架整体提升有三种基本方法，即在拔杆上悬挂千斤顶提升网架、在结构上安装千斤顶提升网架和在结构上安装升板机提升网架。

## 六、整体顶升法

整体顶升法是利用支承结构和千斤顶将网架整体顶升到设计位置。设备简单，不用大型吊装设备，顶升支承结构可利用结构永久性支承柱，拼装网架不需搭设拼装支架，可节省大量机具和脚手架、支墩费用，降低施工成本。整体顶升法操作简便、安全，但顶升速度较慢，对结构顶升的误差控制要求较严，以防失稳。此法适用于安装多支点支承的各种四角锥网架屋盖安装。

提升与顶升的区别是：当网架在起重设备的下面称为提升，当网架在起重设备的上面称为顶升。对于大跨度网架的重型屋盖系统，采用顶升法施工是适宜的。

### （一）顶升准备

顶升用的支承结构一般利用网架的永久性支承柱，或在原支点处或其附近设置临时顶升支架。顶升千斤顶可采用普通液压千斤顶或丝杠千斤顶，要求各千斤顶的行程和起重速度一致。网架多采用伞形柱帽的方式，在地面按原位整体拼装。由四根角钢组成的支承柱（临时支架）从腹杆间隙中穿过，在柱上设置缀板用以搁置横梁、千斤顶和球支座。上、下临时缀板的间距根据千斤顶的尺寸、冲程、横梁等尺寸确定，应恰为千斤顶使用行程的整数倍，其标高偏差不得大于5 mm。如用320 kN普通液压千斤顶，缀板的间距为420 mm，即顶一个循环的总高度为420 mm，千斤顶分三次（150 mm + 150 mm + 120 mm）顶升到该标高。

### （二）顶升操作

顶升应做到同步，各顶升点的升差不得大于相邻两个顶升用的支承结构间距的1/1 000，且不大于30 mm，在一个支承结构上有两个或两个以上千斤顶时不大于10 mm。当发现网架偏移过大时，可采用在千斤顶垫斜垫或有意造成反向升差逐步纠正。同时顶升过程中网架支座中心对柱基轴线的水平偏移值不得大于柱截面短边尺寸的1/50及柱高的1/500，以免导致支承结构失稳。

### （三）升差控制

顶升施工中同步控制主要是为了减少网架的偏移，其次才是为了避免引起过大的附加杆力。而提升法施工时，升差虽然也会造成网架的偏移，但其危害程度要比顶升法小。

顶升时网架的偏移值当达到需要纠正时，可采用千斤顶垫斜或人为造成反向升差逐步纠正，切不可操之过急，以免发生安全质量事故。由于网架的偏移是一种随机过程，纠偏时柱的柔度、弹性变形又给纠偏以干扰，因而纠偏的方向及尺寸并不完全符合主观要求，不能精确地纠偏。故顶升施工时应以预防网架偏移为主，顶升时必须严格控制升差并设置导轨。

**特别提示**

钢网架结构安装工程常用的安装方法有高空散装法、分条或分块安装法、高空滑移法、整体吊装法、整体提升法和整体顶升法。采用的安装方法应根据网架受力和构造特点，在满足质量、安全、进度和经济效果的要求下，结合当地的施工技术条件和设备资源配备等因素，因地制宜综合确定。

# 任务八　钢结构涂装工程

## 一、钢结构的防腐涂装工程

钢结构具有强度高、韧性好、制作方便、施工速度快、建设周期短等一系列优点，在建筑工程中应用日益增多。但是钢结构也存在容易腐蚀的缺点。钢结构的腐蚀不仅造成经济损失，还直接影响到结构安全，是影响钢结构使用寿命的重要因素。长期以来，钢结构防腐措施被当作设计和施工中的次要问题，但是随着钢结构在各行业的广泛使用，腐蚀已成为设备及建（构）筑物发生损坏和产生故障的主要原因之一，所以钢结构的防腐工程应当引起钢结构施工的充分重视。

### （一）钢结构腐蚀的特点

钢结构构件在大气环境中，只要与水分和氧气同时接触，就会在钢构件的表面形成许多微小的阴极区和阳极区，使钢材的表面形成电化学腐蚀，这是钢材的材料性质所决定的。

钢材表面的电化学腐蚀的产物中，最初生成的是二氧化铁，二氧化铁在空气中进一步氧化，生成钢材腐蚀的最终产物三氧化铁（即铁锈）。一方面，由于二氧化铁与三氧化铁均为疏松多孔的物质，在钢材表面不能形成完整致密的保护层，无法阻止水分与氧气的侵入并与钢材表面继续接触，所以钢材的锈蚀是连续性的；另一方面，由于钢材在锈蚀过程中形成许多锈坑，进一步增加了钢材与水分和氧气接触的表面积，加剧了锈蚀的速度，所以，钢材的锈蚀具有扩散性。

空气湿度、空气中存在的硫化物、灰尘、煤尘及盐分等均对钢结构的腐蚀速度有影响。其中，空气相对湿度是影响钢结构腐蚀速度的主要因素，而且当钢材表面出现腐蚀产物后，即使相对湿度较低，腐蚀过程也会加剧。气体及灰尘等污染物对钢材腐蚀速度的影响，主要是通过提高钢材表面水膜的导电性及增强钢材表面和腐蚀产物的吸湿性。大气环境中的氯化物气体、硫化物气体及其灰尘，均会加剧钢结构的腐蚀。

钢结构在不同使用环境中具有不同的腐蚀速度及特点，这就要求在进行防腐设计时必须充分考虑，综合分析，不能一概而论。

### （二）钢结构的防腐措施

钢结构的防腐方法有很多，一般包括改善钢材材性的防腐蚀方法、电化学防腐蚀方法，以及使用金属或非金属涂层的防腐蚀方法等。

改善钢材材性的防腐蚀方法是指在钢材中加入合金元素，以达到阻缓钢材腐蚀的目的。在设计钢结构构件时，选用耐候钢等抗腐蚀能力强的钢材就属于这种方法。

电化学防腐蚀保护法主要是指阴极保护法。从 20 世纪 50 年代起，随着阴极保护技术的日趋完善，它已成为地下钢铁设施防护最重要、最经济的措施。

在钢结构的涂层防腐措施中，涂层涂料主要有油漆涂料、塑料、氧化物、磷酸盐、金属和复合材料（金属与油漆或塑料）等。根据涂层组成材料的不同，涂层涂料防护可分为阻隔性防护、电化学性防护以及阻隔 - 电化学复合性防护等。油漆和塑料能使钢材表面与空气隔绝，从而阻止钢材锈蚀的产生，随着涂料中加入锌粉或铝粉含量的增加，它们也能对钢材起到电化学保护。在钢构件上喷镀锌、铝等金属，实际上也是利用了电化学防护的机理。

目前，在钢结构建筑物工程中，以涂料防腐措施应用最广，也是目前最经济和最简便的防腐方法。

### （三）钢结构防腐涂装工程

1. 钢材表面除锈等级与除锈方法

发挥涂料的防腐效果重要的是漆膜与钢材表面的严密贴敷，若在基底与漆膜之间夹有锈、油脂、污垢及其他异物，不仅会妨碍防锈效果，还会起反作用而加速锈蚀。涂装前，钢结构构件的表面处理是非常重要的，只有保证涂料与钢材表面具有良好的附着力，才能使涂层与钢构件成为一个整体，起到保护构件、防止腐蚀的作用。钢材表面的除锈方法有手工除锈、喷砂除锈和酸洗除锈三种方法。对于手工除锈，我国分为两级标准，即 St2 级和 St3 级。St2 级要求除去钢表面疏松的氧化铁皮，表面显露金属光泽；St3 级要求彻底除去表面疏松氧化铁皮，表面露出明显的金属光泽。对于喷砂除锈，我国分为四个除锈等级，即 Sa1、Sa2、Sa2.5、Sa3。对于酸洗除锈，我国未制定明确的除锈等级。除锈要求首先是针对底层涂料的附着力而言的，所以确定除锈标准不仅要依据设计要求，而且应该与所使用的涂料相适应，对于低档次的涂料可以采用较低的除锈标准。

2. 钢结构防腐涂料

钢结构防腐涂料是一种含油或不含油的胶体溶液，涂敷在钢材表面，结成一层薄膜，使钢材与外界腐蚀介质隔绝。

涂料层由底层涂料、中层涂料和面层涂料组成，各涂层有其各自的主要用途。底层涂料的主要作用是作为涂料层与钢材表面的附着基础，所以它对钢材表面与上层涂料之间必须有良好的黏结能力，一般采用附着力较强的具有阻蚀或电化学保护作用的涂料。中层涂料主要是为增加涂层厚度，增强涂层保护效果，一般采用橡胶型涂料，在一般空气环境中，可以不用中层涂料。面层涂料是直接与大气环境接触的，要有较好的耐久性、致密性和抗渗性等。在钢结构工程设计中，应根据结构的实际使用环境，以及构件外形的特点，选用不同的涂层组合、正确的涂料品种以及适当的涂层厚度，既不能忽视涂装设计的重要性，也不要盲目追求高标准，造成不必要的浪费。

3. 防腐涂装方法

涂料涂装的方法有刷涂法、滚涂法、浸涂法、空气喷涂法和无气喷涂法。其中，刷涂法是一种古老的施工方法，它具有工具简单、施工方法简便、施工费用少、易于掌握、适应性强、节约涂料和溶剂等优点，缺点是劳动强度大、生产效率低、施工质量取决于操作者的技能等。滚涂法是用多孔吸附材料制成的滚子进行涂料施工的方法，该方法施工用具简单，操作方便，施工效率比刷涂法高，适用于大面积的构件，缺点是劳动强度大，生产效率较低。浸涂法是将被涂物放入漆槽内浸渍，经过一段时间后取出，让多余涂料尽量滴净再晾干，其优点是施工方法简单，涂料损失少，适用于构造复杂的构件，缺点是有流挂现象，溶剂易挥发。空气喷涂法是利用压缩空气的气流将涂料带入喷枪，经喷嘴吹散成雾状，并喷涂到物体表面上的涂装方法，其优点是可获得均匀、光滑的漆膜，施工效率高，缺点是消耗溶剂量大，污染现场，对施工人员有毒害。无气喷涂法是利用特殊的液压泵，将涂料增至高压，当涂料经喷嘴喷出时，高速分散在被涂物表面上形成漆膜，其优点是喷涂效率高，对涂料适应性强，能获得厚涂层，缺点是如要改变喷雾幅度和喷出量必须更换喷嘴，也会损失涂料，对环境有一定污染。选择涂料进行涂装时，不同涂料有不同的工艺要求，必须根据涂料说明书通过检验确定。在钢结构施工中，现场补涂部分也应制定相应的涂装工艺，严格按照工艺执行。

**（四）防腐涂装工程质量检查验收**

1. 涂装前检查

（1）涂装前钢材表面除锈应符合设计要求和国家现行标准的规定。当设计无要求时，钢材表面除锈等级应符合表8-8的规定。检查数量：按构件数抽查10%，且同类构件不少于3件。检查方法：用铲刀检查和用现行标准规定的图片对照观察、检查。若钢材表面有返锈现象，则需再除锈，经检查合格后才能继续施工。

**表8-8　各种底漆或防锈漆要求最低的除锈等级**

| 涂料品种 | 除锈等级 |
| --- | --- |
| 油性酚醛、醇酸等底漆或防锈漆 | St2 |
| 高氯化聚乙烯、氯化橡胶、氯磺化聚乙烯、环氧树脂、聚氨酯等底漆或防锈漆 | Sa2 |
| 无机富锌、有机硅、过氯乙烯等底漆 | Sa2.5 |

（2）防腐涂料有无产品合格证，并经复验合格，方可使用。涂料的选择及处理是否符合设计要求。

（3）涂装环境是否符合设计要求。

（4）涂装前，钢结构禁止涂漆部位是否进行遮蔽。

2. 涂装过程中检查

（1）每道漆都不允许有咬底、剥落、漏涂和起泡等缺陷，如发现应及时进行处理。

（2）涂装过程中的间隔时间是否符合设计要求。

（3）测湿膜厚度以控制干膜厚度和漆膜质量。

3. 涂装后检查

（1）漆膜外观应均匀、平整、丰满和有光泽；颜色应符合设计要求；不允许有咬底、裂纹、剥落、针孔等缺陷。

（2）涂料、涂装遍数、涂刷厚度应符合设计要求。当设计无要求时，涂层干漆膜总厚度：室外应为125～175 μm，室内应为100～150 μm。每遍涂层干漆膜厚度的合格质量偏差为－5 μm。测定厚度的抽查数，构件数抽检10%，且同类构件不应少于3件，每件应测5处。

4. 涂装验收

涂装工程施工完毕后，必须经过验收，符合规范要求后方可交付使用。

## 二、钢结构的防火涂装工程

火灾是由可燃材料燃烧引起的，是一种失去控制的燃烧过程。建筑物火灾的发生损失很大，尤其是钢结构，一旦发生火灾容易破坏而倒塌。火灾时产生的热量传给结构构件，钢材虽然不是燃烧体，但却易导热，极不耐火。实践表明，不加保护的钢构件，温度上升很快，耐火极限仅为10～20 min。温度在200 ℃以下时，钢材性能基本不变；当温度超过300 ℃时，钢材力学性能如屈服点、抗拉强度、弹性模量及载荷能力等都将急剧下降；达到600 ℃时，强度则几乎为零，钢材失去承载能力，造成结构变形，最终导致垮塌。所以，在设计时要根据消防法规对钢结构构件采取一些处理措施，使结构具有一定的耐火能力，使之在火灾发生时的短时间内不会产生整体失稳而倒塌，以便于人员疏散、消防灭火和减少经济损失。

钢结构防火保护的基本原理是：采用绝热或吸热的材料，阻隔火焰和热量，推迟钢结构的升温速度。在钢结构工程中，常用混凝土包裹钢构件。随着防火涂料在工程中广泛应用，纯钢结构建筑越来越多。目前，钢结构采用的最普遍的防火处理方法是采用防火涂料涂装。

钢结构防火涂料能够起到防火作用，主要有三个方面的原因：一是涂层对钢材起屏蔽作用，隔离了火焰，使钢构件不至于直接暴露在火焰或高温之中；二是涂层吸热后，部分物质分解出水蒸气或其他不燃气体，起到消耗热量、降低火焰温度和燃烧速度及稀释氧气的作用；三是涂层本身多孔轻质或受热膨胀后形成炭化泡沫层，热导率均在 0.233 W/(m·K)以下，阻止了热量迅速向钢材传递，推迟了钢材受热温升到极限温度的时间，从而提高了钢结构的耐火极限。

**(一)防火涂料的分类及选用**

1. 防火涂料的分类

按照《钢结构防火涂料通用技术条件》(GB 14907—2002)的规定，钢结构防火涂料按其涂层厚度及性能特点可分为两类。

(1)B 类，即薄涂型钢结构防火涂料，其涂层厚度一般为 2 ~ 7 mm，有一定装饰效果，高温时涂层膨胀增厚，耐火极限一般为 0.5 ~ 2.0 h，故又称为钢结构膨胀防火涂料。

(2)H 类，即厚涂型钢结构防火涂料，其涂层厚度一般为 8 ~ 50 mm，表面呈粒状，密度较小，导热率低，耐火极限一般为 0.5 ~ 3.0 h，故又称为钢结构防火隔热涂料。

2. 防火涂料的选用

(1)室内裸露钢结构、轻型屋盖钢结构及有装饰要求的钢结构，当规定其耐火极限在 1.5 h 及以下时，宜选用薄涂型钢结构防火涂料。

(2)室内隐蔽钢结构、多层及高层全钢结构、多层厂房钢结构，当规定其耐火极限在 2.0 h及以上时，宜选用厚涂型钢结构防火涂料。

(3)露天钢结构，如石油化工企业、油(汽)灌支撑、石油钻井平台等钢结构，应选用符合室外钢结构防火涂料产品规定的厚涂型或薄涂型钢结构防火涂料。

选用防火涂料时，应注意不把薄涂型钢结构防火涂料用于保护 2 h 以上的钢结构，不得将室内钢结构防火涂料未加改进和采取有效的防火措施，直接用于喷涂保护室外的钢结构。

**(二)防火涂料涂装的一般规定**

(1)钢结构防火涂料的生产厂家、检验机构、涂装施工单位均应具有相应的资质，并通过公安消防部门的认证。

(2)钢结构涂料涂装前，构件应安装完毕并验收合格。如提前施工，则应考虑施工后补喷。

(3)钢结构表面杂物应清理干净，其连接处的缝隙应用防火涂料或其他材料填平后方可施工。

(4)喷涂前，钢结构表面应除锈，并根据使用要求确定防锈处理方式。

(5)喷涂前应检查防火涂料，防火涂料品名、质量是否满足要求，是否有厂方的合格证、检测机构的耐火性能检测报告和理化性能检测报告。

(6)防火涂料的底层和面层应相互配套，底层涂料不得腐蚀钢材。

(7)涂料施工过程中，环境温度宜为 5 ~ 38 ℃，相对湿度不应大于 85%，空气应流动。

涂装时构件表面不应有结露,涂装后 4 h 内应保护免受雨淋。

### (三)防火涂料施工

1. 薄涂型钢结构防火涂料施工

底层及主涂层喷涂时采用喷枪,面层可用刷涂、喷涂或滚涂。喷涂时操作要点:①底层及主涂层一般应喷 2 ~ 3 遍,每遍间隔 4 ~ 24 h,待前遍干燥后再喷后一遍,第一遍盖住 70% 即可,二、三遍每遍不超过 2.5 mm 为宜。②面层一般涂饰 1 ~ 2 遍,头遍从左至右,二遍则从右至左,以保证全部覆盖底层。③底层喷涂过程中,可用测厚针随时检测涂层厚度,待总厚度达到要求并基本干燥后,方可面层涂饰。

2. 厚涂型钢结构防火涂料施工

一般采用喷涂施工。搅拌和调配涂料,稠度应适宜,喷涂后不会流淌和下坠。喷涂时操作要点:①喷涂应分 2 ~ 5 次完成,第一次喷涂基本盖住钢材面即可,以后每次喷涂厚度为 5 ~ 10 mm,一般以 7 mm 左右为宜。②必须在前一次基本干燥后再接着喷。通常情况下,每天喷涂一遍即可。③喷涂时,应注意移动速度,不能在同一位置久留,以免造成涂料堆积流淌。配料及往挤压泵加料应连续进行,不得停顿。④喷涂保护方式、喷涂遍数与涂层厚度应根据设计要求确定。⑤施工过程中应随时检测涂层厚度,直至符合设计厚度方可停止。

### (四)防火涂料涂装工程验收

(1)防火涂料涂装前钢材表面除锈及防锈底漆涂装应符合规定。按构件数抽查 10%,且同类构件不应少于 3 件。表面除锈用铲刀检查和用图片对照观察检查,底漆涂装用干漆膜测厚仪检查,每个构件检测 5 处。

(2)防火涂料不应有误涂、漏涂,涂层应闭合无脱层、空鼓、明显凹陷、粉化松散和浮浆等外观缺陷,应剔除乳突。

(3)薄涂型防火涂料涂层表面裂纹宽度不应大于 0.5 mm,厚涂型防火涂料涂层表面裂纹宽度不应大于 1 mm。按同类构件数抽查 10%,且均不应少于 3 件。

(4)薄涂型防火涂料涂层厚度应符合有关耐火极限的设计要求。厚涂型防火涂料涂层的厚度,80% 及以上面积应符合设计要求,且最薄处厚度不应低于设计要求的 85%。用涂层厚度测试仪、测针和钢尺检查,应符合下列规定:①测点选定:楼板和防火墙的防火涂层厚度测定,可选两相邻纵、横轴线相交中的面积为一单元,在其对角线上每米选一点;全钢框架结构的梁、柱以及桁架结构的上、下弦的防火涂层厚度测定,在构件长度上每隔 3 m 取一截面,按图 8-25 所示位置测试;桁架结构其他腹杆每根取一截面检测。②测量结果:对于楼板

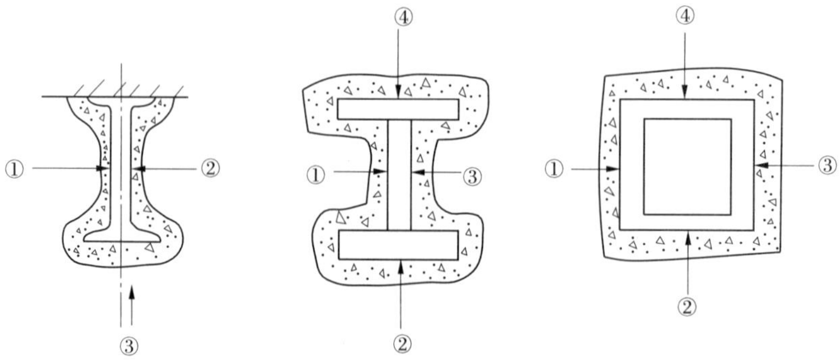


图 8-25　梁、柱、桁架涂层厚度检测位置

和墙面在所选择面积中至少测5点；对于梁、柱在所选位置中分别测出6个点和8个点，分别计算它们的平均值，精确到0.5 mm。

# 任务九　钢结构施工的质量控制和安全措施

## 一、钢结构的质量要求

### （一）钢结构的制作

（1）在进行钢结构制作之前，应对各种型钢进行检验，以确保钢材的型号符合设计要求。

（2）受拉杆件的长细比不得超过250。

（3）若杆件用角钢制作，宜使用肢宽而薄的角钢，以增大回转半径。

（4）一榀屋架内，不得选用肢宽相同而厚度不同的角钢。

（5）钢结构所用的钢材，型号、规格尽量统一，以便于下料。

（6）钢材的表面应彻底除锈、去油污，且不得出现伤痕。

（7）采用焊接的钢结构，其焊缝质量的检查数量和检查方法应按规范进行。

（8）焊接的焊缝表面，焊波应均匀，且不得有裂缝、焊瘤、夹渣、弧坑、烧穿和气孔等缺陷。

（9）桁架各个杆件的轴线必须在同一个平面内，且各个轴线都为直线，相交于节点的中心。

（10）荷载都作用在节点。

### （二）钢结构的安装

（1）各节点应符合设计要求，传力可靠。

（2）各杆件的重心线应与设计图中的几何轴线重合，以避免各杆件出现偏心受力。

（3）腹杆的端部应安装弦杆，以增加桁架外的刚度。

（4）截断角钢，宜采用垂直于杆件轴线直切。

（5）在装卸、运输和堆放的过程中，均不得损坏杆件，并防止变形。

（6）扩大扩装时，应作强度和稳定性验算。

（7）为了使两个角钢组成的T形或X形截面杆件共同工作，在两个角钢之间，每隔一定的距离应焊上一块钢板。

（8）钢结构的各个连接接头，在经过检查合格后，方可紧固和焊接。

（9）用螺栓连接时，其外露丝扣不应少于2~3扣，以防止在振动作用下发生丝扣松动。

（10）采用高强度螺栓组联结时，必须当天拧紧完毕，外露丝扣不得少于两扣。对欠拧漏扣的，要逐个检查拧紧，以免松动。

## 二、钢结构施工安全措施

（1）在钢结构施工中，无论是搬运还是安装，必须严防碰撞电线，更不得接近高压线。非在高压线附近施工时，其距离最小也要超过2 m。

（2）安装时，应设专人指挥。

(3)在施工吊装的过程中,不得超负荷运行。

(4)在吊装或安装过程中,操作人员必须系好安全带,严禁行人通过。

(5)采用气焊气割时,应严防电石桶爆炸伤人。

(6)严禁在高空作业时往下掉物,以免伤人。

(7)应对钢结构采取防火措施,以提高钢结构的防火能力。

(8)顶板与钢梁叠合时,若有缝隙,应用防火涂料填满。

(9)防锈涂层表面不得出现凹凸不平现象。

(10)涂料不得过稀,也不得过厚,涂层施工间隔时间也不能太短。

**特别提示**

钢结构涂装,按照涂装目的不同,可分为防腐涂装和防火涂装。防腐涂装可避免钢结构腐蚀,提高钢结构使用寿命,节约使用成本。防火涂装阻隔火焰和热量,推迟钢结构受热温升到极限温度的时间,提高钢结构的耐火极限。

## 综合应用案例

1. 工程概况

本工程为广东路联华购物中心工程,总建筑面积约25 570 $m^2$,主体为三层钢框架结构,局部四层,檐口总高度为19 m。框架钢柱为焊接箱型柱,钢梁为焊接H型钢梁,楼面为压型钢板与混凝土叠合楼板,外墙面为压型彩板。主钢构件材质为Q345,檩条采用Q235 C型薄壁型钢。本工程施工范围包括钢结构系统的制作与现场安装施工。

2. 施工准备

(1)组织有关工程管理和技术人员对设计图纸进行会审,对图纸不明确及施工中有困难的地方,要与设计单位做好变更鉴证手续。

(2)根据施工图纸结合本单位的设备和技术条件,制订出工程的主体施工方案,并提出材料计划。

(3)对钢结构工程所使用的机械和检测设备的性能进行检验,保证施工过程中各种设备的工作状态良好,使用功能齐全。

(4)钢结构工程所使用的材料除应有质量证明书外,还应根据现行国家标准的规定作出复试检验,符合标准后方可使用。

(5)在钢结构工程施工前,应对各工序的施工人员进行必要的岗位培训,并对其进行技术、质量、安全交底,预防发生安全和质量事故。

(6)钢结构进入现场需进行构件检验并合理堆放,以便于构件进入现场后顺利的安装。

(7)现场吊装前,应在柱脚埋件上弹好十字线,同时将标高控制点设置好。现场场地应平整夯实,没有积水,并且要预留车道。

3. 箱形柱的加工制作

箱形柱由四块钢板焊接而成,制作工艺与焊接H型钢大体相同。

箱形柱下料采用数控火焰切割机进行柱板切割,开坡口方法为碳弧气刨切割K形坡口,下料完成后进行调直校正。为保证柱身板拼装准确,需制备组装胎膜,组装顺序为:首先以上盖板为基准,然后放出横隔板与侧腹板的装配线,进行U形组立,最后组装下盖,组装完成后进行焊接。柱身主体焊接采用埋弧自动焊,加劲板焊接采用电焊机手工焊接,最后一面隔板焊接采用电渣压力焊接的方法进行,焊接设置引弧板。箱形柱焊接完成后进行调直矫正,后用端头铣床进行端头切割。箱形柱涂装应严格按规范标准除锈、刷油,箱形柱制作完成后由专职质检人员进行检验、编号。箱形柱制作组装是关键,其组装工艺方法如下:①首先以上盖板作为组装基准,在其组装面上按施工图要求分别放出隔板及侧腹板装配线,并用样冲标志。②先组装上盖板与隔板,组装在胎模上进行,装配好后,须施焊完毕方可进行下道工序。③腹板装配前须检查腹板的平直度,装配时采用一个方向装配,先定位中部加劲板,后定位腹板。④箱体结构整体组装在U形结构全部完成后进行,先将U形结构腹板边缘矫正好,使其不平度小于 $L/1\ 000$ ,然后在下盖板上放出腹板装配定位线,翻转与U形结构组装,采用一个方向装配,定位点焊采用对称施焊法。⑤隔板最后一面焊接采用电渣压力焊焊接。

4. 焊接H型钢梁的加工制作

(1)下料图单。下料前,应对工程所选用的材料型号、规格予以确认,然后对材料的质量进行检查,材料质量应符合设计要求及国家现行标准的规定。

(2)放样、号料。①放样画线时,应清楚标明装配标记、螺孔标注、加强板的位置方向、倾斜标记及中心线、基准线和检验线,必要时制作样板。②注意预留制作、安装时的焊接收缩余量;切割、刨边和铣加工余量;安装预留尺寸要求。③画线前,材料的弯曲和变形应予以矫正。④放样和样板的允许偏差:平行线距离和分段尺寸 ±0.5 mm;对角线差 1.0 mm;宽度、长度 ±0.5 mm;孔距 ±0.5 mm;加工样板角度 ±20′。⑤号料的允许偏差:外形尺寸 ±1.0 mm;孔距 ±0.5 mm。⑥质量检验方法:用钢尺检测。

(3)下料。钢板下料采用数控多头切割机下料,但下料前应将切割表面的铁锈、污物清除干净,以保持切割件的干净和平整,切割后应清除熔渣和飞溅物。操作人员要熟练掌握机械设备使用方法和操作规程,能够调整设备最佳参数的最佳值。①质量检验标准:零件宽度、长度 ±3.0 mm,边缘缺棱 1.0 mm,型钢端部垂直度 2.0 mm。②钢材剪切面或切割面应无裂纹、夹渣和分层。③质量检验方法:目测或用放大镜、钢尺检查。

(4)组立、成型。钢材在组立前应矫正其变形,并达到符合控制偏差范围,接触毛面应无毛刺、污物和杂物,以保证构件的组装紧密结合,符合质量标准。组立时,应有适量的工具和设备,如直角钢尺,以保证组立后有足够的精度。

采用设备为Z12型型钢组立机。①点焊时所采用焊材与焊件匹配,焊缝厚度为设计厚度的2/3且不大于8 mm,焊缝长度不小于25 mm,位置在焊道以内。②预组立的构件必须进行检查和确定是否符合图纸尺寸,以及是否按照构件的精度要求成型。③组立成型时,构件应在自由状态下进行,其结构应符合《钢结构工程施工质量验收规范》(GB 50205—2001)及有关标准规定,经检查合格后进行编号。④质量检验标准,允许偏差符合《钢结构工程施工质量验收规范》(GB 50205—2001)有关规定:焊接钢梁高度 ±2.0 mm、中心偏移 ±2.0 mm、垂直度(Δ) $b/100$ 且不大于2.0 mm。⑤质量检验方法:用直尺、角尺检查。

(5)焊接。该工序采用设备为门式全自动埋弧焊机,埋弧自动焊焊接应符合规范有关要求。焊接钢梁采用门式自动埋弧焊进行焊接,柱梁连接板加肋板采用手工焊接。使用门式自动焊接应满足以下两点:①焊接后边缘30~50 mm的铁锈、毛刺、污垢等必须清除干净,以减少产生焊接气孔等缺陷的因素。②引弧板应与母材材质相同,焊接坡口形式相同,长度应符合标准的规定。使用手工电弧应满足以下规定:使用状态良好、功能齐全的电焊机;选用的焊条需用烘干箱进行烘干。

(6)制孔。采用摇臂钻制孔,螺栓孔及孔距允许偏差应符合《钢结构工程施工质量验收规范》(GB 50205—2001)的有关规定,制孔质量用直尺、钢尺、卡尺和目测检验。

(7)矫正型钢。使用翼缘调直机进行型钢校正,操作人员熟悉工艺内容并熟练掌握设备操作规程,矫正完成后,应进行自检,允许偏差符合《钢结构工程施工质量验收规范》(GB 50205—2001)有关规定。质量检验可用目测及直尺检查。

(8)端头切割。焊接型钢柱梁矫正完成,其端部应进行平头切割,所用设备为端头铣床。端部铣平的允许误差:两端铣平时构件长度 ±2.0 mm,两端铣平时零件长度 ±0.5 mm,铣平面的平面度 0.3 mm。

(9)除锈。除锈采用专用除锈设备,进行抛射除锈可以提高钢材的疲劳强度和抗腐能力。抛射除锈对钢材表面硬度也有不同程度的提高,有利于漆膜的附和,并不需增加外加的涂层厚度。除锈使用的磨料必须符合质量标准和工艺要求,施工环境相对湿度不应大于85%。

经除锈后的钢材表面,必须用毛刷等工具清扫干净,才能进行下道工序。除锈合格后的钢材表面,如在涂底漆前已返锈,需重新除锈。

(10)油漆。钢材除锈经检查合格后,在表面涂刷第一道底漆。一般在除锈完成后,存放在厂房内,可在 24 h 内涂完底漆。存放在厂房外,则应在当班漆完底漆。油漆应按设计要求配套使用,第一遍底漆干燥后,再进行中间漆和面漆的涂刷,保证涂层厚度达到设计要求。油漆在涂刷过程中应均匀,不流坠。

(11)包装与运输。将各种符号转换成设计图面所规定的构件编号,并用笔(油漆)或粘贴纸标注于构件的规定部位,以便包装时识别。构件在搬运过程中注意对构件和涂层的保护,对易碰撞的部位应提供适当的保护。搬运后的构件如发生变形损坏,应及时进行修补,以确保发运前构件完好无损。

(12)验收。钢构件出厂前,应提交以下资料:产品合格证、施工图和设计文件;制作过程技术问题处理的协议文件;钢材、连接材料和涂料的质量证明书或试验报告;焊缝检测记录资料;涂层检测资料;主要构件验收记录;构件发运清单资料。

5. 钢结构安装

本工程钢结构安装首先复核混凝土基础的轴线及基础顶面标高,采用分件吊装的方法。钢结构安装程序:先吊装所有钢柱,待校正固定灌浆后,从首层至高层依次吊装钢梁,随吊随调整,然后进行安装固定,最后吊装屋面支撑及檩条系统。

现场吊装划分为两个施工单元,每个单元分别进行独立作业。一单元采用一台 50 t 吊车,由 8 轴至 1 轴由东向西吊装;二单元采用一台 50 t 吊车,由 9 轴至 15 轴由西向东吊装。

(1)安装前准备工作。①柱脚螺栓的施工:复核土建基础施工的柱脚定位轴线,埋设地脚螺栓。为保证地脚螺栓的定位准确,将地脚螺栓用钢模板孔套进行定位固定,并进行反复校核无误后方能进行混凝土的浇筑施工。地脚螺栓露出地面的部分用塑料布进行包裹保护。②编制安装计划和构件供应计划,组织好施工。③检查钢构件:钢构件出厂时应具有出厂合格证,安装前按图纸查验复核构件,将构件依照安装顺序运到安装范围内,在不影响安装的条件下,尽量把构件放在安装位置下边,以保证安装的便利。

(2)安装施工工艺。①钢柱安装:吊装前首先确定构件吊点位置,确定绑扎方法,吊装时做好防护措施。钢柱起吊后,当柱脚距地脚螺栓 30 ~40 cm 时扶正,使柱脚的安装孔对准螺栓,缓慢落钩就位。经过初校,待垂直偏差在 20 mm 以内,拧紧螺栓,临时固定即可脱钩。②钢梁吊装:钢梁吊装在柱子复核完成后进行,钢梁吊装时采用两点对称绑扎起吊就位安装。钢梁起吊后距柱基准面 100 mm 时缓慢就位,待钢梁吊装就位后进行对接调整校正,然后固定连接。钢梁吊装时随吊随用经纬仪校正,有偏差随时纠正。③墙面檩条安装:檩条截面较小,质量较轻,采用一钩多吊或成片吊装的方法吊装。檩条的校正主要是间距尺寸及自身平直度。间距检查:用样杆顺着檩条杆件之间来回移动,如有误差,放松或拧紧螺栓进行校正。平直度检查:用拉线和钢尺检查校正,最后用螺栓固定。

(3)安装校正。①钢柱校正:钢柱垂直度校正用经纬仪或吊线锤检验,当有偏差时采用千斤顶进行校正。标高校正用千斤顶将底座少许抬高,然后增减垫板厚度,柱脚校正无误后立即紧固地脚螺栓。待钢柱整体校正无误后,在柱脚底板下浇筑细石混凝土固定。②钢梁校正:钢梁轴线和垂直度的测量校正,校正采用千斤顶和倒链进行,校正后立即进行固定。

(4)高强螺栓施工。①高强螺栓在施工前必须有材质证明书(质量保证书),必须在使用前做复试。②高强螺栓设专人管理,妥善保管,不得乱扔、乱放。在安装过程中,不得碰伤螺栓,以防扭矩系数发生变化。③高强螺栓要防潮、防腐蚀。④安装螺栓时应用光头撬棍及冲钉对正上下(或前后)连接板的螺孔,使螺栓能自由投入。⑤连接板螺孔误差较大,应检查、分析酌情处理。若调整螺孔无效或剩下局部螺孔位置不正,可使用电动绞刀或手动绞刀进行打孔。⑥在同一连接面上,高强螺栓应按同一方向投入,高强螺栓安装后应当天终拧完毕。

6. 安全施工措施

(1)施工现场设安全工长进行现场安全措施的落实与管理,对现场施工人员、现场机械设备及现场用电进行统一管理。要求参加施工的工作人员必须是经过培训的,持证上岗。施工前对所有施工人员进行安全技术交底。进入施工现场的人员必须戴安全帽、穿防滑鞋,电工、电气焊工应穿绝缘鞋,高空作业必须系好安全带。

(2)作业前应对使用的工具、机具、设备进行检查,安全装置齐全有效。

(3)操作面应有可靠的架台、护身栏,经检查无误,进行操作。构件绑扎方法正确,吊点处应有防滑措施,高处作业使用的工具、材料应放在安全地方,禁止随便放置。

(4)起吊钢构件时,提升或下降要平稳,避免紧急制动或冲击。专人指挥,信号清楚、响亮、明确,严禁违章操作。构件安装后必须检查其质量,确实安全可靠后方可卸扣。每天工作必须达到安全部位,方可收工。

(5)施工现场的机电设备、闸箱、电焊机应有可靠的防雨措施。电器操作必须由专业人员进行,严禁非专业人员操作。电焊机严格按照安全规程操作。

(6)安全设施由专人按规定统一设置,其他人员不得随意拆动。因工作需要须拆动时,要经过有关人员允许,事后要及时恢复,安全员要认真检查。

(7)搞好安全用电,所有用电设备的拆除及现场照明均由专业电工担任,使用的电动工具,必须安装漏电保护器。

(8)重点把好高空作业关,工作期间严禁喝酒及打闹,手持工具应系好安全挂绳,避免直线垂直交叉作业。

(9)切实搞好防火,各项操作均应按规定正确使用。

# 小结

钢结构得到了蓬勃的发展,从一般的钢结构发展到高层和超高层结构,体现了钢结构在建筑方面的综合效益。钢结构安装包括各构件的加工制作工艺、构件的连接、构件的吊装固定、涂装等施工过程,是一项综合性技术的结晶。钢结构施工,必须了解构件的加工制作工艺流程,焊接、普通螺栓、高强螺栓的连接工艺,构件的防腐及防火涂装等。

钢结构有很多构件,主要构件有钢柱、钢梁、钢桁架、钢网架等。钢柱按使用范围的不同,可以分为单层厂房柱与高层框架柱,其中单层厂房柱有等截面柱、阶梯型柱和分离式柱三大类,高层框架柱有工字形、箱形截面和十字形柱。梁有型钢梁和组合梁两大类。钢桁架有三角形、梯形、平行弦和多边形桁架。网架有平板网架和曲面网架,其中平板网架应用广泛。

钢结构构件的加工制作包括放样、号料、切割下料、矫正、弯卷成型、折边、制孔等过程,把制备完成的半成品和零件按图纸规定的运输单元,装成构件或其部件,然后连接成整体。

钢结构的连接有焊接、铆接和螺栓连接三种方法,铆接基本上被高强螺栓连接所替代。钢结构制作和安装领域中,广泛使用的是电弧焊,电弧焊中又以手工电弧焊、埋弧焊、气体保护焊为主,在某些特殊场合则必须采用电渣焊和栓焊。焊接时应选择相适应的焊条,焊接接头及焊缝构造应满足构造及受力要求。对焊缝进行质量检验,包括外观检查和内部缺陷的检验。

螺栓连接包括普通螺栓连接和高强度螺栓连接,均应满足规范的一般要求。普通螺栓连接施工时,以拧紧螺母无明显间隙即可,紧固次序从中间向两侧进行,对大型接头采用复拧方式,检验可用锤击法。高强度螺栓有大六角头高强螺栓和扭剪型高强螺栓两种类型,其紧固方法不同,大六角头高强螺栓一般采用扭矩法和转角法,扭剪型高强螺栓一般采用拧掉螺栓尾部梅花卡头法,在终拧完成后,需进行质量检查与验收,防止漏拧和施加预应力不够。

单层厂房钢结构的安装包括钢柱、钢梁、钢桁架等基本构件的安装工艺方法,涉及安装前的准备工作,安装过程中各构件的吊点选择、起吊方法、临时固定、校正及最后固定等工序,并按照《钢结构工程施工质量验收规范》(GB 50205—2001)规定进行安装验收。

多层及高层钢结构安装前要做好准备工作,需要编制施工方案,拟定技术措施,进行构件检查,安排施工设备、工具、材料、组织安装力量等,安装时进行测量放线、构件的安装和构件接头的现场焊接等,并加强安全施工。

钢网架结构安装工程常用的安装方法有高空散装法、分条或分块安装法、高空滑移法、整体吊装法、整体提升法和整体顶升法等。采用的安装方法应根据网架受力和构造特点,在满足质量、安全、进度和经济效果的要求下,结合当地的施工技术条件和设备资源配备等因素,因地制宜综合确定。

钢结构涂装,按照涂装目的不同,可分为防腐涂装和防火涂装。钢结构防腐涂装是提高钢结构的寿命和节约使用成本的主要方法,施工前需对钢材表面进行除锈,然后进行涂装施工。防腐涂层结构由底漆、中间漆和面漆组成,施工方法有多种,根据具体情况综合确定,施工完毕后应进行验收。钢结构防火涂料,按其涂层厚度及性能特点可分为两类:B 类,即薄涂型钢结构防火涂料,也称为钢结构膨胀防火涂料;H 类,即厚涂型钢结构防火涂料,也称为钢结构防火隔热涂料。钢结构防火涂装作用主要有:①涂层对钢材起屏蔽作用,隔离了火焰,使钢构件不至于直接暴露在火焰或高温之中;②涂层吸热后,部分物质分解出水蒸气或其他不燃气体,起到消耗热量、降低火焰温度和燃烧速度及稀释氧气的作用;③涂层本身多孔轻质或受热膨胀后形成炭化泡沫层,阻止了热量迅速向钢材传递,提高了钢结构的耐火极限。

# 习 题

1. 填空题

(1)构件加工时,由于操作工艺等引起构件变形,构件安装前需要矫正,矫正的形式有________、________、________。按外力来源分________、________和________。

(2)按施焊的空间位置不同,焊缝形式可分为________、________、________和________四种。

(3)大六角头高强度螺栓连接,一般采用的紧固方法有________和________。

(4)钢柱安装时,钢柱校正工作包括________、________及________三个内容。

(5)平面流水段划分,应考虑钢结构安装过程中的________和________,安装顺序一般由________扩展。立面流水段划分,以________作为一个流水段。

(6)钢网架安装,常用的工地安装方法有________、________、________、________、________和________。

2. 单选题

(1)下列(　　)不是钢结构的优点。

A. 结构轻　　B. 精度高　　C. 施工周期短　　D. 耐火性能好

(2)较厚的钢结构构件通常要开坡口,其目的不包括(　　)。

A. 提高焊接质量　B. 使根部能够焊透　C. 易于清除熔渣

D. 减小焊接热影响范围

(3)关于普通螺栓级别的说法正确的是(　　)。

A. A级螺栓是精致螺栓　　B. C级螺栓是精致螺栓

C. A、B级均为精致螺栓　　D. B级螺栓为半粗质螺栓

(4)螺栓紧固时必须从中心开始施拧,同时还要求(　　)。

A. 不对称施拧　　B. 对称施拧　　C. 先松后紧施拧　　D. 强力一次施拧

(5)高强螺栓与普通螺栓之间的主要区别是(　)。

A. 是否抗剪　　B. 抗腐蚀性好　　C. 耐火性好　　D. 是否铆接

(6)柱绑扎是采用直吊绑扎法还是斜吊绑扎法主要取决于(　　)。

A. 柱的重量　　B. 柱的截面形式　　C. 柱宽面抗弯能力　　D. 柱窄面抗弯能力

(7)钢柱最后固定,采用细石混凝土分两次浇筑,第一次混凝土强度达到设计强度(　　),方能浇筑第二次混凝土至杯口。

A. 15%　　B. 20%　　C. 25%　　D. 35%

(8)屋架最终固定时,若采用电焊作最后固定,应避免(　　)。

A. 屋架一端两侧施焊　　B. 屋架两端同侧施焊

C. 屋架两端异侧施焊　　　　　　　　D. 屋架中部向边缘侧施焊

3. 多选题

(1)钢结构防腐涂装顺序一般是(　　　　)。

A. 先上后下　　　　B. 先易后难　　　　C. 先左后右

D. 先阴角后阳角　　E. 先内后外

(2)钢结构焊接主要方法有(　　　　),在施工现场安装时常采用(　　　　)。

A. 电阻焊　　　　B. 电弧焊　　　　C. 气焊

D. 埋弧焊　　　　E. 电渣压力焊

(3)为防止焊接时夹渣、未焊透、咬肉,最后一层焊缝距母材表面间距(　　　　)mm。

A. 1　　　　B. 1.5　　　　C. 2

D. 2.5　　　　E. 3

(4)焊接件材质和焊条不明时,应进行(　　　　),合格后才能使用。

A. 可焊性检验　　　　B. 机械性能检验　　　　C. 焊条直径检验

D. 焊接材质厚度检验　　E. 化学分析

(5)钢结构的优点主要有(　　　　)。

A. 强度高　　　　B. 自重轻　　　　C. 耐火性好

D. 质地均匀　　　　E. 可靠性高

4. 简答题

(1)常用的钢结构构件类型有哪些?

(2)什么叫放样、号料?零件加工主要有哪些工序?

(3)钢结构构件的放样和号料应注意哪些问题?

(4)钢构件组装的一般要求是什么?

(5)钢构件焊接的类型主要有哪些?

(6)简述焊缝的形式及其特点。

(7)普通螺栓的连接应注意哪些问题?

(8)高强度螺栓主要有哪两种类型?简述高强度螺栓连接的安装工艺和紧固方法。

(9)简述单层钢结构构件的安装与校正方法。

(10)简述多层及高层钢结构安装施工流水段的划分原则及构件安装顺序。

(11)简述多层及高层钢结构的安装与校正方法。

(12)钢网架吊装有哪几种方法?各有什么特点?

(13)钢材表面除锈等级分为哪几种类型?防腐涂装方法有哪些?各有何特点?

(14)钢结构防火涂料按照涂层厚度分为哪两种类型?简述施工操作要点。

(15)简述钢结构制作与安装要求。

(16)简述钢结构施工安全措施。

# 项目九　防水工程

**知识点**

防水材料，防水工程的分类与等级，卷材防水屋面、涂膜防水屋面和刚性防水屋面的施工工艺和质量要求，地下防水工程（防水混凝土工程施工、水泥砂浆防水层施工、卷材防水层施工）施工工艺和质量要求，厨房、卫生间防水（聚氨酯防水施工、氯丁胶乳沥青防水涂料施工）施工工艺和质量要求。

**学习目标**

掌握卷材防水屋面、涂膜防水屋面、刚性防水屋面、地下防水工程（防水混凝土工程施工、水泥砂浆防水层施工、卷材防水层施工）以及厨房、卫生间楼地面防水工程（聚氨酯防水施工和氯丁胶乳沥青防水涂料施工）施工工艺流程、施工方法和质量要求；熟悉屋面防水工程、地下防水工程防水等级、设防要求、构造组成及适用范围；了解卷材防水、涂膜防水、刚性防水的材料种类、性能，防水材料施工工艺发展动态。

**引例**

某高层建筑，建筑面积 12 万 $m^2$，地下室 3 层，地上 21 层，框架－剪力墙结构体系，基础采用筏片基础。

**思考：**

（1）常用的屋面防水材料有哪些？

（2）屋面防水工程、地下防水工程防水等级如何划分？

（3）常用的屋面防水方法有哪些？

（4）地下结构常用的防水方法有哪些？

## 任务一　防水材料

### 一、防水卷材

防水卷材是一种由工厂制作成型的可卷曲的片状材料。常用的防水卷材有沥青防水卷材、高聚物改性沥青防水卷材和合成高分子防水卷材。

#### （一）沥青防水卷材

沥青防水卷材俗称沥青油毡，是以原纸、纤维织物、纤维毡等为胎体，浸涂石油沥青、焦油沥青或煤沥青等防水基材，表面撒布粉状、片状或粒状的隔离材料制成可卷曲的片条状防水材料。常用的沥青防水卷材有石油沥青纸胎油毡、石油沥青玻纤胎油毡、石油沥青麻布胎油毡和石油沥青铝箔胎油毡等。沥青防水卷材一般都叠层铺设，低温柔性较差，防水耐用年限短。沥青防水卷材属于低档次的防水卷材，适用于防水等级为Ⅲ～Ⅳ级的屋面防水。

沥青防水卷材的外观质量及其物理性能如表9-1和表9-2所示。

**表9-1 沥青防水卷材外观质量要求**

| 项目 | 质量要求 |
| --- | --- |
| 孔洞、硌伤 | 不允许 |
| 露胎、涂盖不匀 | 不允许 |
| 折纹、皱纹 | 距卷芯1 000 mm以外,长度不大于100 mm |
| 裂纹 | 距卷芯1 000 mm以外,长度不大于10 mm |
| 裂口、缺边 | 边缘裂口小于20 mm;缺边长度小于50 mm,深度小于20 mm |
| 每卷卷材的接头 | 不超过1处,较短的一段不应小于2 500 mm,接头处应加长150 mm |

**表9-2 沥青防水卷材物理性能**

| 项目 | | 性能要求 | |
| --- | --- | --- | --- |
| | | 350号 | 500号 |
| 纵向拉力(25±2 ℃)(N) | | ≥340 | ≥440 |
| 耐热度(85±2 ℃,2 h) | | 不流淌,无集中性气泡 | |
| 柔度(18±2 ℃) | | 绕直径20 mm圆棒无裂纹 | 绕直径25 mm圆棒无裂纹 |
| 不透水性 | 压力(MPa) | ≥0.10 | ≥0.15 |
| | 保持时间(min) | ≥30 | ≥30 |

### (二)高聚物改性沥青防水卷材

高聚物改性沥青防水卷材是以纤维织物或纤维毡等材料为胎体,以合成高分子聚合物改性沥青为涂盖层,同时以粉状、粒状、片状或高分子薄膜、铝箔等材料为覆面材料制成可卷曲的片状防水材料。高聚物改性沥青防水卷材由于含蜡量高,温度敏感性强,具有高温不流淌、低温不脆裂、抗拉强度高、延伸率大等特点,能较好地适应基层开裂及伸缩变形的要求。

改性沥青油毡的品种根多,按油毡的胎体种类不同,可分为聚酯毡胎体、麻布胎体、聚乙烯膜胎体和玻纤毡胎体四类;按沥青中所加高分子聚合物不同,可分为SBS(丁苯橡胶)改性沥青油毡、再生橡胶改性沥青油毡、APP(聚丙烯塑料)改性沥青油毡、PVC(聚氯乙烯塑料)改性沥青油毡等。不同种类改性沥青油毡性能差异较大,只有根据不同防水工程的具体使用情况,恰当地选用相应种类的卷材,才能收到理想的防水及经济效果。

高聚物改性沥青防水卷材的外观质量及主要物理性能如表9-3和表9-4所示。

**表9-3 高聚物改性沥青防水卷材的外观质量**

| 项目 | 质量要求 |
| --- | --- |
| 孔洞、缺边、裂口 | 不允许 |
| 边缘不整齐 | 不超过10 mm |
| 胎体露白、未浸透 | 不允许 |
| 撒布材料粒度、颜色 | 均匀 |
| 每卷卷材的接头 | 不超过1处,较短的一段不应小于1 000 mm,接头处应加长150 mm |

**表 9-4　高聚物改性沥青防水卷材的主要物理性能**

<table>
<tr><td colspan="2" rowspan="2">项目</td><td colspan="3">性能要求</td></tr>
<tr><td>聚酯毡胎体</td><td>玻纤胎体</td><td>聚乙烯膜胎体</td></tr>
<tr><td colspan="2">拉力(N/50 mm)</td><td>≥450</td><td>纵向≥350,横向≥250</td><td>≥100</td></tr>
<tr><td colspan="2">延伸率(%)</td><td>最大拉力时,≥30</td><td>≥3</td><td>≥200</td></tr>
<tr><td colspan="2">耐热度(℃,h)</td><td colspan="2">SBS 卷材 90,APP 卷材 110,<br>无滑动、流淌、滴落</td><td>PEE 卷材 90,无流淌、<br>起泡</td></tr>
<tr><td colspan="2">低温柔度(℃)</td><td colspan="3">SBS 卷材 -18,APP 卷材、PEE 卷材 -10,3 mm 厚,$r=25$ mm;<br>3 s 弯 180°,无裂纹</td></tr>
<tr><td rowspan="2">不透水性</td><td>压力(MPa)</td><td>≥0.3</td><td>≥0.2</td><td>≥0.3</td></tr>
<tr><td>保持时间(min)</td><td colspan="3">≥30</td></tr>
</table>

注:SBS 为弹性体改性沥青防水卷材,APP 为塑性体改性沥青防水卷材,PEE 为改性沥青聚乙烯胎体防水卷材。

### (三)合成高分子卷材

合成高分子卷材是以合成橡胶、合成树脂或两者的共混体为基料,加入适量的化学助剂和填充料等,经混炼、压延或挤出等工序加工制成可卷曲的片状无胎防水材料;或者把上述材料与合成纤维等复合形成两层或两层以上的有胎防水材料。

合成高分子防水卷材是具有现代科技水平的新型防水材料,具有抗拉强度和抗撕裂强度高、断裂伸长率大、耐热性能好、低温柔性好、耐老化、耐腐蚀、适应变形能力强、使用寿命长、可以冷作法施工等优越性能,但价格较高。

合成高分子防水卷材可分为:橡胶、树脂、橡塑共混三个系列。橡胶系合成高分子防水卷材主要有三元乙丙橡胶卷材、氯磺化聚乙烯卷材、丁基橡胶卷材等;树脂系合成高分子防水卷材主要有聚氯乙烯卷材、氯化聚乙烯卷材、高密度聚乙烯卷材等;橡塑共混系合成高分子防水卷材主要有氯化聚乙烯-橡胶共混卷材、三元乙丙橡胶-聚乙烯共混卷材等。

合成高分子防水卷材的规格、外观质量和物理性能如表 9-5、表 9-6 和表 9-7 所示。

**表 9-5　合成高分子防水卷材规格**

| 厚度(mm) | 宽度(mm) | 每卷长度(m) |
|---|---|---|
| 1.0 | ≥1 000 | 20.0 |
| 1.2 | ≥1 000 | 20.0 |
| 1.5 | ≥1 000 | 20.0 |
| 2.0 | ≥1 000 | 10.0 |

**表 9-6　合成高分子防水卷材外观质量**

| 项目 | 外观质量 |
| --- | --- |
| 折痕 | 每卷不超过 2 处,总长度不超过 20 mm |
| 杂质 | 大于 0.5 mm 颗粒不允许,每 1 $m^2$ 不超过 9 $mm^2$ |
| 胶块 | 每卷不超过 6 处,每处面积不大于 4 $mm^2$ |
| 凹痕 | 每卷不超过 6 处,深度不超过本身厚度的 30%,树脂类深度不超过 15% |
| 每卷卷材接头 | 橡胶类每 20 m 不超过 1 处,较短的一段不应小于 3 000 mm,接头处应加长 150 mm,树脂类 20 m 长度内不允许有接头 |

**表 9-7　合成高分子防水卷材物理性能**

| 项目 | | 性能要求 | | | |
| --- | --- | --- | --- | --- | --- |
| | | 硫化橡胶类 | 非硫化橡胶类 | 树脂类 | 纤维增强类 |
| 断裂拉伸强度(MPa) | | ≥6 | ≥3 | ≥10 | ≥9 |
| 扯断伸长率(%) | | ≥400 | ≥200 | ≥200 | ≥10 |
| 低温弯折(℃) | | -30 | -20 | -20 | -20 |
| | | 无裂纹 | | | |
| 不透水性 | 压力(MPa) | ≥0.3 | ≥0.2 | ≥0.3 | ≥0.3 |
| | 保持时间(min) | ≥30 | | | |
| 加热收缩率(%) | | <1.2 | <2.0 | <2.0 | <1.0 |
| 热老化保持率(80 ℃,168 h) | 断裂拉伸强度 | ≥80% | | | |
| | 扯断伸长率 | ≥70% | | | |

## 二、防水涂料

防水涂料是一种流态或半流态物质,可用刷、喷等工艺涂布在基层表面,经溶剂或水分挥发或各组分间的化学反应,形成具有一定弹性和一定厚度的连续憎水性薄膜,使基层表面与水隔绝,起到防水、防潮作用。由于防水涂料固化成膜后的防水涂膜具有良好的防水性能,能形成完整的憎水性薄膜,因此防水涂料广泛应用于工业与民用建筑的屋面防水工程、地下室防水工程和地面防潮、防渗工程等,特别适合于各种不规则部位的防水。

防水涂料按涂料形成液态的方式不同,可分为溶剂型、反应型和水乳型三类。溶剂型涂料是以各种有机溶剂使高分子材料等溶解成液态的涂料,如氯丁橡胶涂料等。溶剂型涂料成膜迅速,结膜较薄而致密,但是易燃、易爆、有毒,生产、运输和使用时应注意安全,注意防火。反应型涂料是以一个或两个液态组分构成的涂料,涂刷后经化学反应形成固态涂膜,如聚氨基甲酸酯橡胶类涂料等。反应型涂料成膜时无体积收缩,涂刷一遍即可获得所要求的涂膜厚度,缺点是现场配制必须精确、均匀,质量不易保证。水乳型涂料是以水为分散介质使高分子材料及沥青材料等形成乳状液，涂刷后水分蒸发而成膜，如丙烯酸酯乳液等。水乳型涂料无味、无毒、不燃，操作简便，可在较潮湿的基层上施工，是一种较有发展前途的防水涂料，缺点是低温下成膜困难（不能在 5 ℃以下低温施工），涂料与基层的黏结力差。

防水涂料按其组成材料不同，可分为沥青基防水涂料、高聚物改性沥青防水涂料和合成高分子防水涂料三类。

**（一）沥青基防水涂料**

沥青基防水涂料是以沥青为基料配制而成的水乳型或溶剂型防水涂料。防水涂料各项性能指标较差，一般涂成较厚的涂膜，常称为厚质涂料，如水性石棉沥青、石灰乳化沥青和膨润土乳化沥青防水涂料等。沥青基防水涂料适用于Ⅲ、Ⅳ级防水等级的屋面，也适用于地下室、卫生间的防水。

**（二）高聚物改性沥青防水涂料**

高聚物改性沥青防水涂料是以沥青为基料，用合成高分子聚合物对沥青进行改性配制而成的水乳型或溶剂型防水涂料。与沥青基防水涂料相比，其柔韧性、抗裂性、强度、耐高低温性能、使用寿命等方面都有了较大改善。高聚物改性沥青防水涂料具有成膜快、强度高、耐候性和抗裂性好、难燃、无毒等优点，属于薄质涂料。常用的高聚物改性沥青防水涂料有再生胶改性沥青防水涂料、水乳型氯丁橡胶沥青防水涂料、SBS 橡胶改性沥青防水涂料等。高聚物改性沥青防水涂料适用于Ⅱ级及以下等级的屋面、地面、地下室和卫生间等部位的防水工程。

**（三）合成高分子防水涂料**

合成高分子防水涂料是以合成橡胶或合成树脂为主要成膜物质配制而成的单组分或多组分防水涂料。由于合成高分子材料本身性能优良，与前两类防水涂料相比，具有高弹性、高耐久性及优良的耐高低温性能，也属于薄质涂料。常用的合成高分子防水涂料有聚氨酯防水涂料、丙烯酸酯防水涂料和有机硅防水涂料等。合成高分子防水涂料适用于防水要求较高的屋面及地下防水工程、黑色防水屋面的保护层、厕浴间的防水等。

## 三、刚性防水材料

**（一）防水混凝土**

防水混凝土包括普通防水混凝土、掺外加剂防水混凝土和膨胀剂防水混凝土。普通防水混凝土是以调整配合比方法来提高自身密实性和抗渗性要求的混凝土；掺外加剂防水混凝土是通过掺入化学外加剂提高自身密实性达到抗渗要求的混凝土；膨胀剂防水混凝土又叫补偿收缩防水混凝土，是掺入膨胀剂使混凝土内部毛细管路堵塞从而达到抗渗要求的混凝土。防水混凝土适用于需要结构自身具备抗渗、防水性能的建筑物或构筑物，常用于要求抗渗、防裂的地下工程；刚性屋面防水层、砂浆防水层、砂浆防潮层等。

**（二）防水砂浆**

水泥砂浆防水层按照材料成分不同，可分为刚性多层普通水泥砂浆防水、聚合物水泥砂浆防水和掺外加剂水泥砂浆防水三大类。水泥砂浆防水层是通过严格的操作技术或掺入适量的防水剂、高分子聚合物等材料，提高砂浆的密实性，达到抗渗防水的目的。水泥砂浆防水仅适用于结构刚度大、建筑物变形小、基础埋深小、抗渗要求不高的工程，不适用于有剧烈振动、处于侵蚀性介质及环境温度高于 100 ℃的工程。

### （三）沥青油毡瓦

沥青油毡瓦简称油毡瓦，是以玻璃纤维毡为主要胎基材料，经浸渍和涂盖优质氧化沥青后，上表面覆盖彩色矿物粒料或片料，下表面覆盖细砂隔离材料和自粘沥青并覆防粘膜，经切割制成的瓦状屋面防水材料。沥青油毡瓦具有轻质、美观的特点，适用于各种形式的屋面。

### （四）混凝土屋面瓦

混凝土屋面瓦亦称水泥屋面瓦，是以水泥为基料，加入金属氧化物、化学增强剂，并涂饰透明外层涂料制成的屋面瓦材。

### （五）聚氯乙烯瓦

聚氯乙烯瓦（UPVC 轻质屋面瓦）是一种新型的屋面防水材料，是以硬质聚氯乙烯（UPVC）为主体材料，分别加以热稳定剂、润滑剂、填料以及光屏蔽剂、紫外线吸收剂、发泡剂等，经混合、塑化并经三层共挤成型而得到的三层共挤芯层发泡板。

## 四、基层处理剂

基层处理剂是在防水层施工前，预先涂刷在基层表面上，起到增强防水卷材、防水涂膜与基层之间黏结力的一种溶液。不同性质的防水卷材、防水涂膜应使用与之相容（配套）的基层处理剂。

### （一）沥青卷材防水层的基层处理剂

沥青卷材防水层的基层处理剂是冷底子油。冷底子油是由 10 号或 30 号石油沥青溶于挥发性有机溶剂所调制成的溶液，黏度小，能渗入基层内部。待溶剂挥发后，在基层上形成一层黏结牢固的沥青薄膜，能有效地提高沥青胶结材料与基层的黏结力。采用轻柴油或煤油为溶剂配制的为慢挥发性冷底子油，沥青溶剂质量配合比为 4∶6；采用汽油为溶剂配制的为快挥发性冷底子油，沥青溶剂质量配合比为 3∶7。

冷底子油一般现场配制，有热配法和冷配法。热配法是将沥青加热熔化脱水，然后盛入桶内冷却，温度达 140 ℃（慢挥发性）或 110 ℃（快挥发性）以下时，将沥青呈细流状缓慢注入到定量溶剂中，并不断搅拌，直至沥青全部熔化均匀。热配法配制时间短，含杂质水分少，质量较好，可大量配制使用。冷配法是将沥青打碎成 5 ~ 10 cm 见方的小块后，按质量比缓慢加入溶剂中，不断搅拌至沥青全部熔化均匀。冷配法属于冷操作，较安全，但配制时间长，沥青中的杂质和水分难以除掉，质量较差，仅在少量配制时使用。

### （二）高聚物改性沥青卷材和合成高分子卷材的基层处理剂

高聚物改性沥青卷材和合成高分子卷材的品种繁多，卷材材料性能不同，采用的基层处理剂也不尽相同。基层处理剂一般由卷材生产厂家配套供应，施工时，可参照说明书要求进行选用。

## 五、胶粘剂

胶粘剂是涂布于基层与卷材、卷材与卷材之间起黏结作用的一种流态或半流态材料。不同性质的卷材，所用的胶粘剂也不尽相同，应根据卷材性质选择相应的胶粘剂。

### （一）沥青防水卷材的胶粘剂

沥青防水卷材的胶粘剂为沥青玛𤧛脂（简称沥青胶），是用一种或两种标号不同的石油沥青按一定配合比熔合后,加入适当品种和数量的填充料配制而成的胶结剂。矿物填充料可以提高沥青胶的耐热度、增加韧性和黏结力、增加抗老化能力等。填充料宜采用滑石粉、板岩粉、云母粉、石棉粉等。

沥青胶的标号以耐热度表示,标号有 S－60～S－85。使用时应根据屋面的使用条件、坡度和当地历年极端最高气温,按规范的规定选用。沥青胶的质量以耐热度、柔韧性、黏结力三项指标控制,其要求如表 9-8 所示。

**表 9-8 沥青玛瑺脂的质量要求**

<table>
<tr><th rowspan="2">指标名称</th><th colspan="6">标号</th></tr>
<tr><th>S－60</th><th>S－65</th><th>S－70</th><th>S－75</th><th>S－80</th><th>S－85</th></tr>
<tr><td rowspan="2">耐热度</td><td colspan="6">用 2 mm 厚的沥青玛瑺脂黏合两张沥青油纸,于不低于下列温度中,在 1∶1坡度上停放 5 h,沥青玛瑺脂不应流淌,油纸不应滑动</td></tr>
<tr><td>60 ℃</td><td>65 ℃</td><td>70 ℃</td><td>75 ℃</td><td>80 ℃</td><td>85 ℃</td></tr>
<tr><td rowspan="2">柔韧性</td><td colspan="6">涂在沥青油纸上的 2 mm 厚的沥青玛瑺脂层,在(18 ±2)℃时,围绕下列直径的圆棒,用 2 s 的时间以均衡速度弯成半周,沥青玛瑺脂不应有裂纹</td></tr>
<tr><td>10 mm</td><td>15 mm</td><td>15 mm</td><td>20 mm</td><td>25 mm</td><td>30 mm</td></tr>
<tr><td>黏结力</td><td colspan="6">用手将两张用沥青玛瑺脂粘贴在一起的油纸慢慢地一次撕开,从油纸和沥青玛瑺脂的粘贴面的任何一面的撕开部分,应不大于粘贴面面积的 1/2</td></tr>
</table>

沥青胶的配制方法有热配法和冷配法,配制时必须按实验室确定的配合比严格配料。热配法是先将沥青破碎成小块,放入锅中加热至 160～180 ℃,使其熔化脱水,并除去杂质,再呈细流状缓慢加入到经预热至 120～140 ℃干燥的填充料中,同时不断搅拌均匀,继续加热至 220～240 ℃,且表面无泡、疙瘩时即可。注意升温不可太快,又不宜时间过长,否则容易使沥青老化变质,以 3～4 h 为宜。熬好的沥青胶应在 8 h 内用完,并保持使用温度不低于 190 ℃。热沥青玛瑺脂(沥青胶)需要热施工,劳动条件和安全性较差,对环境也有污染。冷沥青玛瑺脂是由石油沥青、填充料、溶剂等配制而成的冷用沥青胶结材料。冷沥青玛瑺脂施工操作方便,减少环境污染,目前已由工厂批量生产。冷沥青玛瑺脂在夏季使用时,无需加热;低温下使用时,需加热至 60～70 ℃。使用前,应充分拌和均匀。

### (二)高聚物改性沥青卷材和合成高分子卷材的胶粘剂

高聚物改性沥青防水卷材和合成高分子防水卷材的胶粘剂有基层与卷材粘贴的胶粘剂和卷材与卷材搭接的胶粘剂两种。按其组成材料可分为改性沥青胶粘剂和合成高分子胶粘剂。这些胶粘剂均由卷材生产厂家配套生产供应。胶粘剂的质量要求如表 9-9 所示。

**表 9-9 胶粘剂的质量要求**

| 项目 | 高聚物改性沥青卷材 | 合成高分子卷材 |
|---|---|---|
| 黏结剥离强度(N/10 mm) | ≥8 | ≥15 |
| 浸水 168 h 黏结剥离强度保持率(%) | — | ≥70 |

## 六、建筑防水密封材料

建筑防水密封材料是以高分子材料为主体,加入适量的填充料和其他化学助剂配制而成的膏状防水材料。

建筑防水密封材料按照材质的不同,可分为改性沥青密封材料和合成高分子密封材料两类;按照形态不同,可分为不定型密封材料和定型密封材料两类。不定型密封材料呈黏稠状,将其嵌入缝中,具有良好的水密性、气密性、弹性、黏结性、耐老化性等特点,是建筑工程中常用的密封材料。定型密封材料是将密封材料加工成特定的形状,如密封条、密封带、密封垫等,供工程中特殊的密封部位使用。目前,常用的不定型密封材料有沥青嵌缝油膏、聚氯乙烯接缝膏、塑料油膏、丙烯酸类密封膏、聚氨酯密封膏、聚硫密封膏和硅酮密封膏等;常用的定型密封材料包括密封条和止水带,如铝合金门窗橡胶密封条、丁腈橡胶 PVC 门窗密封条、自粘性橡胶、橡胶止水带、塑料止水带等。定型密封材料按密封机理的不同,可分为遇水非膨胀型和遇水膨胀型两类。

**特别提示**

防水材料是防水工程的物质基础,是保证建筑物与构筑物防止雨水浸入、地下水及其他水分渗透的主要屏障。防水材料的优劣对建筑防水工程影响极大。防水工程施工前,必须严格把握材料的质量关,确保使用合格的防水材料。

# 任务二　防水工程的分类与等级

工业与民用建筑的防水工程一般可分为屋面防水与地下防水两部分。无论是屋面还是地下的防水工程,要做到防而不渗不漏,它涉及防水工程所采用的材料、设计构造与施工等多方面的因素。工程实践表明,防水工程施工质量是保证防水质量与效果的主要环节。因此,在防水工程施工中,必须严格把好质量关,切实保证防水工程质量。

## 一、防水工程的等级

### (一)屋面工程防水等级

根据《屋面工程质量验收规范》(GB 50207—2012)的规定,屋面工程应根据建筑物的性质、重要程度、使用功能要求,以及防水层耐用年限等,将屋面防水分为四个等级进行设防,如表 9-10 所示。

### (二)地下工程防水等级

随着我国经济的迅速发展,高层建筑日益增多,由于深基础的设置和建筑功能的要求,一般设有一层或多层地下室。由于地下工程埋在地下或水下,常年受到潮湿和地下水的有害影响,所以对地下工程防水的设计与施工,与屋面防水工程相比,其防水技术难度更大,防水质量要求更高、更严,因此地下工程防水技术更受人们的关注和重视。

为了保证地下工程的正常使用,必须根据地下工程防水等级的要求,选择合适的防水方案和采取有效的防水措施。地下工程防水等级根据《地下防水工程质量验收规范》(GB 50208—2011)的规定,按围护结构允许渗漏水量的多少划分为四级,各等级标准如表 9-11 所示。

**表 9-10　屋面防水等级和设防要求**

| 项目 | 屋面防水等级 | | | |
|---|---|---|---|---|
| | Ⅰ | Ⅱ | Ⅲ | Ⅳ |
| 建筑物类别 | 特别重要或对防水有特殊要求的建筑 | 重要的建筑和高层建筑 | 一般的建筑 | 非永久性的建筑 |
| 防水层合理使用年限 | 25 年 | 15 年 | 10 年 | 5 年 |
| 防水层选用材料 | 宜选用合成高分子防水卷材、高聚物改性沥青防水卷材、金属板材、合成高分子防水涂料、细石混凝土等材料 | 宜选用高聚物改性沥青防水卷材、合成高分子防水卷材、金属板材、合成高分子防水涂料、高聚物改性沥青防水涂料、细石混凝土、平瓦、油毡瓦等材料 | 宜选用三毡四油沥青防水卷材、高聚物改性沥青防水卷材、合成高分子防水卷材、金属板材、高聚物改性沥青防水涂料、合成高分子防水涂料、细石混凝土、平瓦、油毡瓦等材料 | 宜选用二毡三油沥青防水卷材、高聚物改性沥青防水涂料等材料 |
| 设防要求 | 三道或三道以上防水设防 | 二道防水设防 | 一道防水设防 | 一道防水设防 |

**表 9-11　地下工程防水等级标准**

| 防水等级 | 标准 |
|---|---|
| 一级 | 不允许渗水，结构表面无湿渍 |
| 二级 | 不允许漏水，维护结构表面有少量湿渍。工业与民用建筑：湿渍总面积不大于总防水面积的 1%，单个湿渍面积不大于 0.1 $m^2$，任意 100 $m^2$ 的防水面积不超过 1 处。其他地下工程：湿渍总面积不大于防水面积的 6%，单个湿渍面积不大于 0.2 $m^2$，任意 100 $m^2$ 的防水面积不超过 4 处 |
| 三级 | 有少量漏水点，不得有线流和漏泥沙。单个湿渍面积不大于 0.3 $m^2$，单个漏水点的漏水量不大于 2.5 L/d，任意 100 $m^2$ 的防水面积不超过 7 处 |
| 四级 | 有漏水点，不得有线流和漏泥沙。整个工程平均漏水量不大于 2 L/($m^2$ · d)，任意 100 $m^2$ 防水面积的平均漏水量不大于 4 L/($m^2$ · d) |

## 二、防水工程的分类与设防原则

### （一）防水工程的分类

防水工程按其构造做法可分为结构自防水（即依靠建筑物构件材料自身的密实性及某些构造措施，达到防水的目的）和附加防水层防水（即在建筑物需要防水的部位附加防水材料做成的防水层，以达到防水的目的）两大类；按防水材料的性能不同，可分为柔性防水（如卷材防水、涂膜防水等）和刚性防水（如水泥砂浆防水、细石混凝土防水等）两大类；按建筑工程不同部位，可分为屋面防水、地下防水、室内厕浴间的楼地面防水等。

柔性防水层具有一定的柔韧性，对结构的振动和微小变形有一定的适应性，但柔性防水层强度低，抗穿刺、抗老化性能差。刚性防水层材料价格便宜，耐久性好，但对变形和振动的适应性差。在防水工程中，应根据建筑工程各自的特点正确选用防水措施。在重要的防水工程中，如能将几种防水层复合使用，将会收到更佳的防水效果。

**（二）防水工程的设防原则**

（1）屋面防水工程应根据建筑物的性质、重要程度、使用功能要求以及防水层合理使用年限，按《屋面工程质量验收规范》（GB 50207—2012）中有关规定进行设防。

（2）地下防水工程应按《地下防水工程质量验收规范》（GB 50208—2011）中的有关规定进行设防。

（3）对细部构造（施工缝、变形缝、后浇带等），应根据不同防水等级选用不同的防水措施进行密封处理，防水等级越高，所采取的防水措施越多。

（4）多道设防主要利用不同防水材料的特性，采用卷材、涂料、刚性防水复合使用，体现防水工程“刚柔相济”的设防原则。

（5）防水等级为1、2级的地下防水工程，大多是比较重要、使用年限较长的工程。防水混凝土抵抗地下水的侵蚀，防水效果有限，应根据不同防水等级选取多道防水措施。

# 任务三　屋面防水工程施工

屋面防水工程是指为防止雨水或人为因素产生的水从屋面渗入建筑物所采取的一系列结构构造措施和建筑措施。屋面防水工程主要有刚性防水屋面、卷材防水屋面和涂膜防水屋面等。

## 一、刚性防水屋面

**（一）一般构造及适用范围**

刚性防水屋面是指利用刚性防水材料做防水层的屋面。刚性防水屋面构造如图9-1所示。刚性防水屋面主要有普通细石混凝土防水屋面、补偿收缩混凝土防水屋面、预应力混凝土防水屋面、块体刚性防水屋面、钢纤维混凝土防水屋面等。刚性防水屋面价格便宜，耐久性好，维修方便。但是刚性防水层材料表观密度大，抗拉强度低，极限拉应变小，易受混凝土或砂浆的干湿变形、温度变形和结构变位而产生裂缝。刚性防水屋面适用于防水等级为Ⅰ～Ⅲ级的屋面防水，不适用于设有松散材料保温层的屋面以及受较大振动或冲击和坡度大于15%的建筑屋面。刚性防水层的节点部位应与柔性材料结合使用，防止节点处应力产生变形裂缝，保证防水结构的可靠性。

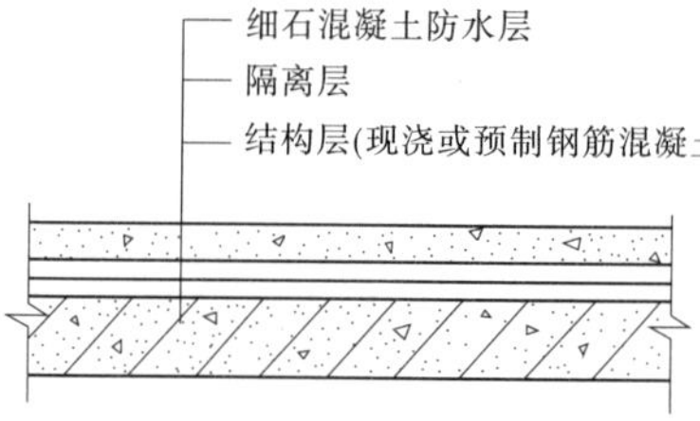

**图9-1　刚性防水屋面构造**

当屋面结构层为装配式钢筋混凝土时，应用细石混凝土嵌缝，其强度等级不应低于C20，灌缝的细石混凝土宜掺入膨胀剂。当屋面板的缝宽大于40 mm或上窄下宽时，板缝内应设置构造钢筋。灌缝深度与板面齐平，板端应用密封材料嵌缝处理。

施工环境温度宜为5～35 ℃,应避免在低温或烈日暴晒下施工,也不宜在大风的天气中施工,以避免混凝土、砂浆受冻或失水。

**(二)隔离层施工**

在结构层与防水层之间,宜增加一层低强度等级砂浆、卷材、塑料薄膜等材料,起隔离作用,使结构层和防水层变形不受约束,以减少防水混凝土产生拉应力而导致防水层开裂。

(1)石灰黏土砂浆隔离层施工。预制板缝填嵌细石混凝土后,板面应清扫干净,洒水湿润,但不得有积水。按石灰膏∶砂∶黏土＝1∶2.4∶3.6配制材料,配制的材料应拌和均匀,砂浆以干稠为宜。石灰黏土砂浆隔离层,铺抹的厚度为10～20 mm,要求表面平整、压实、抹光,待砂浆基本干燥后,方可进行下道工序施工。

(2)石灰砂浆隔离层施工。施工方法同上,砂浆配合比为:石灰膏∶砂＝1∶4。

(3)卷材隔离层施工。先用1∶3水泥砂浆将结构层找平,并压实抹光养护,再在干燥的找平层上铺一层3～8 mm干细砂滑动层,在其上铺一层卷材,搭接缝用热沥青玛琋脂。也可以在找平层上直接铺一层塑料薄膜。

做好隔离层继续施工时,应对隔离层加强保护。混凝土运输时,不能直接在隔离层表面进行,应采取加垫板等措施;绑扎钢筋时,不得扎破隔离层表面;浇捣混凝土时,更不能振酥隔离层。

**(三)刚性防水层施工**

*1.细石混凝土防水层施工*

(1)分格缝留置与铺设钢筋网片。分格缝留置是为了减少防水层因温差、混凝土干缩、徐变、荷载和振动、地基沉陷等变形而造成防水层开裂。钢筋网片按设计要求铺设,网片直径为4～6 mm、间距为100～200 mm,双向布置。采用绑扎和焊接均可,其位置以居中偏上为宜,保护层不小于10 mm。钢筋要调直、除锈、去污,绑扎钢筋的搭接长度必须大于250 mm,焊接搭接长度不小于25倍钢筋直径,同一截面内接头数量不得超过钢筋面积的1/4,但分格缝的钢筋要断开。

(2)浇捣细石混凝土防水层。浇捣细石混凝土前,应将隔离层表面的浮渣、杂物清除干净,检查隔离层质量及平整度、排水坡度和完整性,支好分格缝模板,标出混凝土浇捣厚度,厚度不应小于40 mm。

细石混凝土不得使用火山灰水泥,当采用矿渣水泥时,应采取减少泌水性的措施。粗、细骨料含泥量不应大于1%和2%,水灰比不应大于0.55,每立方米混凝土水泥用量不得小于330 kg,含砂率宜为35%～40%,灰砂比宜为1∶(2～2.5),混凝土强度等级不应低于C20。

混凝土搅拌应采取机械搅拌,搅拌时间不宜小于2 min,混凝土在运输过程中,应防止漏浆和离析。混凝土的浇捣应按“先远后近,先高后低”的原则进行。一个分格缝范围内的混凝土,必须一次浇捣完成,不得留施工缝。

混凝土宜采用机械振捣,如无振捣器,可先用木棍等插捣,再用小磙(30～40 kg、长600 mm左右)来回滚压,边插捣边滚压,直至密实和泛浆。混凝土泛浆后,用铁抹子压实抹平,并要确保防水层的厚度和排水坡度。混凝土防水层厚度不宜小于40 mm,排水坡度宜控制在2%～3%。

混凝土吸水初凝后,及时取出分格缝隔板,用铁抹子第二次压实抹光,并及时修补分格缝的残缺部位，做到平直整齐。待混凝土终凝前，进行第三次压实抹光，要求做到表面平光，不起砂、起层，无抹板压痕为止，抹压时不得撒干水泥或干水泥砂浆。待混凝土终凝后，必须立即进行养护，应优先采用表面喷洒养护剂养护，养护时间不得少于 14 d。

2. 补偿收缩混凝土防水层施工

补偿收缩混凝土是在细石混凝土中掺入膨胀剂拌制而成的，硬化后的混凝土产生微膨胀，以补偿混凝土的收缩。在细石混凝土配筋的情况下，由于钢筋限制混凝土膨胀，从而使混凝土产生自应力，混凝土致密，提高了混凝土的强度和抗渗性。补偿收缩混凝土防水层施工要求与普通细石混凝土防水层大致相同，但存在以下特殊要求：

（1）在直径为 4 ~6 mm、间距为 100 ~200 mm 配筋条件下，补偿收缩混凝土的自由膨胀率应为 0.05% ~0.10%，约束膨胀率稍大于 0.4%，自应力值为 0.2 ~0.7 MPa。

（2）混凝土配合比的确定。参考有关数据和经验，选定三个不同配合比，按选定的配合比拌和制作三组试样，每组试样制作三块试件。不同配合比的试件，经 24 h 拆模，用卡尺量出试件的初始长度 $L_0$，然后置试件于水中养护，每天测量一次直至最大膨胀值，再按式(9-1)计算其自由膨胀率：

$$\varepsilon_{max} = (L_{max} - L_0)/L_0 \tag{9-1}$$

式中 $\varepsilon_{max}$——混凝土最大膨胀率；

$L_{max}$——试件最大实测长度，mm；

$L_0$——试件 1 d 龄期的初始实测长度，mm。

根据测量数据，计算出每组三个试件的最大自由膨胀率的算术平均值，其值在 0.05% ~0.10% 的那一组混凝土的配合比，即为确定的配合比。

（3）原材料的配合比应按质量称量，其允许偏差值为水泥 ±1%、膨胀剂 ±1%、骨料 ±2%、水 ±1%。

（4）膨胀剂的掺量应按配合比准确称量。搅拌投料时，膨胀剂应与水泥同时加入，混凝土搅拌时间不得少于 3 min。

**（四）分格缝处理**

细石混凝土防水层的分格缝应设在屋面板的支撑端、屋面转折处、防水层与突出屋面结构的交接处，其纵横间距不宜大于 6 m。分格缝可采用嵌填密封材料并加贴防水卷材的办法进行处理，以增加防水可靠性。分格缝的基本构造如图 9-2 所示。

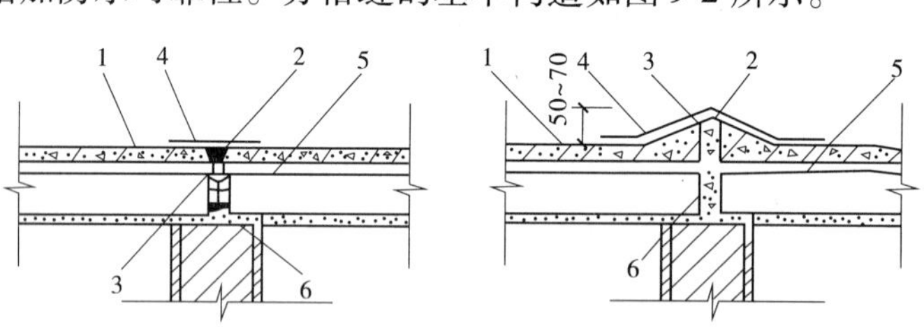


1—刚性防水层；2—密封材料；3—背衬材料；4—防水卷材；5—隔离层；6—细石混凝土

**图 9-2　分格缝的基本构造**

分格缝的嵌缝应在混凝土浇水或蓄水养护完毕后，用水冲洗干净且达到干燥（含水量不大于 10%）进行。雾天、混凝土表面有冰冻或有霜露时，分格缝不得施工。分格缝应纵、横相互贯通，如有间隔应凿通。缝边如有缺边掉角，必须修补完整，达到平整、密实，不得有蜂窝、露筋、起皮、松筋等现象。分格缝必须清理干净,缝壁和缝两外侧 50 ~ 60 mm 内的水泥浮浆、残余砂浆和杂物,必须用刷缝机或钢丝刷刷除,并用吹尘工具吹净。

### (五)质量要求

刚性防水屋面的施工质量要求包括以下内容:

(1)原材料及配合比必须符合设计要求。施工中,要检查材料的出厂合格证、质量检验报告、计量措施和现场抽样复检报告。

(2)防水层不得有渗漏或积水现象。施工完成后,要进行雨后或淋水、蓄水检验。

(3)防水层在天沟、檐沟、檐口、水落口、泛水、变形缝和伸出屋面管道的防水构造,必须符合设计要求。

(4)防水层表面应平整、压实抹光,不得有裂缝、起壳、起砂等缺陷;防水层的厚度和钢筋位置应符合设计要求;分格缝的位置和间距应符合设计要求;细石混凝土防水层表面平整度的允许偏差为 5 mm,施工中采用 2 m 靠尺和楔形塞尺进行检查。

## 二、卷材防水屋面

### (一)卷材防水屋面的构造及适用范围

卷材防水屋面是用胶结材料粘贴卷材进行防水的屋面。卷材防水屋面质量轻,防水性能好,防水层的柔韧性好,能适应一定程度的结构振动和胀缩变形。防水卷材有沥青防水卷材、高聚物改性沥青防水卷材和合成高分子防水卷材等三大系列,适用于防水等级为Ⅰ~Ⅳ级的屋面防水。卷材防水屋面的构造如图 9-3 所示。

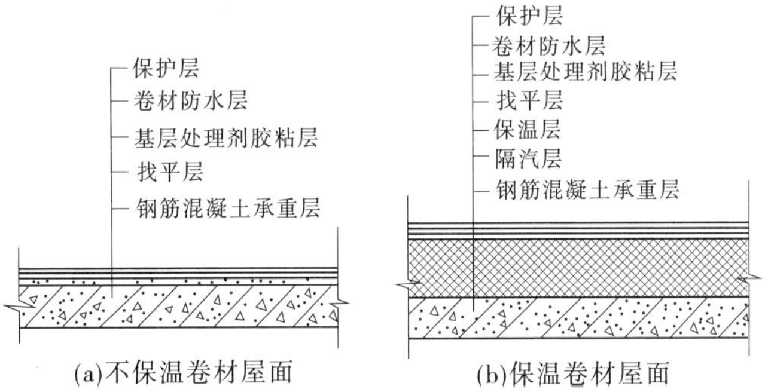


图 9-3　卷材防水屋面的构造

### (二)找平层施工

1. 一般规定

(1)找平层。一般有水泥砂浆找平层、细石混凝土找平层和沥青混凝土找平层。找平层的厚度和技术要求应符合表 9-12 的规定。

(2)找平层宜留设分格缝。分格缝应留设在板端缝处,其纵横缝的最大间距为:采用水泥砂浆或细石混凝土找平层时,不宜大于 6 m;采用沥青砂浆找平层时,不宜大于 4 m。分格缝宽宜为 20 mm,缝内嵌填密封材料。分格缝兼作排气屋面的排气通道时,可适当加宽,并应与保温层连通。

(3)找平层表面应压实平整,排水坡度应符合设计要求。采用水泥砂浆找平层时,水泥砂浆抹平收水后应二次压光,充分养护,不得有疏松、起砂、起皮等现象。

**表 9-12 找平层的厚度和技术要求**

| 类别 | 基层种类 | 厚度（mm） | 技术要求 |
|---|---|---|---|
| 水泥砂浆找平层 | 整体混凝土 | 15 ~ 20 | 1∶2.5 ~ 1∶3（水泥∶砂，体积比），水泥强度等级不低于 32.5 级 |
| | 整体或板状材料保温层 | 20 ~ 25 | |
| | 装配式混凝土板，松散材料保温层 | 20 ~ 30 | |
| 细石混凝土找平层 | 松散材料保温层 | 30 ~ 35 | 混凝土强度等级不低于 C20 |
| 沥青砂浆找平层 | 整体混凝土 | 15 ~ 20 | 1∶8（沥青∶砂，质量比） |
| | 装配式混凝土板<br>整体或板状材料保温层 | 20 ~ 25 | |

（4）基层与突出屋面结构（女儿墙、山墙、天窗壁、变形缝、烟囱等）的连接处和基层的转角处（水落口、檐口、天沟、檐沟、屋脊等）找平层均应做成圆弧。圆弧半径：沥青防水卷材宜为 50 ~ 100 mm，高聚物改性沥青防水卷材宜为 50 mm，合成高分子防水卷材宜为 20 mm。内部排水的水落口周围，找平层应做成略低的凹坑。

（5）找平层的排水坡度应符合设计要求。平屋面采用结构找坡不应小于 3%，采用材料找坡宜为 2%；天沟、檐沟纵向找坡不应小于 1%，沟底水落差不得超过 200 mm。

（6）找平层的基层采用装配式钢筋混凝土板时，应符合下列规定：板端、侧缝应用细石混凝土灌缝，其强度等级不应低于 C20；板缝宽度大于 40 mm 或上窄下宽时，板缝内应设置构造钢筋；板端缝应进行密封处理。

2. *水泥砂浆找平层*

（1）基层处理。当基层为结构层时，屋面板应牢固安装，相邻板面应控制在 10 mm 以内，缝口大小基本一致，上口缝不应小于 20 mm，靠非承重墙的一块板离开墙面应有 20 mm 的缝隙。当板缝宽大于 40 mm 时，板缝内必须配置构造钢筋。灌缝前，剔除板缝内的石渣，用高压水冲洗，支牢缝底模板，板缝内浇筑掺有微膨胀剂的细石混凝土。混凝土基层表面要清扫干净，充分洒水湿润，但不得积水。当基层为保温层时，厚度要均匀平整，否则要重铺或修整。保温层表面只能适当洒水湿润，不宜大量浇水。

基层按规定处理后，经检验合格，基层上均匀地涂刷素水泥浆一道。

（2）冲筋、设置分格缝。用与找平层相同的水泥砂浆做灰饼、冲筋，冲筋间距一般为 1.0 ~ 1.5 m。为了避免或减少找平层开裂，屋面找平层宜留置分格缝。按设计要求，在基层上弹线标出分格缝的位置，若为预制屋面板，则分格缝应与板缝对齐。分格缝纵横缝的最大间距不宜大于 6 m。安放分格缝小木方应平直、连续，其高度同找平层，宽度应符合设计要求，一般上宽下窄，便于取出。

（3）铺设砂浆。按由远及近的程序铺设砂浆，分格缝内宜一次连续铺完，同时严格掌握坡度，可用铝质直尺找坡、找平。待砂浆稍收水后，用木抹子压实、抹平，用铁抹子压光。终凝前，轻轻取出分格缝条。

（4）养护。找平层铺设 12 h 以后，应覆盖洒水养护或喷涂冷底子油养护。

（5）含水量。柔性防水层对基层的含水量必须达到规定的要求，否则会引起防水层起鼓和剥离。因此,防水层施工前,应对基层含水量进行测试,一般可将 1 $m^2$ 卷材平坦地干铺在找平层上,3 ~4 h 后掀开检查,找平层覆盖部位及卷材上未见水印时,即可铺设防水层。刚性防水层、粉状憎水材料防水层等的基层,对含水量要求不严,无明显水迹即可。

3. 沥青砂浆找平层

(1)基层处理。同水泥砂浆找平层。

(2)涂、刷基层处理剂。在干燥的基层上满涂冷底子油一道,涂刷应薄而均匀,不得有气泡和空白。

(3)分格缝。分格缝小木方的安放与水泥砂浆找平层的做法相同。分格缝纵横缝的最大间距不宜大于 4 m。

(4)铺沥青砂浆。沥青砂浆的摊铺温度一般控制在 150 ~160 ℃。当环境温度在 0 ℃以下时,沥青砂浆的摊铺温度应控制在 170 ~180 ℃。成活温度不低于 100 ℃。

铺设沥青砂浆时,每层压实厚度不超过 30 mm,虚铺厚度为压实厚度的 1.3 ~1.4 倍。摊铺后,要及时将砂浆刮平,然后用平板振捣器或火滚(夏天可不生火)振实或碾压,直至表面平整、稳定、密实度达到要求,没有蜂窝,不出现压痕。滚压不到的边角处,可用热烙铁烫压平整。

铺设沥青砂浆时,尽量不留施工缝,一次铺成。否则,应留斜槎,斜槎处沥青砂浆应碾压密实。

**(三)卷材防水层施工**

1. 材料选择

(1)基层处理剂。基层处理剂是为了增强防水材料与基层之间的黏结力,在防水层施工前,预先涂刷在基层上的涂料。基层处理剂选择应与所用卷材的材性相容。常用的基层处理剂有用于沥青卷材防水屋面的冷底子油,用于高聚物改性沥青防水卷材屋面的氯丁胶沥青乳胶、橡胶改性沥青溶液、沥青溶液和用于合成高分子防水卷材屋面的聚胺酯煤焦油系的二甲苯溶液、氯丁胶乳溶液、氯丁胶沥青乳胶等。

(2)胶粘剂。卷材防水层的黏结材料必须选用与卷材相应的胶粘剂。沥青卷材可选用沥青玛𤧛脂。沥青玛𤧛脂的标号应根据屋面坡度、当地历年室外极端最高气温选用。

高聚物改性沥青卷材可选用橡胶或再生橡胶改性沥青的汽油溶液或水乳液作为胶粘剂,胶粘剂黏结剪切强度应大于 0.05 MPa,黏结剥离强度应大于 8 N/10 mm。

合成高分子防水卷材可选用以氯丁橡胶和丁基酚醛树脂为主要成分的胶粘剂或以氯丁橡胶乳液制成的胶粘剂,胶粘剂黏结剥离强度不应小于 15 N/10 mm,其用量为 0.4 ~0.5 kg/$m^2$。胶粘剂均由卷材生产厂家配套供应。

各种防水卷材及制品均应符合设计要求,具有质量合格证明,进场前应按规范要求进行抽样复验,严禁使用不合格产品。

(3)卷材厚度。卷材厚度的选用应符合表 9-13 的规定。

2. 卷材施工

(1)沥青卷材防水施工。沥青卷材防水层施工,一般工艺流程为:基层表面清理、修补→涂刷冷底子油→节点附加层增强处理→定位、弹线、试铺→铺贴卷材→收头处理、节点密封→蓄水试验→保护层施工→检查验收。

**表 9-13　卷材厚度的选用**

| 屋面防水等级 | 设防道数 | 合成高分子防水卷材 | 高聚物改性沥青防水卷材 | 沥青防水卷材 |
|---|---|---|---|---|
| Ⅰ | 三道或三道以上设防 | 不应小于 1.5 mm | 不应小于 3 mm | — |
| Ⅱ | 二道设防 | 不应小于 1.2 mm | 不应小于 3 mm | — |
| Ⅲ | 一道设防 | 不应小于 1.2 mm | 不应小于 4 mm | 三毡四油 |
| Ⅳ | 一道设防 | — | — | 二毡三油 |

沥青防水卷材的铺设方向应根据屋面坡度和屋面是否有振动来确定。当屋面坡度小于3%时,宜平行于屋脊铺贴;屋面坡度为3% ~15%时,可平行或垂直于屋脊铺贴;屋面坡度大于15%或屋面受震动时,应垂直于屋脊铺贴。卷材防水屋面的坡度不宜超过25%,否则,应在短边搭接处将卷材用钉子钉入找平层内固定,以防卷材下滑。此外,在铺贴卷材时,上、下层卷材不得相互垂直铺贴。

屋面防水层施工时,应先做好节点、附加层和排水比较集中部位(如屋面与水落口连接处、檐口、天沟、屋面转角处、板端缝等)的处理,然后由屋面最低标高处向上施工。铺贴天沟、檐沟卷材时,宜顺天沟、檐沟方向,尽量减少搭接。铺贴多跨和有高低跨的屋面时,应按先高后低、先远后近的顺序进行。大面积屋面施工时,应根据屋面特征及面积大小等因素,合理划分流水施工段。施工段的界线宜设在屋脊、天沟、变形缝等处。

铺贴卷材采用搭接法,上下层及相邻两幅卷材的搭接缝应错开。平行于屋脊的搭接应顺流水方向,垂直于屋脊的搭接应顺主导风向。叠层铺设的各层卷材,在天沟与屋面的连接处,宜采用叉接法搭接。搭接缝应错开,搭接缝宜留在屋面或天沟侧面,不宜留在沟底。各种卷材搭接的宽度应符合表9-14的要求。

**表 9-14　卷材搭接的宽度**　　(单位:mm)

<table>
<tr><th colspan="2" rowspan="2">卷材种类</th><th colspan="2">短边搭接</th><th colspan="2">长边搭接</th></tr>
<tr><th>满粘法</th><th>空铺、点粘、条粘法</th><th>满粘法</th><th>空铺、点粘、条粘法</th></tr>
<tr><td colspan="2">沥青防水卷材</td><td>100</td><td>150</td><td>70</td><td>100</td></tr>
<tr><td colspan="2">高聚物改性沥青防水卷材</td><td>80</td><td>100</td><td>80</td><td>100</td></tr>
<tr><td rowspan="4">合成高分子防水卷材</td><td>胶粘剂</td><td>80</td><td>100</td><td>80</td><td>100</td></tr>
<tr><td>胶粘带</td><td>50</td><td>60</td><td>50</td><td>60</td></tr>
<tr><td>单缝焊</td><td colspan="4">60,有效焊接宽度不小于25</td></tr>
<tr><td>双缝焊</td><td colspan="4">80,有效焊接宽度为10×2+空腔宽</td></tr>
</table>

沥青卷材的铺贴方法有浇油法、刷油法、刮油法、撒油法等四种,通常采用浇油法或刷油法。在干燥的基层上满涂沥青胶,应随浇涂、随铺油毡。铺贴时,油毡要展平压实,使之与下层紧密黏结,卷材的接缝应用沥青胶赶平封严。对容易渗漏水的薄弱部位(如天沟、檐口、泛水、水落口处等),均应加铺1~2层卷材附加层。

(2)高聚物改性沥青卷材防水施工。施工工艺流程与普通沥青卷材防水层相同。高聚物改性沥青防水卷材铺设,可平行或垂直于屋脊铺贴,上、下卷材铺贴不得相互垂直。

依据高聚物改性沥青防水卷材的特性,高聚物改性沥青防水卷材施工可分为冷粘法、热熔法和自粘法三种。在立面或大坡面铺贴高聚物改性沥青防水卷材时,应采用满粘法,并宜减少短边搭接。

冷粘法施工是利用毛刷将胶粘剂涂刷在基层或卷材上,然后直接铺贴卷材,使卷材与基层、卷材与卷材黏结。施工时,胶粘剂涂刷应均匀、不漏底、不堆积,铺贴的卷材下面的空气应排尽,并辊压黏结牢固。铺贴卷材时,应平整顺直,搭接尺寸准确,不得扭曲、皱折,溢出的胶粘剂随即刮平封口。接缝口应用密封材料封严,宽度不小于 10 mm。

热熔法施工是指利用火焰加热器熔化热熔型防水卷材底层的热熔胶进行粘贴。施工时,在卷材表面热熔后(以卷材表面熔融至光亮黑色为度),应立即滚铺卷材,使之平展,并辊压黏结牢固。搭接缝处宜以溢出热熔的改性沥青为度,并应随即刮封接口。加热卷材时,加热应均匀,不得过分的热或烧穿卷材。对厚度小于 3 mm 的高聚物改性沥青防水卷材,严禁采用热熔法施工。

自粘法施工是指采用带有自粘胶的防水卷材,不用热施工,也不需涂胶结材料,而进行黏结。铺贴前,基层表面应均匀涂刷基层处理剂,待干燥后及时铺贴卷材。铺贴时,应先将自粘胶底面隔离纸完全撕净,排除卷材下面的空气,并辊压黏结牢固,不得空鼓。搭接部位宜采用热风焊枪加热后随即粘贴牢固,溢出的自粘胶随即刮平封口。接缝口用不小于 10 mm宽的密封材料封严。

(3)合成高分子卷材防水施工。施工工艺流程与前述相同。合成高分子防水卷材可平行或垂直于屋脊铺贴,上、下层卷材不得相互垂直。合成高分子防水卷材施工一般有冷粘法、自粘法和热风焊接法三种。

冷粘法、自粘法施工要求与高聚物改性沥青防水卷材基本相同,但冷粘法施工时搭接部位应采用与卷材配套的接缝专用胶粘剂。在搭接缝黏合面上,胶粘剂应涂刷均匀,并控制涂刷与黏合的间隔时间,排除空气,辊压黏结牢固。

热风焊接法是利用热空气焊枪进行防水卷材搭接黏合。焊接前,卷材铺放应平整顺直,搭接尺寸准确。施工时,焊接缝的结合面应清扫干净,应无水滴、油污及附着物。先焊长边搭接缝,后焊短边搭接缝。焊接处不得有漏焊、缺焊、焊焦或焊接不牢等现象,也不得损害非焊接部位的卷材。

**(四)排汽屋面孔道留设**

卷材应铺设在干燥的基层上。当屋面保温层或找平层干燥有困难而又急需铺设屋面卷材时,应采用排汽屋面。排汽屋面与垂直面连接的地方,隔汽层应延伸到保温层顶部,并高出 150 mm,以便与防水层相连。排汽屋面应整体、连续,防止房间内水蒸气进入保温层,造成防水层起鼓破坏。屋面保温层含水量必须符合设计要求。在铺贴第一层卷材时,采用条粘、点粘、空铺等方法,使卷材与基层直接留有纵横相互贯通的空隙作排汽道,如图 9-4 所示。排汽道的宽度为 30 ~ 40 mm,深度一直到结构层。对于有保温层的屋面,也可以在保温层上的找平层上留槽作排汽道,并在屋面或屋脊上设置排汽孔(每 36 $m^2$ 左右一个)与大气相通,这样就能使潮湿基层中的水分蒸发排出,防止了油毡起鼓。排汽屋面适用于气候潮湿、雨量充沛、夏季雨量较多、保温层或找平层含水量较大且干燥有困难的地区。

出屋面的排汽管,由于热胀冷缩,容易引起管道与混凝土脱开,混凝土的干缩变形易形

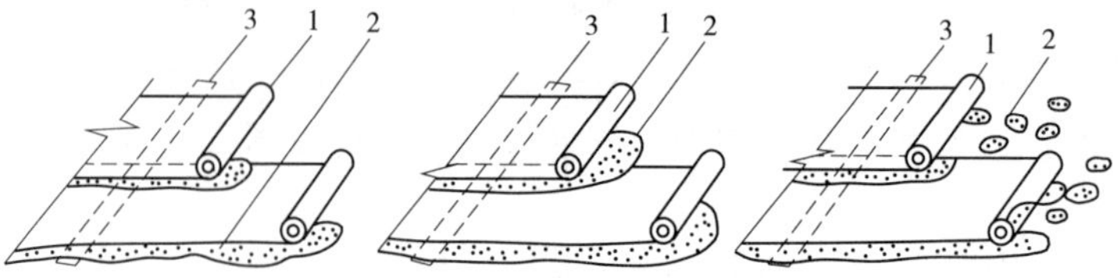


(a)空铺法　(b)条粘法　(c)点粘法

1—卷材;2—玛𤧛脂;3—附加卷材

**图9-4　排汽屋面卷材铺法**

成孔道周围的环向裂缝。因此,屋面管道处防水层应做附加增强层。管道与找平层间应留设凹槽,并嵌填密封材料,防水层收头处应用金属箍箍紧,并用密封材料封严。为确保管道根部的水分迅速排走,此处的找平层应做成圆锥台,如图9-5所示。具体做法如下:

(1)管道根部500 mm范围内,砂浆找平层应抹出高30 mm坡向周围的圆台,以防积水。

(2)管道与基层处应预留200 mm×200 mm的凹槽,槽内用密封材料嵌填严密。

(3)管道四周应除锈,管道根部四周做附加增强层,宽度不小于300 mm。

(4)防水层贴在管道上的高度不得小于300 mm。附加层卷材应剪出切口,上、下层切缝粘贴时错开,严密压盖。

(5)附加层及卷材防水层收头处用金属箍箍紧在管道上,并用密封材料封严。

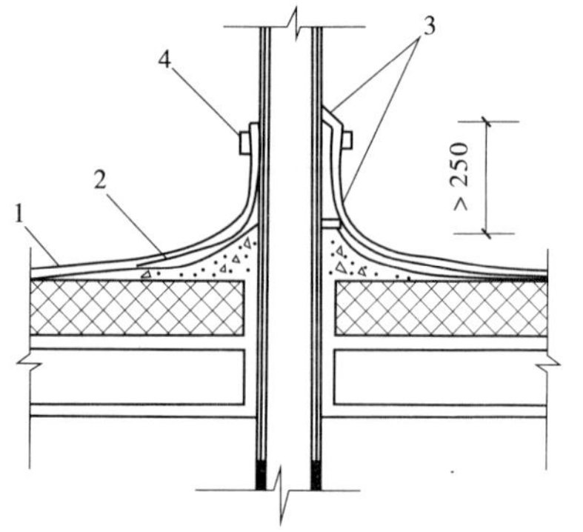


1—防水层;2—附加层;3—密封材料;4—金属箍

**图9-5　伸出屋面管道防水构造**

**(五)屋面保护层施工**

由于屋面防水层长期受阳光辐射、雨雪冰冻、上人活动等影响,很容易使防水层遭到破坏,必须加以保护,以延长防水层的使用年限。常用的各种保护层的做法有以下几种。

*1. 涂料保护层*

在卷材防水层上,直接涂刷浅色或反射涂料,起阻止紫外线、臭氧的作用和对阳光的反射作用,并可降低防水层表面温度。目前,常用的保护层涂料有铝基沥青悬浊液、丙烯酸浅色涂料或在涂料中掺入铝粉的反射涂料等。涂刷方法与用量,按各种涂料使用说明书进行,涂刷工具、操作方法和要求与涂膜防水施工相同。涂刷应均匀,避免漏涂。

*2. 绿豆砂保护层*

绿豆砂保护层多用于非上人沥青卷材屋面。在卷材表面涂刷最后一道沥青玛𤧛脂后,趁热铺撒一层粒径为3~5 mm的绿豆砂(或人工砂)。绿豆砂颗粒均匀,并用水冲洗干净,使用时应在铁板上预先加热干燥(温度130~150 ℃)。铺撒时要均匀,扫时要铺平,不能有重叠堆积现象。扫过后马上用软辊轻轻碾一遍,使砂粒一半嵌入玛𤧛脂内。

*3. 细砂、蛭石及云母保护层*

细砂多用于涂膜和冷玛𤧛脂面层的保护层。当最后一次涂刷涂料或冷玛𤧛脂时,随即将细砂铺撒均匀,并用软胶辊反复轻轻碾压,使细砂牢固地黏结在涂层上。用砂作保护层时,应采用天然砂,砂粒粒径不得大于涂层厚度的1/4。

蛭石或云母主要用于涂膜防水层的保护层，只能用于非上人屋面。当涂刷最后一道涂料时，应边涂刷、边撒布云母或蛭石，同时，用软质的胶辊在保护层上反复轻轻辊压，以使保护层牢固地黏结在涂层上。涂层干燥后，应扫除未黏结材料并收集起来再用。

4. 水泥砂浆保护层

水泥砂浆保护层厚度一般为 15 ~ 25 mm，配合比一般为：水泥：砂 = 1：(2.5 ~ 3)(体积比)。若为上人屋面，砂浆层适当加厚。水泥砂浆保护层与防水层之间一般也应设置隔离层。

由于砂浆干缩较大，在保护层施工前，应根据结构情况，每隔 4 ~ 6 m 用木模设置纵、横分格缝。铺设水泥砂浆时，应随铺、随拍实，并用刮尺找平，排水坡度应符合设计要求。为了保证立面水泥砂浆保护层黏结牢固，在立面防水施工时，预先在防水表面粘上砂粒或小豆石，然后做保护层。

5. 细石混凝土保护层

细石混凝土保护层施工前，应在防水层上铺设隔离层，并按设计要求支设好分格缝木模。当设计无要求时，每分格面积不宜大于 36 $m^2$，分格缝宽度为 20 mm。一个分格内的混凝土应尽可能连续浇筑，不留施工缝。细石混凝土振捣时，宜采用铁辊滚压或人工拍实，不宜采用机械振捣，以免破坏防水层。混凝土振实后，随即用刮尺按排水坡度刮平，并在初凝前用木抹子提浆抹平，初凝后及时取出分格缝木模，终凝前用铁抹子压光。抹平压光时，不宜在表面掺加水泥砂浆或干灰，否则，表面砂浆易产生裂缝或剥落现象。

若采用钢筋细石混凝土保护层，钢筋网片的位置设置在保护层中间偏上部位。在铺设钢筋网片时，用砂浆垫块支垫。

细石混凝土保护层浇筑完毕后，应及时进行养护，养护时间不少于 7 d。养护完毕后，将分格缝清理干净，待干燥后，嵌填密封材料。

6. 块材保护层

块材保护层的结合层一般采用砂或水泥砂浆。块材铺砌前，应根据排水坡度要求挂线，以满足排水要求。保护层铺砌的块体应横平竖直。

在砂结合层上铺砌块体时，砂结合层应洒水压实，并用刮尺刮平，以满足块体铺设的平整度要求。块体应对接铺砌，缝隙宽度为 10 mm 左右。块体铺砌完成后，应适当洒水并轻轻拍平压实，以免产生翘角现象。板缝先用砂填至一半的高度，然后用 1：2 水泥砂浆勾成凹缝。

为防止砂子流失，在保护层四周 500 mm 范围内，应改用低强度等级水泥砂浆做结合层。采用水泥砂浆做结合层时，应在防水层上做隔离层，预制板块材应先浸水湿润并阴干。如块材尺寸较大，可采用铺灰法铺砌。铺砌工作应在水泥砂浆凝结前完成，块体间预留 10 mm的缝隙，铺砌 1 ~ 2 d 后用 1：2 水泥砂浆勾成凹缝。

块体保护层每 100 $m^2$ 以内应留设分格缝，以防止因热胀冷缩而造成板块拱起或板缝过大。分格缝缝宽 20 mm，缝内嵌填密封材料。

上人屋面的预制块体保护层及块体材料应按照楼地面工程质量要求选用。

**(六) 质量要求**

卷材防水屋面的施工质量要求包括以下内容：

(1) 卷材防水层所选用卷材及其配套材料必须符合设计要求。施工中，要检查材料的出厂合格证、质量检验报告和现场抽样复验报告。

(2)卷材防水层不得有渗漏或积水现象。施工完成后,要进行雨后或淋水、蓄水检验。

(3)卷材防水层在天沟、檐沟、檐口、水落口、泛水、变形缝和伸出屋面管道的防水构造,必须符合设计要求。

(4)卷材防水层的搭接应黏结(焊)牢固,密封严密,不得有皱折、翘边和鼓泡缺陷;防水层的收头应与基层黏结并固定牢固,缝口封严,不得翘边。

(5)卷材防水层的撒布材料和浅色涂料保护层,应铺撒或涂刷均匀,黏结牢固;水泥砂浆、块体或细石混凝土保护层与卷材防水层间应设置隔离层;刚性保护层的分格缝留置应符合设计要求。

(6)屋面的排汽道应纵横贯通,不得堵塞。排汽管应安装牢固,位置准确,封闭严密。

(7)卷材的铺贴方向应正确,卷材搭接宽度的允许偏差为 -10 mm。

## 三、涂膜防水屋面

### (一)涂膜防水屋面的构造及适用范围

涂膜防水屋面是在屋面基层上涂刷防水涂料,经固化后形成一层有一定厚度和弹性的整体涂膜,从而达到防水目的的一种防水屋面形式。涂膜防水屋面的构造如图 9-6 所示。涂膜防水屋面施工操作简便,无污染、冷操作、无接缝,能适应复杂基层,防水性能好,温度适应性强,容易修补。它适用于防水等级为Ⅲ级、Ⅳ级的屋面防水,也可作为Ⅰ级、Ⅱ级屋面多道防水设防中的一道防水层。

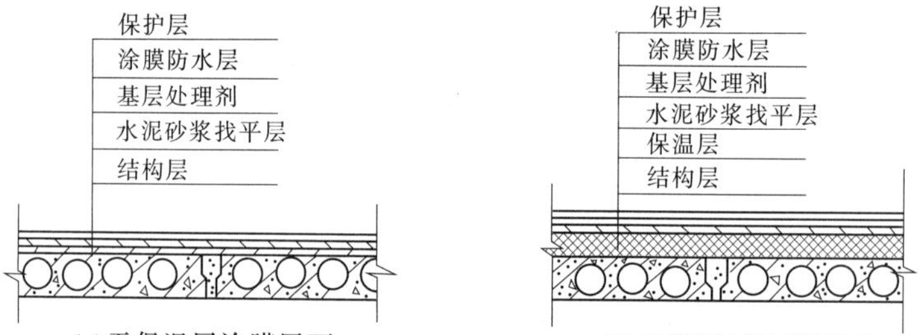


(a)无保温层涂膜屋面　　(b)有保温层涂膜屋面

**图 9-6　涂膜防水屋面构造**

### (二)基层做法及要求

涂膜防水层满涂于找平层(基层)上,要求基层的刚度大,空心板安装牢固,找平层有一定的强度,且要有一定的平整度,不应有起砂、起壳、龟裂、爆皮等现象,尽可能避免裂缝的发生。表面平整度采用 2 m 直尺检查,基层与直尺的最大间隙不应超过 5 mm,间隙仅允许平缓变化。

在基层上应设置分格缝,缝宽 20 mm,并应留在板的支撑处,其间距不宜大于 6 m,分格缝应嵌填密封材料。基层与突出屋面结构连接处及基层转角处应抹成圆弧形或钝角,其半径不小于 50 mm。涂膜防水层的找平层宜采用掺膨胀剂的混凝土,强度等级不低于 C20,厚度不小于 15 mm。

分格缝应在浇筑找平层时预留,分格缝处应铺设带胎体增强材料的附加层,其宽度为

200～300 mm。天沟、檐口等部位，均应加铺宽度不小于 200 mm 的有胎体增强材料的附加层。

水落口周围与屋面交接处，应作密封处理，并加铺两层有胎体增强材料的附加层。涂膜层伸入水落口的深度不小于 50 mm。

泛水处应加铺有胎体增强材料的附加层。泛水处的涂膜防水层宜直接涂刷至女儿墙压顶下，压顶应采用铺贴卷材或涂刷涂料等防水做法。

涂膜防水层的收头处应用防水涂料多遍涂刷，并用密封材料封固严密。

**（三）涂膜防水层施工**

涂膜防水层施工一般工艺流程是：基层表面清理、修理→喷涂基层处理剂→特殊部位附加增强处理→涂布防水涂料及铺贴胎体增强材料→清理与检查修理→保护层施工。

屋面基层（找平层）刮填修补、嵌缝等工序完成后，可进行整个屋面防水层的涂刷。防水涂料涂刷后，应在基层干燥后涂刷一层基层处理剂，基层处理剂可用冷底子油或用稀释后的防水涂料。基层处理剂要涂刷均匀，覆盖完全，干燥后再涂布涂膜防水层。

防水涂料可采用手工抹压、涂刷和喷涂施工。沥青基涂料大多属于厚质涂料，含有较多的填充料，在使用前应搅拌均匀。涂料施工时，涂层厚度应均匀一致，表面平整。由于各种涂料的技术性能不同，每道涂刷厚度应按不同涂料确定。一道涂层涂刷完毕，应在其干燥结膜后，方可涂布后一遍涂料。防水涂膜应由两层以上的涂层组成，涂层总厚度应符合设计要求或规范规定的厚度。对于薄质涂料（高聚物改性沥青防水涂料、合成高分子防水涂料），最上层涂层至少涂刮两遍。涂层的接槎是防水屋面的薄弱处，在施工时要引起重视，接槎应留在嵌缝油膏的嵌缝处。

为了加强防水涂料层对基层开裂、房屋伸缩变形和结构较小沉陷的抵抗能力，在涂刷防水涂料时，可铺设胎体增强材料（聚酯无纺布、化纤无纺布）等。胎体增强材料的层数按设计要求确定，搭接宽度，长边不小于 50 mm，短边不小于 70 mm，上、下及相邻两幅的搭接缝应错开 1/3 幅宽，上、下两层不得相互垂直铺贴。对于天沟、檐沟、檐口、泛水等易产生渗漏的特殊部位，必须加铺胎体增强材料附加层，以提高防水层适应变形的能力。

**（四）涂膜保护层**

为了防止涂料过快老化，涂膜防水屋面应设置保护层。保护层材料可采用细砂、云母、蛭石、浅色涂料、水泥砂浆或块材等。采用水泥砂浆或块材时，应在涂膜与保护层之间设置隔离层。当用细砂、云母、蛭石时，应在最后一遍涂料涂刷后随即撒上，并用扫帚轻扫均匀、轻拍粘牢。当采用浅色涂料作保护层时，应在涂膜固化后进行。

**（五）质量要求**

涂膜防水屋面的施工质量要求包括以下内容：

（1）防水涂料和胎体增强材料必须符合设计要求。施工中，要检查材料的出厂合格证、质量检验报告和现场抽样复验报告。

（2）涂膜防水层不得有渗漏或积水现象。施工完成后，要进行雨后或淋水、蓄水检验。

（3）涂膜防水层在天沟、檐沟、檐口、水落口、泛水、变形缝和伸出屋面管道处的防水构造，必须符合设计要求。

（4）涂膜防水层的平均厚度应符合设计要求，最小厚度不应小于设计厚度的 80%。

（5）涂膜防水层与基层应黏结牢固，表面平整，涂刷均匀，无流淌、皱折、鼓泡、露胎体和翘边等缺陷。

(6)涂膜防水层上的撒布材料或浅色涂膜保护层应铺撒或涂刷均匀，黏结牢固；水泥砂浆、块体或细石混凝土保护层与涂膜防水层间应设置隔离层。

**特别提示**

屋面的天沟、檐沟、檐口、水落口、泛水、变形缝和伸出屋面管道处的防水构造，是屋面工程最容易出现渗漏的薄弱环节。调查表明，在渗漏的屋面工程中，70%以上是节点渗漏。因此，屋面细部的防水构造必须精心施工，严把施工质量关，确保施工质量。

## 任务四　地下防水工程施工

地下防水工程是防止地下水对地下构筑物或建筑物(包括地下室、大型设备基础、沉箱、人防、地下商场、仓库等)的长期浸透，保证地下构筑物或建筑物使用功能正常发挥的一项重要工程。由于地下工程常年受到地表水、潜水、上层滞水、毛细管水等作用，地下工程防水处理比屋面防水工程要求更高，防水技术难度更大。地下工程防水处理不好，严重影响结构的使用功能，甚至会影响建筑物的使用年限，因此地下防水必须高度重视，合理选择有效的防水方案。

地下防水工程的防水方案主要有以下三种类型：

(1)结构自防水。它是以地下结构本身的抗渗性和密实性(即防水混凝土)实现防水功能，使结构承重和防水合为一体。

(2)附加防水层防水。即在结构的外表面加设防水层，以达到防水目的。常用的防水层有水泥砂浆防水层、卷材防水层、涂膜防水层和金属防水层等。

(3)防排结合。即采取防水加排水措施，排水方案可采用盲沟排水、渗排水、内排水等。

### 一、防水混凝土工程施工

防水混凝土是以调整配合比或掺外加剂的方法来提高混凝土本身的密实度、抗渗性、抗蚀性，满足设计对地下工程的抗渗要求，达到防水的目的。防水混凝土既是防水层，又是承重或围护结构。防水混凝土具有取材容易、防水可靠、耐久性好、成本较低、施工方便、工期短及修补较易等优点，因此在地下防水工程中得到广泛的应用。目前，常用的防水混凝土有普通防水混凝土、外加剂或掺合料防水混凝土和膨胀水泥防水混凝土等。防水混凝土适用于一般工业和民用建筑的地下室、地下室泵房、水池、水塔、大型设备基础、沉箱等防水建筑，以及水下通廊、桥墩、码头、水坝等构筑物。防水混凝土的适用范围如表9-15所示。

(1)三乙醇胺防水混凝土。三乙醇胺防水混凝土是在混凝土中加入一定量的三乙醇胺防水剂配制而成的。三乙醇胺防水剂能够提高混凝土的抗渗性，并有早强、增强作用。在普通混凝土中，掺入占水泥用量0.05%的三乙醇胺，能显著提高混凝土的抗渗性，尤其对矿渣硅酸盐水泥的效果更加明显。

三乙醇胺防水混凝土抗渗效果好，质量稳定，施工方便，特别适用于工期紧，要求早强及抗渗性较高的地下防水工程。

**表 9-15 防水混凝土适用范围**

| 种类 | 最高抗渗压力(MPa) | 特点 | 适用范围 |
|---|---|---|---|
| 普通防水混凝土 | >3.0 | 施工简单,材料来源广泛 | 适用于一般工业与民用建筑及公共建筑的地下防水工程 |
| 引气剂防水混凝土 | >2.2 | 抗冻性好 | 适用于北方高寒地区,抗冻性要求较高的防水工程及一般的防水工程,不适用于抗压强度大于 20 MPa 或耐磨性要求较高的防水工程 |
| 减水剂防水混凝土 | >2.2 | 拌和物流动性好 | 适用于钢筋密集或振捣困难的薄壁型防水建筑物,也适用于对混凝土凝结时间(促凝或缓凝)和流动性有特殊要求的防水工程(如泵送混凝土工程) |
| 三乙醇胺防水混凝土 | >3.8 | 早期强度高,抗渗等级高 | 适用于工期紧迫、要求早强及抗渗性较高的防水工程及一般的防水工程 |
| 氯化铁防水混凝土 | >3.8 | | 适用于水中结构无钢筋或少筋、厚度大的防水工程及一般地下防水工程,砂浆修补抹面工程在接触直流电源或预应力混凝土及重要的薄壁结构上不宜使用 |
| 膨胀剂防水混凝土 | >3.8 | 密实性好,抗裂性好 | 适用于地下工程和地下防水构筑物 |

(2)引气剂防水混凝土。引气剂是一种憎水性表面活性物质。混凝土中加入一定量的引气剂后,可在混凝土中产生大量微小的、均匀的气泡,使混凝土流动性增加,易于振捣密实,可减少用水量和减少沉降泌水及混凝土的分层离析。同时,由于大量微小气泡以密闭状态均匀分布在水泥浆中,填充了骨料间的孔隙,隔断了渗水通路,从而提高混凝土抗渗性及抗冻性,达到防水的目的。但是,由于混凝土内存在大量微小气泡,会使混凝土强度相应降低,为此应严格控制引气剂的掺量。对松香酸钠引气剂防水混凝土,引气剂的掺量宜为水泥量的0.1% ~0.3%。另外,为了稳定混凝土中的气泡,一般可加入占水泥量 0.075% 的氯化钙。

引气剂混凝土宜采用机械搅拌。一般加料顺序是:先将石子、水泥、砂一次加入搅拌机,并加入一定量的引气剂溶液(用引气剂与 2/3 的混凝土拌和用水混合拌匀配成)略加搅拌后,再加入一定量氯化钙溶液(用氯化钙与 1/3 的混凝土用水拌匀配成)进行搅拌,搅拌时间应控制在 2 ~3 min。引气剂防水混凝土一般适用于有抗冻及水化热要求的地下防水工程,但当抗压强度要求大于 20 MPa 时,则不宜采用。

(3)减水剂防水混凝土。减水剂防水混凝土是在混凝土中加入一定量的减水剂配制而成的。混凝土中加入减水剂后,可以减少混凝土拌和水用量,减少混凝土中游离水分,泌水率大幅度降低,使混凝土中的毛细孔数量相应减少,混凝土的抗渗性得到明显的提高。

试验表明,混凝土掺入减水剂后,在保持流动性不变时,可减少用水量 10% ~20%,混凝土强度可提高 10% ~30%,抗渗性可提高 1 倍以上。当水泥用量和水灰比不变时,可增加混凝土坍落度 80 ~150 mm,且混凝土的抗渗性和强度仍有不同程度的提高。减水剂防水混凝土配制时，应按工程需要调节水灰比，且减水剂的掺量宜通过试验确定。

减水剂防水混凝土具有抗渗性高、技术经济效果好的优点，因此得到广泛的应用，尤其对施工工艺有特殊要求的防水工程，如为满足滑模、泵送工艺要求而配制的坍落度较大的防水混凝土工程及当钢筋稠密浇捣困难的薄壁型防水结构，更为适用。

(4)氯化铁防水混凝土。氯化铁防水混凝土是在混凝土中加入适量的氯化铁防水剂配制而成的。氯化铁防水剂是由氧化铁和盐酸按一定的比例在常温下进行反应，然后加入适量硫酸铝而制成的，也称为混凝土密实剂。氯化铁防水剂掺量一般为水泥量的3%为宜，过多会造成钢筋锈蚀、混凝土干缩等不利影响。

氯化铁防水剂能大幅度提高混凝土的抗渗性，可以配制出抗渗等级达P40的防水混凝土，是抗渗性能最好的一种外加剂。氯化铁防水剂制作简单，成本较低。氯化铁防水混凝土适用于水中结构、无筋或少筋防水混凝土工程。

**(一)材料的基本要求**

(1)水泥。水泥品种应按设计要求选用，强度等级不应低于42.5级，不得使用过期或受潮结块水泥。在不受侵蚀性介质和冻融作用时，可采用普通硅酸盐水泥、火山灰质硅酸盐水泥、粉煤灰硅酸盐水泥。如采用矿渣硅酸盐水泥，必须掺入外加剂，以降低泌水率。在受冻融作用时，应优先选用普通硅酸盐水泥。

(2)粗骨料。碎石或卵石粒径宜为5~40 mm，含泥量不得大于1.0%，泥块含量不大于0.5%。泵送混凝土时，粗骨料最大粒径应为输送管径的1/4，吸水率不大于1.5%，不得使用碱性骨料。

(3)细骨料。砂宜用中砂，含泥量不得大于3.0%，泥块含量不大于1.0%。

(4)水。水应采用不含有害物质的洁净水。

(5)外加剂。外加剂应符合国家或行业标准一等品及以上的质量要求。

**(二)配合比要求**

(1)试配要求的抗渗水压值应比设计值提高0.2~0.4 MPa。

(2)水泥用量不得小于320 kg/m$^3$；掺有活性掺合料时，水泥用量不得小于280 kg/m$^3$。

(3)砂率宜为35%~45%，泵送时可增至45%，灰砂比宜为1∶2~1∶2.5。

(4)水灰比不得大于0.55。

(5)普通防水混凝土坍落度宜为30~50 mm，泵送防水混凝土坍落度宜为100~140 mm。

**(三)施工要点**

(1)防水混凝土施工时，必须严格按质量配合比准确称量配料。水泥、水、外加剂、掺合料等的计量偏差不应超出±1%；砂、石的计量偏差不应超出±2%。

(2)防水混凝土应采用机械搅拌、机械振捣，搅拌时间不应小于2 min。加入引气剂的混凝土，搅拌时间应为2~3 min；掺入其他外加剂的混凝土，应根据相应的技术要求确定搅拌时间。防水混凝土振捣时间宜为10~30 s，以混凝土表面开始泛浆和不冒气泡为准，避免漏振、欠振和过振。

(3)地下工程的防水混凝土施工必须做好基坑排水和降低地下水位工作，保持基坑干燥，严禁带水操作。

(4)防水混凝土模板安装除满足一般要求外，应特别注意模板拼缝严密、支撑牢固。不宜采用对拉螺栓或铁丝贯穿混凝土墙来固定模板，当必须用对拉螺栓固定模板时，必须采取止水措施,可采用螺栓加焊止水环、预埋套管加焊止水环及螺栓加堵头等方法。

(5)为了有效地保护钢筋和阻止钢筋的引水作用,防水混凝土结构内部设置的各种钢筋或绑扎铁丝不得接触模板,底板钢筋均不得接触混凝土垫层。

(6)防水混凝土施工应不留或少留施工缝,底板的混凝土应连续浇筑。墙体上不得留垂直施工缝,垂直施工缝应与变形缝相结合。水平施工缝距底板面应不小于 300 mm,距墙孔洞边缘应不小于 300 mm,并避免设在墙板承受弯矩或剪力最大的部位。

变形缝留设应考虑工程结构的沉降、伸缩的可变性,并保证其在变化中的密闭性,不产生渗漏现象。变形缝处混凝土结构的厚度不应小于 30 mm,变形缝的宽度宜为 20 ~ 30 mm。全埋式地下防水工程的变形缝应为环状,半地下防水工程的变形缝应为 U 字形。U 字形变形缝的设计高度应超出室外地坪 150 mm 以上。

后浇带应设在受力和变形较小的部位,间距宜为 30 ~ 60 mm,宽度宜为 700 ~ 1 000 mm。后浇带可做成平直缝,结构主筋不宜在缝中断开,如必须断开,则主筋搭接长度应大于 45 倍主筋直径,并应按设计要求加设附加钢筋。后浇带应采用补偿收缩混凝土,强度等级不得低于两侧混凝土。

穿墙管道应在浇筑混凝土前预埋。当结构变形或管道伸缩量较小时,穿墙管可采用主管直接埋入混凝土内的固定式防水法;当结构变形或管道伸缩量较大或有更换要求时,应采用套管式防水法;穿墙管线较多时,宜相对集中,采用封口钢板式防水法。埋设件端部或预留孔(槽)底部的混凝土厚度不得小于 250 mm,当厚度小于 250 mm 时,应采取局部加厚或加焊止水钢板的防水措施。

(7)防水混凝土施工应严格做到分层连续浇筑,两层浇筑的间隔时间一般不宜超过2 h,夏季气温高时,可适当缩短。防水混凝土浇筑后,应及时养护,洒水养护不应少于 14 d,后浇带防水混凝土养护不少于 28 d。

#### (四)质量要求

防水混凝土的施工质量要求包括以下内容:

(1)防水混凝土的原材料、配合比及坍落度必须符合设计要求。施工中,要检查出厂合格证、质量检验报告、计量措施和现场抽样试验报告。

(2)防水混凝土的抗压强度和抗渗等级必须符合设计要求。施工中,要检查混凝土的抗压、抗渗试验报告。

(3)防水混凝土的变形缝、施工缝、后浇带、穿墙管道、预埋件等设置和构造,均须符合设计要求,严禁有渗漏。

(4)防水混凝土结构表面应坚实、平整,不得有露筋、蜂窝等缺陷。预埋件位置应正确。

(5)防水混凝土结构表面的裂缝宽度不应大于 0. 2 mm,并不得相互贯通。

(6)防水混凝土结构厚度不应小于 250 mm,其允许偏差为 +15 mm、-10 mm;迎水面钢筋保护层厚度不应小于 50 mm,其允许偏差为 +10 mm。

### 二、水泥砂浆防水层施工

水泥砂浆防水层也称为刚性防水层,是将普通水泥砂浆掺入一定量防水剂,进行分层涂抹,利用砂浆本身的憎水性和密实性来达到抗渗防水。水泥砂浆防水层主要有刚性多层水泥砂浆防水层和掺外加剂的水泥砂浆防水层两种。掺外加剂的水泥砂浆防水层适用于埋置深度不大，使用时不会因结构沉降、温度变化以及受振动等而产生有害裂缝的地下防水工程。除聚合物水泥砂浆防水层外，其他水泥砂浆防水层，均不宜用于长期受冲击荷载和较大振动作用的防水工程，也不适用于受腐蚀、高温（100 ℃）以及遭受反复冻融的砌体工程。

防水层做法可分为外抹面防水（一般指迎水面）和内抹面防水（一般指背水面）。防水层施工一般先抹顶板，再抹墙面，最后抹地面。

**（一）刚性多层水泥砂浆防水层工程施工**

刚性多层水泥砂浆防水层是利用素灰（即稠度较小的水泥浆）和水泥砂浆分层交替抹压均匀密实而构成的一个多层整体防水层，具有较高的抗渗能力。

1. 基层处理

基层处理是保证防水层与基层表面结合牢固，不空鼓和密实不透水的关键。基层处理包括清理、浇水、刷洗、找平等工序。基层处理后，使基层表面保持潮湿、清洁、平整、坚实、粗糙。

混凝土基层强度等级应不低于 C10，拆模后应立即将表面清理干净，用钢丝刷将混凝土表面刷毛。当基层表面凸凹不平的深度大于 10 mm 时，应剔成漫坡形并浇水清洗干净，用素灰和水泥砂浆分层抹平，抹完后将砂浆表面刷毛。

砖砌体基层，砌筑砂浆等级应不低于 M5。需将砖墙表面残留的灰浆清理干净，砖砌体应将灰缝剔成 10 mm 深的直角沟槽，以增加防水层和砖砌体的结合强度。

基层处理后必须浇水湿透，以防止素灰层中的水分被基层吸收，使防水层水化作用不充分而影响强度及抗渗性。

2. 灰浆配制

（1）配合比确定。灰浆包括素灰、水泥砂浆和水泥浆。素灰用水泥和水拌和而成，水灰比为 0.37 ~0.4，标准圆锥沉入度为 70 mm。素灰用在第一层和第三层，起防水作用，同时，第一层素灰还起着封闭结构基层细小孔隙与毛细通路，并使基层与防水层紧密黏结的作用。水泥砂浆灰砂比为 1∶2.5，水灰比为 0.6 ~0.65，标准圆锥沉入度为 70 ~80 mm。水泥砂浆用在第二层和第四层，对素灰层起保护和加固（骨架）作用。此外，第四层砂浆因多次抹压，密实性较好，也起一定防水作用。水泥浆是用水泥和水拌和而成的，水灰比为 0.55 ~0.60。水泥浆用于迎水面做第五层，并与第四层一起压光。

（2）灰浆的拌制。灰浆拌制应采用机械拌制，量少时可用人工拌制。灰浆拌和时，要严格按照配合比要求拌制均匀，拌和好的灰浆不宜存放过久，以防止离析和初凝，一般不宜超过 60 min。

（3）施工方法。混凝土顶板及墙面防水层施工方法如下：

第一层：素灰层，厚 2 mm，分两次抹压。混凝土基层浇水润湿后，抹一层 1 mm 厚素灰，用铁抹子往返用力抹压 5 ~6 遍，使素灰填实基层表面孔隙。随即再抹 1 mm 厚的素灰找平层，并用毛刷横向轻轻刷一遍，以便打乱毛细孔通路，并有利于和第二层结合。

第二层：水泥砂浆层，厚 4 ~5 mm。在素灰层初凝时，抹第二层水泥砂浆层，要防止素灰层过软、过硬。施工时，要轻轻抹灰，使砂砾压入素灰层（但不能压穿素灰层，一般使水泥砂浆层薄薄压入素灰层厚度 1/4 左右），以便两层结合牢固。抹完后，在水泥砂浆初凝时，用扫帚将砂浆表面按顺序向一个方向扫出横向条纹。

第三层：素灰层，厚 2 mm。在第二层水泥砂浆凝固并有一定强度后（常温下间隔一昼夜），适当浇水湿润，方可进行第三层施工，其方法同第一层。

第四层：水泥砂浆层，厚 4 ~ 5 mm。按照第二层的方法抹水泥砂浆。在砂浆硬化过程中，用铁抹子分次抹压 4 ~ 5 遍，最后再压光。

第五层：水泥浆，厚 1 mm。当防水层在迎水面时，需在第四层水泥砂浆抹压两遍后，用毛刷均匀地将水泥浆刷在第四层表面，随第四层一起压实抹光。

砖石墙面和拱顶防水层施工：第一层是刷水泥浆一道，厚度约 1 mm，用毛刷往返涂刷均匀。涂刷后，可立即抹第二、三、四层等，其操作方法与混凝土基层防水施工操作相同。

底板防水层施工：素灰层(一、三层)不采用刮抹的方法，而是将拌和好的素灰倒在地面上，用刷子往返用力涂刷均匀，第二、四层在素灰层初凝前后，水泥砂浆按厚度要求均匀抹压在素灰层上。底板防水层施工时，要禁止踩踏，并应按由里向外的顺序进行。

防水层的施工缝，必须留斜坡阶梯形槎，接槎应依层次顺序操作，层次要分明，层层搭接紧密。留槎位置一般留在地面或墙面上，所留槎子均需离阴阳角 200 mm 以上。接槎处应先抹一层水泥浆，然后继续施工，不允许水泥砂浆和水泥砂浆搭接。接槎在阴阳角处应抹成圆角，阴角直径 50 mm，阳角直径 10 mm。

抹面完成后，要做好养护工作，以保证防水层不出现裂缝和具有较高的强度。养护温度不宜低于 5 ℃，养护期不得少于 14 d。

**(二)掺外加剂水泥砂浆防水层施工**

在水泥砂浆中，掺入各种无机盐防水剂，由于防水剂与水泥水化作用而形成不溶性物质或憎水性薄膜，可填充、堵塞或封闭水泥砂浆孔隙，减少裂缝、提高抗渗能力。掺外加剂防水砂浆适用于水压较小的工程或作为围护结构的防水加强层。无机盐类防水剂品种较多，有无机铝盐防水剂、氯化物金属盐防水剂、氯化铁防水剂、金属皂类防水剂等。

1. 防水砂浆的配制

(1)材料要求。水泥常用普通硅酸盐水泥、矿渣水泥或火山灰质硅盐水泥，水泥强度等级应在 42.5 级以上，不同品种和强度等级的水泥不能混用。砂子宜采用干净的粗砂，砂粒平均粒径不小于 0.5 mm，最大粒径不大于 3 mm，含泥量不大于 1%。水采用饮用水，如用天然水应符合混凝土用水要求。

(2)配合比。当采用氯化物金属盐类防水剂时，配合比如表 9-16 所示；当采用氯化铁防水剂时，配合比如表 9-17 所示；当采用无机铝盐防水剂时，配合比如表 9-18 所示。

**表 9-16　氯化物金属盐类防水剂配合比**

| 材料名称 | 水泥 | 砂 | 水 | 防水剂 | 说明 |
|---|---|---|---|---|---|
| 防水净浆 | 8 | | 6 | 1 | 体积比 |
| 防水砂浆 | 8 | 3 | 6 | 1 | 体积比 |

**表 9-17　氯化铁防水剂配合比(质量比)**

| 材料名称 | 水泥 | 砂 | 水 | 氯化铁防水剂 | 说明 |
|---|---|---|---|---|---|
| 防水净浆 | 1 | | 0.55 ~ 0.6 | 0.03 ~ 0.05 | |
| 防水砂浆 | 1 | 2 | 0.55 ~ 0.6 | 0.03 ~ 0.05 | 底层用 |
| 防水砂浆 | 1 | 2.5 | 0.55 ~ 0.6 | 0.03 ~ 0.05 | 面层用 |

表 9-18 无机铝盐防水剂配合比(质量比)

| 材料名称 | 水泥 | 砂 | 水 | 无机铝盐防水剂 | 说明 |
|---|---|---|---|---|---|
| 防水净浆 | 1 | | 2~2.5 | 0.03~0.05 | |
| 防水砂浆 | 1 | 2.5~3.5 | 0.4~0.5 | 0.05~0.08 | 底层用 |
| 防水砂浆 | 1 | 2.5~3.5 | 0.4~0.5 | 0.05~1.00 | 面层用 |

防水净浆及防水砂浆的配制应按照配合比严格对材料进行称量。配制防水净浆时,先将防水剂放入容器中,缓慢加水搅拌均匀,再加入水泥继续搅拌均匀。配制防水砂浆时,应先将防水剂和水混合搅拌均匀形成水溶液,再将砂和水泥干拌均匀,最后将防水剂溶液加入,反复搅拌均匀。严禁将纯防水剂直接倒入水泥砂浆拌和物中。每次配制的防水砂浆应在初凝前用完。

2. 防水层施工

(1)抹压法施工。在处理好的基层上,先涂刷一层防水净浆,随即分层铺抹防水砂浆,每层5~10 mm,总厚度不宜小于20 mm。每层均应抹压密实,下层养护凝固后再铺抹上层防水砂浆。下层砂浆抹压密实后应用木抹搓成麻面,最上层砂浆面应抹实压光。每层砂浆的接槎也应做成坡形阶梯槎。

(2)扫浆法施工。在处理好的基层上先薄摊一层防水净浆,随即用棕刷往复涂刷,分层铺刷防水砂浆。每层厚度约10 mm,上、下两层铺刷的方向应相互垂直。第一层防水砂浆经养护凝固后,再铺刷第二层防水砂浆,最后将防水砂浆表面扫出条纹。

(3)氯化铁防水砂浆施工。在处理好的基层上,先涂刷一道掺氯化铁防水剂的防水净浆,随涂刷、随抹底层防水砂浆,厚度不超过12 mm。底层防水砂浆应分两次抹,第一次抹5~6 mm厚,应用力抹压,以增强防水层的黏结力。第一次抹压的砂浆凝固前,用木抹子均匀搓压形成毛面,待阴干后,可按相同的方法抹压第二次防水砂浆。底层砂浆抹压后约12 h,即可抹面层防水砂浆,面层厚度约13 mm。面层也应分两次抹,先在底层表面涂一道氯化铁防水净浆,随即抹6~7 mm厚防水砂浆,阴干后,再抹第二次,并在凝固前抹压密实,最后压光。

防水砂浆施工温度宜为5~35 ℃。在抹灰面终凝后,表面呈现灰白色(约8~12 h),此时即可覆盖湿草袋并洒水,24 h后,即应定期浇水养护至少14 d。

**(三)聚合物水泥砂浆防水层施工**

聚合物水泥砂浆是由水泥、砂、一定数量的橡胶胶乳或树脂乳液,以及稳定剂、消泡剂等化学助剂,经搅拌均匀而制成。由于掺入了各种乳胶,可有效封闭材料中的连通孔隙,从而显著提高了砂浆的抗渗性。由于聚合物对水泥的改性,使砂浆在原有刚性及强度基础上,又增加了弹性及柔韧性,水泥砂浆具有良好的防水性、抗冲击性和耐磨性。聚合物水泥砂浆防水层适用于构筑物防水、地下防水工程及堵漏工程。

常用的聚合物水泥砂浆有EVA聚合物水泥砂浆、有机硅水泥砂浆、阳离子氯丁胶乳水泥砂浆、丙烯酸酯共聚乳液水泥砂浆以及纤维聚合物水泥砂浆等。以下仅介绍阳离子氯丁胶乳水泥砂浆防水层施工,施工要点如下。

1. 基层处理

基层必须坚固,表面洁净,无尘土、油污等,施工前应用水冲刷一遍。基层表面的孔隙、缝隙或穿墙管周围,应凿成 V 字形沟槽,并用阳离子氯丁胶乳水泥砂浆嵌实、抹平。如有渗漏,应先堵漏,再用胶乳水泥砂浆罩面。

2. 阳离子氯丁胶乳水泥砂浆的配制

按照配合比要求,将阳离子氯丁胶乳装入桶中,然后加入稳定剂、消泡剂及一定量的水,搅拌均匀后成为乳液,再将水泥和砂干拌均匀,最后将配好的乳液加入,经搅拌均匀后,即可使用。胶乳凝聚较快,因此拌和好的乳胶砂浆应在 1 h 内用完。

3. 防水层施工

在处理好的基层表面上,由上而下均匀涂刷胶乳水泥浆一遍,并仔细封堵孔洞和缝隙。涂刷 15 min 后,将混合好的胶乳水泥砂浆抹在基层上,并顺着一个方向边抹、边压一遍成活,切勿反复搓揉,以免破坏胶乳成膜,造成砂浆起壳或表面龟裂。一般情况下,垂直面每次抹面厚度为 5 ~ 8 mm,水平面为 10 ~ 15 mm。

防水层施工应先墙面、后地面,阴、阳角处防水层必须做成圆角。在胶乳砂浆防水层施工后,应做水泥砂浆保护层,但要在氯丁胶乳砂浆初凝(约 4 h)以后进行。

4. 养护方法

采用干湿交替养护方法,即早期(约 7 d 以内)采用湿养护,后期则在自然条件下养护(干燥养护),以便胶乳在干燥状态下脱水固化。早期湿养护必须在胶乳砂浆硬化后进行,切忌在硬化前浇水养护或受雨水冲淋,以防止将砂浆中的胶乳冲掉,影响防水效果。

**(四)质量要求**

水泥砂浆防水层的施工质量要求包括以下内容:

(1)水泥砂浆防水层的原材料及配合比必须符合设计要求。施工中,要检查出厂合格证、质量检验报告、计量措施和现场抽样试验报告。

(2)水泥砂浆防水层各层之间必须结合牢固,无空鼓现象。

(3)水泥砂浆防水层表面应密实、平整,不得有裂纹、起砂、麻面等缺陷,阴、阳角处应做成圆弧形。

(4)水泥砂浆防水层施工缝留槎位置应正确,接槎按层次顺序操作,层层搭接紧密。

(5)水泥砂浆防水层的平均厚度应符合设计要求,最小厚度不得小于设计值的 85%。

## 三、卷材防水层施工

卷材防水层是用沥青胶结材料粘贴油毡而成的一种柔性防水层。卷材防水层具有良好的韧性和延伸性,可以适应一定的结构振动和微小变形,对酸、碱、盐溶液具有良好的耐腐蚀性,防水效果较好,是地下防水工程常用的施工方法。但是沥青油毡吸水率大,耐久性差,机械强度低,直接影响防水层质量,而且材料成本高,施工工序多,操作条件差,工期较长,发生渗漏后修补困难。

地下防水工程一般把卷材防水层设置在建筑结构的外侧迎水面上,称为外防水。外防水的铺贴可以借助土压力压紧,并与结构一起抵抗有压地下水的渗透和侵蚀作用,防水效果良好,采用比较广泛。卷材防水层用于建筑物地下室,应铺设在结构主体底板垫层至墙体顶端的基面上,在外围形成封闭的防水层,卷材防水层为一至二层。

外防水卷材防水层施工的铺贴方法，按其与地下防水结构施工的先后顺序，可分为外防外贴法（简称外贴法）和外防内贴法（简称内贴法）两种。

**（一）外防外贴法施工**

外防外贴法是指在地下建筑墙体做好后，直接将卷材防水层铺贴在墙上，然后砌筑保护墙。外防外贴法施工工序是：砌筑底部永久性保护墙或临时性保护墙→铺贴底板卷材防水层→浇筑底板和侧墙混凝土→拆除临时保护墙→铺贴墙身卷材防水层→砌筑永久性保护墙等，如图 9-7（a）所示。

外防外贴法的优点是：建筑物与保护墙有不均匀沉降时，对防水层影响较小；防水层做好后即可进行漏水试验，修补方便。缺点是：卷材分两次铺贴，施工工序较多；工期较长，施工占地面积较大；接槎施工麻烦，不易保证质量；底板与墙身接头处的卷材易受损。

**（二）外防内贴法施工**

外防内贴法是在地下防水结构墙体未做以前，先砌筑保护墙，然后将卷材防水层铺贴在保护墙上，再进行构筑物墙体施工。外防内贴法施工顺序是：在底板垫层施工完毕后，在防水结构外墙位置四周砌筑全高度（防水高度）的永久性保护墙，并在垫层上和保护墙内侧做 1∶3水泥砂浆找平层（转角处应抹出圆弧），待找平层干燥后，涂刷冷底子油一道，然后将卷材防水层铺贴在保护墙和垫层的找平层上。卷材施工时，应先铺立面，后铺平面。铺贴立面时，应先铺转角，后铺大面。为了保护已铺卷材不受施工影响和损坏，卷材防水层经检查合格后，应做水泥砂浆保护层（平面也可做细石混凝土保护层，厚度为 30 ~ 50 mm）。最后，进行防水结构混凝土底板和墙体施工，如图 9-7（b）所示。

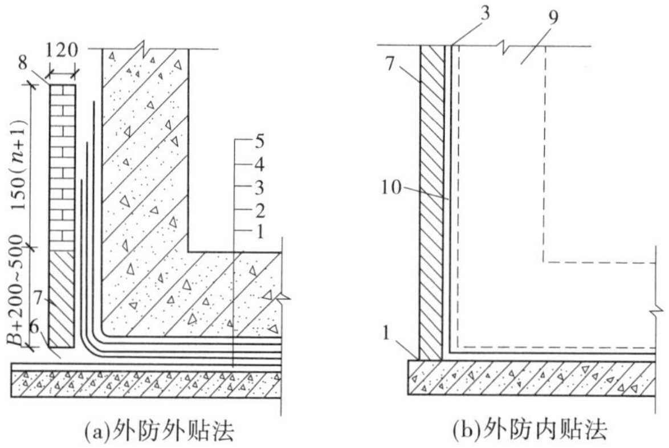


1—垫层；2—找平层；3—卷材防水层；4—保护层；5—构筑物；6—油毡；
7—永久保护墙；8—临时保护墙；9—尚未施工的构筑物；10—防水层层数

**图 9-7　地下防水工程卷材防水层铺贴**

外防内贴法的优点是：底板与墙体防水层可以一次铺贴完成，施工工序简便，工期较短，施工占地面积小，卷材防水层无需临时留茬，可连续铺贴。缺点是：由于卷材防水层立面铺贴于保护墙上，与主体防水结构不能构成一个整体，因此在建筑物发生不均匀沉降时，防水结构主体与保护墙发生相对位移，对防水层影响较大，竣工后如发现漏水，修补较困难。外防内贴法一般不宜采用，只有在施工场地条件受限时采用。

卷材防水层可为一层或两层。高聚物改性沥青防水卷材厚度不应小于 3 mm；合成高分子防水卷材单层使用时，厚度不应小于 1. 5 mm，双层使用时，总厚度不应小于 2. 4 mm。

阴阳角处应做成圆弧或45°(135°)折角,其尺寸视卷材品质确定。在转角处、阴阳角等特殊部位,应增贴1~2层相同的卷材,宽度不宜小于500 mm。

**(三)质量要求**

卷材防水层的施工质量要求包括以下内容:

(1)卷材防水层所用卷材及主要配件材料必须符合设计要求。施工中,要检查出厂合格证、质量检验报告和现场抽样试验报告。

(2)卷材防水层及其转角处、变形缝、穿墙管道等细部做法均须符合设计要求。

(3)卷材防水层的基层应牢固,基面应洁净、平整,不得有空鼓、松动、起砂和脱皮现象;基层阴阳角处应做成圆弧形。

(4)卷材防水层的搭接缝应黏结(焊)牢固,结合紧密,厚度均匀一致。

(5)卷材搭接宽度的允许偏差为-10 mm。

## 四、涂膜防水层施工

涂膜防水层是在具有一定防水能力的结构上,如地下混凝土结构层或砂浆基层,涂以一定厚度的防水涂料,经常温固化后,形成连续封闭且具有一定韧性和防水作用的薄膜。根据防水基层的情况和使用部位,还可以将加固材料和缓冲材料铺设在涂料层内,以达到提高防水的效果。

地下工程涂膜防水层可分为无机防水涂料和有机防水涂料两种。防水涂料的品种选择应符合下列规定:在潮湿基面上应选用湿固性涂料、含有吸水能力的涂料、水性涂料;抗震结构应选用延伸性好的涂料;处于侵蚀性介质中的结构应选用耐侵蚀涂料。常用的地下工程涂膜防水涂料有聚氨酯防水涂料、硅橡胶防水涂料等。

**(一)施工工艺**

防水涂料施工可采用外防外涂法和外防内涂法两种,与卷材防水层施工相似。

涂膜防水层施工工艺是:清理基层→平面涂布基层处理剂(增强涂布或增补涂布)→平面防水层涂布施工→平面部位铺贴油毡隔离层→平面部位浇筑细石混凝土保护层→钢筋混凝土地下结构施工→修补混凝土立墙外表面→立墙外侧涂布处理剂(增强涂布或增补涂布)→涂布立墙防水层→立墙防水层保护层(粘贴聚乙烯泡沫塑料)施工→基坑回填。

**(二)施工要点**

(1)涂膜防水层基层表面必须清洁、无浮浆、无水珠、不渗水,使用油溶性或非湿固性等涂料时,基层应保持干燥。

(2)涂膜防水层施工可用涂刷法或喷涂法进行。喷涂不得少于两遍,喷涂后一层的涂料必须待前一层涂料成膜后方可进行,涂刷或喷涂必须均匀。第二层涂料的涂刷方向应与第一层垂直。

(3)涂膜防水层施工时,如遇到平面与立面连接的阴、阳角,均需铺设化纤无纺布、玻璃纤维布等胎体增强材料。大面积防水层为增强防水效果,也可加胎体增强材料。

(4)当平面部位最后一层涂膜完全固化,经检查验收合格后,可空铺一层石油沥青纸胎油毡作为保护隔离层。铺设时,可用少许胶粘剂点粘固定,以防在浇筑细石混凝土保护层时发生位移。细石混凝土保护层(40~50 mm厚)浇筑时,必须防止油毡隔离层和涂膜防水层损坏。

(5)立面部位在围护结构上涂布最后一道防水层后,可随即直接粘贴聚乙烯泡沫塑料板作为软保护层,粘贴时泡沫塑料板拼缝要严密。

**(三)质量要求**

涂料防水层的施工质量要求包括以下内容:

(1)涂料防水层所用材料及配合比必须符合设计要求。施工中,要检查出厂合格证、质量检验报告、计量措施和现场抽样试验报告。

(2)涂料防水层及其转角处、变形缝、穿墙管道等细部做法均必须符合设计要求。

(3)涂料防水层的基层应牢固,基面应洁净、平整,不得有空鼓、松动、起砂和脱皮现象;基层阴阳角处应做成圆弧形。

(4)涂料防水层应与基层黏结牢固,表面平整,涂刷均匀,不得有流淌、皱折、鼓泡、露胎和翘边等缺陷。

(5)涂料防水层的平均厚度应符合设计要求,最小厚度不得小于设计厚度的80%。

(6)侧墙涂料防水层的保护层与防水层黏结牢固,结合紧密,厚度均匀一致。

**特别提示**

地下防水工程渗漏主要是细部构造(施工缝、变形缝、后浇带等)的渗漏最为普遍,有"十缝九漏"之称,渗漏水形式主要有孔洞漏水、裂缝漏水、防水面渗水等。堵漏前必须认真分析,查明原因,予以修补堵漏。堵漏的原则是先把大漏变小漏、缝漏变点漏、片漏变孔漏,然后堵住漏水。常用的堵漏材料有水泥胶浆、环氧树脂、丙凝、甲凝、氰凝等。

# 任务五　厨房、卫生间防水工程施工

厨房、卫生间一般有较多穿过楼地面或墙体的管道,设备多,阴阳转角复杂,施工面积小,房间长期处于潮湿受水状态等不利条件,处理不当极易发生渗漏质量事故,所以厨房、卫生间是建筑物中一个不容忽视的重要防水工程部位。目前,在实际工程中,多采用涂膜防水,尤其是采用高弹性的聚氨酯涂膜防水和弹塑性的氯丁胶乳沥青涂料防水等新材料、新工艺。涂膜防水可以使厨房、卫生间的地面和墙面形成一个没有接缝、封闭严密的整体防水层,从而提高防水工程质量。传统的卷材防水已不能满足厨房、卫生间防水要求,已很少采用。厨房、卫生间的防水,要特别加强卫生洁具、地漏、管道根部的防水。

## 一、厨房、卫生间楼地面聚氨酯防水施工

聚氨酯涂膜防水材料是双组分化学反应固化形成的高弹性防水涂料,多以甲、乙双组分形式使用。聚氨酯涂膜防水主要材料有聚氨酯涂膜防水材料甲组分、聚氨酯涂膜防水材料乙组分和无机铝盐防水剂等。施工用辅助材料包括二甲苯(清洗工具用)、二月桂酸二丁基锡(凝固过慢时,作促凝剂用)、苯磺酰氯(凝固过快时,作缓凝剂用)、醋酸乙酯、磷酸等。

**(一)基层处理**

厨房、卫生间的防水基层必须用1:3的水泥砂浆找平,要求抹平、压光、无空鼓,表面要坚实,不应有起砂、掉灰现象。在抹找平层时,在管道根部的周围,应做成略高于地面;在地漏的周围,应做成略低于地面的洼坑。找平层的坡度以1%~2%为宜,坡向地漏。凡遇到阴、阳角处,要抹成半径不小于10 mm的小圆弧。穿过楼地面或墙壁的管件(如套管、地漏

等)及卫生洁具等,必须安装牢固,收头必须圆滑,并按设计要求用密封膏嵌固。基层必须基本干燥,一般在基层表面均匀泛白无明显水印时,才能进行涂膜防水层施工。施工前要把基层表面的尘土杂物彻底清理干净。

**(二)施工工艺**

1. 清理基层

施工前,先将基层表面的突出物、砂浆疙瘩等异物铲除,并进行彻底清扫。如发现有油污、铁锈等,要用钢丝刷、砂布和有机溶剂等彻底清扫干净。

2. 涂布底胶

将聚氨酯甲、乙组分和二甲苯,按1∶1.5∶2的比例(质量比)配合并搅拌均匀,再用小滚刷或油漆刷均匀涂布在基层表面上。涂刷量为0.15~0.2 $kg/m^2$,涂刷后应干燥、固化4 h以上,才能进行下一道工序施工。

3. 配制聚氨酯涂膜防水涂料

将聚氨酯甲、乙组分和二甲苯按1∶1.5∶0.3的比例配合,用电动搅拌器强力搅拌均匀备用。涂料应随配、随用,一般在2 h内用完。

4. 涂膜防水层施工

用小滚刷或油漆刷将已配好的防水混合材料均匀涂布在底胶已干燥凝固的基层表面上。涂布时,厚薄应均匀一致,平刷3~4度为宜。防水涂膜的总厚度不小于1.5 mm为合格。涂完第一度涂膜后,一般需固化5 h以上,在基本不粘手时,再按上述方法涂布第二、三、四度涂膜,并使后一度与前一度的涂布方向相垂直。对管子根部、地漏周围以及下水管转角墙部位,必须认真涂刷,涂刷厚度不小于2 mm。在涂刷最后一度涂膜固化前,应及时撒入少许干净的粒径为2~3 mm的小豆石,使其与涂膜防水层黏结牢固,作为与水泥砂浆保护层黏结的过渡层。

5. 保护层施工

待聚氨酯涂膜防水层完全固化、干燥后,可进行蓄水试验。蓄水试验检验合格(蓄水试验24 h后,无渗漏为合格)后,即可铺设一层厚度为15~25 mm的水泥砂浆保护层,然后可根据设计要求铺设饰面层。

**(三)质量要求**

聚氨酯涂膜防水材料的技术性能应符合设计要求或材料标准规定,并应附有质量证明文件、现场取样进行检验的试验报告以及其他有关质量的证明文件等。涂膜厚度应均匀一致,总厚度不应小于1.5 mm。涂膜防水层必须均匀固化,不应有明显的凹坑、气泡和渗漏水等现象。

## 二、厨房、卫生间楼地面氯丁胶乳沥青防水涂料施工

氯丁胶乳沥青防水涂料是以氯丁橡胶乳液与乳化沥青为基料,经混合加工而成的一种水乳型防水涂料,兼有橡胶和石油沥青材料的双重性能。氯丁胶乳沥青防水涂料具有防水、抗渗、耐老化、不易燃、无毒,不污染环境,成膜性好,涂膜的抗裂性强等优点,适宜于冷作业施工。

氯丁胶乳沥青防水涂料根据工程需要,防水层可采用一布四涂、二布六涂或只涂三遍防水涂料三种做法。

以一布四涂为例，施工程序如下：

清理基层→满刮一遍氯丁胶乳沥青水泥腻子→涂刷第一遍涂料→做细部构造增强层→铺贴玻璃纤维布，同时涂刷第二遍涂料→涂刷第三遍涂料→涂刷第四遍涂料→蓄水试验→保护层、饰面层施工→质量验收→第二次蓄水试验。

**（一）基层处理**

基层处理与聚氨酯涂膜防水施工要求相同。

**（二）施工工艺**

1. 刮氯丁胶乳沥青水泥腻子

在清理干净的基层上，满刮一遍氯丁胶乳沥青水泥腻子，管道根部和转角处要厚刮，并抹平整。腻子的配置方法是：将氯丁胶乳沥青防水涂料倒入水泥中，边倒入、边搅拌至稠浆状。拌和均匀的氯丁胶乳沥青水泥腻子，刮涂于基层表面，腻子厚度为 2 ~ 3 mm。

2. 涂刷第一遍涂料

待腻子干燥后，再在基层上满刷一遍氯丁胶乳沥青防水涂料。操作时，涂刷不得过厚，但也不能漏刷，以表面均匀、不流淌、不堆积为宜。立面需刷至设计标高。

3. 做附加增强层

阴阳角、管道根部、地漏和大便器蹲坑等部位，易发生渗漏，必须先做一布二涂进行附加补强处理。将玻璃纤维布或聚酯纤维无纺布剪成相应部位形状，铺贴于上述细部构造部位，然后涂刷氯丁胶乳沥青防水涂料。

4. 铺贴玻璃纤维布，同时涂刷第二遍涂料

待附加增强层干燥后，大面积铺贴玻璃纤维布或聚酯纤维无纺布于第一道涂膜上，接着涂刷第二遍防水涂料。防水涂料浸透布纹网眼渗入下层，并牢固地粘贴于第一道涂膜上。施工时，可边铺边涂刷涂料。玻璃纤维布的搭接宽度不应小于 100 mm。铺贴时，顺水流接槎，从里面往门口铺贴，先做平面后做立面，立面应贴至设计高度，平面与立面搭接缝应留在平面上，距立面应大于 200 mm。铺布过程中，要用毛刷将布铺刷平整，彻底排除气泡，并使涂料浸透布纹，不得有白茬、折皱。垂直面应贴高 250 mm 以上，收头处必须粘贴牢固，封闭严密。

5. 涂刷第三遍涂料

待上一遍涂料干燥后（一般宜在 24 h 以上），再满刷第三遍防水涂料，涂刷要均匀。

6. 涂刷第四遍涂料

待上一层涂料干燥（24 h 以上）后，再均匀涂刷第四遍防水涂料，一布四涂防水层施工即可完成。

7. 蓄水试验

第四遍涂料涂刷干燥后（24 h 以上），方可进行蓄水试验，蓄水高度一般为 50 ~ 100 mm，蓄水时间 24 ~ 48 h，当无渗漏现象时，方可进行保护层和饰面层施工。

**（三）质量要求**

水泥砂浆找平层做完后，应对其平整度、坡度和干燥程度进行预检验收。防水涂料应有产品质量证明书以及现场取样的复检报告。施工完成后，氯丁胶乳沥青防水涂膜，不得有起鼓、裂纹、孔洞等缺陷。末端收头部位应粘贴牢固，封闭严密，形成一个整体的防水层。做完防水层的厨房、卫生间，经 24 h 以上的蓄水检验，无渗、漏水现象，方为合格。要提供检查验

收记录，连同材料质量证明文件等技术资料，一并归档备查。

## 三、厨房、卫生间涂膜防水施工注意事项

（1）施工用材料有毒性，存放材料的仓库和施工现场必须通风良好，无通风条件的地方必须安装机械通风设备。

（2）施工材料多属易燃物质，存放、配料以及施工现场必须严禁烟火，现场要配备足够的消防器材。

（3）在施工过程中，严禁上人踩踏未完全干燥的涂膜防水层。施工人员应穿平底胶布鞋，以免损坏涂膜防水层。

（4）凡需做附加补强层的部位应先施工，然后进行大面积防水层施工。

（5）已完工的涂膜防水层必须经蓄水试验无渗漏现象后，方可进行刚性保护层的施工。进行刚性保护层施工时，切勿损坏防水层，以免留下渗漏隐患。

## 四、厨房、卫生间渗漏及堵漏措施

厨房、卫生间用水频繁，防水处理不当就会发生渗漏，主要表现在楼板管道滴漏水、地面积水、墙壁潮湿渗水，甚至下层顶板和墙壁也出现滴水等。治理厨房、卫生间的渗漏，必须先查找渗漏的部位和原因，然后采取有针对性的措施。

### （一）板面及墙面渗漏

1. 渗漏原因

（1）混凝土、砂浆施工质量不良，存在微孔渗漏。

（2）板面、隔墙出现轻微裂缝。

（3）防水涂层施工质量不好或被损坏。

2. 堵漏措施

（1）拆除卫生间渗漏部位饰面材料，涂刷防水涂料。

（2）卫生间渗漏部位开裂，则应对裂缝先进行增强防水处理，再涂刷防水涂料。增强处理一般采用贴缝法、填缝法和填缝加贴缝法。贴缝法主要适用于微小的裂缝，可涂刷防水涂料并加贴纤维材料或布条，做防水处理。填缝法主要用于较显著的裂缝，施工时，要先进行扩缝处理，将缝扩展成 15 mm × 15 mm 左右的 V 形槽，清理干净后刮填嵌缝材料。填缝加贴缝法除采用填缝处理外，在缝表面再涂刷防水涂料，并粘贴纤维材料处理。

（3）当渗漏不严重，饰面拆除困难时，也可直接在其表面刮涂透明或彩色聚氯脂防水涂料。

### （二）卫生洁具及穿楼板管道、排水管口等部位渗漏

1. 渗漏原因

（1）细部处理方法欠妥，卫生洁具及管口周边填塞不严。

（2）由于振动及砂浆、混凝土收缩等，出现裂隙。

（3）卫生洁具及管口周边未用弹性材料处理，或施工时嵌缝材料及防水材料黏结不牢。

（4）嵌缝材料及防水涂层被拉裂或拉离黏结面。

（5）管口连接件老化。

2. 堵漏措施

(1)将漏水部位彻底清理,刮填弹性嵌缝材料。

(2)在渗漏部位涂刷防水涂料,并粘贴纤维材料处理增强。

(3)更换老化管口连接件。

**特别提示**

卫生间是防水的薄弱部位,因受用水频繁、积水多、面积小、管道预留孔洞多、施工操作死角多等多种因素影响,所以卫生间防水工程是一个关键项目,在施工中应特别予以重视。

## 综合应用案例

1. 工程概况

某综合楼工程,建筑面积 50 019 $m^2$,地下 1 层、地上 16 层,建筑物檐高 67.04 m,基础采用筏片基础,地下室防水采用微膨胀混凝土自防水和外贴双层 SBS 卷材防水相结合,主体为框架-剪力墙体系。屋面采用两道 SBS 卷材防水,上铺麻刀灰隔离层,面贴缸砖保护。

2. 屋面构造

屋面现浇混凝土楼板,20 mm 厚 1∶3 水泥砂浆找平层,1∶6 水泥焦渣找坡层,最薄处 30 mm 厚,坡度为 3%。Ⅲ+ⅢSBS 卷材防水层,60 mm 厚聚苯板保温层,麻刀灰隔离层。缸砖面层,1∶1 水泥砂浆嵌缝。

3. 施工工艺

屋面防水层的施工工艺流程为:基层清理→涂刷基层处理剂→细部节点处理→铺贴防水卷材→收头密封→蓄水试验→隔离层施工→保护层施工。

(1)基层清理。铲除基层表面的凸起物、砂浆疙瘩等杂物,并将基层清理干净。在分格缝处埋设排汽管,排汽管要安装牢固、封闭严密。排汽道必须纵横贯通,不得堵塞。

(2)涂刷基层处理剂。基层处理剂采用溶剂型橡胶改性沥青防水涂料,涂刷时要厚薄均匀,在基层处理剂干燥后,才能进行下一道工序施工。

(3)细部节点处理。在大面积铺贴卷材防水层之前,应对所有的节点部位先进行防水增强处理。

(4)铺贴防水卷材。采用热熔法施工,火焰加热器加热卷材时应均匀,不得过分加热或烧穿卷材。卷材表面热熔后应立即滚铺卷材,卷材下面的空气应排尽,并辊压黏结牢固,不得空鼓,卷材接缝部位必须溢出热熔的改性沥青胶。铺贴的卷材应平整顺直,搭接尺寸准确,不得扭曲、皱折。

(5)收头密封。防水层的收头应与基层黏结并固定牢固,缝口封严,不得翘边。

(6)蓄水试验。按标准试验方法进行。

(7)隔离层、保护层施工。将防水层表面清理干净,铺设缸砖保护层。保护层与女儿墙、山墙之间应预留宽度为 30 mm 的缝隙,并用密封材料嵌填密实。

4. 质量要求

(1)材料要求。防水材料的各项性能指标必须符合设计要求(检查出厂合格证、质量检验报告和试验报告)。

(2)找平层质量要求。找平层必须坚固、平整,表面无凹坑、起砂、起鼓或酥松现象。表面平整度以 2 m 的直尺检查,面层与直尺间最大间隙不应大于 5 mm,并呈平缓变化。按照设计要求,应准确留置屋面坡度,以保证排水系统通畅。在平面与突出物的连接处、阴阳角等部位,找平层处应抹成圆弧,以保证防水层铺贴平整、黏结牢固。防水层作业前,基层应洁净、干燥。

(3)卷材防水层铺贴工艺要求。铺贴工艺应符合标准、规范的规定和设计要求。卷材搭接宽度准确。防水层表面应平整,不应有孔洞、皱折、扭曲、损烫伤等现象。卷材与基层之间、边缘、转角、收头部位以及卷材与卷材搭接缝处,应粘贴牢固,封边严密,不允许有漏熔、翘边、脱层、滑动、空鼓等缺陷。

(4)细部构造要求。水落口、排气孔、管道根部周围、防水层与突出结构的连接部位及卷材端头部位,收头均应粘贴牢固,密封严密。

(5)质量控制。施工过程中,应坚持三检制(自检、互检、专检),即每一道防水层完成后,应由专人进行检查,合格后方可进行下一道防水层的施工。竣工的屋面防水工程,应进行闭水或淋水试验,不得有渗漏和积水现象。

5. 劳动组织与安全

(1)由经过上岗培训合格的防水专业操作人员施工,5 人为一个操作组,其中 1 人定位铺设卷材,2 人持枪热熔卷材,1 人辊压排气,1 人封边。

(2)防水材料及辅助材料属于易燃品,在存料库及现场一定要严禁烟火,并应配备灭火器材,对操作人员进行灭火器具使用和灭火知识培训。

(3)向加热器具内灌燃料时,要避免溢出或洒在地面上,防止点火时引起火灾。

(4)汽油火焰枪的点火枪嘴不得面对人,以免造成烫伤事故。

(5)在挑檐、檐口等危险部位施工时,施工人员必须佩带安全带。

(6)操作范围内有电力线路,施工四周应设防护,以免触电。

(7)垂直运输材料时,应采取防护措施,防止高空坠落等事故发生。施工班组应设有安全员,并建立相应的施工安全制度,施工前安全员应对班组进行安全交底。

6. 质量验收

该屋面防水工程经质量检验,坡度合理,排水通畅,女儿墙、泛水收头顺直、规矩,管道根部制作精致,经过一个夏季的考验,未发现有渗漏现象,防水效果较好。

# 小　结

防水卷材是一种由工厂制作成型的可卷曲的片状材料。常用的防水卷材有沥青防水卷材、高聚物改性沥青防水卷材和合成高分子防水卷材。沥青防水卷材低温柔性较差,防水耐用年限短,属于低档次的防水卷材;高聚物改性沥青防水卷材,抗拉强度高,延伸率大,能较好地适应基层开裂及伸缩变形的要求;合成高分子防水卷材是一种新型的防水材料,抗拉强度高、断裂伸长率大、耐热性能好、变形能力强、使用寿命长,可以冷作法施工。防水涂料有溶剂型、反应型和水乳型三类,是一种流态或半流态物质,可用刷、喷等工艺施工,起到防水、防潮作用。防水混凝土包括普通防水混凝土、掺外加剂防水混凝土和膨胀水泥防水混凝土。普通防水混凝土可通过调整配合比来提高混凝土密实性和抗渗性;掺外加剂防水混凝土是通过掺入化学外加剂提高混凝土密实性,从而达到抗渗要求;膨胀水泥防水混凝土是通过掺入膨胀剂使混凝土内部毛细管路堵塞达到抗渗要求。建筑防水密封材料是以高分子材料为主体，加入适量的填充料和其他化学助剂配制而成的。建筑防水密封材料可分为改性沥青密封材料和合成高分子密封材料两类。

规范规定，屋面防水和地下工程防水分为四个等级。屋面防水工程主要有刚性防水屋面、卷材防水屋面和涂膜防水屋面等。刚性防水屋面是指利用刚性防水材料做防水层的屋面，主要有普通细石混凝土、补偿收缩混凝土、预应力混凝土等，施工中要注意其施工方法和施工要点。屋面卷材防水施工工艺包括：基层表面清理、修补→涂刷冷底子油→节点附加层增强处理→定位、弹线、试铺→铺贴卷材→收头处理、节点密封→蓄水试验→保护层施工→检查验收。高聚物改性沥青防水卷材施工，施工方法有冷粘法、热熔法和自粘法三种。合成高分子卷材防水施工，施工方法有冷粘法、自粘法和热风焊接法三种。涂膜防水施工工艺流程包括：基层表面清理、修理→喷涂基层处理剂→特殊部位附加增强处理→涂布防水涂料及铺贴胎体增强材料→清理与检查、修理→保护层施工。

地下工程防水有结构自防水和附加防水层防水等。防水混凝土是以调整配合比或掺加外加剂的方法来提高混凝土的密实度，增强抗渗性，达到防水的目的；水泥砂浆防水层是用普通水泥砂浆或砂浆中掺入一定量防水剂，进行分层涂抹而达到防水抗渗的目的；聚合物水泥砂浆由于掺入了各种乳胶，可有效封闭材料中的连通孔隙，从而提高砂浆的抗渗性。卷材防水层是用沥青胶结材料粘贴油毡而成的一种柔性防水层，卷材防水层施工的铺贴方法，按地下防水结构施工的先后顺序，可分为外防外贴法（外贴法）和外防内贴法（内贴法）两种。涂膜防水层施工工艺包括：清理基层→平面涂布基层处理剂→平面防水层涂布施工→平面部位铺贴油毡隔离层→平面部位浇筑细石混凝土保护层→钢筋混凝土地下结构施工→修补混凝土立墙外表面→立墙外侧涂布处理剂→涂布立墙防水层→立墙防水层保护层施工→基坑回填等。

厨房、卫生间防水多采用涂膜防水，主要有聚氨酯涂膜防水和氯丁胶乳沥青涂料防水。厨房、卫生间的防水要特别加强卫生洁具、地漏、管道根部的防水。厨房、卫生间的渗漏常发生在板面和墙面、楼板的管道等部位，施工时，要严格遵守操作规程，确保施工质量，杜绝各种施工隐患。

# 习　题

1. 填空题

（1）常用的防水卷材有____________、____________和____________。

（2）防水涂料按涂料形成液态的方式不同，可分为________、________和________三类。

（3）地下室外墙水平施工缝应留置在距底板上表面________处，一般宜留成________形式。

（4）普通防水混凝土，水泥用量不应小于________ $kg/m^3$；掺有活性掺合料时，水泥用量不得小于________ $kg/m^3$。

（5）细石混凝土防水层的分格缝，应留设在屋面板的________、________、防水层与突出屋面结构的交接处，其纵横间距不宜大于________ m。

（6）找平层施工，宜留设分格缝，分格缝应留设在________。采用水泥砂浆或细石混凝土找平层时，纵横缝的最大间距不宜大于________m；采用沥青砂浆找平层时，纵横缝的最大间距不宜大于________m。分格缝宽度宜为________mm，缝内嵌填密封材料。

(7)卷材防水层施工，按地下防水结构施工的先后顺序，可分为________和________两种。

2. 单选题

(1)当屋面坡度小于3%时，卷材应(　　)铺贴。

A. 垂直屋脊　　B. 平行屋脊　　C. 与屋脊斜交　　D. 任意方向

(2)铺贴卷材应采用搭接方法，上、下两层卷材应(　　)铺贴。

A. 相互垂直　　B. 相互成45°斜交　　C. 相互平行　　D. 相互成60°斜交

(3)水泥砂浆屋面找平层施工应留设分格缝，分格缝间距为(　　)。

A. 纵、横向均为4 m　　B. 纵向6 m，横向4 m

C. 纵、横向均为6 m　　D. 纵向4 m，横向6 m

(4)根据建筑物的性质、重要程度、使用功能要求，以及防水层耐用年限等，屋面防水分为(　　)个等级。

A. 一　　B. 二　　C. 三　　D. 四

3. 简述题

(1)屋面工程与地下工程的防水等级如何划分？各防水等级的防水层耐用年限的确定依据是什么？

(2)防水卷材分为哪些种类？各种卷材的材料组成及特性如何？

(3)卷材防水屋面的构造和各层的作用如何？

(4)卷材防水层对基层有什么要求？为什么找平层要留分格缝？

(5)卷材防水屋面的质量要求有哪些？

(6)常用的屋面防水有哪些方法？各种方法的优缺点是什么？说明其适用范围。

(7)卷材防水屋面施工要点有哪些？

(8)涂膜防水层屋面的施工要点有哪些？

(9)卷材防水屋面保护层有哪几种做法？

(10)刚性防水屋面的防水方案有哪些？有哪些优缺点？

(11)如何预防刚性屋面的开裂和渗漏？

(12)卷材防水屋面的质量要求有哪些？

(13)涂膜防水屋面的质量要求有哪些？

(14)刚性防水屋面的质量要求有哪些？

(15)影响防水混凝土结构自防水的关键因素是什么？

(16)什么是外防外贴法与外防内贴法？其工艺流程如何？

(17)厨房、卫生间防水施工有哪些特点？

(18)简述聚氨酯涂膜防水施工工艺流程。

(19)简述氯丁胶乳沥青防水涂料一布四涂施工工艺流程。

# 项目十　墙体保温工程

## 知识点

外墙保温系统的类型、构造及特点，外墙外保温系统的基本要求，外墙内保温施工工艺（增强石膏聚苯板外墙内保温施工），外墙外保温施工工艺（EPS 板薄抹灰外墙外保温系统施工、胶粉 EPS 颗粒保温浆料外墙外保温系统施工、钢丝网架聚苯板现浇混凝土外墙外保温工程施工、EPS 板现浇混凝土外墙外保温工程施工），外墙外保温工程施工质量验收标准及外墙外保温工程验收资料。

## 学习目标

掌握外墙保温系统的类型、构造及特点，外墙外保温施工工艺（EPS 板薄抹灰外墙外保温系统施工、胶粉 EPS 颗粒保温浆料外墙外保温系统施工、钢丝网架聚苯板现浇混凝土外墙外保温工程施工、EPS 板现浇混凝土外墙外保温工程施工）；熟悉外墙外保温系统的基本要求，外墙外保温工程施工质量验收标准；了解外墙内保温施工工艺（增强石膏聚苯板外墙内保温施工）。

### 引例

某工程为高层住宅楼，地上 26 层，地下 2 层，高度为 79.9 m，框剪结构，采用 EPS 板体系做外墙保温，最后做涂料装饰。

**思考：**

(1)墙体保温有何意义？

(2)外墙保温系统有哪些类型？有何特点？

(3)外墙外保温系统有哪些种类？

(4)外墙外保温工程常出现的质量通病有哪些？如何预防？

20 世纪以来，建筑业突飞猛进，房屋建筑快速发展，随着人们生活水平的不断提高，人们对房屋的舒适要求也越来越高，采暖和空调的使用越来越普遍。我国建筑能耗已占社会总能耗的 20% ~25%，且呈逐步上升之势，并且能源消耗对环境产生的负面影响也开始显现。在进一步提高建筑的舒适性和增进人体健康的基础上，尽量节约建筑能源和自然资源，大幅度地降低污染，减少温室气体排放，减轻环境负荷，已成为建筑节能的努力目标。为了达到这一目标，改革建筑墙体结构，发展外墙保温技术，努力降低建筑能耗，可有效地改善室内热环境，提高建筑的保温隔热性能，节约能源。

墙体保温工程主要有外墙内保温（即在围护结构内侧设置保温层）、结构自保温（即采用具有较高热阻的墙体材料）和外墙外保温（即在围护结构外侧设置保温层）。目前，墙体保温工程主要采用外墙外保温技术。

# 任务一　外墙保温系统的构造及要求

## 一、外墙保温系统的类型、构造及特点

外墙保温系统的基本构造如图 10-1 所示。外墙保温系统按保温层的位置可分为外墙内保温系统和外墙外保温系统两大类。

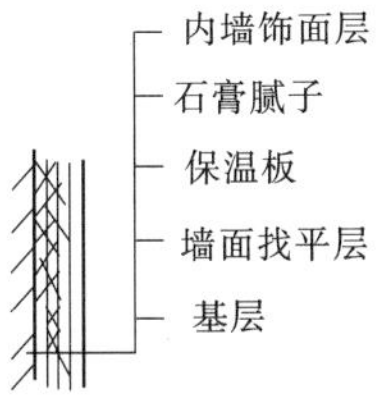


(a)复合聚苯保温板外墙内保温

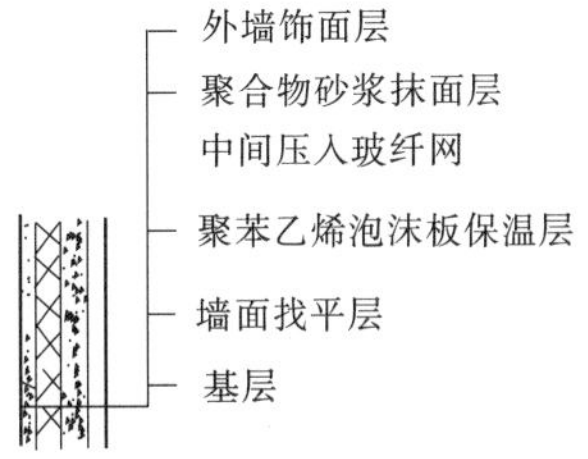


(b)聚苯乙烯泡沫板(简称EPS)外墙外保温

**图 10-1　外墙保温系统的基本构造**

### (一)外墙内保温系统的构造及特点

外墙内保温系统主要由基层、保温层和饰面层构成,其构造如图 10-1(a)所示。

外墙内保温是在外墙结构的内部加做保温层,内保温施工速度快,操作方便灵活,施工技术成熟,检验标准较为完善。目前,使用较多的内保温材料有增强石膏复合聚苯保温板、聚合物砂浆、复合聚苯保温板、增强水泥复合聚苯保温板、内墙贴聚苯板等。

内保温结构要占用房屋使用面积,热桥问题不易解决,容易引起开裂,影响居民装修,且内墙悬挂和固定物件也容易破坏内保温结构,内保温在技术上的不合理性决定了其必然要被外保温所替代。

### (二)外墙外保温系统的构造及特点

外墙外保温主要由基层、保温层、抹面层和饰面层构成,其构造如图 10-1(b)所示。

(1)基层。是指外保温系统所依附的外墙。

(2)保温层。由保温材料组成,在外保温系统中起保温作用的构造层。

(3)抹面层。抹在保温层外面,中间夹有增强网,保护保温层,并起防裂、防水和抗冲击作用的构造层。抹面层可分为薄抹面层和厚抹面层。用于 EPS 板和胶粉 EPS 颗粒保温浆料时为薄抹面层,用于 EPS 钢丝网架板时为厚抹面层。对于具有薄抹面层的系统,保护层厚度应不小于 3 mm 且不宜大于 6 mm。对于具有厚抹面层的系统,厚抹面层厚度应为 25 ~ 30 mm。

(4)饰面层。外保温系统的外装饰层。抹面层和饰面层统称保护层。

外保温是目前大力推广的一种建筑保温节能技术,外保温与内保温相比较,技术含量较高,保温效果好,保护主体结构,延长建筑物的寿命,减少了建筑结构的热桥,增加建筑的有效空间,同时消除了冷凝,提高了居住的舒适度。目前,比较成熟的外墙外保温有聚苯乙烯泡沫板薄抹灰外墙外保温系统、胶粉 EPS 颗粒保温浆料外墙外保温系统、EPS 板现浇混凝土外墙外保温系统、EPS 钢丝网架板现浇混凝土外墙外保温系统等。

在选用外保温系统时，不得更改系统构造和组成材料，同时应做好外保温工程的密封和防水构造设计，确保水不会渗入保温层及基层，重要部位应有详图。水平或倾斜的出挑部位以及延伸至地面以下的部位应做防水处理。在外墙外保温系统上安装的设备或管道应固定于基层上，并应做密封和防水设计。

## 二、外墙外保温系统的基本要求

### （一）基本规定

（1）外墙外保温应能适应基层的正常变形而不产生裂缝或空鼓，应能长期承受自重而不产生有害的变形。

（2）外墙外保温工程在遇地震发生时不应从基层上脱落。

（3）外保温复合墙体的保温、隔热和防潮性能应符合国家现行标准。

（4）外保温所有组成材料应彼此相容并应具有防腐性，在可能受到生物侵害（鼠害、虫害等）时，外墙外保温工程还应具有防生物侵害性能。

（5）高层建筑外墙外保温工程应采取防火构造措施，外墙外保温工程应具有防水渗透性能，外墙外保温工程各组成部分应具有物理、化学稳定性。

（6）外墙外保温工程应能耐受室外气候的长期反复作用而不产生破坏。

（7）外墙外保温工程的使用年限不应少于 25 年。

### （二）性能要求

（1）外墙外保温系统应按规定进行耐候性检验，经耐候性试验后，不得出现饰面层起泡或剥落、保护层空鼓或脱落等破坏，不得产生渗水裂缝。具有薄抹面层的外保温系统，抹面层与保温层的拉伸黏结强度不得小于 0.1 MPa，并且破坏部位应位于保温层内。

（2）胶粉 EPS 颗粒保温浆料外墙外保温系统应按规定进行抗拉强度检验，抗拉强度不得小于 0.1 MPa，并且破坏部位不得位于各层界面上。

（3）EPS 板现浇混凝土外墙外保温系统应按规定做现场黏结强度检验，其现场黏结强度不得小于 0.1 MPa，并且破坏部位应位于 EPS 板内。

（4）外墙外保温系统应按规定对胶粘剂进行拉伸黏结强度检验，胶粘剂与水泥砂浆的拉伸黏结强度在干燥状态下不得小于 0.6 MPa，浸水 48 h 后不得小于 0.4 MPa；与 EPS 板的拉伸黏结强度在干燥状态和浸水 48 h 后均不得小于 0.1 MPa，并且破坏部位应位于 EPS 板内。

（5）外墙外保温系统应按规定对玻纤网进行耐碱拉伸断裂强力检验，增强玻纤网经向和纬向耐碱拉伸断裂强力均不得小于 750 N/50 mm，耐碱拉伸断裂强力保留率均不得小于 50%。

### （三）适用范围

外墙外保温工程适用于严寒和寒冷地区、夏热冬冷地区新建居住建筑物或旧建筑物的墙体改造工程，起保温、隔热的作用。

# 任务二　外墙内保温施工

外墙内保温是在在围护结构内侧设置保温层的一种方式。外墙内保温对材料的性能、配套技术要求不太高，且易于施工维修，造价比较低，适合中国南部地区采用。本节就目前使用较为广泛的增强石膏复合聚苯保温板外墙内保温施工做重点介绍。

## 一、材料的准备及要求

(1)增强石膏聚苯复合板。规格尺寸：长 2 400 ~ 2 700 mm，宽 595 mm，厚 50 mm、60 mm。技术性能：面密度≤25 kg/m$^2$，含水量≤5%；当量热阻≥0.8 m$^2$ · k/W；抗弯荷载≥1.5G(G 为板材的质量)；抗压强度(面层)≥7.0 MPa；收缩率≤0.08%；软化系数>0.50。

(2)胶粘剂。胶粘剂可以采用 SG791 建筑胶粘液与建筑石膏粉调制成胶粘剂，质量配合比(建筑石膏粉: SG791)为 1:0.6 ~ 1:0.7，适用于石膏条板之间的黏结，石膏条板与砖墙、混凝土墙的黏结。石膏条板黏结的压剪强度不低于 2.5 MPa。有防水要求的部位宜采用 EC-6 砂浆型胶粘剂，粘贴时用 EC-6 型胶粘剂和 32.5 级水泥配制成粘贴胶浆。配制时先按质量比(EC-6 胶: 水)1:1混合成胶液，按质量比(32.5 级水泥: 细砂)1:2配制并拌和成干砂浆，再加入胶液拌制成适当稠度的 EC-6 型聚合物水泥砂浆胶粘剂，其黏结强度≥1.1 MPa。

(3)建筑石膏粉及石膏腻子。建筑石膏粉应符合三级以上标准。石膏腻子的抗压强度>2.5 MPa，抗折强度>1.0 MPa，黏结强度>0.2 MPa，终凝时间 3 h。

(4)玻纤网格布条。用于板缝处理(布宽 50 mm)和墙面转角附加层(布宽 200 mm)。要求采用中碱玻纤涂塑网格布，布的质量≥80 g/m$^2$；断裂强度：25 mm×100 mm 布条经向断裂强度>300 N，纬向断裂强度>150 N。

## 二、施工主要机具

主要机具有木工手锯、钢丝刷、2 m 靠尺、开刀、2 m 托线板、钢尺、橡皮锤、钻、扁铲、笤帚等。

## 三、施工工艺

增强石膏聚苯板外墙内保温施工工艺流程为：墙面清理→排板、弹线→配板、修补→标出管卡、炉钩等预埋件位置→墙面贴饼→稳接线盒、安管卡、埋件等→安装防水保温踢脚板复合板→安装复合板→板缝及阴、阳角处理→板面装修。增强石膏聚苯板外墙内保温施工要点如下：

(1)墙面清理。凡凸出墙面 20 mm 的砂浆块、混凝土块必须剔除，并扫净墙面。

(2)排板、弹线。以门窗洞口边为基准，向两边按板宽 600 mm 排板；按保温层的厚度在墙、顶上弹出保温墙面的边线；按防水保温踢脚层的厚度在地面上弹出防水保温踢脚面的边线，并在墙面上弹出踢脚的上口线。

(3)配板、修补。按排板进行配板。复合保温板的长度应略小于顶板到踢脚上口的净高尺寸；计算并量测门窗洞口上部及窗口下部的保温板尺寸，并按此尺寸配板；当保温板与墙的长度不相适应时，应将部分保温板预先拼接加宽(或锯窄)成合适的宽度，并放置在阴角处。有缺陷的板应修补。

(4)墙面贴饼。在墙面贴饼位置，用钢丝刷刷出直径不小于 100 mm 的洁净面并浇水润湿，刷一道 801 胶水泥素浆；检查墙面的平整、垂直，找规矩贴饼，并在需设置预埋件四周做出 200 mm×200 mm 的灰饼；贴饼材料为 1∶3水泥砂浆，灰饼直径为 100 mm 左右，厚度以保证空气层厚度（20 mm 左右）为准。

（5）稳接线盒、安管卡、埋件。安装电气接线盒时，接线盒高出冲筋面不得大于复合板的厚度，且要稳定牢固。

（6）粘贴防水保温踢脚板。在踢脚板内侧上下四处，各按 200～300 mm 间距布设EC－6砂浆胶粘剂黏结点，同时在踢脚板底面及相邻的已粘贴上墙的踢脚板侧面满刮胶粘剂；按线粘贴踢脚板，粘贴时用橡皮锤敲振使踢脚板贴实，挤实拼头缝，并将挤出的胶粘剂随时清理干净；粘贴时要保证踢脚板上口平顺，板面垂直，保证踢脚板与结构墙间的空气层为 10 mm 左右。

（7）安装复合板。将接线盒、管卡、预埋件的位置准确地翻样到板面，并开出洞口；复合板安装顺序宜从左至右依次顺序安装；板侧面、顶面、底面清刷干净，在侧墙面、顶面、踢脚板上口、复合板顶面、底面及侧面（所有相拼合面）、灰饼面上先刷一道 SG791 胶液，再满刮 SG791 胶粘剂，按弹线位置立即安装就位。每块保温板除粘贴在灰饼上外，板中间需有＞10% 板面面积的 SG791 胶粘剂呈梅花状布点直接与墙体粘牢。安装时用手推挤，并用橡皮锤敲振，使所有拼合面挤紧冒浆，并使复合板贴紧灰饼。复合板的上端，如未挤严留有缝隙时，可用木楔适当楔紧，并用 SG791 胶粘剂将上口填塞密实（胶粘剂干后撤去木楔，用 SG791 胶粘剂填塞密实）。安装过程中，随时用开刀将挤出的胶粘剂刮平。按以上操作办法依次安装复合板。安装过程中随时用 2 m 靠尺及塞尺测量墙面的平整度，用 2 m 托线板检查板的垂直度，高出的部分用橡皮锤敲平。面板安装的允许偏差及检验方法如表 10-1 所示。复合板在门窗洞口处的缝隙用 SG791 胶粘剂嵌填密实。最后复合板中露出的接线盒、管卡、预埋件与复合板开口处的缝隙，用 SG791 胶粘剂嵌塞密实。

**表 10-1　外墙内保温面板安装的允许偏差及检验方法**

| 序号 | 项目 | 允许偏差（mm） | | | 检验方法 |
|---|---|---|---|---|---|
| | | 纸面石膏板 | 人造模板 | 水泥纤维板 | |
| 1 | 表面平整度 | 3 | 4 | 4 | 用 2 m 靠尺和塞尺检查 |
| 2 | 立面垂直度 | 3 | 3 | 3 | 用 2 m 垂直检测尺检查 |
| 3 | 阴阳角方正 | 3 | 3 | 3 | 用直角检测尺检查 |
| 4 | 接线直线度 | — | 3 | 3 | 拉 5 m 线，不足 5 m 拉通线，用钢直尺检查 |
| 5 | 压条直线度 | — | 3 | 3 | |
| 6 | 接缝高低差 | 1 | 1 | 1 | 用钢直尺和塞尺检查 |

（8）板缝及阴阳角处理。复合板安装 10 d 后，检查所有缝隙是否黏结良好，有无裂缝，如出现裂缝，应查明原因后进行修补。已黏结良好的所有板缝、阴角缝，先清理浮灰，刮一层接缝腻子，粘贴 50 mm 宽玻纤网格带一层，压实、粘牢，表面再用接缝腻子刮平。所有阳角粘贴 200 mm 宽（每边各 100 mm）玻纤布，其方法同板缝。

（9）胶粘剂配制。胶粘剂要随配随用，配制的胶粘剂应在 30 min 内用完。

(10)板面装修。板面打磨平整后,满刮石膏腻子一道,干燥后均需打磨平整,最后按设计规定做内饰面层。

# 任务三　外墙外保温系统施工

外墙外保温系统是由保温层、保护层与固定材料构成的非承重保温构造总称。外墙外保温工程是将外墙外保温系统通过组合、组装、固定等技术手段在外墙外表面上所形成的建筑物实体。

外墙外保温系统具有下列优点:

(1)能有效地切断外墙上的混凝土梁、构造柱等形成的热桥,提高外墙保温的整体性和有效性,防止外墙内表面在冬季出现结露。

(2)在非稳定供热时对室内的空气温度有一定的调节作用,提高房间的热稳定性。

(3)能明显地提高外墙内表面的温度,较好地改善室内的热舒适环境。

(4)对外墙主体的结构层起到良好的保护作用,不受室外周期性变化的空气温度和太阳辐射影响。

(5)保温材料设置在密实结构材料层的外侧,符合围护结构防潮设计原则。

(6)保温施工在室外进行,对住户干扰少。

外墙外保温是设置在建筑物的外侧,长期受到大气、日光和雨水等多方面的侵蚀,因此施工要求比较高。

## 一、EPS板薄抹灰外墙外保温系统施工

### (一)EPS板薄抹灰外墙外保温系统的构造

EPS板薄抹灰外墙外保温系统(简称EPS板薄抹灰系统)由EPS板保温层、薄抹面层和饰面涂层构成。EPS板用胶粘剂固定在基层上,薄抹面层中满铺玻纤网,当建筑物高度在20 m以上时,在受负风压作用较大的部位宜使用锚栓辅助固定,其构造如图10-2所示。

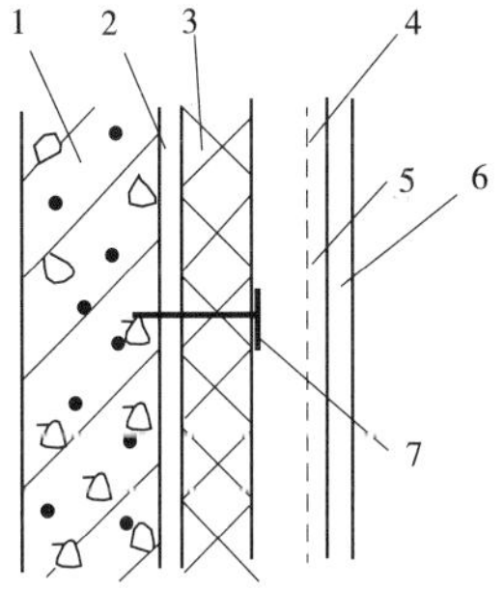


1—基层;2—胶粘剂;3—EPS板;4—玻纤网;5—薄抹面层;6—饰面涂层;7—锚栓

**图10-2　EPS板薄抹灰系统**

### (二)材料的准备及要求

聚苯乙烯板采用密度为18～20 kg/m$^3$自熄型板,储存时应摆放平整,防止雨淋及阳光暴晒。

水泥采用强度等级42.5普通硅酸盐水泥和42.5铝酸盐水泥,水泥必须有出厂日期,凡有结块现象或出厂日期超过3个月的必须根据化验结果确定使用。砂采用细度模数2.0～2.8,并筛除大于2.5 mm的颗粒,砂的含泥量小于1%。聚合物砂浆质量配合比(黏结剂∶32.5普通硅酸盐水泥∶砂子)为1∶1.88∶4.97。玻纤布必须放在干燥处,地面必须平整,摆放宜立放平整,避免相互交错摆放。

### (三)施工工具

外挂式外保温聚苯乙烯泡沫板(EPS)施工主要机具有锯条或刀锯、打磨EPS板的粗砂

纸、挫子、小压子或铁勺、铝合金靠尺、钢卷尺、线绳、线坠、墨斗、铁灰槽、小铁平锹、提漏（1 kg/个或5 kg/个）、塑料桶（建议能装15 kg水泥作为量桶）、铁筛网（16目）。

**（四）施工工艺**

EPS板薄抹灰外墙外保温系统施工工艺流程为：基面检查或处理→工具准备→阴阳角、门窗膀挂线→基层墙体湿润→配制聚合物砂浆、挑选EPS板→粘贴EPS板→EPS板塞缝、打磨、找平墙面→配制聚合物砂浆→EPS板面抹聚合物砂浆、门窗洞口处理、粘贴玻纤网、面层抹聚合物砂浆→找平修补、嵌密封膏→外饰面施工。

1. 粘贴聚苯乙烯板（EPS板）施工要点

（1）配制聚合物砂浆必须有专人负责，以确保搅拌质量。将水泥、砂子用量称好后倒入铁灰槽中进行混合，搅拌均匀后按配合比加入黏结液进行搅拌，搅拌必须均匀，避免出现离析。根据和易性可适当加水，加水量为黏结剂的5%。聚合物砂浆应随用随配，配好的聚合物砂浆最好在1 h之内用完。聚合物砂浆应在阴凉处放置，避免阳光暴晒。

（2）EPS板薄抹灰系统的基层表面应清洁，无油污、脱模剂等妨碍黏结的附着物。凸起、空鼓和疏松部位应剔除并找平。找平层应与墙体黏结牢固，不得有脱层、空鼓、裂缝，面层不得有粉化、起皮、爆灰等现象。

（3）粘贴EPS板时，应将胶粘剂涂在EPS板背面，涂胶粘剂面积不得小于EPS板面积的40%。EPS板应按顺砌方式粘贴，竖缝应逐行错缝。EPS板应粘贴牢固，不得有松动和空鼓。墙角处EPS板应交错互锁，如图10-3（a）所示。

（4）门窗洞口四角处EPS板不得拼接，应采用整块EPS板切割成形，EPS板接缝应离开角部至少200 mm，如图10-3（b）所示。

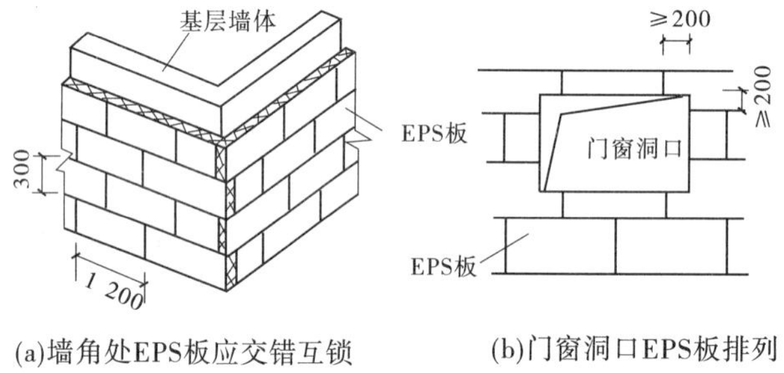


**图10-3　EPS板排板图**

（5）应做好系统在檐口、勒脚处的包边处理。装饰缝、门窗四角和阴阳角等处应做好局部加强网施工。变形缝处应做好防水和保温构造处理。

（6）基层上粘贴的聚苯板，板与板之间缝隙不得大于2 mm，对下料尺寸偏差或切割等原因造成的板间小缝，应用聚苯板裁成合适的小片塞入缝中。EPS板安装的允许偏差及检验方法如表10-2所示。

（7）聚苯板粘贴24 h后方可进行打磨，用粗砂纸、挫子或专用工具对整个墙面进行打磨一遍，打磨时不要沿板缝平行方向，而是做轻柔圆周运动将不平处磨平，墙面打磨后，应将聚苯板碎屑清理干净，随磨随用2 m靠尺检查平整度。

表 10-2 外墙外保温保温隔热板安装的允许偏差及检验方法

| 序号 | 项目 | 允许偏差(mm) | 检验方法 |
| --- | --- | --- | --- |
| 1 | 表面平整度 | 4 | 用 2 m 靠尺和塞尺检查 |
| 2 | 立面垂直度 | 4 | 用 2 m 垂直检测尺检查 |
| 3 | 阴、阳角垂直 | 4 | 用 2 m 托线板检查 |
| 4 | 阴、阳角方正 | 4 | 用直角检测尺检查 |
| 5 | 接槎高低差 | 1 | 用直尺和塞尺检查 |

(8)网布必须在聚苯板粘贴 24 h 以后进行施工,应先安排朝阳面贴布工序;女儿墙压顶或凸出物下部,应预留 5 mm 缝隙,便于网格布嵌入。

(9)EPS 板板边除有翻包网格布的可以在 EPS 板侧面涂抹聚合物砂浆,其他情况均不得在 EPS 板侧面涂抹聚合物砂浆。

(10)装饰分格条须在 EPS 板粘贴 24 h 后用分格线开槽器挖槽。

2. 粘贴玻纤网格布施工要点

(1)配制聚合物砂浆必须专人负责,以确保搅拌均匀。聚合物砂浆质量配合比(黏结剂:425 号硫铝酸盐水泥:砂子)为 1:(1.8 ~2.0):(3.0 ~3.4)。

(2)聚合物砂浆应随用随配,配好的聚合物砂浆最好在 1 h 之内用完。聚合物砂浆应于阴凉处放置,避免阳光暴晒。

(3)在干净平整的地方按预先需要的长度、宽度从整卷玻纤网布上剪下网片,留出必要的搭接长度,下料必须准确,剪好的网布必须卷起来,不允许折叠、踩踏。

(4)在建筑物阳角处做加强层,加强层应贴在最内侧,每边 150 mm。

(5)涂抹第一遍聚合物砂浆时,应保持 EPS 板面干燥,并去除板面有害物质或杂质。

(6)在聚苯板表面刮上一层聚合物砂浆,所刮面积应略大于网布的长或宽,厚度应一致(约 2 mm),除有包边要求外,聚合物砂浆不允许涂在聚苯板侧边。

(7)刮完聚合物砂浆后,应将网布置于其上,网布的弯曲面朝向墙,从中央向四周抹压平整,使网布嵌入聚合物砂浆中,网布不应皱折,不得外露,待表面干燥后,再在其上施抹一层聚合物砂浆。网布周边搭接长度不得小于 70 mm,在被切断的部位应采用补网搭接,搭接长度不得小于 70 mm。

(8)门窗周边应做加强层,加强层网格布贴在最内侧。若门窗框外皮与基层墙体表面大于 50 mm,网格布与基层墙体粘贴;若小于 50 mm 需做翻包处理。大墙面铺设的网格布应嵌入门窗框外侧粘牢。

(9)门窗口四角处,在标准网施抹完后,再在门窗口四角加盖一块 200 mm × 300 mm 标准网,与窗角平分线成 90°角放置,贴在最外侧,用以加强。在阴角处加盖一块 200 mm 长,与窗膀同宽的标准网片,贴在最外侧。一层窗台以下,为了防止撞击带来的伤害,应先安置加强型网布,再安置标准型网布,加强网格布应对接。

(10)网布自上而下施抹,同步施工先施抹加强型网布,再做标准型网布。墙面粘贴的网格布应覆盖在翻包的网格布上。

(11)网布粘完后应防止雨水冲刷或撞击,容易碰撞的阳角,门窗应采取保护措施,上料口应采取防污染措施,发生表面损坏或污染必须立即处理。

(12)施工后保护层 4 h 内不能被雨淋,保护层终凝后应及时喷水养护。养护时间:昼夜平均气温高于 15 ℃时不得少于 48 h,低于 15 ℃时不得少于 72 h。

**(五)材料的包装、运输和储存**

1. 包装

聚苯板采用塑料袋包装,在捆扎角处应衬垫硬质材料。胶粘剂、抹面胶浆可采用编织袋或桶装,但应密封。耐碱网格布应成卷并用防水、防潮材料包装。锚栓可以用纸箱包装。

2. 运输

聚苯板侧立搬运,侧立装车,用麻绳等与运输车辆固定牢固,不得重压猛摔或与锋利物品碰撞。胶粘剂、耐碱网、锚栓在运输过程中应避免挤压、碰撞、雨淋、日晒。

3. 储存

所有组成材料应防止与腐蚀性介质接触,远离火源,防止长期曝晒;应放在仓库内且干燥、通风、防冻的地方。储存材料期限不得超过保质期,应按规格、型号分别储存。

## 二、胶粉 EPS 颗粒保温浆料外墙外保温系统施工

**(一)胶粉 EPS 颗粒保温浆料外墙外保温系统的构造**

胶粉 EPS 颗粒保温浆料外墙外保温系统(以下简称保温浆料系统)应由界面层、胶粉 EPS 颗粒保温浆料保温层、抗裂砂浆薄抹面层和饰面层组成,如图 10-4 所示。胶粉 EPS 颗粒保温浆料经现场拌和后喷涂或抹在基层上形成保温层。薄抹面层中应满铺玻纤网。胶粉 EPS 颗粒保温浆料保温层设计厚度不宜超过 100 mm,必要时应设置抗裂分格缝。

**(二)胶粉聚苯颗粒外墙外保温工程特点**

(1)保温浆料采用预混合干拌技术,将保温胶凝材料与各种外加剂混合包装,聚苯颗粒按袋分装,到施工现场以袋为单位配合比加水混合搅拌成膏状材料,计量容易控制,保证配比准确。

(2)施工时,采用同种材料做冲筋,保证保温层厚度控制准确,保温效果一致。

(3)原材料本身采用高吸水树脂及水溶性高分子外加剂,解决了一次抹灰太薄的问题,保证抹灰厚度达 4 ~ 6 cm,黏结力强,不滑坠、干缩小。

(4)抗裂防护层增强保温体抗裂能力,杜绝了质量通病。

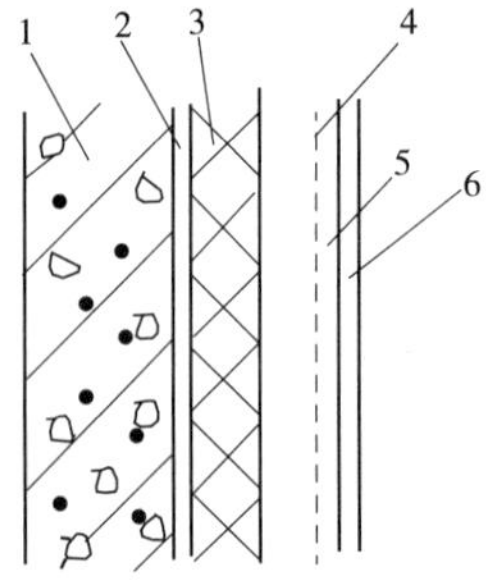


1—基层;2—界面砂浆;
3—胶粉 EPS 颗粒保温浆料;
4—抗裂砂浆薄抹面层;
5—玻纤网;6—饰面层

**图 10-4　保温浆料系统**

**(三)施工要点**

胶粉 EPS 颗粒保温浆料保温层抹面的施工要点与前述抹灰要求相近, 在此只阐述不同点。

(1)胶粉 EPS 颗粒保温浆料保温层的基层表面应清洁,无油污和脱模剂等妨碍黏结的附着物,空鼓、疏松部位应剔除。

(2)胶粉 EPS 颗粒保温浆料宜分遍抹灰,每遍间隔时间应在 24 h 以上,每遍厚度不宜超过 20 mm。第一遍抹灰应压实,最后一遍应找平,并用大杠搓平。

(3)保温层硬化后,应现场检验保温层厚度并现场取样检验胶粉 EPS 颗粒保温浆料干密度。现场取样胶粉 EPS 颗粒保温浆料干密度不应大于 250 $kg/m^3$,并且不应小于 180 $kg/m^3$。现场检验保温层厚度应符合设计要求,不得有负偏差。

**(四)质量保证**

1. 保证项目

(1)所用材料品种、质量、性能、做法及厚度必须符合设计及节能标准要求,并有检测报告。保温层厚度均匀,不允许有负偏差。

(2)各构造抹灰层间以及保温层与墙体间必须黏结牢固,无脱层、空鼓、裂缝,面层无粉、起皮、爆灰等现象。

2. 基本项目

(1)表面平整、洁净、接槎平整、无明显抹纹,线角、分割条顺直、清晰。

(2)外墙面所有门窗口、孔洞、槽、盒位置和尺寸准确,表面整齐洁净,管道后面抹灰平整无缺陷。

(3)分格条(缝)宽度、深度均匀一致,条(缝)平整光滑,棱角整齐,横平竖直,通顺。

(4)滴水线(槽)的流水坡度正确,线(槽)顺直。

3. 允许偏差及检验方法

胶粉 EPS 颗粒保温浆料外墙外保温工程允许偏差及检验方法应按照相应技术规范要求进行。

**(五)成品保护、安全施工**

(1)分格线、滴水槽、门窗框、管道及槽盒上残存砂浆,应及时清理干净。

(2)翻拆架子应防止破坏已抹好的墙面、门窗洞口、边、角、垛,宜采取保护性措施,其他工种作业时不得污染或损坏墙面,严禁踩踏窗口。

(3)各构造层在凝结前应防止水冲、撞击、振动。

(4)脚手架搭设需经安全检查验收,方可上架施工,架上不得超重堆放材料,金属挂架每跨最多不得超过两人同时作业。

(5)脚手架上施工时,用具、工具、材料应分散摆放稳妥,防止坠落,注意操作安全。

## 三、钢丝网架聚苯板现浇混凝土外墙外保温工程施工

钢丝网架聚苯板现浇混凝土外墙外保温系统(简称有网现浇系统)是一种以腹丝穿透型钢丝网架聚苯板为保温层,置于现浇混凝土基层墙体外侧,辅以锚固筋拉结,与混凝土墙体一起浇筑成形,并在钢丝网架聚苯板外表面抹聚合物砂浆做防护层,采用面砖或防水弹性涂料饰面的外墙外保温系统。

**(一)钢丝网架现浇混凝土外墙外保温工程的特点**

(1)单面钢丝网架聚苯板质轻、吸水率小、耐候性能好。

(2)单面钢丝网架聚苯板剪裁安装、绑扎、固定等操作简单,不占主导工期。

(3)单面钢丝网架聚苯板安装与主体结构施工可同时进行,并可以利用主体结构施工的脚手架和安全防护设施,有利于安全施工,加快施工进度,降低模板损耗和施工成本。

(4)冬期施工时,单面钢丝网架聚苯板可起保温作用,外围护不须另设保温措施。

(5)与后粘聚苯板比较,大大减轻了劳动强度,不但做到了文明施工,提高了工效,而且

施工的安全性也得到了有效的保证。

(6)与内保温相比,解决了内墙与外墙交接处的冷桥问题,不占用住户的使用面积。

(7)聚苯板与混凝土墙体结合良好,方法简单,有较高的安全度,提高了混凝土墙体的质量。

### (二)基本构造和技术要求

1. 基本构造

钢丝网架板混凝土外墙外保温工程是以现浇混凝土为基层墙体,采用腹丝穿透性钢丝网架聚苯板做保温隔热材料,聚苯板单面钢丝网架板置于外墙外模板内侧,并以Φ6锚筋钩紧钢丝网片作为辅助固定,与钢筋混凝土现浇为一体,聚苯板的抹面层为抗裂砂浆,属厚抹灰型面层,常用在面砖饰面的保温工程。有网现浇系统基本构造如图10-5所示。

2. 技术要求

(1)板面斜插腹丝不得超过200根/$m^2$,斜插腹丝应为镀锌腹丝,板两面应预喷刷界面砂浆。加工质量应符合现行行业标准。

(2)聚苯板安装就位后,将L形Φ6锚筋穿透板面与混凝土墙体钢筋绑牢,锚筋穿过聚苯板的部分刷防锈漆两遍。L形Φ6锚筋不少于4根/$m^2$,锚固深度不得小于100 mm。

(3)在每层层间应设水平抗裂分隔缝,聚苯板面的钢丝网片在楼层分层处应断开,不得相连,抹灰时嵌入层间塑料分隔条或泡沫塑料棒,并用建筑密膏嵌缝。垂直抗裂分隔缝不宜在面积大于30 $m^2$墙面内设置。

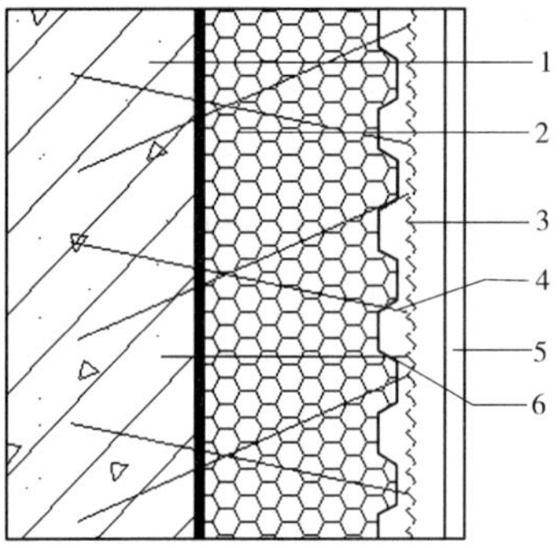


1—现浇混凝土外墙;2—聚苯板单面钢丝网架板;3—掺外加剂的水泥砂浆厚抹面层;4—钢丝网架;5—饰面层;6—Φ6锚筋

**图10-5　有网现浇系统基本构造**

(4)应采用钢制大模板施工,保证钢丝网架板和辅助固定件安装位置正确。

(5)墙体混凝土应分层浇筑,分层振捣,分层高度应控制在500 mm以内。严禁混凝土泵正对聚苯板下料,振捣棒更不得接触聚苯板,以免板受损。

(6)界面砂浆涂敷应均匀,与钢丝和聚苯板附着牢固,斜丝脱焊点不超过3%,并且穿过板的挑头不应小于30 mm。板长300 mm范围内对接接头不得多于两处,对接处可以用胶粘剂粘牢。

### (三)施工工艺流程和施工操作要点

1. 施工工艺流程

施工工艺流程为:墙体放线→绑扎外墙钢筋,钢筋隐蔽检查→安装钢丝网架聚苯板,接缝处接缝角网→验收钢丝网架聚苯板→支外墙模板→验收模板→浇筑墙体混凝土→检验墙及钢丝网架聚苯板→钢丝网架聚苯板板面抹灰。

2. 施工操作要点

(1)外墙外保温板安装。混凝土内外钢筋绑扎必须验收合格后方可进行。按照设计图纸上的墙体厚度尺寸弹水平线及垂直线,同时在外墙钢筋外侧绑扎塑料卡垫块,且每块板内(1 200 mm×2 700 mm)不少于4块。

保温板就位后,可将L形Φ6钢筋按垫块位置穿过保温板,用火烧丝将其两侧与钢丝网及墙体绑扎牢固。L 形$\phi$6 钢筋长度 200 mm，弯钩 30 mm，其穿过保温板部分刷防锈漆两道。保温板外侧低碳钢丝网片应在楼层层高分界处断开，外墙阳角、阴角及窗口、阳台底边处，须附加角网及连接平网，搭接长度不小于 200 mm。

（2）模板安装。应采用木质或钢制大模板，模板组合配制尺寸及数量应考虑保温板厚度。在底层混凝土强度不低于 7.5 MPa 时，可按弹出的墙体位置线开始安装大模板。安装上一层模板时，可利用下一层外墙螺栓孔挂三角平台架及金属防护栏。安装外墙大模板前必须在现浇混凝土墙体根部或保温板外侧采取可靠的定位措施，以防止模板挤靠保温板。模板放在三角平台架上，将模板就位，穿螺栓紧固校正，模板拼接要严密、牢固，防止出现错台和漏浆现象。

（3）浇筑混凝土。混凝土可以采用商品混凝土及现场搅拌混凝土。保温板顶面要采取遮挡措施，新、旧混凝土接槎处应均匀浇筑 3 ~ 5 cm 同强度等级的细石混凝土，混凝土应分层浇筑，分层厚度应控制在 500 mm 以内。

振捣棒振动间距一般应小于 50 cm，振捣时间以表面浮浆和不再下沉为准。洞口处浇筑混凝土时，应在洞口两边同时浇筑混凝土，并使两侧浇筑高度大体一致，振捣棒应距洞口边 30 cm 以上。施工缝应留在门洞过梁 1/3 范围内，也可留在纵横墙的交接处。

（4）模板的拆除。在常温条件下，墙体混凝土强度不应低于 1.0 MPa，冬季施工墙体混凝土强度不应低于 4.0 MPa，方可拆除模板。混凝土的强度等级应以现场同条件的试块抗压强度为标准。模板应先拆除外墙外侧模板，再拆除外墙内侧模板，并及时修补混凝土墙面的缺陷。穿墙套管拆除后，应以干硬性砂浆补洞，洞口处所缺保温板应填好。

（5）混凝土的养护。可按第四章混凝土结构工程中混凝土养护方法进行。

（6）混凝土墙体检验。墙体混凝土必须振捣密实均匀，墙面及接茬处应光滑、平整，墙面不得有孔洞、露筋等缺陷，允许偏差应符合相关规范的规定。聚苯板压缩允许厚度为板设计厚度的 1/10，检查方法是用钢尺在上、中、下各测三点，再取平均值。

（7）外墙外保温板的抹灰。保温板表面的涂浆以及有疏松空鼓现象者均应清除干净，保证无灰尘、油渍和污垢。绑扎阴阳角及拼缝网，需用铁丝与保温板钢丝网绑扎牢固，角度平角。分割处保温板钢丝网应剪断。水泥可用强度等级 42.5 普通硅酸盐水泥，砂子用中砂，含泥量≤3%。水泥砂浆按 1∶3比例配制，并按水泥质量的 1% 掺入防裂剂。板面应喷界面剂，而且应均匀一致，干燥后可进行抹灰。

抹灰应分底层和面层，每层厚度不大于 10 mm，总厚度不大于 20 mm，以盖住钢丝网为宜。待底层抹灰凝结后可抹面层，常温下 24 h 后即可黏结面砖。

## 四、EPS 板现浇混凝土外墙外保温系统施工

### （一）EPS 板现浇混凝土外墙外保温系统的构造

EPS 板现浇混凝土外墙外保温系统（简称无网现浇系统）以现浇混凝土外墙作为基层，EPS 板为保温层。EPS 板内表面（与现浇混凝土接触的表面）沿水平方向开有矩形齿槽，内、外表面均满涂界面砂浆。在施工时将 EPS 板置于外模板内侧，并安装锚栓作为辅助固定件。浇灌混凝土后，墙体与 EPS 板以及锚栓结合为一体。EPS 板表面抹抗裂砂浆薄抹面层，外表面以涂料为饰面层，其构造如图 10-6 所示。

**(二)EPS 板现浇混凝土外墙外保温系统施工注意事项**

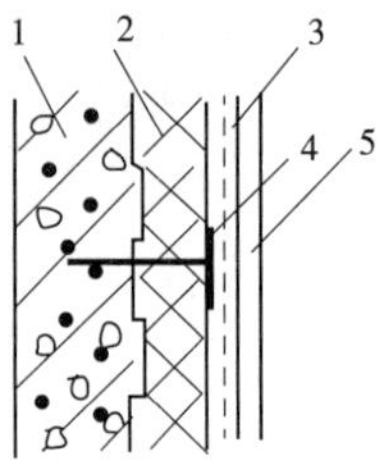

1—现浇混凝土外墙;2—EPS 板;
3—抗裂砂浆薄抹面层;
4—锚栓;5—饰面层

**图 10-6　EPS 板现浇混凝土外墙外保温系统构造**

(1)安装前,无网现浇系统 EPS 板两面必须预喷刷界面砂浆,要求喷涂应均匀,不得漏涂。

(2)EPS 板宽度宜为 1.2 m,高度宜为建筑物层高。薄抹面层中满铺玻纤网。

(3)锚栓每平方米宜设 2 ~3 个。

(4)水平抗裂分格缝宜按楼层设置。垂直抗裂分格缝宜按墙面面积设置,在板式建筑中不宜大于 30 $m^2$,在塔式建筑中可视具体情况而定,宜留在阴角部位。

(5)应采用钢制大模板施工。

(6)混凝土一次浇筑高度不宜大于 1 m,混凝土需振捣密实均匀,墙面及接槎处应光滑、平整。

(7)混凝土浇筑后,EPS 板表面局部不平整处宜抹胶粉 EPS 颗粒保温浆料修补和找平,修补和找平处厚度不得大于 10 mm。

**特别提示**

外墙外保温是目前墙体保温采用的主要形式,虽然施工技术比较成熟,但是操作不当也会出现一系列质量问题,譬如裂缝、空鼓、脱落、渗水等现象,施工中一定要严把材料质量关,严格操作施工工艺,防止事后问题产生。

# 任务四　外墙外保温工程施工质量验收

## 一、外墙外保温工程施工质量验收标准

外墙外保温工程施工质量验收应按照现行国家标准《建筑工程施工质量验收统一标准》(GB 50300—2001)规定进行。外墙外保温工程分部工程、子分部工程和分项工程划分如图 10-7 所示。

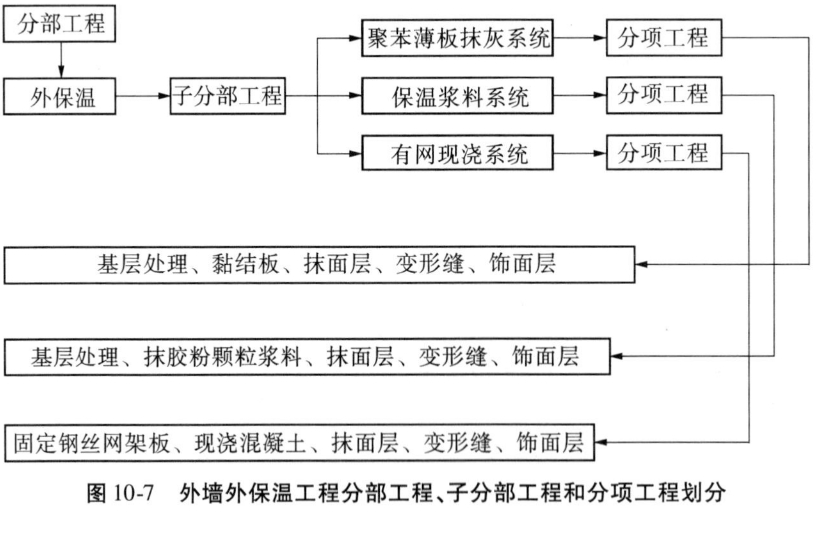


**图 10-7　外墙外保温工程分部工程、子分部工程和分项工程划分**

分项工程应每500～1 000 $m^2$ 划分为一个检验批,不足500 $m^2$ 也应划分为一个检验批,每个检验批每100 $m^2$ 至少应抽查一处,每处不得小于10 $m^2$。

### (一)主控项目验收

外墙外保温系统及主要组成材料性能应符合《外墙外保温工程技术规程》(JGJ 144—2004)的要求。检查方法有检查形式、检验报告和进场复检报告。

保温层厚度应符合图纸设计的要求。检查方法:插针法检查。

聚苯板薄抹灰系统与聚苯板黏结面积应符合《外墙外保温工程技术规程》(JGJ 144—2004)的要求。检查方法:现场测量。

### (二)一般项目验收

聚苯板薄抹灰系统、保温浆料保温层垂直度和尺寸允许偏差、抹面层和饰面层分项工程,应符合现行国家标准《建筑装饰装修工程质量验收规范》(GB 50210—2001)的规定。

现浇混凝土分项工程施工质量应符合现行国家标准《混凝土结构工程施工质量验收规范》(GB 50204—2002)的规定。

有网现浇系统抹面层厚度应符合《外墙外保温工程技术规程》(JGJ 144—2004)的要求。检查方法:插针法检查。

系统抗冲击性应符合《外墙外保温工程技术规程》(JGJ 144—2004)的要求。检查方法:在保护层施工完工28 d后进行,根据抹面层和饰面层性能的不同而选取冲击点。采用摆动冲击,摆动中心固定在冲击点的垂直线上,摆长至少为1.5 m。取钢球从静止开始下落的位置与冲击点之间的高差等于规定的落差。10 J级钢球质量为1 000 g,直径为6.25 cm,落差为1.02 m;3 J级钢球质量为500 g,落差为0.61 m。

## 二、外墙外保温工程验收资料

### (一)工程竣工应提交的文件

工程竣工应提交设计文件、图纸会审纪要和设计变更等;施工方案和施工工艺;形式检验报告及其主要组成材料的产品合格证,出厂检验报告、进场复检报告和现场验收记录;施工技术交底;施工工艺记录及施工质量检验记录等。

### (二)产品合格证与使用说明书

聚苯板系列产品应有产品合格证与使用说明书,并且应于产品交货时提供。

产品合格证包括下列内容:产品名称、标准编号、商标;生产企业名称、地址;产品规格、等级;生产日期、质量保证期;检验部门印章、检验人员代号。

使用说明书包括下列内容:产品用途及使用范围;产品的特点及选用方法;产品结构及组成材料;使用环境条件;使用方法;材料存储方式;成品保护措施;验收标准等。

### 综合应用案例

1. 工程概况

某住宅楼位于某市嵩山西支路与牡丹江路交叉口西北角,建筑面积为4 000.6 $m^2$,墙体为黏土多孔砖,外墙面积为1 120 $m^2$。

本工程外墙保温采用聚苯板保温外贴瓷砖系统。

2. 施工准备

(1)材料准备。聚合物黏结砂浆、聚合物抹面砂浆、聚苯板、钢丝网、锚固钉、钢角托等材料。

(2)施工工具准备。外接电源设备、搅拌机、电锤、称量衡器、密齿手锯、壁纸刀、钢网用剪刀、腻子刀、抹子、托线板、2 m 靠尺、墨斗、压子、阴阳角抿子、棕刷等。

(3)施工条件准备。①安装装修用外脚手架,并经安全人员检查合格。②基层施工验收合格,并且基层墙面及找平层应干燥。③基层墙面的水泥灰浆及凸起物应清除。④外门窗沿口应通过验收,洞口的尺寸、位置应符合设计要求和质量要求。⑤门窗框及墙身上各种进户管线、水浴管架及各种预埋管件架按设计安装完毕,伸出墙面的消防梯、水落管、各种进户管线和空调器等预埋件、连接件应安装完毕,并按外保温系统厚度留出间隙。⑥操作地点环境温度不低于 5 ℃,风力不大于 5 级,在施工中及施工后 24 h 内不得低于 5 ℃。⑦夏季施工,施工面应避免阳光直射,必要时可在脚手架上搭设防晒布,遮挡墙面。⑧避免由于阳光直射造成 EPS 板老化。⑨施工中突遇降雨,应采取有效措施,防止雨水冲刷墙面。

3. 施工工艺

聚苯板保温外贴瓷砖系统施工工艺流程如图 10-8 所示。

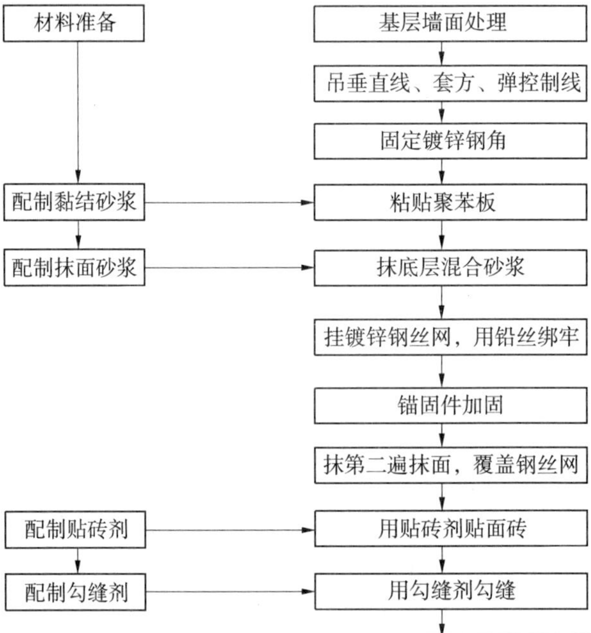


**图 10-8 聚苯板保温外贴瓷砖系统施工工艺流程**

(1)基层处理。①基层表面必须干燥、坚固、平整、无泥土、油垢和松散沙砾,门窗口处的塞口必须严密牢固,基层空鼓开裂处要彻底清除修补,同时用相关器具对基面的尺寸偏差进行检查。对超出允许偏差的部位进行剔凿修补,必须将基层上影响附着力的部位进行彻底清理。②必须将墙面的残渣和脱模剂清理干净,墙面平整度超差部分剔凿或修补。伸出墙面的(设备、管道)联结件已安装完毕,并留出保温施工的余地。③外保温施工前,要测定基层含水率,可用 1 $m^2$ 的密闭性良好柔性材料平坦的干挂在基层上 3 ~4 小时后掀开检查,基层被覆盖的部位未见水印或覆盖材料上未见水汽，即为合格。

(2)吊垂直线、套方、弹控制线。根据建筑物立面的设计和外墙外保温的技术要求，在墙面弹出外门窗水平、垂直控制线及伸缩缝线等。在建筑物的大角(阴角和阳角)及其他必要处挂垂直基准线，每个楼层适当位置挂水平控制线，以控制墙面的垂直度和平整度。

(3)加固钢角托。钢角托由角钢制成，安装在每一层聚苯板的底部，使用膨胀螺丝固定在结构墙体上。

(4)配制黏结砂浆。①集中搅拌聚合物黏结砂浆(以下简称黏结剂)，水与聚合物黏结砂浆粉料的质量比为1:4。使用一只干净的塑料容器，先放入少量清水，陆续加入聚合物黏结砂浆粉料，同时陆续加水，边加边搅拌，直到搅拌均匀，不得加水过多。②黏结剂配好后静置10 min，再搅拌一次。③调好的黏结剂必须在2 h内使用完毕，注意黏结剂内不能加入任何其他添加物。

(5)粘贴聚苯板。①粘贴保温板应从下往上沿水平方向按板长向铺贴，上下两层板应沿水平方向错开板缝。②用抹子在每块保温板(标准板尺寸为600 mm×1 200 mm)一侧面周边涂上宽约5 cm、厚5~10 mm的梯形带状混合物砂浆黏结剂，平均厚度视基墙面平整度而定，并同时涂6块或8块厚5~10 mm、直径为100 mm的点状物，均匀分布在板中间。考虑到风荷载、安全系数和现场施工的不确定性，黏结面积不应小于50%。③涂好后即将保温板贴在墙面上，不得将抹好黏结剂的保温板搁置待用，以防止黏结剂结皮而失去黏结作用。④保温板贴在墙上时，应用2 m靠尺进行轻敲压平操作，保证其平整度和粘贴牢固。板与板之间要挤紧，不得有较大的缝隙。若因保温板面不方正或裁切不直形成大于2 mm的缝隙，应用保温板条塞入并打磨平。⑤保温板应水平粘贴，保证连续结合，而且上下两排保温板应竖向错缝搭接。⑥在墙拐角处，应先排好尺寸，裁切保温板，使其粘贴时垂直交错，保证拐角处顺直且垂直。⑦在粘贴窗框四周的阳角和外墙阳角时，应先弹出基准线，作为控制阳角上下竖直的依据。⑧保温板连接处高差大于1.5 mm的部位，应用衬有20粒度砂纸的不锈钢打磨抹子磨平，然后将整个墙面打磨一遍，有表皮的面板应磨去表皮。打磨动作为柔和的圆周方向，不要沿着与保温板接缝平行的方向打磨。打磨完后，应用刷子或压缩空气清除表面的碎屑及浮灰，操作工人应带防护面具。聚苯板铺贴如图10-9所示。

(6)配制聚合物抹面砂浆(以下称为抹面砂浆)。配制抹面砂浆方法和要求同配制黏结砂浆。

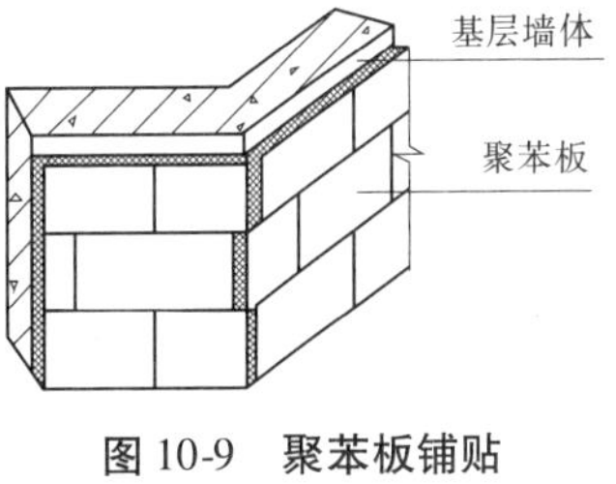

**图10-9　聚苯板铺贴**

(7)锚固件及镀锌钢丝网的安装。①外保温墙面上要粘贴面砖，墙体上的孔深应不小于50 mm。②保温板黏结牢固后，一般应在24 h后安装固定件。③先按设计要求的位置用电锤钻孔，然后塞入锚栓，用锤将锚栓敲入，最后用螺丝刀拧紧。④如挂钢丝网，打完孔后，先铺挂钢丝网，然后将锚固件的塑料圆盘装入孔中。钢丝网搭接部位用双股$\Phi 7$钢丝绑扎或用专用马蹄钢钉固定。

(8)窗口、洞口部位做加强处理。门窗洞口部分，施工难度较大，应进行加强处理。具体做法：门窗洞口钢丝网翻出洞口不小于200 mm，大面积钢丝网进入洞口200 mm，用抗裂砂浆压实即可。

(9)罩面层施工。抹面层砂浆前,应检查保温板是否干燥,表面是否平整,并除去板面有害物质、杂质或表面变质部分。抹面砂浆应分层抹灰。首先用不锈钢抹子在保温板表面涂抹一层面积略大于钢丝网的抗裂砂浆,然后立即将钢丝网压入湿的砂浆中,待砂浆凝固至表面不粘手时,再开始第二道抹砂浆,该砂浆的厚度以盖住钢丝网为准。

(10)粘贴瓷砖。待砂浆彻底干燥后粘贴瓷砖。

(11)勾柔性防水嵌缝剂。

4. 成品保护及安全注意事项

(1)窗框、管道、槽盒上残存砂浆,应及时清理干净。

(2)翻拆架子应防止破坏已抹好的墙面,窗洞口、边、角、垛宜采取保护性措施。其他工种作业不得污染或损坏墙面,严禁踩踏窗口。

(3)各构造层在凝固前,应有防风、防暴晒、防水冲和振动措施,以保证各层黏结牢固及有足够的强度。

(4)防止水泥浆、涂料、颜料、油漆等液体浸染面砖墙面,也要教育施工人员注意不要在已做好的饰面砖墙面上乱画乱写或脚蹬、手摸等,以免污染墙面。

(5)遵守有关安全操作规程。工人施工必须经过技术培训和安全教育方可上岗。脚手架经安全检查验收合格后,方可上人施工,施工时应有防止工具、用具、材料坠落的措施。

(6)垂直运输工具如吊篮等,必须在安装后经有关部门检查鉴定合格后才能启用。

(7)电器机具必须设置安全防护装置,电动机具应定期检验和保养。

(8)进入现场必须带安全帽,高空作业必须系安全带,二层以上外脚手架必须设置安全网。

(9)作业时,不得从高处往下乱扔东西,脚手架上不得集中堆放材料,操作施工用具应搁置稳当,以防坠落伤人。

## 小　结

**外墙保温系统按保温层的位置可分为外墙内保温系统和外墙外保温系统两大类。外墙内保温系统主要由基层、保温层和饰面层构成,外墙外保温系统主要由基层、保温层、抹面层和饰面层构成。增强石膏聚苯板外墙内保温施工工艺流程为:墙面清理→排板、弹线→配板、修补→标出管卡、炉钩等预埋件位置→墙面贴饼→稳接线盒、安管卡、埋件等→安装防水保温踢脚板复合板→安装复合板→板缝及阴、阳角处理→板面装修。EPS板薄抹灰外墙外保温系统施工工艺流程为:基面检查或处理→工具准备→阴阳角、门窗膀挂线→基层墙体湿润→配制聚合物砂浆、挑选EPS板→粘贴EPS板→EPS板塞缝、打磨、找平墙面→配制聚合物砂浆→EPS板面抹聚合物砂浆、门窗洞口处理、粘贴玻纤网、面层抹聚合物砂浆→找平修补、嵌密封膏→外饰面施工。钢丝网架聚苯板现浇混凝土外墙外保温工程施工工艺流程为:墙体放线→绑扎外墙钢筋,钢筋隐蔽检查→安装钢丝网架聚苯板,接缝处接缝角网→验收钢丝网架聚苯板→支外墙模板→验收模板→浇筑墙体混凝土→检验墙及钢丝网架聚苯板→钢丝网架聚苯板板面抹灰。外墙外保温工程施工质量验收可分为主控项目验收和一般项目验**

收,验收时应严格按照《建筑工程施工质量验收统一标准》(GB 50300—2001)的规定进行。

# 习 题

1. 填空题

(1)外墙保温系统按保温层的位置,可分为________和________两大类。

(2)外墙内保温系统主要由________、________和________构成。

(3)外墙外保温系统主要由________、________、________和________构成。

(4)增强石膏复合聚苯保温板外墙内保温施工,胶粘剂要随配随用,配制的胶粘剂应在________ min 内用完。

(5)EPS 板薄抹灰外墙外保温系统由________、________和________构成。

(6)胶粉 EPS 颗粒保温浆料保温层设计厚度不宜超过________ mm,必要时应设置________。

(7)外墙外保温工程质量验收,分项工程应按照每________ $m^2$ 划分为一个检验批,不足________ $m^2$ 也应划分为一个检验批,每个检验批每________ $m^2$ 应至少应抽查一处,每处不得小于________ $m^2$。

(8)外墙外保温保温层厚度采用________检查。

2. 单选题

(1)外墙外保温是在围护结构(　　)设置保温层。

A. 外侧　　B. 内侧　　C. 中间　　D. 靠外侧墙面 1/3

(2)外墙外保温薄抹面层厚度(　　)。

A. 小于 3 mm　　B. 小于 5 mm

C. 大于 6 mm　　D. 不小于 3 mm,且不宜大于 6 mm

(3)外墙外保温厚抹面层厚度应为(　　) mm。

A. 10 ~ 20　　B. 20 ~ 25　　C. 25 ~ 30　　D. 30 ~ 40

(4)外墙外保温工程的使用年限不应少于(　　)年。

A. 20　　B. 25　　C. 30　　D. 35

(5)胶粉 EPS 颗粒保温浆料外墙外保温系统应按规定进行抗拉强度检验,抗拉强度不得小于(　　) MPa。

A. 0. 1　　B. 0. 2　　C. 0. 3　　D. 0. 4

3. 多选题

(1)外墙内保温是在外墙结构的内部加做保温层,内保温(　　)。

A. 施工速度快　　B. 保温层不宜开裂

C. 操作方便灵活　　D. 施工技术成熟

E. 检验标准完善

(2)外保温与内保温相比较,具有(　　)等特点。

A. 保护主体结构　　B. 技术含量较高

C. 减少了建筑结构的热桥　　D. 消除冷凝

E. 增加建筑的有效空间

(3)外墙外保温工程竣工验收应提交(　　)等文件。

A. 设计文件　　B. 施工方案和施工工艺

C. 施工工艺记录　　D. 材料出厂、进场检验报告

E. 施工质量检验记录

(4)EPS板现浇混凝土外墙外保温系统施工(　　)。

A. 界面砂浆喷涂应均匀　　B. 每平方米宜设2~3个锚栓

C. 混凝土一次浇筑高度不宜大于1 m　　D. 水平抗裂分格缝宜按楼层设置

E. EPS板宽度宜为1.5 m

(5)胶粉EPS颗粒保温浆料保温层抹面施工(　　)。

A. 每遍厚度不宜超过20 mm　　B. 基层表面应清洁

C. 保温浆料干密度不应大于300 $kg/m^3$　　D. 基层表面无空鼓、疏松

E. 分遍抹灰间隔时间应在24 h以上

4. 简述题

(1)外墙内保温系统由哪几部分构成?

(2)外墙外保温系统由哪几部分组成? 各组成部分有何作用?

(3)简述外墙内保温和外墙外保温的优缺点。

(4)简述外墙外保温系统的基本规定和技术要求。

(5)简述增强石膏复合聚苯保温板外墙内保温施工要点。

(6)简述EPS板薄抹灰外墙外保温系统施工方法及施工要点。

(7)胶粉EPS颗粒保温浆料外墙外保温系统由哪几部分组成? 简述其施工要点。

(8)简述钢丝网架现浇混凝土外墙外保温工程施工工艺流程和施工操作要点。

(9)EPS板与现浇混凝土外墙外保温系统施工应注意哪些问题?

(10)外墙外保温工程分部工程、子分部工程和分项工程如何划分?

(11)外墙外保温工程的主控项目和一般项目应如何验收?

# 项目十一　装饰工程

## 知识点

抹灰工程、饰面工程、楼地面工程、吊顶和隔墙工程、门窗工程、涂饰工程的施工工艺与施工方法及质量标准。

## 学习目标

掌握抹灰工程、饰面工程、楼地面工程的施工工艺和施工方法；熟悉涂饰工程、吊顶和隔墙工程、门窗工程的施工工艺和施工方法，装饰工程的质量标准与检测方法；了解各种抹灰工具及其作用，饰面工程施工机具及材料种类，涂饰工程施工机具及材料种类，吊顶材料与隔墙材料的种类，以及装饰工程新材料、新工艺。

### 引例

某装饰公司承担了某商城的室内、外装饰装修工程，该工程结构形式为框架结构，地上6层、地下1层。施工项目包括围护墙砌筑、抹灰、轻钢龙骨石膏板吊顶、饰面板墙面镶贴、地砖地面、门窗、涂饰等。

**思考：**

(1)抹灰工程如何分类？抹灰由哪几部分组成？

(2)大理石、花岗岩板材和人造饰面板材施工方法有哪些？

(3)地砖铺贴工艺过程有哪些？

(4)悬吊式吊顶由哪几部分组成？

(5)涂饰工程涂饰方法有哪些？

建筑装饰工程是采用适当的材料和正确的构造，以科学的施工工艺，为保护建筑主体结构，满足人们的视觉要求和使用功能，从而对建筑物和主体结构的内、外表面进行的装设和修饰，并对建筑及其室内环境进行艺术加工与处理。其主要作用是：保护结构体，防止建筑物遭受侵蚀和污损；增加建筑物的耐久性，延长建筑物使用寿命；增强和改善建筑物的保温、隔热、防潮、隔音等使用功能；美化建筑物及周围环境，给人们创造一个良好的生活、生产空间。

建筑装饰工程的主要特点是：项目繁多、涉及面广、工程量大、工期长、用工量大、造价高、装饰材料和施工技术更新快、施工管理复杂等。资料表明：在一般民用建筑中，平均每平方米的建筑面积就有3～5 $m^2$ 的内抹灰，有0.15～1.3 $m^2$ 的外抹灰；劳动量占总劳动量的15%～30%，工期占总工期的30%～40%，造价占总造价的30%。对一些装饰要求高的公共建筑，装饰部分的工期和造价甚至占整个建筑物总工期和总造价的50%以上。因此，从业人员必须提高自身的技术水平，不断改革装饰材料和施工工艺，这对提高工程质量、缩短工期、降低成本尤为重要。

装饰工程施工前，必须组织材料进场，并对其进行检查、加工和配制；必须做好机械设备和施工工具的准备；必须做好图纸审查、制定施工顺序与施工方法、进行材料试验和试配工作、组织结构工程验收和工序交接检查、进行技术交底等有关技术准备工作；必须进行预埋件、预留洞的埋设和基层的处理等。

装饰工程的施工顺序对保证施工质量起着控制作用。室外抹灰和饰面工程的施工一般应自上而下进行；高层建筑采取措施后，可分段进行；室内装饰工程的施工，应待屋面防水工程完工后，在不致被后续工程所损坏和污染的条件下进行；室内抹灰在屋面防水工程完工前施工时，必须采取防护措施。室内吊顶、隔墙的罩面板和花饰等工程，应待室内地（楼）面湿作业完工后施工。室内装饰工程的施工顺序应符合下列规定：

（1）抹灰、饰面、吊顶和隔断工程，应待隔墙、钢或木门、窗框、暗装管道、电线管和电器预埋件、预制钢筋混凝土楼板灌缝完工后进行。

（2）钢或木门窗及其玻璃工程，根据地区气候条件和抹灰工程的要求，可在湿作业前进行；铝合金、塑料、涂色镀锌钢板门窗及其玻璃工程宜在湿作业完工后进行，如需在湿作业前进行，必须加强保护。

（3）有抹灰基层的饰面板工程、吊顶及轻型花饰安装工程，应待抹灰工程完工后进行。

（4）涂料、刷浆工程以及吊顶、隔断、罩面板的安装，应在塑料地板、地毯、硬质纤维等地（楼）面的面层和明装电线施工前，管道设备试压后进行。木地（楼）板面层的最后一遍涂料，应待裱糊工程完工后进行。

（5）裱糊工程应待顶棚、墙面、门窗及建筑设备的涂料和刷浆工程完工后进行。

建筑装饰工程按部位不同分为外墙装饰、内墙装饰、地面装饰和顶棚装饰等；按施工工艺不同分为抹灰工程、门窗工程、玻璃工程、吊顶工程、隔断工程、饰面工程和地面工程等。

# 任务一　抹灰工程

抹灰工程按工程部位划分为外墙抹灰、内墙抹灰、顶棚抹灰、地面抹灰、饰面安装等，按使用材料和装饰效果分为一般抹灰和装饰抹灰。

## 一、抹灰工程的分类和组成

### （一）抹灰工程的分类

1. 按施工部位不同分类

（1）室内抹灰包括墙面、顶棚抹灰等。

（2）室外抹灰包括外墙、女儿墙、压顶抹灰等。

2. 按使用要求及装饰效果分类

（1）一般抹灰包括普通抹灰和高级抹灰。

（2）装饰抹灰包括水刷石、斩假石、干粘石等。

（3）特种抹灰包括保温砂浆、耐酸砂浆和防水砂浆等。

一般抹灰按质量标准、使用要求和操作工序不同，分为普通抹灰和高级抹灰两种。普通抹灰为一底层、一中层、一面层，三遍成活，需设置标筋、阳角找方、分层赶平、修整、表面压光等；高级抹灰为一底层、几遍中层、一面层，多遍成活，需设置标筋、阴阳角找方、分层赶平、修整、表面压光等。

**(二)抹灰工程的组成**

抹灰施工需要分层进行,抹灰层一般由底层、中层和面层组成,如图 11-1 所示。

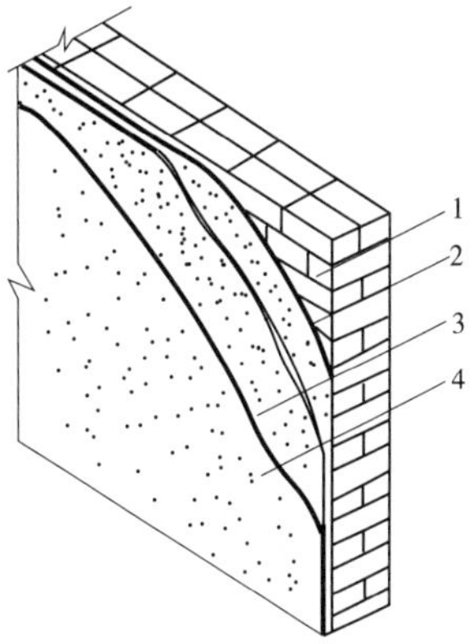


1— 基体;2—底层;3—中层;4—面层

**图 11-1 墙面抹灰层构成**

(1)底层。底层主要起黏结作用和初步找平作用,厚度为 10 ~ 12 mm。底层所使用的材料随基体不同而异,若为砌体基体,可采用石灰砂浆或水泥砂浆;若为混凝土基体,可采用水泥混合砂浆或水泥砂浆;若为板条、苇箔基体,可采用麻刀石灰掺水泥或麻刀石灰水泥砂浆;若为金属网基体,可采用麻刀石灰砂浆。当有防水、防潮要求时,应采用水泥砂浆打底,使用砂浆的稠度为 10 ~ 12 cm。

(2)中层。中层主要起找平作用,厚度为 7 ~9 mm,使用的砂浆种类基本上与底层相同,砂浆的稠度为 7 ~ 8 cm,分层或一次抹成。

(3)面层。面层主要起装饰效果,使用的材料种类主要按设计要求而定,一般室内抹灰采用麻刀石灰、玻璃线灰、纸筋石灰,较高级的墙面也可采用石灰膏或双飞粉罩面;室外可采用各种水泥砂浆、水泥混合砂浆、水泥拉毛灰、各种假石和面砖镶嵌。

## 二、一般抹灰的施工工艺

**(一)内墙抹灰**

内墙抹灰分普通抹灰和高级抹灰,其施工工艺如下。

1. 基层处理

抹灰前应将表面凹凸不平的部位剔平或用 1∶3水泥砂浆补齐,表面太光的要凿毛,或用 1∶1水泥浆掺 107 胶薄薄的刷一层。表面的砂浆、污垢、尘土和油漆等均应清扫干净,浇水湿润基层。

2. 找规矩、做灰饼

内墙面抹灰为保持抹灰面的垂直平整,首先用托线板检查墙的平整度、垂直程度,经检查后确定抹灰层的厚度,但最薄处不应小于 7 mm。若墙面凹度较大,应分层涂抹,严禁一次抹灰太厚,否则容易造成砂浆干缩、空鼓开裂。

抹灰前,在墙面距地面 2 m 左右,距墙面两边阴角 10 ~20 cm 处,分别用 1∶3水泥砂浆或打底砂浆做两个大小为 20 ~30 $cm^2$ 的灰饼,厚度以墙面平整和垂直确定,一般为 1 ~1. 5 cm。然后根据这两个灰饼,用挂线板或线锤在踢脚线上口做下面两个灰饼。灰饼稍干后,在两个灰饼两端砖缝中钉入钉子,拉上横线,沿线每隔 1. 2 ~1. 5 m 补做灰饼。

3. 做标筋(冲筋)

灰饼做好稍干后,用砂浆在上、下灰饼间抹标筋,宽度和厚度与灰饼相同。做标筋前将墙面浇水湿润,在上、下两个灰饼之间先抹一层宽为 10 cm 左右灰条,接着抹第二层灰条,第二层灰条凸出呈八字形,比灰饼略高,然后用木杠上、下左右来回搓,直到与灰饼高度相同,形成竖向标筋,如图 11-2 所示。

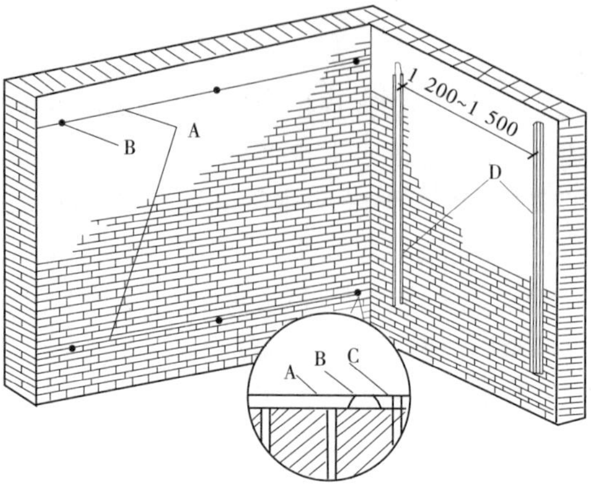


A—引线；B—灰饼；C—钉子；D—标筋

**图 11-2　抹灰操作中灰饼与标筋**

4. 做护角

室内墙面、柱面和门窗洞口的阳角处应做护角，护角的做法应符合设计要求，若设计无要求，应采用 1∶2 水泥砂浆做护角，砂浆收水后用捋角器抹成小圆角，其高度不应低于 2 m，每侧宽度不应小于 50 mm。

5. 抹底层灰

待标筋具有一定强度后，洒水湿润墙面，先薄薄抹一层底灰，接着抹第二层底灰，第二层底灰高度略低于标筋，用木抹子压实搓毛。

6. 抹中层灰

待底层灰六、七成干后，即可抹中层灰，厚度以垫平标筋为准，并使其稍高于标筋。抹上砂浆后，再用刮杆由下往上刮平，用木抹子搓平，局部低凹处，用砂浆填补搓平。中层抹灰后应检查表面平整度和垂直度，检查阴阳角是否方正和垂直，若发现质量缺陷应立即处理。

7. 抹窗台板，踢脚板（或墙裙）

窗台板先用 1∶3 水泥砂浆抹底层，稍干燥后表面划毛，隔 1 d 后，涂刷素水泥浆一道，再用 1∶2.5 水泥砂浆抹面层。面层要原浆压光，上口做成小圆角，下口要求平直，不得有毛刺，浇水养护 4 d。

抹踢脚板（或墙裙）时，先按设计要求弹出上口水平线，用 1∶3 水泥砂浆或水泥混合砂浆打底，隔 1 d 后，用 1∶2 水泥砂浆抹面层，稍干收水后用铁抹子将表面压光。踢脚板（或墙裙）应比墙面的抹灰层高出 3 ~5 mm，根据高度尺寸弹上线，把八字靠尺靠在线上，然后用铁抹子将上口切齐，压实抹平。

8. 抹面层灰

待中层灰有六、七成干时，即可抹面层灰，面层包括麻刀灰面层、纸筋灰面层、石灰砂浆面层、水泥砂浆面层等。

（1）麻刀灰面层或纸筋灰面层适用于室内白灰墙面，抹灰时先用钢抹子将麻刀灰或纸筋灰抹在墙面上，同时赶平、压光，稍干后再用钢抹子将面层压实、压光。

（2）石灰砂浆面层适用于室内墙面，抹后再作饰面。抹灰时先用钢抹子抹灰，再用刮尺由下往上刮平，最后用钢抹子压实、压光。

(3)混合砂浆抹灰一般采用水泥石灰砂浆，先用钢抹子抹灰，再用刮尺刮平、找直，达六、七成干时，用木抹子搓平。若砂浆较干，可边洒水边搓平，直到表面平整。

(4)水泥砂浆面层适用于有防潮要求的内墙面、墙裙、踢脚线等部位的抹灰，配合比可采用1:2.5(水泥:砂)，抹灰方法与石灰砂浆相同。

(5)石膏面层适用于高级室内抹灰，抹灰时应在石膏灰浆内掺缓凝剂，其掺量应根据试验确定，一般控制在15～20 min内凝结，若墙面做油漆，面层灰内不得掺入食盐或氯化钙。抹灰时应先用1:2.5石灰砂浆打底，再用1:2～1:3麻刀灰找平，采用石膏罩面不得采用水泥砂浆和水泥混合砂浆打底，以防泛潮和面层脱落。石膏罩面分两遍成活，在第一遍未收水时即进行第二遍，随即用钢抹子修补压光，使表面光滑、洁净、颜色均匀、无抹纹。

操作应从阴角处开始，最好两人同时操作，一人在前面抹灰，另一人紧跟在后用铁抹子压实赶光，阴阳角处用阴阳角抹子捋光，并用毛刷蘸水将门窗四角等处清理干净。

9. 板条墙抹灰

木板条墙及钉钢板网板条墙的抹灰仍分底层、中层、面层三层操作。底灰应垂直于板条方向用力将灰浆压入板条缝隙中或钢板网眼内形成转脚，底层与中层灰宜采用麻刀石灰或纸筋石灰(除底层灰外，中层与面层与一般抹灰方法相同)。

10. 清理

抹灰工作完毕后，应将粘在门窗框、墙面的灰浆及落地灰及时清除，打扫干净。

**(二)外墙抹灰**

外墙抹灰一般采用水泥砂浆和水泥混合砂浆，外墙抹灰的工艺流程为：基层处理→吊垂直、套方找规矩→抹底层砂浆→抹面层砂浆→滴水线→养护。外墙抹灰顺序应先上部、后下部、先沿口、再墙面(包括门窗周围、窗台、阳台、雨篷等)。由于外墙抹灰面积较大，抹灰时可分片、分段同时施工，若一次抹不完，可在阴阳角交接处或分格线处间断施工。

1. 基层处理

基层为砖墙，先将墙面上的残余砂浆、污垢、灰尘等清扫干净，并用水浇墙，将砖缝中的尘土冲掉并湿润基层。

基层为混凝土墙面，应先对混凝土墙面进行毛化处理。其施工方法有两种：一种方法为先将光滑表面刷洗干净，并用10%碱水除去油污晾干，然后在其表面用扫帚甩上一层1:1稀糊状水泥浆(内掺20%水重的107胶)，使之凝固在基层表面，用手掰不动为止；另一种方法为用钻子将混凝土表面剔毛，使其粗糙不平。

2. 吊垂直、套方找规矩

按墙面已弹好的基准线，分别在窗口角、垛、墙面等处吊垂直，套方抹灰饼，并按灰饼进行标筋，以墙面的标筋来控制墙面的抹灰平整度。

3. 抹底层砂浆

砖墙抹底层灰时，先在标筋之间抹一层5～8 mm厚的底灰，抹灰时应用力将砂浆挤入砖缝内；若为混凝土基层，先刷一道掺10%水重的107胶水泥浆，紧接着在标筋间抹一层厚度为5～8 mm的水泥砂浆。抹灰时应分层分遍进行且与标筋抹平，并用大杠刮平找直，用木抹子搓毛。

4. 抹面层砂浆

底层砂浆抹好后，第二天即可抹面层砂浆，抹砂浆前，先按要求弹好分格线，粘好分格条

（分格条两侧可用黏稠素水泥浆与墙面抹成45°角）、滴水线并将墙面湿润。抹面层砂浆时，先薄薄抹一层砂浆使其与底层砂浆粘牢，紧跟着抹第二遍，与分格条齐平，并用大杠刮平、刮直，紧接着用木抹子搓平，用铁抹子赶平压光，待表面无明水后，用刷子蘸水按垂直地面同一方向轻刷一遍，以保持面层砂浆的颜色一致。面层抹好后即可拆除分格条，并用素水泥浆将分格缝勾平整。

5. 滴水线

在檐口、窗台、窗楣、雨篷、阳台、压顶和凸出腰线等部位，应先抹立面、再抹顶面、后抹底面。顶面应抹出流水坡度，底面外沿边应做滴水线（槽），滴水线（槽）应整齐顺直，内高外低，滴水槽的宽度和深度均不应小于 10 mm。

6. 养护

面层抹完 24 h 后，应浇水养护，养护时间应根据气温条件而定，一般应不少于 7 d。

## 三、装饰抹灰

装饰抹灰包括水刷石、斩假石、干粘石、假面砖等多种施工工艺，这些工艺施工过程均分层操作，底层和中层操作方法大致相同，而面层的操作方法各异。装饰抹灰不仅可以加强墙体的耐久性，丰富墙体的颜色与质感，而且线条美观，具有较强的装饰效果。

### （一）水刷石

水刷石多用于室外墙面的装饰抹灰。施工时，先将底层湿润，随即刮一层素水泥浆（内掺水重 5% 的 107 胶），厚度在 1 mm 左右，紧接着抹 1∶0.5∶3（水泥∶白灰∶小八厘）石渣浆，从下往上分两次与分格条抹平，并及时用直尺检查其是否平整，无问题后即压平、压实。抹石渣面层应高于分格条 1 mm，待水泥石渣浆稍收水后，用抹子拍平揉压，将其内水泥浆挤出，压后使石渣大面朝上，达到灰层密实。然后用刷子蘸水刷去表面浮浆，拍平压光一遍，再刷再压，反复进行 3～4 次。待面层开始初凝，指按无痕，用刷子刷石渣不掉时，一人用刷子蘸水刷去表面水泥浆，一人紧跟其后用喷雾器由上往下顺序喷水刷洗，喷头一般距墙面 10～20 cm 为宜。将表面的水泥浆冲洗干净，露出石渣后，随即起出分格条，并用素浆将缝勾好，最后用水壶浇清水将墙面清洗干净，使其颜色一致。水刷石表面应石粒清晰、分布均匀、紧密平整、色泽一致，应无掉粒和接槎痕迹。

### （二）斩假石（垛斧石）

首先用 1∶2～1∶3 水泥砂浆抹底灰，厚度在 12 mm 左右，底层灰凝固后，在底灰的表面粘贴分格条和划分格线，分格条固定后，在底灰上薄薄刮一道素水泥浆，随即抹面层。面层用 1∶1.25～1∶1.5（水泥∶石渣）的水泥石渣浆，厚度一般为 10 mm 左右，与分格条齐平，先用铁抹子将水泥石渣浆抹平，再用木抹子打磨拍实，要求表面无缺陷，阴阳角方正，表面平整。抹完面层后，用软毛刷将表面水泥浆刷掉，露出的石渣应均匀一致，24 h 后应洒水养护，防止暴晒。

在正常气温（15～30 ℃）下，面层抹完 2～3 d 后开始垛，在气温较低（5～15 ℃）时隔 4～5 d 开始垛比较适宜，但应试垛，以墙面石粒不掉，容易垛痕，敲击声音清脆为准。垛石前，应先洒水湿润，以免石渣爆裂，垛石时应先上后下，由左到右，先垛转角和四周边缘，后垛中间墙面，转角和四周垛水平纹，中间垛垂直纹，垛纹深度一般以石渣垛掉 1/3 为宜，为了美观，分格缝、阴阳角四周留出 15～20 mm 边框线不垛。

斩假石表面垛纹应均匀顺直、深浅一致，应无漏垛处，阳角处应横垛并留出宽窄一致的不垛边条。

### (三)干粘石

干粘石主要用于室外墙面的装饰抹灰。先抹底层灰，并划毛，待底层灰抹完一天后，浇水湿润划毛的底层灰，在其上抹一层1∶2～1∶2.5水泥砂浆中层，经检查验收中层抹灰后，即可在中层抹灰面上弹线、粘贴分格条。粘贴分格条后，根据中层灰的干燥程度洒水湿润中层，用水灰比为0.4～0.5的纯水泥浆满刷一遍，随即抹一层1∶1∶2∶0.15(水泥∶石灰膏∶砂∶107胶)的黏结层，黏结层的厚度根据所用石渣的粒径确定，当石粒粒径为4～6 mm时，一般砂浆黏结层的厚度为4～6 mm，砂浆稠度不应大于8 cm。抹黏结层时，应三人同时操作，一人抹黏结层，一人紧跟其后甩石子，一人用铁抹子将石子拍入黏结层，要求拍实、拍平，但不能拍出灰浆，石子的嵌入深度不小于1/2粒径，待有一定强度后洒水养护。甩石子时，应先上后下，先甩四周易干燥部分，后甩中间，使干粘石表面色泽一致、不露浆、不漏粘、石粒黏结牢固、分布均匀，阳角处应无明显黑边。

## 四、喷涂、滚涂和弹涂面层施工

### (一)喷涂

喷涂是利用砂浆泵或喷斗将聚合物水泥砂浆经喷枪均匀地喷涂在水泥砂浆底层上，在外墙面形成的装饰抹灰。根据砂浆的稠度和压力的大小，以质感区分，可喷成砂浆饱满、呈波纹状的“波面喷涂”和表面布满点状颗粒的“粒状喷涂”，还有在波面喷涂单色饰面层上，再喷射不同花色的水泥砂浆花点的“花点喷涂”。聚合物水泥砂浆具有良好的保水性和黏结力，增加涂层的柔韧性，减少开裂，具有防水、防污染性能。

喷涂饰面的底层一般为10～13 mm厚1∶3水泥砂浆，如为滑升模板或大模板施工的混凝土墙体，可以不抹底层砂浆，只做局部找平，但表面必须平整。喷涂前，先刷1∶3(胶∶水)107水溶液一道，以保证喷涂层与底层黏结牢固，接着喷涂厚度为3～4 mm的饰面层，要求三遍成活，每遍不宜太厚，不得流坠。饰面层收水后，在分格缝处用铁皮刮子沿着靠尺刮去面层，露出底层，做成分格缝，缝内涂刷聚合物水泥浆。最后待面层干燥后，在涂层表面喷一层有机硅憎水剂，以提高涂层的耐久性和减少墙面污染。

喷涂应注意以下几点：窗和不做喷涂的部位应在喷涂前做好遮盖，防止污染；干燥的底灰应洒水润湿；喷涂时的操作环境不宜低于－5 ℃；喷涂必须连续进行，不宜接槎，大面积喷涂，应预先粘贴分格条，在分格区内连续进行，面层结硬后取出分格条，用少许砂浆勾缝。

### (二)滚涂

滚涂是在底层上均匀地抹一层厚为2～3 mm带色的聚合物水泥浆，随即用平面或刻有花纹的橡胶、泡沫塑料滚子在罩面层上直上直下施滚涂拉，并一次成活滚出所需花纹。滚涂砂浆的配合比为1∶0.5～1∶1(水泥∶骨料)，骨料为砂子、石屑或珍珠岩，再掺入占水泥用量20%的108胶和0.3%的木钙减水剂。滚涂分干滚法和湿滚法两种：干滚法是滚子上下一个来回后再向下滚一遍，达到表面均匀拉毛即可，滚出的花纹较粗，但功效较高；湿滚法为滚子反复蘸水，滚出的花纹较细，但比较费工。滚涂待面层干燥后，喷涂有机硅水溶液形成饰面。

### (三)弹涂

弹涂是指在基层上喷刷一遍掺有108胶的聚合物水泥色浆涂层,然后用弹涂器分几遍将不同色彩的聚合物水泥浆弹在已涂刷的涂层上,形成1~3 mm大小的扁圆花点。通过不同颜色的组合和浆点所形成的质感,相互交错,有近似于干粘石的装饰效果,也有做成色光面、细麻面、小拉毛拍平等多种花色。

弹涂施工方法是:在1:3水泥砂浆打底的底层砂浆面上,洒水湿润,待干至60%~70%时进行弹涂。先喷底色浆一道,弹分格线,贴分格条,弹头道色点,待稍干后即弹两道色点,最后进行个别修弹,再进行喷射树脂罩面层。

弹涂施工应注意以下几点:底层应干燥、平整、棱角规矩;底层为平整的混凝土基层,可以直接刷底色浆后弹涂;弹涂应自上而下,从左到右进行,先弹深色浆,后弹浅色浆;颜色一致,花纹大小均匀,不宜接槎。

## 五、抹灰工程质量控制与检验

### (一)一般抹灰工程

(1)抹灰的品种、厚度及配合比等应符合设计要求。

(2)抹灰层与基层之间及各抹灰层之间必须黏结牢固,无脱层、空鼓,面层应无爆灰和裂缝。

(3)表面光滑、洁净、颜色均匀、无抹纹,分格缝和灰线应清晰美观。

(4)允许偏差和检验方法如表11-1所示。

**表11-1　一般抹灰的允许偏差和检验方法**

| 项次 | 项目 | 允许偏差(mm) | | 检查方法 |
|---|---|---|---|---|
| | | 普通抹灰 | 高级抹灰 | |
| 1 | 立面垂直度 | 4 | 3 | 用2 m垂直检测尺检查 |
| 2 | 表面平整度 | 4 | 3 | 用2 m靠尺和塞尺检查 |
| 3 | 阴阳角方正 | 4 | 3 | 用直角检测尺检查 |
| 4 | 分格条(缝)直线度 | 4 | 3 | 拉5 m线,不足5 m拉通线,用钢直尺检查 |
| 5 | 墙裙、勒脚上口直线度 | 4 | 3 | 拉5 m线,不足5 m拉通线,用钢直尺检查 |

**注:**1. 普通抹灰,本表第3项阴角方正可不检查。

2. 高级抹灰,本表第2项表面平整度可不检查,但应平顺。

### (二)装饰抹灰工程

(1)抹灰的品种、厚度等应符合设计要求。

(2)各抹灰层之间及抹灰层与基层之间必须黏结牢固,抹灰层应无脱层、空鼓和裂缝。

(3)干粘石表面应色泽一致,不露浆、不漏粘,石粒应黏结牢固,分布均匀,阳角处应无明显黑边。

(4)分格条(缝)的宽度和深度应均匀,表面应平整光滑、棱角应整齐。

(5)允许偏差和检验方法如表11-2所示。

表 11-2 装饰抹灰的允许偏差和检验方法

| 项次 | 项目 | 允许偏差(mm) | | | | | | | 检验方法 |
|---|---|---|---|---|---|---|---|---|---|
| | | 水刷石 | 斩假石 | 干粘石 | 水磨石 | 喷涂 | 滚涂 | 弹涂 | |
| 1 | 立面垂直度 | 5 | 4 | 5 | 2 | 4 | 4 | 4 | 用 2 m 垂直检测尺检查 |
| 2 | 表面平整度 | 3 | 3 | 5 | 3 | 5 | 5 | 5 | 用 2 m 靠尺和塞尺检查 |
| 3 | 阴阳角方正 | 3 | 3 | 4 | 2 | 4 | 4 | 4 | 用直角检测尺检查 |
| 4 | 分格条(缝)直线度 | 3 | 3 | 3 | 2 | 3 | 3 | 3 | 拉 5 m 线,不足 5 m 拉通线,用钢直尺检查 |
| 5 | 墙裙、勒脚上口直线度 | 3 | 3 | — | 3 | — | — | — | 拉 5 m 线,不足 5 m 拉通线,用钢直尺检查 |

**特别提示**

抹灰工程施工一般以方便施工且不致被后续工程损坏和沾污为原则,即先外墙后内墙,先上层后下层,先顶棚、墙面后地面的顺序施工,具体工程可根据实际情况的不同而调整抹灰的先后顺序。

# 任务二 饰面工程

饰面工程包括安装天然大理石、人造大理石、花岗岩饰面板和镶贴外墙面砖、陶瓷锦砖、釉面瓷砖等。饰面板工程采用的石材有花岗岩、大理石、青石板和人造石材等,采用的瓷板有抛光板和磨边板两种。陶瓷面砖主要包括釉面瓷砖、外墙面砖、陶瓷锦砖、陶瓷壁画、劈裂砖等,玻璃面砖主要包括玻璃锦砖、彩色玻璃面砖、釉面玻璃等。

## 一、大理石和花岗岩饰面

大理石和花岗岩饰面按饰面板的规格采用两种方法施工。当饰面板边长小于 40 cm,安装高度不超过 1 m 时,采用粘贴方法;当板块边长大于 40 cm,或者安装高度超过 1 m 时,应采用锚固并灌浆的方法。

### (一)小块饰面板的安装

小块饰面板的安装工序为:清理基层、定位弹线、抹底灰、粘贴饰面板等。

(1)清理基层。清除基层的灰尘和杂物,填平和剔除表面凹凸不平处,铺贴前将基层浇水湿润。

(2)定位弹线。按照图纸要求和实际铺贴的部位,进行吊垂直、套方、找规矩。

(3)抹底灰。在基层湿润的情况下,先刷一道 107 胶素水泥浆(内掺水重 10% 的 107 胶),随即用 1∶3水泥砂浆进行打底,分两遍操作,第一遍厚约为 5 mm,第二遍厚约为 7 mm,总厚度约为 12 mm,用短杆刮平,将底灰刮毛。

(4)粘贴饰面板。待底灰凝固后，便可分块弹出水平线和垂直线，随即将已经湿润并晾干的饰面板块材抹上厚度为2～3 mm的素水泥浆（内掺水重20%的107胶）进行粘贴，用木锤轻轻敲击，用靠尺找平、找直，粘贴后将流出的砂浆随即抹去，不得沾污附近的饰面。

粘贴饰面板也可用胶粘剂粘贴，但基层的平整度不能超过高级抹灰的允许偏差，粘贴时直接在饰面板上涂2～3 mm厚的胶粘剂直接粘贴，其操作方法与上述基本相同。

**（二）大块饰面板的安装**

大块饰面板的安装应采用锚固和灌浆相结合的方法，其施工顺序为：选材、弹线和预排、绑扎钢筋网、钻孔和剔槽、安装饰面板、灌浆等。

(1)选材。先按图挑出品种、规格、颜色一致的块料，校正尺寸及四角套方。

(2)弹线、预排。安装饰面板之前，用线锤从上至下在墙面上找出垂直线，弹垂直线时应考虑板材的实际厚度及灌注砂浆的空隙（空隙以2 mm为宜，不宜大于5 mm）。在地面上弹好板块的外围尺寸线，以作为第一层饰面板的基准线，然后弹好水平线和垂直线。在弹线的基础上计算出实用块数、需切割的块数和切割的规格尺寸及使用部位，并考虑预留缝宽度，画出每块板的位置线。将选好的板材铺在地上进行预排，力求颜色基本一致，花纹近似协调，然后将板材进行编号。

(3)绑扎钢筋网。在墙面和柱面的外围，先预埋支架，在纵向和横向绑扎上Φ6～Φ8的钢筋网，钢筋网的间距一般为30～50 cm，水平钢筋应与板的行数一致并平行，以便于板材的绑扎。

(4)钻孔、剔槽。在大理石、花岗岩镶贴前，每块板上、下两个边用手电钻各打2～3个孔，孔径一般为4～5 mm，孔深12 mm，孔位距板材两端约为板宽的1/4，不得钻透，以距背面8 mm为宜。然后在孔洞的后面用钢錾子剔一条宽、深稍大于铜丝直径的沟槽，以便使铜丝不露出板面，不影响板缝，当铜丝或其他锚固件不影响饰面板的安装接缝时，也可不剔槽，如图11-3所示。

(5)穿铜丝。大理石、花岗岩饰面属于高级墙面装饰工程，必须使用18号、20号铜丝或不锈钢丝连接，不得使用铁件和普通铁丝，以免锈蚀饰面，影响装饰效果。

用铜丝连接固定，先将铜丝剪成20 cm左右，一端插入孔底并用铅皮固定牢固，另一端将铜丝顺槽弯曲并卧入槽内，使大理石、花岗岩板上下两端面没有铜丝露出，以便使相邻板接缝严密。

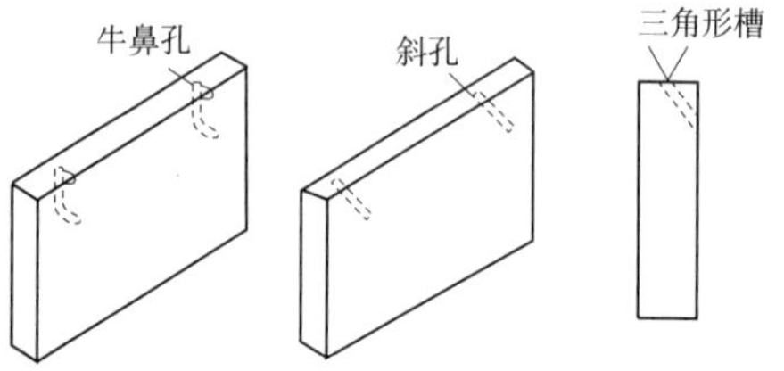

**图11-3　饰面板钻孔**

(6)安装饰面板。安装饰面板可以从边角开始，也可从中间一块开始。安装时首先按照弹好的水平线和垂直线，把最下一行的两头找平、找正，拉上横线，固定边角和中间一块，接着按饰面板预排编号分别就位，用铜丝与钢筋骨架绑扎（或用不锈钢钩与钢筋钩牢），用托线板靠直、靠平，用水平尺加以校正，阴阳角用方尺找方。为了固定饰面板的位置，安装时可将上、下口临时固定，用石膏将饰面板两侧的缝隙封严（或者在竖缝上填塞15～20 mm深的麻丝以防漏浆），待砂浆硬化后，将填缝材料清除，如图11-4所示。

(7)灌浆。灌浆宜用配合比1∶2.5水泥砂浆，稠度一般为8～12 cm，分层灌注，每层灌注厚度150 mm左右，间隔2 h待砂浆初凝后再灌。每次灌注时应用铁簸箕缓缓倒入，不要碰到已临时固定好的大理石或花岗岩，并边灌边用橡皮锤轻轻敲击石板面，使灌入的砂浆排气。最后一次灌浆应距上口以下 100 mm，留作与上一层饰面板灌浆的结合层。

(8)嵌缝。全部石板安装完毕，清除所有石膏和灌浆遗留痕迹，并用麻布擦洗干净，然后按石板颜色调制砂浆进行嵌缝，嵌缝时要随嵌随擦，使缝隙密实、干净、均匀、一致。

饰面板安装完后，表面应平整、洁净、色泽一致，无裂痕和缺损，石材表面应无泛碱等。

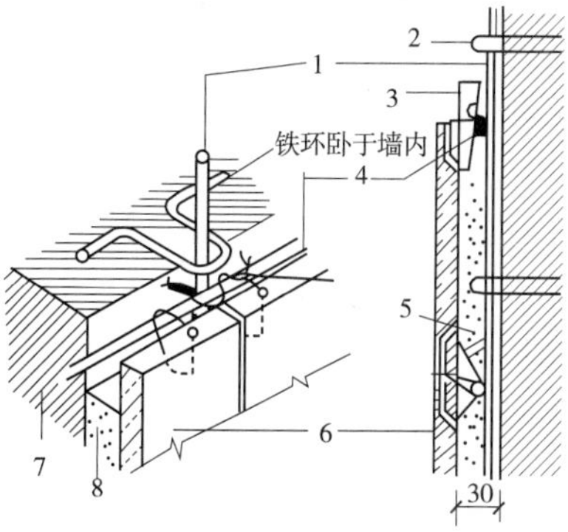


1—立筋;2—铁环;3—定位木楔;4—横筋;
5—钢丝或铁丝绑扎牢;6—石料板;
7—墙体;8—水泥砂浆

**图 11-4　饰面板安装固定**

## 二、镶贴外墙面砖

面砖主要指外墙面砖，分为有釉和无釉两种，有釉砖是在已烧成的素坯上施釉，再经煅烧而成；无釉砖是将破碎成一定粒度的陶瓷原料，经筛分、半干压成型，放入窑内焙烧而成。外墙饰面砖的镶贴工艺为：选砖、处理基层、设置标筋、抹底子灰、弹线分格排砖、浸砖、镶贴面砖、做滴水线和勾缝等。

(1)选砖。根据设计要求，按砖的大小和颜色进行选砖，选出的砖应平整方正，无缺棱掉角，颜色均匀，无脱釉现象。

(2)处理基层。首先应将基层表面的灰砂、污垢和油渍清除干净，将门窗洞口框和墙体间的缝隙用水泥砂浆嵌填密实，对光滑墙体应进行凿毛处理，凿毛深度应为 0.5 ~ 1.5 mm，间距 30 mm 左右。

若为混凝土墙面，应对明显凹凸不平部位，用 1∶3 水泥砂浆补平或剔平。铺贴前，应用钢丝刷先刷一遍，并浇水湿润基层。为使基体与找平层黏结牢固，可先刷一道水泥浆，内掺水重 3% ~5% 的 107 胶，随刷随抹一道 1∶3 水泥砂浆。为增强砂浆的和易性，也可采用水泥混合砂浆，体积比为 1∶0.5∶3(水泥∶石灰膏∶砂)，厚度在 5 mm 左右。砂浆抹完后，应用扫帚扫毛，并浇水湿润，防止干燥脱水。

若为砖墙基体，先将墙面清扫干净，并提前一天浇水湿润。

(3)吊垂直、找方、找规矩。若建筑物为高层建筑物，应在四周大角和门窗口边用经纬仪打垂直线找直；若建筑物为多层建筑物，可从顶层开始用特制的大线锤，崩铁丝吊垂直。然后，根据面砖的规格尺寸分层设点，做灰饼，每次打底时以灰饼作为基准点进行标筋，并使底层灰做到横平竖直。

(4)抹底灰。先刷一道掺水重 10% 的 107 胶素水泥浆，随即分层逐遍抹底层砂浆，底层砂浆一般可用 1∶3 水泥砂浆，或用 1∶0.5∶3 的水泥白灰膏混合砂浆。每次抹灰时厚度不宜太厚，第一遍宜为 5 mm，抹后用扫帚扫毛，待第一层达六、七成干时，抹第二遍，厚度控制在 5 ~ 10 mm，抹完后随即用木杆刮平，并用木抹子搓毛，终凝后浇水养护。底灰做完后，应进行自检，应做到表面平整，立面垂直，阴阳角方正和垂直，若误差过大，应立即纠正。

(5)弹线分格。待底灰达六、七成干时，即可按图纸要求分段分格弹线，同时进行面层贴标准点的工作，以控制面层的出墙尺寸及垂直、平整度。弹线时，纵向和横向每隔 3 ~ 5 块面砖的距离弹水平线和垂直线，以控制线条垂直。设计复杂时，也可从上到下画出皮数杆和接缝,在墙上每隔 1.5 ~2.0 m 的距离做出标记,以控制表面平整和灰缝的厚度。

(6)排砖。根据大样图及墙面尺寸进行横竖排砖,以保证面砖缝隙均匀。排砖时,在同一墙面上不得有一行以上的非整砖,非整砖应排在次要部位,如窗间墙或阴角处。一般要求横缝与碹脸或与窗台取平,窗台阳角一般要用整砖,并在底子灰上弹上垂直线。当横向不是整块面砖时,要用合金钢錾子按所需尺寸划痕,折断后用砂轮磨平,若按整块分格,可采取调整砖缝大小予以解决。外墙贴面砖的几种排法如图 11-5 所示。

(7)浸砖。釉面砖和外墙面砖镶贴前,首先应将面砖清扫干净,在清水中浸泡 2 ~3 h,表面晾干和擦净后,方可使用。若采用黏结剂镶贴,是否浸砖,应由黏结剂的性能决定。

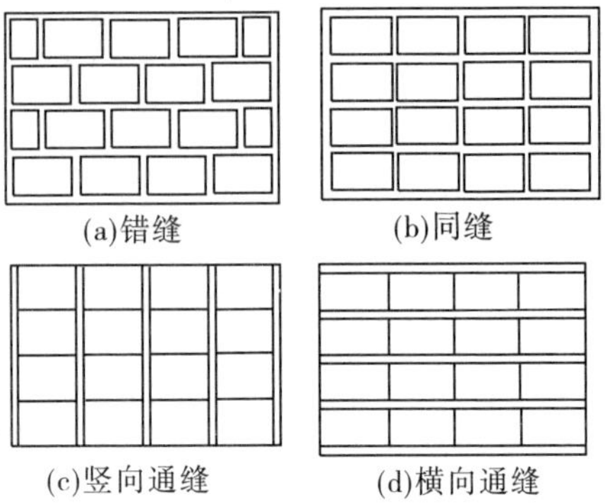


**图 11-5　外墙面砖布置方式**

(8)镶贴面砖。镶贴面砖可用水泥砂浆、水泥混合砂浆、聚合物水泥砂浆或专用的胶粘剂等。水泥砂浆配合比宜为 1∶1.5 ~1∶2(水泥∶砂),水泥混合砂浆配合比宜为 1∶0.3∶3(水泥∶石灰膏∶砂)。粘贴时,首先在砖背面满刮一层砂浆,厚度为 5 ~6 mm,砖的四角刮成斜面,放在垫尺上口贴在墙面上,用灰铲把轻轻敲击,使砂浆饱满和附线,再用钢片开刀调整竖缝,并用小杆通过标准点调整平面的平整度和垂直度。

面砖之间的水平缝宽度用米厘条控制,米厘条贴在已镶贴好的面砖上口,为保证其平整,可临时加垫小木楔。

(9)做滴水线。镶贴室外凸出的檐口、腰线、窗台、雨篷和女儿墙压顶等外墙面砖时,应按设计要求做出流水坡度,下面再做流水线或滴水槽,以免向内渗水,如女儿墙压顶的水应流向屋面,顶面的面砖应压住立面的面砖等。

(10)勾缝。勾缝前应检查面砖的质量,逐块敲试,若发现空鼓和黏结不牢,必须重贴。勾缝时可采用 1∶1水泥砂浆进行勾缝,先勾横缝,后勾竖缝,缝宽一般在 8 mm 以上,严禁使用水泥砂浆进行刮抹填缝,否则勾缝不严,容易产生渗水现象。勾缝完成后,应清除面砖上的残余砂浆,如勾缝材料硬化,可用布蘸 10% 的稀盐酸擦洗表面,最后用清水由上往下将墙面冲洗干净。

## 三、室内贴面砖

室内贴面砖主要指采用瓷砖和釉面砖铺贴在经常接触水的墙面,如厨房、厕所、浴室和盥洗室等。瓷砖和釉面砖表面光滑,易于清洗,耐酸防潮,能起到保护墙体的作用。室内贴面砖的施工顺序为:选砖、清理基层、抹底子灰、排砖和弹线、贴灰饼、浸砖、垫平尺板、贴瓷砖和釉面砖、擦缝和清洁面层等。

(1)选砖。选砖时要求选出棱角整齐方正,表面颜色一致,平整,无翘曲与变形的瓷砖和釉面砖。一般可按照瓷砖和釉面砖的标准尺寸,在木板上钉一个"Π"字形三边框,将面砖从木框的开口塞入检查,然后将面砖旋转 90°再塞入开口处检查,经过两次检查即可分出大于标准尺寸、小于标准尺寸和合乎标准尺寸的三种,分别堆放。铺贴时,应将同一尺寸的面砖铺贴在同一房间和同一面墙上。

(2)基层处理。若基层为混凝土墙面,首先将凸出墙面的混凝土剔平,若墙面比较光滑,可采用“毛化处理”,即先将基层清理干净,用10%火碱水将墙面的油污刷掉,随即用净水将墙面冲洗干净、晾干,然后用1∶1水泥细砂浆内掺水重20%的107胶,喷或甩在混凝土墙面上,终凝后浇水养护。当采用大模板施工时,混凝土墙面应凿毛,再用钢丝刷满刷一遍,浇水湿润。

若基层为砖墙面,应将墙面上残余的砂浆、灰尘、油污等清除干净,并提前一天浇水湿润。

(3)抹底子灰。若基层为混凝土墙面,先刷一道掺水重10%的107胶素水泥浆,然后抹第一遍灰,用木抹子搓平,养护3 d后,再分层抹1∶3水泥砂浆底灰,每层厚度宜为5 ~7 mm。

若基层为砖墙面,先将墙面浇水湿润,然后分层抹1∶3水泥砂浆底灰,总厚度控制在12 mm,吊直、刮平。

底子灰要求表面平整,立面垂直,阴阳角方正,与基层黏结牢固,并扫毛或划出纹道,24 h后浇水养护。

(4)排砖和弹线。待基层达六、七成干时,即可按实测和实量的尺寸进行排砖,排砖从上到下统一安排,当接缝宽度无要求时,按1 ~1.5 mm安排,计算纵、横两个方向的皮数,画出皮数杆,定出水平标准。或在底子灰上弹竖向和横向控制线,一般竖向间距为1 m左右,横向一般根据面砖尺寸按每5 ~10块弹一水平控制线,有墙裙的要弹在墙裙上口。排砖一般从阳角开始,把不成整块的砖排在阴角部位或次要部位,上、下方向,上端排成整砖行,下边一行被地面压住。常见室内面砖的排法如图11-6所示。

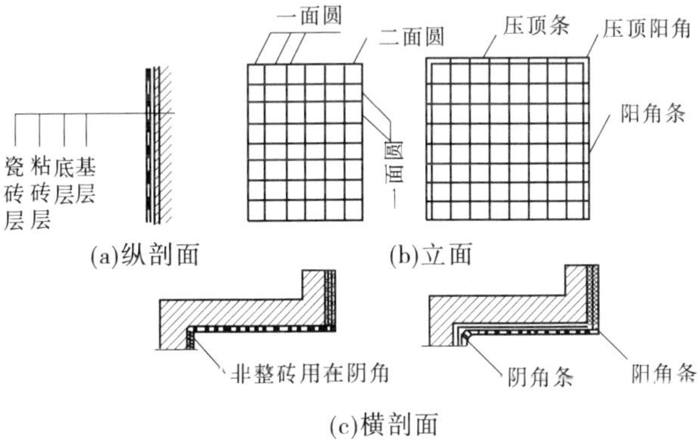


**图11-6 瓷砖墙面排砖布置方式**

(5)贴灰饼。用废面砖粘贴在底层砂浆上作为灰饼,黏结灰饼的砂浆可采用1∶0.1∶3的水泥混合砂浆,灰饼的间距一般为1.0 ~1.6 m,上、下灰饼用靠尺找好垂直,横向几个灰饼拉线或用靠尺板找平,在灰饼面砖的楞角处拉立线,再于立线上拴活动的水平线来控制水平面的平整。

(6)浸砖。瓷砖和釉面砖铺贴前一般需要浸砖,通常在铺贴的前一天将面砖放在清水中浸泡2 h以上,取出阴干或擦净明水,达到外干内湿,以备上墙。

(7)垫底尺。按照计算好的下一皮砖的下口标高,垫放好平尺板作为第一皮砖下口的标准。垫平尺板要注意地漏标高和位置,平尺板的上皮一般要比地面低1 m左右,以便地面压住墙面砖,垫平尺板时一定要垫平、垫稳,垫点的间距一般控制在40 cm以内。

(8)镶贴面砖。铺贴时应先贴面砖,后贴阴阳角等费工费时的地方。铺贴时将浸泡过的面砖背面抹一层混合砂浆(配合比为:水泥:石灰膏:砂 =1:0.1:2.5),然后紧靠垫平尺的上皮将面砖贴在墙上,并用小铲的木把轻轻敲击,使灰浆饱满,上口要以水平线为标准。贴好一层后,用靠尺板横向靠水平,竖向靠垂直,不符合要求者,应取下面砖重新铺贴。铺贴时应先在门口、阳角以及长墙每隔 2 m 左右均先竖向贴一排砖,作为墙面垂直、平整和砖层的标准,然后以此作为标准向两侧挂线,由下往上铺贴。

(9)擦缝和清洁面层。面砖铺贴完毕,用清水将面砖清洗干净,并用棉纱擦净,然后用长毛刷蘸糊状白水泥素浆涂缝,最后用棉纱将缝隙内素浆擦实、擦匀。

## 四、饰面工程质量控制与检验

饰面工程所用材料的品种、规格、颜色、图案以及镶贴方法应符合设计要求;饰面工程的表面不得有变色、起碱、污点、砂浆流痕和显著的光泽受损处;突出的管线、支承物等部位镶贴的饰面砖,应套割吻合;饰面板和饰面砖不得有歪斜、翘曲、空鼓、缺楞、掉角、裂缝等缺陷;镶贴墙裙、门窗贴脸的饰面板、饰面砖,其突出墙面的厚度应一致。

饰面工程安装及粘贴的允许偏差和检验方法如表 11-3、表 11-4 所示。

**表 11-3　饰面板安装的允许偏差和检验方法**

| 项次 | 项目 | 允许偏差(mm) | | | | | | | 检验方法 |
|---|---|---|---|---|---|---|---|---|---|
| | | 石材 | | | 瓷板 | 木材 | 塑料 | 金属 | |
| | | 光面 | 剁斧石 | 蘑菇石 | | | | | |
| 1 | 立面垂直度 | 2 | 3 | 3 | 2 | 1.5 | 2 | 2 | 用 2 m 垂直检测尺检查 |
| 2 | 表面平整度 | 2 | 3 | — | 1.5 | 1 | 3 | 3 | 用 2 m 靠尺和塞尺检查 |
| 3 | 阴阳角方正 | 2 | 4 | 4 | 2 | 1.5 | 3 | 3 | 用直角检测尺检查 |
| 4 | 接缝直线度 | 2 | 4 | 4 | 2 | 1 | 1 | 1 | 拉 5 m 线,不足 5 m 拉通线,用钢直尺检查 |
| 5 | 墙裙、勒脚上口直线度 | 2 | 3 | 3 | 2 | 2 | 2 | 2 | 拉 5 m 线,不足 5 m 拉通线,用钢直尺检查 |
| 6 | 接缝高度差 | 0.5 | 3 | — | 0.5 | 0.5 | 1 | 1 | 用钢直尺和塞尺检查 |
| 7 | 接缝宽度 | 1 | 2 | 2 | 1 | 1 | 1 | 1 | 用钢直尺检查 |

**表 11-4　饰面砖粘贴的允许偏差和检验方法**

| 项次 | 项目 | 允许偏差(mm) | | 检验方法 |
|---|---|---|---|---|
| | | 外墙面砖 | 内墙面砖 | |
| 1 | 立面垂直度 | 3 | 2 | 用 2 m 垂直检测尺检查 |
| 2 | 表面平整度 | 4 | 3 | 用 2 m 靠尺和塞尺检查 |
| 3 | 阴阳角方正 | 3 | 3 | 用直角检测尺检查 |
| 4 | 接缝直线度 | 3 | 2 | 拉 5 m 线,不足 5 m 拉通线,用钢直尺检查 |

续表 11-4

| 项次 | 项目 | 允许偏差(mm) | | 检验方法 |
|---|---|---|---|---|
| | | 外墙面砖 | 内墙面砖 | |
| 5 | 接缝高低差 | 1 | 0.5 | 用钢直尺和塞尺检查 |
| 6 | 接缝宽度 | 1 | 1 | 用钢直尺检查 |

**特别提示**

饰面工程安装和粘贴必须按照材料质量标准要求,选择合格的饰面材料,严防不合格的饰面材料用于工程建设。施工中,严格遵守各种操作工艺,完善各种操作流程,边施工边检查,发现问题,及时处理,做到“三检三纠”,确保施工质量。

# 任务三　楼地面工程

楼地面是建筑物底层地面和楼层地面的总称,它直接与人或设备接触承受荷载,并把荷载传递到地基或楼板上去,常用的有整体面层(水泥砂浆地面、水磨石地面等)、板块面层(陶瓷地板砖地面、大理石或花岗石地面等)和木竹面层(实木地板面层、竹地板面层等)。

## 一、楼地面构造

楼地面一般由基层、垫层和面层三部分组成。

(1)基层。基层的作用是承受其上面的全部荷载,它是楼地面的基体,因此要求基层应坚固、稳定,地面的基层多为素土或加入碎石的夯实土,楼面的基层多为楼板。

(2)垫层。垫层位于基层之上,面层之下,是承受和传递面层荷载的构造层,楼层的垫层还具有隔音和找坡作用,用于底层地面的垫层多为素混凝土垫层、砂石垫层等。

(3)面层。面层是楼地面的最上层,它是供人们生活、生产或工作直接接触的结构层,也是承受多种物理化学作用的表层,根据不同的设计要求,面层材料各有不同,常用的有整体面层、块料面层等。

## 二、楼地面工程施工工艺

### (一)水泥砂浆楼地面的施工

水泥砂浆楼地面的施工流程为:基层处理→找标高、弹线→抹灰饼、冲筋→刷水泥砂浆结合层→铺水泥砂浆面层→木抹子搓平→铁抹子压光→养护。

(1)基层处理。清除垫层或结构层上的灰尘、杂物,突出的部分要剔除,保证表面粗糙、平整、洁净、湿润。

(2)找标高、弹线。水平基准线一般以地面 ±0.000 为依据,在每层的四周墙上弹出 +50 cm的标高控制线,作为确定面层标高的依据。

(3)抹灰饼、冲筋。根据 +50 cm 标高控制线,在地面四周每隔 1.5 ~ 2.0 m 做灰饼,一般 8 ~ 10 cm 见方,待灰饼结硬后,再用 1:2的水泥砂浆连接成冲筋。

(4)刷水泥浆结合层。为保证面层结合牢固,可在垫层或结构层上刷一道 1:0.5 的素水泥浆结合层。

(5)铺水泥砂浆面层。水泥砂浆面层一般为1∶2水泥砂浆,厚度应符合设计要求,一般不超过20 mm。水泥采用硅酸盐水泥、普通硅酸盐水泥,其强度等级不应低于32.5 MPa,砂应为中粗砂。在灰饼之间(冲筋之间)将砂浆铺入,然后用木刮杠按灰饼(或冲筋)的高度刮平。

(6)木抹子搓平。木刮杠刮平后,立即用木抹子搓平,从内向外退着操作,并随时用2 m靠尺检查其平整度。

(7)铁抹子压光。木抹子抹平后,用铁抹子压光三遍,第一遍出浆为止,第二遍初步压平压光,第三遍全部压平、压实、压光,并必须在终凝前完成。

(8)养护。地面压光后24 h,铺锯末洒水养护,保持湿润养护时间不少于7 d,抗压强度达到设计要求后,方可正常使用。

**(二)水磨石楼地面的施工**

水磨石楼地面的施工工艺流程为:基层处理→找标高、弹线→铺抹找平层→嵌固分格条→铺水磨石拌和料→试磨→开磨→清洗、打蜡。

(1)基层处理。检查基层的平整度和标高,凸出处应进行处理,对落地灰、杂物等应清除干净,保证湿润、粗糙、干净。

(2)找标高、弹线。根据墙面的+50 cm标高线,往下量测出水磨石的上面标高,弹在四周墙上,并考虑其他房间和通道面层的标高,要相互一致。

(3)铺抹找平层。根据墙上弹出的水平线,留出面层厚度,抹1∶3水泥砂浆找平层,为保证找平层的平整度,可先抹灰饼或冲筋,找平层抹好后,应洒水养护。

(4)嵌固分格条。根据设计要求,应先在找平层上弹出分格线,一般先从房间中部开始,然后将分格条(铜条、玻璃条等)固定在预先确定的位置。分格条的固定方法一般用素水泥浆或干硬性砂浆在分格条根部的两侧抹成八字形灰埂,灰埂高度应比分格条顶面低3 mm。分格条粘嵌做法如图11-7所示。

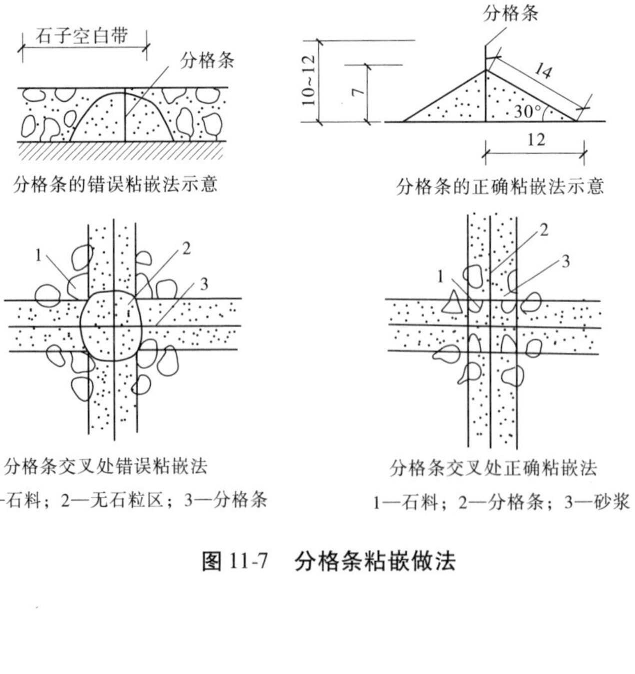


**图11-7　分格条粘嵌做法**

(5)铺水磨石拌和料。白色或浅色的水磨石应采用白水泥,深色的水磨石宜采用硅酸盐水泥、普通硅酸盐水泥或矿渣硅酸盐水泥,同颜色的面层应用同一批水泥,水泥的强度等级不应小于 32.5 MPa。水磨石面层的石粒应采用坚硬可磨的白云石、大理石等,石粒应洁净无杂物,其粒径除特殊要求外应为 6 ~ 15 mm。水泥与石粒的配合比一般为 1∶1.5 ~ 1∶2.5。彩色水磨石用的颜料应采用耐光、耐碱的矿物原料,不得使用酸性颜料,其掺入量宜为水泥质量的 3% ~6% 或由试验确定,参考配合比应符合表 11-5 的规定。将拌制好的拌和料铺入分格条之间,如在同一平面上有几种颜色的水磨石,应先做深色,后做浅色,先做大面后做镶边,待前一种色浆凝固后,再抹后一种色浆,不同颜色的色浆不能同时铺设,以免串色造成界线不清。拌和料(石料浆)铺设好后,先用木抹子轻轻拍实拍平,然后用铁滚筒从纵横两个方向轮换进行滚压,达到表面平整密实,出浆均匀为止,24 h 后浇水养护。水磨石面层的厚度一般为 12 ~ 18 mm。

**表 11-5　彩色水磨石参考配合比**

<table>
<tr><th>彩色水磨石名称</th><th colspan="4">主要材料(kg)</th><th colspan="2">颜色(水泥质量的百分比)</th></tr>
<tr><td rowspan="2">赭色水磨石</td><td colspan="2">紫红石子</td><td>黑石子</td><td>白水泥</td><td>红色</td><td>黑色</td></tr>
<tr><td colspan="2">160</td><td>40</td><td>100</td><td>2</td><td>4</td></tr>
<tr><td rowspan="2">绿色水磨石</td><td colspan="2">绿石子</td><td>黑石子</td><td>白水泥</td><td colspan="2">绿色</td></tr>
<tr><td colspan="2">160</td><td>40</td><td>10</td><td colspan="2">0.5</td></tr>
<tr><td rowspan="2">浅粉红色水磨石</td><td colspan="2">红石子</td><td>白石子</td><td>白水泥</td><td>红色</td><td>黄色</td></tr>
<tr><td colspan="2">140</td><td>60</td><td>100</td><td>适量</td><td>适量</td></tr>
<tr><td rowspan="2">浅黄绿色水磨石</td><td colspan="2">绿石子</td><td>黄石子</td><td>白水泥</td><td>黄色</td><td>绿色</td></tr>
<tr><td colspan="2">100</td><td>100</td><td>100</td><td>4</td><td>1.5</td></tr>
<tr><td rowspan="2">浅橘黄色水磨石</td><td colspan="2">黄石子</td><td>白石子</td><td>白水泥</td><td>黄色</td><td>红色</td></tr>
<tr><td colspan="2">140</td><td>60</td><td>100</td><td>2</td><td>适量</td></tr>
<tr><td rowspan="2">本色水磨石</td><td colspan="2">白石子</td><td>黄石子</td><td>普通水泥</td><td colspan="2">—</td></tr>
<tr><td colspan="2">60</td><td>140</td><td>100</td><td colspan="2">—</td></tr>
<tr><td rowspan="2">白色水磨石</td><td>白石子</td><td>黑石子</td><td>黄石子</td><td>白水泥</td><td colspan="2">—</td></tr>
<tr><td>140</td><td>40</td><td>20</td><td>100</td><td colspan="2">—</td></tr>
</table>

(6)试磨。水磨石开磨前应进行试磨,过早开磨石粒容易松动,过迟开磨造成磨光困难,试磨以面层不掉石料为准。

(7)开磨。水磨石面层开磨的时间应符合表 11-6 的规定。普通水磨石磨的遍数一般不应少于 3 遍,分别为粗磨、细磨和磨光。高级水磨石的厚度和磨光遍数由设计确定,第一遍(粗磨)用 60 ~ 90 号粗金刚石磨,使磨石机机头在楼地面上走 8 字形,边磨边加水,直至表面磨平、磨匀,分格条和石料全部露出;第二遍(细磨)用 90 ~ 120 号金刚石,要求磨至表面光滑为止;第三遍(磨光)用 200 号细金刚石磨,磨至表面石子显露均匀,无缺石粒现象,平整、光滑、无孔隙。

表 11-6　水磨石面层开磨的时间

| 平均温度(℃) | 开磨时间(d) | |
|---|---|---|
| | 机磨 | 人工磨 |
| 20 ~ 30 | 3 ~ 4 | 1 ~ 2 |
| 10 ~ 20 | 4 ~ 5 | 1.5 ~ 2.5 |
| 5 ~ 10 | 6 ~ 7 | 2 ~ 3 |

(8)清洗、打蜡。水磨石磨好后,一般用 10% 浓度的草酸进行擦洗,然后进行打蜡,打蜡的方法是在水磨石面层上涂抹一层蜡,稍干后用磨光机研磨,直到光滑洁亮。

**(三)陶瓷地板砖楼地面的施工**

陶瓷地板砖楼地面的施工工艺流程为:基层处理→贴灰饼→铺砂浆结合层→弹线→铺砖→压平、拔缝→嵌缝→养护。

(1)基层处理。基层表面的砂浆、垃圾等应清除干净,用水冲洗晾干。

(2)贴灰饼。根据墙面 +50 cm 水平基准线,弹出地面标高线,然后在房间四周做灰饼,灰饼表面应比地面标高线低一块砖的厚度。

(3)铺砂浆结合层。铺砂浆前,先刷一道 0.4 ~ 0.5 的水泥素浆,随刷、随铺 1∶3干硬性砂浆,根据灰饼的标高用木抹子拍实,并搓成毛面。

(4)弹线。根据设计要求和地板砖的规格尺寸,在结合层上弹出分格线,弹线前,一般应在房间的中部找出中心位置,并弹出十字交叉线。

(5)铺砖。铺砖前,应对砖的规格、尺寸、外观质量、色泽等进行预选,并浸水湿润取出晾干,铺贴时用 1∶2水泥砂浆均匀的抹在砖的背面,按定位线的位置贴在结合层上,并用橡皮锤轻轻敲击砖面,使之粘牢。

(6)压平、拔缝。每铺完一个房间或一个段落,用喷壶洒水 15 min 左右,用橡皮锤和硬木板按铺砖顺序锤拍一遍,边压实边用水平尺找平。压实后拉通线,先竖缝、后横缝,进行拔缝调直,使缝口平直贯通,调缝后,再用橡皮锤拍板砸平,随即将缝内余浆或砖面上的灰浆擦去。从铺砂浆到压平拔缝,应连续作业,常温下必须在 5 ~6 h 内完成。

(7)嵌缝。地板砖铺完 2 d 后,用白水泥浆或普通水泥浆擦缝,用棉丝蘸浆从里到外顺缝揉擦,擦实为止。

(8)养护。嵌缝砂浆终凝后,铺锯末浇水养护不得少于 7 d,养护期间不准上人走动。

**(四)大理石、花岗石楼地面的施工**

大理石、花岗石楼地面的施工流程为:基层处理→弹线→试拼、试排→刷水泥浆结合层→铺砂浆→铺大理石(花岗石)→擦缝。

(1)基层处理。清理灰尘及杂物,保持基层的平整、湿润、干净。

(2)弹线。在房间的中部弹出十字交叉线,并依照墙面 +50 cm 的水平控制线,找出面层标高线,注意要与楼道面层标高一致。

(3)试拼、试排。在正式铺设前,对每一房间的大理石(花岗石)板块,应按图案颜色、纹理,试拼试排,然后按两个方向编号排列,按编号码排放整齐。在房间内的两个相互垂直的方向,铺两条干砂带,其宽度大于板块,厚度不小于 3 cm。根据试拼石板的编号及施工大样图,结合房间的实际尺寸,把大理石(花岗石)板块在两条干砂带上排好,以便检查板块之间的缝隙,核对板块与墙面、柱、洞口等部位的相对位置。

(4)刷水泥砂浆结合层。试拼、试排后,将干砂和板块移开,清扫干净,洒水湿润,刷一层素水泥浆,水灰比为0.4~0.5。

(5)铺砂浆。砂浆一般采用1∶3的干硬性水泥砂浆(干湿程度以手捏成团,落地即散为宜),厚度控制在放大理石(花岗石)板块时高出石层标高3~4 mm为宜,铺好后用木杠刮平,再用抹子拍实找平,但注意摊铺面积不得过大。

(6)铺大理石(花岗石)。铺设前,应将板材浸泡、晾干,铺贴应从远离门口的一边开始,按照试拼编号依次铺砌,逐步退至门口。板块安放时,要四周同时落下,用橡皮锤或木锤轻轻敲击木垫板(不得用锤直接敲击大理石、花岗石板),根据水平线用水平尺找平,铺完第一块后,向两侧和后退方向顺序铺贴。

(7)擦缝。铺砌1~2 d后,根据板块的颜色,选择相同颜色矿物颜料和水泥拌和均匀,调成1∶1稀水泥浆,灌入板块之间缝隙(分几次进行),灌浆1~2 h后用棉丝团蘸原稀水泥浆擦缝与板面擦平,同时将板面上水泥浆擦净,然后用锯末覆盖保护,2~3 d内禁止上人。

**(五)实木地板地面的施工**

实木地板地面的铺设方式颇多,常用的有实铺式,其施工工艺流程为:基层处理→安装木格栅→钉毛地板层→铺设面层。

(1)基层处理。主要是保证基层的平整、干净和干燥,基层平整度误差不大于5 mm,基层的防潮处理可采取涂刷防水涂料等方式。

(2)安装木格栅。木格栅通常采用30 mm×40 mm或40 mm×50 mm的方木,其间距应符合设计要求,连接方式多采用半槽扣接,在纵横方木扣接处涂胶加钉进行固定,木格栅含水量以及防腐、防虫处理等应符合有关规定。

木格栅与地面的连接固定方式常用的是埋木楔的方法。用$\Phi$16的冲击电钻在水泥地面或楼板面上钻孔,洞孔深度为40 mm左右,钻孔的位置应在事先弹出的木格栅位置线上,每两孔的间距约0.6 m。然后向孔内打入木楔,格栅与木楔用长钉连接固定,木格栅固定时不得损坏基层和预埋管线,木格栅应垫实钉牢,与墙之间应留有30 mm的缝隙,表面应平直。

(3)钉毛地板层。毛地板是用较窄的松、杉木板条,在木格栅上部满钉一层,毛板条用铁钉与格栅钉紧,表面要平,缝不必太严密,可以有2~3 mm的缝隙,相邻板条的接缝要错开。当面层采用条形或硬木拼花席纹地面时,毛地板一般采用斜向铺设,斜向角度为30°或45°;当采用硬木拼花人字纹时,一般与木格栅垂直铺设。

固定毛地板的钉,宜用长度为板厚2.5倍的铁钉,每端2个。铺设木地板前,必须将架空层内部的杂物清理干净,否则一旦铺满,则较难清理。

毛地板铺设时,木材髓心应向上,与墙之间应预留8~12 mm的空隙,表面应刨平。

也有长条木地板直接铺设在木格栅上,不设毛板层,该法在高档装饰中不宜采用。

(4)铺设面层。铺设前应对地板进行选配,宜将纹理、颜色接近的地板集中使用于一个房间或部位。面层的铺设一般采用钉结法,地板钉长度宜为板厚的2.5倍,钉帽应砸扁,固定时应从凹榫边30°角倾斜打入,硬木地板应预先钻孔,孔径应略小于地板钉直径。

地板接缝应在木格栅的中心上,与墙之间留有8~10 mm的缝隙。

木地板铺完后可安装木踢脚线，地板磨光应先刨后磨，磨削应顺木纹方向，磨削总量应控制在0.3～0.8 mm内。

## 三、楼地面工程质量控制及检验

### （一）整体面层

1. 水泥砂浆面层

（1）水泥采用硅酸盐水泥、普通硅酸盐水泥，其强度等级不应低于32.5 MPa，不同品种、不同强度等级的水泥严禁混用，砂为中粗砂。

（2）面层与下一层应结合牢固、无空鼓、裂纹。

（3）面层表面应洁净，无裂纹、脱皮、麻面、起砂等缺陷，有排水要求的坡度应符合设计要求，不得有倒泛水和积水现象。

（4）踢脚线与墙面应紧密结合，高度一致，出墙厚度均匀。

（5）允许偏差和检验方法应符合表11-7的规定。

表11-7　整体面层的允许偏差和检验方法

| 项次 | 项目 | 允许偏差（mm） | | | | | | 检验方法 |
|---|---|---|---|---|---|---|---|---|
| | | 水泥混凝土面层 | 水泥砂浆面层 | 普通水磨石面层 | 高级水磨石面层 | 水泥钢（铁）屑面层 | 防油渗混凝土和不发火（防爆的）面层 | |
| 1 | 表面平整度 | 5 | 4 | 3 | 2 | 4 | 5 | 用2 m靠尺和楔形塞尺检验 |
| 2 | 踢脚线上口平直 | 4 | 4 | 3 | 3 | 4 | 4 | 拉5 m线和用钢尺检验 |
| 3 | 缝格平直 | 3 | 3 | 3 | 2 | 3 | 3 | |

2. 水磨石面层

（1）水磨石面层与下一层应结合牢固，无空鼓、裂纹等现象。

（2）表面光滑，无明显裂纹、砂眼和磨纹，石粒密实，显露均匀，颜色图案一致，不混色，分格条牢固、顺直和清晰。

（3）踢脚线与墙面应紧密结合，高度一致，出墙厚度均匀。

（4）允许偏差和检验方法应符合表11-7的规定。

### （二）板块面层

1. 陶瓷地板砖面层

（1）面层板块的品种、质量等必须符合设计要求。

（2）表面与下一层的结合应牢固，无空鼓现象。

（3）表面洁净、图案清晰、色泽一致、接缝平整、深浅一致、周边顺直，板块无裂纹、掉角和缺棱等缺陷。有排水要求的坡度应符合设计要求，不倒泛水，无积水，与地漏、管道结合处应严密牢固，无渗漏。

（4）踢脚线表面应洁净，高度一致，结合牢固，出墙厚度一致。

(5)允许偏差和检验方法应符合表 11-8 的规定。

2. 大理石、花岗石面层

(1)面层所用板块的品种、质量等应符合设计要求。

(2)面层与下一层应结合牢固,无空鼓现象。

(3)表面洁净、平整、无磨痕,且应图案清晰、色泽一致、周边顺直、镶嵌正确,板块无裂纹、掉角、缺棱等缺陷。有排水要求的坡度应符合设计要求,不倒泛水,无积水,与地漏、管道结合处应严密牢固,无渗漏。

(4)踢脚线表面应洁净,高度一致,结合牢固,出墙厚度一致。

(5)允许偏差和检验方法应符合表 11-8 的规定。

**表 11-8　板、块面层的允许偏差和检验方法**

| 项次 | 项目 | 允许偏差(mm) | | | | | | | | | | | 检验方法 |
|---|---|---|---|---|---|---|---|---|---|---|---|---|---|
| | | 陶瓷锦砖面层、高级水磨石板、陶瓷地砖面层 | 缸砖面层 | 水泥花砖面层 | 水磨石板块面层 | 大理石面层和花岗石面层 | 塑料板面层 | 水泥混凝土板块面层 | 碎拼大理石、碎花岗石面层 | 活动地板面层 | 条石面层 | 块石面层 | |
| 1 | 表面平整度 | 2.0 | 4.0 | 3.0 | 3.0 | 1.0 | 2.0 | 4.0 | 3.0 | 2.0 | 10.0 | 10.0 | 用 2 m 靠尺和楔形塞尺检查 |
| 2 | 缝格平直 | 3.0 | 3.0 | 3.0 | 3.0 | 2.0 | 3.0 | 3.0 | — | 2.5 | 8.0 | 8.0 | 拉 5 m 线和用钢尺检查 |
| 3 | 接缝高低差 | 0.5 | 1.5 | 0.5 | 1.0 | 0.5 | 0.5 | 1.5 | — | 0.4 | 2.0 | — | 用钢尺和楔形塞尺检查 |
| 4 | 踢脚线上口平直 | 3.0 | 4.0 | — | 4.0 | 1.0 | 2.0 | 4.0 | 1.0 | — | — | — | 拉 5 m 线和用钢尺检查 |
| 5 | 板块间隙宽度 | 2.0 | 2.0 | 2.0 | 2.0 | 1.0 | — | 6.0 | — | 0.3 | 5.0 | — | 用钢尺检查 |

## (三)木地板面层

(1)实木地板的面层所采用的材质和铺设用的木材含水量必须符合设计要求。木格栅、垫木和毛地板等,必须做防腐、防蛀处理。

(2)木格栅安装应牢固、平直,面层铺设应牢固。

(3)实木地板面层应刨平、磨光,无明显刨痕和毛刺现象,图案应清晰,颜色要均匀一致,缝隙应严密,接头位置应错开,表面洁净。

(4)踢脚线表面应光滑,接缝严密,高度一致。

(5)允许偏差和检验方法应符合表 11-9 的有关规定。

**表 11-9　木质面层的允许偏差和检查方法**

| 项次 | 项目 | 允许偏差(mm) | | | | 检验方法 |
| --- | --- | --- | --- | --- | --- | --- |
| | | 实木地板面层 | | | | |
| | | 松木地板 | 硬木地板 | 拼花地板 | 实木复合地板面层、中密度(强化)复合地板面层、竹地板面层 | |
| 1 | 板面缝隙宽度 | 1.0 | 0.5 | 0.2 | 0.5 | 用钢尺检查 |
| 2 | 表面平整度 | 3.0 | 2.0 | 2.0 | 2.0 | 用 2 m 靠尺和楔形塞尺检查 |
| 3 | 踢脚线上口平齐 | 3.0 | 3.0 | 3.0 | 3.0 | 拉 5 m 通线;不足 5 m 拉通线,用钢尺检查 |
| 4 | 板面拼缝平直 | 3.0 | 3.0 | 3.0 | 3.0 | |
| 5 | 相邻板材高差 | 0.5 | 0.5 | 0.5 | 0.5 | 用钢尺和楔形塞尺检查 |
| 6 | 踢脚线与面层的接缝 | 1.0 | | | | 楔形塞尺检查 |

# 任务四　吊顶和隔墙工程

## 一、吊顶工程

吊顶是现代室内装饰的重要组成部分,它直接影响整个建筑空间的装饰风格与效果,同时具有保温、隔热、防火、吸声和隔音等作用。吊顶主要由吊筋(吊杆、吊头等)、龙骨(搁栅)和饰面板三部分组成。

### (一)吊筋

对于现浇混凝土楼板,一般在混凝土中预埋$\phi 6$的钢筋(吊环)或 8 号镀锌铁丝作为吊筋,也可采用金属膨胀螺栓、射钉固定钢筋(钢丝、镀锌铁丝)作为吊筋,如图 11-8 所示。

对于预制楼板,一般在板缝中预埋$\phi 6$钢筋或 8 号镀锌铁丝作为吊筋,坡屋面是用长杆螺栓或 8 号镀锌铁丝在屋架下弦作吊筋,吊筋的间距一般为 1.2 ~ 1.5 m,如图 11-9 所示。

### (二)龙骨安装

吊顶龙骨有木质龙骨、轻钢龙骨和铝合金龙骨等。

1. 木质龙骨的安装

木质龙骨由大龙骨、小龙骨、横撑龙骨和吊木等组成,如图 11-10 所示。大龙骨用 60 mm × 80 mm方木,沿房间短向布置,用事先预埋的钢筋圆钩穿上 8 号镀锌铁丝将龙骨拧紧,或用$\phi 6$或$\phi 8$螺栓与预埋钢筋焊牢,穿透大龙骨上紧螺母,大龙骨间距以 1 m 为宜。吊顶的起拱一般为房间短向的 1/200。小龙骨安装时,按照墙上弹出的水平控制线,先钉四周的小龙骨,然后按设计要求分档画线钉小龙骨,最后钉横撑龙骨。小龙骨、横撑龙骨一般用 40 mm × 60 mm 或 50 mm × 50 mm 方木,底面相平,间距与罩面板相对应,安装前须有一面刨平。大龙骨、小龙骨连接处的小吊木要逐根错开,不要钉在同一侧,小龙骨接头也要错开,接头处钉左右双面木夹板。

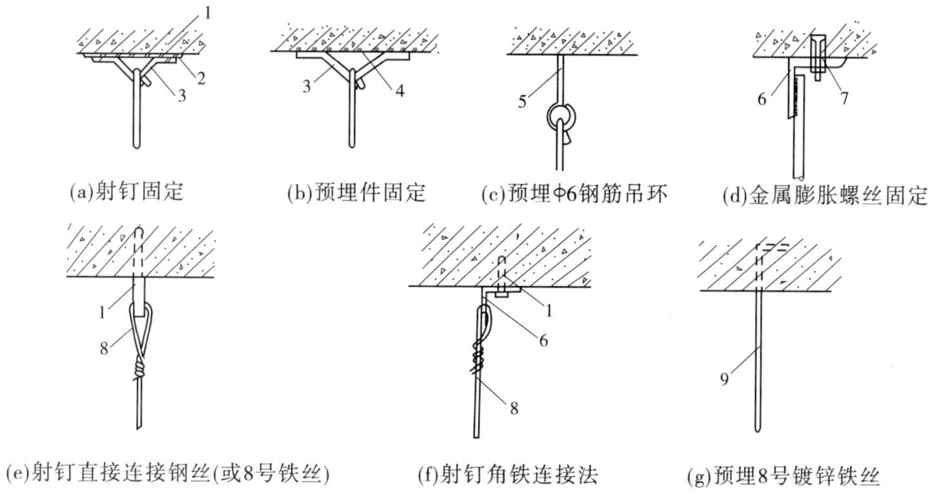

(a)射钉固定　(b)预埋件固定　(c)预埋φ6钢筋吊环　(d)金属膨胀螺丝固定

(e)射钉直接连接钢丝(或8号铁丝)　(f)射钉角铁连接法　(g)预埋8号镀锌铁丝

1—射钉;2—焊板;3—$\phi$ 10 钢筋吊环;4—预埋钢板;5—$\phi$ 6 钢筋;6—角钢;
7—金属膨胀螺丝;8—铝合金丝(8 号、12 号、14 号);9—8 号镀锌铁丝

**图 11-8　吊筋固定方法**

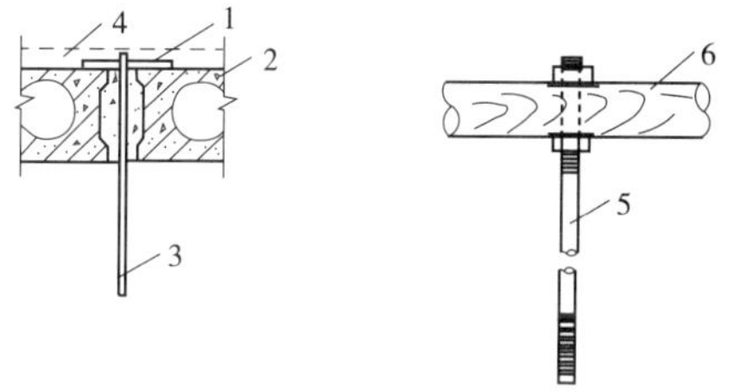

(a)预制楼板吊筋固定　(b)坡屋面长杆螺栓吊筋

1—$\phi$ 10 或$\phi$ 12 钢筋;2—预制楼板;3—$\phi$ 6 钢筋或 8 号镀锌铁丝;
4—现浇细石混凝土;5—长杆螺栓;6—屋架下弦

**图 11-9　预制楼板和坡屋面吊筋固定方法**

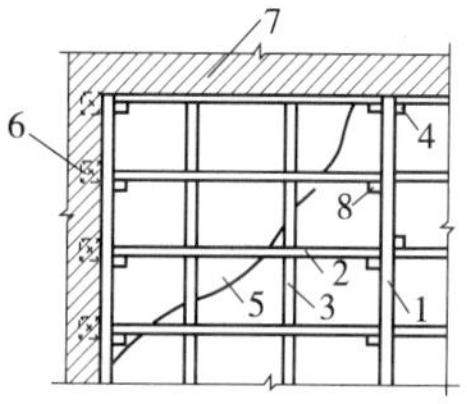

1—大龙骨;2—小龙骨;3—横撑龙骨;4—吊筋;
5—罩面板;6—木砖;7—砖墙;8—吊木

**图 11-10　木质龙骨吊顶**

2. 轻钢龙骨和铝合金龙骨的安装

轻钢龙骨和铝合金龙骨,其断面形状有 U 形、T 形等数种,每根龙骨长 2 ~ 3 m,在现场用拼接件拼装,接头应相应错开。U45 型系列吊顶轻钢龙骨的主件及配件如表 11-10 所示,U 形龙骨吊顶安装如图 11-11 所示,TL 型铝合金龙骨安装如图 11-12、图 11-13 所示。轻钢龙骨和铝合金龙骨安装过程如下。

(1)弹线。根据楼层标高水平线,用尺竖向量至顶棚设计标高,沿墙四周弹出顶棚标高水平线(水平允许偏差 ±5 mm),并沿顶棚高水平线在墙上画出龙骨分档位置线。

(2)安装大龙骨吊杆。按照在墙上弹出的标高线和龙骨位置线,找出吊点中心,将吊杆焊接固定在预埋件上,未设预埋件时,可按吊点中心用射钉固定吊杆或铁丝。计算好吊杆的长度,确定吊杆下端的杆高,与吊挂件连接的一端套丝长度应留有余地,并配好螺母。

(3)大龙骨安装。将组装好吊挂件的大龙骨按分档线位置使吊挂件穿入相应的吊杆螺栓上,拧紧螺母,相接大龙骨,装连接件,并以房间为单元,拉线调整标高和平直。中间起拱高度应不小于房间短向跨度的 1/200。龙骨采用小型无齿锯切割,靠四周墙边的龙骨用射钉钉固在墙上,射钉间距为 1 m。

表 11-10　U45 型系列轻钢龙骨的主件及配件(不上人)

| 名称 | 主件 | 配件 | | |
|---|---|---|---|---|
| | 龙骨 | 吊挂件 | 接插件 | 挂插件 |
| BD 大龙骨 | 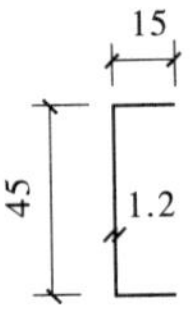 | BD₁ 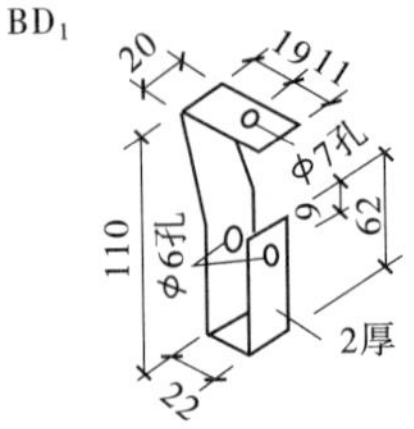 | BD₂ 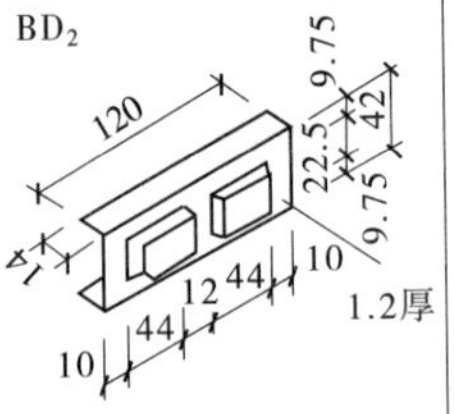 | |
| UZ 中龙骨 | 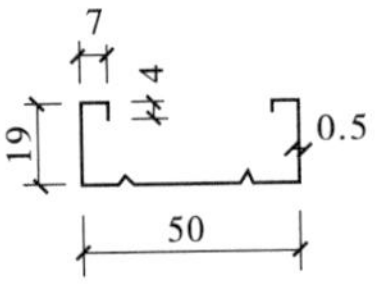 | UZ₁ 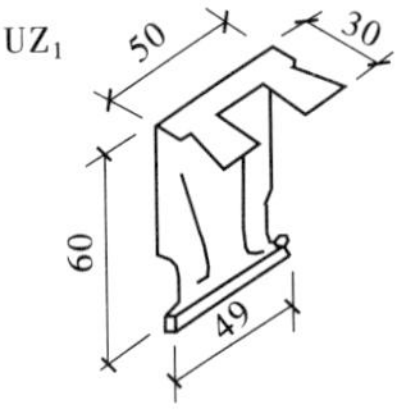 | UZ₂ 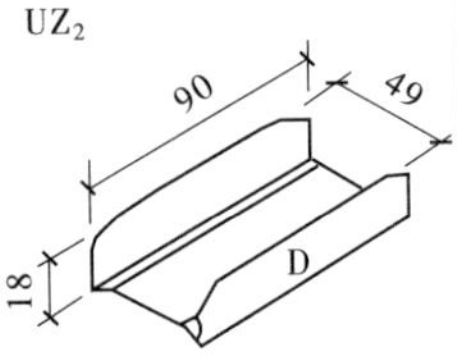 | UZ₃ 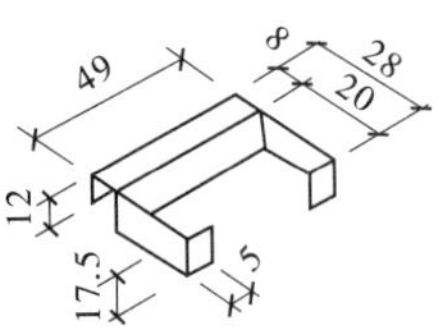 |
| UX 小龙骨 | 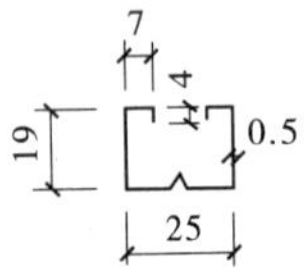 | UX₁ 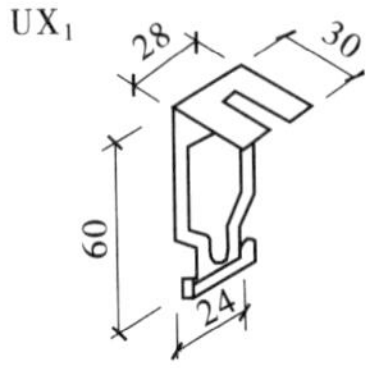 | UX₂ 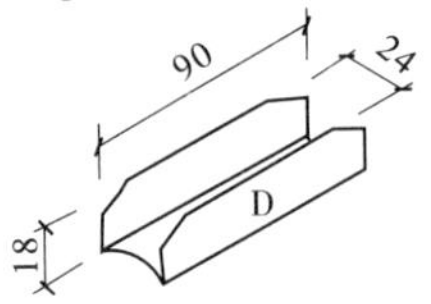 | UX₃ 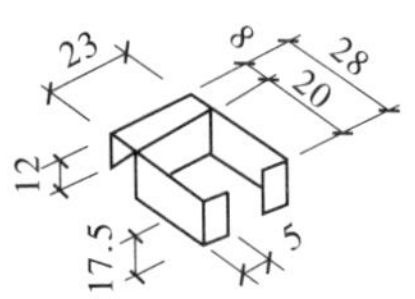 |

注:1. BD 上$\phi$7 孔配$\phi$6 吊杆,$\phi$6 孔配 M4×25 螺栓。

2. 产品为北京灯具厂生产。

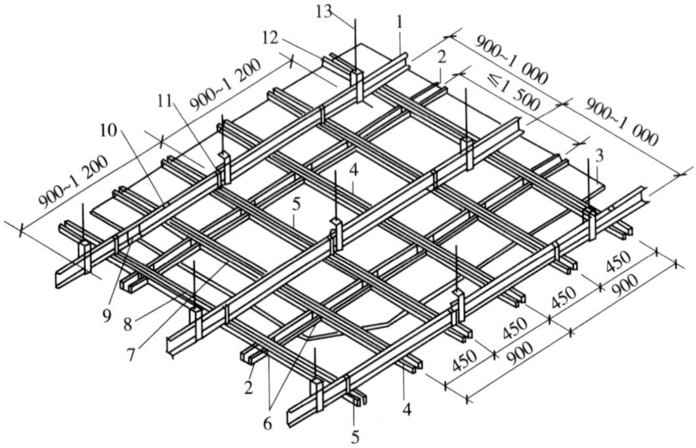


1—BD 大龙骨;2—UZ 横撑龙骨;3—吊顶板;4—UZ 龙骨;5—UX 龙骨;

6—$UZ_3$ 支托连接;7—$UZ_2$ 连接件;8—$UX_2$ 连接件;9—$BD_2$ 连接件;

10—$UZ_1$ 吊挂;11—$UX_1$ 吊挂;12—$BD_1$ 吊件;13—吊杆$\phi$8 ~$\phi$10

**图 11-11　U 形龙骨吊顶安装**

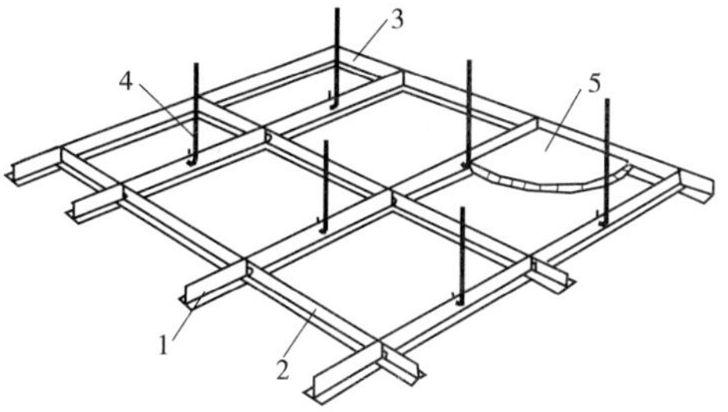


1—大T;2—小T;3—角条;4—吊件;5—饰面板

**图11-12 TL形铝合金吊顶(不上人吊顶)**

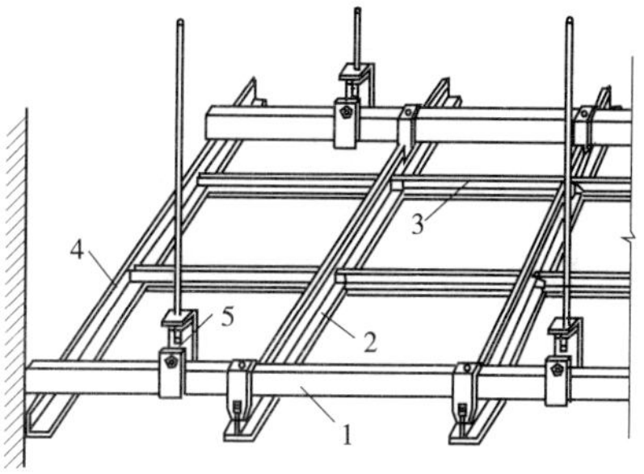


1—大龙骨;2—大T;3—小T;4—角条;5—大吊挂件

**图11-13 TL形铝合金吊顶**

(4)小龙骨安装。按已弹好的小龙骨分档线,安放小龙骨吊挂件,然后按设计规定的小龙骨间距,将小龙骨通过吊挂件垂直吊挂在大龙骨上,吊挂件U形腿用钳子卧入大龙骨内。小龙骨的间距应按饰面板的密缝或离缝要求进行不同的安装,小龙骨的中距应计算准确并应通过翻样确定。

(5)横撑龙骨安装。横撑龙骨应用小龙骨截取。安装时,将截取的小龙骨的端头插入支托,扣在小龙骨上,并用钳子将挂钩弯入小龙骨内。组装好后的小龙骨和横撑龙骨底面要求齐平。横撑龙骨间距应根据所用饰面板规格尺寸确定。

**(三)饰面板安装**

常用的饰面板有木质板(实木板、胶合板、纤维板等)、石膏板(装饰石膏板、纸面石膏板、吸声石膏板等)、金属板(金属装饰板、金属吸声板等)、其他板(矿棉板、塑料板、复合板等)等。选用饰面板时,不但要考虑装饰效果及耐久性,而且要考虑防火、吸声、隔热、保温等要求。

饰面板的尺寸是一定的,应按室内的长和宽的净尺寸来布置,每个方向都应有中心线。饰面板必须对称于中心线,若板材为单数,则对称于中间一行板材的中线;若板材为双数,则对称于中间的缝,不足一块的余数分摊在两边。安装小龙骨和横木时,也应从中心向四个方向推进,切不可由一边向另一边分格,当吊顶上没有开孔的灯具和通风排气孔时,更应该通盘考虑如何组成对称的图案排列,这种顶棚都有图纸可依循。

饰面板的安装方法有以下几种:

(1)搁置法。将饰面板直接摆放在T形龙骨组成的格框内,摆放时要按设计图案要求摆放,有些轻质罩面板,考虑到刮风时会被掀起(包括空调口附近),可用木条、卡子固定。

(2)嵌入法。将饰面板事先加工成企口暗缝,安装时将T型龙骨两肢插入企口缝内固定。

(3)粘贴法。将饰面板用胶粘剂直接粘贴在龙骨上。

(4)钉固法。将饰面板用钉、螺丝钉、自攻螺丝等固定在龙骨上,钉子应排列整齐。

(5)压条固定法。用木、铝、塑料等压缝条,将饰面板钉固在龙骨上。

(6)塑料小花固定法。在板的四角采用塑料小花压角用螺丝固定,并在小花之间沿板边等距离加钉固定。

(7)卡固法。多用于铝合金吊顶,板材与龙骨直接卡接固定,不需要再用其他方法加固。

**（四）吊顶工程安装注意事项**

(1)吊顶龙骨在运输安装时,不得扔摔、碰撞,防止变形;饰面板在运输和安装时,应轻拿轻放,不得损坏板的表面和边角。

(2)吊顶龙骨宜存放在地面平整的室内,并应采取措施,防止龙骨变形;饰面板应按品种、规格分类存放于地面平整、干燥通风处,并根据不同饰面板的性质分别采取措施,防止受潮变形。

(3)饰面板安装前,吊顶内的通风、水电管道及上人吊顶内的人行或安装通道应安装完毕,消防管道安装并试压完毕,吊顶内的灯槽、斜撑、剪刀撑等应根据工程情况适当布置。

(4)轻型灯具应吊在大龙骨或附加龙骨上,重型灯具或电扇不得与吊顶龙骨连接,应另设吊钩,饰面板应按规格、颜色等预先进行分类选配。

(5)饰面板安装时不得有悬臂现象,否则应增设附加龙骨固定。施工用的临时马道应架设或吊挂在结构受力构件上,严禁以吊顶龙骨作为支撑点。

**（五）吊顶工程安装质量要求**

(1)吊顶工程所用的材料品种、规格、颜色以及基层构造、固定方法等应符合设计要求。

(2)饰面板与龙骨应连接紧密,表面应平整,不得有污染、折裂、缺棱掉角、锤伤等缺陷。

(3)饰面板接缝应均匀一致,粘贴的饰面板不得有脱层,胶合板不得有刨透之处。

(4)安装的饰面板不得有漏、透、翘角现象。

(5)吊顶工程安装的允许偏差和检查方法应符合表11-11、表11-12的规定。

**表11-11　暗龙骨吊顶工程安装的允许偏差和检查方法**

| 项次 | 项目 | 允许偏差(mm) | | | | 检查方法 |
|---|---|---|---|---|---|---|
| | | 纸面石膏板 | 金属板 | 矿棉板 | 木板、塑料板、格栅 | |
| 1 | 表面平整度 | 3 | 2 | 2 | 2 | 用2 m靠尺和塞尺检查 |
| 2 | 接缝直线度 | 3 | 1.5 | 3 | 3 | 拉5 m线,不足5 m拉通线,用钢直尺检查 |
| 3 | 接缝高低差 | 1 | 1 | 1.5 | 1 | 用钢直尺和塞尺检查 |

**表11-12　明龙骨吊顶工程安装的允许偏差和检查方法**

| 项次 | 项目 | 允许偏差(mm) | | | | 检查方法 |
|---|---|---|---|---|---|---|
| | | 石膏板 | 金属板 | 矿棉板 | 塑料板、玻璃板 | |
| 1 | 表面平整度 | 3 | 2 | 3 | 2 | 用2 m靠尺和塞尺检查 |
| 2 | 接缝直线度 | 3 | 2 | 3 | 3 | 拉5 m线,不足5 m拉通线,用钢直尺检查 |
| 3 | 接缝高低差 | 1 | 1 | 2 | 1 | 用钢直尺和塞尺检查 |

## 二、隔墙工程

隔墙是用来分割房间和建筑物内部空间的非承重构件，具有自重轻、强度高、刚度大、防火及加工性能好、安装方便等优点，常用于住宅装修工程（但不适用于厨房、卫生间等湿度大的房间）。

用于隔墙的石膏板有纸面石膏板、防水纸面石膏板、纤维石膏板、石膏空心条板等。石膏板长度有 2 400 mm、2 500 mm、2 600 mm、2 700 mm、3 000 mm、3 300 mm，宽度有 900 mm、1 200 mm，厚度有 9 mm、12 mm、15 mm、18 mm、25 mm，板边形状有直角边、楔形边、45°侧角边。

石膏板隔墙的安装是先安装墙面龙骨，再将石膏板采用钉固定（或用自攻螺丝固定、压条固定、粘贴固定）在龙骨上，如图 11-14 所示。

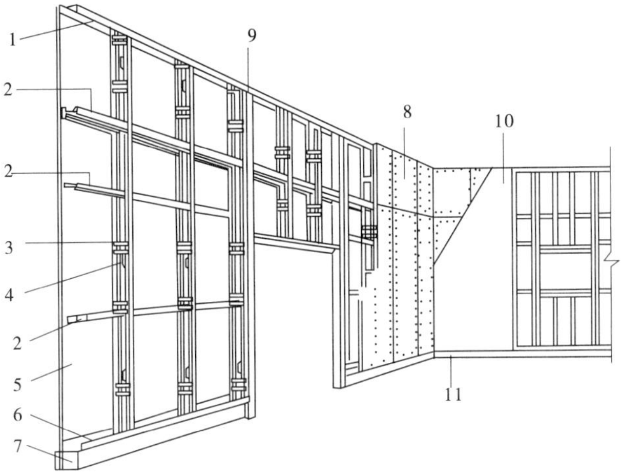


1—沿顶龙骨；2—横撑龙骨；3—支撑长；4—贯通孔；
5—分格面；6—沿地龙骨；7—混凝土踢脚座；
8—石膏板；9—加强龙骨；10—塑料壁纸；11—踢脚板

**图 11-14　隔墙轻钢龙骨安装**

### （一）墙面轻钢龙骨的安装

在沿地龙骨与地面接触处，沿顶龙骨与顶面接触处，先要铺填橡胶条或沥青泡沫塑料条，再按规定间距用射钉（或用电锤打眼固定膨胀螺栓，间距 0.6 ~ 1 m）将沿地龙骨、沿顶龙骨固定于地面和顶面。然后将预先切截好长度的竖向龙骨，推向横向沿顶、沿地龙骨内。翼缘朝向拟安装的板材方向，竖向龙骨上、下方向不能颠倒。现场切割时，只能从上端切断。接长竖向龙骨，可用 U 形龙骨套在 C 形龙骨的接缝处，用拉铆钉或自攻螺钉固定。

### （二）墙面板材的安装

板材安装时，板材贴在龙骨上，用手电钻把板材与龙骨一起打孔，再拧上自攻螺丝固定。也可将石膏板与石膏龙骨预装成盒状墙板，然后用 0.67∶1的水玻璃矿渣净浆黏结剂黏结固定。对于空心石膏板或较厚的石膏板，不用胶合龙骨，安装时可用一对木楔在楼地面处将板的下边楔紧，然后抹地面时封闭，上边则靠抹灰时封闭，如图 11-15 所示。

石膏板之间的接缝分明缝和暗缝两种。明缝适用于公共建筑等大房间，暗缝适用于一般居室,多数工程采用暗缝做法。暗缝做法首先要求石膏板有倒角,两块石膏板拼接缝用羧甲基纤维素等调配的石膏腻子嵌平,然后贴上 50 mm 宽的穿孔纸带,再用上述石膏腻子与墙面刮平,阴阳角拼缝也同样做法,该法板缝有时出现裂缝,如图 11-16(a)所示。明缝做法是用专门工具和砂浆胶合剂勾成立缝,明缝加嵌压条,板缝处不易开裂,装饰效果较好,如图 11-16(b)所示。

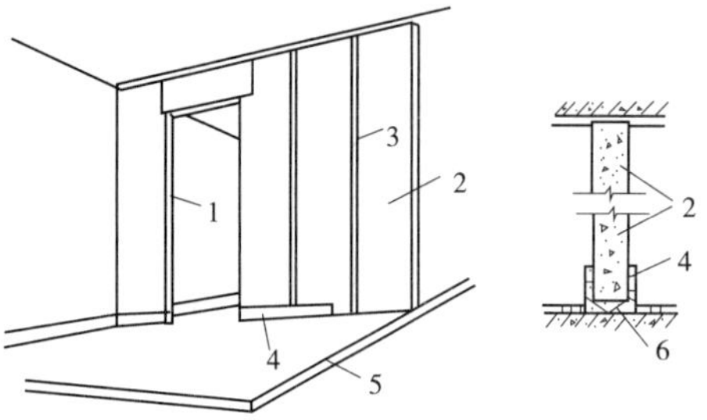


1—门洞;2—石膏板;3—竖缝;4—踢脚线;
5—楼板;6—木楔

**图 11-15　石膏板隔墙安装**

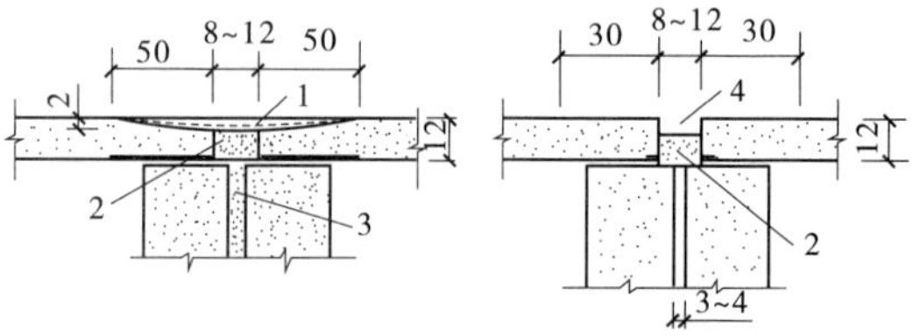


(a)暗缝做法　　(b)明缝做法

1—穿孔纸带;2—接缝腻子;3—107 胶水泥砂浆;4—明缝

**图 11-16　石膏板接缝做法**

# 任务五　门窗工程

门窗工程是指门和窗的制作及安装。门与窗是房屋维护结构中的两个部件,门的主要功能是交通、通风、采光之用,窗的主要功能是采光、通风及眺望之用。对门窗的要求除具有立面装饰效果外,还有分格、保温、隔声、防火等要求。

## 一、门窗的种类

门窗一般分为木门窗、金属门窗、塑料门窗、特种门窗等。

(1)木门窗。主要包括镶板门、夹板门、单扇门、多扇门、平开门、推拉门、弹簧门、推拉窗、平开窗、中悬窗、百叶窗、门连窗等。

(2)金属门窗。主要包括钢门窗、铝合金门窗、涂色镀锌钢板门窗等。

(3)塑料门窗。主要包括钙塑料门窗,改性聚氯乙烯门窗等。

(4)特种门窗。主要包括防火门、防盗门、自动门、金属卷帘门等。

## 二、门窗安装工艺

### (一)木门窗

木门窗安装的施工工艺流程为:确定安装位置→门窗框就位固定→安装门窗扇→安装五金件→安装玻璃→涂饰。

(1)确定安装位置。根据图纸要求确定门窗位置,以窗中心线为准往两侧量出窗边线,以每层 +50 cm 水平线为准,量出窗下皮标高。

(2)门窗框就位固定。木门窗安装一般采用后塞口法,将木门窗就位后,用木楔作临时固定,校正水平度和垂直度后,用铁钉将木门窗框固定在预留的木砖上,门窗框与墙体接触部位及固定用木砖均应进行防腐处理。立框时，一是注意门窗的开启方向，二是注意门窗框居墙中还是在墙里皮，若是与里皮齐平，门窗框应突出里皮墙面 20 mm，这样抹完灰后，门窗框正好与墙面平齐。

安装时每边固定点不得少于两处，其间距不应大于 1.2 m。

(3)安装门窗扇。门窗扇一般采用木螺钉通过合页与门框固定，合页距门窗扇上下端宜取高度的 1/10，并避开上下冒头，合页槽框扇同时剔出，并要求外浅里深，木螺钉采用螺丝刀拧紧。

(4)安装五金件。安装门锁不宜安装在冒头与立框的结合处，窗拉手距地面宜为 1.5～1.6 m，门拉手距地面宜为 0.9～1.05 m。

(5)安装玻璃。玻璃安装前应检查框内尺寸，将裁口内的污垢清除干净，安装时，可用钉子固定，钉距不得大于 300 mm，且每边不少于两个，然后用油灰密封。

安装长边大于 1.5 m 或短边大于 1 m 的玻璃，应用橡胶垫并用压条和螺钉固定。用木压条固定玻璃时，应先刷底油后安装，并不得将玻璃压得过紧。

(6)涂饰。门窗涂饰按设计要求的品种和颜色进行施工。

**(二)金属门窗**

金属门窗的安装工艺与木门窗的安装基本相同，现以铝合金门窗为例介绍，铝合金门窗安装工艺流程为：确定安装位置→固定门窗框→门窗扇安装玻璃及五金件→门窗扇就位。

(1)确定安装位置。根据图纸要求确定门窗位置，具体方法同木门窗。

(2)固定门窗框。门窗框可采用后塞口法安装，安装前应对门窗框采取保护措施，以免损坏和污染，门窗框就位后先临时固定并对其水平度和垂直度进行复核。门窗框固定，第一种是用$\phi$6 的钢筋打入钻好的孔中，第二种是用连接件通过钢钉或膨胀螺丝与墙体固定，第三种是用连接件与预埋钢板或结构钢筋焊接。门窗框不能直接与墙体接触，门窗框与墙体四周应当有一定缝隙，并采用弹性材料填嵌饱满，表面应用密封胶密封。门窗框应固定牢固，固定点距窗角的距离不应大于 180 mm，固定点的间距应小于 500 mm。地弹簧的安装应根据安装位置提前剔槽，将地弹簧放入槽内，用水泥砂浆固定，上表面应与室内地面齐平。

(3)门窗扇安装玻璃及五金件。门窗扇安装玻璃前，应清理槽内的杂物，玻璃不得与玻璃槽直接接触，并应在玻璃四边垫上不同厚度的垫块，边框上的垫块应用黏结剂固定，玻璃与门窗扇槽之间用橡胶条或玻璃胶固定。镀膜玻璃应安装在玻璃的最外层，单面镀膜玻璃应朝向室内。五金件安装按产品说明进行，要求安装牢固，使用灵活。

(4)门窗扇就位。推拉窗扇就位是用螺丝刀拧紧边框的滑轮调节螺钉，使滑轮向下横槽内回缩，这时托起窗扇，使其顶部插入窗框的上滑槽中，使滑轮卡在下滑的滑轮轨道上，然后拧旋滑轮调节螺钉，使滑轮从下横内外伸。地弹簧门扇安装时，需把地弹簧的转轴拧至门的开启位置，然后将门扇下横内的地弹簧连杆套在地弹簧的转轴上，再把上横内的转动定位销用调节螺钉略作调出，待定位销孔与定位销相对应后，再将定位销完全调出并插入销孔之中。

**(三)塑料门窗**

塑料门窗的安装工艺流程为：确定安装位置→固定门窗框→门窗扇安装玻璃及五金件→门窗扇就位。

(1)确定安装位置。根据图纸要求确定门窗安装位置，其方法同木门窗、钢门窗。

(2)固定门窗框。门窗框安装一般采用后塞口法安装,安装前应对门窗框采取保护措施,以免损伤和污染。门窗框就位后,先用木楔作临时固定,并对水平度和垂直度进行校核。塑料门窗与墙体的连接方法很多,常用的有木砖固定法、连接件固定法和假框法,如图 11-17 所示。门窗框安装必须牢固,固定点距窗角、中横框、中竖框 100 ~ 150 mm,固定点间距应小于或等于 600 mm。门窗框与基体不能直接接触,要留有一定的缝隙,缝隙应采用弹性材料填嵌饱满,表面用密封胶密封。

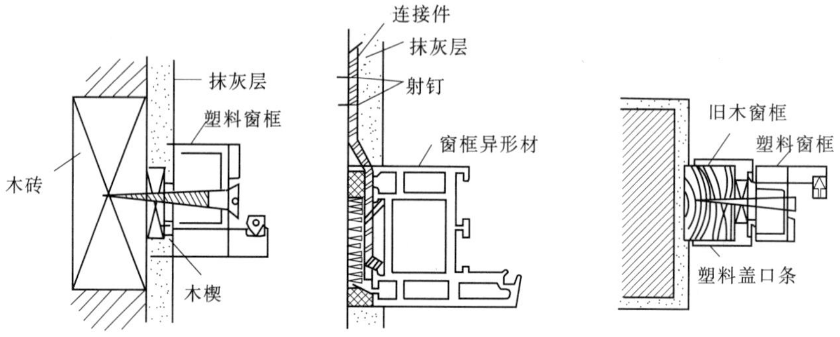


(a)木砖固定法　(b)连接件固定法　(c)假框法

**图 11-17　塑料窗框与墙体的连接固定**

(3)门窗扇安装玻璃及五金件。玻璃安装同铝合金门窗扇玻璃安装,但塑料门窗五金件安装时,应先钻孔后用自攻螺钉拧入,不得直接锤击钉入。

(4)门窗扇就位。门窗扇就位的方法与铝合金门窗扇就位方法相似。

**(四)特种门**

特种门的安装主要包括防火门、防盗门、自动门和金属卷帘门,现以防火门安装为例进行介绍,防火门的安装工艺流程为:画线→立门框→安装门扇及附件。

(1)画线。按设计要求尺寸、标高和方向,画出门框框口位置线。

(2)立门框。先拆掉门框下部的固定板,若框内高度比门扇的高度大于 30 mm,洞口两侧地面必须留设凹槽。门框一般埋入 ±0.00 标高以下 20 mm,应保证框口上、下尺寸相同,允许误差不应大于 1.5 mm,对角线允许误差不应大于 2 mm。

将门框用木楔临时固定在洞口内,经校正合格后,固定木楔,门框铁脚与预埋铁板件焊牢。门框两上角墙上开洞,向框内灌注水泥素浆,待其凝固后方可装配门窗。

(3)安装门扇及附件。门框周边缝隙,用 1∶2水泥砂浆或强度不低于 10 MPa 的细石混凝土嵌塞牢固,并应保证与基体形成整体,经养护凝固后,再粉刷洞内及墙体。

粉刷完毕后,安装门扇、五金配件及有关防火装置。门扇关闭后,门缝应均匀平整,开启自如,不得有过紧、过松和反弹现象。

## 三、门窗工程的质量控制与检验

**(一)木门窗工程**

(1)木门窗的木材品种、材质等级、规格、尺寸、框扇的线形及人造木板的甲醛含量应符合设计要求,设计未规定材质等级时,所用木材的质量应符合有关规定。

（2）木门窗应采用烘干的木材，木门窗的防火、防腐、防虫处理应符合设计要求。

（3）胶合板门、纤维板门和模压门不得脱胶，胶合板不得刨透表面单板，不得有戗槎。制作胶合板门、纤维板门时，边框和横棱应在同一平面上，面层、边框及横棱应加压胶结，横棱和上、下冒头应各钻两个以上的透气孔，透气孔应通畅。

（4）木门窗的品种、类型、规格、开启方向、安装位置及连接方式应符合设计要求。门窗框的安装必须牢固，门窗扇安装应牢固，要求开关灵活，关闭严密，无倒翘。

（5）木门窗配件的型号、规格、数量应符合设计要求，安装应牢固，位置应正确，功能应满足使用要求。

（6）木门窗表面应洁净，不得有刨痕、锤印，与墙体间缝的填嵌材料应符合设计要求，填嵌应饱满，寒冷地区外门窗框与墙体间空隙应填充保温材料。

（7）木门窗制作的允许偏差和检验方法应符合表 11-13 的规定，安装的留缝限值、允许偏差和检验方法应符合表 11-14 的规定。

**表 11-13　木门窗制作的允许偏差和检验方法**

| 项次 | 项目 | 构件名称 | 允许偏差(mm) | | 检验方法 |
|---|---|---|---|---|---|
| | | | 普通 | 高级 | |
| 1 | 翘曲 | 框 | 3 | 2 | 将框、扇平放在检查平台上，用塞尺检查 |
| | | 扇 | 2 | 2 | |
| 2 | 对角线长度差 | 框、扇 | 3 | 2 | 用钢尺检查，框量裁口里角，扇量外角 |
| 3 | 表面平整度 | 扇 | 2 | 2 | 用 1 m 靠尺和塞尺检查 |
| 4 | 高度、宽度 | 框 | 0，－2 | 0，－1 | 用钢尺检查，框量裁口里角，扇量外角 |
| | | 扇 | ＋2，0 | ＋1，0 | |
| 5 | 裁口、线条结合处高低差 | 框、扇 | 1 | 0.5 | 用钢直尺和塞尺检查 |
| 6 | 相邻棂子两端间距 | 扇 | 2 | 1 | 用钢直尺检查 |

**表 11-14　木门窗安装的留缝限值、允许偏差和检验方法**

| 项次 | 项目 | 留缝限值(mm) | | 允许偏差(mm) | | 检查方法 |
|---|---|---|---|---|---|---|
| | | 普通 | 高级 | 普通 | 高级 | |
| 1 | 门窗槽口对角线长度差 | — | — | 3 | 2 | 用钢尺检查 |
| 2 | 门窗框的正、侧面垂直度 | — | — | 2 | 1 | 用 1 m 垂直检测尺检查 |

**续表 11-14**

| 项次 | 项目 | | 留缝限值(mm) | | 允许偏差(mm) | | 检查方法 |
|---|---|---|---|---|---|---|---|
| | | | 普通 | 高级 | 普通 | 高级 | |
| 3 | 框与扇、扇与扇接缝高低差 | | — | — | 2 | 1 | 用钢直尺和塞尺检查 |
| 4 | 门窗扇对口缝 | | 1~2.5 | 1.5~2 | — | — | |
| 5 | 工业厂房双扇大门对口缝 | | 2~5 | — | — | — | |
| 6 | 门窗扇与上框间留缝 | | 1~2 | 1~1.5 | — | — | |
| 7 | 门窗扇与侧框间留缝 | | 1~2.5 | 1~1.5 | — | — | |
| 8 | 窗扇与下框间留缝 | | 2~3 | 2~2.5 | — | — | |
| 9 | 门扇与下框间留缝 | | 3~5 | 3~4 | — | — | |
| 10 | 双层门窗内外框间距 | | — | — | 4 | 3 | 用钢尺检查 |
| 11 | 无下框时门扇与地面间留缝 | 外门 | 4~7 | 5~6 | — | — | 用塞尺检查 |
| | | 内门 | 5~8 | 6~7 | — | — | |
| | | 卫生间门 | 8~12 | 8~10 | — | — | |
| | | 厂房大门 | 10~20 | — | — | — | |

## (二)金属门窗工程

(1)金属门窗的品种、类型、规格、尺寸、性能、开启方向、安装位置、连接方式及铝合金门窗的型材壁厚应符合设计要求。金属门窗的防腐处理及填嵌、密封处理应符合设计要求。

(2)金属门窗框和副框的安装必须牢固,预埋件的数量、位置、埋设方式与框的连接方式必须符合设计要求。门窗扇安装应牢固,要求开关灵活、关闭严密,无倒翘,推拉门窗扇必须有防脱落措施。

(3)金属门窗配件的型号、规格、数量应符合设计要求,安装应牢固,位置应正确,功能应满足使用要求。

(4)金属门窗表面应洁净、平整、光滑色泽一致,无锈蚀,大面应无划痕、碰伤,漆膜或保护层应连续。

(5)金属门窗框与墙体之间的缝隙应填嵌饱满,并采用密封胶密封,密封胶表面应光滑、顺直,无裂纹,门窗扇的橡胶密封条或毛毡密封条应安装好,不得脱槽。

(6)铝合金门窗安装的允许偏差和检验方法应符合表 11-15 的规定,其他金属门窗安装的允许偏差和检验方法应符合《建筑装饰装修工程质量验收规范》(GB 50210—2011)的有关规定。

**表 11-15　铝合金门窗安装的允许偏差和检验方法**

| 项次 | 项目 | | 允许偏差（mm） | 检验方法 |
| --- | --- | --- | --- | --- |
| 1 | 门窗槽口宽度、高度 | ≤1 500 mm | 1.5 | 用钢尺检查 |
| | | >1 500 mm | 2 | |
| 2 | 门窗槽口对角线长度差 | ≤2 000 mm | 3 | 用钢尺检查 |
| | | >2 000 mm | 4 | |
| 3 | 门窗框的正、侧面垂直度 | | 2.5 | 用垂直检测尺检查 |
| 4 | 门窗横框的水平度 | | 2 | 用 1 m 水平尺和塞尺检查 |
| 5 | 门窗横框标高 | | 5 | 用钢尺检查 |
| 6 | 门窗竖向偏离中心 | | 5 | 用钢尺检查 |
| 7 | 双层门窗内外框间距 | | 4 | 用钢尺检查 |
| 8 | 推拉门窗扇与框搭接量 | | 1.5 | 用钢直尺检查 |

**（三）塑料门窗工程**

（1）塑料门窗的品种、类型、规格、尺寸、开启方向、安装位置、连接及填嵌密封处理应符合设计要求，内衬增强型钢的壁厚及设置应符合国家现行产品标准的质量要求。

（2）塑料门窗框、副框和扇的安装必须牢固，固定片或膨胀螺栓的数量与位置应正确，连接方式应符合设计要求，固定点应距窗角、中横框、中竖框 150～200 mm，固定点间距应小于或等于 600 mm。

（3）塑料门窗扇应开关灵活、关闭严密，无倒翘，推拉门窗扇必须有防脱落措施。门窗配件的型号、规格、数量应符合设计要求，安装应牢固，位置应正确，功能应满足使用要求。

（4）塑料门窗框与墙体间缝隙应采用闭孔弹性材料填嵌饱满，表面应采用密封胶密封，密封胶应黏结牢固，表面应光滑、顺直、无裂纹。

（5）塑料门窗表面应洁净、平整、光滑，大面应无划痕、碰伤，门窗扇的密封条不得脱槽，排水孔应畅通，位置和数量应符合设计要求。

（6）塑料门窗表面的允许偏差和检验方法应符合表 11-16 的规定。

**（四）特种门工程**

（1）特种门的质量和各项性能应符合设计要求。

（2）特种门的品种、类型、规格、尺寸、开启方向、安装位置及防腐处理应符合设计要求。

（3）特种门安装必须牢固，预埋件的数量、位置、埋设方式与框的连接方式必须符合设计要求。配件应齐全，位置应正确，安装应牢固，功能应满足使用要求和特种门的各项性能要求。

（4）特种门的表面应洁净，无划痕、碰伤。

**表 11-16　塑料门窗安装的允许偏差和检验方法**

| 项次 | 项目 | | 允许偏差(mm) | 检验方法 |
|---|---|---|---|---|
| 1 | 门窗槽口宽度、高度 | ≤1 500 mm | 2 | 用钢尺检查 |
| | | >1 500 mm | 3 | |
| 2 | 门窗槽口对角线长度差 | ≤2 000 mm | 3 | 用钢尺检查 |
| | | >2 000 mm | 5 | |
| 3 | 门窗框的正、侧面垂直度 | | 3 | 用 1 m 垂直检测尺检查 |
| 4 | 门窗横框的水平度 | | 3 | 用 1 m 水平尺和塞尺检查 |
| 5 | 门窗横框标高 | | 5 | 用钢尺检查 |
| 6 | 门窗竖向偏离中心 | | 5 | 用钢直尺检查 |
| 7 | 双层门窗内外框间距 | | 4 | 用钢尺检查 |
| 8 | 同樘平开门窗相邻扇高度差 | | 2 | 用钢直尺检查 |
| 9 | 平开门窗铰链部位配合间隙 | | +2，-1 | 用塞尺检查 |
| 10 | 推拉门窗扇与框搭接量 | | +1.5，-2.5 | 用钢直尺检查 |
| 11 | 推拉门窗扇与竖框平行度 | | 2 | 用 1 m 水平尺和塞尺检查 |

# 任务六　涂饰工程

涂料是指涂敷于建筑物表面并能与表面基层材料黏结牢固,形成完整涂膜的材料,它具有保护、装饰和某些特殊功能。涂料干结后形成的涂膜对基体表面起覆盖保护作用,涂膜的各种色彩和质感使其具有较强的装饰性。

## 一、涂饰工程材料

### (一)涂饰材料的分类

建筑涂料品种繁多,通常可按下列几种方法进行分类:

(1)按涂料使用的部位不同分为外墙涂料、内墙涂料、顶棚涂料、地面涂料和门窗涂料等。

(2)按涂料分散介质的不同分为溶剂型涂料(丙烯酸酯涂料、聚氨酯丙烯涂料、有机硅丙烯酸涂料等)、水溶型涂料(乳液型涂料、无机涂料、水溶性涂料等)和美术涂料等。

(3)按涂料成膜的质感分为薄涂料、厚涂料和复层建筑涂料等。

复层建筑涂料原称喷塑涂料,又称浮雕型涂料,它由封底涂料、主层涂料和罩面涂料组成。封底涂料的作用是封闭基层、抗碱并增加基层与主层涂料的黏结力;主层涂料又称骨料(如丙烯酸骨料),是用喷涂方法将骨料喷涂在封底涂层上,其喷点大小和疏密应均匀,不得形成片状,然后用滚涂的方法滚压,滚压处带有立体感、自然形成花纹图案,同时具有增加涂层黏结力和耐久性的作用;罩面涂料是涂膜的表面层,一般施涂两遍,用以保护主涂层且提高复层涂料耐久性和耐污性,并使饰面层带有符合设计要求的色彩和光泽,起美化涂层的作用。

对建筑标准要求比较高的外墙涂料,除可用浮雕型涂料外,还可选用喷砂涂料或弹性涂料等,弹性涂料具有良好的抗裂性能,但造价高。使用时,应在充分了解各种建筑涂料性能和实际使用效果的基础上,根据建筑标准和涂料工程的等级要求,以及建筑物所处的环境条件等,进行合理选用。

**(二)质量要求**

(1)涂料工程所用的建筑涂料必须有品名、种类、颜色、制作时间、贮存有效期限、产品使用说明书和产品合格证。

(2)用于外墙的涂料应具有耐水、耐碱、耐老化和黏结力强等性能,并使用具有耐碱和耐光性能的颜料。

(3)用于厨房、厕所、浴室等内墙的涂料,应具有耐水、耐碱和耐洗刷等性能。

(4)涂料工程所用腻子的塑性与易涂性应满足施工操作要求,干燥后应坚实牢固,不粉化、起皮,并应根据基层、底层涂料和面层涂料的性能配套选用相应的腻子。

(5)涂料干燥时间最好不大于 2 h。

## 二、涂饰工程施工

**(一)基层处理与刮腻子**

当基层为混凝土及砂浆抹灰表面时,为保证涂层与基层表面黏结牢固,基层表面的灰尘、污垢和黏附砂浆等应清理干净,对疏松的表面应予铲除。对基层缺棱掉角处应采用1∶3水泥砂浆(或聚合物水泥砂浆)修补,表面麻面、缝隙及凹陷处应用腻子补平。内墙腻子一般用聚醋酸乙烯乳液(即白乳胶)、滑石粉(或大白粉)和2%羧甲基纤维素溶液拌制而成,其质量配合比为1∶5∶3.5;外墙腻子应用强度较高的水泥乳胶腻子,即白乳胶、白水泥和水拌制而成,其质量配合比为1∶5∶1。刮腻子厚度一般不超过1.5 mm。

涂料施涂时,基层应保持干燥,对施涂溶剂型涂料的基层,含水量不得大于8%,因这种涂料的涂膜很致密,透气性差,若基层潮湿,日后水分蒸发会导致涂膜起鼓、脱落等。乳液型涂料和水溶性涂料以水作为分散介质,形成的涂膜是多孔透气的,可在未干透的基层上施涂,但基层过湿也不好,因为基层水分含有碱性物质,水蒸发后,盐碱物会沉积在基层表面与涂膜之间,形成一种隔离层,从而会导致涂膜脱落,故对乳胶型和水溶性涂料,基层含水量不得大于10%。

当基层为木材表面时,应将木料表面的灰尘、污垢等清理干净,并将表面的缝隙、毛刺、节疤和脂囊修整,然后用腻子填补,再用砂纸磨光,较大的脂囊可用木纹相同的材料用胶镶嵌。木材基层缺陷处理后,表面还要作打底处理,使基层表面具有均匀吸收涂料的性能,保证面层色泽均匀一致。涂料施涂前,木料制品含水量不得大于12%。

当基层为金属表面时,应将金属表面的灰尘、油渍、鳞皮、锈斑、焊渣和毛刺等清理干净,对潮湿的基层表面不得施涂涂料。

**(二)施涂方法**

涂料的施涂方法主要有刷涂、滚涂和喷涂等。

1. 刷涂

刷涂是人工用毛刷将涂料涂刷在物体表面上的一种方法。该法工具简单,操作技术较易掌握,使用性强,大部分薄质涂料和厚质涂料均可采用。

刷涂顺序是先左后右、先上后下,先刷小面后刷大面。刷涂时,蘸颜料量应适量均匀,涂料方向和行程长短均应一致。施涂垂直面时,最后一道涂料应由上向下刷;刷涂水平面时,最后一道涂料应顺光线照射方向刷;刷涂木材基层涂料时,最后一道涂料应顺木纹方向刷。

刷涂质量要求:涂膜厚薄均匀,平整光滑,色泽一致,无漏刷、无流挂、无刷纹和无起皮等。

2. 滚涂

滚涂是利用软毛辊(羊毛或人造毛)、花样辊蘸取涂料,再施加轻微压力,将它涂布在物体表面上的一种方法。滚涂施工时,滚筒应在墙面上轻缓平稳地来回滚动,直上直下,避免歪扭蛇形,以保证涂层厚度均匀一致,色泽、质感一致。此法适用于室内外墙面涂刷施工,一般涂布比较均匀,无流挂现象,但边角处不易滚涂到位,仍需用刷涂配合完成。

3. 喷涂

喷涂是利用喷枪通过压缩空气将涂料喷涂于物体表面的一种方法。涂料在高速喷射的空气流带动下,呈雾状小液滴喷到基层表面上形成涂层,喷涂的涂层较均匀,颜色也较一致,施工效率高。该法适用于大面积墙面施工,各种涂料均可适用,尤其是外墙涂料用得较多。

喷涂施工时,涂料稠度要适中,太稀、太稠都不便于施工,影响涂层厚度。喷枪与喷涂表面应保持垂直,喷射距离一般为400~600 mm,过近涂层厚度难以控制,过远则涂料损耗大。空气压力在0.5~0.8 MPa选择确定,压力过低涂层质感差,过高涂料损耗大。喷枪移动时,应与喷涂墙面平行,运行速度应保持一致,以使涂层厚度不致变化太大。

采用机械喷涂时,应将门窗等不喷涂的部位认真遮盖好,以防玷污,做好成品保护,万一有污染,务必在涂料未干时就揩干净。

**(三)施工注意事项**

(1)涂料工程施工时,施工环境应清洁干净,环境温度一般不低于10 ℃,温度过低,乳液型和水融性涂料不易成膜。涂料施涂时的环境温度应按涂料产品说明书的温度控制。

(2)涂料施工时,应注意气候条件的变化,当遇有大风(5级以上)、雨、雾天气时,不可施工。

(3)涂料施涂的黏度(稠度)应调整适合,使其在施涂时不流坠,不显刷纹。涂料在施工前和施涂过程中均应充分搅拌。

(4)外墙施涂应分段进行(以分格缝、阴角处或水落管等为分界线),同一墙面应用同一批号的涂料,每遍涂料不易施涂过厚,涂层应均匀,颜色要一致。

(5)涂料施涂遍数应根据涂料工程的质量等级而定(如内墙采用溶剂型薄涂料时分三级,普通级施涂两遍,中级涂三遍,高级涂四遍。外墙不分级,一般施底涂一遍,面涂两遍)。施涂溶剂型涂料时,后一遍涂料必须在前一遍涂料干燥后进行;施涂水融性和乳液型涂料时,后一遍涂料必须在前一遍涂料表层晾干后进行。每遍涂料应施涂均匀,各层必须结合牢固。

## 三、涂饰工程验收

涂饰工程待涂层完全干燥后方可进行验收。检查时,室外按施涂面积抽查10%,室内选择有代表性的自然间抽查10%，但不得少于3间。检查所用的涂料品种、颜色、型号、性能等是否符合设计要求。施涂表面的质量，应符合《建筑装饰装修工程质量验收规范》(GB 50210—2011)的有关规定。

**特别提示**

建筑污染是指由建筑工程材料所造成的室内环境污染，它包括建筑材料和建筑装饰材料两部分所造成的室内环境污染。严格来讲，当使用不当时，几乎所有的建筑装饰材料都会产生室内环境污染问题。即使是一些环保型材料，使用量控制不当时，也有可能会造成室内环境的污染。

## 综合应用案例

1. 工程概况

某住宅工程为框架结构，地上8层、地下1层。红叶装饰公司承担了该工程室内、外装饰，该施工项目包括外墙涂料施工、内墙粉刷、室内平顶粉刷、水泥砂浆地面施工、地砖楼地面施工、门窗安装等。

2. 外墙涂刷

(1)基层处理。起壳、裂缝、脚手架支撑点及其他破损处应事先补平修正，按要求养护，使其含水量、粗糙性与其他部位相同；清除墙面一切残浆、垃圾、油污等沾污物；当存在基层不平整及接缝错位等情况，应根据实际进行必要的修复处理；外门窗套已安装完毕，并经过验收合格，女儿墙顶部抹灰面泛水应向内侧；涂料施工前应对基层墙面的状况如平整、强度、裂缝、粗糙度、含水量等指标进行验收，合格后方可进行涂料施工。

(2)施工准备。外墙涂料的材料应根据实际面积与材料的损耗备料，涂料包装桶上的标签不得损坏，储存和运输应避免日晒雨淋，冬季应避免受冻。不同型号、不同颜色涂料应分别堆放，当同一型号、同一颜色涂料批号不同时，应一并倒入大型容器中搅拌均匀，确保一幢建筑物同一墙面所用涂料不会产生色差。涂刷开始前，应将桶内涂料按使用要求加水稀释，搅拌均匀，方可使用，并做到随拌随用。

(3)涂料施工。涂料施工应由建筑物自上而下进行，首先在待涂墙面上涂刷底面处理剂(底涂)一度，然后刷两道面涂，每遍涂刷应间隔4 h，且每道涂料应涂刷均匀，并以分格缝和墙面阴、阳角交接处为界，每道涂料必须结合牢固，施工后24 h内应避免水及外力损伤。涂料施工完毕后应做好饰面的保护工作，如须局部修补，应采用同一品种、同一批号的涂料。

(4)注意事项。涂料在涂刷和干燥前必须防止雨淋、灰尘沾污，应避免雨天、大风及湿度高于85%的环境条件下施工，丙烯酸外墙乳胶漆的施工环境和基面温度应控制在+5 ℃以上、+35 ℃以下。涂料施工后，在短时间内如遇降雪、降雨、大雾结露等情况，将造成涂膜冲掉或流挂，性能会大幅度降低，因此必须根据天气预报做好施工安排或进行遮挡养护。

3. 内墙粉刷

墙面抹灰工艺流程为：施工准备→弹墙线和墙裙、踢脚板线→设置灰饼、标筋→清理基层、浇水湿润→修补→1∶2水泥砂浆抹护角→粉底层→粉中层→粉面层→粉踢脚线。

(1)施工操作要点。施工前，砖、混凝土基体墙面灰尘、污垢应清除干净，并洒水湿润，当混凝土基体被机油等油腻沾污时，应用浓度10%的火碱溶液清洗干净，再用清水冲洗，所有的混凝土接触面均用界面剂进行处理。

抹灰前,用托线板检查墙面,按板底面平整度和垂直度决定抹灰厚度,要求中级抹灰总厚度不大于20 mm,当超过限度时,凸处应适当凿平,凹处用1:3水泥砂浆修补。

用打底砂浆在墙的上、下角各做一个标准灰饼,遇有门窗口、垛角处要补做灰饼,灰饼尺寸为25 mm×25 mm,待灰饼稍干后,在上、下灰饼之间抹上宽50 mm的砂浆冲筋,用木杠刮平,厚度与灰饼相平。

根据灰饼标准,做墙面阳角(包括柱阳角、门窗侧壁阳角)的护角线。护角线应做成大圆角,每侧宽度不小于50 mm,先把门窗框缝隙用1:3水泥砂浆填塞密实,然后在阳角处根据灰饼厚度粘好八字靠尺,找方、吊直,用1:2水泥砂浆按45°斜度分层抹平,待砂浆稍干后,再用抽角器和水泥砂浆抽出大圆角。

底层、中层打底,第一遍薄底子灰,用铁板由上往下刮糙,用刮尺刮平,与基体黏结牢固,待第一遍灰层稍干后再抹第二遍即中层;第二遍由下往上刮平压实,然后用木蟹打毛,阳角处用托尺检查,不直处应修正,阴角处用阴角直尺上下通直,还需用角尺规方阴阳角。

当为混凝土墙面时,先用界面处理剂处理,用水将界面处理剂调成厚糊状,水灰比为1:4(水为1,粉为4),将界面处理剂充分搅拌均匀,放置5~10 min,界面剂会变稠,此时再稍加点水调匀,即可使用,并应在5~6 h内用完。搅拌均匀后的界面剂,用铁板涂抹在基层表面,厚度约2 mm,待10~20 min(视气温而定),即可涂抹找平层。当底子灰5~6成干后,用纸筋灰罩面,罩面应从阴、阳角开始,分两遍压实赶光,厚度为2 mm。

踢脚线一般比罩面灰墙凸出6~8 mm,粉踢脚线时应先拉线作标准,浇水湿润基层,用铁板抹1:3水泥砂浆底层,隔天浇水湿润,用1:2水泥砂浆粉中层,表面要用木蟹磨平,然后根据踢脚高度尺寸线,把八字靠尺靠在线上,用铁板切齐,修齐清理。

(2)注意事项。室内抹灰的温度,中级抹灰不低于0 ℃;涂抹砂浆每遍厚度宜为7~9 mm,两层抹灰经赶平、压实后的厚度,不得大于20 mm,面层(纸筋石灰、石膏灰)不得大于2 mm;在粉踢脚线时,应铲除石灰砂浆和纸筋灰罩面,保证踢脚线不起壳和裂缝;各抹灰层之间及抹灰层与基体之间必须黏结牢固,无脱层、空鼓,面层无爆灰和裂缝等缺陷。

4. 室内平顶粉刷

(1)施工要点。首先,对平顶的平整度作全面检查,对凸出的混凝土予以凿掉,平顶阴角处的木模应予以全部清除。粉刷前,应对平顶混凝土板洒水湿润,并用JCTA-400界面剂进行处理,JCTA-400界面剂水灰比为1:3,将JCTA-400界面剂调成厚糊状用铁板直接粉涂在混凝土顶板上,厚度2~3 mm,界面剂上墙后5~15 min即可进行平顶抹灰。将拌制好的珍珠岩粉平行于界面剂直接粉刷在平顶上,厚度8~10 mm,四周阴角处用2 m长刮尺刮平,然后用木制圆档抽出小圆档,中间部分用流水板刮平,待平顶珍珠岩粉7~8成干后,用2 mm厚纸筋石灰罩面,用铁板压光。

(2)注意事项。平顶粉刷前应在四周墙上弹出水平线,板底破损处应用1:3水泥砂浆补平;室内抹灰的环境温度不应低于0 ℃,操作时铁板用力不应过大,用力要均匀,在操作过程中注意穿堂风,穿堂风过大,干燥快,易产生收缩裂缝;压实后的纸筋石灰不得大于2 mm。

5. 水泥砂浆地面施工

水泥宜采用强度等级42.5以上硅酸盐水泥、普通硅酸盐水泥和矿渣硅酸盐水泥,砂宜用中砂或粗砂,含泥量不应大于3%。

(1)作业条件。水泥砂浆地面施工前应弹好+50 cm水平标高线;室内门框和楼地面预埋件等项目均应施工完毕;各种立管和套管,孔洞边位置应用细石混凝土灌好修严;地漏处找好泛水及标高。

(2)操作工艺。地面基层、地墙相交的墙面、踢脚板处的黏杂物清理干净,影响面层厚度的凸出部位应剔除平整;施工提前一天洒水润湿基层;有墙面抹灰层的踢脚板,底层砂浆和面层砂浆分两次抹成,无墙面抹灰层的只抹面层砂浆;刷 1∶0.5 水泥浆,也可在垫层或楼板基层上均匀洒水后,再撒水泥面,经扫涂形成均匀的水泥浆黏结层,随刷随铺水泥砂浆;根据 +50 cm 标高水平线,在地面四周做灰饼,大房间应相距 1.5 ~2 m 增加冲筋,按地漏坡度要求,做泛水和坡度;紧跟贴灰饼冲筋铺水泥砂浆,配合比为水泥与砂比为 1∶2,如用强度等级 42.5 的水泥可用 1∶2.5 的配合比,稠度应小于 3.5 cm,用木抹子赶铺拍实,木杠按贴饼和冲筋标高刮平,木抹子搓平,待泛水后略撒 1∶1干水泥砂子面,吸水后铁抹抹平;在压平头遍之后,水泥砂浆凝结,人踩上去有脚印但不下陷时,用铁抹子压第二遍,要求不漏压,平而出光;水泥砂浆终凝前进行第三遍压光,人踩上去稍有脚印,抹子抹上去不再有抹子纹时,用铁抹子把第二遍压光留下的抹子纹压平、压实、压光;地面压光 24 h 后,铺锯末撒水养护并保持湿润,养护时间不少于 15 d,养护期间不允许压重物和碰撞。

(3)注意事项。地面起砂:水泥过期,强度等级不够,水泥砂浆搅拌不均匀,水灰比掌握不准,压光不适造成施工时水泥应符合材质要求,严格控制配合比,压光应在终凝前完成。空鼓裂纹:基层清理不干净,前一天没认真洒水润湿,涂刷水泥浆与铺灰操作工序间隔时间过长造成,施工时应保证用料符合要求,基层清理应认真,铺灰、压实应掌握好时间,保证垫层、面层应有的厚度。地面不平和漏压:水泥砂浆铺设后,边角、管根刮杠不到头,搓平不到边,容易漏压成不平,施工时应认真操作。倒泛水:有垫层的地面在做垫层时,坡度没有找准,面层施工前应检查基层泛水是否符合要求。

6. 地砖楼地面施工

(1)施工方法。在房间纵、横两个方向排好砖,其接缝宽度不大于 2 mm,当排列两端边缘不合整砖时(或特殊部位),量出尺寸,将整砖切割成镶边砖,排砖确定后,用方尺规方,每隔 3 ~5 块砖在结合层上弹纵、横控制线;将选配好的砖清洗干净,放入清水中浸泡 2 ~3 h,取出晾干备用;在楼地面弹线,接着按顺序铺砖,铺砖时,应抹 5 mm 厚 1∶2水泥砂浆,按线先铺纵、横定位带,定位带各相隔 15 ~20 块砖,然后从里往外退着铺定位带内的地砖,将地面砖按控制线铺贴平整、密实;每铺完一个段落,用喷壶略洒水,待 15 min 左右,用木锤和硬木拍板按铺砖顺序锤拍一遍,不得遗漏,边压实,边用水平尺找平,压实后进行拔缝调直,先纵缝,后横缝,使缝口平直、贯通,调缝后再用木锤、拍板砸平,随即将缝内余浆或砖面上的灰浆擦去,铺设砂浆至压平、拔缝,应连续作业,常温下必须 5 ~6 h 完成;铺设地面 4 h 后,将缝口清理干净,洒水润湿,用 1∶1水泥细砂浆揩缝,嵌实压光,用棉纱将地面擦拭干净,铺锯末洒水养护,不得少于 7 d。

(2)质量要求。表面洁净,色泽一致,接缝均匀,周边顺直,表面无裂纹,无掉角和缺棱现象。卫生间要求坡度符合设计要求,不倒泛水,无积水,与地漏(管道)结合处要严密牢固(先要做渗水试验,并做隐蔽验收记录),无渗漏。踢脚线表面洁净,接缝平整、均匀,高度一致,结合牢固。

# 小　结

抹灰工程按施工部位不同分为室内抹灰、室外抹灰;按使用要求及装饰效果分为一般抹灰、装饰抹灰和特种抹灰。抹灰施工需要分层进行,抹灰层一般由底层、中层和面层组成,底层主要起黏结作用和初步找平作用,中层主要起找平作用,面层主要起装饰效果作用。内墙抹灰施工工艺流程为:基层处理→找规矩、做灰饼、做标筋(冲筋)→做护角→抹底层灰→抹中层灰→抹窗台板,踢脚板(或墙裙)→抹面层灰→板条墙抹灰→清理。外墙抹灰的工艺流程为:基层处理→吊垂直、套方找规矩→抹底层砂浆→抹面层砂浆→滴水线→养护。装饰抹灰包括水刷石、斩假石、干粘石、假面砖等多种施工工艺,这些工艺施工过程均分层操作,底层和中层操作方法大致相同,而面层的操作方法各异。喷涂是利用砂浆泵或喷斗将聚合物水泥砂浆经喷枪均匀地喷涂在水泥砂浆底层上,在外墙面形成的装饰抹灰。滚涂是在底层上均匀地抹一层厚为 2 ~3 mm 带色的聚合物水泥浆,随即用平面或刻有花纹的橡胶、泡沫塑料滚子在罩面层上直上直下施滚涂拉,并一次成活滚出所需花纹。弹涂是指在基层上喷刷一遍掺有 108 胶的聚合物水泥色浆涂层,然后用弹涂器分几遍将不同色彩的聚合物水泥浆弹在已涂刷的涂层上。

饰面工程包括安装天然大理石、人造大理石、花岗岩饰面板和镶贴外墙面砖、陶瓷锦砖、釉面瓷砖等。小块饰面板的安装工序为:清理基层→定位弹线→抹底灰→粘贴饰面板等。大块饰面板的安装顺序为:选材→弹线和预排→绑钢筋网→钻孔和剔槽→安装饰面板→灌浆等。外墙饰面砖的镶贴工艺流程为:选砖→处理基层→设置标筋→抹底子灰→弹线分格排砖→浸砖→镶贴面砖→做滴水线和勾缝等。室内贴面砖的施工顺序为:选砖→清理基层→抹底子灰→排砖和弹线→贴灰饼→浸砖→垫平尺板→贴瓷砖和釉面砖→擦缝和清洁面层等。

楼地面一般由基层、垫层和面层三部分组成。水泥砂浆楼地面的施工工艺流程为:基层处理→找标高、弹线→抹灰饼、冲筋→刷水泥砂浆结合层→铺水泥砂浆面层→木抹子搓平→铁抹子压光→养护。水磨石楼地面的施工工艺流程为:基层处理→找标高、弹线→铺抹找平层→嵌固分格条→铺水磨石拌和料→试磨→开磨→清洗、打蜡。陶瓷地板砖楼地面施工工艺为:基层处理→贴灰饼→铺砂浆结合层→弹线→铺砖→压平、拔缝→嵌缝→养护。大理石、花岗石楼地面施工工艺流程为:基层处理→弹线→试拼、试排→刷水泥浆结合层→铺砂浆→铺大理石(花岗石)→擦缝。实木地板地面的铺设方式颇多,常用的有实铺式,其施工工艺流程为:基层处理→安装木格栅→钉毛地板层→铺设面层。

吊顶主要由吊筋(吊杆、吊头等)、龙骨(搁栅)和饰面板三部分组成。吊顶龙骨有木质龙骨、轻钢龙骨和铝合金龙骨等。轻钢龙骨和铝合金龙骨的安装过程为:弹线→安装大龙骨吊杆→大龙骨安装→小龙骨安装→横撑龙骨安装。饰面板的安装方法有搁置法、嵌入法、粘贴法、钉固法、压条固定法、塑料小花固定法和卡固法。隔墙是用来分割房间和建筑物内部空间的非承重构件,用于隔墙的石膏板有纸面石膏板、防水纸面石膏板、纤维石膏板、石膏空心条板等。

门窗工程是指门和窗的制作及安装。门窗一般分为木门窗、金属门窗、塑料门窗、特种门窗等。木门窗安装的施工工艺流程为:确定安装位置→门窗框就位固定→安装门窗扇→

安装五金件→安装玻璃→涂饰。铝合金门窗安装工艺流程为:确定安装位置→固定门窗框→门窗扇安装玻璃及五金件→门窗扇就位。塑料门窗的安装工艺流程为:确定安装位置→固定门窗框→门窗扇安装玻璃及五金件→门窗扇就位。特种门的安装主要包括防火门、防盗门、自动门和金属卷帘门,防火门的安装工艺流程为:画线→立门框→安装门扇及附件。

涂饰工程是将涂料涂敷于建筑物表面,并能与表面基层材料黏结牢固,形成完整涂膜的工程,它具有保护、装饰和某些特殊功能。涂料的施涂方法主要有刷涂、滚涂和喷涂等。刷涂是人工用毛刷将涂料涂刷在物体表面上的一种方法。滚涂是利用软毛辊(羊毛或人造毛)、花样辊蘸取涂料,再施加轻微压力,将它涂布在物体表面上的一种方法。喷涂是利用喷枪通过压缩空气将涂料喷涂于物体表面的一种方法。

# 习　题

1. 单选题

(1)抹灰工程中,基层抹灰的主要作用是(　　)。

A. 找平　　B. 与基层黏结　　C. 装饰　　D. 填补墙面

(2)抹灰工程中,中层抹灰的主要作用是(　　)。

A. 找平　　B. 与基层黏结　　C. 装饰　　D. 增加承重力

(3)抹灰工程应遵循的施工顺序是(　　)。

A. 先室内后室外　　B. 先室外后室内　　C. 先下面后上面　　D. 先复杂后简单

(4)喷涂抹灰属于(　　)。

A. 一般抹灰　　B. 中级抹灰　　C. 高级抹灰　　D. 装饰抹灰

(5)下列不属于装饰抹灰的是(　　)。

A. 干粘石　　B. 斩假石　　C. 高级抹灰　　D. 喷涂

(6)釉面瓷砖的接缝宽度应控制约在(　　)mm。

A. 0.5　　B. 1.0　　C. 1.5　　D. 2.0

(7)大块花岗岩或大理石施工顺序为(　　)。

A. 临时固定→灌细石混凝土→板面平整

B. 灌细石混凝土→临时固定→板面平整

C. 临时固定→板面平整→灌细石混凝土

D. 板面平整→灌细石混凝土→临时固定

(8)面砖主要用于外墙饰面,其黏结层通常采用聚合物水泥浆,黏结层厚度宜控制在(　　)mm。

A. 3 ~ 4　　B. 4 ~ 6　　C. 6 ~ 10　　D. 10 ~ 14

2. 多选题

(1)机械喷涂抹灰可(　　),是取代目前全人工抹灰施工的方向。

A. 提高工效　　B. 缩短工期　　C. 减轻劳动强度

D. 提高抹灰平整度　　E. 保证安全

(2)在抹灰工程中,灰饼和标筋的作用是(　　)。

A. 防止抹灰层开裂
B. 控制抹灰层厚度
C. 控制抹灰层平整度
D. 控制抹灰层垂直度
E. 控制抹灰层倾斜度

(3)在墙面抹灰中,为了减少收缩裂缝应(　　)。

A. 控制每层抹灰层厚度
B. 控制抹灰材料质量
C. 使用的材料中水泥量要多一些
D. 控制每层抹灰间隙时间
E. 不同基层的交接处应先铺一层金属网或纤维布

(4)外墙饰面砖空鼓、脱落的原因有(　　)。

A. 面砖质量差　B. 黏结砂浆强度低　C. 粘贴面砖时敲击次数多
D. 基层有灰尘和油污　E. 黏结砂浆收缩应力大于黏结力

(5)在外墙抹灰工程中,窗台、雨篷、檐口等部位要求(　　)。

A. 水平　B. 垂直　C. 做滴水线
D. 做泛水坡　E. 倾斜

(6)楼地面水泥砂浆抹灰层起砂、开裂的主要原因是(　　)。

A. 天气干燥　B. 没有及时养护　C. 砂太细,含泥量大
D. 水泥用量少　E. 过早上人

(7)在施工前,墙面砖粘贴要求基层(　　),这样才能粘贴牢固。

A. 平整光滑　B. 平整粗糙　C. 洁净、无浮灰油污
D. 干燥　E. 预先要浇水湿润

3. 简述题

(1)什么是装饰工程?装饰工程有哪些作用和特点?

(2)为什么说装饰工程施工顺序对装饰施工质量起着控制作用?简述装饰工程施工的合理顺序。

(3)简述室内装饰工程施工顺序要求。

(4)抹灰由哪几部分组成?各组成部分有何作用?

(5)一般抹灰如何施工?

(6)简述内墙抹灰的施工工艺流程及施工方法。

(7)简述喷涂、滚涂、弹涂的施工要点。

(8)简述水刷石、干粘石、斩假石的施工要点。

(9)简述大理石、花岗岩饰面板的施工方法及施工要点。

(10)涂料有几种施工方法?如何施工?

(11)吊顶由哪几部分构成?简述轻钢龙骨吊顶的构造和施工要点。

(12)简述木地板施工要点。

(13)简述木门窗的安装方法及注意事项。

(14)简述铝合金门窗的安装方法及注意事项。

# 参考文献


[1] 中国建筑工程总公司. GB 50300—2001 建筑工程施工质量验收统一标准[S]. 北京:中国建筑工业出版社,2001.

[2] GB 50202—2002 建筑地基基础工程施工质量验收规范[S]. 北京:中国建筑工业出版社,2002.

[3] 中国建筑科学研究院. GB 50204—2002 混凝土结构工程施工质量验收规范[S]. 北京:中国建筑工业出版社,2002.

[4] 中国建筑科学研究院. JGJ 79—2002 建筑地基处理技术规范[S]. 北京: 中国建筑工业出版社,2002.

[5] 中华人民共和国建设部. GB 50203—2002 砌体工程施工质量验收规范[S]. 北京:中国建筑工业出版社,2002.

[6] 四川省建筑科学研究院. JGJ/T 14—95 混凝土小型空心砌块建筑技术规程[S]. 北京:中国建筑工业出版社,1996.

[7] 山西省建设厅. GB 50207—2002 屋面工程质量验收规范[S]. 北京:中国建筑工业出版社,2002.

[8] 中华人民共和国建设部. GB 50208—2002 地下防水工程施工质量验收规范[S]. 北京:中国建筑工业出版社,2002.

[9] 中国建筑科学研究院. GB 50210—2002 建筑装饰装修工程质量验收规范[S]. 北京:中国建筑工业出版社,2002.

[10] 中华人民共和国建设部. GB 50209—2002 建筑地面工程施工质量验收规范[S]. 北京:中国计划出版社,2002.

[11] 中华人民共和国冶金工业部. GB 50221—95 钢结构工程质量检验评定标准[S]. 北京:中国计划出版社,1995.

[12] 中国钢结构协会. 建筑钢结构施工手册[M]. 北京:中国计划出版社,2006.

[13]《建筑施工手册》编写组. 建筑施工手册[M]. 北京:中国建筑工业出版社,2003.

[14] 姚谨英. 建筑施工技术[M]. 北京:中国建筑工业出版社,2007.

[15] 祖青山. 建筑施工技术[M]. 北京:中国环境科学出版社,2003.

[16] 陈守兰. 建筑施工技术[M]. 北京:科学出版社,2005.

[17] 张若美. 土木工程施工技术[M]. 北京:科学出版社,2004.

[18] 孙惠镐,等. 混凝土小型空心砌块建筑施工技术[M]. 北京:中国建材工业出版社,2002.

[19] 曹善华. 建筑施工机械[M]. 上海:同济大学出版社,2006.

[20] 罗云. 建筑施工安全管理全书(上、下册)[M]. 北京:中国建材工业出版社,1998.

[21] 赵志缙,应惠清. 建筑施工[M]. 上海:同济大学出版社,2004.

[22] 郭立民,方承训. 建筑施工[M]. 北京:中国建筑工业出版社,2006.

[23] 刘佩衡. 塔式起重机使用手册[M]. 北京:机械工业出版社,2002.

[24] 朱永军. 高层建筑施工[M]. 北京:中国建筑工业出版社,2007.

[25] 孙加保. 高层建筑施工[M]. 北京:化学工业出版社,2008.

[26] 李顺秋. 钢结构制造与安装[M]. 北京:中国建筑工业出版社,2005.

[27] 薛莉敏. 建筑屋面与地下工程防水施工技术[M]. 北京:机械工业出版社,2004.

[28] 包永刚,钱武鑫. 建筑施工技术[M]. 北京:中国水利水电出版社,2007.

[29] 危道军,李进. 建筑施工技术[M]. 北京:人民交通出版社,2007.

[30] 杨和礼. 土木工程施工技术[M]. 武汉:武汉大学出版社,2004.

[31] 钟汉华,李念国. 建筑工程施工技术[M]. 北京:北京大学出版社,2009.